La fonction présidentielle au Cameroun

Sous la direction de

Patrick Edgard ABANE ENGOLO et Jean-Paul MARKUS

La fonction présidentielle au Cameroun

L'Harmattan

Du même auteur

1- Publication de Patrick Edgard Abane Engolo

Traité de droit administratif du Cameroun (Théorie générale et droit administratif spécial), Patrick E. Abane Engolo, L'Harmattan, 2019.

Traité de contentieux administratif du Cameroun, Patrick E. Abane Engolo, L'Harmattan, 2019.

Les transformations contemporaines du droit public en Afrique, Sous la direction de Magloire Ondoa, Patrick E. Abane Engolo, L'Harmattan, 2018.

Les fondements du droit administratif camerounais, Sous la direction de Magloire Ondoa et Patrick E. Abane Engolo, L'Harmattan, 2016.

2- Publications de Jean-Paul Markus

Droit des institutions administratives congolaises, éd. L'harmattan, 2005, avec Placide Moudoudou.

5-7, rue de l'Ecole-Polytechnique, 75005 Paris

http://www.editions-harmattan.fr

ISBN : 978-2-343-17145-6
EAN : 9782343171456

Les auteurs

Jean Mermoz BIKORO :	Docteur Ph. D. en Droit Public et Moniteur à l'Université de Yaoundé II
Jean-Marie Noël NDZINA NOAH	Docteur en Droit public, Moniteur à la FSJP-Annexe de Bertoua, Université de Yaoundé II
Bertrand EDOUA BILONGO	Docteur en droit, Chargé de cours FSJP-Université de Yaoundé II-Cameroun
Diyani EFFAGUE SING	Doctorant en Droit public, Université de Yaoundé II
Christian Gérard ANGUE	Docteur en Droit public, Université de Yaoundé II
Achille NGA NGONO	Docteur en Droit public, Université de Yaoundé II-Cameroun
Thierry Olivier TAMA AYINDA	Docteur en Droit public, Université de Yaoundé II-Cameroun
Éric SIMO	Docteur en Droit public, Université de Yaoundé II
André Yannick NKANGA	Doctorant en Droit public à l'Université de Yaoundé II
Lazare II AMYE ELOUMA	Docteur Ph. D. en Droit public, Assistant à la Faculté des Sciences juridiques et politiques de l'Université de Douala, Chercheur au Centre d'Études et de Recherches Constitutionnelles Administratives et Financières (CERCAF)
Joseph Pierre EFFA	Docteur en Droit public, Chargé de Cours à l'Université de Yaoundé II

Albert Steve ELLA ELLA	Docteur en Droit public, Membre de l'équipe permanente d'animation du Centre de recherche en Droit du Travail de la Sécurité sociale et des Affaires (CDTSA) de la Faculté des Sciences juridiques et politiques de l'Université de Yaoundé II (Soa)
Stéphane MOUGNOL À MOUGNOL	Docteur en droit public, Université de Yaoundé II-Soa
François ABENG MESSI	Docteur en Droit public Assistant à la Faculté des Sciences juridiques et politiques, Université de Yaoundé II-Soa Email : abens07@yahoo.fr
Suzie Esther TEMTIA NOUMEMBE	Docteur/Ph. D. en Droit public, Université de Yaoundé II-Soa
Éric Stéphane MVAEBEME	Docteur Ph. D. en Droit public, Université de Yaoundé II-Soa
Étienne SAMA II	Doctorant en droit public à l'Université de Yaoundé II
Edmond BAKARI	Doctorant en Droit public à l'Université de Yaoundé II

SOMMAIRE

AVANT-PROPOS

Parmi les institutions constituées, il y a le président de la République et les autres. Ces dernières sont toutes mises dans le même panier parce qu'elles ne font pas l'objet de la bienveillance des normes constitutionnelles qui accordent plus d'attention et de vigueur à l'institution présidentielle. En fait, il faut constater que partout dans le monde entier, le président de la République ou l'autorité qui exerce cette fonction bénéficie de nombreuses prérogatives provenant de la nécessité de confier le pouvoir à un homme plutôt qu'aux assemblées parlementaires, pour assurer et assumer les charges les plus lourdes qui engagent l'avenir de la nation. Au Cameroun comme en Afrique, le pouvoir du président de la République est encore plus exacerbé.

Au Cameroun en effet, la fonction présidentielle est particulière parce que l'image du président de la République est celle d'un homme puissant qui transcende les époques. D'ailleurs, on doit constater que l'omniprésidentialisation a conduit certains juristes à estimer que notre régime parlementaire n'était rien d'autre qu'un régime présidentiel, quand il n'était pas qualifié de semi-présidentiel, voire d'autoritaire.

Notre dispositif constitutionnel tel qu'indiqué par les auteurs de la présente réflexion confère au président de la République des pouvoirs importants. Le président de la République dirige la politique de la nation, il est le chef des armées et en tant qu'arbitre, il garantit une séparation verticale et horizontale des pouvoirs. Mais alors, cette dernière prérogative lui revient en tant que chef de l'État.

Le président de la République est un grand horloger. Il influence l'ensemble des institutions et détient le droit de survie du gouvernement et de l'Assemblée nationale qu'il peut respectivement démettre et dissoudre. Il ne faut pas oublier qu'exerçant la souveraineté, il peut pendre de grands actes et ne jamais en répondre devant la représentation nationale.

Cependant, le président de la République qui fait l'objet d'une protection pénale originale ne doit pas être considéré comme un Jupiter dont la solidité des pieds est inébranlable. Il suffit que le Parlement soit conquis par l'opposition et donc que le gouvernement ne soit pas de la majorité présidentielle pour que les pouvoirs du président de la République soient diminués. Pour autant, cette diminution des pouvoirs ne peut aucunement ramener l'institution présidentielle au même niveau de puissance que celui des autres institutions créées par la Constitution.

Par ailleurs, et dans la perspective de la souveraineté du peuple, faut-il s'offusquer que l'unique personnalité politique élue seule au suffrage universel direct soit détentrice de pouvoirs supérieurs nécessaires à la conduite de l'avenir de la nation ?

Un président de la République fort semble être le choix incontournable pour les États africains. Les présentes contributions consolident cela à l'aune de l'expérience camerounaise. Ceci autorise à admettre que le président de la République exerce la fonction principale ; tandis que toutes les autres fonctions servent à l'accompagner, à essayer de le limiter, sans que jamais sa supériorité institutionnelle ne soit battue en brèche.

Professeur Patrick Edgard ABANE ENGOLO

Agrégé des Facultés de Droit

Professeur titulaire des Universités

Directeur du Centre d'Études et de Recherches Constitutionnelles, Administratives et Financières (CERCAF) de l'Université de Yaoundé II/Cameroun.

LE PRÉSIDENT DE LA RÉPUBLIQUE CHEF DE L'ÉTAT AU CAMEROUN

Jean Mermoz BIKORO[1]

« Le président de la République est le Chef de l'État »[2]. Voilà une formule lourde de signification qui est suffisamment révélatrice de la place que la loi fondamentale réserve à l'institution présidentielle dans le constitutionnalisme camerounais. Un détour dans l'histoire constitutionnelle du Cameroun permet de se rendre compte que cette disposition est constante dans les textes constitutionnels. Seulement, l'usage des mots n'est pas toujours identique, car avant la réforme constitutionnelle du 18 janvier 1996, la formulation la plus usuelle était la suivante : « le président de la République, Chef de l'État »[3]. Au-delà de cette divergence de libellé, l'objectif reste le même, à savoir : renforcer les pouvoirs et le statut de celui qui est désigné comme Chef de l'État. Dans une perspective comparative, le constat qui se dégage est que cette disposition est perceptible dans quasiment toutes les Constitutions des États d'Afrique noire francophone[4] ce qui traduit une volonté d'affirmer la prépondérance du président de la République sur les autres pouvoirs[5].

Dans une approche comparative, surtout si on se réfère au constitutionnalisme occidental, il se dégage un double constat. *Primo*,

---

[1] *Directeur exécutif du CERCOA (Centre d'Études et de Recherches sur l'État et la Constitution en Afrique).*

[2] Article 5 alinéa 1 de la Constitution du 18 janvier 1996.

[3] Lire dans ce sens : l'article 11 de la Constitution du 4 mars 1960 ; l'article 8 de la loi n° 61-24 portant révision constitutionnelle et tendant à adapter la Constitution actuelle aux nécessités du Cameroun réunifié. Et l'article 5 de la Constitution du 2 juin 1972.

[4] Sans être exhaustif, on peut citer : l'article 41 de la Constitution béninoise du 11 décembre 1990 ; l'article 36 de la Constitution burkinabé du 2 juin 1991 révisée ; l'article 64 de la Constitution congolaise du 6 novembre 2015 ; l'article 33 de la Constitution centrafricaine du 30 mars 2016 et l'article 54 de la Constitution ivoirienne du 8 novembre 2016.

[5] La thèse de la convergence des modèles constitutionnels est ainsi largement justifiée. En effet, l'un des éléments que les textes constitutionnels ont en commun dans les États africains est le renforcement du pouvoir exécutif en général, et du président de la République en particulier. Ce fut déjà le cas durant les trois premières décennies du constitutionnalisme et le renouveau constitutionnel n'a pas réussi à déconstruire la toute-puissance du président de la République. Sur la convergence des modèles constitutionnels en Afrique, lire utilement : Baldé (S.), *La convergence des modèles constitutionnels. Étude des cas en Afrique subsaharienne*. Paris, Publibook, 2011, 536 p.

l'expression n'est pas nouvelle en droit constitutionnel car, elle est liée au concept d'État[6]. Ainsi, en France, dès 1814, la Charte disposait que « Le Roi est le chef suprême de l'État »[7]. *Secundo*, l'importance du président de la République en tant que Chef de l'État est tributaire de la nature du régime politique. Ainsi, dans certains régimes parlementaires, ce dernier est effectivement le Chef de l'exécutif[8], dans d'autres, celui qui est désigné Chef de l'État se démarque par des pouvoirs amoindris[9], le pouvoir exécutif étant dirigé par le Chef du Gouvernement[10]. C'est d'ailleurs ce qui a fait dire à la doctrine que la fonction présidentielle est à la croisée des chemins[11] tellement elle est ébranlée[12]. On peut ainsi être amené à banaliser l'importance du Chef de l'État en régime parlementaire en accordant plus d'attention au chef du gouvernement. En revanche, la situation est différente dans le cadre du régime présidentiel puisqu'en la matière, celui qui est désigné comme étant le chef de l'État exerce la totalité des pouvoirs dévolus à l'exécutif.

La démarche n'est pas la même, lorsqu'on s'intéresse au constitutionnalisme africain en général et camerounais en particulier. En effet, il convient de souligner que durant les trois premières décennies post-indépendance, le système politique camerounais était considéré par la doctrine comme le symbole du présidentialisme négro-africain[13]. Simplement parce que le président de la République constituait l'épicentre dudit système[14] et

---

[6] Massot (J.), *Le chef de l'État et le chef du gouvernement*, Paris, La documentation française, 1993, p. 19.

[7] *Idem.*

[8] En France, la Constitution de 1958 a instauré un régime parlementaire rationalisé dont les deux traits caractéristiques sont le renforcement de l'exécutif et l'abaissement du parlement. Le schéma qui se dégage est donc celui de la prépondérance du président de la République dans le régime politique français. Une prépondérance qui est néanmoins altérée en période de cohabitation du fait de l'émergence d'une opposition parlementaire dont la principale conséquence est l'instauration de la dyarchie au sein de l'exécutif et l'émancipation du parlement. Lire utilement, Owona (J.), *Droits constitutionnels et institutions politiques du monde contemporain. Étude comparative*, Paris, L'Harmattan, 2010, pp. 349-370.

[9] À titre d'illustration, dans le régime politique allemand, l'exécutif est purement gouvernemental et c'est le Premier ministre encore appelé chancelier qui est le chef de l'exécutif et dirige l'État. On peut en dire autant des régimes parlementaires italien et israélien. Lire utilement, Lauvaux (P.) et Le Divellec (A.), Les grandes démocraties contemporaines, 4e éd. Paris, P.U.F., 2015, p. 199.

[10] *Idem.*

[11] Ponthoreau (M-C), « Le président de la République une fonction à la croisée des chemins », *Pouvoirs*, n° 99, 2001, pp.33-44.

[12] Cohendet (M-A), *La cohabitation. Leçons d'une expérience*. Paris, PUF, 1993, p. 31.

[13] Gicquel (J.), « Le présidentialisme négro-africain : le cas du Cameroun », *in le pouvoir Mélanges offerts à Georges BURDEAU, Paris, LGDJ*, 1977, pp.701-725.

[14] Dounkeng Zele (C.), *Le chef de l'État dans le système politique camerounais. Le rôle de l'idéologie de l'unité nationale dans l'affirmation d'un leadership*, Thèse de doctorat de troisième cycle en Science politique, Université de Yaoundé II, 1998, p. 245.

exerçait à titre exclusif, la fonction d'animation et d'impulsion politique[15]. Le constitutionnalisme camerounais avait comme traits caractéristiques, la transcendance du pouvoir présidentiel[16] et l'abaissement des autres pouvoirs publics, à l'instar du parlement[17]. Le président de la République trônait au sein de l'exécutif et même sur les autres pouvoirs. C'est ce qui a fait dire à **Dmitri Georges LAVROFF** que « la tendance au renforcement de la puissance de l'exécutif s'est constamment manifestée dans les Constitutions des États d'Afrique noire »[18].

À cette époque, l'hypertrophie des prérogatives présidentielles a poussé la doctrine à s'interroger sur la place du chef de l'État dans les régimes politiques. La question était de savoir si ce dernier était un monocrate[19] ou un démiurge[20]. Le premier volet de la question est consécutif au fait que le président de la République symbolise l'État et exerce un pouvoir réel en son sein[21]. Le second volet de la question quant à lui est lié aux différents qualificatifs ou vocables qui permettaient de le désigner : prophète de l'unité nationale[22], père de l'indépendance[23], bâtisseur, fondateur, libérateur[24]... Corroborant ainsi l'affirmation de **Gérard CONAC** selon laquelle, en Afrique, le Chef de l'État est au « centre de tout »[25]. Pour justifier sa thèse, il affirme que c'est ce dernier qui « bâtit la Nation, dirige l'État et le personnalise à l'extérieur comme à l'intérieur »[26].

On peut donc le voir, l'expression Chef de l'État est lourde de signification en Afrique et particulièrement au Cameroun. Le problème qui se pose néanmoins est qu'elle ne se laisse pas appréhender aisément. Tout le monde en parle sans nécessairement lui donner un contenu précis. Tout au plus, la sémantique constitutionnelle constamment usitée tend à établir une synonymie entre cette notion et celle de président de la République. À la lecture du texte constitutionnel camerounais du 18 janvier 1996, on peut affirmer que le président de la République est l'institution désignée par le

---

[15] *Ibid.* p. 247.

[16] Bakounda-Mpele (F.), « Repenser le président africain », VIIe Congrès français de Droit constitutionnel, 25, 26 et 27 septembre 2008, p. 2.

[17] *Idem.*

[18] Lavroff (D-G), *Les systèmes constitutionnels en Afrique noire. Les États francophones*, Paris, A. Pedone, 1976, p. 53.

[19] Mbodj (E-H), *La succession du chef d'État en Droit constitutionnel africain*, Thèse de Doctorat d'État en Droit public, Université Cheick Anta Diop, 1991, p. 12.

[20] *Ibid.* p. 13.

[21] *Ibid.* p. 12.

[22] Asso (B.), *Le chef d'État africain. L'expérience des États africains de succession française*, Paris, Albatros, 1976, p. 82.

[23] *Ibid.* p. 90.

[24] Mbodj (E-H), *La succession du chef d'État en Droit constitutionnel africain, op. cit.* p. 13.

[25] Conac (G.), « Portrait du chef d'État », *Pouvoirs*, n° 25, 1983, p. 121.

[26] *Idem.*

constituant pour diriger l'État. La question est alors de savoir si cette notion devrait conserver la même signification qu'elle avait durant les premiers cycles constitutionnels[27]. La pertinence de cette question est consécutive au fait que d'un point de vue apparent, la libéralisation de la vie politique et le printemps constitutionnel[28] du début des années 1990 induisent « une mise à mort progressive du pouvoir transcendant du président de la République »[29]. Si la fin de la transcendance du pouvoir présidentiel est célébrée[30], il faut dire qu'elle relève de l'illusion, car, le renouveau constitutionnel n'a pas réussi à déconstruire la prééminence présidentielle.

Au moment où le Cameroun est plongé dans un processus électoral dont l'objet est de désigner le président de la République, il n'est pas mal venu de mener une réflexion sur la désignation de ce dernier comme Chef de l'État. Aussi, la présente réflexion est construite autour de la question suivante : **que recouvre la formule « le président de la République est le chef de l'État » dans le texte constitutionnel camerounais ?** D'un point de vue théorique, l'intérêt de cette réflexion est de donner un contenu à un vocable dont tout le monde parle sans nécessairement maîtriser les contours. Du point de vue pratique, cette étude a pour vocation de déterminer le positionnement du président de la République dans le dispositif institutionnel camerounais. Sur cette base, on peut affirmer que la désignation de l'institution présidentielle comme chef de l'État induit sa considération en qualité d'autorité suprême de l'État (I) et clé de voûte de l'État (II).

I- Le président de la République, autorité suprême de l'État

L'acte constituant du 18 janvier 1996 attribue l'exercice de l'autorité de l'État au président de la République et au Parlement[31]. Tout au plus, il étend la liste des autorités en prenant en compte celles que l'on peut qualifier de locales[32] par opposition aux autorités nationales ou centrales. Mais, dans cette

---

27 Le Doyen Maurice Hauriou est celui qui a théorisé les cycles constitutionnels en France. Selon ce dernier, il existe deux cycles constitutionnels en France, chacun ayant une évolution en trois phases : une période de gouvernement conventionnel marquée par la suprématie de l'institution parlementaire ; une période de dictature exécutive et une période d'équilibre parlementaire des pouvoirs. Pour un approfondissement, lire utilement Hauriou (M.), *Précis de droit constitutionnel*, Paris, Sirey, 1929, P. 294. Lire également : Mathieu (B.) et Verpeaux (M.), « 1962-1992-2002 : pour une périodicisation institutionnelle », *RFDC* 2003/1, n° 53, pp. 33-53.

28 Monembou (C.), « Vers la fin de la transcendance du pouvoir présidentiel au Cameroun : réflexion sur l'approfondissement de l'État de droit », *RASJ*, n° 10, 2013, p. 257.

29 *Idem.*

30 *Idem.*

31 Article 4 de la Constitution du 18 janvier 1996.

32 Les autorités locales dont il est question ici sont celles qui gèrent les Collectivités Territoriales Décentralisées. Si la loi constitutionnelle est muette au sujet des autorités communales compte tenu de l'antériorité historique de cette entité, elle contient en revanche

multitude d'organes, un seul trône sur les autres, en l'occurrence le président de la République. Suivant la terminologie du professeur **Alain Didier OLINGA**, « Le président de la République est chef, mais chef de l'institution qui englobe et surplombe toutes les institutions sociales, chef de tous les chefs au sein de l'État »[33]. Aussi, sa désignation en tant que Chef de l'État fait de lui, une autorité symboliquement (A) et réellement suprême (B).

A- Une autorité symboliquement suprême

La suprématie du président de la République est en premier lieu symbolique. Pour s'en convaincre, il convient de mettre un accent sur ses prérogatives de prestige (1) et celles de parrain et de protecteur qui lui sont reconnues (2).

1- Les prérogatives de prestige du président de la République

À la lecture de la Constitution du 18 janvier 1996, il se dégage le constat du caractère pluriel des prérogatives de prestige du président de la République. Sans être exhaustif, on s'appesantira sur celles qui reposent sur la personnification et la représentation de la Nation[34]. À celles-là, on pourra ajouter sa désignation comme garant de la cohésion sociale. Il est à cet effet loisible d'affirmer que dans le contexte camerounais, le président de la République est l'organe qui personnifie l'État et par extension, la Nation. Le texte constitutionnel est assez explicite à ce sujet. Il dispose en effet que « le président de la République représente l'État dans tous les actes de la vie publique »[35]. C'est le premier sens qu'il convient de donner à la personnification de l'État et de la Nation, incarnée par l'institution présidentielle. Concrètement à travers cette disposition, on peut en déduire que le président de la République est l'organe qui représente l'État aussi bien au plan interne que dans les relations internationales[36]. À ce titre, ce dernier accrédite les ambassadeurs à l'étranger[37] et en retour, les ambassadeurs étrangers sont tenus de lui présenter leurs lettres de créance[38]. La personnification de l'État fait de lui une autorité diplomatique de premier plan puisque c'est ce dernier qui négocie et ratifie les traités et les accords

plusieurs dispositions qui régissent les instances régionales. Lire dans ce sens, les articles 57, 58, 59 et 60 de l'acte constituant du 18 janvier 1996.

[33] Olinga (A.-D.), *La Constitution de la République du Cameroun*, 2e éd.Yaoundé, Pucac, 2013, p. 50.

[34] Tricot (B.) et al., *Les institutions françaises*, Paris, Presses de Sciences po et Dalloz, 1995, p. 235.

[35] Article 8 alinéa 1 de la Constitution du 18 janvier 1996.

[36] Ardant (P.), *Droit constitutionnel et Institution politiques*, 28e éd. Paris, LGDJ, 2016, p. 461.

[37] Article 8 alinéa 4 de la Constitution du 18 janvier 1996.

[38] Article 8 alinéa 4 de Constitution du 18 janvier 1996.

internationaux au nom du Cameroun[39]. Il concentre, en conséquence, la réalité des pouvoirs diplomatiques[40].

Dans une seconde assertion, la personnification de l'État signifie que les actes les plus importants et les plus solennels de la vie de l'État sont signés par le président de la République[41]. L'exemple le plus illustratif en la matière est celui de la promulgation des actes juridiques en l'occurrence, la Constitution et la loi. Dans la même logique, il est important de souligner que c'est au nom de l'État que l'exécutif présidentiel confère les décorations et les distinctions honorifiques[42]. Il s'agit d'ailleurs d'une prérogative qu'il exerce à titre exclusif.

Au-delà de la personnification de l'État, le président de la République est aussi désigné comme représentant de la Nation. *Primo*, cela se justifie par la désignation de ce dernier comme mandataire du peuple[43]. Le texte constitutionnel du 18 janvier 1996, après avoir précisé que ce dernier exerce la souveraineté au nom du peuple[44], stipule qu'il est élu au suffrage universel direct[45]. Certes, l'institution présidentielle n'a pas le monopole de la représentation, mais dans le contexte camerounais, elle est la seule mandataire élue de la Nation tout entière. En d'autres termes, contrairement aux autres autorités qui sont élues dans une circonscription, le Chef de l'État est désigné par l'ensemble des citoyens.

Secundo, derrière l'idée de représentation de la Nation, il faut y voir le fait, pour le président de la République, de vouloir ou d'agir au nom du peuple[46]. C'est dire que ce dernier n'agit pas *ex nihilo,* mais plutôt sur la base de la mission qui lui a été assignée par les électeurs. C'est d'ailleurs le sens qu'il convient de donner au mandat en Droit constitutionnel[47]. Pour l'essentiel, les actes de la fonction présidentielle sont posés au nom de la Nation[48]. Une fois de plus, il n'en a pas le monopole, mais, au-delà d'être élu par la Nation entière, la pluralité des actes qu'il pose ou qu'il est susceptible de poser donne une importance particulière à la représentation.

---

[39] Article 43 de la Constitution du 18 janvier 1996.

[40] Aïvo (F-J), *Le président de la République en Afrique noire francophone. Genèse, mutations et avenir de la fonction*, Paris, L'Harmattan, 2007, p. 178.

[41] Tricot (B.) et al., *Les institutions françaises*, *op. cit.*, p. 236.

[42] Article 8 alinéa 11 de la Constitution du 18 janvier 1996.

[43] Mbpille (P.-E.), *Le président de la République en Droit constitutionnel camerounais*, Thèse de doctorat Ph.D en Droit public, Université de Yaoundé II, 2015, p. 132.

[44] Article 2 alinéa 1 de Constitution du 18 janvier 1996.

[45] Article 6 alinéa 1 de la Constitution du 18 janvier 1996.

[46] Tricot (B.) et al., *Les institutions françaises*, *op. cit.*, *p.* 237.

[47] Le Divellec (A.) et De Villiers (M.), *Dictionnaire du droit constitutionnel*, 10e éd., Paris, Sirey, 2015, p. 233.

[48] *Idem.*

Tertio, en tant que Chef de l'État, le président de la République est le garant de la cohésion sociale. La Constitution du 18 janvier 1996 indique dans ce sens que le président de la République « incarne l'unité nationale »[49]. Par définition, la cohésion sociale n'est que le résultat d'un processus qui vise à souder ou à rassembler les membres du corps social[50]. Le texte constitutionnel désigne le président de la République comme un acteur de premier plan dans la garantie de la cohésion sociale[51]. C'est à lui que revient le devoir de prendre des mesures indispensables pour éviter des cas de sécession ou de division de la population. On peut ainsi le considérer comme le garant de la diversité linguistique et culturelle du Cameroun[52]. En définitive, les prérogatives de prestige du président de la République sont plurielles et traduisent sa stature d'autorité symboliquement suprême, ce d'autant plus que dans le contexte camerounais, il revêt la casquette de protecteur et de parrain.

2- Les prérogatives de parrain et de protecteur reconnues au président de la République

Dans le constitutionnalisme camerounais, le président de la République revêt une double posture de protecteur et de parrain. Dans le premier cas, il est désigné comme le gardien de la Constitution. L'acte constituant du 18 janvier 1996 prévoit dans ce sens que ce dernier « veille au respect de la Constitution »[53]. Certes, il n'a pas le monopole de la garantie constitutionnelle, mais, il forme avec le Conseil constitutionnel, ce qu'il est convenu d'appeler le « duo de la Constitution »[54]. Concrètement, il est, avec cette juridiction constitutionnelle[55], l'un des organes clairement désignés pour assurer la suprématie de la Constitution. Il n'a donc pas l'exclusivité de cette mission[56].

À la question de savoir quelle est la portée de la désignation du président de la République comme gardien de la Constitution. On peut affirmer à la suite de **Philippe ARDANT** que le « constituant fait au président de la République l'honneur et la confiance de le nommer gardien de son œuvre »[57]. Ce qui revient à dire que la suprématie présidentielle dérive aussi de la confiance dont

---

49 Article 5 alinéa 2 de la Constitution du 18 janvier 1996.

50 David (F.), « Le président de la République, garant de la cohésion sociale », *RFDC*, n° 59, 2004, p. 535.

51 *Idem.*

52 Mbpille (P-E), *Le président de la République en Droit constitutionnel camerounais*, *op. cit.*, p. 185.

53 Article 5 alinéa 2 de la Constitution du 18 janvier 1996.

54 Richir (I.), *Le président de la République et le Conseil Constitutionnel*, Paris, Puf, 1998, p. 200.

55 Lire les articles 46 et 47 de la Constitution du 18 janvier 1996.

56 Ardant (P.), « L'article 5 et la fonction présidentielle », *Pouvoirs*, n° 41, 1987, p. 40.

57 *Idem.*

bénéficie le président de la part du constituant[58]. Sa posture de protecteur est donc avérée et peut être mobilisée dans des circonstances plurielles[59]. Le professeur **Alain Didier OLINGA** souligne à propos que « respecter la Constitution, ce n'est pas se comporter à l'occasion comme si l'on est au-dessus d'elle ; c'est œuvrer à sa mise en œuvre pratique effective et non encourager des comportements qui attentent à son esprit ou qui en gèlent pratiquement l'effectivité »[60].

La Constitution du 18 janvier 1996 prévoit de nombreuses situations pendant lesquelles le président de la République peut valablement assurer la protection de la Constitution. C'est le cas en matière de promulgation des lois[61]. Dans ce domaine, il a le pouvoir d'exiger du parlement, une seconde lecture de la loi adoptée surtout lorsque celle-ci comporte des dispositions inconstitutionnelles[62]. On peut ainsi analyser la demande de seconde lecture comme une sorte de contrôle présidentiel de constitutionnalité des lois[63].

Toujours en rapport avec la protection de la Constitution, il convient de souligner que l'exécutif présidentiel peut mobiliser son pouvoir disciplinaire à l'égard des autorités régionales lorsque celles-ci transgressent la loi fondamentale. On peut ainsi lire dans le texte constitutionnel camerounais que « le Conseil régional peut être suspendu par le président de la République lorsque ledit organe (…) accomplit des actes contraires à la Constitution »[64]. C'est aussi pour les mêmes raisons que cet organe peut être dissout[65] ou qu'on peut voir le président de la République suspendre[66] ou destituer[67] le président du Conseil régional et son bureau.

En matière de révision constitutionnelle, on peut considérer le président de la République comme un organe de rigidification de la Constitution. Cela est consécutif au fait que ce dernier maîtrise le calendrier[68] et la procédure de révision et peut s'opposer à des réformes abusives et frauduleuses. C'est ainsi qu'il peut exiger du parlement réuni en congrès, une seconde lecture de la loi constitutionnelle adoptée[69]. Enfin, il faut souligner que le président de la République peut mobiliser son droit de dissolution à l'égard de l'Assemblée

---

[58] Ardant (P.), « L'article 5 et la fonction présidentielle », *op. cit.*, p. 40.

[59] *Idem.*

[60] Olinga (A.-D.), *La Constitution de la République du Cameroun, op. cit.*, p. 51.

[61] Bottini (F.), « La promulgation des lois parlementaires », *RFDC*, n° 76, 2008, p. 767.

[62] Article 31 alinéa 1 de la Constitution du 18 janvier 1996.

[63] Bottini (F.), « La promulgation des lois parlementaires », *op. cit.*, p. 767.

[64] Article 59 alinéa 1 de la Constitution du 18 janvier 1996.

[65] Article 59 alinéa 2 de la Constitution du 18 janvier 1996.

[66] Article 60 alinéa 1 de la Constitution du 18 janvier 1996.

[67] Article 60 alinéa 2 de la Constitution du 18 janvier 1996.

[68] Atangana (E-j-L), *La révision des Constitutions en droit camerounais*, Thèse de doctorat Ph.D en Droit public, Université de Douala, 2012, p. 107.

[69] Article 63 alinéa 2 de la Constitution du 18 janvier 1996.

nationale[70] ou de révocation à l'encontre du gouvernement[71] lorsque l'un des organes a manifestement violé la Constitution. Il peut aussi saisir le Conseil Constitutionnel pour contester la constitutionnalité des lois et des traités ou accords internationaux[72]. On peut ainsi se rendre compte que les organes à l'égard desquels le respect de la Constitution est imposé sont nombreux, tout comme les mécanismes qui permettent à l'institution présidentielle de protéger la loi fondamentale.

Par ailleurs, la suprématie présidentielle est consécutive à sa posture de parrain de la justice en général et du pouvoir judiciaire en particulier. En effet, c'est le texte constitutionnel qui pose les bases de ce parrainage lorsqu'après avoir posé le principe de l'indépendance du pouvoir judiciaire le place sous la protection du président de la République. Concrètement, le texte constitutionnel indique concomitamment que le pouvoir judiciaire est indépendant à l'égard de l'exécutif et du législatif[73] et que « le président de la République est garant de l'indépendance du pouvoir judiciaire »[74]. Évidemment, il s'agit d'une disposition paradoxale en ce qu'elle vide l'indépendance de la justice de son contenu,[75] mais elle a surtout la particularité de renforcer l'autorité du président de la République au sein de l'État. Ainsi, tout en étant lui-même justiciable, le Chef de l'État est appelé à prendre toutes les mesures qu'il juge nécessaires pour renforcer l'indépendance de la justice. De ce qui précède, il en résulte que la suprématie présidentielle dérive de ses prérogatives de prestige, de protecteur et de parrain. Tout au plus, dans les textes et au regard de la pratique, on peut affirmer qu'au-delà de la dimension symbolique de son autorité, l'institution présidentielle est réellement suprême au sein de l'État.

B- Une autorité réellement suprême

L'affirmation de la suprématie présidentielle n'est pas une pure vue de l'esprit. Elle dérive de son confort statutaire (1) et de son positionnement dans le dispositif institutionnel (2).

1- Une suprématie consécutive au confort statutaire du président de la République

En droit constitutionnel camerounais, le président de la République a un statut différent de celui qui est reconnu aux autres pouvoirs publics[76]. Le sien

---

[70] Article 8 alinéa 12 de Constitution du 18 janvier 1996.
[71] Article 10 alinéa 1 de la Constitution du 18 janvier 1996.
[72] Article 47 alinéa 2 de la Constitution du 18 janvier 1996.
[73] Article 37 alinéa 2 de la Constitution du 18 janvier 1996.
[74] Article 37 alinéa 3 de la Constitution du 18 janvier 1996.
[75] Bikoro (J-M), *Les paradoxes constitutionnels en droit positif du Cameroun*, Mémoire de DEA en Droit public, Université de Yaoundé II, 2011, p. 59.
[76] *Ibid.*, p. 48.

est dans un confort qui le place dans une position de suprématie. On peut le démontrer à partir de son mode de désignation et de son régime de responsabilité. S'agissant du mode de désignation, la Constitution dispose que « le président de la République est élu au suffrage universel direct, égal et secret, à la majorité des suffrages exprimés »[77]. Le même texte ajoute que « le président de la République est élu pour un mandat de sept ans. Il est rééligible »[78]. Deux conclusions sont susceptibles d'être tirées à la lecture de cette disposition constitutionnelle. La première a trait à l'élection du président de la République au suffrage universel direct et la seconde est relative à la rééligibilité illimitée de celui qui est désigné comme chef de l'État.

L'élection de l'exécutif présidentiel au suffrage universel direct apparaît pour la première fois au Cameroun lors de la réforme constitutionnelle de 1961,[79] car la Constitution du 4 mars 1960 avait plutôt consacré l'élection du président de la République par un collège électoral[80]. En optant pour le suffrage universel, la Constitution confère une légitimité, met le président de la République au-dessus de tout appareil politique et lui octroie [81]en l'occurrence la légitimité populaire[82]. Il s'agit, à n'en point douter, d'une solution dangereuse[83] en ce qu'elle aboutit à la personnalisation de la vie politique[84]. En effet, du fait de ce mode de désignation, l'institution présidentielle est à l'abri de toute incidence parlementaire puisque le parlement n'influence pas son élection[85]. À titre de rappel, lorsqu'il est désigné par un collège électoral, il y a comme une tempérance[86] de son pouvoir en ce sens que par parallélisme de forme, le même collège peut le destituer. Il peut ainsi subir son influence dans l'exercice de ses fonctions, ce qui n'est pas le cas du président élu au suffrage universel direct qui ne répond que devant le peuple.

---

[77] Article 6 alinéa 1 de la Constitution du 18 janvier 1996.
[78] Article 6 alinéa 2 de la Constitution du 18 janvier 1996.
[79] Article 9 de la loi n° 61-24 portant révision constitutionnelle et tendant à adapter la Constitution actuelle aux nécessités du Cameroun réunifié.
[80] Article 12 de la Constitution du 4 mars 1960.
[81] Zarka (J-C), *Le président de la République*, Paris, Ellipses, 2006, p. 11.
[82] Roussillon (H.), « L'élection du chef de l'État au suffrage universel direct : une fausse bonne idée ? », *in Alain Bockel, Henry Roussillon et Erdogan TEZIC (Dir.), Un président élu par le peuple, une bonne solution ?,* Toulouse, Presses de l'université de Sciences sociales de Toulouse, 2000, p. 135.
[83] *Ibid.*, p. 139.
[84] *Idem.*
[85] Ndzina Noah (J-M-N), *Le bicamérisme en droit constitutionnel camerounais*, Thèse de doctorat Ph.D en Droit public, Université de Yaoundé II, 2018, pp. 330-332.
[86] Sy (S-M), *Recherche sur l'exercice du pouvoir en Afrique noire (Côte d'Ivoire, Guinée, Mali),* Paris, A. Pedone, 1965, p. 82.

S'agissant du mandat présidentiel, depuis la réforme constitutionnelle du 14 avril 2008 on assiste à un reflux du constitutionnalisme camerounais[87] caractérisé par le renforcement du statut présidentiel. En effet, le texte initial de 1996 avait limité le nombre de mandats à deux[88]. On y voyait alors une option en faveur de la circulation des élites et de la facilitation de l'alternance au pouvoir[89]. Malheureusement, lors de la réforme constitutionnelle susévoquée, la clause limitative du nombre de mandats présidentiels a été supprimée. De sorte que le président de la République en fonction peut se présenter autant de fois qu'il le souhaite. En l'état actuel du droit constitutionnel camerounais, le mandat présidentiel est limité dans le temps, mais pas dans le nombre[90].

L'autre élément qui conforte le statut présidentiel est son régime de responsabilité. Au plan politique, la destitution n'étant pas consacrée, la responsabilité présidentielle ne peut être envisagée que devant le peuple en période électorale[91]. Le peuple ne se démarquant pas réellement comme un contre-pouvoir au Cameroun[92], cette responsabilité n'a jamais été mise en œuvre et peut donc être banalisée du moins si l'on s'appuie sur la pratique constitutionnelle.

Au plan pénal, le président de la République est quasi irresponsable au Cameroun[93]. Cette irresponsabilité peut être démontrée à partir des éléments d'ordre juridique et politique. S'agissant du volet juridique de la démonstration, il convient de souligner que dans le contexte camerounais, du moins depuis 2008, on assiste à l'extension du périmètre temporel de l'irresponsabilité présidentielle[94]. En effet, la révision constitutionnelle du 14 avril 2008 rend ce dernier irresponsable même après l'exercice de ses

---

[87] Mouangue Kobila (J.), « Peut-on parler d'un reflux du constitutionnalisme au Cameroun ? », in *R.A.S.J.*, vol 6 n° 1, 2009, pp. 267-306.

[88] Lire la version originale du texte du 18 janvier 1996 en son article 6 alinéa 2.

[89] Loada (A.), « La limitation du nombre de mandats présidentiels en Afrique francophone », *Afrilex*, n° 3, 2003, p. 145.

[90] Bikoro (J-M), *Le temps en Droit constitutionnel africain. Le cas des États africains d'expression française*, Thèse de doctorat en Droit public, Université de Yaoundé II, 2018, p. 55.

[91] Devedeix-Margueritat (S.), *La Ve République ou le renforcement de la responsabilité politique du pouvoir exécutif.* Thèse de doctorat en Droit public, Université Reims-Champagne, 2006, p. 261.

[92] L'idée selon laquelle le peuple est contre-pouvoir, est de plus en plus admise par la doctrine constitutionnelle contemporaine. Cependant, elle est difficilement vérifiable au Cameroun. Jusqu'ici, les cas de renversement d'une autorité par le peuple sont inexistants, tout comme les réformes juridiques impulsées par ce dernier excepté l'opération constituante du 18 janvier 1996 qui est consécutive aux revendications populaires.

[93] Tama Ayinda (T-O), *La responsabilité pénale des gouvernants en Droit constitutionnel. L'exemple camerounais.* Mémoire de DEA en Droit public, Université de Yaoundé II, 2011, p. 57.

[94] Bikoro (J-M), Thèse précitée, p. 287.

fonctions. On peut ainsi lire que « les actes accomplis par le président de la République (…) sont couverts par l'immunité et ne sauraient engager sa responsabilité à l'issue de son mandat »[95].

Par ailleurs, sur le plan strictement juridique, on peut faire le constat de la consécration d'un statut pénal incertain[96]. Cette incertitude est liée à l'ambiguïté de l'infraction présidentielle[97] puisque la loi fondamentale ne donne pas un contenu à la haute trahison. Tout ce qu'elle se borne à indiquer c'est que « la Haute Cour de Justice est compétente pour juger les actes accomplis dans l'exercice de leurs fonctions par : le président de la République en cas de haute trahison »[98]. On peut ainsi s'interroger sur le fait générateur de la responsabilité présidentielle.

Des obstacles d'ordre politique peuvent aussi entraver la mise en œuvre de la responsabilité pénale du président de la République au Cameroun. Le plus décisif d'entre eux est le fait majoritaire puisque ce dernier ne peut être mis en accusation que par les parlementaires[99]. Dans une situation de concordance de majorités, une telle éventualité est peu probable. C'est plutôt dans le cadre d'une cohabitation qu'on peut envisager une mise en accusation du président de la République par les membres de l'opposition parlementaire. Il est évident qu'en l'absence d'une définition intelligible de l'infraction présidentielle, avec l'immunité absolue et le fait majoritaire, le président de la République se démarque par son statut confortable, voire royal,[100] mais aussi et surtout par son positionnement dans le dispositif institutionnel.

2- Une suprématie produit du positionnement du président de la République dans le dispositif institutionnel

Le positionnement du président de la République dans le dispositif institutionnel camerounais peut être analysé à la fois au sein du pouvoir exécutif et dans ses rapports avec les autres pouvoirs. Dans le premier cas, ce dernier est le chef de l'exécutif. Certes, aucune disposition constitutionnelle ne l'affirme de manière expresse, mais il suffit d'analyser ses pouvoirs sur les autres membres de l'exécutif pour s'en rendre compte. Tout d'abord, c'est à lui que revient le pouvoir de nommer le Premier ministre et les autres membres du gouvernement[101]. À la lecture du texte constitutionnel, il n'est soumis à aucune contrainte au moment où il procède à de telles nominations. On peut

---

[95] Lire dans ce sens l'article 53 alinéa 3 de la Constitution du 18 janvier 1996 depuis la réforme du 14 avril 2008.
[96] Aïvo (F.-J.), « La responsabilité pénale des gouvernants dans les régimes politiques africains d'influence française », *RBDC*, n° 23, 2009, p.172.
[97] Bikoro (J.-M.), *Les paradoxes constitutionnels en Droit positif du Cameroun, op. cit.*, p. 65.
[98] Article 53 alinéa 1 de la Constitution du 18 janvier 1996.
[99] Article 53 alinéa 2 de la Constitution du 18 janvier 1996.
[100] Cohendet (M.-A.), *Le président de la République, op. cit.*, p. 25.
[101] Article 10 alinéa 1 de la Constitution du 18 janvier 1996.

ainsi parler d'une compétence discrétionnaire[102]. Toutefois, dans le cadre d'une cohabitation, si jamais une telle éventualité se réalisait, ce pouvoir serait tout simplement amoindri[103] dans la mesure où il serait tenu de prendre en compte les propositions du Premier ministre, chef de la majorité parlementaire.

Ensuite, par parallélisme de forme, c'est le président de la République qui met fin aux fonctions des membres du gouvernement[104]. Sur cet aspect, le mutisme constitutionnel sur la durée des fonctions gouvernementales rend l'existence des membres en question précaire puisqu'ils peuvent être révoqués à tout moment. La révocation peut alors être individuelle ou collective[105]. Quelle que soit l'étendue des membres visés par cet acte, toujours est-il qu'il s'agit d'une prérogative entre les mains du président de la République et qui lui permet de mettre fin aux fonctions des autres membres du pouvoir exécutif.

Enfin, il est important d'indiquer que dans le constitutionnalisme camerounais, c'est le président de la République qui donne un contenu à la fonction gouvernementale. Ainsi, après avoir indiqué que le gouvernement est nommé par le chef de l'exécutif, la Constitution du 18 janvier 1996 ajoute qu'« il fixe leurs attributions »[106]. Sur la base de cette disposition, on comprend aisément que le gouvernement constitue un instrument au service de la politique présidentielle[107]. Il n'est là que pour mettre en œuvre la politique de la Nation telle que définie par le président de la République et non pour s'affirmer comme un organe autonome. C'est dire *in fine* que l'institution présidentielle trône sur l'ensemble des organes qui relèvent du pouvoir exécutif.

Par ailleurs, on note dans le régime politique camerounais, une prépondérance de l'exécutif sur les autres pouvoirs. Il n'est même pas exagéré de parler d'une invocation trompeuse de la séparation des pouvoirs dans le texte constitutionnel camerounais[108]. À titre de rappel, dans le constitutionnalisme contemporain, la séparation des pouvoirs s'est imposée comme un principe général du droit constitutionnel[109] et un moyen d'ériger

[102] Bikoro (J.-M.), *Les paradoxes constitutionnels en Droit positif du Cameroun, op. cit.*, p. 18.

[103] Cohendet (M.-A.), *La cohabitation. Leçons d'une expérience, op. cit.*, p. 31.

[104] Article 10 alinéa 1 de la Constitution du 18 janvier 1996.

[105] Maus (D.) : « Démissions et révocations des ministres sous la Ve République », *Pouvoirs*, n° 36, 1996, p.126.

[106] Article 10 alinéa 1 de la Constitution du 18 janvier 1996.

[107] Owona (J.), « Le pouvoir exécutif », *Encyclopédie juridique de l'Afrique. Tome I, l'État et le droit, Les Nouvelles Éditions africaines*, 1982, p.112.

[108] Hond (T.), « Des transformations de l'État au Cameroun », *RASJ*, n° 2, vol. 8, 2011, p. 200.

[109] Soma (A.), « La séparation des pouvoirs comme droit fondamental dans le constitutionnalisme contemporain », *Revue Cames*, 2018, P. 1.

des barrières à l'arbitraire[110]. Aussi, presque toutes les Constitutions la consacrent au point où on peut parler de sa mondialisation.

Cependant, la loi fondamentale du 18 janvier 1996, procédant d'une démarche contradictoire qui oscille entre avancées et reculades, a plutôt consacré la prépondérance du président de la République sur les autres pouvoirs. À l'égard du législatif, ce dernier exerce une influence considérable sur le mandat parlementaire en l'abrégeant[111], en le prorogeant[112], en procédant à la dissolution de l'Assemblée nationale[113] ou encore en nommant trente pour cent des membres du Sénat[114]. En outre, sur le plan matériel, le président de la République peut soit encadrer le travail parlementaire soit intervenir dans le champ de compétence du parlement. Dans le premier cas, il encadre de manière indirecte l'activité du parlement par l'intermédiaire du gouvernement qui fixe prioritairement, l'ordre du jour du parlement[115]. De manière indirecte, il régule les désaccords entre les deux chambres en convoquant la commission mixte paritaire[116] ou en exigeant une seconde lecture des textes[117]. Son intervention dans le domaine de la loi peut être envisagée dans deux hypothèses à savoir, dans le cadre de la législation déléguée ou pendant les circonstances exceptionnelles[118]. On peut ainsi se rendre compte que les moyens d'action de l'institution présidentielle sur le parlement sont importants étant donné qu'en retour, du fait de son confort statutaire, le pouvoir législatif n'a presque pas de moyens d'action contre lui.

À l'égard du pouvoir judiciaire, en plus d'être le parrain au sens de la Constitution du 18 janvier 1996, en tant que président du Conseil supérieur de la magistrature, le président de la République influence la carrière des magistrats en les nommant et en mobilisant à leur égard, des mesures disciplinaires. Par ailleurs, du fait de la non-consécration de l'autonomie du pouvoir judiciaire, il est important d'indiquer que ce dernier fonctionne sur la base des moyens pourvus au ministère de la Justice qui est un organe relevant du pouvoir exécutif. Il y a donc une dépendance matérielle du pouvoir judiciaire à l'égard de l'exécutif présidentiel[119]. Enfin, en temps de crise, le président de la République a le pouvoir de mettre à l'écart les juridictions ordinaires pour instituer les juridictions militaires[120]. Une fois de plus, les

---

[110] Lauvaux (P.), *Les grandes démocraties contemporaines*, 4e éd., Paris, PUF, 2015, p. 38.
[111] Article 15 alinéa 4 de la Constitution du 18 janvier 1996.
[112] *Idem.*
[113] Article 8 alinéa 12 de la Constitution du 18 janvier 1996.
[114] Article 20 alinéa 2 de la Constitution du 18 janvier 1996.
[115] Article 18 alinéa 4 et article 23 alinéa 4 de la Constitution du 18 janvier 1996.
[116] Article 30 alinéa 3 de la Constitution du 18 janvier 1996.
[117] Article 31 alinéa 1 de la Constitution du 18 janvier 1996.
[118] Lire les articles 9 et 28 de la Constitution du 18 janvier 1996.
[119] Bikoro (J-M), *Les paradoxes constitutionnels en Droit positif du Cameroun, op. cit.*, p. 59.
[120] *Idem.*

prérogatives du chef de l'État le rendent prépondérant sur les autres pouvoirs. En définitive, derrière sa désignation comme chef de l'Etat, il faut y voir, une affirmation de sa suprématie dans l'État. À l'analyse, cette suprématie a à la fois une dimension symbolique et réelle qui corrobore l'affirmation selon laquelle ce dernier est la clé de voûte de l'État au Cameroun.

II- Le président de la République, clé de voûte de l'État

Au Cameroun comme dans la plupart des États d'Afrique noire francophone, le président de la République est le moteur de l'appareil étatique[121]. On peut même le considérer comme la clé de voûte des institutions politiques[122] en ce sens qu'il assure à la fois, la direction de la politique nationale (A) et la direction de l'administration et des forces de défense et de sécurité (B).

A- La direction de la politique nationale par le président de la République

Dans le constitutionnalisme camerounais, la formule selon laquelle le « président préside »[123] est largement justifiée. C'est à partir de la direction de la politique nationale qu'on peut mieux la cerner. Dans sa substance, cette fonction signifie qu'en tant que Chef de l'État, le président de la République définit la politique de la Nation (1) en mobilisant son pouvoir normateur (2).

1- La substance : la définition de la politique de la Nation

Le texte constitutionnel du 18 janvier 1996 est assez explicite au sujet de l'organe qui est chargé de procéder à la définition de la politique de la Nation. Il prévoit en effet que le président de la République est l'acteur qui « définit la politique de la Nation »[124]. Il s'agit d'ailleurs d'une reprise du texte du 2 juin 1972[125] qui attribuait cette compétence à l'institution présidentielle. À travers cette disposition, le constituant camerounais a pris le contre-pied de son homologue français[126] qui attribue cette compétence au gouvernement et

[121] Mbome (F-X), *Régimes politiques africains*, Yaoundé, Éditions Bala, 1990, Pp 69.
[122] Conac (G.), « Portrait du chef d'État », *op. cit.*, p. 121.
[123] Carcassonne (G.), « Quel rôle confier au président élu au suffrage universel ? », *in Alain Bockel, Henry Roussillon et Erdogan TEZIC (Dir.), Un président élu par le peuple, une bonne solution ?,* Toulouse, Presses de l'université de Sciences sociales de Toulouse, 2000, p. 162.
[124] Article 5 alinéa 2 de la Constitution du 18 janvier 1996.
[125] Article 5 de la Constitution du 2 juin 1972.
[126] Article 20 de la Constitution de 1958 révisée.

a pris la même orientation que certains États africains d'expression française[127].

La question qu'on peut se poser est de savoir à quoi renvoie la définition de la politique de la Nation par le président de la République. À cette interrogation, **André HAURIOU** répond sans ambages qu'il s'agit de « fixer les objectifs qui doivent être atteints en même temps que les moyens qui doivent être utilisés »[128]. Il ajoute, dans le même ordre d'idées, que « gouverner, c'est déterminer souverainement les buts de l'État : buts politiques, économiques, sociaux, et diriger l'État vers la réalisation de ces buts »[129]. Il en ressort que derrière l'idée de la définition de la politique de la Nation, il faut entrevoir la conception[130] d'une politique et la détermination des moyens pour parvenir à un résultat précis. C'est le lieu de mettre en avant la formule éloquente du professeur **Alain Didier OLINGA** selon laquelle « une Nation, un chef, un projet, ou si l'on veut, une République, un président, une politique »[131].

En tant que Chef de l'État, le président de la République correspond à l'organe qui a la mission de concevoir la politique de la Nation dans tous ses pans. À ce titre, il lui revient de fixer les grandes orientations des politiques socio-économiques[132] tout en confiant au gouvernement le soin de les mettre en œuvre. Ainsi, l'empreinte présidentielle[133] sur les politiques nationales est quasi omniprésente puisqu'il en est l'architecte. En matière budgétaire par exemple, ce dernier, à travers une circulaire, fixe les grandes orientations de la loi de finances de l'année et les membres du gouvernement préparent le projet de budget en fonction des objectifs qui leur sont assignés par le président de la République. La désignation de l'institution présidentielle comme clé de voûte de l'État est ainsi justifiée puisque toute politique en vigueur au Cameroun est conçue par lui.

Au-delà de la conception de la politique nationale, le président de la République définit les voies et moyens pour atteindre le résultat escompté[134]. Quitte à ce dernier de fixer une échéance à ses collaborateurs. C'est pour cette

---

[127] On peut citer entre autres, l'article 36 de la Constitution burkinabé ; l'article 64 de la Constitution ivoirienne du 8 novembre 2016 et l'article 33 de la Constitution centrafricaine du 30 mars 2016.

[128] Hauriou (A.), *Droit constitutionnel et Institutions politiques*. Paris, Montchrestien, 4ed. 1970, p. 828.

[129] *Idem*.

[130] Edoua Bilongo (B.), *Les changements constitutionnels au Cameroun et au Sénégal. Étude comparative*. Thèse de doctorat Ph.D en droit public, Université de Yaoundé 2, 2017, p. 296.

[131] Olinga (A.-D.), *La Constitution de la République du Cameroun, op. cit.*, p. 51.

[132] Fomery (S-L), *La Constitution commentée article par article*, 15e éd., Paris, Hachette, 2012, p. 56.

[133] *Idem*.

[134] Edoua Bilongo (B.), *Les changements constitutionnels au Cameroun et au Sénégal. Étude comparative, op.cit.*, p. 296.

raison que la loi constitutionnelle du 18 janvier 1996 lui a donné le pouvoir de fixer les attributions des membres du gouvernement[135]. Ainsi que le souligne monsieur **Bertrand EDOUA BILONGO**, « c'est tout à fait logique que celui qui définit la politique de la Nation soit habilité à aménager, d'une manière ou d'une autre, les possibilités d'action de ceux-là qui, au plan pratique, seront amenés à mettre en œuvre ce qui a été défini en termes de politique de la Nation »[136]. Le président de la République fixe ainsi les attributions du gouvernement en fonction des grandes orientations de la politique nationale. D'ailleurs, l'acte constituant du 18 janvier 1996 dispose dans ce sens que « le gouvernement est chargé de la mise en œuvre de la politique de la Nation telle que définie par le président de la République »[137].

Il faut toutefois souligner que le pouvoir présidentiel de la définition de la politique de la Nation peut être tempéré dans le cadre d'une cohabitation[138]. En cas de discordance de majorité, il peut être tenu de prendre en compte les exigences du Premier ministre au moment de déterminer les grandes orientations de la politique nationale. En attendant qu'une telle hypothèse se concrétise, le président de la République exerce de manière absolue ce pouvoir en mobilisant son pouvoir normateur.

2- Le support juridique : l'extension du pouvoir normateur

La définition de la politique de la Nation par le président de la République est matérialisée soit par l'édiction des normes, soit par le déclenchement des réformes juridiques. Dans le premier cas, le président de la République peut mettre en œuvre son pouvoir réglementaire pour édicter des normes, tout comme il peut agir comme une « autorité législative »[139]. Dans une seconde hypothèse comme dans l'autre, ce pouvoir normateur vise à concrétiser les grandes orientations de la politique dont il est le concepteur.

Certes, dans le contexte camerounais tout comme en France et dans les États d'Afrique noire francophone, les titulaires du pouvoir réglementaire sont nombreux,[140] mais le président de la République exerce un pouvoir réglementaire qui est dit initial[141] par opposition à celui des ministres et autres autorités administratives qui exercent un pouvoir réglementaire dérivé[142]. Par définition, il s'agit d'un pouvoir reconnu au Chef de l'État d'« édicter des

[135] Article 10 alinéa 1 de la Constitution du 18 janvier 1996.
[136] Edoua Bilongo (B.), *Les changements constitutionnels au Cameroun et au Sénégal. Étude comparative, op.cit.*, p. 297.
[137] Article 11 alinéa 1 de la Constitution du 18 janvier 1996.
[138] Cohendet (M-A), *La cohabitation. Leçons d'une expérience, op.cit.*, p. 31.
[139] Bon (P.), « Les substituts à la loi : les actes législatifs de l'exécutif », *AIJC*, 2003, p. 473.
[140] Seiller (B.), *Droit administratif, Tome*, Paris, Flammarion, 2001, p. 98.
[141] *Idem.*
[142] *Idem.*

mesures à portée générale et impersonnelle »[143] lesquelles sont prises dans le cadre de la conception de la politique nationale. C'est dans le texte constitutionnel qu'on trouve le soubassement juridique du pouvoir réglementaire du président de la République. On peut en effet lire que le président de la République « exerce le pouvoir réglementaire »[144].

Deux remarques sont susceptibles d'être faites à l'analyse du pouvoir réglementaire du président de la République au Cameroun. La première est relative à l'extrême liberté reconnue à l'institution présidentielle en la matière. D'une part, contrairement à ce qui était prévu par la Constitution du 4 mars 1960[145], les actes du Chef de l'État ne sont pas contresignés par les membres du gouvernement. Quand bien même l'édiction de certains actes est conditionnée par le recours à la consultation[146], les avis qui lui sont émis revêtent simplement une nature obligatoire et non conforme. Bien plus, on peut s'interroger sur le contrôle des actes réglementaires du président de la République. En la matière, on peut se rendre compte que les uns sont tout simplement injusticiables[147] tandis que les autres sont faiblement contrôlés par le juge.

La seconde remarque vise l'importance du champ matériel du pouvoir réglementaire du président de la République au Cameroun. À la lecture de la Constitution du 18 janvier 1996, on peut citer entre autres, des domaines tels que la formation et la révocation du gouvernement[148], la nomination aux emplois civils et militaires[149], l'exercice du droit de grâce[150], l'accréditation des ambassadeurs[151] et même la proclamation des états de crise constitutionnalisés[152]. L'étendue du champ matériel est révélatrice de l'importance des actes réglementaires dans la définition de la politique de la Nation.

Le président de la République peut aussi se comporter comme une autorité législative en l'occurrence, lorsqu'il intervient dans le cadre de la législation déléguée[153]. Concrètement, cette hypothèse est envisageable lorsque les actes sont édictés par le président de la République sur délégation préalable du

---

143 Salami (I.-D.), *Droit administratif*, Cotonou, Éditions Cedat, 2015, p. 72.

144 Article 8 alinéa 8 de la Constitution du 18 janvier 1996.

145 Article 19 de la Constitution du 4 mars 1960.

146 Il en est ainsi de la dissolution de l'Assemblée nationale (article 8 alinéa 12 de la Constitution du 18 janvier 1996) ou encore du recours au référendum (article 36 alinéa 1de la Constitution du 18 janvier 1996).

147 Article 53 de la Constitution du 18 janvier 1996.

148 Article 10 alinéa 1 de la Constitution du 18 janvier 1996.

149 Article 8 alinéa 10 de la Constitution du 18 janvier 1996.

150 Article 8 alinéa 7 de la Constitution du 18 janvier 1996.

151 Article 8 alinéa 4 de la Constitution du 18 janvier 1996.

152 Article 9 de la Constitution du 18 janvier 1996.

153 Tusseau (G.), « La législation déléguée », in Michel Troper et Dominique Chagnollaud (dir.), *Traité international de Droit constitutionnel*, Paris, Dalloz, 2012, p. 619.

législateur[154]. C'est généralement le cas lorsque ce dernier prend des ordonnances. À la lecture de l'acte constituant du 18 janvier 1996, il est indiqué que « le parlement peut autoriser le président de la République, pendant un délai limité et sur des objets déterminés, à prendre des ordonnances »[155]. Celles-ci ont une nature législative[156] après ratification et peuvent être justifiées par le souci de l'exécutif présidentiel de fixer les orientations de la politique nationale.

Enfin, dans le souci de concrétiser la politique conçue, le président de la République a le pouvoir de déclencher des réformes normatives. Il s'agit essentiellement du pouvoir d'initier les lois ou des réformes constitutionnelles. Dans le premier cas, il détient, avec les membres du parlement, l'initiative des lois[157]. Aussi, a-t-il le pouvoir de déclencher soit l'élaboration d'un nouveau texte législatif, soit une révision de la loi en vigueur. Dans le second cas, il constitue un acteur privilégié en matière de révision constitutionnelle[158]. D'une part, parce que le texte lui permet de déclencher cette opération constituante ; d'autre part, parce qu'il maîtrise la cadence des révisions constitutionnelles[159]. Dans les deux hypothèses, les réformes peuvent être justifiées par la volonté de donner un soubassement juridique à la politique nationale. Il s'en suit, au vu de ce qui précède, que le président de la République en tant que Chef de l'État, assure la direction de la politique nationale. Ce qui induit aussi celle de l'administration, des forces de défense et de sécurité.

B- La direction de l'administration nationale, des forces de défense et de sécurité

Du fait de sa posture de chef de l'État, le président de la République dirige à la fois l'administration nationale (1) et les forces de défense et de sécurité (2).

1- La direction de l'administration nationale

En droit administratif général, on peut définir le vocable « administration » à partir d'un double critère organique et fonctionnel[160]. Suivant le premier critère, il s'agit d'un « ensemble de moyens institutionnels »[161]. Quant à la seconde assertion, sur la base de son étymologie latine *ministrare*, ce vocable renvoie à l'activité qui tend à la satisfaction de l'intérêt général. En un mot,

---

[154] Bon (P.), « Les substituts à la loi : les actes législatifs de l'exécutif », *op. cit.*, p. 473.
[155] Article 28 de la Constitution du 18 janvier 1996.
[156] *Idem.*
[157] Article 25 de la Constitution du 18 janvier 1996.
[158] Atangana (E-J-L), *La révision des Constitutions en droit camerounais, op. cit.*, p. 107.
[159] *Idem.*
[160] Mballa Owona (R.), *La notion d'acte administratif unilatéral en droit camerounais*, Thèse de doctorat Ph.D en Droit public, Université de Douala, 2009, p. 37.
[161] Mballa Owona (R.), *La notion d'acte administratif unilatéral en droit camerounais, op.cit.*, p. 39.

on peut donc affirmer que l'administration visée par cette étude fait référence à l'ensemble des organes qui accomplissent des missions d'intérêt général[162]. Cette administration, prise dans sa globalité, est chapeautée par le président de la République et cela, qu'elle relève de l'État ou des entités décentralisées.

L'administration d'État a un double volet central et déconcentré au Cameroun. Mais cette double déclinaison n'altère en rien l'autorité du président de la République puisque ce dernier assure à la fois des fonctions supérieures de direction et de contrôle[163]. C'est d'ailleurs à juste titre que le professeur **Jean Calvin ABA'A OYONO** parle de « l'importance inégalée des pouvoirs du président de la République »[164] en matière d'administration.

Le président de la République est l'autorité hiérarchique suprême au Cameroun. Au-delà des services de la présidence qui sont placés sous son autorité[165], il exerce aussi l'autorité hiérarchique aussi bien sur l'administration centrale et sur l'administration déconcentrée[166]. À titre de rappel, on parle du pouvoir hiérarchique pour désigner le contrôle que le supérieur hiérarchique exerce sur ses subordonnés[167]. Ce contrôle vise à la fois les actes et la personne du subalterne. Dans le premier cas, le supérieur hiérarchique peut annuler, instruire, modifier ou suspendre les actes édictés par son subordonné[168]. Dans le second cas, l'autorité hiérarchique peut mobiliser des mesures disciplinaires à l'égard de ses subordonnés. C'est ainsi qu'elle peut révoquer, suspendre ou affecter la personne du subordonné[169]. Il se trouve que les prérogatives ci-dessus révélées sont reconnues au président de la République. Non seulement il assure le contrôle des actes administratifs de ses subordonnés, mais il a aussi la possibilité de sanctionner les autorités administratives centrales et déconcentrées.

À l'égard des entités décentralisées, le président de la République revêt plutôt la casquette de tuteur puisqu'il assure la tutelle sur les collectivités territoriales décentralisées[170] et sur les établissements publics. En constitutionnalisant la décentralisation territoriale[171], le constituant

---

[162] *Idem.*

[163] Sy (D.), *Droit administratif*, 2e éd. Dakar, L'Harmattan, 2014, p. 178.

[164] Aba'a Oyono (J-C), « Les fondements constitutionnels du droit administratif : de sa vertueuse origine française à sa graduelle transposition vicieuse dans les États stables et instables de l'Afrique francophone », in *Magloire Ondoa et Patrick Edgard ABANE (Dir.), Les fondements du droit administratif camerounais*, Paris, L'Harmattan, 2016, p. 75.

[165] Sy (D.), *Droit administratif*, *op.cit.*, p. 178.

[166] *Idem.*

[167] *Ibid.*, p. 174.

[168] Sy (D.), *Droit administratif*, *op. cit.*, p. 174.

[169] *Idem.*

[170] Lire les articles 59 et 60 de la Sy (D.), *Droit administratif*, *op. cit.* P. du 18 janvier 1996.

[171] Guimdo Dogmo (B.-R.), « La constitutionnalisation de la décentralisation Au Cameroun » in In MELONE (S.), MINKOA SHE (A.) et SINDJOUN (L.), *La réforme constitutionnelle du*

camerounais a bien voulu soumettre les Collectivités Territoriales Décentralisées au contrôle de l'État en consacrant la tutelle[172] comme procédé de contrôle. C'est dans cette logique qu'elle a désigné le président de la République comme autorité de tutelle suprême. Ce dernier dispose ainsi, conformément à la constitution, d'un pouvoir disciplinaire à l'encontre des autorités régionales. On retrouve ainsi, dans la Constitution du 18 janvier 1996, des formules telles que « le Conseil Régional peut être suspendu par le président de la République (…) »[173], qu'il « peut être dissous par le président de la République »[174] ou encore que le président et le Bureau du Conseil Régional peuvent soit être suspendus[175] ou encore destitués par lui[176].

Évidemment, on peut se demander si l'exercice de la tutelle rime avec le primat du président de la République sur les Collectivités Territoriales Décentralisées, étant entendu que la tutelle ne constitue qu'un mécanisme de contrôle. Cependant, il est important de souligner que dans le contexte camerounais, la tutelle est tellement poussée qu'elle a fait basculer la décentralisation à la recentralisation[177]. De sorte que les autorités locales se trouvent englouties par la toute-puissance du pouvoir central incarné par le président de la République.

Une autre interrogation peut viser l'exercice de la tutelle sur les établissements publics par le président de la République étant entendu que la loi de 2017 désigne clairement le tuteur technique[178] et le tuteur financier[179]. À cette question, on peut affirmer que la tutelle présidentielle est indirecte dans la mesure où les organes désignés par le législateur relèvent du pouvoir exécutif et travaillent sous son autorité et sur la base des missions qu'il leur assigne. Parce qu'il assure l'autorité hiérarchique sur les organes de tutelle des établissements publics, on peut tirer la conclusion selon laquelle, le président de la République contrôle ces derniers, ce d'autant plus que c'est lui qui nomme leurs organes dirigeants. Il découle de ce qui précède que l'institution présidentielle dirige effectivement l'administration nationale, que celle-ci soit centrale ou décentralisée. Les prérogatives que le droit lui donne lui permettent d'exercer un pouvoir hiérarchique ou la tutelle sur les institutions administratives au point

18 janvier 1996 Aspects juridiques et politiques. STANISLAS MELONE et al. (dir.). Yaoundé. Fondation Friedrich Ebert-GRAP (1996), pp. 292-317.

[172] Article 55 alinéa 1 de la Constitution du 18 janvier 1996.

[173] Article 59 alinéa 1 de la Constitution du 18 janvier 1996.

[174] Article 59 alinéa 2 de la Constitution du 18 janvier 1996.

[175] Article 60 alinéa 1 Constitution du 18 janvier 1996.

[176] Article 60 alinéa 2 de la Constitution du 18 janvier 1996.

[177]Monembou (C.), « Les paradoxes de la décentralisation camerounaise : de la décentralisation à la recentralisation », *RADSP*, vol.1 n° 1, 2013, pp.161-180.

[178] Article 7 alinéa 2 de la loi n° 2017/010 du 12 juillet 2017 portant statut général des établissements publics.

[179] Article 7 alinéa 3 de la loi n° 2017/010 du 12 juillet 2017 portant statut général des établissements publics.

où il est omniprésent dans l'action administrative corroborant ainsi sa désignation comme clé de voûte de l'État. D'ailleurs, sa posture de chef de l'État est renforcée par la direction des forces de défense et de sécurité.

2- La direction des forces de défense et de sécurité

Depuis 1960, les constitutions consacrent expressément la subordination de l'autorité militaire au pouvoir civil en désignant le président de la République comme chef des forces armées[180]. C'est dire qu'en tant que chef de l'État, ce dernier exerce son pouvoir hiérarchique aussi bien sur l'administration que sur les forces de défense et de sécurité. Le texte constitutionnel du 18 janvier 1996 s'est donc inscrit dans la continuité de ses devanciers en disposant que le président de la République « est le chef des forces armées »[181]. Il y a donc, une « affirmation de principe de l'autorité du président de la République sur l'armée »[182]. L'autorité de l'exécutif présidentiel sur les forces de défense et de sécurité s'exerce dans un sens pluriel. Il revient à ce dernier de définir la politique nationale de défense[183]. Il s'agit là de l'une des variantes de la définition de la politique de la Nation. Les initiatives dans le sens de la modernisation de l'armée ou la réforme de son statut. Bref, le visage et l'État de l'armée sont tributaires de la politique présidentielle. C'est la raison pour laquelle il préside les conseils et organismes militaires ou de défense.

Le président de la République est aussi l'organe qui nomme aux emplois militaires. C'est du moins ce qui ressort de la loi fondamentale qui dispose que le chef de l'État « nomme aux emplois civils et militaires de l'État »[184]. Ce pouvoir de nomination est d'une importance considérable,[185] car, très souvent, le choix des hommes se fait sur la base de la vision que le président de la République a de l'armée[186]. Tout au plus, ce pouvoir lui permet de contrôler l'armée puisque par le parallélisme de forme, c'est lui qui peut révoquer les officiers militaires dans l'exercice de leurs fonctions à travers l'exercice du pouvoir militaire[187].

---

[180] Lire respectivement : l'article 16 de la Constitution du 4 mars 1960 ; l'article 12 l'article 8 de la loi n° 61-24 portant révision constitutionnelle et tendant à adapter la Constitution actuelle aux nécessités du Cameroun réunifié et l'article 9 de la Constitution du 2 juin 1972.

[181] Article 8 alinéa 2 de la Constitution du 18 janvier 1996.

[182] Engoutou (J-L), « Le président de la République, chef des armées dans les États d'Afrique noire francophone », *RADP*, n° 11, vol.VI, 2017, p. 33.

[183] Engoutou (J-L), « Le président de la République, chef des armées dans les États d'Afrique noire francophone », *op. cit.*, p. 37.

[184] Article 8 alinéa 10 de la Constitution du 18 janvier 1996.

[185] Bita Heyeghe (H.), « Le chef de l'État, chef des forces armées », *Irenee*, 2018, p. 2.

[186] *Idem.*

[187] *Idem.*

Par ailleurs, c'est le président de la République qui détient la décision militaire dans le contexte camerounais[188]. En d'autres termes, en tant que commandant en chef des forces armées, c'est ce dernier qui prend l'initiative d'engager les hostilités sur le plan militaire. À la question de savoir qui décide au Cameroun en matière militaire,[189] la réponse est simple, c'est le président de la République. Il peut ainsi prendre des mesures militaires pour sauvegarder l'intégrité du territoire ou dans le cadre de la mise en œuvre des pouvoirs de crise. En la matière, son pouvoir est faiblement encadré puisque la décision qu'il prend est discrétionnaire et est difficilement contrôlée.

Le président de la République chapeaute aussi les forces de police. D'ailleurs, le recours à l'expression délégation de la sûreté nationale laisse sous-entendre que la police est directement placée sous son autorité[190]. À l'égard des membres de ce corps, il exerce le pouvoir de nomination[191], de révocation[192], le pouvoir de suspension[193] et donc en un mot il est l'autorité hiérarchique des agents de la sûreté nationale.

Au final, la désignation du président de la République comme chef de l'État n'est pas vide de tout contenu. Elle est suffisamment révélatrice de la place et de l'importance de sa fonction dans le constitutionnalisme camerounais. À l'analyse, cette désignation fait de ce dernier l'autorité suprême et la clé de voûte de l'État et justifie le prestige et l'honneur qui lui sont réservés. À travers cette désignation, on comprend aisément que le président de la République n'est pas un organe comme les autres. Sa singularité dérive à la fois de son statut et de la qualité des missions qui lui sont assignées par le constituant. Elle est surtout consécutive à son positionnement dans le dispositif institutionnel justifiant ainsi sa prépondérance sur les autres institutions. Cependant, la forte propension au renforcement de son statut et de ses pouvoirs peut finalement aboutir à la personnification du pouvoir d'où l'intérêt d'un encadrement rigoureux de sa fonction.

---

188 Engoutou (J-L), « Le président de la République, chef des armées dans les États d'Afrique noire francophone », *op. cit.*, p. 35.

189 Cohen (S.), « Le pouvoir politique et l'armée », *Pouvoirs*, n° 125, 2008, p. 19.

190 L'article 2 alinéa 1du Décret n° 2012/540 du 19 novembre 2012 portant organisation de la Délégation générale de la Sûreté nationale dispose dans ce sens que « la sûreté nationale est un corps de commandement et d'administration placé sous l'autorité du président de la République qui en est le chef suprême ».

191 L'article 3 alinéa 2 du Décret n° 2012/539 du 19 novembre 2012 portant statut spécial du corps des fonctionnaires de la Sûreté nationale.

192 *Idem.*

193 *Idem.*

Bibliographie indicative

Aïvo (F-J), *Le président de la République en Afrique noire francophone. Genèse, mutations et avenir de la fonction*, Paris, L'Harmattan, 2007.

- Asso (B.), *Le Chef d'État africain. L'expérience des États africains de succession française*, Paris, Albatros, 1976.

- Richir (I.), *Le président de la République et le Conseil Constitutionnel*, Paris, P.U.F., 1998.

- Olinga (A.-D.), *La Constitution de la République du Cameroun*, 2e éd.Yaoundé, Pucac, 2013.

- Owona (J.), *Droits constitutionnels et institutions politiques du monde contemporain. Étude comparative*, Paris, L'Harmattan, 2010.

- Zarka (J-C), *Le président de la République*, Paris, Ellipses, 2006.

- Ardant (P.), « L'article 5 et la fonction présidentielle », *Pouvoirs*, n° 41, 1987.

- Bakounda-Mpele (F.), « Repenser le président africain », VIIe Congrès français de Droit constitutionnel, 25, 26 et 27 septembre 2008.

- Conac (G.), « Portrait du Chef d'État », *Pouvoirs*, n° 25, 1983.

- David (F.), « Le président de la République, garant de la cohésion sociale », *RFDC*, n° 59, 2004.

- Gicquel (J.), « Le présidentialisme négro-africain : le cas du Cameroun », *in Le pouvoir Mélanges offerts à Georges BURDEAU, Paris, LGDJ*, 1977.

- Ponthoreau (M-C), « Le président de la République une fonction à la croisée des chemins », *Pouvoirs*, n° 99, 2001.

- Monembou (C.), « Vers la fin de la transcendance du pouvoir présidentiel au Cameroun : réflexion sur l'approfondissement de l'État de droit », *RASJ*, n° 10, 2013.

- Lavroff (D-G), *Les systèmes constitutionnels en Afrique noire. Les États francophones*, Paris, A. Pedone, 1976.

- Loada (A.), « La limitation du nombre de mandats présidentiels en Afrique francophone », *Afrilex*, n° 03, 2003.

- Owona (J.), « Le pouvoir exécutif », *Encyclopédie juridique de l'Afrique. Tome I, l'État et le droit, Les Nouvelles Éditions africaines*, 1982.

LA DÉFINITION DE LA POLITIQUE DE LA NATION PAR LE PRÉSIDENT DE LA RÉPUBLIQUE

Jean-Marie Noël NDZINA NOAH[1]

Les *« institutions demeurent rarement sur l'orbite où leur créateur a entendu les placer »*[2]. La définition de la politique de la Nation en régime parlementaire présidentialisé[3] fournit l'illustration à ces propos. Tâche par tradition confiée au pouvoir exécutif, sa distribution par les constituants au sein de ce pouvoir en pareil régime où il est généralement dualiste, exprime une certaine difficulté à déterminer l'autorité adéquate pour l'exercer. Il apparaît en effet qu'en choisissant de la confier à l'une, l'autre ne perd pas la possibilité de s'en arroger dans la pratique, profitant des circonstances politiques, au grand dam de son bénéficiaire constitutionnel. Quoi qu'il en soit, la Constitution camerounaise actuelle dispose que *« Le président de la République (...) définit la politique de la nation »*[4]. En disposant ainsi, cette Constitution innove en la matière, car ses devancières, même si elles ne l'ignorent pas, ne formulaient pas ainsi cette prérogative. La première manifestation constitutionnelle de cette fonction remonterait à la première constitution du Cameroun en la forme, en l'occurrence, la Constitution du 4 mars 1960[5]. Sous l'empire de ce texte en effet, cette fonction a d'abord été

---

[1] *Directeur des publications du CERCOA (Centre d'Études et de Recherche sur l'État et la Constitution en Afrique).*

[2] RIVERO (J), « Fin d'un absolutisme », *Pouvoirs*, n° 13, 1991, p. 6.

[3] Le régime parlementaire présidentialisé s'entend comme cette variété de régimes parlementaires marquée par la consécration des *« critères classiques du régime parlementaire »* (la responsabilité politique du Gouvernement devant le Parlement et le droit de dissolution) et le renforcement du statut et de la stature du président de la République dans la constitution (un statut proéminent du président dû à son élection au suffrage universel direct et sa responsabilité limitée d'une part et une stature marquée par des pouvoirs constitutionnels importants exercés d'ailleurs sans contreseing d'autre part). MILLARD (E.), « Le modèle français : deux formes de présidentialisation du régime parlementaire », *Teoria Politica*, « halshs-00937404 », 2013, p. 4-6. Ce type de régime correspond à la description que le professeur Maurice Duverger donne du *concept de régime semi-présidentiel*, V. DUVERGER (M), « Le concept de régime semi-présidentiel », in DUVERGER (M.) (dir.), *Les régimes semi-présidentiels*, Paris, P.U.F., 1986, p. 7-17.

[4] Article 5 alinéa premier paragraphe 3 de la Constitution du 2 juin 1972.

[5] ONDOA (M), « Une résurrection : le régime parlementaire camerounais », *AFSJP-UD*, n° 2, 2002, p. 36.

momentanément exercée par le *« Premier ministre (alors) chef de l'État »*[6] avant de passer définitivement au président de la République cumulant désormais les fonctions de chef de l'État et de chef d'un gouvernement cantonné à *« assure[r] la gestion des affaires de la nation »*[7], tâche par nature administrative. Le passage à l'État fédéral n'infléchira pas véritablement la donne, car encore une fois, même si le changement constitutionnel qui l'incarna[8] ne formule pas explicitement cette prérogative[9], il ne la consacre pas moins pour autant[10]. En témoignent les dispositions de l'article 8 en vertu desquelles le président de la République fédérale formait, seul, l'Exécutif fédéral, cumulant, conformément à la tradition des exécutifs des États fédéraux, les fonctions de chef de l'État fédéral et de chef du Gouvernement fédéral[11] ; considérant du reste que la prérogative de définir la politique de la Nation ressortit, selon la théorie constitutionnelle, à l'autorité qui exerce la réalité du pouvoir exécutif, l'on ne peut s'empêcher d'inférer que c'est au président de la République fédérale qu'en incombait la charge[12]. Il fallut alors attendre la promulgation de la Constitution du 2 juin 1972 pour que la formule selon laquelle *« le président de la République (...) définit la politique de la Nation »* soit explicitement consacrée. Telle que formulée, cette dernière n'a fait l'objet d'aucun changement jusqu'à l'heure actuelle. À l'instar de l'article constitutionnel qui en est la trame ou la toile de fond, cette formule a résisté aux diverses révisions qu'a subies sa norme créatrice[13]. Depuis lors, il va sans aucune ambiguïté que le pouvoir de définir la politique de la Nation appartient au président de la République. En mettant en rapport le texte consacrant ce pouvoir présidentiel avec le reste du corpus constitutionnel, l'on se rend tout de suite à l'évidence d'un *« partage des tâches »* [14]opéré par la Constitution entre le président de la République et le Gouvernement. Si en effet il a été imparti à l'institution présidentielle la tâche de *''définir''* ou *''déterminer''*[15]la politique de la Nation, le Gouvernement s'est vue départir

---

6 *Ibid.*, p. 39 ; une espèce de *« présidentialisation de la fonction de premier ministre »* à la camerounaise.
7 Article 21 de la Constitution du 4 mars 1960.
8 Loi n° 61-24 du 1er septembre 1961.
9 EDOUA BILONGO (B), *Les changements constitutionnels au Cameroun et au Sénégal. Étude comparative*, Thèse de Doctorat/Ph.D en droit public, Université de Yaoundé II, 2014-2015, p. 275.
10 ONDOA (M.), « Une résurrection : le régime parlementaire camerounais », op.cit., p. 39.
11 Article 8 de la loi constitutionnelle du 1er septembre 1961 suscitée.
12 ONDOA (M.), « Une résurrection : le régime parlementaire… », op.cit., p. 36.
13 NGUELE ABADA (M.), « 20e anniversaire de la Constitution du 18 janvier 1996 : Une intelligence de l'article 5 de notre loi fondamentale », *Cameroon Tribune*, 18 janvier 2016, p. 10.
14 ARDANT (Ph.), « L'article 5 et la fonction présidentielle », *Pouvoirs*, n° 41, 1987, p. 38.
15 EDOUA BILONGO (B.), op. cit., p. 279.

la charge de *mettre en œuvre,* c'est-à-dire d'appliquer[16], d'exécuter ou de traduire dans la réalité ladite politique telle qu'elle a été définie par le président de la République[17].

En disposant de la sorte, le constituant camerounais marquait, à tout le moins formellement[18], le départ avec certains de ses homologues étrangers ayant opté pour un aménagement institutionnel similaire. Il en est ainsi du constituant français de la Vᵉ République qui attribue au Gouvernement, cumulativement les tâches de déterminer et de conduire la politique de la nation[19] même si la pratique s'en écarte fortement et plusieurs fois[20]. C'est la même orientation qu'ont choisie les constituants capverdien [21]et malien[22]. Même s'il semble emboîter le pas à ses deux homologues précédents, il faut noter que le constituant centrafricain introduit une ambiguïté dans la formule qu'il retient[23]. Toutefois, certains constituants africains, par une formule quasi unanime, cumulent les tâches de détermination (définition) et de conduite de la politique de la Nation, mais cette fois au profit du président de la République. C'est le cas notamment des constituants tchadien[24] et ivoirien[25]. Les cas de la République Démocratique du Congo[26] et du Gabon[27] présentent ici une certaine originalité avec l'exigence d'une *« concertation »* entre le

---

[16] ABANE ENGOLO (P.E.), *L'application de la légalité par l'administration au Cameroun*, Thèse de Doctorat Ph.D en Droit public, Université de Yaoundé II, 2009, p. 18.

[17] Article 11 alinéa 1 de la Constitution.

[18] Nonobstant ces disparités formelles, la pratique est la même. C'est-à-dire que qui contrôle l'Assemblée nationale exerce réellement le pouvoir de définition de la politique de la nation.

[19] Art. 20 de la Constitution du 4 octobre 1958.

[20] Il faut dire que même si la constitution attribue la compétence au Gouvernement, celui-ci s'en trouve dépossédé en contexte de *fait majoritaire* où cette tâche est plutôt exercée par le président de la République. Lire ARDANT (Ph.), « L'article 5 de la Constitution... », op.cit., p. 37. Lire aussi DUVERGER (M.), « L'article 20 », in LUCHAIRE (F.), CONAC (G.) (dir.), *La constitution de la République française*, Paris, Economica, 2ᵉ édition, 1987, pp. 575-580.

[21] La Constitution capverdienne dispose en son article 215 qu'*« il incombe au Gouvernement réuni en Conseil des ministres, dans l'exercice de ses fonctions politiques de :(...) Définir, approuver et exécuter la politique générale du pays ».*

[22] Article 53 de la Constitution du 12 janvier 1992.

[23] Aux termes de l'article 52 de la Constitution du 30 mars 2016, *« le Premier ministre-chef du Gouvernement détermine et conduit la politique de la nation dont les grandes orientations sont fixées par le président de la République (...) conformément à l'article 33 »* lequel dispose que le président de la République *« (...) fixe les grandes orientations politiques de la nation ».*

[24] Article 95 de la Constitution du 30 avril 2018 qui dispose que *« le président de la République... détermine et conduit la politique de la nation ».*

[25] Article 64 de la Constitution du 8 novembre 2016.

[26] L'article 91(1) de la Constitution de la République démocratique du Congo dispose que *« Le Gouvernement définit, en concertation avec le président de la République, la politique de la Nation et en assume la responsabilité ».*

[27] L'article 8 de la Constitution du 26 mars 1991, révisée par la loi du 12 janvier 2011 dispose que le *« président de la République (...) détermine, en concertation avec le Gouvernement, la politique de la Nation. Il est le détenteur suprême du pouvoir exécutif qu'il partage avec le Premier ministre ».*

Gouvernement et le président de la République en matière de détermination de la politique de la Nation. Le constituant congolais lui, opère un partage de compétences entre le président de la République et le Gouvernement en matière de définition de la politique de la Nation en fonction des domaines.

En effet, le constituant consacre la compétence exclusive du chef de l'État pour la détermination de la politique étrangère et de défense de la nation[28] en la confiant au Premier ministre, toutefois, en *concertation* avec le président de la République la détermination de la politique économique et sociale de la nation[29]. L'on se doit de souligner, au terme de cette furtive analyse comparative, la peine qu'ont les constituants à trouver une formulation constitutionnelle qui rende véritablement compte de la modulation réelle de l'exercice de ce pouvoir en fonction des deux circonstances susceptibles de survenir (concordance et discordance des majorités). Tant l'écart existe toujours entre les différentes formulations constitutionnelles et la pratique constitutionnelle et institutionnelle.

Tel qu'elle est rédigée, la formule constitutionnelle selon laquelle le *« président de la République... définit la politique de la Nation »* est, à première vue, suffisamment intelligible et ne saurait prêter à confusion. Pourtant, à y voir de près, à en croire l'importante littérature constitutionnelle analysant le problème sous-jacent[30] et surtout au regard de l'expérience constitutionnelle de certains États, cette disposition appelle un traitement plus ou moins parcimonieux. Car, se limiter à cette impression de surface ne met pas à l'abri de tout étonnement ultérieur. D'emblée, il convient de souligner que cette impression ou cette illusion est nourrie par le fait que le régime politique camerounais n'a jusqu'ici fonctionné que dans un contexte marqué par la concordance des majorités présidentielle et parlementaire, mieux la permanence du fait majoritaire, laquelle l'érige en situation normale [31]de la vie politique camerounaise.

---

[28] Art. 64 Constitution adoptée le 25 octobre 2015.

[29] Art. 99 du même texte.

[30] COHENDET-CHASLOT (M-A), *L'épreuve de la cohabitation. (mars 1986-mai 1988)*, Thèse en vue de Doctorat en Droit public et analyse politique, Université Jean Moulin-Lyon III, 1991, 1008 p. ; FOURNIER (A.-X.), *Analyse critique de la cohabitation sous la Vᵉ République : bilan et perspective*, Mémoire de Maîtrise en Sciences politiques, Université du Québec-Montréal, juillet 2007, 177 p. ; voir aussi, le numéro 91 de la *Revue Pouvoirs*, septembre 1999, ARDANT (Ph.), DUHAMEL (O.), « La dyarchie », *Pouvoirs*, n° 91, 1999, pp. 5-24. Peyrefitte (A), « Les trois cohabitations », *Pouvoirs*, n° 91, 1999, p. 25-32 ; COHENDET (M.-A.), « Cohabitation et Constitution », *Pouvoirs*, n° 91, p. 33-58 ; PORTELLI (H), « Arbitre ou chef de l'opposition ? », *Pouvoirs*, n° 91, 1999, MAUS (D.), « Le Parlement et les cohabitations », *Pouvoirs*, n° 91, Grunberg (G.), « Du cohabitationnisme de l'opinion », Ibid ; CARCASSONNE (G.), « Frein ou moteur ? », *Idem.* ; HOURDIN (H.), « Les questions sociales, enjeu de la cohabitation », *Idem.*

[31] ARDANT (Ph.), MATTHIEU (B.), *Institutions politiques et droit constitutionnel*, op.cit., p. 463.

Source d'étonnement ultérieur pour qui se limite à la lettre du texte pour en cerner le sens, cette disposition constitutionnelle l'est, dans la mesure où la simple dévolution constitutionnelle au président de la République du pouvoir de déterminer la politique de la nation baigne sur une sérieuse difficulté institutionnelle latente qui ne tarderait pas à éclore si jamais certaines conditions se trouvaient réunies. C'est dire que l'analyse d'une telle question s'avérerait insatisfaisante, superficielle, voire insuffisante, si n'était pas prise en compte l'épineuse épreuve de la *cohabitation* dont le système et le régime politiques camerounais pourraient un jour en faire l'expérience. Sans doute, l'épreuve, qui n'est pas inconnue du constitutionnalisme africain[32], y est présente quoique non encore manifestée. La Constitution aménage un cadre propice à sa réalisation, sauf que celle-ci est tributaire d'un certain nombre de circonstances politiques. Elle couve donc, en attendant qu'un jour, un *concours de circonstances*[33] politique vienne l'éclore. Une chose est certaine. C'est que le pouvoir présidentiel de détermination de la politique de la Nation ne peut être exercé de façon constante à toute ère. Il connaît une modulation selon le temps politique qu'il fait. Tout ce qui précède incline à décliner l'orientation de la question de recherche dans le sens exclusif de la signification et à préférer la recherche de la manière dont se module le pouvoir présidentiel de définir la politique de la Nation. En clair, le problème se pose de savoir si le pouvoir que cette attribution constitutionnelle confère au président de la République peut être mis en œuvre de la même manière en toutes circonstances par ce dernier. D'où la question la plus intéressante de savoir *comment ce pouvoir reconnu au président par la Constitution se module-t-il.*

L'entreprise n'est pas dépourvue d'intérêt. Tant elle permettra de se faire une idée du sens et des modalités de mise en œuvre de cette attribution. Elle donne également l'occasion de rappeler, pour le réitérer, son titulaire constitutionnel, ce qui n'est pas dénué de sens ; puisque l'histoire constitutionnelle et politique du Cameroun atteste que cette attribution a eu à donner lieu à un virulent conflit de compétences. Qui plus est, elle permet aussi de mettre en évidence l'enjeu des élections législatives pour le président de la République, élections dont elles constitueraient un facteur de modulation du pouvoir en général et donc du poids dans la détermination de la politique de la Nation en particulier[34]. Il est judicieux de souligner ici que, tout sujet imposant sa méthode, l'analyse ne s'appuiera pas exclusivement sur

---

[32] Le Niger en a naguère fait l'expérience. Sur ce point, lire utilement GRÉGOIRE (E.), « La cohabitation au Niger », in *Afrique Contemporaine*, n° 175, 3e trimestre 1995, pp. 43-51.

[33] VEDEL (G.), « Variations et cohabitation », in *Pouvoirs*, n° 83, 1997, p. 111.

[34] Le pouvoir du président dépend de sa victoire aux élections législatives. Le professeur Guy Carcassonne écrit à cet effet que « seule la victoire aux élections législatives (qui) donne le pouvoir », Carcassonne (G.), *La Constitution, introduite et commentée*, Paris, Points Seuils, 11e édition, 2013, p. 58.

l'exégétique pure. Sachant qu'une approche exclusivement fondée sur les textes dévoile son inaptitude à satisfaire la compréhension intégrale de ce point du droit[35], et puis rassuré de l'existence de normes non écrites dans le constitutionnalisme des États d'Afrique noire francophone[36], une telle approche doit être éludée.

Par ailleurs, le recours à la méthode historique et à la méthode comparative permettra de bien nourrir la réflexion. C'est le lieu de signaler que l'étude ne se passera pas de la prédictibilité, trait du droit qui permettra de prévoir les situations susceptibles d'advenir [37]en cas de cohabitation, jamais expérimentée par le Cameroun. Cela étant, il revient de relever qu'à l'analyse, *ce pouvoir présidentiel de déterminer la politique de la nation se module suivant qu'il y a concordance ou discordance des majorités présidentielle et parlementaire*. C'est donc *une modulation fonction de la conjoncture politique*. En effet, en période de *fait majoritaire*, il s'agit d'un pouvoir total du président de la République, c'est-à-dire que seul ce dernier en assure l'exercice intégral, sans concurrence (I). Toutefois, en période de discordance des majorités présidentielle et parlementaire, le président est amené à *« se soumettre ou se démettre »,* selon l'expression devenue célèbre de **Léon Gambetta**[38]. S'il accepte de se soumettre, s'ouvre alors une période dite de *cohabitation* pendant laquelle, ce pouvoir demeure formellement présidentiel. Mais en réalité, il s'avère qu'en perdant la majorité à l'Assemblée nationale, le président de la République perd *ipso facto* une partie des moyens de sa politique. Son pouvoir doit subir la concurrence de celui du Premier ministre qui, du fait de son ascendance politique due à la discordance des majorités, pèsera assurément lourd pendant l'opération. Il en résulte un pouvoir tempéré du président en la matière (II).

I- Un pouvoir total en période de concordance des majorités

En général, la concordance des majorités correspond à un contexte politique où l'autorité exerçant le pouvoir exécutif appartient au parti politique majoritaire au parlement, plus précisément, à la chambre basse. En l'espèce, l'on parlera de concordance des majorités pour référer à la situation où le président de la République est issu du parti politique ayant engrangé le plus grand nombre de sièges à l'Assemblée nationale à l'issue des élections législatives. Cette situation, autrement qualifiée de doctrine de *fait*

---

35 MIRKINE-GUETZEVITCH (B.), « Les méthodes d'étude du droit constitutionnel », *RIDC*, vol. 1, n° 4, octobre-décembre 1949.

36 MONEMBOU (C.), « Les normes non écrites dans le constitutionnalisme des États d'Afrique noire francophone », *RADSP*, n° 5, Vol. III, jan.-juin 2015, p. 85-119.

37 ABANE ENGOLO (P.E.), « L'empêchement définitif du président de la République », in *RADP*, n° 01, Vol. 1, Juin-Déc. 2012, p.183.

38 Discours prononcé à Lille le15 août 1877.

majoritaire,[39] n'est pas sans influence sur la vie et l'orientation institutionnelles. Elle entraîne des effets aussi bien sur le rôle joué par les institutions constitutionnelles que sur la condition même du texte constitutionnel. En particulier, le président de la République voit en cette circonstance son rôle institutionnel accroître et son poids dans la détermination de la politique de la nation tendre vers une espèce de totalitarisme. Parce qu'il bénéficie d'importantes prérogatives constitutionnelles qu'il joint, à la faveur du fait majoritaire, à des *attributions politiques* découlant de sa qualité de leader de la majorité parlementaire[40], le président de la République s'impose comme *« l'homme à tout faire »*[41] dans la définition de la politique de la Nation. En la matière, il *peut le plus et le moins*. Son pouvoir est donc total[42] en période de fait majoritaire dans ce sens qu'il en exerce l'exclusivité (A) et l'entièreté (B).

A- Une exclusivité du président

L'histoire constitutionnelle et les droits constitutionnels de certains États mettent en exergue l'intervention d'institutions variées en matière de détermination de la politique de la nation. En effet, dans les constitutions de certains États, la compétence de détermination de la politique de la nation ressortit au Gouvernement [43]qui l'exerce exclusivement dans certains cas, et dans d'autres, en concertation avec le président de la République[44]. En outre, il est des États où le Parti politique est intervenu à la détermination de la politique de la nation. Il en a été ainsi au Mali où le texte constitutionnel disposait que le *« parti unique... définit la politique de l'État »*[45]. Au Cameroun, l'histoire fournit un cas de *« conflit positif de compétence »* entre

---

[39] KERLEO (J.-F.), « Le fait majoritaire, chronique d'une mort annoncée », Jus *Politicum*, n° 18 – juillet 2017, pp. 337-354.

[40] GICQUEL (J.), GICQUEL (J.-E.), *Droit constitutionnel et institutions politiques*, Paris, LGDJ, 30e édition, 2016, p. 559.

[41] BANKOUNDA MPELE (F.), « Repenser le président africain », Communication au VIIe Congrès français de Droit constitutionnel, à l'occasion du 50e anniversaire de la Constitution du 4 octobre 1958, tenu à Paris, les 25, 26 et 27 septembre 2008, p. 9.

[42] L'idée est empruntée ici au professeur Pambou Tchivounda au sujet de l'État africain. En substance, l'auteur affirme *« L'État africain est un État total ; du point de vue de son rôle, il a vocation à la totalité. C'est un État à tout faire..., que ce soit dans le domaine social, économique ou politique »*, PAMBOU-TCHIVOUNDA (G.), *Essai sur l'État africain postcolonial*, Paris, LGDJ, 1982, p. 39.

[43] L'article 20 (1) de la Constitution française du 4 octobre 1958 dispose à cet effet que le *« Gouvernement détermine et conduit la politique de la nation »*. Dans le même sens, la Constitution capverdienne dispose en son article 215 qu'*« il incombe au Gouvernement réuni en Conseil des ministres, dans l'exercice de ses fonctions politiques de :(...) Définir, approuver et exécuter la politique générale du pays »*.

[44] L'article 91(1) de la Constitution de la République démocratique du Congo dispose que *« Le Gouvernement définit, en concertation avec le président de la République, la politique de la Nation et en assume la responsabilité »*.

[45] Article 5 de la Constitution du 1er juillet 1974.

le président de la République et le président du Parti unique de l'époque, l'Union Nationale camerounaise, en matière de détermination de la politique de la nation[46]. Dans un tel contexte, la question de savoir qui ''détermine la politique de la nation ?'' prend tout son sens, car elle fournit l'occasion de réitérer que, en période de fait majoritaire, seul le président de la République définit, ''de jure'' et ''de facto'', la politique de la Nation (1). Ceci à l'exclusion de toute autre institution (2).

1- Seul le président…

En période de concordance des majorités présidentielle et parlementaire, le président exerce seul, en droit et en fait, la prérogative de définition de la politique de la Nation.

Sur un plan purement juridique, il convient de souligner qu'au regard des dispositions de la Loi fondamentale, la détermination de la politique de la Nation ressortit au seul président de la République[47]. Deux arguments peuvent être invoqués à l'appoint de cette affirmation. D'abord, l'article 5 alinéa 2 paragraphe 3 de la Constitution dispose sans ambiguïté que *« Le président de la République… définit la politique de la nation »*. Lorsqu'on fait le tour du texte constitutionnel, l'on peut d'emblée relever que celui-ci ne comporte aucune autre disposition analogue au bénéfice d'une autre autorité. De plus, l'articulation de cette disposition constitutionnelle atteste, à l'analyse, que la mise en œuvre de cette attribution par son titulaire n'appelle, que ce soit à titre obligatoire ou à titre consultatif, le concours d'aucun quelconque autre organe[48]. Pourtant, ainsi qu'on l'a déjà relevé, certains constituants étrangers exigent une *concertation* entre le président de la République et le Gouvernement. Cette voie n'est pas celle choisie par le Constituant camerounais qui entend ainsi donner au président de la République toute chance de traduire en politique nationale, le programme politique défendu le long de la campagne électorale et sur la base duquel il aurait été porté à la magistrature suprême[49].

L'autre argument juridique qui conforte l'idée de l'exclusivité est tiré de la stature du président de la République. Incarnation de la Nation et de son unité

---

[46] Sur ce point, lire utilement NGUELE ABADA (M.), *État de droit et démocratisation. Contribution à l'étude de l'évolution politique et constitutionnelle au Cameroun*, Thèse de Doctorat en Droit public, Nouveau Régime, Université de Paris I-Panthéon Sorbonne, 12 janvier 1995, pp. 58-64. Lire aussi, Sindjoun (L), *Le président de la République au Cameroun (1982-1996). Les acteurs et leurs rôles dans le jeu politique*, Groupe de Recherches administratives et politiques, n° 50, 1996, pp. 10-12.

[47] EDOUA BILONGO (B.), *Les changements constitutionnels…*, *op. cit.*, pp. 276-277.

[48] *Idem.*

[49] PARENT (Chr.), *La magistrature suprême à l'aune des présidences de Chirac. État des lieux et perspectives*, Mémoire pour l'obtention du Master recherche en droit public interne, Université de Lille II, Droit et Santé, année universitaire, 2003-2004, 115 p.

qu'il *« porte dans sa chaire »*[50], le président de la République apparaît comme la personne la mieux indiquée pour tracer les voies d'avenir de celle-ci. C'est le seul candidat dont la Nation a plébiscité le programme défendu pendant la campagne relative à élection l'ayant porté au Magistère. C'est donc de bonne guerre que le constituant en fait le titulaire exclusif de détermination de la politique de la Nation. Celle-ci n'étant que la traduction en acte officiel c'est-à-dire l'officialisation, pour faire court, du programme politique défendu pendant la campagne et approuvé à l'issue de l'élection présidentielle.

In globo, en confiant l'exclusivité de la définition de la politique de la Nation au président, le constituant tirait simplement les conséquences de la consécration de l'élection au suffrage universel direct comme mode de désignation du président de la République et de l'incarnation de la nation qui en découle.

Il convient ici de relever que les simples énoncés constitutionnels de l'exclusivité présentés ci-dessus ne constituent aucunement une garantie de l'exercice, en fait, de cette attribution tel que voulu par le constituant. Au regard de l'articulation constitutionnelle des institutions, pour que cette volonté du constituant de faire du président de la République, le titulaire exclusif du droit de définir la politique de la Nation puisse se traduire concrètement, il faudrait que se réalise une concordance entre les majorités présidentielle et parlementaire, tant il est avéré que c'est là que réside la condition de l'action du président de la République[51]. L'exemple français conforte cette manière de voir dans la mesure où malgré l'attribution de cette compétence au Gouvernement en vertu de l'article 20, celle-ci est en réalité exercée par le président de la République, profitant du fait majoritaire, en lieu et place du Gouvernement et de son Chef[52].

Sur le plan factuel, le président de la République tient l'exercice exclusif du pouvoir de définition de la politique de la Nation de la réalisation du ''fait majoritaire''. Quoique non inscrit dans la constitution, celle-ci n'en aménage pas moins les conditions de réalisation. Dû à la situation de concordance des majorités présidentielle et parlementaire, le fait majoritaire entraîne des implications notables sur la pratique des institutions constitutionnelles. En effet, selon la doctrine dominante, il entraîne une prééminence présidentielle dans le système constitutionnel. Voici en quels termes les professeurs **Philips**

---

[50] OLINGA (A. D.), *La Constitution de la République du Cameroun*, Yaoundé, PUCAC, 2e édition, 2013, p. 50.

[51] DEROSIER (J.-Ph.), « François Hollande et le fait majoritaire. La naissance d'un fait majoritaire contestataire », in https://archivos.juridicas.unam.mx/www/bjv/libros/11/5017/15.pdf, p. 56.

[52] Lire à ce propos, LAVROFF (D.-G.), « Le droit saisi par la politique : l'instabilité de la norme constitutionnelle sous la Ve République », in *Politeia*, n° 25, 2014, p. 32-34 ; ARDANT (Ph.), « L'article 5 et la fonction présidentielle », *Pouvoirs*, n° 41, 1987, p.37-62 ; FORMERY (S.-L.), *La constitution commentée. Article par article*, Paris, Hachette, 2011-2012, p. 56.

ARDANT et **Bertrand MATTHIEU** résument cette prééminence : « le Premier ministre et le Gouvernement lui sont subordonnés ; le Parlement a pour mission de mettre en forme la politique définie par lui. Le président prend les initiatives dans tous les domaines, il tranche sur tous les dossiers qui l'intéressent et se sépare à son gré des ministres en commençant par le premier »[53]. Le fait majoritaire accroît donc considérablement l'importance politique du président de la République cumulant dans sa personne, dans la réalité, les casquettes de chef de l'État et du gouvernement. En pareille situation, le chef de l'État détient le dernier-mot sur toutes les compétences dévolues au pouvoir exécutif, y compris la détermination de la politique de la Nation. Condition de l'action du président de la République, le fait majoritaire conditionne aussi la définition exclusive, en fait, de la politique de la Nation par le chef de l'État.

Tout compte fait, que ce soit en droit ou en fait, en période de concordance des majorités, c'est le président de la République et lui seul qui définit la politique de la Nation. Cela à l'exclusion de toute autre institution de l'État.

2- L'exclusion de toute autre institution

Toutes autres institutions, constitutionnelles ou non, sont exclues de la tache de détermination de la politique de la Nation. Fonction par excellence du pouvoir exécutif, ainsi que cela ressort de la lecture de la plupart des textes constitutionnels, cette tâche inhérente à la fonction de gouverner n'est pas dévolue au Parlement encore moins au pouvoir judiciaire. Au regard de l'évolution constitutionnelle et politique du Cameroun et de l'Afrique, c'est à juste titre qu'il convient de s'appesantir sur l'exclusion des partis politiques et du Premier ministre et son gouvernement dans la fonction de définition de la politique de la Nation.

a- L'exclusion des partis politiques

Le refus à tout parti politique, fut-il au pouvoir, de définir la politique de la Nation, mérite une attention particulière en raison de l'histoire, dans la mesure où celle-ci fournit un exemple de conflit de compétence positif[54] entre le président de la République et le Parti unique de fait, à une certaine époque. Survenu à la suite de la démission du président **Ahmadou AHIDJO**, conservant la fonction de chef du Parti unique (UNC) et l'accession au Magistère de Paul Biya, désormais président de la République et chef de l'État, le conflit était sous-tendu par la question de savoir laquelle des deux personnalités était compétente pour définir la politique de la nation. Déjà, les années où **M. Ahmadou AHIDJO** cumulait les casquettes de chef du parti

---

[53] ARDANT (Ph.), MATTHIEU (B.), *Institutions politiques…*, op.cit., p. 463.

[54] L'on parle de conflit de compétence positif lorsque deux personnalités se reconnaissent concurremment compétentes sur une question précise.

unique et de chef de l'État ont fini par nourrir la confusion sur le fait que c'était au Parti ou à son Chef qu'il revenait de déterminer la politique de la nation[55].

Pourtant, la Constitution disposait autrement notamment que c'est le président de la République qui *« ... définit la politique de la nation ».* Ce que va réitérer le nouveau locataire du Palais de l'Unité en réplique à l'interview de son prédécesseur tendant à revendiquer cette attribution. En effet, lors d'une interview à *Cameroon Tribune*, Ahmadou Ahidjo affirme que c'est *« (...) l'UNC (Parti unique) qui définit les grandes orientations de la politique que le Gouvernement doit mettre en œuvre »*[56] ; une telle affirmation énonce, ainsi que le relève le **professeur Luc SINDJOUN**, *« le principe de la suprématie du parti unique sur l'État »*[57] et sur la constitution, et suppose corollairement, une subordination de l'État au Parti, ceci au grand mépris de la lettre et de la volonté de la loi fondamentale. Le titulaire du fauteuil présidentiel de l'heure, dont la place vient d'être mise en péril, devait répliquer ainsi : *« le problème ne s'était pas posé puisque mon prédécesseur cumulait les fonctions... Aujourd'hui, je dois dire en ce qui concerne la Constitution qui... est la règle la plus élevée, il est dit que c'est le président de la République qui définit la politique de la Nation... »*[58]

Quel que soit le commentaire qu'on peut en faire, cette réplique présidentielle tend à restaurer l'autorité de l'État sur les partis politiques et à réaffirmer l'exclusion du parti politique de la tâche de définition de la politique de la Nation. S'il arrive que le président de la République cumule les fonctions de chef de l'État et chef de son parti, l'on doit savoir qu'il ne définit pas la politique de la nation en tant que chef du parti, mais bien exclusivement en tant que président de la République. C'est uniquement de ce dernier statut qu'il tient cette attribution. Ainsi, s'il venait à perdre sa fonction de chef de parti, il conservera toujours la prérogative de définir la politique de la nation. En outre, à l'instar des partis politiques, y sont exclus, le Gouvernement et son chef qui n'interviennent en matière de politique de la nation qu'à titre d'exécutants.

---

[55] NGUELE ABADA (M.), « Une intelligence de l'article 5 de notre loi fondamentale », op. cit., p. 10.

[56] *Cameroon Tribune* n° 2592, 30-31 janvier 1983, p. 3.

[57] SINDJOUN (L.), *Le président de la République au Cameroun (1982-1996). Les acteurs et leurs rôles dans le jeu politique*, Groupe de recherches administratives et politiques, n° 50, 1996, p. 10

[58] BIYA (P.), Interview donnée au Club de la Presse de RFI, publiée à *Cameroon Tribune*, n° 2703, 18 juin 1983.

b- L'exclusion du Premier ministre et du Gouvernement

Généralement, en régimes parlementaires, c'est au Premier ministre qu'il revient de définir la politique de la nation [59]; et cela va de soi. Car en pareil régime, et selon une théorie constitutionnelle bien énoncée, c'est au Premier ministre et au Gouvernement dont il dirige l'action qu'il incombe de répondre de cette politique devant les élus de la Nation siégeant au Parlement[60]. Au Cameroun, sous l'empire de la Constitution du 4 mars 1960, le *« Premier ministre, chef de l'État »* [61]*concentrait entre ses mains les fonctions de chef de gouvernement et de chef de l'État et à ce titre, exerçant le pouvoir de définir la politique de la nation »*[62]. Ce qu'il faut retenir à la suite de ces énoncés est qu'à un moment donné de l'évolution politique du Cameroun, le Premier ministre a eu à assumer la fonction de définir la politique de la Nation. Et depuis que le constituant l'en a dépouillée pour l'attribuer au président de la République, il ne l'a plus jamais recouvrée. Aujourd'hui, seul *« le président de la République... définit la politique de la nation »* à l'exclusion du Gouvernement et de son chef. Cette exclusion résulte d'une intention du constituant dans la mesure où celui-ci ne manque pas d'impliquer le Gouvernement à la question globale de la politique de la nation. En mettant en perspective les articles 5 (2) (3) et 11 (1) de la Constitution qui disposent respectivement que *« le président de la République... définit la politique de la nation »*, et que *« Le Gouvernement est chargé de la mise en œuvre de la politique de la nation telle que définie par le président de la République »*, il résulte un partage clair des taches[63] entre le président de la République et le Gouvernement (Premier ministre) en matière de Politique de la nation. À partir de ce partage, à l'image de la distinction opérée en *« Droit de la Fonction publique »* entre tâches de catégorie A (tâches de conception) et celles de catégorie B (tâches d'exécution), le constituant camerounais opère une distinction de deux catégories de taches à savoir la *''tache de catégorie A''* correspondant à la tache de *« Conception »* [64]*(la définition de la Politique)* attribuée au président de la République et la *''tache de Catégorie B''* correspondant à la tâche d'*« Exécution »*[65] *(la « mise en œuvre de la politique »)* attribuée au Premier ministre et à son gouvernement.

---

59 ONDOA (M.), « Une résurrection : le régime parlementaire camerounais », *AFSJP-UD*, n° 2, 2002, p. 35.
60 *Idem.*
61 *Ibid.*, p. 39. Au moment où il promulgue la Constitution du 4 mars 1960, Ahmadou Ahidjo est Premier ministre ; il est alors la plus haute autorité de l'État nouvellement né ; pendant trois mois donc il assure la chefferie de l'État même s'il ne la tient pas des mécanismes du nouveau texte constitutionnel.
62 *Idem.*
63 ARDANT (Ph.), « L'article 5 et la fonction présidentielle », *Pouvoirs*, n° 41, 1987, p. 38.
64 ARDANT (Ph.) et MATTHIEU (B.), *Institutions politiques et droit constitutionnel*, Paris, LGDJ, p. 512.
65 *Idem.*

Cette répartition des tâches n'est pas *horizontale,* mais bien *verticale.* Car il s'établit une hiérarchie entre le président de la République et le Premier ministre dans l'aménagement constitutionnel de la politique de la Nation. L'usage de la locution *''telle que''* est suffisamment évocateur à cet effet, car, celle-ci suppose la subordination du Premier ministre à la Politique de la nation qu'aura définie le président de la République. Dépouillé de toute possibilité de réformation et d'appréciation de la pertinence de ce qui a été défini par le président de la République[66], il pèse donc sur les actes du Premier ministre et de l'équipe gouvernementale, pris en rapport avec la politique de la nation, une obligation de conformité à *l'Acte fondamental* de définition de ladite Politique pris par *l'homme de la nation.* Toutefois, il faudrait souligner l'ambiguïté introduite par l'expression « *élaborer la politique de la nation* » couramment utilisée par le décret portant organisation du gouvernement[67]. Cette expression est véritablement difficile à démarquer du vocable *définir la politique de la Nation,* utilisé par la Constitution. Néanmoins, l'on peut relever que cette question soulève le problème des méthodes de travail employées par le président pour s'acquitter de sa charge constitutionnelle de définition de la politique de la nation.

Au total, il appert qu'en période de concordance des majorités, seul le président de la République, à l'exclusion de toutes autres institutions, exerce l'entièreté du pouvoir de définir la politique de la nation.

B- L'entièreté du pouvoir

En période de concordance des majorités, le président de la République exerce, dans les faits, l'entièreté du pouvoir de définir la politique de la Nation. Cela revient à dire que non seulement aucun domaine de la politique de la nation n'échappe à l'intervention du Chef de l'État[68] (1), mais ce dernier en demeure également maître des initiatives de révisions, de réformation, d'adaptation (2). Bref, en la matière, le président peut tout, le plus et le moins.

1- L'intervention dans tous les domaines

En disposant que « *le président de la République... définit la politique de la nation* », le constituant entendait certainement faire tomber dans le champ de cette prérogative la totalité des domaines de la vie nationale. Cette perception des choses suppose une interprétation non point *restrictive*, mais *extensive* de la notion de « *politique de la nation* ». Autrement dit, une

---

[66] EDOUA BILONGO (B.), *Les changements constitutionnels...*, op. cit., pp. 288-289.

[67] L'article premier alinéa 3 du décret n° 2011-408 du 9 décembre 2011 portant organisation du Gouvernement dispose que « *le gouvernement est chargé de l'élaboration et de la mise en œuvre de la politique de la nation telle que définie par le président de la République* ».

[68] GICQUEL (J.), « Le présidentialisme négro-africain : l'exemple camerounais », in Burdeau (G) (Mél. à), *Le Pouvoir*, Paris, LGDJ, 1977, p. 714.

appréhension suffisante, voire satisfaisante, de la politique de la nation commande le dépassement de l'opinion tendant à la réduire aux problèmes quotidiens et de détails pour la référer aux *« vastes projets, les visions à long terme, la grande politique (ou la politique avec grand P) »*[69]. Il est donc question de la *« Politique générale de la nation »*, selon l'expression de **Michel DEBRÉ**[70]. Il convient néanmoins de préciser que la Politique nationale se décompose en *mini-politiques.* En un mot, la définition de la politique de la Nation consisterait à *tracer les grandes orientations, à fixer les buts et à donner les directives.* En référence à **Carl J. Friedrich**, la *politique de la Nation* peut s'entendre comme l'ensemble des mesures prises pour résoudre les problèmes de la Nation[71]. Elle se traduit généralement dans la réalité par la législation[72] et s'étend sur les plans politique, économique, social, culturel, sportif et juridique. Elle revêt une double dimension nationale et internationale. La lecture de la Constitution témoigne de la volonté du constituant de faire du président le *« centre névralgique de (toute) la politique nationale »*[73]. Et en tant que tel, il conserve le pouvoir de modification de celle-ci.

2- La conservation du pouvoir de modification

Si la Constitution camerounaise dispose sur la question de la définition de la politique de la nation, elle ne prescrit pas toutefois les modalités dont doit procéder l'exercice de cette attribution. Se trouve ainsi occultée, entre autres, la forme que doit prendre l'acte matérialisant la définition de la politique de la Nation. Quoi qu'il en soit, l'attribution au président de la République du pouvoir de définir la politique de la Nation implique que le Chef de l'État dispose du *pouvoir initial (ou originaire)* de détermination des *« grandes orientations managériales de l'État camerounais »*[74]. Et logiquement, cela intervient au début du mandat puisque cet acte traduit l'officialisation du programme politique défendu le long de la campagne de l'élection présidentielle. Mais, la politique de la Nation définie est loin de constituer un acte insusceptible de mutation. Se pose dès lors la question de savoir de quelles modalités doit procéder quelque modification de la Politique définie par le président de la République. Le silence gardé par le constituant laisse présager qu'il laissait les coudées franges au président pour le faire. Ceci à

---

[69] DUVERGER (M.), « L'article 20 », in LUCHAIRE (F.) et CONAC (G.) (dir.), *La Constitution de la République française commentaires et analyses*, Paris, Economica, 2e édition, 1987, p. 576.

[70] *Idem.*

[71] FRIEDRICH (C. J.), *La démocratie constitutionnelle*, Paris, P.U.F., 3e édition, 1958, p. 328.

[72] *Idem.*

[73] HOND (J. T.), « Des transformations de l'État au Cameroun », *RASJ*, n° 1, vol. 8, 2011, p. 200.

[74] NGUELE ABADA (M.), « 20e anniversaire de la Constitution du 18 janvier 1996 : une intelligence de l'article 5 de notre loi fondamentale », op. cit., p. 17.

bon droit, car l'acte portant définition de la politique de la Nation commande une certaine souplesse nécessaire à son adaptabilité à l'évolution de la société sans cesse mouvante. C'est assurément fort de cette vérité que **Carl J. Friedrich** va opiner que l'élaboration de la politique nationale est un *« processus continu »*[75].

Il résulte donc que c'est au président de la République que ressortit le pouvoir de modifier la politique de la Nation qu'il avait auparavant définie. Ceci implique que le Gouvernement, confiné à la mise en œuvre de la politique présidentielle[76], ne saurait, sous quelque prétexte, de son propre et seul gré, entreprendre une quelconque modification de l'orientation fixée par le président de la République. Normalement, au regard de la lettre du texte constitutionnel, et même de la sagesse, même lorsque les circonstances l'exigent, il devrait s'en abstenir, au risque de s'ériger en plate-forme d'impulsion des *contre-politiques* à la *« Politique de la nation »* et de subir la foudre politique du chef de l'État auquel il est inféodé en droit et en fait, ceci à cause du fait majoritaire. C'est dire somme toute que tout changement de Politique ou tout changement dans la Politique définie par le Chef de l'État ressortit exclusivement à ce dernier.

Au total, en période de concordance des majorités, le pouvoir du président de la République dans la détermination de la politique de la Nation est un pouvoir total dans ce sens que seul lui l'exerce en entier. En effet, seul le président, à l'exclusion de toute autre institution, est habilité par la constitution à définir la politique de la nation. Concrètement, ce pouvoir consiste en un pouvoir d'initiative, de modification, de révision et de réformation de la politique de la nation dans l'optique de son adaptation à l'évolution de la société. Il s'agit, somme toute, d'un président *à tout faire* en la matière, car, seul à faire, à défaire pour refaire toute la politique de la Nation. Au regard de ce qui précède, affleure une interrogation : les choses pourront-elles aller de la sorte en période discordance des majorités, c'est-à-dire de cohabitation ? À regarder de près, assurément non. Le pouvoir du président, à l'épreuve de la cohabitation, va être contraint, à coup sûr, à la modération.

II- Un pouvoir tempéré en période de cohabitation

Dans un régime parlementaire *« bi-représentatif »*[77], il peut résulter à l'issue des élections une discordance des majorités présidentielle et

---

[75] FRIEDRICH (C. J.), *La démocratie constitutionnelle…*, op. cit., p. 329.
[76] EDOUA BILONGO (B.), *Les changements constitutionnels…*, op. cit., p. 286.
[77] Terme utilisé par le professeur M-A Cohendet pour désigner un régime dans lequel les citoyens sont représentés par deux organes (le président de la République et les parlementaires)

parlementaire[78]. Lorsqu'elle survient, cette discordance[79] met le président de la République devant un choix à faire : *se soumettre* ou *se démettre*. S'il décide de se démettre, le président laisserait la présidence vacante[80]. Par contre, en choisissant de se soumettre, le président se trouverait devant une autre alternative : soit il décide de se donner discrétionnairement un Premier ministre, ce qui ne peut aller sans difficulté[81], soit il accepte de le choisir au sein de la majorité parlementaire et avec l'accord de celle-ci, comme l'exige la tradition du régime parlementaire moniste[82] : c'est la *cohabitation*. Le terme s'attache à une situation de la vie politique où le président de la République est tenu de composer l'exécutif avec un Premier ministre issu de la majorité parlementaire à la suite d'une discordance des majorités, elle-même consécutive aux résultats des différentes élections (présidentielle et législatives)[83]. Sa survenance implique un bouleversement dans la conduite du pouvoir exécutif. Bien connue en France sous la Ve République[84], elle n'est pas ignorée de l'Afrique[85] où elle affiche de notables spécificités[86]. En toute

---

élus au suffrage universel direct au sommet de l'État. COHENDET (M.-A.), *Droit constitutionnel*, Paris, Montchrestien et Lextenso éditions, 4e édition, 2008, pp. 376-377.

[78]DUHAMEL (O.) et MENY (Y.), *Dictionnaire constitutionnel*, Paris, P.U.F., 1992, p. 157.

[79] Il convient de noter, avec les professeurs Armel Le Divellec et Michel de Villiers, que la cohabitation est plus probable lorsque la discordance va dans le sens de la contradiction de l'élection présidentielle par les élections législatives. Puisque *« quand une élection présidentielle contredit les élections législatives, le président nouvellement élu peut tenter d'y mettre immédiatement fin par la dissolution de l'Assemblée »*, laquelle dissolution réussit très souvent. Lire DE VILLIERS (M.) et LE DIVELLEC (A.), *Dictionnaire de droit constitutionnel*, Paris, Sirey, 7e édition, 2009, p. 48.

[80] Art. 6 (3) de la Constitution. Sur cette situation, MBODJ (E. H.), *La succession du chef d'État en droit constitutionnel africain (Analyse juridique et impact politique)*, Thèse de Doctorat en droit, Université Cheikh Anta Diop de Dakar, 1991, 532 p. OLINGA (A.-D.*), La révision constitutionnelle du 14 avril 2008*, Yaoundé IGC, Imprimerie Saint Paul, 2008, 36 p. NDZINA NOAH (J.M.N.), *Le bicamérisme en droit constitutionnel camerounais*, op. cit., pp. 156-188.

[81] La tentative du président nigérien en 1995 d'imposer un Premier ministre non voulu par la majorité parlementaire au temps de la cohabitation s'est soldée par un échec. Pour les détails de cette situation, V. GRÉGOIRE (E), « La cohabitation au Niger », op. cit., p. 48.

[82] ONDOA (M.), « Une résurrection : le régime parlementaire camerounais », op. cit., p. 38. V. Aussi Nguele Abada (M), « La Réforme constitutionnelle du 18 janvier 1996… », op. cit., p. 79.

[83]DE VILLIERS (M.) et Le Divellec (A.), *Dictionnaire de droit constitutionnel*, op. cit., p. 47.

[84] La France sous la Ve République a connu jusqu'ici trois expériences de cohabitation : La première (1986-1988) la deuxième (1993-1995) et la troisième (1997-2002). Lire utilement Peyrefitte (A.), « Les trois cohabitations », *Pouvoirs*, n° 91, 1999, p. 25.

[85] GRÉGOIRE (E.), « La cohabitation au Niger », *Afrique contemporaine*, n° 175, 3e trimestre 1995, p. 43-51. Le Niger constitue le premier pays africain à avoir connu la situation de *cohabitation à la française* marquée par une discordance entre la majorité présidentielle et la majorité parlementaire, p. 50.

[86] Sans beaucoup s'y attarder, il faut simplement souligner que la cohabitation peut provenir d'une discordance des majorités présidentielle et parlementaire à la suite des élections ; tout comme elle peut être le produit d'un accord politique (au sens du constitutionnalisme africain) conclu très souvent à la suite d'une crise. V. Mambo (P), « Les rapports entre la constitution et les accords politiques dans les États africains : Réflexions sur la légalité constitutionnelle en

hypothèse, en tant qu'elle entraîne un changement dans la conduite du pouvoir exécutif, la cohabitation emporte un affaiblissement du président et un renforcement du Premier ministre[87]. Dès lors, la définition de la politique de la Nation ne peut être que le produit d'un *compromis,* mieux d'une *concertation* entre le Chef de l'État et le Premier ministre. Autrement dit, le pouvoir du président en matière de définition de la politique de la nation est *tempéré* du fait de la nouvelle situation. Une question mérite d'être posée à ce niveau de savoir une cohabitation est-elle possible au Cameroun ? Pour y répondre, il faut déjà relever avec **F. De Baecque** qu'*« aucun régime n'échappe à (...) [L'] opposition (...) des majorités politiques »*[88]. En plus, pour avoir adopté un régime parlementaire[89] présidentialisé[90], rationalisé et ''bi-représentatif'', le Cameroun n'est guère à l'abri d'une discordance des majorités parlementaire et présidentielle, partant d'une *cohabitation.* Cette dernière, très peu étudiée[91], jamais expérimentée, n'est ni organisée par la Constitution ni pour autant impossible d'advenir. Dans l'hypothèse où elle survenait donc, elle engendrerait inéluctablement des conflits entre le chef de l'État et le Premier ministre d'opposition qu'on imagine mal *« accepter le diktat présidentiel d'une politique de la nation définie par lui »*[92]. En telle situation de dyarchisation du pouvoir exécutif[93], « *des blocages peuvent naître (...) (dans) le fonctionnement... »*[94] de cet organe. Dès lors, la définition de la politique de la Nation dans une perspective de contournement desdits blocages ne peut être que la résultante d'un compromis, d'une entente entre un président de la République dont la participation subsiste incontestablement (A) et un Premier ministre dont l'intervention fait indéniablement concurrence au pouvoir présidentiel (B).

---

période de crise », in *McGill Law Journal-Revue de Droit de McGill*, Vol. 4, n° 57, 2012, pp. 921-952. Dès lors, en tenant compte du critère du mode de survenance, on peut distinguer la cohabitation spontanée et la cohabitation provoquée.

87 Appuyé par une majorité parlementaire hostile au président et rendant hypothétiques, voire irréalisables, ses projets politiques.

88 DE BAECQUE (F.), *Qui gouverne la France ?*, Paris, P.U.F., 1976, p. 170.

89 ONDOA (M), « Une résurrection :... », op. cit. ; HOND (J.T.), « Des transformations de l'État au Cameroun », *RASJ*, n° 1, Vol.8, 2011, p. 198-202.

90 NDZINA NOAH (J.M.N.), *Le bicamérisme en droit constitutionnel camerounais*, Thèse de Doctorat/Ph. D. en droit public, Université de Yaoundé II, 2017, p. 300.

91 Une littérature constitutionnelle peu abondante admet la possibilité d'une cohabitation naturelle au Cameroun sans toutefois s'y appesantir. Lire utilement ONDOA (M.), « Une résurrection : le régime parlementaire camerounais », op. cit., p. 40 ; v. aussi, EDOUA BILONGO (B.), *Les changements constitutionnels...*, op. cit., p. 278.

92 EDOUA BILONGO (B.), *Les changements constitutionnels...*, op. cit., p. 279.

93 NGUELE ABADA (M.), « État de droit et libertés fondamentales au Cameroun », *RJPIC*, n° 3 oct.-déc. 1995, p. 298.

94 Ibid., p. 278. Aussi, pour Philippe Ardant et Bertrand Matthieu, en période de cohabitation, *« une dyarchie s'instaure »*, v. Ardant (Ph.) et Matthieu (B.), *Institutions politiques et droit constitutionnel*, op. cit., p. 471.

A- La subsistance de l'action présidentielle malgré la cohabitation

Comme le relèvent certains auteurs, l'institution présidentielle est une institution au pouvoir *« à géométrie variable »*[95] dans ce sens que celui-ci *« fluctue en fonction des résultats des élections législatives »*[96]. Il en résulte donc que la cohabitation entraîne un changement de paradigme dans la conduite du pouvoir exécutif. En particulier, elle implique non pas un effacement total du président, mais bien un juste affaiblissement politique de celui-ci (1). En sorte que malgré tout, et contrairement à ce que cela peut laisser croire, ce dernier participe incontestablement à la définition de la politique de la Nation (2) même si son pouvoir en la matière n'est point total.

1- La fragilisation du président de la République

Il convient de relever à titre de rappel que le Cameroun n'a jamais connu d'expérience de cohabitation. Cette donnée autorise à en conjecturer les implications à partir des Etats qui en ont déjà fait l'expérience, ceci sous l'éclairage d'une doctrine foisonnante en la matière. Il convient donc de faire un peu de prophétie juridique et prédire ce qui pourrait advenir en l'absence d'un précédent. Ceci étant, il convient de relever qu'un des changements qu'entraînerait l'expérience de la cohabitation concerne l'affaiblissement politique du président de la République[97]. En effet, dans la nouvelle *« répartition des tâches de l'exécutif »* [98]qu'entraîne la cohabitation, *« la part du président est réduite »*[99]. Le Chef de l'État se trouve limité dans la formation de l'équipe gouvernementale et dans la nomination du PREMIER ministre. Si la constitution donne compétence au président de la République de nommer le Premier ministre et sur proposition de ce dernier, les autres membres du Gouvernement[100], il faut noter qu'en régime parlementaire, sa liberté de manœuvre diffère suivant les situations[101] ; le *« Premier ministre (étant) toujours issu de la majorité parlementaire »*[102] et devant, en outre, être accepté par elle, le président ne peut effectivement exercer l'attribution de l'article 10 (1) que lorsqu'il bénéficie de la faveur, du soutien ou de la déférence de la majorité parlementaire. En telle situation, le chef de l'État garde les coudées franches dans le choix du Premier ministre. En revanche, en

---

[95] LANCELOT (A.), BECHTEL (M.F.), MAYER (D.), *Faut-il réduire la durée du mandat présidentiel ?*, Paris, Fondation Jean Jaurès, 1994, p. 8.

[96] Id.

[97] VEDEL (G.), « Variations et cohabitations », *Pouvoirs*, n° 83, 1997, p. 118. Voir aussi, GICQUEL (J.) et GICQUEL (J.E.), *Droit constitutionnel et institutions politiques*, Paris, LGDJ, 30e éd., 2016, p. 567.

[98] ARDANT (Ph.) et MATTHIEU (B.), op. cit., p. 471.

[99] *Idem.*

[100] Art. 10 (1) de la Constitution.

[101] LAVROFF (D.-G.), *Droit constitutionnel de la Ve République*, Paris, Dalloz, 3e édition, 1999, p. 498.

[102] ONDOA (M.), « Une résurrection : le régime parlementaire… », op. cit., p. 38.

période de cohabitation, l'opération procède plutôt d'une contrainte[103]. D'ailleurs, toute tentative présidentielle d'imposer un Premier ministre non voulu par la majorité parlementaire est inéluctablement vouée à l'échec[104]. Bien plus, c'est également de cette logique que procède la désignation des autres membres du Gouvernement.

C'est ici aussi que la *« proposition »* primo-ministérielle des ministres acquiert toute sa force. Il s'agit d'une *« proposition conforme »*[105]. Toutefois, l'affaiblissement du président de la République ne se limite pas à la formation du Gouvernement. Elle s'étend également au fonctionnement concret du pouvoir exécutif. En effet, pendant la parenthèse de la cohabitation, le président se trouverait temporairement *« privé de la faculté de gouverner »*[106], et verrait son action réduite à sa fonction arbitrale[107]. Ainsi que l'affirme Bruno Daugeron, *« le président, en principe contraint de se retrancher dans ses compétences propres, se trouve à l'étroit dans son rôle d'arbitre »*[108]. Assurément, ainsi qu'on le verra infra, le président subira une limitation dans la définition de la politique de la Nation. Toujours est-il qu'il ne saurait imposer, sans heurts, une politique de la nation au Premier ministre de cohabitation. Cependant, il convient de souligner que affaiblissement ne signifie guère effacement. Si la cohabitation amenait le président à se soumettre, elle ne réduirait pas cependant son rôle à néant[109] : il s'agit d'*« un président [certes] soumis, mais resté actif »*[110]. Autrement dit, quoique

[103] DEBARD (Th.), *Dictionnaire de droit constitutionnel*, Paris, Ellipses, 2002, p. 49.

[104] Le Niger a vécu une situation similaire. Le président Mahamane Ousmane, à la suite des élections législatives de janvier 1995, où son parti en sortait battu, refusait de cohabiter avec un Premier ministre issu des rangs de l'opposition nouvellement majoritaire à l'Assemblée nationale. Il tenta donc d'imposer un homme (Ahmadou Cissé) certes issu de la majorité parlementaire, mais n'ayant pas l'aval de son parti, MNSD (Mouvement National pour la Société de Développement) -Nassara pour occuper ce poste. Nonobstant les appels qui lui étaient faits de refuser la proposition présidentielle puisque le MNSD-Nassara préférait Hama Amadou, il s'obstina à former un gouvernement si bien qu'il fut exclu du parti et immédiatement censuré par les députés (le 20 février) avant même d'être parvenu *à* constituer son équipe gouvernementale. Il fut donc contraint de démissionner. Le président Mahamane Ousmane dut se résoudre à prendre comme Premier ministre Hama Amadou qui constitua un gouvernement. Lire, Grégoire (E), « La cohabitation au Niger », op. cit., p. 48.

[105] Inspirée de la théorie administrativiste de la *consultation conforme*, l'idée de *« proposition conforme »* signifie que non seulement le président est tenu de requérir la proposition primo-ministérielle, mais également, il est obligé de conformer sa décision à la proposition à lui faite par le Premier ministre.

[106] DAUGERON (B.), « La cohabitation et ses faux-semblants », *RDP*, n° 1, 2004, p. 72.

[107] GICQUEL (J.) et GICQUEL (JE), *Droit constitutionnel et institutions politiques*, Paris, LGDJ, 30e éd., 2016, p. 567. V. MASSOT (J.), *chef de l'État et chef du Gouvernement : dyarchie et hiérarchie*, Paris, La Documentation française, 1993, p. 51.

[108] DAUGERON (B.), « La cohabitation... », op. cit., p. 77.

[109] ARDANT (Ph.) et MATTHIEU (B.), *Institutions politiques et droit constitutionnel*, op. cit., p. 471.

[110] FOURNIER (A.-X.), *Analyse critique de la cohabitation...*, op. cit., p. 96.

diminué, le président participe incontestablement à la définition de la politique de la nation.

2- La participation incontestable du président à la définition de la politique de la Nation

En période de cohabitation, le président de la République se trouve fragilisé *« sans toutefois être entièrement désarmé »*[111]. Lors en effet que survient la cohabitation, il devient difficile pour le président d'imposer de manière unilatérale une politique de la Nation à un gouvernement soutenu par une majorité parlementaire à lui hostile ; tout comme il est difficile d'envisager un évincement total du président de la République de l'exercice de cette prérogative. Cette situation, il faut le croire, amènera probablement les deux principaux acteurs de l'exécutif à concéder des compromis. Ce qui est significatif non seulement de la modération du pouvoir présidentiel, mais également de sa participation à la définition de la politique de la Nation. Cette participation tient à deux titres notamment la présidence par le président de la République du Conseil des ministres et le bénéfice constitutionnel de la prérogative par le président de la République et la disposition de *moyens...*

Aux termes de la constitution, seul le président est habilité à présider les Conseils des ministres ou Conseils ministériels[112], selon la terminologie propre au Constituant camerounais. On peut constater que la Constitution est silencieuse sur le travail du Conseil notamment les questions relatives au temps de travail, à la fixation et le déroulement de l'ordre du jour et à l'issue des décisions prises en Conseil. Ce silence doit être interprété comme attributif de compétence discrétionnaire. C'est-à-dire que c'est au président de la République qu'il revient de décider des temps de réunions du Conseil et c'est lui qui en définit l'ordre du jour ; la pratique constitutionnelle en la matière en va d'ailleurs ainsi. Juridiquement donc, le président a la pleine maîtrise du Conseil. Sauf qu'à ce niveau se pose la question de savoir si, en période de cohabitation, le président de la République peut décider, seul, des articulations de l'ordre du jour du Conseil. À la vérité, il est difficile de le penser. Certes, aucune disposition constitutionnelle ne lui en fait obstacle, mais le temps politique est peu favorable à une telle option. Il serait de bon aloi de retenir comme articulations, les matières qui pourraient recueillir l'adhésion de la majorité parlementaire et de son chef afin que la politique qui en ressortit puisse connaître peu de difficulté d'implémentation.

Entendu comme cette *« réunion des membres du gouvernement, qui manifeste la collégialité de cette institution politiquement responsable devant le Parlement et au cours de laquelle sont arrêtées les grandes orientations*

---

[111] ARDANT (Ph.) et MATTHIEU (B.), op. cit., p. 471.

[112] Art. 10 (1) paragraphe 4 de la Constitution.

politiques du pays »[113], le Conseil des ministres constitue, par sa fonction même, *« le lieu où se définit, en principe, la politique de la nation »*[114]. Difficile donc de ne pas voir en la maîtrise présidentielle du Conseil, un motif incontestable de sa participation (contribution) à la définition de la politique de la Nation. Il faut seulement dire qu'en période de cohabitation, la composition du Conseil (de membres par essence hostiles au président) conforte l'idée d'une tempérance du pouvoir présidentiel en matière de définition de la politique de la Nation et donc d'une contribution du président plutôt que d'une définition pleine de la politique.

L'autre titre de participation indéniable du président est relatif au fait que seul le président bénéficie, à titre exclusif, du droit de définir la politique de la Nation. À ce titre, il est le seul fondé à en revendiquer la participation si bien qu'il dispose des moyens constitutionnels pour se faire entendre. Détenteur du droit de révocation des ministres[115], il dispose aussi du droit de dissolution de l'Assemblée nationale, lequel peut lui permettre de *« siffler la fin de la partie »*[116]. Le président dispose de la défense nationale et de toute l'administration dont il nomme l'essentiel des responsables jusqu'au rang de directeur. Il dispose des moyens d'intervention dans la procédure législative à travers lesquels il peut retarder l'adoption des mesures nécessaires à la mise en œuvre d'une politique qu'il ne désire pas. En toute hypothèse, le président de la République peut être minoré, mais pas totalement ignoré dans l'opération de définition de la politique de la Nation. En vérité, il est juste concurrencé par l'intervention du Premier ministre en temps de cohabitation.

B- La concurrence de l'intervention primo-ministérielle en temps de cohabitation

Vecteur de modification de comportements au sein du pouvoir exécutif, la cohabitation si jamais elle advenait à l'existence, entraînerait assurément un changement dans la définition de la politique de la Nation. Quoique juridiquement attribué au président de la République, le pouvoir de ce dernier en la matière doit affronter la concurrence du Premier ministre dont l'ascendance politique (1) emporte indéniablement son intervention dans la définition de la politique de la Nation (2).

---

[113] DEBARD (Th.), *Dictionnaire de droit constitutionnel*, op. cit., p. 70.

[114] ARDANT (Ph.) et MATTHIEU (B.), *Institutions politiques et droit constitutionnel*, Paris, LGDJ, 22e édition, 2010, p. 512.

[115] Art. 10 (1) (3) de la Constitution.

[116] MASSOT (J.), *chef de l'État et chef du Gouvernement*, op. cit., p. 52.

1- L'ascension politique du Premier ministre

En période de concordance des majorités présidentielle et parlementaire, il y a réalisation d'un fait majoritaire au profit du président de la République[117] qui, en cette situation *« domine le système constitutionnel : le Premier ministre et le Gouvernement lui sont subordonnés ; le Parlement a pour mission de mettre en forme la politique définie par lui »*[118]. En période de cohabitation, cette tendance connaît une sérieuse inflexion vers le Premier ministre qui *« apparaît alors comme véritable chef, le maître de l'action politique, le ''patron'' du Gouvernement »*[119].

Cette affirmation atteste qu'en pareille période, le Premier ministre connaît une fulgurante ascension politique marquée d'une part, par son autonomisation vis-à-vis du président de la République et d'autre part, par la valorisation de ses pouvoirs.

L'une des implications de la cohabitation est l'autonomisation de l'institution primo-ministérielle. En effet, si le président nomme le Premier ministre, il n'a pas la liberté de son choix en période de cohabitation[120]. Dans la mesure où le Premier ministre se recrute invariablement au sein de la majorité parlementaire, le président est tenu de ne nommer à ce poste qu'une personnalité acceptée par ladite majorité. Réciproquement, en temps de cohabitation, le président n'est pas juge de l'opportunité de terminaison de ses fonctions. Qui plus est, le Premier ministre n'est pas responsable devant le président de la République[121]. Au contraire, il incarne, en ce temps, un véritable contre-pouvoir au pouvoir présidentiel au sein de l'exécutif[122].

Par ailleurs, en temps de cohabitation, la fonction primo-ministérielle voit ses pouvoirs revalorisés. Des auteurs admettent qu'il y a en ce moment une nette redistribution des tâches au sein du pouvoir exécutif[123] dans le sens d'une *« inversion des pouvoirs... au profit du Premier ministre »*[124]. Pour mieux

---

[117] Remettant en cause la distinction entre fait majoritaire et cohabitation, Bruno Daugeron perçoit cette dernière comme un faux-semblant qui ne fait pas disparaître le présidentialisme. Pour l'auteur, la cohabitation constitue une forme de fait majoritaire, une forme de présidentialisme : un *« présidentialisme minoritaire »*. Il s'agit d'un fait majoritaire au profit du Premier ministre. DAUGERON (B.), « La cohabitation et ses faux-semblants : réflexions sur le présidentialisme minoritaire », *RDP*, n° 1, 2004, pp. 67-109.

[118] Ardant (Ph) et Matthieu (B), *Institutions politiques et droit constitutionnel*, op. cit., p. 463.

[119] Ibid., p. 471.

[120] BIKORO (J. M.), *Le temps en droit constitutionnel africain. Le cas des États d'Afrique noire francophone*, Thèse de Doctorat/Ph. D. en Droit public, Université de Yaoundé II, 2018, pp. 198-199.

[121] *Idem.*

[122] HOURQUEBIE (F.), « De la séparation des pouvoirs aux contre-pouvoirs : l'esprit de la théorie de Montesquieu », in VRABIE (G.) (dir.), *L'évolution des concepts de la doctrine classique du droit constitutionnel*, Institul european, 2008, Iasi, Roumanie, p. 55.

[123] GICQUEL (J.) et GICQUEL (J.-E.), *Droit constitutionnel...*, op. cit., p. 567.

[124] FOURNIER (A.-X.), *Analyse critique de la cohabitation...*, op. cit., p. 61.

exprimer cette inversion, **Bruno Daugeron** parle de *« présidentialisation de la fonction de Premier ministre »*[125] pour insinuer qu'en cas de cohabitation, c'est le Premier ministre qui *« ... devient le véritable détenteur de la réalité du pouvoir exécutif »*[126]. En ce temps donc, pour tout dire, le Premier ministre devient le nouvel épicentre du pouvoir exécutif. Dès lors, sa contribution à la définition de la politique de la nation devient indéniable.

2- La contribution indéniable du Premier ministre à la définition de la politique de la Nation

À titre de rappel, en régime parlementaire, la définition de la politique de la Nation ressortit par tradition au Premier ministre[127]. Il en est ainsi en Allemagne[128], en Espagne[129], en Italie[130], en France[131].

Au Cameroun, nonobstant la classification discutée[132] du régime parmi les régimes parlementaires, la définition de la politique de la Nation est constitutionnellement refusée au Premier ministre et confiée au président de

---

[125] DAUGERON (B.), « La cohabitation et ses faux-semblants : réflexions... », op. cit., p. 77.
[126] HOURQUEBIE (F.), « De la séparation des pouvoirs aux contre-pouvoirs... », op. cit., p. 55.
[127] C'est d'ailleurs là, l'élément qui justifie la responsabilité politique directe du gouvernement devant le Parlement (spécialement la Chambre élue au suffrage universel direct).
[128] L'article 65 de la Loi fondamentale de la République fédérale d'Allemagne dispose que *« Le chancelier fédéral fixe les grandes orientations de la politique et en assume la responsabilité ».*
[129] L'article 97 de la Constitution des 31 oct.-27 déc. 1978 de la République d'Italie dispose que le *« Gouvernement dirige la politique intérieure et extérieure, l'administration civile et militaire et la défense de l'État. Il exerce la fonction exécutive... »*
[130] L'article 95 de la Constitution italienne dispose que *« Le président du Conseil des ministres dirige la politique générale du Gouvernement et en est responsable. Il maintient l'unité d'orientation politique et administrative, en favorisant et en coordonnant l'activité des ministres ».*
[131] Article 20 de la Constitution de la Ve République.
[132] En plus de la thèse de l'introuvable nature dudit régime développée par Yacouba Moluh, « L'introuvable nature du régime politique camerounais issue de la constitution du 18 janvier 1996 », in Melone (S) Minkoa She (A) et SINDJOUN (L.) (dir), *La réforme constitutionnelle du 18 janvier 1996 au Cameroun, Aspects juridiques et politiques*, Friedrich-Ebert-GRAP, 1996, pp. 242-250, et celle de la difficile affirmation d'un régime authentiquement parlementaire, soutenue par le Professeur TCHEUWA (J.-C.), « Essai de qualification du régime politique camerounais : la difficile affirmation d'un régime authentiquement parlementaire », in *Revue juridique et politique des États francophones*, n° 2, 2003, deux principales tendances s'opposent sur la question de la qualification du régime politique camerounais : la première en fait un régime présidentialiste. Parmi les tenants de cette tendance, on relève notamment OLINGA (A. D.), « Cameroun : vers un présidentialisme démocratique. Réflexion sur la révision constitutionnelle 23 avril 1991 », *R.J.P.I.C.*, n° 4 octobre décembre 1992, pp. 419-429 ; Gicquel (J.), « Le présidentialisme négro-africain : l'exemple camerounais », in BURDEAU (G.) (Mél. à), *Le Pouvoir*, Paris, LGDJ, 1977, p. 701-725 ; OWONA (J), *Droit constitutionnel et régime politiques africains*, Paris, Berger-Levrault, 1985, p. 271-273. À l'opposite, se développe la thèse d'un régime parlementaire, soutenue notamment par ONDOA (M.), « Une résurrection : le régime parlementaire camerounais », in op. cit. ; HOND (J. T.), « Des transformations de l'État au Cameroun », in *RASJ*, vol. VIII, n°1, 2011, pp : 193-220.

la République. En disposant de la sorte, le constituant du 18 janvier 1996 affectait d'une déformation, un mécanisme fondamental du régime parlementaire authentique[133] mettant par-devers un régime parlementaire frelaté, autrement dit, dénaturé. De plus, semait-il, par-là, les germes de conflit [134]et de blocages institutionnels en cas de cohabitation[135]. Puisque toute situation de cohabitation est une source potentiellement féconde de conflits et de blocages institutionnels. On est alors en droit de penser qu'en pareil cas, le pouvoir présidentiel se trouverait à rude épreuve, mieux à rude concurrence, à défaut de translater essentiellement vers le Premier ministre[136]. En

---

[133] ONDOA (M.), « Une résurrection : Le régime parlementaire… », op. cit., p. 26-37. Le cas du Niger est fort évocateur sur ce point. Ce pays a connu une cohabitation très conflictuelle. Le conflit opposait notamment le président de la République incarnant la majorité présidentielle et le Premier ministre de cohabitation, chef de la majorité parlementaire. Après s'être vu imposer un nouveau premier ministre par la nouvelle majorité parlementaire, le président cherchait les moyens de réduire la marge de manœuvre de celui-ci. Pour cela, il créa par décret le Secrétariat général du conseil des ministres en fixant les attributions du titulaire de ce poste qui devait être nommé par le chef de l'État. Interprété par la nouvelle majorité parlementaire comme une *« manœuvre du chef de l'État visant à ''doubler'' le Premier ministre et le dépouiller de prérogatives constitutionnelles aussi importantes que de déterminer et de conduire la politique de la nation ».* Ce décret va générer une crise qui sera portée à la Cour Suprême qui va donner gain de cause au Premier ministre, car estimait-elle, le décret présidentiel *« la création d'un Secrétariat général du conseil des ministres n'était pas conforme à la loi ».* Le conflit se prolongea en se déportant sur le terrain de la conduite des institutions. Le président de la République Ousmane refusa systématiquement de présider le Conseil des ministres du 6 avril 1995, au motif que la préparation dudit Conseil le transformait, selon lui, en une *« simple chambre d'enregistrement »* et il visait à le *« confiner dans un rôle protocolaire ».* De son côté, le Premier ministre dénonçait l'attitude du président qui empêchait le gouvernement de faire face à ses responsabilités et bloquait le fonctionnement des institutions de la République. La discussion devint si âpre que le chef de l'État, revenant sur sa décision de ne plus siéger au conseil, voulut imposer, à celui du samedi 20 avril, un ordre du jour qui n'était pas prévu. Selon le Rapport fait par le journal *Le Démocrate* (n° 151, lundi 24 avril 1995), du déroulement dudit Conseil : *« (la réunion, bien que brève [moins de dix minutes] s'est tenue dans une atmosphère surréaliste, le chef de l'État refusant systématiquement la parole à tous les ministres qui voulaient parler d'autre chose que de "son" ordre du jour, les ministres, à commencer par le chef de gouvernement, estimant pour leur part que seuls les textes préalablement examinés en conseil de cabinet devaient faire l'objet de discussions ».* Intervient alors la médiation de la Cour suprême visant à rapprocher les points de vue sous forme de suggestions : d'abord, elle rappela que l'ordre du jour du conseil des ministres doit être préparé d'un commun accord entre les deux autorités et redéfinit le rôle dévolu à chacun. Le président de la République et le Premier ministre acceptèrent les recommandations de la Cour Suprême. Pour les détails de cette situation, cf. Grégoire (E), « La cohabitation au Niger », op. cit., p. 49.

[134] ONDOA (M), « Une résurrection :… », op. cit., p. 40.

[135] NGUELE ABADA (M.), « La réforme constitutionnelle du 18 janvier 1996 en République du Cameroun », *Droits Africains*, n°s 15/16, 1995-1996, p. 79. Ces conflits peuvent être soumis à la juridiction du Conseil constitutionnel, tant la constitution l'habilite à *« statuer souverainement sur (...) les conflits d'attributions entre les institutions de l'État »* (article 47 alinéa 1er de la loi constitutionnelle du 18 janvier 1996).

[136] Fournier (A-X), op. cit., p. 8. Pour cet auteur, *« la cohabitation produit une inversion de [la] dyarchie inégalitaire ».*

conséquence, le pouvoir présidentiel est, en vérité, appelé tout au moins à la tempérance, à la modération[137], au compromis, à l'entente avec le Chef de la majorité parlementaire opposée à la sienne. Sous l'éclairage d'une doctrine allant plus loin dans cette perspective, il s'avère qu'en période de cohabitation, c'est le gouvernement qui définit la politique de la nation. À cet effet, le professeur **Jean Massot** relève qu'on *« ne peut donc nier qu'en période de cohabitation, le Gouvernement détermine et conduit la politique de la nation »*[138]. Dans la même perspective, les professeurs **Philippe Ardant** et **Olivier Duhamel** relèvent qu'en ce temps, *« l'agenda politique... est déterminé par le Premier ministre, compte tenu du programme politique pendant la campagne électorale... de son discours de politique général suivant son entrée en fonctions. Le programme présidentiel ne compte plus, sauf si tel ou tel point convenait encore... »*[139] Allant dans le même sens et pour l'espèce camerounaise, le Doyen **Magloire Ondoa** affirme qu'*« en période de discordances des majorités... le Premier ministre pourrait définir et mettre en œuvre la politique de la nation »*[140]. Ceci grâce au soutien de la majorité parlementaire qui lui permettrait de faire voter les lois nécessaires à l'application de son programme de gouvernement. L'on est en droit de le penser dans la mesure où l'opposition, en vertu de sa posture d'antichambre pour l'accès au pouvoir, a toujours un programme politique en attente qu'elle souhaiterait traduire en *« politique de la nation »* sitôt elle accède au pouvoir.

Au total, il convient de relever que parce qu'elle implique concomitamment une décadence du président de la République et l'ascendance du Premier ministre, la cohabitation érige ce dernier en centre concurrent de définition de la politique de la Nation. Quoiqu'attribué, selon la lettre du texte, au président de la République, celui-ci est condamné à en faire un usage tempéré. Face aux potentiels conflits qui pourraient l'opposer au Premier ministre de cohabitation, nouveau chef de la majorité parlementaire, le président doit être enclin et paré au compromis (aux concessions), condition nécessaire d'une cohabitation harmonieuse. La définition de la politique de la Nation, en pareil contexte, ne peut alors être que le produit d'une *« concertation »* impérative entre les deux têtes de l'Exécutif.

---

[137] Lavroff (D.-G.), *Droit constitutionnel de la Ve République*, Paris, Dalloz, 3e édition, 1999, p. 911. L'auteur attribue à la cohabitation les vertus de la séparation des pouvoirs, estimant que celle-ci est un *« instrument de modération du pouvoir »* et de garantie de la liberté.

[138] Massot (J.), *chef de l'État et chef du gouvernement...*, op. cit., p. 53.

[139] ARDANT (Ph.) et DUHAMEL (O)., « La dyarchie », *Pouvoirs*, n° 91, 1999, p. 13.

[140] ONDOA (M.), « Une résurrection :... », op. cit., p. 40.

Conclusion

Pour reprendre une pensée chère au Général de Gaulle, *« une Constitution, c'est un* esprit *(...) et une pratique »*[141]. De là, il vient qu'une Constitution, c'est un texte, un esprit et une pratique. Et chacune des dispositions d'une constitution écrite obéit à cette logique. En l'espèce, si le texte de l'article 5 (1) (4) dispose que *« le président de la République définit la politique de la nation »*[142], le **Professeur Alain Didier Olinga** en dévoile ainsi l'esprit : *« une nation, un chef, un projet, ou si l'on veut, une République, un président, une politique. Le chemin de la nation, les vibrations de l'État dépendent des orientations présidentielles »*[143]. Cependant, la pratique, à en croire le doyen **Magloire Ondoa**, augure bien de *« conflits... en cas de cohabitation »*[144]. En effet, dans le régime politique camerounais qualifiable de *parlementaire présidentialisé*, le pouvoir du président de la République de déterminer la politique de la Nation se module suivant le temps politique ambiant. Si le chef de l'État garde la plénitude de ce pouvoir en période de concordance des majorités présidentielle et parlementaire, celui-ci connaîtrait indéniablement une tempérance en cas de cohabitation. En ce temps en effet, c'est le Premier ministre dit de cohabitation qui le ferait, à défaut de résulter d'un compromis entre les deux têtes de l'exécutif. Ce qui est vrai c'est que la définition de la politique de la Nation varie de provenance en fonction des circonstances politiques, mieux en fonction de deux situations de faits juridiques constitutionnels qui sont susceptibles de se réaliser. La lecture des Constitutions des autres États renseigne à suffisance sur la peine qu'éprouvent les constituants à proposer une formule constitutionnelle permettant de rendre compte du titulaire réel de ce pouvoir en toutes circonstances. Dans la plupart des cas, les formulations proposées perdent leur sens dans une des deux périodes ci-dessus évoquées. De sorte que la lettre du texte ne corresponde pas toujours à sa pratique. Afin de rendre compte de la réalité de l'exercice de ce pouvoir, ne peut-on pas proposer au constituant d'attribuer la compétence de déterminer la politique de la nation en fonction des circonstances ?[145]

---

[141] DE GAULLE (C.), Conférence de presse du 31 janvier 1964.

[142] Art. 5 al. 1 (4) de la Constitution.

[143] OLINGA (A. D.), *La constitution de la République du Cameroun*, op. cit., p. 76.

[144] ONDOA (M.), « Une résurrection : le régime parlementaire camerounais », op. cit., p. 40.

[145] En disposant par exemple qu'en période concordance des majorités, c'est le président qui définit... Par contre, en période de cohabitation, c'est plutôt le Gouvernement qui en assure la charge.

Bibliographie indicative

- Massot (J), *Chef de l'État et Chef du Gouvernement : dyarchie et hiérarchie*, Paris, La Documentation française, 1993.
- Olinga (A.-D.*), La révision constitutionnelle du 14 avril 2008*, Yaoundé IGC, Imprimerie Saint Paul, 2008.
- Pambou-Tchivounda (G.), *Essai sur l'État africain postcolonial*, Paris, LGDJ, 1982.
- Abane Engolo (PE), « L'empêchement définitif du président de la République », in *RADP*, n° 01, Vol. 1, Juin-Déc. 2012.
- Daugeron (B), « La cohabitation et ses faux-semblants : réflexions sur le présidentialisme minoritaire », *RDP*, n° 1, 2004.
- Gicquel (J), « Le présidentialisme négro-africain : l'exemple camerounais », in Burdeau (G) (Mél. à), *Le Pouvoir*, Paris, LGDJ, 1977.
- Millard (E), « Le modèle français : deux formes de présidentialisation du régime parlementaire », *Teoria Politica*, « halshs-00937404 », 2013.
- Monembou (C), « Les normes non écrites dans le constitutionnalisme des États d'Afrique noire francophone », *RADSP*, n° 5, Vol. III, jan.-juin 2015.
- Grégoire (E), « La cohabitation au Niger », in *Afrique Contemporaine*, n° 175, 3e trimestre 1995.
- Nguele Abada (M), « La réforme constitutionnelle du 18 janvier 1996 en République du Cameroun », *Droits Africains*, nos 15/16, 1995-1996.
- Kerléo (J-F), « Le fait majoritaire, chronique d'une mort annoncée », *Jus Politicum*, n°18 – juillet 2017.
- Sindjoun (L), « Le président de la République au Cameroun (1982-1996). Les acteurs et leurs rôles dans le jeu politique », Groupe de Recherches administratives et politiques, n° 50, 1996.
- Tcheuwa (J-C), « Essai de qualification du régime politique camerounais : la difficile affirmation d'un régime authentiquement parlementaire », in *Revue juridique et politique des États francophones*, n° 2, 2003.
- Ondoa (M), « Une résurrection : le régime parlementaire camerounais », *AFSJP-UD*, n° 2, 2002.
- Olinga (A.-D), « Cameroun : vers un présidentialisme démocratique. Réflexion sur la révision constitutionnelle 23 avril 1991 », *R.J.P.I.C.*, n° 4 octobre-décembre 1992.
- Yacouba Moluh, « L'introuvable nature du régime politique camerounais issue de la constitution du 18 janvier 1996 », in Melone (S) Minkoa She (A) et Sindjoun (L) (dir), *La réforme constitutionnelle du 18 janvier 1996 au Cameroun, Aspects juridiques et politiques*, Friedrich-Ebert-GRAP, 1996.

LA FONCTION D'ARBITRAGE DU PRÉSIDENT DE LA RÉPUBLIQUE DANS L'ORDRE INSTITUTIONNEL

Bertrand EDOUA BILONGO

Clé de voûte[1] des institutions, le président de la République est considéré comme tel dans la plupart des États[2]. Au Cameroun par exemple, la formule constitutionnelle est connue : le président de la République *« assure par son arbitrage, le fonctionnement régulier des pouvoirs publics »*[3]. Dès lors, celui-ci doit être considéré comme une institution entièrement à part au regard de la vocation constitutionnelle qui est la sienne[4]. Au vrai, le constituant camerounais du 18 janvier 1996 investit le président de la République d'une mission particulière, supérieure à celle globalement confiée au Conseil constitutionnel[5]. Concrètement, la Constitution camerounaise l'habilite à arbitrer les différends d'un genre particulier, susceptibles d'entraver le fonctionnement régulier de l'édifice étatique[6]. De ce fait, le président de la République est sans conteste, le juge supérieur de l'intérêt national. Pour mieux comprendre la portée de cette énonciation constitutionnelle, il importe de déterminer les contours de la notion d'arbitrage si tant est que la notion de

---

[1]La formule est celle de Michel Debré, mise en exergue dans son Discours devant le Conseil d'État, le 27 août 1958. Elle a été utilisée à bon escient pour esquisser la future stature du président de la République.

[2]CHAGNOLLAUD DE SABOURET (D.), *La Constitution de la Ve République. Droit constitutionnel contemporain*, tome 2, Dalloz, Paris, 2017, p. 93.

[3]Lire l'article 5 alinéa 2 paragraphe 4 de la loi constitutionnelle du 18 janvier 1996.

[4]NGUELE ABADA (M.), « Une intelligence de l'article 5 de notre loi fondamentale », in *Cameroun Tribune*, N° 11014 du lundi 18 janvier 2016, p. 10.

[5]Cette fonction est en effet plus globale et plus prestigieuse que celle confiée au Conseil constitutionnel à l'article 47 de la loi constitutionnelle du 18 janvier 1996, selon lequel le Constitutionnel « *est l'organe régulateur du fonctionnement des institutions* ». En effet, comme le fait observer le Professeur Marcelin Nguele Abada, « *cet arbitre (le président de la République) placé au-dessus de la mêlée parle au nom des intérêts supérieurs de la Nation et par conséquent il tranche de manière souveraine* ». cf. NGUELE ABADA (M.), op.cit, p. 10.

[6]*La constitution de la République française : Analyses et commentaires*, in F. LUCHAIRE et G. CONAC (*s. la dir. de*), Economica, Paris, 1987, p. 243.

président de la République se laisse appréhender aisément en droit constitutionnel[7].

Consacrée dans la terminologie juridique, la notion d'arbitrage s'affirme également dans d'autres domaines de l'existence humaine[8]. Au sens littéral, l'arbitrage désigne une série d'opérations distinctes. D'emblée, l'arbitrage désigne une modalité de « *règlement d'un différend ou sentence arbitrale rendue par une ou plusieurs personnes auxquelles les parties ont décidé d'un commun accord de s'en remettre* »[9]. Par ailleurs, on l'assimile à « *une opération d'achat et de vente en vue de tirer bénéfice des différences de cours entre deux choses similaires sur la même place, ou entre deux places différentes sur la même chose* »[10]. En outre, la notion d'arbitrage renvoie à la fonction d'arbitre dans le domaine sportif[11], notion par essence polysémique, puisque même la science juridique ne parvient pas à lui donner un contenu homogène[12] en dépit de la tentative opérée par le *Dictionnaire de la culture juridique*[13]. Il s'agit donc d'une notion juridique dont le contenu varie en fonction de la discipline juridique dans laquelle on veut bien l'appréhender.

Inhabituelle en droit constitutionnel[14], la notion d'arbitrage est pourtant un objet juridique déterminé dans d'autres disciplines juridiques. Elle semble donc se réduire à une modalité de règlement juridictionnel et non juridictionnel des différends. En droit du travail, l'arbitrage est « *une procédure facultative de règlement des conflits collectifs de travail, qui consiste à confier à un tiers, choisi par les parties, la solution du conflit* »[15]. En Procédure civile, la notion désigne également une réalité d'ordre procédural. À la différence du droit du travail qui en fait une procédure facultative, la Procédure civile en fait « *une procédure de règlement des litiges*

7Cette notion est synonyme de « *chef de l'État qui personnifie et représente ce dernier, en France, depuis 1848* ». Lire AVRIL (P.) et GICQUEL (J.), *Lexique de droit constitutionnel*, 1ere édition, 2003, p. 92.
8 Lire COHENDET (M.-A.), « L'arbitrage du président de la République », *Arch. phil. droit*, 52 (2009), p. 16 et s.
9*Le Petit Robert, Dictionnaire analytique et analogique de la langue française*, 2011, p. 129.
10*Le Petit Robert, op.cit.*, p. 129.
11*Idem.*
12Y. GUYON (Y.), *L'Arbitrage*, Economica, Paris, 1995, p. 5.
13Selon ce référentiel, l'arbitrage désigne pour le juriste « *l'institution par laquelle un tiers règle le différend qui oppose deux ou plusieurs parties, en exerçant la mission juridictionnelle qui lui a été confiée par celles-ci* ». Dès lors, l'arbitrage « *se caractérise donc par ses éléments essentiels : un litige qui oppose deux ou plusieurs parties, le choix de celles-ci d'en confier le règlement à un tiers, et le caractère juridictionnel du pouvoir de l'arbitre qui dit le droit, en ce sens qu'il tranche le litige comme le ferait un juge* ». Cf, *Dictionnaire de la culture juridique* (sous la direction de ALLAND (D.) et RIALS (S.)), P.U.F., Paris, 2003, p. 76.
14*Dictionnaire du Droit constitutionnel*, 10e édition, in M. de Villiers et Armel Le Divellec (s. la dir. de), Sirey, Paris, 2015, p. 13.
15*Lexique des termes juridiques* (sous la direction de S. GUINCHARD et T. DEBARD), 23e édition, Dalloz, Paris, 2015, p. 78.

conventionnellement prévue par les parties : celles-ci s'engagent, au terme d'une convention d'arbitrage, à soumettre leur litige à une ou plusieurs personnes privées en nombre impair, appelées arbitres, à qui elles confèrent ainsi un véritable pouvoir juridictionnel »[16]. En droit international privé, l'arbitrage apparaît également comme une modalité de règlement des conflits nés de la pratique du commerce international. Il intervient par conséquent lorsque les intérêts du commerce international sont mis en cause[17]. Dans l'univers du droit international public, l'arbitrage se conçoit comme un « *mode de règlement juridictionnel des différends interétatiques et transnationaux par des arbitres, choisis par les parties, chargés de rendre une décision revêtue de l'autorité de chose jugée* »[18].

Adaptée au droit constitutionnel, la notion d'arbitrage ne désigne guère une réalité précise en tant qu'objet constitutionnel déterminé[19]. Dès lors, elle n'est pas une opération autonome dont on peut aisément cerner les contours de manière univoque[20]. En droit constitutionnel, l'on évoque traditionnellement cette notion dans les analyses relatives à la fonction présidentielle[21] et exceptionnellement dans des développements concernant le Premier ministre[22] et le Conseil constitutionnel[23]. En rapport avec le président de la République, la fonction d'arbitrage s'analyse en un pouvoir reconnu à celui-ci en vue de garantir le fonctionnement « *régulier* »[24] des pouvoirs publics. Indépendamment donc de la nature du régime politique dans lequel on se

---

[16]*Ibid.*, pp. 78-79.

[17]*Ibid.*, p. 79.

[18]*Lexique des termes juridiques*, *op.cit.*, p. 79.

[19] Ce constat procède de l'analyse qui est consacrée à cette notion dans les dictionnaires juridiques à caractère constitutionnel. En guise d'illustration, lire ARDANT (Ph.), à propos de la définition de la notion d'arbitrage, in *Dictionnaire constitutionnel* (sous la direction de Olivier Duhamel et Yves Mény), P.U.F., Paris, 1992, pp. 41-42.

[20]DUHAMEL (O.), *Droit constitutionnel et institutions politiques*, 2e édition, Seuil, Paris, 2011, p. 538.

[21]*Dictionnaire constitutionnel*, op.cit, pp. 40-41, *Dictionnaire du Droit constitutionnel, op.cit.*, pp. 13-14, *Lexique de droit constitutionnel, op.cit.*, p. 8.

[22]DENOIX DE SAINT MARC (R.), « L'arbitrage interministériel », *Arch. phil. droit*, 52 (2009), pp. 57-63.

[23]Sur ce point, bien vouloir se référer à C. CERDA-GUZMAN, in *Cours de droit constitutionnel et des institutions de la Ve République*, 2e édition, 2016-2017, Gualino, Lextenso, Paris, p. 476 et s.

[24]Concept polysémique, l'on doit éviter de lui donner une signification unilatérale comme le fait le professeur Marie Anne Cohendet. Pour cet éminent auteur, cet adjectif désigne le caractère de ce qui est permanent, c'est-à-dire ininterrompu. Dès lors, par ***fonctionnement régulier des pouvoirs publics***, il faut entendre « fonctionnement ininterrompu des pouvoirs publics ». Sur la question, lire COHENDET (M.-A.), *La cohabitation…*, *op.cit.*, p. 238. Or, selon *Le Petit Robert*, cet adjectif recouvre des significations bien différentes. Au sens de la présente réflexion, *il désigne aussi bien le caractère de ce qui doit exister sans interruption que le caractère de ce qui doit fonctionner de manière ordonnée, harmonieuse, ceci conformément à l'ordre normal des choses.*

trouve, la fonction d'arbitrage du président de la République se justifie par le souci de garantir le fonctionnement harmonieux et régulier des institutions étatiques. Toutefois, faut-il préciser, cette définition ne coule pas de source en droit constitutionnel. Elle procède en effet de l'évolution constitutionnelle de la France et des analyses doctrinales y afférentes[25].

En France, la fonction d'arbitrage du président de la République a une origine particulière[26]. Elle est la résultante de la sous-valorisation de cette institution sous les Républiques antérieures à l'actuelle[27]. Sous la IIIe République, de même que sous la IVe, la référence à l'arbitrage du président de la République ne constituait guère une fonction prestigieuse[28]. Qui plus est, l'arbitrage présidentiel « *était conçu avant tout comme une magistrature d'influence dont la réussite dépendait de la personnalité du président* »[29]. Ainsi, le *président -arbitre* avait vocation à prêter ses bons offices pour aider les dirigeants politiques à résoudre les crises[30]. En clair, le *président -arbitre* devait à tout prix arborer la posture d'un véritable modérateur, enclin à la neutralité selon Benjamin Constant[31]. Soucieux de rompre avec cette tradition déconsolidante de la fonction présidentielle, le Général de Gaulle va fixer les contours de la nouvelle fonction présidentielle[32].

Dans son discours du 4 septembre 1958 prononcé *Place de la République* à Paris, le Général **de Gaulle** estime qu'il doit exister, « *au-dessus des luttes politiques, un arbitre national, élu par les citoyens qui détiennent un mandat public, chargé d'assurer le fonctionnement régulier des institutions, ayant le droit de recourir au jugement du peuple souverain, répondant, en cas d'extrême péril, de l'indépendance, de l'honneur, de l'intégrité de la France et du salut de la République* »[33]. Cette vision du Général de Gaulle sera ainsi consacrée dans la Constitution marquant l'avènement de la Ve République[34]. Cette dernière consacre en son article 5 la formule selon laquelle « *le président de la République veille au respect de la constitution. Il assure par son*

---

[25]Lire MORABITO (M.), *Histoire constitutionnelle de la France (1789-1958)*, 10e édition, Montchrestien, Lextenso, 2008, 431 p.
[26]*La constitution de la République française : Analyses et commentaires*, *op.cit.*, p. 261.
[27] ZOLLER (E.), *Droit constitutionnel*, 1re édition, P.U.F., Paris, 1988, p. 448.
[28] COHENDET (M.-A.), op.cit., p. 21 et s, J. Gicquel et J-E. Gicquel, *Droit constitutionnel et institutions politiques*, 30e édition, L.G.D.J., Lextenso, Paris, 2016, p. 645.
[29]ARDANT (Ph.), in *Dictionnaire constitutionnel*, *op.cit.*, p. 40.
[30]*Idem.*
[31]CONSTANT (B.), *Du pouvoir royal*, cité par ARDANT (Ph.), in *Dictionnaire constitutionnel*, op. cit., p. 261.
[32]MASSOT (J.), *chef de l'État et chef du Gouvernement : Dyarchie et hiérarchie*, La documentation française, Paris, 1993, p. 33.
[33]Extrait de l'ouvrage de CHAGNOLLAUD DE SABOURET (D.), *op.cit.*, p. 95.
[34]GICQUEL (J.), « Sur la continuité de l'État », in *Au carrefour des droits*, Mélanges en l'honneur de Louis Dubouis, Dalloz, 2002, p. 572.

arbitrage, le fonctionnement régulier des pouvoirs publics (...) »[35]. La fonction présidentielle changea donc de dimension à la faveur de cette nouvelle disposition constitutionnelle[36]. Le problème cependant, comme le relèvent certains auteurs, est que ledit article « *ne précise pas les moyens dont le président de la République peut user pour mener à bien cette mission* »[37]. Dans ce contexte, comme le souligne le professeur **Marie-Anne Cohendet**, l'arbitrage présidentiel peut aller dans tous les sens, du fait de la confusion entre arbitrage et autorité[38]. Quoi qu'il en soit, comme le souligne le professeur **Jean-Louis Quermonne**, « *Par-delà la notion d'arbitrage, c'est bien du pouvoir de décision du président de la République qu'il s'agit dans la pratique exercée tant par le Général de Gaulle que par ses successeurs* »[39].

Du fait de son antériorité et de l'influence française dans le continent noir, cette disposition constitutionnelle sera reprise et consacrée dans les ordres constitutionnels des États africains francophones[40]. Toutefois, il convient de souligner qu'à l'image des textes constitutionnels européens, le style varie également d'une Constitution à l'autre[41] dans l'espace africain francophone[42]. Certaines Constitutions sont restées fidèles à la version française[43] tandis que d'autres lui ont apporté une légère modification[44]. Au Cameroun plus précisément, cette disposition constitutionnelle sera reprise *mutatis mutandis* dans la Constitution ayant marqué l'accession du Cameroun à la souveraineté internationale, notamment celle du 4 mars 1960. En son article 11, il est clairement affirmé que « *le président de la République, Chef de l'État, veille au respect de la Constitution. Il assure par son arbitrage le*

[35]Cf article 5 de la Constitution française du 4 octobre 1958. In AVRIL (P.) et CONAC (G.), *La Constitution de la République française : Texte et révisions*, 3e édition, Montchrestien, 2005, p. 14.

[36]ARDANT (Ph.), « L'article 5 et la fonction présidentielle, *Pouvoirs*, n° 41, 1987, pp. 37-62.

[37]MELIN-SOUCRAMANIEN (F.) et PACTET (P.), *Droit constitutionnel*, 34e édition, Sirey, Paris, 2015,

[38]COHENDET (M.-A.), *La cohabitation : leçons d'une expérience*, P.U.F., Paris, 1993, p. 239.

[39]QUERMONNE (J.-L.), *Le gouvernement de la France sous la Ve République*, 2e édition, Dalloz, Paris, 1983, p. 177.

[40]OWONA (J.), « Le pouvoir exécutif », in *Encyclopédie juridique de l'Afrique*, Tome premier, Nouvelles Éditions africaines., 1982, p. 111.

[41]Sur ce point, lire COHENDET (M.-A.), « L'arbitrage du président de la République *», op.cit*, p. 25 et s.

[42] BEGNI BAGAGNA, « Recherches sur la fonction d'arbitrage du président de la République en Afrique francophone », *Revue africaine de sciences politiques et sociales*, n° 13, avril 2017, pp. 2-28.

[43]cf. article 8 de la constitution gabonaise du 26 mars 1991, article 33 alinéa 3 de la nouvelle constitution centrafricaine du 30 mars 2016.

[44]Le président n'est pas considéré comme un « *arbitre* », mais plutôt comme le « *garant* » du fonctionnement régulier des pouvoirs publics. Sur ce point, lire l'article 64 alinéa 2 de la constitution congolaise de 2015, l'article 42 alinéa 4 de la constitution sénégalaise du 7 janvier 2001.

fonctionnement des pouvoirs publics ainsi que la continuité de l'État »[45]. Toutefois, faut-il le souligner, cette formule constitutionnelle ne sera pas reprise sous la constitution fédérale et encore moins dans la constitution marquant le retour à l'État unitaire. C'est à la faveur de la loi constitutionnelle du 18 janvier 1996 que l'on va assister à la résurrection constitutionnelle de cette formule, estime le professeur **Alain Didier Olinga**[46]. Toutefois, faut-il le souligner, la formule rédactionnelle de l'article 5 de la constitution actuellement en vigueur se distingue de celle contenue dans l'article 11 de la constitution du 4 mars 1960. La Constitution actuelle autonomise la fonction d'arbitrage en la dissociant d'une autre fonction présidentielle somme toute importante, à savoir la garantie de la continuité de l'État.

Pour une certaine frange de la doctrine camerounaise, la *reconstitutionnalisation* de la fonction d'arbitrage du président de la République est illégitime et relève d'une volonté de présidentialisation du régime politique camerounais. Ce sentiment est entretenu par le professeur **Alain Didier Olinga** et M. **Pierre Esaïe Mbpille**. Tout en relevant l'importance de l'arbitrage présidentiel en régime parlementaire, le professeur **Alain Didier Olinga** regrette à tort son institutionnalisation au Cameroun dont le régime politique est, selon lui, « *présidentialiste* »[47]. Pour cet éminent auteur, la fonction d'arbitrage du président de la République « *se justifie dans le contexte du régime parlementaire ou semi-parlementaire ; elle ne se justifie pas dans un contexte semi-présidentiel, présidentiel ou présidentialiste* »[48]. Ainsi, selon lui, du fait du caractère présidentialiste du régime politique camerounais, « *c'est dire que par souci de clarté, cette fonction d'arbitrage ne méritait pas d'être consacrée dans la version actuelle de la Constitution, la logique présidentialiste y faisant par principe obstacle* »[49]. Dans sa thèse de doctorat, M. **Pierre Esaïe Mbpille** range spectaculairement la fonction d'arbitrage du président de la République dans la catégorie de « *pouvoirs de domination* »[50]. Dans son analyse visiblement teintée de subjectivité, l'auteur reste évasif et peu convaincant sur le caractère dominateur de la fonction d'arbitrage du président de la République. Il s'agit donc d'un point de vue manifestement péjoratif et susceptible de trahir la pensée réelle du constituant[51].

---

[45]Lire à cet effet l'article 11 de la constitution du 4 mars 1960.

[46] Lire OLINGA (A. D.), *La Constitution de la République du Cameroun*, 2e édition, P.U.C.A.C., 2013, pp. 51-52.

[47] OLINGA (A. D.), op.cit., p. 51.

[48]*Ibid.*, p. 52.

[49] *Idem.*

[50]MBPILLE (P.E.), *Le président de la République en droit constitutionnel camerounais*, Thèse, université de Yaoundé II, 2016, p. 255 et s.

[51]Sur le bien-fondé et l'importance de la fonction d'arbitrage du président de la République en droit constitutionnel camerounais, lire NGUELE ABADA (M.), *op.cit.*, p. 10.

L'étude de la fonction d'arbitrage du président de la République est somme toute intéressante tant sur le plan juridique que politique. Sur le plan juridique, elle permet d'une part de saisir la consistance de ce pan précis de la fonction présidentielle. D'autre part, elle permet de contribuer à la clarification d'une énonciation constitutionnelle caractérisée par une certaine ambiguïté.

Sur le plan politique, l'étude permet de rendre compte de la capacité du président de la République à se hisser au-dessus des logiques partisanes et intéressées en vue de garantir le fonctionnement régulier des pouvoirs publics tant nationaux que locaux.

À l'analyse, la fonction d'arbitrage du président de la République se révèle être un pouvoir reconnu à celui-ci en vue de garantir le fonctionnement régulier du jeu institutionnel dans l'État. Ce faisant, l'arbitre dont il est question « *a le pouvoir d'imposer sa loi* »[52]. De ce point de vue, il convient de se situer sous l'angle de la mise en œuvre de l'arbitrage présidentiel. Cette option contraste manifestement avec celle qui se veut statique, développée et soutenue par un esprit très avisé de la doctrine constitutionnelle française[53]. Par ailleurs, elle s'éloigne absolument de la perspective esquissée par M. **Begni BAGAGNA** pour qui la « fonction arbitrale » du président de la République légitime traditionnellement et constitutionnellement l'institution présidentielle[54]. Ainsi, la présente analyse s'articule autour de la question suivante : *comment se décline la fonction d'arbitrage du président de la République* ?

En s'appuyant sur le texte constitutionnel et la pratique qui en découle, il est loisible d'affirmer que la fonction d'arbitrage du président de la République fait l'objet d'une double déclinaison. Au Cameroun, on note premièrement une tendance à l'arbitrage horizontal (I) et secondement, une autre tendance à l'arbitrage vertical (II).

I- L'arbitrage horizontal

Les pouvoirs publics désignés à l'article 5 alinéa 2 de la Constitution camerounaise ne font pas l'objet d'une identification précise par le constituant. Cet état de choses se justifie certainement par le fait que « *l'État n'est rien d'autre que l'ensemble des pouvoirs publics* »[55]. Ainsi, partant du principe de la séparation des pouvoirs systématisés par Montesquieu, l'on peut dégager trois pouvoirs publics qui se partagent l'horizontalité du pouvoir dans

[52]DEBBASCH (Ch.) et al, *Droit constitutionnel et institutions politiques*, 2e édition, Economica, Paris, 1986, p. 886.
[53]Lire COHENDET (M.-A.), op.cit., pp. 33 et s.
[54] BEGNI BAGAGNA, *op.cit.*, p. 9 et S.
[55]NGUELE ABADA (M.), *op.cit.*, p. 10.

l'État[56]. Il s'agit des pouvoirs exécutif, législatif et judiciaire. Ceux-ci sont ainsi érigés en pouvoirs publics nationaux en dépit de la marginalisation dont le pouvoir judiciaire fait souvent l'objet tant au plan doctrinal[57] que textuel[58]. Cela dit, l'arbitrage présidentiel, en rapport avec le fonctionnement de ceux-ci, se décline en un arbitrage horizontal[59]. Son effectuation procède en effet d'un fait générateur (A), lequel oblige le président de la République à activer certains mécanismes en vue de garantir la bonne marche de la vie nationale (B).

A- Le fait générateur

Cantonné dans un registre institutionnel bien précis, l'arbitrage horizontal effectué par le président de la République n'intervient pas *ex nihilo*. À l'origine, il faut qu'une cause précise puisse le justifier. Par conséquent, il intervient si et seulement si les pouvoirs exécutif, législatif et judiciaire connaissent des dysfonctionnements patents (1) ou latents (2).

1- Les dysfonctionnements patents

La vie institutionnelle n'est pas un long fleuve tranquille. Par moment, des dysfonctionnements peuvent survenir au sein des institutions qui officient en qualité de pouvoirs publics nationaux. Ainsi, ledit vocable désigne une situation de trouble dans le fonctionnement d'un organe. Par extension, il s'agit d'une difficulté ou d'un trouble qui traverse la vie d'une institution[60]. Dans leur fonctionnement quotidien, les pouvoirs exécutif, législatif et judiciaire peuvent donc connaître des dysfonctionnements de nature à justifier l'intervention de l'arbitrage présidentiel[61]. À l'observation, ceux-ci peuvent

---

[56]PARDINI (G.), *Grands principes constitutionnels : Institutions publiques françaises*, L'Harmattan, Paris, 2009, p. 15.

[57]DRUESNE (G.), « Réflexions sur la notion de pouvoirs publics en droit français », *R.D.P.*, 1976, p. 1095 et s. Cet auteur s'appuie en effet sur le prétendu critère matériel pour exclure le pouvoir judiciaire de la catégorie de pouvoirs publics. Selon ce critère, estime-t-il, le pouvoir judiciaire n'est pas habilité à édicter des actes normatifs et par conséquent, il ne saurait être regardé comme un pouvoir public. Or, à y voir de près, ce critère est aujourd'hui insatisfaisant puisque le juge est de plus admis à créer le droit.

[58]En effet, l'article 50 alinéa 1 de la constitution en vigueur au Cameroun exclut explicitement le pouvoir judiciaire ou juridictionnel en ces termes : « *les décisions du Conseil constitutionnel ne sont susceptibles d'aucun recours. Elles s'imposent aux pouvoirs publics et à toutes les autorités administratives, militaires et juridictionnelles, ainsi qu'à toute personne physique ou morale* ». Il en découle explicitement que le pouvoir judiciaire n'entre pas dans la catégorie de pouvoirs publics. Cela dit, on peut s'opposer à cette vision du constituant camerounais en convoquant de ce fait la constitution française de 1791, plus précisément dans son Titre III consacré aux *Pouvoirs publics constitutionnels*.

[59]Horizontal est cet arbitrage parce qu'il s'opère entre les institutions de même rang constitutionnel en ce qu'elles incarnent l'État de manière globale.

[60]*Le Petit Robert*, *op.cit.*, p. 797.

[61]COHENDET (M.-A.), *op.cit.*, p. 238.

survenir au sein de chaque institution ou dans les rapports entre ces institutions.

Dans le premier cas de figure en effet, illustration peut en être faite dans la vie institutionnelle camerounaise à travers quelques exemples saisissants, dans le cadre du fonctionnement de la branche gouvernementale du pouvoir exécutif[62]. Dans son fonctionnement, l'institution gouvernementale connaît souvent des dysfonctionnements occasionnés au passage par l'absence de solidarité et partant, l'insubordination de certains ministres à l'autorité du Premier ministre[63]. Cette situation a effectivement atteint son paroxysme dans les années 1998 et 2002[64]. Récemment encore, l'on a assisté à de nombreux cas d'insubordination de certains ministres sous le Gouvernement **Yang Philémon**. On en est arrivé à un point où certains ministres contestaient publiquement l'autorité du Premier ministre en refusant de se soumettre à ses instructions et recommandations. Les cas de l'ex-ministre de la Culture, Mme **Ama Tutu Muna**, et de l'ex-ministre de l'Agriculture et du Développement, M. **Essimi Menye**, sont suffisamment illustratifs[65]. Ces types de comportements témoignent de la faible assise institutionnelle du Premier ministre au sein du pouvoir exécutif. Certainement, il s'est agi, pour le constituant, de laisser poindre en permanence la suprématie de l'institution présidentielle au sein d'un pouvoir exécutif dualiste.

En dehors de l'hypothèse de conflit précédemment relevée, l'on pourrait également entrevoir une autre, de nature à ébranler les deux branches du pouvoir exécutif, à savoir la branche présidentielle et la branche gouvernementale. Cette hypothèse, non envisageable pour le moment, pourrait l'être un jour si jamais une cohabitation venait à s'installer au sein du pouvoir exécutif. En l'état actuel de notre loi fondamentale, c'est le président de la République qui est habilité à définir la politique de la Nation dont le Gouvernement répond devant le Parlement. Il serait de ce point de vue difficile qu'une harmonie puisse exister entre le président de la République dont le parti est minoritaire au Parlement et un gouvernement assuré du soutien d'un parti politique ou d'une coalition de partis d'opposition, majoritaires aussi bien à l'Assemblée nationale qu'au Sénat. Inévitablement, c'est l'appareil

[62] Lire MBALLA (P. C.), « Les rapports entre le Premier ministre et les autres membres du gouvernement au Cameroun », *R.A.D.S.P.*, Vol. IV, N° 07, Jan-Juin 2016, p. 175 et s.

[63] BILONG (S.), « À propos de la circulaire présidentielle n° 002/cab/ PR du 27 avril 2001 relative au devoir de solidarité gouvernementale (une analyse sociojuridique) », *CAFRAD*, 2001, p. 8 et s.

[64] Sur la chronologie de ces cas d'insubordination et de troubles au sein de l'appareil gouvernemental, lire TOGOLO (O.), « Le Premier ministre, chef du Gouvernement : les arguments d'une polémique autour de la fonction », *R.A.S.J.*, Vol. 6, N° 1, 2009, p. 349 et s, MBALLA (P.C.), *op.cit.*, p. 176 et s.

[65] MBALLA (P.C.), *op.cit.*, p. 177.

exécutif de l'État qui connaîtra un réel blocage préjudiciable au fonctionnement régulier du pouvoir exécutif.

Toutefois, faut-il le souligner, la survenance des dysfonctionnements ne doit pas uniquement être envisagée et limitée au seul pouvoir exécutif. Au vrai, il n'est pas exclu que des rivalités internes se manifestent au sein des pouvoirs législatif et judiciaire et qu'elles finissent par susciter un arbitrage présidentiel. L'article 30 alinéa 3 de la Constitution révèle en effet qu'au sein du Parlement, un conflit important peut opposer les deux chambres dans l'ordonnancement de la procédure législative. Ce conflit tirerait sa source du fait qu'un texte de loi peut être différemment apprécié par le Sénat qui, de ce point de vue, peut sérieusement l'amender au point de le rejeter en tout ou partie. Lorsque ledit texte remonte à l'Assemblée nationale, il peut ne pas être en définitive adopté en cas d'absence de la majorité absolue requise. Dans ce contexte, l'on va certainement assister à un blocage manifeste du circuit parlementaire de production des textes législatifs. De son côté, le pouvoir judiciaire peut lui aussi être affecté par des dysfonctionnements occasionnés par la distinction entre la magistrature debout et la magistrature assise. Il n'est pas exclu que dans cette perspective, des conflits d'un genre particulier puissent opposer les acteurs de ce secteur dans l'accomplissement du service public de la justice.

Dans le second cas de figure par contre, force est de noter que des dysfonctionnements peuvent également apparaître dans les rapports entre les trois pouvoirs en général, mais plus particulièrement entre l'Exécutif et le Législatif. À la lecture du texte constitutionnel en vigueur, certains dysfonctionnements peuvent surgir dans les rapports institutionnels entre le président de la République et le Parlement. Cela serait la conséquence de la formule rédactionnelle de l'article 28 de la constitution en vigueur. Au regard de cette disposition constitutionnelle, la possibilité donnée au Parlement de donner son point de vue sur la volonté présidentielle de légiférer par ordonnance peut constituer une source de conflit entre les institutions. Qu'adviendrait-il si le parlement refuse ou s'abstient d'autoriser le président de la République à légiférer par le biais des ordonnances ? On peut même encore se demander ce qui adviendrait si le Parlement refuse de ratifier lesdites ordonnances. Si jamais ces cas de figure venaient à se matérialiser, il est évident que des dysfonctionnements d'une telle nature ne laisseraient pas l'institution présidentielle indifférente. Elle en tirera certainement toutes les conséquences sans oublier la possibilité pour elle de recourir à sa fonction d'arbitrage que lui assigne le même texte constitutionnel.

De toute évidence, aussi longtemps que ces institutions existeront, des dysfonctionnements se révéleront toujours dans leur façon d'agir et de faire, au regard des contingences de la vie institutionnelle. Il n'est d'ailleurs pas exclu que des dérèglements graves fassent aussi surface.

2- Les dysfonctionnements latents

En règle générale, la Constitution aménage l'idée de séparation des pouvoirs dans l'État[66]. Et, partant de l'aménagement constitutionnel des pouvoirs, l'on peut être amené à dégager la nature du régime politique[67]. Au Cameroun, cette entreprise a été menée au sein de la doctrine qui s'est donné pour objectif, de déterminer la nature du régime politique sous l'empire de la constitution en vigueur[68]. En dépit des postures endossées par les uns et les autres, la vérité est qu'au plan théorique, certains dysfonctionnements suffisamment graves peuvent affecter la nature harmonieuse des rapports entre l'Exécutif et le Parlement. Selon *Le Petit Robert*, l'on entend par « *dérèglement* », l'état de quelque chose qui est déréglé. Concrètement, il s'agit d'un désordre ou d'un dérangement dans le fonctionnement[69]. Au rang de ceux-ci, l'on a par exemple le refus de la confiance d'une part et la motion de censure d'autre part. Consacrées dans la Constitution camerounaise en vigueur, la question de confiance et la motion de censure doivent être regardées comme deux mécanismes de mise en jeu de la responsabilité du gouvernement en régime parlementaire[70].

En règle générale, la question de confiance est perçue comme « *une procédure par laquelle un chef de gouvernement engage l'existence de son gouvernement devant le Parlement* »[71]. Elle a donc pour rôle « *de faire ressortir le lien entre les objectifs de la politique gouvernementale et les moyens de cette politique dont le vote dépend du parlement* »[72]. Mécanisme à la procédure définie[73] et analysée[74] en droit constitutionnel camerounais, la question de confiance initiée par le Premier ministre devant l'Assemblée nationale peut se révéler contre-productive. La confiance qui est de mise entre

---

[66]cf. article 16 de la Déclaration des Droits de l'Homme et du Citoyen du 26 août 1789 : « *Toute société dans laquelle la garantie des droits n'est pas assurée, ni la séparation des pouvoirs déterminée, n'a point de constitution* ».

[67]TROPER (M.), *La séparation des pouvoirs et l'histoire constitutionnelle française*, L.G.D.J., Paris, 1980, 251 p.

[68]ONDOA (M.), « Une résurrection : le régime parlementaire camerounais », *Annales de la Faculté des Sciences juridiques et politiques de l'Université de Douala*, n° 2, juin-décembre 2002, pp. 7-43, OLINGA (A. D.), *La Constitution de la République du Cameroun*, *op.cit.*, p. 37 et s. ; TCHEUWA (J.-C.), « Essai sur la qualification du régime politique au Cameroun : la difficile affirmation d'un régime authentiquement parlementaire », *R.J.P.I.C.*, n° 2, avril-juin 2003, p. 161 et s. ; GUIMDO D. (B.-R.), « La responsabilité politique du gouvernement dans la Constitution camerounaise », *RRJ* – 2007 -4, p. 2119.

[69]*Le Petit Robert*, *op.cit.*, p. 692.

[70]Lire NYANGON AFANE (E.), *Les mécanismes de mise en jeu de la responsabilité du gouvernement devant le Parlement au Cameroun*, Mémoire de Master, Université de Yaoundé II, 2015, 219 p.

[71]MAUSS (D.), in *Dictionnaire constitutionnel*, *op.cit*, p. 849.

[72]GUIMDO D. (B-R.) *op.cit*, p. 213.

[73]cf. article 34 alinéa 2 de la constitution en vigueur.

[74]Lire ONDOA (M.), *op.cit*, p. 17 et s, GUIMDO D. (B-R.)., *op.cit*, p. 2113 et s.

le Gouvernement et l'Assemblée nationale peut ainsi être brisée à l'occasion de la question de confiance soumise aux députés. Ceux-ci peuvent décider de manière souveraine de ne pas accorder leur confiance au Gouvernement sur l'objet sollicité. À partir de ce moment, un conflit d'ordre politique et idéologique va opposer l'Assemblée nationale au Gouvernement. Or, comme on le sait, le Gouvernement ne définit guère la politique de la Nation au Cameroun. Le refus de la confiance serait alors regardé comme un acte de défiance de l'Assemblée nationale à l'égard du chef de l'Exécutif à savoir, le président de la République. Dans ce contexte de crise avérée ou projetée, le président de la République pourra recourir à sa fonction d'arbitrage en vue de sauvegarder la cohérence du jeu institutionnel. Une telle perspective peut également s'étendre à l'envie pour la même Assemblée nationale d'adopter une motion de censure à l'encontre du Gouvernement.

Initiée par les députés[75], la motion de censure peut également donner lieu à un ébranlement de la stabilité des rapports entre la branche exécutive du pouvoir exécutif et l'Assemblée nationale[76]. Dotée d'un effet révocatoire, celle-ci contraint le Gouvernement à démissionner collectivement lorsque son vote se réalise au sein de l'Assemblée nationale[77]. Il ne saurait d'ailleurs en être autrement puisque la motion de censure remplit les trois conditions de la responsabilité politique, à savoir « *le déclenchement hétéronome, la manifestation claire de la volonté et la sanction révocatoire* »[78]. Ce faisant, l'adoption d'une motion de censure à l'encontre du Gouvernement dans la vie institutionnelle camerounaise pourrait s'apparenter à un dérèglement qui serait de nature à mettre en cause le fonctionnement régulier de l'Exécutif en général et de l'ensemble de l'édifice étatique en particulier. Il s'agirait donc d'une situation particulièrement grave qui ne pourra laisser indifférent le président de la République. Garant de la continuité républicaine et partant, de l'harmonie institutionnelle, le Chef de l'État se sentira interpellé et sa réaction sonnera le glas de ce conflit inter-institutionnel.

Au demeurant, qu'il s'agisse des dysfonctionnements patents ou latents observés çà et là dans la vie institutionnelle de l'État, le président de la République ne saurait rester indifférent et insensible face à tout cela. Il se réserve le droit de mobiliser des mécanismes constitutionnels précis en vue d'assurer l'arbitrage horizontal dont lui seul maîtrise les rouages.

B- Les mécanismes

Au regard de la doctrine, l'arbitrage présidentiel se concrétise par plusieurs mécanismes constitutionnels explicitement et implicitement prévus à cet effet.

---

[75]cf. article 34 alinéa 3 de la constitution en vigueur.
[76] DEBBASCH (Ch.) et al, *op.cit.*, p. 803.
[77] MAUSS (D.), *Dictionnaire constitutionnel*, *op.cit.*, p. 645.
[78]ONDOA (M.), *op.cit.*, p. 19.

Selon le professeur **Marcelin Nguele Abada**, l'arbitrage présidentiel « *se concrétise dans les nominations à des postes politiques en usant du pouvoir discrétionnaire qui est justement le pouvoir de choisir entre plusieurs solutions ou la personne qui lui paraît mieux adaptée* »[79]. Ainsi, le pouvoir de nomination est le mécanisme essentiel qui permet au président de la République d'exercer sa fonction d'arbitrage. Tel n'est pas l'avis du professeur **Alain Didier Olinga**. Pour ce dernier, le président de la République dispose des moyens normaux et anormaux au rang desquels ne figure nullement le pouvoir de nomination[80]. En fait, l'analyse du texte constitutionnel et la pratique qui en résulte révèlent que l'arbitrage horizontal dont il est question ici s'effectue au moyen de divers mécanismes. Les uns pouvant être regardés comme des mécanismes dissuasifs (1) et les autres comme des mécanismes punitifs (2).

1- Les mécanismes dissuasifs

Une lecture attentive de la Constitution en vigueur permet de se rendre compte qu'en effet, le président dispose de mécanismes dissuasifs pour assurer le fonctionnement régulier des pouvoirs publics nationaux. D'aucuns sont explicites tandis que d'autres ne le sont pas. Au total, il convient de distinguer tour à tour ceux qui ont vocation à être mis en œuvre au niveau du fonctionnement de l'Exécutif, du Législatif et du Judiciaire.

Dans sa volonté de résoudre les dysfonctionnements observés au sein du pouvoir exécutif en général, et au sein de l'équipe gouvernementale en particulier, le président de la République a la latitude de recourir à la technique de l'interpellation. Généralement, cette technique renvoie à une « *mise en demeure adressée au Gouvernement l'invitant à s'expliquer sur l'exercice de son autorité* »[81]. Sous la Ve République française, l'interpellation est « *liée au dépôt d'une motion de censure, et met donc nécessairement et explicitement en cause la responsabilité du gouvernement* »[82]. En tant que technique parlementaire de contrôle de l'activité gouvernementale, l'interpellation a été inscrite dans la constitution camerounaise du 4 mars 1960 avant de disparaître par la suite[83]. Actuellement, on la retrouve dans la Constitution béninoise du 11 décembre 1990[84]. Dans ses rapports avec le Gouvernement, le président de la République peut, selon les cas, user de la technique de l'interpellation dans l'optique de persuader les ministres à s'engager dans des pratiques et comportements peu recommandés. Cette interpellation peut être individuelle ou collective. En conseil ministériel, le président de la République peut

[79]NGUELE ABADA (M.), *op.cit*, p. 10.
[80]OLINGA (A. D.), *op.cit.*, p. 52.
[81]AVRIL (P.) et GICQUEL (J.), *op.cit*, p. 64.
[82]*Idem*, p. 65.
[83] cf. article 38 dudit texte constitutionnel.
[84]cf. article 71 de ladite constitution.

particulièrement s'attarder sur les comportements malsains de certains ministres en leur demandant chacun en ce qui le concerne, de revenir sur le « *droit chemin* ».

Dans sa dimension collective, l'interpellation prend généralement la forme d'un rappel à la solidarité gouvernementale. Cette solidarité est l'élément qui conditionne l'efficacité et la cohésion de cette équipe sans lesquelles le travail gouvernemental est voué à l'échec[85]. Au Cameroun, l'exigence de solidarité gouvernementale a souvent été rappelée par le président de la République comme la condition sine qua non du succès du travail gouvernemental[86]. Ainsi, en édictant des circulaires relatives à la solidarité gouvernementale, aussi bien en 1998 qu'en 2002, le président de la République s'était donné pour ambition d'interpeller collectivement les ministres sur le comportement qui est attendu au sein de l'équipe gouvernementale.

Dans l'exercice de son arbitrage horizontal, le président de la République peut également être amené à user des mécanismes dissuasifs afin de ramener la stabilité et la sérénité du Parlement et au niveau de l'appareil judiciaire.

En direction du Parlement, le président de la République peut mettre en branle deux mécanismes de nature à dissuader les parlementaires opposés sur certains points de l'activité législative. Selon la constitution, le président de la République a le pouvoir de provoquer une commission mixte paritaire dans l'optique qu'un compromis émane de la réunion entre députés et sénateurs représentés en nombre égal. Le mécanisme de la commission paritaire est expressément prévu à l'article 30 de la constitution. Par ailleurs, un autre mécanisme, à l'effet dissuasif apparaît lui aussi à l'article 14 alinéa 4 de la constitution. Il y est expressément dit que les deux chambres du Parlement peuvent se réunir, à la demande du président de la République, pour des raisons diverses dont l'une consiste à entendre une communication ou recevoir un message du président de la République[87]. Cette éventualité incline à penser que cette instance, notamment le congrès du Parlement, peut servir de cadre à la résolution intraparlementaire des troubles susceptibles d'ébranler les deux chambres du Parlement[88].

---

[85]Sur la question, lire DE NANTOIS (C.), « La solidarité gouvernementale sous la Ve République : se soumettre, se démettre ou disparaître », *Jus Politicum*, n° 2, 2009, 36 p.
[86]S. Bilong, *op.cit*, p. 3 et s.
[87]Lire ABANE ENGOLO (P. E.), « Le président au Parlement », *RASJ*, N° 2/2016, pp. 195-209.
[88]Sur des études consacrées à cette notion, lire AZOLA MANGOUMOU (J.-G.), *Le congrès du Parlement dans le constitutionnalisme camerounais*, Mémoire de Master, Université de Yaoundé II, 2017, 104 p ; NGA NGONO (A.), « Le Parlement réuni en congrès ou le congrès du Parlement en droit constitutionnel camerounais ! », *RADP*, Vol. VII, N°12, Jan – juin 2018, pp. 100-130 ; Franc de Paul TETANG (F. P.), « Le congrès du Parlement : son histoire, sa nature juridique », *R.F.D.C.*, 2018/1 (N° 113), pp. 151-172.

Au niveau de l'appareil judiciaire, le président peut agiter son pouvoir de nomination ou de sanction dès lors qu'il est l'autorité habilitée à présider le Conseil supérieur de la magistrature. Au sein de cette instance, le chef de l'État est en droit de dissuader les uns et les autres à l'effet de bien se comporter en vue de fournir à la nation un service public de la justice de qualité. Si au terme des manœuvres de type dissuasif, l'harmonie et la sérénité ne reviennent pas au niveau du fonctionnement des pouvoirs nationaux, le président de la République n'a plus d'autre choix que de mobiliser les mécanismes punitifs.

2- Les mécanismes punitifs

À la différence des mécanismes dissuasifs précédemment évoqués et qui ont essentiellement une vocation interpellatrice, les mécanismes dits punitifs sont destinés à sanctionner, au sens juridique du terme, les auteurs des dysfonctionnements et dérèglements institutionnels. À cet effet, le président de la République use des mécanismes que la constitution lui offre afin d'assurer, par son arbitrage, le fonctionnement régulier des pouvoirs publics nationaux.

En réaction aux dysfonctionnements de l'exécutif en général et du Gouvernement en particulier, le président de la République use de son pouvoir de sanction consacré à l'article 10 alinéa 1, et aux termes duquel il est précisé que celui-ci met fin aux fonctions des membres du Gouvernement. Ce faisant, l'arbitrage présidentiel va se concrétiser par des remaniements de faible ou de grande ampleur de l'équipe gouvernementale. Les ministres qui ne bénéficient plus de la confiance du président de la République et de celle du Premier ministre sont ainsi chassés du Gouvernement en guise de punition. Pour le professeur **Marcelin Nguele Abada**, le pouvoir de nomination ainsi mobilisé par le président de la République doit être perçu comme un instrument d'arbitrage lui permettant de faire accéder telle ou telle personnalité à la fonction gouvernementale[89].

S'agissant des troubles au sein du Parlement, force est de noter que le président de la République dispose d'une arme fatale dont l'existence à elle seule est de nature à discipliner les parlementaires députés. Concrètement, il s'agit de la dissolution présidentielle. Cette dernière peut intervenir si les dysfonctionnements et dérèglements de l'institution parlementaire deviennent un obstacle au fonctionnement régulier des pouvoirs publics. Consacrée dans les articles 8 alinéa 12 et 15 alinéa 4 de la Constitution, la dissolution présidentielle se révèle être la sanction extrême que le président de la République peut prononcer à l'encontre de l'Assemblée nationale[90]. Le choix

---

[89] NGUELE ABADA (M.), *op.cit.*, p. 10.
[90] ONDOA (M.), *op.cit.*, p. 23.

présidentiel de dissoudre cette chambre résulte d'un arbitrage entre le maintien de celle-ci et l'humiliation du Gouvernement et vice-versa. Dans tous les cas, le conflit sera en dernière analyse « *arbitré* » par le peuple souverain[91]. Dans le même ordre d'idées, il est à noter que le président de la République peut également, en guise de sanction, déposséder le parlement du pouvoir d'adoption d'un texte de loi. De la sorte, l'article 36 alinéa 1 lui confère la faculté de mobiliser la procédure référendaire. Le choix de cette procédure s'analyse à bien des égards comme une sanction présidentielle à l'égard de l'attitude du Parlement en rapport avec une question d'intérêt national ou de grande envergure.

De son côté, l'appareil judiciaire de l'État est loin d'être à l'abri de la vigilance présidentielle si tant est que l'on observe souvent en son sein, des dysfonctionnements de divers ordres, imputables aux différents acteurs de l'administration de la justice. Pour remédier à ces dysfonctionnements, le président de la République est enclin à prendre des sanctions importantes au sein du Conseil supérieur de la magistrature. C'est ainsi que certains hauts magistrats peuvent être démis de leurs fonctions tandis que d'autres peuvent être mutés dans d'autres représentations judiciaires. De toutes les manières, l'on ne peut pas nier l'importance du rôle disciplinaire du président de la République au sein de cette instance, à savoir le Conseil supérieur de la magistrature.

Quoi qu'il en soit, la vocation fonctionnelle du président de la République est connue dans l'ordre constitutionnel camerounais. Il assure par son arbitrage, le fonctionnement régulier des pouvoirs publics. En direction des pouvoirs publics nationaux, il se doit de tout mettre en œuvre afin que ceux-ci puissent fonctionner de manière régulière. La même démarche doit être la sienne s'agissant du fonctionnement des pouvoirs publics qui, au regard de leur importance, opèrent dans d'autres pans de la vie sociale. Dans cette perspective, le président de la République est enclin à effectuer un arbitrage vertical.

II- L'arbitrage vertical

Énoncée de manière générale dans la Constitution, la fonction d'arbitrage du président de la République ne saurait *a priori* se réduire à l'arbitrage horizontal. Autrement dit, l'arbitrage présidentiel s'étend à d'autres réalités de la vie nationale[92]. Le président de la République ne peut pas rester insensible et indifférent face aux troubles et incidents qui peuvent entraver le

[91] *Idem.*
[92] DEBBASCH (Ch.), *op.cit.*, p. 587.

fonctionnement régulier des entités infra étatiques[93]. Ainsi, la théorie du « *domaine réservé* » perd de sa substance dans l'articulation fonctionnelle de l'activité présidentielle. À ce sujet, de Gaulle souligne que « *si dans le champ des affaires, il n'y a pas pour moi de domaine qui soit négligé ou réservé, je ne manque pas évidemment de me concentrer sur les questions qui revêtent la plus grande importance générale* »[94]. Ainsi, le président de la République est dans l'obligation d'effectuer par moment des arbitrages nécessaires au fonctionnement régulier des entités infra étatiques : c'est l'arbitrage vertical. Ce faisant, il convient d'en identifier les causes (A) et les procédés (B).

A- Les causes

Élu de la Nation tout entière, le président de la République doit avoir un regard vigilant sur tout ce qui se passe sur l'ensemble du territoire. Il n'a pas été élu pour résoudre une catégorie de problèmes et en négliger d'autres. Ce faisant, plusieurs considérations peuvent susciter l'arbitrage présidentiel au niveau du fonctionnement des entités et structures infra étatiques. En l'espèce, on est en présence des causes dites objectives (1). Par ailleurs, d'autres considérations, détachables des considérations de type objectif peuvent susciter un arbitrage vertical de la part du président de la République. Des revendications à caractère subjectif ou identitaire suffisent à le démontrer au Cameroun (2).

1- Les causes objectives

L'arbitrage vertical du président de la République n'intervient pas spontanément. À la vérité, certaines considérations objectives en sont à l'origine. Il s'agit en réalité des situations insupportables et indéfendables du point de vue de la légalité et de la logique institutionnelle. La mauvaise gestion d'un concours administratif par un ministre apparaît en effet au Cameroun comme une cause justificative de l'arbitrage présidentiel. Par ailleurs, le mauvais fonctionnement des collectivités territoriales décentralisées et des Établissements publics peut être à l'origine de l'arbitrage présidentiel. Dans tous les cas, la liste des mobiles susceptibles de déclencher ce type d'arbitrage n'est pas statique. Elle se veut dynamique au regard des prétextes et des contextes. Pour l'essentiel, l'on va s'en tenir à deux cas de figure. Le premier met en exergue la « *mauvaise* » gestion d'un concours administratif par un ministre. Le second quant à lui peut être rangé dans les rapports entre l'État et ses démembrements.

---

[93]Les entités infra étatiques dont il est question ici sont perçues comme des démembrements institutionnels de l'État qui sont investis chacun, d'une mission de service public. Certains sont dotés d'une personnalité juridique tandis que d'autres ne le sont pas.

[94]DE GAULLE (C.), *Mémoires d'espoir*, Le Renouveau, p. 286, cité par DEBBASCH (Ch.) et al, *op.cit.*, p. 587.

Concernant le premier cas de figure, celui-ci s'est produit en 2015, à l'occasion de la proclamation des résultats définitifs d'entrée à l'Institut des Relations Internationales du Cameroun, proclamés par le ministre de l'enseignement supérieur. L'on se souvient en effet que cette année-là, en l'espace d'une semaine, trois listes avaient été signées par ce ministre. Relayée par le *Quotidien Mutations*, ce qu'il est convenu d'appeler *l'affaire NTI* a suscité de l'émoi au sein de la population, révélant au grand jour les dysfonctionnements d'une entité gérée en régie directe par l'Etat à savoir le Ministère de l'Enseignement supérieur. À la suite de la deuxième liste et dans laquelle sept noms avaient été écartés pour un motif spectaculaire[95], des *sit-in* et des marches ont été organisés, mettant en péril l'ordre public au sein du campus de l'*IRIC*. Plus grave encore, une certaine frange de la population s'est saisie de l'affaire en évoquant le droit à la justice sociale, exigeant au passage, un arbitrage du président de la République.

Relativement au second cas de figure touchant aux rapports entre l'État et ses démembrements, l'on ne peut ne pas évoquer, s'agissant de la décentralisation territoriale, le grief souvent formulé, relatif à la non-prise en solde des élus locaux. Sur ce point, l'arbitrage présidentiel a souvent été revendiqué à cor et à cri aussi bien par les élus locaux eux-mêmes que par les experts. Il faut dire qu'ici, l'on n'est pas en face d'un dysfonctionnement imputable à qui que ce soit. Ni plus ni moins, on est dans le vécu de la décentralisation territoriale où la non-prise en charge des élus locaux est apparue comme un problème porté à la haute appréciation du président de la République. D'autres préoccupations en rapport avec le fonctionnement de la décentralisation peuvent également être soumises à son attention, au regard de leur importance et de leur incidence sur la vie des populations locales. À ce sujet, la constitution est on ne peut plus claire. L'article 55 alinéa 4 dispose que « *l'État veille au développement harmonieux de toutes les collectivités territoriales décentralisées sur la base de la solidarité nationale, des potentialités régionales et de l'équilibre interrégional* ». Ce faisant, le président de la République est ainsi habilité à effectuer des arbitrages dans la manière dont l'État doit répartir et distribuer un ensemble de données dans la matérialisation de la décentralisation territoriale. Il doit de ce fait empêcher que le principe de la décentralisation soit galvaudé par des pratiques peu orthodoxes[96].

En direction des chefferies traditionnelles, on s'en souvient, le président de la République a également procédé à un arbitrage en décidant de la prise en solde mensuelle des différents chefs de premier, de second et de troisième

---

[95]Le respect de « *la méritocratie régionale* ».

[96]Lire à cet effet GUIMDO D. (B.-R.) « Constitution et décentralisation au Cameroun depuis la réforme constitutionnelle du 18 janvier 1996 », *Revue juridique et politique* – 2005 – N° 2, pp. 205 et s.

degré. Cette décision présidentielle visait à améliorer la condition des dépositaires du pouvoir traditionnel en vue de permettre un fonctionnement harmonieux de la société camerounaise. La même attitude est attendue de lui, s'agissant de certains dysfonctionnements qui peuvent survenir au niveau des établissements publics. Son pouvoir d'arbitrage devant lui permettre de mettre un terme à certains dysfonctionnements nés de la mal gouvernance de ceux-là qui sont habilités à présider aux destinées des établissements publics. Au-delà de ces raisons éminemment objectives, d'autres, de nature subjective, peuvent-elles aussi justifier l'arbitrage vertical du président de la République.

2- Les causes subjectives

Le président de la République, dans le contexte camerounais est un personnage dont il est difficile de prévoir les réactions et les agissements. Comme un *bon père de famille*, il n'hésite pas à mobiliser son pouvoir d'arbitrage pour des raisons purement subjectives, dans le seul but de satisfaire par ce biais, les besoins et aspirations de son peuple en général, et ceux exprimés par certaines personnes en particulier. L'actuelle « *crise anglophone* » peut en effet être citée en exemple à côté d'autres cas de figure. Au sujet de cette crise, l'arbitrage présidentiel est sans cesse revendiqué pour la résolution des demandes à caractère subjectif, en vue de satisfaire les besoins de ceux qu'on appelle improprement les « *anglophones* ». De ce point de vue, il apparaît que l'arbitrage présidentiel peut aussi se déployer en raison des considérations fondamentalement subjectives. D'ailleurs, le précédent occasionné lors de la proclamation des résultats du tout premier concours d'entrée à l'École normale de Maroua l'illustre parfaitement.

À l'occasion de ce concours justement, le président avait été saisi d'un mémorandum formulé par les forces vives de cette région. En effet, au regard de certaines considérations d'ordre subjectif, l'élite de la région avait sollicité un arbitrage présidentiel s'agissant du nombre de candidats définitivement déclarés admis à l'issue des formalités établies. À l'appui de sa requête, ladite élite avait brandi l'argument tribal et ethnique dans l'espoir que le président de la République puisse décider de l'admission des fils et filles de la région dans la prestigieuse école nouvellement créée sur leur terre. Au travers de ce précédent, l'on s'est en effet rendu compte que l'arbitrage présidentiel peut être sollicité au plan vertical pour des raisons éminemment subjectives. D'autres régions du Cameroun, se servant du précédent de l'École de Maroua, ont, elles aussi, sollicité l'arbitrage présidentiel. Il s'agit par exemple de la région de l'Est, dont l'élite a demandé au président de la République d'intervenir en vue de favoriser une admission massive des fils et filles de la Région.

S'agissant toujours des considérations d'ordre subjectif à l'origine de l'arbitrage présidentiel au Cameroun, il y'a celles relatives à l'amélioration de la condition de certains personnages ayant positivement marqué la conscience nationale par leurs exploits et talents. Dans ce registre se trouvent certains sportifs dont le plus célèbre à ce jour reste M. Albert Roger Mila. À son sujet, on se souvient du fameux « *je vous verrai* » du président de la République. À travers cet exemple, tout porte à croire que l'arbitrage présidentiel n'a pas de frontière. Il a vocation à se déployer là où on l'attend le moins. En France, on se souvient par exemple de l'intervention du Général de Gaulle pour faire libérer Gaston Dominici, emprisonné pour un triple meurtre, afin que ce vieillard meure dans son lit[97]. Au vrai, l'arbitrage vertical ne se limite pas à un seul volet de la vie étatique. Il est destiné à étendre ses tentacules partout où le besoin et la nécessité se font ressentir à travers un ensemble de mécanismes.

B- Les mécanismes

Les mécanismes par lesquels s'opère l'arbitrage vertical du président de la République ne sont pas neutres en soi. Leur nature varie en fonction du contexte et du degré de gravité des faits susceptibles d'entraver le fonctionnement régulier des entités infra étatiques. Dans tous les cas, c'est au président de la République que revient la charge de prendre les mesures qui s'imposent. Doté d'un pouvoir réglementaire autonome, le président de la République a la latitude de prendre des décisions qu'il juge opportunes dès lors qu'il s'agit pour lui d'assurer le fonctionnement régulier de l'édifice étatique dans son entièreté. À ce sujet, deux types de mécanismes ont vocation à intervenir à savoir les mécanismes réparateurs d'une part (1) et les mécanismes sanctionnateurs d'autre part (2).

1- Les mécanismes réparateurs

Dans le cadre de la présente réflexion, l'on entend par « *mécanismes réparateurs* » l'ensemble des mesures prises ou susceptibles d'être prises par le président de la République en vue de réparer une situation ou un fait à l'origine d'un dysfonctionnement au sein des entités infra étatiques. Pour ainsi dire, les mécanismes réparateurs ne sont nullement assortis de sanctions. Leur vocation est de réparer, de restaurer l'ordre normal des choses selon les cas. Rentrent dans cette catégorie, les mécanismes comme la prescription, la nomination et la création.

S'agissant de la prescription, elle se manifeste par un ensemble d'instructions prescrites par le président de la République. C'est en quelque sorte le mécanisme de droit commun à travers lequel le président de la République intervient en vue de réparer certains manquements ou dérapages observés dans le fonctionnement de certaines entités infra étatiques. Dans le cadre de l'affaire de l'*IRIC*, l'arbitrage présidentiel a été rendu public par

---

[97]DEBBASCH (Ch.) et al., *op.cit.*, p. 587.

l'entreprise du ministre à travers la formule « ***Sur haute instruction du président de la République***... » Ainsi, sur haute instruction du chef de l'État, les sept candidats écartés par le ministre ont été tous réhabilités par le président de la République. À chaque fois qu'un différend est soumis à la haute attention du président de la République, ce dernier, après avoir bien analysé les données en présence, n'hésite pas à instruire à ses collaborateurs la conduite à tenir en vue d'une normalisation. L'on se souvient à cet effet de la greffe du collectif les « indignés » et le mouvement d'humeur orchestré par une frange de l'Armée. Ces différents mouvements se sont soldés, on le sait, par d'heureuses initiatives instruites par le président de la République. C'est ainsi qu'a été, par voie décrétale, que dorénavant, les élus locaux au même titre que les chefs traditionnels doivent percevoir une indemnité mensuelle, chiffrée en argent. Toujours par les soins de son pouvoir d'instruction, des mesures fortes ont été prises en vue de la résolution de ce que l'on nomme maladroitement « *la crise anglophone* ». Parmi ces mesures, l'on peut par exemple citer celle portant création d'une section *Common Law* à l'*ENAM*[98].

Relativement au mécanisme de la nomination, il est perçu comme un remède et non comme une sanction. La nomination dont il s'agit ici désigne la modalité par laquelle le président de la République confie de hautes responsabilités à certains fils et filles de la République au regard d'un ensemble de considérations visant à réparer certaines situations objectives observées au niveau intra étatique. La nomination de M. **Albert Roger Milla** à la fonction d'ambassadeur itinérant, doit être regardée comme un arbitrage réparateur en faveur du monde sportif. Cette nomination est le signe que même les sportifs peuvent occuper des fonctions prestigieuses dans la vie de l'État. L'on se souvient en effet du rôle important joué par cet illustre footballeur dans l'apaisement des cœurs des Camerounais pendant les années de braise, notamment par sa brillante prestation lors du Mondial de 1990 en Italie. Les nominations récentes de certaines personnalités originaires des deux régions anglophones du Cameroun à d'importants postes au Gouvernement participent-elles aussi de la capacité du président de la République à opérer un arbitrage vertical vertueux, allant dans le sens de l'apaisement des cœurs et donc, de la garantie du bon fonctionnement de l'État.

S'agissant enfin du mécanisme de la création, il faut dire que celui-ci intervient à titre exceptionnel. Il traduit la volonté du président de la République de mettre en place certaines structures à l'importance révélée au regard de certaines considérations tantôt conjoncturelles, tantôt structurelles. En guise d'exemple, l'on peut citer la Commission en charge de la promotion du bilinguisme et du multiculturalisme. Il faut dire que le pouvoir reconnu au

---

[98]Lire à cet effet, NGA NGONO (A.), « Les enjeux gain de la création d'une section Common Law dans les grandes écoles de formation au Cameroun : le cas de l'ENAM », *RADSP*, Vol. VI, N° 12, juil – déc., 2018, pp. 45-63.

président de la République d'assurer le fonctionnement régulier de l'édifice étatique ne se manifeste pas seulement par des mécanismes réparateurs lors de l'effectuation de l'arbitrage vertical. À côté de ces mécanismes pertinents, il en existe d'autres, revêtus du sceau de la sanction.

2- Les mécanismes sanctionnateurs

D'emblée, il convient de préciser que par « *mécanismes sanctionnateurs* », l'on désigne les différentes sanctions susceptibles d'être prononcées par le président de la République à l'égard des autorités agissant pour le compte de certains démembrements et structures de l'État. Toutefois, il convient de souligner que ces sanctions diffèrent selon les entités en présence.

En direction des organes en charge des Collectivités Territoriales Décentralisées, les sanctions que peut leur infliger le président de la République sont entre autres, la suspension ou la dissolution (s'agissant des organes délibérants), et la suspension ou la destitution (s'agissant de l'organe exécutif). Les sanctions ainsi envisagées à l'égard des organes en charge des collectivités décentralisées doivent reposer sur un ensemble de faits suffisamment graves. Pour l'essentiel, il est interdit à ces organes d'accomplir des actes contraires à la constitution, de porter atteinte à la sécurité de l'État ou à l'ordre public, de mettre en péril l'intégrité du territoire, etc. S'agissant plus particulièrement de l'organe exécutif, le président de la République est en droit de procéder à la substitution d'office en attendant un retour normal des choses. Cette substitution apparaît ainsi comme un gage de la continuité du service public local[99]. Plus grave encore, le président de la République peut décider de sanctionner les agissements des organes en charge des collectivités territoriales décentralisées en décidant de modifier les délimitations géographiques de certaines régions. De ce point de vue, le président de la République peut procéder à un regroupement des deux ou trois régions en une seule, réduisant ainsi la capacité de nuisance de certaines régions dont l'existence s'avère dangereuse pour la paix et la stabilité de l'État[100].

À l'endroit des organes en charge des établissements publics, le président de la République peut tout simplement les destituer de leurs fonctions et les remplacer par d'autres personnes à la compétence établie. Ce remplacement s'opère par l'entremise du pouvoir de nomination. Ici, la nomination n'est pas perçue comme un remède, mais plutôt comme une sanction. La nomination-sanction procède ainsi au remplacement des dirigeants fautifs qui doivent alors faire l'objet de poursuites judiciaires.

---

[99] Lire à ce sujet, Vignes (C.-H.), « Le pouvoir de substitution », *RDP*, 1960, p. 783 et s.
[100]GUIMDO D. (B.-R.), *op.cit.*, p. 225.

Conclusion

L'étude de la fonction d'arbitrage du président de la République camerounais s'est faite autour d'une question importante : comment se décline l'arbitrage présidentiel dans l'ordre institutionnel camerounais ? En réponse à celle-ci, l'on a émis l'hypothèse selon laquelle cet arbitrage se décline en deux mouvements, le premier mouvement renvoyant à l'arbitrage horizontal et le second à l'arbitrage vertical. La fonction d'arbitrage ainsi exercée par le président de la République participe incontestablement de la bonne marche de l'édifice étatique. Toutefois, l'on ne doit pas surestimer la portée de cet arbitrage, car à bien des égards, les citoyens doivent eux aussi faire preuve de patriotisme et de civisme afin de garantir de manière permanente, la stabilité et la prospérité de notre cher et beau pays.

Bibliographie indicative

- Massot (J), *Chef de l'État et chef du Gouvernement : Dyarchie et hiérarchie*, La documentation française, Paris, 1993.

- Troper (M), *La séparation des pouvoirs et l'histoire constitutionnelle française*, L.G.D.J., Paris, 1980.

- Zoller (E), *Droit constitutionnel*, 1re édition, P.U.F., Paris, 1988.

- Abane Engolo (P.E), « Le président au Parlement », *RASJ*, N° 2/2016.

- Begni Bagagna, « Recherches sur la fonction d'arbitrage du président de la République en Afrique francophone », *Revue africaine de sciences politiques et sociales*, n° 13, avril 2017.

- Bilong (S), « À propos de la circulaire présidentielle n° 002/cab/PR du 27 avril 2001 relative au devoir de solidarité gouvernementale (une analyse sociojuridique) », *CAFRAD*.

- Cohendet (M-A), « L'arbitrage du président de la République », *Arch. phil. droit*, 52 (2009).

- Denoix de Saint Marc (R), « L'arbitrage interministériel », *Arch. phil. droit*, 52 (2009).

- Gicquel (J), « Sur la continuité de l'État », in *Au carrefour des droits*, Mélanges en l'honneur de Louis Dubouis, Dalloz, 2002.

- Togolo (O), « Le Premier ministre, chef du Gouvernement : les arguments d'une polémique autour de la fonction », *R.A.S.J.*, Vol. 6, N° 1, 2009.

- Guimdo D.(B-R), « La responsabilité politique du gouvernement dans la Constitution camerounaise », *RRJ* – 2007 -4.

- de Nantois (C), « La solidarité gouvernementale sous la Ve République : se soumettre, se démettre ou disparaître », *Jus Politicum*, n° 2, 2009.

- Franc de Paul Tetang, « Le congrès du Parlement : son histoire, sa nature juridique », *R.F.D.C.*, 2018/1 (N° 113).

LE PRÉSIDENT DE LA RÉPUBLIQUE REPRÉSENTANT DE LA NATION

Diyani EFFAGUE SING[1]

Il n'est pas souhaitable, a-t-on soutenu, que la démocratie soit l'expression directe du peuple, car celui-ci ne dispose pas des qualités requises[2]. L'exercice du pouvoir nécessite une technicité, une compétence et parfois une prudence que le peuple n'a pas[3]. Dans ce schéma propre au gouvernement représentatif, le peuple délègue l'exercice du pouvoir à des représentants. On établit donc une distinction entre la source de la souveraineté et son exercice. Le peuple ou la Nation est la source ou l'essence de la souveraineté, mais l'exercice est dans les systèmes politiques modernes délégués[4]. C'est ce que proclament de nombreux textes et notamment l'article 2 de la Constitution camerounaise du 18 janvier 1996 : « *La souveraineté nationale appartient au peuple*

---

[1]*Responsable au CERCOA (Centre d'Études et de Recherche sur l'État et la Constitution en Afrique). Rédacteur en chef de la Revue africaine de Droit Constitutionnel (RADC).*

[2] ARDANT (Ph.), *Institutions politiques et droit constitutionnel*, Paris, LGDJ, 2001, 13e éd., p. 172.

[3]Cette thèse se réclame de MONTESQUIEU : « *le grand avantage des représentants, c'est qu'ils sont capables de discuter les affaires. Le peuple n'y est pas tout propre ; ce qui forme un des grands inconvénients de la démocratie... Il y avait un grand vice dans la plupart des anciennes républiques : c'est que le peuple avait droit d'y prendre des résolutions actives, et qui demandent quelques exécutions, chose dont il est entièrement incapable* ». MONTESQUIEU (Ch.), *De l'Esprit des lois*, Livre XI, chap. 6.

[4]Les constitutions modernes se sont contentées d'une formule générique pour traduire les modes d'exercice de la souveraineté nationale. Cette formule consiste à énoncer que le peuple exerce sa souveraineté par ses représentants et par la voie du référendum. Au Gabon par exemple, « *La souveraineté nationale appartient au peuple qui l'exerce directement par le référendum ou par l'élection selon le principe de la démocratie pluraliste et indirectement par les institutions constitutionnelles.* ». Art. 3 de la Constitution de la République gabonaise du 26 mars 1991 révisée par la Loi n° 1-97 du 22 avril 1997, in GAUDUSSON (J. du Bois de), CONAC (G.) et DESOUCHES (Ch.), *Les constitutions africaines publiées en langue française (Tome I)*, p. 33. Au Mali aussi, « *La souveraineté nationale appartient au peuple tout entier qui l'exerce par ses représentants ou par voie de référendum.* ». Art. 26 de la Constitution de la République du Mali du 25 février 1992, in GAUDUSSON (J. du Bois de), CONAC (G.) et DESOUCHES (Ch.), *Les constitutions africaines publiées en langue française (Tome II)*, Paris et Bruxelles, La Documentation française et Émile Bruylant, Coll. "Retour aux textes", 1998, p. 33. cf. -AKEREKORO (H.), « L'exercice de la souveraineté reconnue au peuple dans le constitutionnalisme africain », in *Afrilex*, Bordeaux, 2006. p. 8. EFFAGUE SING (D.), *L'exercice de la souveraineté nationale en droit camerounais depuis 1960*, Thèse de Master II en droit public, Université de Yaoundé II, 2015, 245 p.

camerounais, qui l'exerce, soit par l'intermédiaire du président de la République et des membres du Parlement, soit par voie de référendum ». Mais la notion de représentation, elle, n'est pas présente dans la Constitution. La doctrine s'en sert pour illustrer et désigner un rapport entre deux personnes. On a pu dire qu'une personne en représente une autre lorsqu'elle peut vouloir et agir à sa place et en son nom[5]. C'est en effet le schéma qui gouverne toutes les doctrines de la représentation : « il existe un souverain, distinct des gouvernants, mais qui ne peut exercer lui-même son pouvoir, sa souveraineté »[6]. Il est donc compréhensible que les gouvernants se servent de cette construction pour justifier le pouvoir qu'ils exercent en se présentant comme des représentants de son titulaire véritable, le peuple souverain.

On constate cependant que la théorie de la représentation telle qu'elle fonctionne dans les systèmes constitutionnels modernes soulève une question fondamentale : quels sont les organes que la Constitution habilite à vouloir pour le peuple ? En effet, « ... tant que l'on ne dispose pas des moyens d'identifier les individus que la Constitution habilite à vouloir pour la collectivité, on se trouve bien en peine d'utiliser le concept de représentation... »[7]. Plusieurs auteurs ont tenté de résoudre cette difficulté. **ROBESPIERRE** et **ROEDERER** soutenaient que seuls les organes élus pouvaient être qualifiés de représentant. L'exercice du pouvoir devait donc être délégué à des hommes que le peuple a lui-même choisis pour le représenter. **BARNAVE**, au contraire, défendait la thèse que le représentant était celui qui contribuait à exprimer la volonté générale, ce qui était le cas du Parlement en raison de son pouvoir législatif. C'est ainsi que dans le contexte de la Constitution française de 1791, la qualité de représentant était entièrement indépendante du mode de désignation. Le Parlement avait la qualité de représentant, non pas parce qu'il était élu, mais parce qu'il exerçait l'autorité législative[8]. Ces argumentaires servent, dans le discours juridique moderne, à conférer la qualité de représentant à toute personne qui, non seulement dispose d'une investiture populaire, mais aussi peut vouloir et agir pour le peuple. Cette double dimension de la théorie de la représentation dont on se sert dans les systèmes politiques modernes pour justifier la qualité de « représentant » est-elle prise en compte dans notre droit constitutionnel ? Plus précisément, que ressort-il des dispositions constitutionnelles relatives à l'exercice délégué de la souveraineté par le président de la République ?

---

[5] HAMON (F.) et TROPER (M.), *Droit constitutionnel*, Paris, LGDJ, 35e éd., 2014, p. 161.
[6] *Idem.*
[7] BRUNET (P.), « La représentation », in TROPER (M.) et CHAGNOLLAUD (D.) (dir.), *Traité international de droit constitutionnel (Théorie de la Constitution)*, Traité Dalloz, Paris, 2012, tome I., p. 612.
[8] HAMON (F.) et TROPER (M.), *Droit constitutionnel*, op.cit., p. 167.

Le constituant camerounais se sert effectivement des constructions théoriques de la représentation pour justifier le devoir d'obéissance dû à l'exercice du pouvoir. C'est ainsi qu'il reconnaît la qualité de représentant au président de la République, non seulement parce qu'il est l'élu de la Nation tout entière, mais aussi parce qu'il contribue à exprimer la volonté générale. Il existe donc en droit constitutionnel camerounais un lien entre la représentation comme acte mandataire (**I**) et la représentation comme reconnaissance de soi dans le produit de l'acte édicté (**II**).

I- La représentation comme acte mandataire

La théorie de la représentation sert d'abord à justifier un certain nombre de règles spécifiques relatives au mandat[9]. Le mandat est le rapport entre le représentant et le représenté. On dit que le représentant a reçu et exerce un mandat. La thèse aujourd'hui dominante est donc que la qualité de représentant conférée au président de la République repose essentiellement sur l'origine (**A**) et les attributs (**B**) de son mandat.

A- Les origines du mandat présidentiel

La théorie du mandat a eu pour fonction exclusive, à l'origine, de justifier la qualité de représentant. C'est la raison pour laquelle la qualité de représentant était essentiellement dépendante du mode de désignation (1). À cette influence du corps électoral, s'ajoute, depuis la Révolution, celle du corps constituant (2).

1- L'origine élective

La théorie de la représentation doit se combiner avec le principe démocratique : il faut que celui qui est élu par le peuple soit son représentant et qu'il exerce la souveraineté en son nom. Cette thèse trouve ses origines dans la théorie de la représentation de **ROBESPIERRE** et **ROEDERER**. Ceux-ci soutenaient que seuls les organes élus pouvaient être qualifiés de représentants[10]. C'est pourquoi le Parlement avait la qualité de représentant, non parce qu'il faisait les lois, mais parce qu'il était élu au suffrage universel. Il y a donc chez les représentants élus une réelle identité entre la source de leur légitimité et l'objet dont ils assurent la représentation. En France par exemple, le Conseil constitutionnel a rappelé que seuls participent à l'exercice de la souveraineté ceux que les Français ont élus dans le cadre des institutions de la République[11]. La condition de l'élection par le peuple français exclut, non seulement toutes les autorités nommées, mais aussi toutes celles qui,

---

[9]HAMON (F.) et TROPER (M.), *Droit constitutionnel*, op.cit., p. 163.
[10]*Idem.*, p. 167.
[11] Décision 76-71 DC.

élues, ne le sont pas par le peuple[12]. Au Cameroun, l'article 2 de la Constitution confère la qualité de représentant à des autorités différemment désignées. En effet, président de la République et parlementaires ne disposent pas, tous, de l'investiture populaire[13]. Du reste, ils exercent la souveraineté au nom du peuple. Mais le président est l'élu de la nation tout entière. Cette formule lui permet d'échapper à cette imperfection de notre système constitutionnel.

Mais la formule retenue par le constituant camerounais de 1961 peut conduire à modifier une telle donnée. En effet, la Constitution de 1961 dispose en son article 9 : « *Le président de la République fédérale et le vice-président... sont élus sur une même liste au suffrage universel direct et secret* »[14]. De cette disposition, il ressort clairement que le président de la République était depuis la Constitution de 1961 élu au suffrage universel. Mais bien qu'élu au suffrage universel direct, le président de la République ne pouvait exercer la souveraineté au nom du peuple. C'est pourquoi même avec le maintien ou la reconduction par la Constitution de 1972 du principe du suffrage universel direct pour l'élection présidentielle, il n'est guère pertinent de s'appuyer sur le mode de désignation du président de la République pour justifier sa qualité de représentant. Le constituant de 1972 semble donc avoir reconnu la qualité de représentant au président de la République non parce qu'il était élu au suffrage universel direct, mais parce qu'il était la seule autorité habilitée à contribuer de façon déterminante aux orientations majeures de la Nation en raison notamment de sa fonction de guide de la Nation.

Cette théorie obéit au schéma suivant : il revient généralement au président de rappeler « les valeurs fondatrices de la communauté, de tenter de décrypter l'avenir, d'exposer le fruit de ses réflexions. Empêcher, protéger, proposer, telles devraient être ses seules missions, auxquelles on peut ajouter le devoir d'user, dans des crises dramatiques »[15]. C'est pourquoi le général **DE GAULLE** se revendiquait lui aussi la qualité de représentant comme on peut le voir en France très clairement sous la Ve République. « Depuis plus de vingt ans, écrit-il, les évènements ont voulu que je serve de guide au pays dans les crises graves que nous avons vécues. Voici que de nouveau mon devoir et ma fonction m'ont amené à choisir la route »[16]. Par ces propos, **DE GAULLE** s'estimait être investi d'une mission de guide de la Nation. Cette fonction à laquelle il se réclamait sera d'ailleurs une constante dans ses discours. C'est ainsi qu'en 1962, il précise que « la charge insigne du destin de la France et de la République (...) amène le président à inspirer, orienter, animer l'action

---

[12] CARCASSONNE (G.), *La Constitution,* Paris, Seuil, janvier 1996 et avril 1999, 3e éd., p. 47.
[13] cf. Art. 2 de la Constitution du 18 janvier 1996.
[14] cf. Art. 9 de la Constitution du 1er septembre 1961.
[15] ARDANT (Ph.), *Institutions politiques et droit constitutionnel*, op. cit., p. 451.
[16] *Idem.*, p. 463.

nationale »[17]. Du reste, la fonction de guide de la Nation reconnue au président lui permet de décider du destin de la Nation et donc d'exercer la souveraineté.

Aux États-Unis, alors que les auteurs de la Constitution avaient considéré que c'était le Parlement, c'est-à-dire le Congrès qui était le représentant unique du peuple, le président **JACKSON** revendiquait lui aussi au XIXe siècle la qualité de représentant, puisque le peuple lui avait confié un mandat pour mener une certaine politique[18]. Plus tard, le président **WILSON** ira encore plus loin lorsqu'il affirmera que le président est « non seulement un représentant, mais qu'il est un meilleur représentant que le Congrès, parce qu'il représente non pas une série de circonscriptions, mais le peuple tout entier »[19].

Mais il reste qu'au-delà du caractère peu contestable de cet argumentaire, la thèse du « *représentant élu* » s'est imposée dans la pensée constituante de 1972, mais aussi dans la suite de l'histoire constitutionnelle camerounaise. C'est ainsi que le constituant de 1996 reconnaît la qualité de représentant au président de la République parce qu'il est le seul élu de la Nation entière. Cette expression impressionnante confère au président de la République un statut à la fois prédominant et structurant.

Prédominant parce que nul ne peut contester sa légitimité démocratique. Il n'est pas l'élu d'une circonscription électorale particulière, mais l'élu de la nation tout entière. Il ne partage ce privilège avec aucun autre élu. En effet, si députés et président de la République représentent tous la Nation[20], le président de la République est le seul élu de la Nation tout entière[21]. Cet

---

[17]*Idem.*
[18]HAMON (F.) et TROPER (M.), *Droit constitutionnel*, op. cit., p. 168.
[19]*Idem.*
[20] L'article 15 de la Constitution de 1996, en son alinéa 2, comporte un énoncé majeur. « Chaque député représente l'ensemble de la nation ». Cet énoncé, totalement nouveau, emporte la conséquence selon laquelle le député, bien qu'élu dans le cadre d'un scrutin dont le département constitue la circonscription électorale, représente la Nation. Selon le Professeur Alain Didier OLINGA, « l'Assemblée nationale, c'est la nation assemblée en ses fragments ». En effet, bien que la base de la légitimité du député soit « localisée », cette formule lui permet d'y échapper. En réalité, une fois élu, le député cesse d'être le représentant de sa circonscription électorale. Les électeurs ne lui tracent pas de programme ; « ils s'en remettent à lui pour décerner les meilleures solutions ». Car, même s'il est élu dans le cadre d'un scrutin dont le département constitue la circonscription électorale, il n'est pas lié par les électeurs de sa circonscription. Il dispose d'une investiture collective. Il n'est pas seulement l'élu de ceux qui ont voté pour lui dans sa circonscription, mais il l'est également pour ceux qui se sont abstenus et ceux des autres circonscriptions. Dès lors, il n'a d'autre engagement que d'agir en conscience et, si ses opinions viennent à changer, ses électeurs ne peuvent le révoquer. C'est pourquoi même si le député est élu dans le cadre d'un scrutin dont le département constitue la circonscription électorale, il représente la Nation. La formule de l'alinéa 2 de l'article 15 de la Constitution de 1996 constitue donc une revalorisation symbolique importante de la légitimité démocratique des députés.
[21] cf. Art. 5 al. 2 de la Constitution du 18 janvier 1996.

énoncé majeur qui tranche avec la mouture initiale de la Constitution du 2 juin 1972 permet de mettre en exergue l'identité parfaite qui existe entre la source de la légitimité du président de la République et l'objet dont il assure la représentation, voire l'incarnation, à savoir la nation[22]. Le président de la République s'identifie ainsi à la nation qu'il représente ou incarne. De là découle le triptyque constitutionnel « magique » au sujet de la fonction présidentielle. On peut penser, à la suite du Professeur **Alain Didier OLINGA**, que ce triptyque se détermine par la formule « une Nation, un Chef, un Projet, ou si l'on veut, une République, un président, une Politique »[23]. Prédominant encore parce que de par son origine élective, le président de la République prend le dessus sur le gouvernement qui tient formellement son existence de sa volonté[24].

Structurant parce que « son existence détermine le système et la vie des partis. Tout entier tourné vers la conquête de la fonction suprême »[25]. Aussi, tout le système se présidentialise, les partis et formations politiques s'identifient à un homme, un leader, à savoir le président de la République. Et même bien souvent les parlementaires, en dépit de leur statut constitutionnel, se placent sous sa domination. La qualité de représentant conférée au président de la République est donc bien démocratique dès lors qu'elle est associée à l'élection au suffrage universel. Pour que le peuple ait confiance à sa représentation, il faut qu'il en élise les membres[26].

2- L'origine constitutionnelle

Le peuple titulaire du pouvoir constituant et auteur de la Constitution offre un fondement démocratique à la fonction présidentielle. Son autorité suprême et sa permanence définitive fondent la plénitude du pouvoir présidentiel. Le président de la République, tout comme les autres pouvoirs constitutionnels, a ainsi reçu du constituant l'élément qui donne leur légitimité à ces derniers à savoir la *filiation* au peuple. Sur ce point, la qualité de représentant du président de la République s'apprécie par rapport à la conformité de ses prérogatives au cadre constitutionnel. Dans la mesure où c'est la Constitution

---

[22] OLINGA (A. D.), *La Constitution de la République du Cameroun*, Les Éditions Terre africaine, Yaoundé (Cameroun), Presses de l'UCAC, 2006, p. 112.

[23] *Idem.*, p. 65.

[24] CARCASSONNE (G.), *La Constitution*, op. cit., p. 55.

[25] *Idem.*, p. 56.

[26] Cette thèse se réclame de MONTESQUIEU : « Comme la plupart des citoyens qui ont assez de suffisance pour élire, n'en ont pas assez pour être élus ; de même, le peuple, qui a assez de capacité pour se faire rendre compte de la gestion des autres, n'est pas propre à gérer par lui-même… Il a besoin, comme les monarques, et même plus qu'eux, d'être conduit par un conseil ou sénat. Mais pour qu'il y ait confiance, il faut qu'il en élise les membres ; soit qu'il les choisisse lui-même, comme à Athènes ; ou par quelque magistrat qu'il a établi pour les élire, comme cela se pratique à Rome dans quelques occasions ». MONTESQUIEU (C.), *De l'Esprit des lois*, op. cit., p.70 et 71.

adoptée par le peuple qui confère à tous les organes constitués leur légitimité, l'on peut retenir que l'habilitation du président à exercer la souveraineté lui est conférée par le peuple, si bien que celle-ci découle plus de la source de ses prérogatives que du mode de sa désignation. Cependant, n'est-il pas une difficulté dans notre système constitutionnel ?

On ne peut échapper à l'interrogation que suscite la thèse de l'habilitation du président de la République à exercer la souveraineté sous l'angle de la constitutionnalisation du pouvoir présidentiel en raison d'un dilemme très simple : si on entend par constitution le fait que le peuple soit associé à la procédure d'élaboration, il n'est pas possible de soutenir que le peuple soit la source des prérogatives du président de la République puisque la Constitution du 18 janvier 1996 est réputée, à tort ou à raison, comme étant une Constitution totalement nouvelle. À l'opposé, la thèse d'une réforme et non d'une réécriture de la Constitution de 1972 en 1996 semble conforter l'idée selon laquelle le peuple serait le fondement de l'habilitation du président à exercer la souveraineté. Cette habilitation dépendra alors de l'idée que l'on se fera de la réforme constitutionnelle du 18 janvier 1996.

Selon la doctrine de la Constitution révisée en 1996, la loi n° 96/06 du 18 janvier 1996 ne constitue pas une nouvelle Constitution. Elle se contente de réviser la Constitution du 2 juin 1972[27]. Suivant cette thèse, c'est la Constitution du 2 juin 1972 qui demeure formellement en vigueur. À ce sujet, le Professeur **Marcellin NGUÉLÉ ABADA** écrit : « en dépit des innovations majeures, notamment sur le plan normatif et institutionnel, la nouvelle version du texte de 1972 ne constitue pas un changement de système. Elle renforce plutôt le primat présidentiel, l'alpha et l'oméga de la vie politique et juridique »[28]. S'il n'y a pas eu réécriture de la Constitution en 1996, le peuple demeure l'auteur de la version du texte constitutionnel actuellement en vigueur. Par conséquent, la source de l'habilitation du président à exercer la souveraineté. Il est clair que la page ouverte en 1972 ne s'est pas refermée

[27] De manière générale, la révision n'est pas la manifestation du pouvoir constituant originaire, mais plutôt la mise en œuvre du pouvoir constituant dérivé. En d'autres termes, la révision n'est qu'une retouche du texte existant en vue de l'adapter à l'évolution de la société. Elle ne saurait remettre en cause la logique originelle du texte à réviser, c'est-à-dire celle prédéfinie par le constituant originaire. Il y a en effet une limite matérielle à l'étendue du pouvoir de révision qui puisse permettre de distinguer celui-ci du pouvoir constituant originaire. Cette limite matérielle suppose pour le constituant dérivé qu'il s'incline devant les valeurs et principes consacrés par le constituant originaire. En principe, aucune révision n'est possible si elle porte atteinte aux valeurs fondamentales de la République telles que l'unité nationale, l'intégrité du territoire et les principes démocratiques régissant l'État. Cette limitation matérielle était en effet déterminée par l'ancien article 37 de la Constitution du 2 juin 1972, laquelle n'a d'ailleurs pas été franchie par le texte promulgué en 1996.

[28] NGUELE ABADA (M.), « Ruptures et continuité constitutionnelles en République du Cameroun : réflexions à propos de la réforme constitutionnelle du 18 janvier 1996 », in *RADIC* (1998) : 308-326.

depuis 1996, elle s'est plutôt consolidée. À cet égard, on peut admettre que toutes les innovations majeures de la révision de 1996 n'ont en aucune manière remis en cause l'orientation profonde du système constitutionnel de 1972[29].

A contrario, la thèse de l'émergence d'une nouvelle Constitution est défendue par le Doyen **Magloire ONDOA** : « à l'analyse du contenu de la loi n° 96/06 du 18 janvier 1996, il apparaît que celle-ci apporte des changements qui ne sauraient s'intégrer dans la logique d'une simple révision »[30]. Pour l'auteur, ce qui anime le dispositif constitutionnel de la loi de 1996 est une « *idée déprésidentialisante* », c'est-à-dire le fait que l'on soit passé d'un présidentialisme fort à un présidentialisme modéré.

Dans un système politique démocratique, on a estimé que c'est le peuple qui, en adoptant la Constitution, confère au président de la République son habilitation à exercer la souveraineté. Or, si l'on entend par loi n° 96/06 du 18 janvier 1996 le fait d'avoir proposé un texte totalement nouveau, il n'est pas possible de soutenir que le peuple soit la source de l'habilitation du président de la République à exercer la souveraineté. Le texte promulgué le 18 janvier 1996 serait une loi parlementaire, c'est-à-dire un texte adopté par le parlement en ce sens que le peuple a été écarté de la procédure d'adoption. En effet, comme le texte de la Constitution alors en vigueur le prévoyait[31], le président de la République a préféré la voie parlementaire à la voie populaire que représente le référendum en convoquant le Congrès pour qu'il se saisisse du projet de loi n° 59/PJL/AN portant révision de la Constitution du 2 juin 1972. Pourtant, la voie référendaire avait été vivement recommandée par la tripartite dont l'Avant-projet prévoyait que le projet de Constitution serait soumis au référendum populaire pour adoption. Tout laisserait donc croire que le président de la République serait titulaire des prérogatives dont le peuple ne serait pas l'auteur ou la source ; c'est le parlement et non le peuple qui serait la source de ses prérogatives.

Mais, on ne peut conclure, comme on le fait trop rapidement, que la source des prérogatives du président de la République n'est pas populaire parce que la réforme constitutionnelle de 1996 est l'œuvre des députés. Les députés en adoptant le projet de loi n° 59/PJL/AN portant révision de la Constitution de

---

[29] À cet égard, le titre VII de la Loi constitutionnelle du 18 janvier 1996 qui, dans ses articles 46, 47, 48, 49, 50, 51 et 52 traite du Conseil constitutionnel, ne fait que conforter l'idée de démocratie et de suprématie de la Constitution déjà contenue dans la Constitution du 2 juin 1972.

[30] Lire à ce sujet : ONDOA (M.), « Loi n° 96-06 du 18 janvier 1996 portant révision de la Constitution du 2 juin 1972. Commentaire », in *Juridis-périodique*, 25 (1996) : 11. ; KAMTO (M.), « Révision constitutionnelle ou écriture d'une nouvelle Constitution ? », in *LexLata*, 23-24 (1996) : 19. Toutefois, il convient de rappeler que le Professeur Maurice KAMTO l'a lui-même relevé que la Constitution de 1996 n'est « pas » totalement nouvelle.

[31] cf. Art. 36 de la Constitution du 2 juin 1972.

1972, n'exprimaient-ils pas la volonté du souverain ? Quoi qu'il en soit, on peut estimer qu'en adoptant le projet de loi n° 59/PJL/AN portant révision de la Constitution du 2 juin 1972, les parlementaires ont agi dans le cadre de leur fonction de représentant du peuple[32]. La démocratie n'exige pas que les lois soient faites par le peuple. Il suffit qu'elles soient faites en son nom par ses représentants[33]. Ce qui peut logiquement signifier que les parlementaires ont agi pour le compte du peuple en conférant au président de la République une légitimité similaire à celle que lui aurait conférée le peuple ou la nation. Le fondement de cette légitimité remonterait donc à l'entité à l'origine du pouvoir des députés c'est-à-dire le peuple. En effet, la décision des députés ne peut être légitime en démocratie que si elle trouve son fondement dans la volonté d'un organe supérieure : le peuple ou la nation. De ce point de vue au moins, l'habilitation du président de la République à exercer la souveraineté sous l'angle de l'émergence d'une Constitution nouvelle en 1996 peut se comprendre et même se justifier.

B- Les attributs du mandat présidentiel

L'objet du mandat, ce qui est transféré au représentant notamment le président de la République, est l'exercice de la souveraineté. Il s'ensuit deux conséquences juridiques importantes. En premier lieu, le président de la République est politiquement irresponsable. C'est le régime du mandat représentatif prohibant formellement le mandat impératif (1). En deuxième lieu, la souveraineté est inaliénable, le peuple ou la nation ne peut déléguer son exercice que pour une durée limitée (2).

1- L'attribut fonctionnel

La Nation étant une entité immatérielle, elle doit, pour exercer sa souveraineté, passer par l'intermédiaire des représentants, personnes physiques investies d'un mandat représentatif. Le mandat impératif est donc prohibé. Le mandat représentatif s'oppose au mandat impératif. Ce dernier avait la faveur de **Jean-Jacques ROUSSEAU**. Celui-ci soutenait que tous les citoyens sont *cosouverains*, c'est-à-dire que pris individuellement, ils étaient détenteurs de la puissance souveraine. L'universalité des citoyens s'exprime librement sans avoir besoin de désigner des représentants. Et si pour des raisons pratiques, le peuple est obligé de désigner des délégués (et non des représentants), ces derniers sont munis d'instructions précises. Ils sont tenus de rendre des comptes et d'agir fidèlement selon les directives de leurs électeurs. On dit donc qu'ils sont investis d'un mandat impératif. Le mandat impératif serait donc un mandat analogue au mandat de droit privé qui serait « confié par les électeurs aux élus et qui aurait pour conséquence que ceux-ci

---

[32] cf. Art. 2 de la Constitution du 2 juin 1972.
[33] HAMON (F.) et TROPER (M.), *Droit constitutionnel*, op.cit., p. 63.

soient dans l'obligation de se conformer aux instructions reçues, qu'ils devraient rendre des comptes et qu'ils seraient responsables envers leurs électeurs »[34].

Le mandat impératif est non seulement vivement critiqué par de nombreux auteurs, mais aussi formellement prohibé par la plupart des Constitutions. En France par exemple, ce sont les députés de l'Assemblée nationale de 1789 qui, une fois élus, ont éprouvé le besoin de voter l'abolition du mandat impératif dont ils étaient investis. Mais en réalité, l'idée d'abolition des mandats impératifs avait déjà été posée par **Edmund BURKE** dans son fameux discours aux électeurs de Bristol en 1774 : « le parlement n'est pas un congrès d'ambassadeurs représentants des intérêts différents et hostiles, intérêts que chacun doit défendre, en tant que mandataire et avocat, contre d'autres mandataires et d'autres avocats. Il est l'assemblée délibérative d'une seule nation, mue par un seul intérêt, celui du tout, un organe dans lequel ce ne sont ni les objectifs locaux, ni les préjugés locaux qui doivent servir de guide, mais le bien général, produit de la raison générale du tout »[35].

La prohibition du mandat impératif s'avère donc une nécessité d'ordre pratique et politique, car maintenir les mandats impératifs reviendrait à priver les représentants et notamment le président de la République de toute possibilité de parler en toute liberté au nom du peuple. Aussi, la prohibition du mandat impératif se justifie-t-elle politiquement par la pluralité des fonctions des élus, la liberté des élus vis-à-vis des groupes politiques ou des partis. C'est ce qu'exprimait de manière lumineuse **CONDORCET** à la Convention : « Mandataire du peuple, je ferai ce que je croirai le plus conforme à ses intérêts. Il m'a envoyé pour exposer mes idées, non les siennes ; l'indépendance absolue de mes opinions est le premier de mes devoirs envers lui »[36].

Le président de la République est ainsi irresponsable. Il n'a de compte à rendre à personne et n'est tenu par aucune obligation à l'égard de ses électeurs.

---

[34] HAMON (F.) et TROPER (M.), *Droit constitutionnel*, op. cit., p. 165. Aussi, Philippe ARDANT relève cette similitude lorsqu'il affirme que : « *Les électeurs donnent des instructions à l'élu, lui dictent ses votes, exigent qu'il rende des comptes et le révoquent s'ils en sont mécontents*. cf. ARDANT (Ph.), *Institutions politiques et droit constitutionnel*, op. cit., p.174.

[35] BRUNET (P.), « La représentation », in TROPER (M.) et CHAGNOLLAUD (D.) (dir.), *Traité international de droit constitutionnel (Théorie de la Constitution)*, op.cit., pp.627-628.

[36] Cité par Francis HAMON et Michel TROPER, *Droit constitutionnel*, ibid., p. 165.

2- L'attribut structurel

La Nation ne peut déléguer l'exercice de sa souveraineté que pour une durée limitée. Le président de la République est donc investi d'un mandat temporel. Mais la notion de temporalité demeure cependant théorique.

La notion juridique de durée recouvre en effet deux types d'espace : un espace de temps illimité et un espace de temps limité. Si l'espace juridique temporel illimité se caractérise par son absence de fin et correspond à ce qui est établi à jamais, l'espace juridique temporel limité se caractérise par l'existence d'une fin et désigne ce qui est établi pour un certain temps. Le second espace n'est pas en opposition évidente avec la notion extrajuridique de « *temporaire* ». Dans le langage juridique comme dans le langage courant, le temporaire « désigne une durée limitée de temps, une durée qui comporte à la fois un point de départ et un point final »[37]. La durée limitée du temps juridique « ne se réduit (donc) pas aux durées comportant un terme au sens technique du mot, que ce dernier soit certain ou incertain, mais regroupe toutes les durées comportant une fin quelles qu'en soient les caractéristiques, qu'elle soit de réalisation certaine ou incertaine et, lorsqu'elle est de réalisation certaine, que sa date quantitative soit déterminée ou indéterminée »[38]. L'analyse de la notion et des illustrations de la durée limitée du temps juridique n'en demeure pas moins intéressante, non seulement parce qu'il est nécessaire de connaître le délai maximum pour l'exercice de la souveraineté par le président de la République, mais aussi parce que la temporalité du mandat présidentiel est une garantie de la souveraineté du peuple[39].

La qualité de représentant conférée au président de la République est ainsi enfermée dans des limites temporelles strictes. Pour « le président, il y a nécessairement un avant, un pendant et un après. L'homme politique qui accède à la magistrature présidentielle n'est pas vierge. Il n'a pas toujours été chef de l'État. Il ne le sera pas indéfiniment. Il bénéficie d'une investiture qui est forcément temporaire »[40]. Ce constat illustre clairement l'idée selon laquelle la qualité de représentant conférée au président a un début et une fin.

Relativement au début du mandat, la Constitution de 1996 dispose en son article 7 al. (1) que « *Le président de la République élu entre en fonction dès sa prestation de serment* ». De cette disposition constitutionnelle, il ressort clairement que le président de la République commence véritablement à exercer la souveraineté dès la prestation de serment. Dans ce sens, la réception du

---

[37]*Idem.*, p. 404.

[38] CRESP (M.), *Le temps juridique en droit privé, essai d'une théorie générale*, Thèse pour le Doctorat en droit, Université Montesquieu - Bordeaux IV, novembre 2010, p. 405.

[39] MBPILLE (E. P.), *Le président de la République en droit constitutionnel camerounais*, Thèse de Doctorat en droit public, Université de Yaoundé II, 2015, p. 102.

[40]DELPEREE (F.), « La responsabilité du chef de l'État. Brèves observations comparatives », in *RFDC*, p. 34.

serment du président nouvellement élu par les autorités compétentes marque non seulement la cessation des fonctions du président sortant, mais aussi le début des fonctions du président nouvellement élu. Suivant la théorie de la prestation de serment, l'élection a pour fonction d'indiquer seulement la fin de l'activité du président sortant, elle ne marque pas toujours le début effectif de l'activité du président nouvellement élu. D'un point de vue strictement constitutionnel, il faut que le président nouvellement élu satisfasse à l'exigence du « serment », qui constitue en réalité la marque de son engagement auprès de ceux qui l'ont désigné. Il ne saurait donc avoir de contradiction entre l'élection et la prestation de serment. L'élection est la condition sine qua non du serment et le serment est la conséquence logique de l'élection.

Ainsi, s'il y a un point sur lequel le texte constitutionnel camerounais s'éloigne sensiblement de la Constitution française de 1958, c'est bien en ce qui concerne le régime de l'entrée en fonction ou de l'investiture du président élu. Alors que le candidat élu, président de la Vème République française, entre immédiatement en fonction dès l'expiration du mandat de son prédécesseur sans être astreint au serment, le candidat élu président de la République au Cameroun est astreint à la prestation de serment selon un évènement constitutionnalisé[41]. En effet, la cérémonie d'installation du président de la République française réside dans une pratique protocolaire comme le décrit **Jean MASSOT** : « c'est traditionnellement après que le Grand Chancelier a présenté au président le grand collier de la Légion d'honneur avec la formule : « Monsieur le président de la République, nous vous reconnaissons comme le grand maître de l'ordre national de la Légion d'honneur » et le retentissement des vingt et un coup de canon qu'annoncent au peuple l'heureux évènement, que le président commence à assumer l'intégralité de la charge présidentielle »[42].

Cette cérémonie d'installation du président de la République est un évènement répertorié dans notre droit constitutionnel. En synthèse, l'exercice de la souveraineté par le président commence véritablement, et ce, depuis la réforme constitutionnelle de 1996, dès sa prestation de serment devant le peuple, les membres du Parlement, le Conseil Constitutionnel et la Cour suprême réunis en séance solennelle[43].

S'agissant de la fin du mandat, il faut distinguer deux hypothèses : la première est relative à la fin normale dans laquelle le président de la République parvient au terme de son mandat. La seconde est relative à la fin exceptionnelle ou anticipée constituée par la démission, le décès,

[41] EFFAGUE SING (D.), *La continuité de la fonction présidentielle dans le nouveau constitutionnalisme des États d'Afrique noire d'expression française*, Thèse de Doctorat en droit public, op. cit., p. 169.
[42] MASSOT (J.), *L'arbitre et le capitaine*, Paris, Flammarion, 1987, p. 75.
[43]cf. Art. 7 de la Constitution du 18 janvier 1996.

l'empêchement définitif, la destitution ou encore la prorogation du mandat présidentiel.

S'agissant de la fin normale, elle dépend en grande partie du début de son habilitation à exercer la souveraineté. Elle a en principe lieu le jour où le président nouvellement élu prend possession de sa charge devant le peuple, les membres du Parlement, du Conseil constitutionnel et de la Cour suprême. Cela signifie que, le mandat du président de la République expire dès la prestation de serment du président nouvellement élu. On parle dans ce cas de son échéance normale.

En ce qui concernant la fin exceptionnelle, elle peut être constituée par la démission du président de la République (**Ahmadou AHIDJO**, Cameroun 1982), son décès (**POMPIDOU**, France 1974), sa destitution (**Albert ZAFY**, Madagascar), son empêchement définitif, ou encore son incapacité physique[44]. En présence de ces circonstances, les pouvoirs du président de la République sont exercés de plein droit, jusqu'à l'élection du nouveau président de la République par le président du Sénat[45]. Dans ce cas, l'élection a lieu vingt jours au moins et cent vingt jours au plus[46]. Mais avant le texte promulgué le 18 janvier 1996, l'intérim était exercé par le président de l'Assemblée nationale[47]. Aussi, la fin de l'activité présidentielle peut-elle être différée en raison notamment de la prorogation de son mandat. C'est ainsi que dans le contexte de la Constitution de 1960, il était admis que lorsque le mandat du président de la République expirait moins de six mois avant la fin normale de la législature, il était prorogé de plein droit jusqu'à la réunion de la nouvelle Assemblée.

Enfin, la théorie de la représentation ne sert pas seulement à justifier un certain nombre de règles spécifiques relatives au mandat ; elle sert aussi à justifier le pouvoir ou la faculté à exprimer la volonté générale.

II- La représentation comme personnification juridique de la Nation

La théorie de la représentation a eu pour fonction exclusive, sous la Révolution, de justifier l'exercice du pouvoir législatif. C'est ainsi que des auteurs défendaient la thèse que le représentant « était celui qui contribuait à exprimer la volonté générale, ce qui était le cas du roi en raison de son droit de veto » (A)[48]. Ce schéma est celui dont on se sert effectivement dans le

[44]EFFAGUE SING (D.), *La continuité de la fonction présidentielle dans le nouveau constitutionnalisme des États d'Afrique noire d'expression française, thèse précitée.*
[45]cf. Art. 6 al. 4 de la Constitution du 18 janvier 1996.
[46]cf. Art. 6 al. 4 de la Constitution du 18 janvier 1996.
[47]cf. Art. 13 de la Constitution de 1960. Il en était de même en 1961 et 1972.
[48]HAMON (F.) et TROPER (M.), *Droit constitutionnel*, op. cit., p. 163.

système politique camerounais pour justifier la qualité de représentant du président de la République (B).

A- Les constructions théoriques de la représentation indépendamment du mode de désignation : « vouloir » ou « agir » pour la Nation dans la pensée doctrinale

Un courant doctrinal important, d'abord représenté en France par **BARNAVE**, estime que le représentant est celui qui contribue à l'expression de la volonté générale (1). C'est la raison pour laquelle la qualité de représentant était indépendante du mode de désignation. C'est cette thèse qui s'est d'ailleurs imposée en France. C'est ainsi que « le droit public de la IIIe République a reconnu la qualité de représentant au seul Parlement, non pas parce qu'il était élu, mais parce qu'il était la seule autorité législative ». Pour ce courant doctrinal, la qualité de représentant repose sur l'idée de *vouloir* ou *agir* pour la Nation (2).

1- Exprimer la volonté générale, celle du législateur ou du constituant ?

On ne peut échapper à la question de la légitimité du contrôle de constitutionnalité des lois en raison d'un dilemme très simple : d'une part, si la Constitution ne prévoit pas un tel contrôle, cela signifie que le législateur peut violer la Constitution et que celle-ci n'est ni supérieure aux lois ni opposable au législateur. Mais d'autre part, l'institution d'un tel contrôle, confié au juge constitutionnel signifie que celui-ci doit contrôler le législateur et donc faire prévaloir la Constitution sur la loi. Or, la loi est traditionnellement réputée être l'expression de la volonté générale. Dans ce cas, comment doit-on appréhender la volonté exprimée par le constituant ? Si le juge constitutionnel a le pouvoir de remettre en cause la volonté du peuple exprimée en la personne du législateur, doit-on considérer que l'office du juge constitutionnel serait de s'opposer à la volonté générale ? Si oui, le système serait-il encore démocratique ? Le constituant devrait donc choisir et renoncer à la suprématie de la Constitution ou à la démocratie. Cependant, il a tenté d'échapper à ce dilemme en instituant une justice constitutionnelle dans un système politique démocratique. Cette thèse peut être défendue selon deux points de vue complémentaires.

La démocratie représentative serait bien une forme de démocratie, mais on ne devrait pas considérer que la volonté des représentants soit supérieure à celle du peuple. Autrement dit, aucune volonté exprimée dans l'État ne doit être supérieure à la volonté du peuple exprimée dans la Constitution. D'où l'institution d'un contrôle de constitutionnalité. En choisissant d'instituer un contrôle de constitutionnalité, le constituant fait planer une véritable épée de Damoclès sur le législateur. Par le contrôle de constitutionnalité, la loi jadis réputée expression de la volonté générale s'incline aujourd'hui devant la

Constitution. Cette fonction qu'elle a longtemps exercée[49] est aujourd'hui assumée par la Constitution. C'est cette dernière qui exprime désormais la volonté générale. Le législateur se voit ainsi concurrencé et finalement dépassé par le constituant, puisqu'en faisant prévaloir la Constitution sur la loi, le juge constitutionnel imposerait la volonté du peuple dont il serait ainsi le représentant[50]. En effet, la volonté exprimée par le législateur n'est souveraine que dans le respect de la Constitution. C'est d'ailleurs ce que relève le Conseil constitutionnel français dans une décision rendue le 8 août 1985 (nouvelle Calédonie) : « *La loi votée n'exprime la volonté générale que dans le respect de la Constitution* »[51]. Autrement dit, la loi ne serait donc pas l'expression de la volonté générale dans la mesure où c'est la Constitution qui détermine les compétences du législateur et qui l'habilite à faire des lois conformément à certaines procédures. La volonté du législateur n'est expression de la volonté générale que lorsque le législateur, uniquement dans ce cas, a respecté l'ensemble des conditions fixées par la Constitution. Si, en revanche, les prescriptions de la Constitution n'ont pas été respectées, on n'est pas en « présence de la volonté générale, mais de la volonté particulière du législateur et le contrôleur peut parfaitement annuler la loi, sans s'opposer à la volonté du peuple »[52]. « Lorsque la volonté de la législature, déclarée dans les lois est en opposition avec celle du peuple, déclarée dans la Constitution, les juges doivent être gouvernés par la seconde plutôt que par la première. Ils doivent fonder leurs décisions sur les lois fondamentales plutôt que sur celles qui ne le sont pas »[53].

Cette justification du contrôle de constitutionnalité se trouve par ailleurs chez les auteurs tels que : **MARSHALL, KELSEN**[54] et **BARAK**. Ces auteurs – pour reprendre le titre d'un excellent article de **Michel TROPER** – ont tenté de justifier le contrôle de constitutionnalité par l'idée de suprématie de la

---

[49] Cette définition de la loi inspirée des travaux de l'auteur du Contrat social et de la Déclaration des droits de l'homme et du citoyen de 1789, suppose qu'elle « exprime de manière inconditionnée et exclusive la volonté générale au sein d'une société étatique donnée. ». Cette volonté générale est en effet incarnée dans la décision majoritaire des Assemblées élues par les citoyens. Le pouvoir politique se manifeste dans la loi édictée par les citoyens réunis en une seule assemblée. V. DUMONT (H.) et VAN DROOGHENBROECK (S.), « La loi », in TROPER (M.) et CHAGNOLLAUD (D.) (dir.), *Traité international de droit constitutionnel (théorie de la Constitution),* op. cit., p. 534.

[50] HAMON (F.) et TROPER (M.), *Droit constitutionnel*, op. cit., p. 64.

[51] Décision CC 85-196 du 8 août 1985 du Conseil Constitutionnel français.

[52] HAMON (F.) et TROPER (M.), *Droit constitutionnel, ibid.*

[53] HAMILTON, *Lettre n° LXXVIII*, Federalists Papers, éd., p. 468.

[54] Selon Hans KELSEN, « *l'ordre juridique n'est pas un système de normes juridiques placées toutes au même rang, mais un édifice à plusieurs étages superposés, une pyramide ou hiérarchie formée d'un certain nombre d'étapes ou couche de normes juridiques* ». KELSEN (H.), *Théorie pure du droit (Traduction de Charles Einsenman),* Paris, Dalloz, 1962, p. 14.

Constitution[55]. Ils relèvent d'ailleurs que « ce n'est pas la suprématie de la constitution qui justifie le contrôle de constitutionnalité, mais bien le contrôle de constitutionnalité qui justifie la suprématie de la Constitution »[56]. Cette idée de suprématie de la norme constitutionnelle s'appuie en effet sur un principe cher au droit constitutionnel, à savoir, *le principe de constitutionnalité*[57] formulé par le doyen **Louis FAVOREU**. Selon ce principe, la loi doit être conforme à la norme fondamentale.

Pour **Dominique ROUSSEAU**, lorsque le Conseil constitutionnel censure une loi (...) il ne le fait pas au motif que les représentants ont méconnu la volonté des citoyens qui les ont élus (...), il ne le fait pas davantage au motif qu'il connaît et donc représente mieux que les élus la volonté du peuple qui s'est exprimée lors de ces élections ; il censure en montrant aux représentants (...) le texte où le peuple figure en souverain et qui leur interdit de prendre ces dispositions. En d'autres termes, le Conseil ne représente pas le peuple souverain, il représente ce en quoi et par quoi le peuple se pense et se reconnaît souverain. Le mécanisme de la représentation est, poursuit l'illustre auteur, un mécanisme de constitution de la réalité en ce que celui qui représente donne une forme, une consistance à ce qui est absent. Ici, ce qui est absent, c'est la personne du peuple souverain et le Conseil donne corps à cette personne, produit sa réalité de souverain en mettant au jour, en rendant visible ce qui est construit par sa représentation, c'est-à-dire, précisément, la souveraineté du peuple. Cette dernière n'est réelle et n'acquiert une possible effectivité que si elle est représentée en tant que telle. Or, c'est justement cette présence du peuple souverain dans la sphère du pouvoir que représente la juridiction constitutionnelle face aux institutions parlementaire et exécutive qui renvoient seulement aux citoyens l'image de représentés et non de souverains[58].

---

[55] TROPER (M.), « Marshall, Kelsen, Barak et le sophisme constitutionnaliste », in E. ZOLLER (dir.), MARBURY V. MADISON : 1803-2003. Un dialogue franco-américain, Paris, Dalloz, 2003, p. 215-228.

[56] *Idem.*

[57] Le principe de constitutionnalité est dégagé par Hans KELSEN, puis par Charles EISENMANN et repris par le Doyen Louis FAVOREU. V. KELSEN (H.), « La garantie juridictionnelle de la Constitution », in *RDP*, 1928, pp.197-257. - PASQUINO (P.), « Gardien de la Constitution ou justice constitutionnelle ? Carl Schmitt et Hans Kelsen », in TROPER (M.) et JAUME (L.) (dir.), *1789 et l'invention de la Constitution*, Paris et Bruxelles, LGDJ et Bruylant, 1994, pp. 143-152. - EISENMANN (Ch.), *La justice constitutionnelle et la Haute Cour constitutionnelle d'Autriche*, Thèse, Paris, 1928. Cité par FAVOREU (L.), « La notion de Cour constitutionnelle », p. 16, note 5. - FAVOREU (L.), « Le principe de constitutionnalité. Essai de définition d'après la jurisprudence du Conseil constitutionnel », in *Recueil d'Études en hommage à* Charles EISENMANN, Paris, Cujas, 1977, p. 33. - FAVOREU (L.), Droit constitutionnel, Paris, Dalloz, Précis Droit Public-Science politique, 12e éd., p. 227.

[58] ROUSSEAU (D.), « La jurisprudence constitutionnelle : quelle "nécessité démocratique" ? », op. cit., p.372. « *Les citoyens figurent comme représentants dans les institutions législative et exécutive et, là est la nouveauté, comme souverain par la juridiction constitutionnelle* ». Ou encore : « Le Conseil est, ainsi, l'institution qui réfléchit la structure

Si le juge constitutionnel dispose du pouvoir d'empêcher la promulgation d'une loi votée par le Parlement, ce ne serait plus la loi, mais la Constitution qui exprimerait la volonté générale de façon inconditionnée. Le souverain ne serait donc plus le législateur, mais le constituant puisque « c'est la volonté de ce dernier en tant qu'elle découle de la Constitution même que le juge constitutionnel oppose au législateur »[59].

2- « Vouloir pour » et « agir pour » : la Nation personnifiée

On a recours à l'idée de représentation pour décrire le fait que telle personne agisse au nom d'une autre ou encore que telle personne parle non pas en son nom propre, mais au nom de tel groupe ou de telle entité[60]. Ainsi que le soutient à juste titre **LECA**, la représentation est « un processus par lequel quelque chose (personne(s), groupe(s), chose(s) ou abstraction(s)) qui n'est pas réellement (c'est-à-dire physiquement) présent est rendu présent par un intermédiaire »[61]. En d'autres termes, représenter c'est rendre présente une chose abstraite sous une forme matérielle et sensible. Cette définition de la représentation renvoie aussitôt à l'image théâtrale développée par **Thomas HOBBES**. L'auteur, pour appréhender le concept de représentation, s'appuie sur la métaphore de la représentation théâtrale[62]. Dans un schème emprunté

---

dialogique de la représentation politique : il est, pour parler en termes kantiens, la condition de possibilité de la perception – et de la réception de cette perception – de la représentation du peuple comme souverain et des représentants comme délégués subordonnés. L'apport de la juridiction constitutionnelle, loin de heurter le principe démocratique de la souveraineté du peuple, en permet donc la représentation symbolique et pratique. » BRUNET (P.), « Le juge constitutionnel est-il un juge comme les autres ? Réflexions méthodologiques sur la justice constitutionnelle », in JOUANJAN (O.), GREWE (C.), MAULIN (E.) et WACHSMANN (P.) (dir.), *La notion de justice constitutionnelle*, Paris, Dalloz, 2005, p. 18. Ainsi, Le juge constitutionnel, dans le cadre de sa représentation du peuple, s'inscrit dans les deux formes de la représentation établies par BARNAVE. Selon l'auteur, les divers rapports et formes que la représentation emporte sont nécessairement liés à une distinction entre « vouloir pour » et « agir pour ». L'activité du juge constitutionnel consiste à la fois à vouloir et à agir pour le peuple. V. TECHER (S.), « Le Conseil constitutionnel, un représentant du peuple constituant ? », ibid., p. 2.

[59] BRUNET (P.), « La représentation », in TROPER (M.) et CHAGNOLLAUD (D.) (dir.), *Traité international de droit constitutionnel (théorie de la Constitution)*, op. cit., p. 638.

[60] *Idem.*, p. 608.

[61] LECA (J.), « Représentation », in O. DUHAMEL, Y. MENY (dir.), *Dictionnaire constitutionnel*, Paris, PUF, 1992, p. 914.

[62] Thomas HOBBES : « Le mot de personne est latin. À sa place, les Grecs ont *prosôpon,* qui désigne le *visage,* tandis que *persona,* en latin, désigne le déguisement, l'apparence d'un homme, imité sur la scène et parfois, plus précisément, la partie du déguisement qui recouvre le visage : le masque. De la scène, le mot est passé à tout homme qui donne en représentation ses paroles ou ses actions, au tribunal aussi bien qu'au théâtre. *Personne* est donc l'équivalent d'*acteur*, tant à la scène que dans la vie courante ; et *personnifier,* c'est jouer le rôle, ou *assurer la représentation*, de soi-même ou d'autrui ; de celui qui joue le rôle d'un autre, on dit qu'il en assume la personnalité, ou qu'il agit en son nom. V. HOBBES (T.), *Léviathan*, Paris, éd. Sirey, 1871, pp.161-162. COLLIOT-THÉLÈNE (C.), « Les masques de la souveraineté », in *Jus politicum*, n°8 – 2012.

au théâtre, il distingue l'« acteur », c'est-à-dire l'individu qui porte un masque indiquant qu'il représente un autre que lui-même et l'« auteur » à qui est imputée la responsabilité de ce qui est dit ou fait. Cette métaphore Hobbesienne illustre bien la posture du représentant qui est de rendre présente l'entité abstraite et absente qu'est le peuple souverain.

Analysant la pensée de **HOBBES**, Lucien **JAUME** écrit : « au théâtre, l'auteur n'existe que par le truchement de l'acteur ; il en va de même dans le domaine politique, à ceci près qu'ici l'auteur véritable (le peuple) n'a pas d'existence hors du jeu de l'acteur souverain : "C'est l'unité de celui qui représente, non l'unité du représenté qui rend la personne [...]. Parce que la multitude, par nature, n'est pas une, mais multiple, on ne doit pas y voir un seul auteur, mais bien de multiples auteurs de tout ce que leur représentant dit ou fait en leur nom" »[63]. « Dans les sociétés démocratiques actuelles, ajoute-t-il, la représentation apparaît sous un double aspect[64]. Les divers rapports et formes que la représentation emporte sont donc nécessairement liés à une distinction que fait **BARNAVE** entre « vouloir pour » et « agir pour »[65]. On peut même affirmer, à la suite de **CARRE DE MALBERG** que le représenté c'est-à-dire le peuple souverain n'existe qu'à partir du moment où une volonté est exprimée en son nom[66], c'est-à-dire à partir du moment où une décision réputée prise en nom lui est imputable. C'est également ce qu'explique **Olivier BEAUD** qui, partant de la réflexion de **Carl SCHMITT** sur le concept de la représentation, affirme que « le représenté n'apparaît au regard d'autrui que par l'intermédiaire du représentant, qui, lui-même, ne possède cette qualité qu'en raison de ce qu'il représente »[67]. Si les représentants mettent en lumière le représenté[68], ce dernier n'existe que lorsque le représentant édicte un acte juridique, en ce sens que cet acte ne lui sera pas imputé en propre, mais sera imputé à une collectivité unifiée qui reçoit de la part de la Constitution le nom de peuple ou de nation.

Il est à noter que le président de la République depuis la réforme constitutionnelle de 1996 incarne l'unité nationale. La même logique constitutionnelle, à quelques différences près, était consacrée par la Constitution de 1972, puisque loin d'incarner l'unité nationale, le président de

---

63 JAUME (L.), « Peuple », in RAYNAUD (Ph.), et RIALS (S.) (dir.), *Dictionnaire constitutionnel*, Paris, PUF, 1996, Quadrige, 2003, p. 543.
64Id, « Peuple et individu dans le débat Hobbes-Rousseau. D'une représentation qui n'est pas celle du peuple à un peuple qui n'est pas représentable », in François d'ARCY (dir.), *La représentation*, p. 40.
65 TECHER (S.), « Le Conseil constitutionnel, un représentant du peuple constituant ? », op. cit., p. 2.
66 CARRE DE MALBERG (R.), *Contribution à la théorie générale de l'État*, op. cit., t. II, p. 227.
67 BEAUD (O.), « "Repräsentation" et "Stellvertretung" : sur une distinction de Carl Schmitt », in *Droits*, n° 6, 1987, p. 13.
68 TECHER (S.), « Le Conseil constitutionnel, un représentant du peuple constituant ? », op.cit., p.2..

la République l'assurait plutôt. On peut donc utilement se demander en quoi les vocables « assurer » et « incarner » sont distincts. En assurant l'unité nationale, le président de la République n'incarne-t-il pas cette unité ? Quoi qu'il en soit, incarner l'unité nationale serait pour le président de la République une charge importante et honorable. D'abord importante dans la mesure où incarner l'unité nationale c'est matérialiser concrètement l'entité abstraite qu'est la nation. Le président de la République serait ainsi la personnification juridique de la Nation. Honorable aussi, dans la mesure où incarner l'unité nationale, c'est s'identifier à cette unité, voire à la nation elle-même.

B- Les formes matérielles de la volonté générale exprimées par le président de la République

La légitimité du président de la République dans le cadre de l'exercice de la souveraineté au nom du peuple ou de la Nation trouve ici un deuxième fondement qui repose sur la qualité de ses compétences. Cette légitimité s'insère dans l'objet ou la finalité même de l'activité du président de la République. Car c'est aussi en fonction de la qualité de ses compétences que le président de la République a la qualité de représentant. D'où sa légitimité consiste aussi en une légitimité fonctionnelle. De la volonté générale exprimée par le président de la République ressortent deux volontés distinctes, mais compatibles : la volonté constituante (1) et la volonté législative (2).

1- La volonté constituante

Dans le cadre de l'expression, la volonté constituante, le président dispose du droit de convoquer le peuple constituant afin d'adopter un projet ou une proposition de révision de la Constitution, de veiller au respect de la volonté du peuple ou de la Nation exprimée dans la Constitution. En l'absence d'initiative populaire, il faut bien que quelqu'un déclenche le processus dans lequel le peuple va souverainement voter. La Constitution autorise le président de la République à soumettre au référendum un projet ou une proposition de loi portant sur certaines matières constitutionnelles bien déterminées. En effet, pour que le peuple se prononce, il faut que le président le sorte de son sommeil, ce qui se traduit par la convocation du corps électoral, laquelle conduit logiquement à l'exclusion du Congrès.

Le référendum d'initiative présidentielle[69] ne peut se concevoir que dans les pays où le chef de l'État participe activement à la direction des affaires

[69] En réalité, l'initiative présidentielle du référendum n'implique pas nécessairement que le président de la République soit juridiquement l'auteur du texte soumis à la votation. Théoriquement, le texte peut avoir pour auteur une autre autorité. Mais il faut que la décision de soumettre celui-ci au référendum relève en dernier ressort de la compétence du Président. L'article 63 al (1) du texte promulgué le 18 janvier 1996 dispose que l'initiative de la révision

politiques, comme c'est le cas au Cameroun depuis la Constitution de 1972. Le président de la République peut y recourir pour permettre au peuple de trancher une question importante. En effet, comme le lui autorise la Constitution, le président peut décider de soumettre tout projet ou toute proposition de révision de la Constitution au référendum populaire[70]. L'organisation d'un référendum est donc entièrement à la discrétion du président de la République. Il peut, s'il le souhaite, préférer à la voie parlementaire que représente le congrès, la voie populaire qui se traduit par la convocation du corps électoral. Une telle prérogative ne se trouvait pas dans les Constitutions de 1960 et 1961[71]. Par exemple, sous l'égide de la Constitution du 4 mars 1960, le président de la République ne pouvait initier le référendum. Le référendum ne pouvait être organisé qu'au cas unique où le projet ou la proposition de révision constitutionnelle n'avait pas été adopté à la majorité parlementaire qualifiée, mais seulement à une majorité simple[72]. Dans ce cas, le référendum était obligatoire. Il a fallu attendre le texte promulgué le 2 juin 1972 pour que le référendum d'initiative présidentielle soit consacré[73]. Il ne fait aucun doute que dans l'esprit des auteurs de ce texte, la consécration du référendum d'initiative présidentiel semble se justifier par le fait que le recours au peuple est une décision suffisamment grave pour que ce soit le président de la République qui fasse de cette décision « sa chose ». En réalité, celui qui a la qualité de représentant doit pouvoir être responsable devant le peuple, c'est-à-dire l'être au nom de celui pour qui le pouvoir est exercé. C'est pourquoi certains y voyaient dans le référendum d'initiative présidentielle, un régime plus démocratique plutôt qu'un système purement parlementaire parce que le président de la République devenait responsable devant le peuple[74].

Le référendum d'initiative présidentielle serait donc, pour le président, « une arme à double tranchant, qui mêle inextricablement vote de confiance et vote sur un projet, et qui devient périlleuse lorsque les temps sont difficiles, car elle permet l'addition de tous les mécontentements »[75]. En France par exemple, c'est à la suite de l'échec d'un référendum que le général **DE GAULLE** a quitté le pouvoir en 1969. C'est d'ailleurs pourquoi ses successeurs ne l'ont utilisé que de façon sporadique. Ils n'y faisaient recours

---

de la constitution appartient concurremment au président de la République et au Parlement. Une lecture a contrario révèle que seul le président de la République peut initier l'institution référendaire.

[70] cf. Art. 36 de la Constitution du 2 juin 1972. Art. 63 de la Constitution du 18 janvier 1996.

[71] Les constitutions de 1961 et 1972 n'avaient pas prévu de référendum d'initiative présidentiel. Ce dernier est consacré pour la première dans notre droit constitutionnel par le constituant de 1972.

[72] Majorité des deux tiers. V. Art. 49 de la Constitution du 4 mars 1960.

[73] cf. Art. 36 de la Constitution du 2 juin 1972.

[74]HAMON (F.) et TROPER (M.), *Droit constitutionnel*, op. cit., p. 118.

[75]*Idem*.

que lorsque la partie était gagnée d'avance, ou lorsque le jeu était sans risque et que le résultat escompté paraissait susceptible de conforter leur légitimité. Le président de la République doit donc être un arbitre au-dessus des institutions nationales.

Aussi, le référendum doit permettre au président de la République de faire trancher par le peuple, un conflit qui l'opposerait au parlement, ou alors de se passer de l'indolence d'un parlement très souvent influencé par des querelles partisanes. Ainsi, en France par exemple, l'élection du chef de l'État au suffrage universel direct avait été approuvée par le peuple alors qu'elle aurait été certainement rejetée par un Parlement hostile à un tel système. Au Cameroun, les Constitutions du 4 mars 1960 et du 2 juin 1972 sont nées de l'exercice d'un véritable pouvoir constituant originaire, celui qui ne peut être exercé que par le peuple souverain. L'on sait habituellement que le pouvoir constituant originaire intervient pour établir une constitution lorsqu'il n'y en a pas ou qu'il n'y en a plus. Il intervient en effet dans une situation de vides juridiques. Suivant une analyse menée par **CARRE DE MALBERG**, il peut exister deux types de vides juridiques : le vide juridique déjà existant et le vide juridique créé. Ces deux types de vide juridique correspondent aux différents référendums constitutionnels organisés au Cameroun. Au premier type correspond le référendum constitutionnel du 21 février 1960, et au second, le référendum constitutionnel du 20 mai 1972.

L'histoire constitutionnelle camerounaise enseigne au sujet de l'exercice du pouvoir constituant originaire que c'est par la voie du référendum que la Constitution du 4 mars 1960 a été adoptée. L'exercice de ce pouvoir résulte en effet d'une situation de vide juridique déjà existant. En théorie, le vide juridique déjà existant se produit dans les circonstances de naissance d'un nouvel État[76]. Dans cette hypothèse, le constituant originaire, pour fonder un nouvel État, ou établir une nouvelle constitution, ne détruit pas un État, ou n'abroge pas une constitution. Il part d'un vide juridique pour instituer un nouvel État ou une nouvelle constitution. Il comble alors le vide juridique existant en établissant une nouvelle constitution ou en fondant un nouvel État. L'État qu'il fonde est un État tout neuf parce que n'ayant jamais existé auparavant. De même que la constitution qu'il établit est aussi la toute première constitution de l'État. C'est dans un tel contexte que s'inscrit le référendum constitutionnel de 1960. Car aussitôt l'indépendance acquise, il

[76] KLEIN (C.), « Pourquoi écrit-on une Constitution », in Michel TROPER et Lucien JAUME (dir.), *1789 et l'invention de la constitution*, (Actes du Colloque de Paris organisé par l'Association française de droit constitutionnel, les 2, 3 et 4 mars 1989, Paris, Bruxelles, LGDJ.-Bruylant, 1994, pp .89-94. Les auteurs notent qu'un tel vide juridique peut aussi se produire dans les circonstances de révolution, de décolonisation et même fréquemment dans le cadre des guerres d'indépendance (dans les États africains nés de la décolonisation). V. ARDANT (P.), *Institutions politiques et droit constitutionnel*, op. cit., p. 53.

s'est agi d'organiser la vie publique du pays en commençant logiquement par établir une Constitution. C'est ainsi que le 15 janvier 1960 se réunit le comité constitutionnel consultatif composé de quarante-deux membres, dont une moitié désignée par le gouvernement et l'autre par l'Assemblée législative. La Constitution sera finalement adoptée par référendum le 21 février 1960 à soixante pour cent des votants[77].

Contrairement au référendum du 21 février 1960, le référendum du 20 mai 1972 se situe dans une situation de vide juridique créé. Le vide juridique créé se distingue du vide juridique existant par le fait qu'il apparaît dans les circonstances de changement de régime dans un État ou de renversement des institutions anciennes. En réalité, il ne met pas fin à l'État existant, mais se manifeste à l'occasion d'un changement de régime. Dans cette hypothèse, il existe déjà un ordre juridique en vigueur. Le constituant originaire, d'abord en abrogeant la constitution existante, crée un vide juridique, puis le comble en établissant une nouvelle constitution. Il n'est donc plus l'acte fondateur d'un État, mais apparaît comme l'acte fondateur d'un régime. Le référendum constitutionnel de 1972 visait donc à permettre au peuple de rompre avec la logique du régime précédent et marquant ainsi, par l'élaboration de la Constitution, le début d'une étape nouvelle dans la vie de la nation, l'entrée dans une ère nouvelle. Ce référendum est donc à la fois rupture avec le passé et projection vers l'avenir. On comprend dès lors pourquoi le 6 mai 1972, le président en fonction, son excellence **Ahmadou AHIDJO**, annonçait au bureau politique et à l'Assemblée nationale qu'il soumettra à référendum un projet de Constitution unitaire et présidentielle[78].

Le référendum permettrait donc que le peuple souverain se prononce, non seulement sur la nouvelle forme de l'État à laquelle aspirait le chef de l'État, mais aussi sur le nouveau visage qu'allait dorénavant afficher la fonction présidentielle. Selon le président **AHIDJO,** toutes ces questions étaient suffisamment importantes pour que ce soit le peuple lui-même qui s'en saisisse. Le contenu des articles 1 et 2 de la Constitution de 1972 peut d'ailleurs conforter les prévisions du chef de l'État. De ces articles, il ressort clairement que « *La République fédérale du Cameroun, formée de l'État du Cameroun oriental et du Cameroun occidental devient à compter de l'entrée en vigueur de la présente constitution, un État unitaire sous la dénomination de la République unie du Cameroun* »[79]. « *La souveraineté nationale appartient au peuple camerounais qui l'exerce soit par l'intermédiaire du président de la République et des députés à l'Assemblée nationale, soit par*

---

[77] NGONO (L.M.), *Histoire politique et constitutionnelle du Cameroun postcolonial,* Cours polycopié, 2e année, Option Science politique, Université de Yaoundé II, p. 5.
[78] *Idem.*
[79] cf. Art. 1 de la Constitution du 2 juin 1972.

voie de référendum »[80]. Cependant, quelques interrogations retiennent l'attention. La règle de l'organisation d'un référendum en raison de l'importance de la question suscite quelques interrogations sur le plan de la procédure d'adoption de la Constitution de 1961.

En fait, dans le contexte de l'adoption de la réforme constitutionnelle du 1er septembre 1961, le président **AHIDJO**, craignant de voir s'organiser un nouveau cartel de « Non » à l'occasion d'un nouveau référendum constitutionnel sur le plan de la procédure d'adoption de la nouvelle Constitution de 1961, fit accepter le principe selon lequel la réunification n'est juridiquement qu'une modification de la frontière de la République et devait faire l'objet d'une approbation parlementaire et non populaire[81]. Pourtant, l'une des raisons retenues dans le cadre du référendum de 1972 était justement le changement de la forme de l'État. On était ainsi passé d'un État fédéral à un État unitaire[82]. Si changement il y eut, c'est bien d'abord en 1961, dans la mesure où la réforme constitutionnelle adoptée le 1er septembre 1961 avait pour objectif d'adapter la Constitution du 4 mars 1960 aux exigences du Cameroun réunifié et, particulièrement, à la nouvelle donne fédérale[83]. Autrement dit, la réforme constitutionnelle de 1961 marquait en effet le passage de l'État unitaire à l'État fédéral. Cette question n'est pas moins importante que celle de 1972. Dans les deux cas, il s'agissait des réformes relatives à la forme de l'État qui auraient donc mérité les mêmes attentions. Ainsi, si l'on retient les arguments exposés au sujet du référendum constitutionnel de 1972, la réforme constitutionnelle de 1961 aurait elle aussi mérité un référendum. Quoi qu'il en soit, c'est par référendum que les Constitutions de 1960 et 1972 ont été adoptées. Par définition, ce type de référendum n'est pas prévu par la Constitution.

2- La volonté législative

Parce qu'il est associé à la procédure législative, le président de la République exprime la volonté générale. La loi est réputée, pour utiliser la terminologie de **Jean-Jacques ROUSSEAU**, être l'expression de la volonté générale. Ce qui explique que « tous les citoyens ont droit de concourir personnellement, ou par leurs représentants à sa formation »[84]. À ce sujet, **ROBESPIERRE** considère que tous les citoyens, quels qu'ils soient, ont le droit de prétendre à tous les degrés de représentation. Rien n'est plus conforme à votre déclaration des droits, devant laquelle, tout privilège, toute distinction, toute exception doivent disparaître. La Constitution établit que la souveraineté

[80] cf. Art. 2 de la Constitution du 2 juin 1972.
[81] NGONO (L.M.), *Histoire politique et constitutionnelle du Cameroun postcolonial,* op. cit., p. 7.
[82] cf. Art. 1er de la Constitution du 1er septembre 1961.
[83] OLINGA (A. D.), *La Constitution de la République du Cameroun*, op. cit., p. 9.
[84] DENIZEAU (C.), « Le Parlement incarne-t-il la souveraineté nationale ? », in *LPA*, 10 juillet 2008, n° 188, p. 33.

réside dans le peuple, dans tous les individus du peuple. Chaque individu a donc le droit de concourir à la loi par laquelle il est obligé et à l'administration de la chose publique qui est la sienne. Sinon il n'est pas vrai que tous les hommes sont égaux en droit, que tout homme est citoyen[85]. Cette définition de la loi inspirée des travaux de l'auteur du *Contrat social* et de la Déclaration des droits de l'homme et du citoyen de 1789 suppose qu'elle « exprime de manière inconditionnée et exclusive la volonté générale au sein d'une société étatique donnée »[86]. Cette volonté générale est en effet incarnée dans la décision majoritaire des Assemblées élues par les citoyens eux-mêmes. Le pouvoir politique se manifeste ainsi dans la loi édictée par les citoyens réunis en une seule assemblée. En France, l'article 3 de la Déclaration de 1789 étroitement lié à l'article 6 dispose que « *La loi est l'expression de la volonté générale* ». Cette conception de la loi traduit l'adhésion à une conception selon laquelle la loi est « toujours droite et tend toujours à l'utilité publique »[87]. « Malgré les apparences, la loi n'est point un procédé autoritaire d'élaboration des rapports juridiques. Elle n'est qu'un contrat généralisé »[88].

Le président de la République trouve précisément sa légitimité dans le fait qu'il prenne part à l'élaboration de la loi. En effet, sont représentants tous ceux dont le consentement est nécessaire à la formation de la loi. Cette thèse se réclame de **BARNAVE**. Celui-ci défendait la thèse que le représentant était celui qui participait à l'exercice du pouvoir législatif, ce qui est donc le cas du président en raison de sa compétence législative. Cette thèse s'est imposée et a été retenue par l'Assemblée nationale constituante française de 1791. On a ainsi pu retenir de cette Assemblée que « La loi, dit-on, est l'expression de la volonté générale, ce qui veut dire que tous ceux qui adoptent la loi expriment non leur propre volonté, mais la volonté générale. Ils sont donc les représentants du sujet de cette volonté, les représentants du souverain. La représentation n'est ainsi pas liée à l'élection et le roi doit être appelé représentant, puisque, par son droit de veto, il participe à la formation de la loi »[89]. Ainsi, parce que le président exerce le pouvoir législatif, il a la qualité de représentant du peuple.

Le président de la République trouve donc sa légitimité dans le fait que le texte qu'il élabore, c'est-à-dire la loi, traduit la souveraineté du peuple. Cela se comprend dans la mesure où la loi prime sur les autres normes

---

[85] Cité par LHEURE (A.), *De l'influence de la fortune sur la capacité politique,* Thèse de Doctorat, Faculté de droit de Paris, 1900 (gallica-bn.fr).
[86] DUMONT (H.) et VAN DROOGHENBROECK (S.), « La loi », in TROPER (M.) et CHAGNOLLAUD (D.) (dir.), *Traité international de droit constitutionnel (théorie de la Constitution),* op. cit., p. 534.
[87] DENIZEAU (C.), « Le Parlement incarne-t-il la souveraineté nationale ? », *article précité.*
[88] *Idem.*
[89] TROPER (M.), « Le pouvoir judiciaire et la démocratie », Université de Paris X-Nanterre, Institut Universitaire de France. Vol.1 EJLS No. 2., p. 14.

infraconstitutionnelles. Innombrables sont les Constitutions qui ont attribué la souveraineté au peuple dans l'État. La loi étant par présomption l'expression de cette souveraineté, elle s'est vue investir d'un pouvoir de commander[90]. Cette autorité semble en déclin aujourd'hui dans la mesure où la loi n'est véritablement l'expression de la volonté générale que dans le respect de la Constitution. Mais cela n'altère pas pour autant l'autorité de la loi. Car, en dépit de sa situation nouvelle, la loi conserve en droit camerounais sa primauté. Expression inconditionnée de la volonté du souverain, elle reste une norme essentielle et se distingue toujours radicalement des normes réglementaires qui doivent la respecter. Aussi, l'incontestabilité de la loi après promulgation demeure une réalité. Une fois promulguée, la loi ne peut plus faire l'objet d'une contestation quant à sa conformité à la Constitution ; la théorie de l'exception d'incontestabilité n'étant pas consacrée. Cette idée de suprématie de la loi est encore très explicite dans notre contentieux administratif, notamment dans le cadre de ce que la doctrine appelle l'« écran législatif ». Le règlement peut ainsi échapper aux contestations du juge administratif en s'abritant derrière la loi : si par exemple la violation d'un principe constitutionnel apparaissait comme la conséquence directe de l'application de la loi, le juge administratif se refuse à sanctionner cette violation parce que le faire serait s'opposer au législateur.

Le principe électif, combiné à l'expression de la volonté générale, permet en droit constitutionnel camerounais de donner un contenu à la notion de « représentation ». Le président de la République représente donc le peuple ou la nation, non seulement parce qu'il est élu au suffrage universel direct, mais aussi parce qu'il contribue à exprimer la volonté générale.

[90] DUMONT (H.) et VAN DROOGHENBROECK (S.), « La loi », in TROPER (M.) et CHAGNOLLAUD (D.) (dir.), *Traité international de droit constitutionnel (théorie de la Constitution)*, ibid., p. 534.

Bibliographie indicative

Carcassonne (G.), *La Constitution,* Paris, Seuil, janvier 1996 et avril 1999.

HAMON (F.) et TROPER (M.), *Droit constitutionnel*, Paris, LGDJ, 35e éd., 2014.

GAUDUSSON (J. du Bois de), CONAC (G.) et DESOUCHES (Ch.), *Les constitutions africaines publiées en langue française (Tome I).*

Akerekoro (H.), « L'exercice de la souveraineté reconnue au peuple dans le constitutionnalisme africain », in *Afrilex*, Bordeaux, 2006.

Brunet (P.), « La représentation », in TROPER (M.) et CHAGNOLLAUD (D.) (dir.), *Traité international de droit constitutionnel (Théorie de la Constitution)*, Traité Dalloz, Paris, 2012, tome I.

BRUNET (P.), « Le juge constitutionnel est-il un juge comme les autres ? Réflexions méthodologiques sur la justice constitutionnelle », in JOUANJAN (O.), GREWE (C.), MAULIN (E.) et WACHSMANN (P.) (dir.), *La notion de justice constitutionnelle*, Paris, Dalloz, 2005.

COLLIOT-THÉLÈNE (C.), « Les masques de la souveraineté », in *Jus politicum*, n°8 – 2012. DENIZEAU (C.), « Le Parlement incarne-t-il la souveraineté nationale ? », in *LPA*, 10 juillet 2008, n° 188.

FAVOREU (L.), « Le principe de constitutionnalité. Essai de définition d'après la jurisprudence du Conseil constitutionnel », in *Recueil d'Études en hommage à* Charles EISENMANN, Paris, Cujas, 1977.

NGUELE ABADA (M.), « Ruptures et continuité constitutionnelles en République du Cameroun : réflexions à propos de la réforme constitutionnelle du 18 janvier 1996 », in *RADIC* (1998).

TROPER (M.), « Le pouvoir judiciaire et la démocratie », Université de Paris X-Nanterre, Institut Universitaire de France. Vol.1 EJLS No. 2.

KAMTO (M.), « Révision constitutionnelle ou écriture d'une nouvelle Constitution ? », in *LexLata*, 23-24 (1996).

KLEIN (C.), « Pourquoi écrit-on une Constitution », in Michel TROPER et Lucien JAUME (dir.), *1789, et l'invention de la constitution* (Actes du Colloque de Paris organisé par l'Association française de droit constitutionnel, les 2, 3 et 4 mars 1989, Paris, Bruxelles, LGDJ.-Bruylant, 1994.

ONDOA (M.), « Loi n° 96-06 du 18 janvier 1996 portant révision de la Constitution du 2 juin 1972. Commentaire », in *Juridis-périodique*, 25 (1996).

LE PRÉSIDENT DE LA RÉPUBLIQUE, GARANT DE L'UNITÉ NATIONALE AU CAMEROUN

Christian Gérard ANGUE

Le Cameroun est en quête d'unité nationale. Toutefois, le chemin est sinueux et parsemé d'embûches. Idéal érigé en impératif, cette quête est concomitante à la naissance de l'Etat[1] et, partant, à l'idée d'un peuple camerounais[2]. Contraintes de partager une même aire géographique arbitrairement délimitée au gré des découpages coloniaux[3] dont les frontières furent maintenues et consolidées après la période postcoloniale, et ce conformément au principe de l'intangibilité des frontières héritées de la colonisation[4], les populations camerounaises, malgré leur diversité ethnique[5] et leurs particularités socioculturelles, sont désormais appelées à cohabiter et, chemin faisant, à se constituer en nation.

Cependant, la Nation est une notion malaisée à définir ; plusieurs acceptions s'affrontent, se complètent et en enrichissent le contenu. D'après le dictionnaire de Droit constitutionnel, *« une population ne forme une nation que si les individus qui la composent ont conscience de faire partie d'une communauté ancrée dans l'histoire, caractérisée par certains traits culturels (langue, religion...) et animée d'un vouloir-vivre ensemble »*[6]. La Nation est également déclinée comme *« une communauté généralement fixée sur un même territoire, déterminée dont la réalité résulte de caractéristiques ethniques, linguistiques, culturelles, de coutumes sociales et de traditions historiques et religieuses, tous facteurs qui développent un sentiment d'appartenance et des aspirations politiques trouvant leur manifestation essentielle dans la volonté collective de s'ériger en corps politique souverain au regard du droit international »*[7]. Au reste, les définitions sus mentionnées

---

[1] NGUELIEUTOU (A.), *Le peuple dans la vie politique camerounaise postcoloniale*, thèse de Doctorat en sciences politiques, Université de Yaoundé II, 2004, pp.27-29.
[2]*Ibid.*, pp.27-31.
[3] BOUQUET (C.), « L'artificialité des frontières en Afrique subsaharienne. Turbulence et fermeture sur les marges », *Les Cahiers d'Outre-Mer,* Avril-Juin 2003, p.1.
[4]ABLINE (G.), *Sur un nouveau principe du droit international* : *l'utipossidetis,* thèse de Doctorat en droit public, Université d'Angers, 2006, pp.97-169.
[5] BARBIER (J-C.), « Les diversités ethniques et les langues », in *Encyclopédie de la République fédérale du Cameroun*, Douala, NEA, 1981, pp.239-260.
[6]DEBARD (T.), *Dictionnaire de Droit constitutionnel,* Ellipses, 2002, p. 199.
[7] CORNU (G.), *Vocabulaire juridique*, PUF, 9e édition, 2011, p. 672

révèlent deux acceptions de la Nation : l'une objective adossée sur les éléments de race, de langue, d'ethnie et qualifiée, fort à propos, de conception allemande[8]. L'autre subjective récusant les considérations d'ordre sociologique pour privilégier la dimension volontaire. Elle est qualifiée de conception française[9]. C'est cette dernière qui sied au Cameroun.

Ainsi, depuis la période postcoloniale et bien avant, pourrait-on dire que, l'impératif de l'unité nationale structure l'action politique au Cameroun[10] tant le besoin d'y construire une nation était réel en raison de la stratégie d'opposition mobilisée et entretenue par les puissances tutrices d'antan, la France et la Grande-Bretagne notamment, pour entretenir les clivages entre les segments de la société camerounaise[11]. Ce besoin reste encore d'actualité et se fait de plus en plus pressant.

Bien que l'impératif de construction de l'unité nationale fut noble en soi, il fut en réalité instrumentalisé pour la mise en place d'un système autoritaire et monolithique qui, au moyen de la répression, nia le pluralisme sociopolitique et les particularités sociologiques et, dans la même lancée, fit taire les revendications sociales et politiques ; entretenant ainsi l'illusion d'une unité sociopolitique sous le couvert d'un unanimisme imposé. De la sorte, la question de l'unité nationale restait tout entière, ce d'autant plus que l'existence d'une nation ne se décrète point, elle résulte d'un processus sociohistorique et politique de longue haleine dont l'horizon est sans cesse redéfini. En effet, la notion de nation suggère celle d'identité qui n'est point un état tel que l'envisage les approches essentialistes,[12] mais une force virtuelle qui se renouvelle au-delà des éléments de stabilité[13].

Parce que mal adressée ou l'ayant été d'une façon fort légère et insuffisante, la question de l'unité nationale était assurément appelée à resurgir et à s'imposer aux institutions politiques camerounaises, et plus

---

[8] WERNER RUF, « La conception de la nation en France et en Allemagne », H&M., N° 1223 - janvier-février 2000, pp.13-16.

[9] *Ibid.*, pp.17-19.

[10] KONTCHOU KOUOMEGNI (A.), « Idéologie et institutions politiques : l'impact de l'idée de l'unité nationale sur les institutions publiques de l'État camerounais », CONAC(G), (dir.) Dynamiques et finalités des droits africains, Paris, Economica, 1980, pp. 442-464.

[11] TCHINDA KENFO (J.), « Les mirages de l'unité nationale au Cameroun, comment dépasser les frontières ethniques et linguistiques », *Note d'analyses sociopolitiques*, n° 02, 20 avril 2018, CARPADD, Montréal.URL : *https://www.carpadd.com/publications/note-danalyses-sociopol/* pp.2-3.

[12] KOUKOUTSAKI-MONNIER (A.), « Pour une approche pluridimensionnelle de l'identité nationale », *revue pluridisciplinaire de sciences humaines et sociales*, N° 16 ; Sindjoun (L.), « Identité nationale et "révision constitutionnelle" du 18 janvier 1996 : comment constitutionnalise-t-on le "nous" au Cameroun dans l'État post- unitaire ? », *polis.sciencespobordeaux.fr/vol1*, p.4.

[13] Duchesne (S.), Scherrer (V.), « L'identité politique comme force de conflictualisation et de hiérarchisation des appartenances sociales : justification théorique d'une définition empirique ». Identité(s), 2003, Poitiers, France. Presses Universitaires de Rennes, pp.325-336.

précisément au président de la République. En tant que chef de l'État élu par la nation, il incarne l'unité nationale et en est, par conséquent, le garant. Ce rôle qui lui est constitutionnellement dévolu[14] prend tout son sens au vu de la récente actualité marquée par l'exacerbation des revendications ethnorégionales et irrédentistes cristallisées par la crise sécessionniste dans les régions du Nord-ouest et du Sud-ouest.

En référence à cette brûlante actualité empreinte de drames, il devient opportun, aux plans théorique et pratique, de questionner la manière dont le président de la République assume son rôle de garant de l'unité nationale au Cameroun. D'où la question suivante : comment le président de la République garantit-il l'unité nationale au Cameroun ?

Il est question ici d'analyser un rôle et non une fonction. La notion de rôle renvoyant, en l'occurrence, au caractère dynamique d'un statut, elle désigne l'ensemble des conduites et attitudes considérées comme normales par la société et auxquelles celle-ci attache certaines attentes[15]. Dans cette logique, notre réflexion entend déborder le cadre juridique pour embrasser l'analyse sociopolitiste. La notion de rôle fait sens au regard de la position occupée par cette institution au sein de l'Etat et de la société camerounaise. Ainsi, à l'analyse des textes, notamment la Constitution, est adjointe celle de la pratique institutionnelle et politique.

Au reste, il s'agit de mobiliser, d'une part, la méthode juridique, à travers la dogmatique et, dans une certaine mesure, l'institutionnalisme[16], et d'autre part, aux méthodes sociologiques, à travers notamment l'individualisme méthodologique[17] et l'holisme[18] en ce sens qu'il s'agit d'analyser à la fois les actions d'un acteur sur un système politique et les interactions entre un acteur et un système sociopolitique et institutionnel.

À travers cette démarche pluridisciplinaire, le président de la République, en tant qu'il constitue l'interface entre l'État et la société, tous les deux respectivement considérés comme le réceptacle juridique de la nation et sa matrice sociologique, se présente comme le garant de l'unité nationale en assumant deux statuts indissociables. D'une part, il est le socle de la structuration de l'État (I) ; et d'autre part, il se pose comme le socle de la cohésion sociale (II).

---

[14] Voir article 5 de la Constitution.

[15] *Le Petit Larousse*, grand format, 2004, p.898.

[16] CHEVALIER (J.), « L'analyse institutionnelle », in *L'institution*, Paris, PUF, 1981, pp.3-61.

[17] LAURENT (A.), *L'individualisme méthodologique*, Paris, P.U.F., Que sais-je, pp.23-52.

[18] *Ibid.*, pp.11-22 ; Magni-Berton (R.), « Holisme durkheimien et holisme bourdieusien. Étude sur la polysémie d'un mot », *L'Année sociologique* 2008/2 (Vol. 58), pp. 299-318.

I- Le président de la République comme socle de la structuration de l'État

La fonction présidentielle est consubstantielle à la structuration de l'État au Cameroun. De fait, l'existence et la stabilité de celui-ci, alors confrontées à sa naissance à une insurrection menée par l'Union des populations du Cameroun[19] (UPC), furent construites et consolidées autour de la personne de M. **Ahmadou Ahidjo**, premier président de l'État du Cameroun. Certes, l'amorce du processus d'indépendance du pays, naguère territoire sous tutelle de l'Organisation des Nations Unies (ONU) et administré par la France et la Grande-Bretagne, s'est faite sous la direction d'un Premier ministre, notamment pour ce qui est de la partie orientale qui s'appuyait sur une Assemblée législative pour gouverner[20]. En effet, sous l'autonomie interne, c'est le Premier ministre qui exerçait effectivement le pouvoir politique[21]. D'ailleurs, c'est sous son autorité que le Cameroun oriental va accéder à l'indépendance en 1960[22], et ce en conformité avec la loi n° 59-56 du 31 octobre 1959 habilitant le Gouvernement à légiférer et à préparer la Constitution du Cameroun[23].

Soumise sous forme de projet au référendum le 21 février 1960, la Constitution primitive sera promulguée par le Premier ministre, Chef de l'État, le 4 mars 1960. Celle-ci va consacrer la fonction de président de la République au titre III[24], lequel sera désormais qualifié, en lieu et place du Premier ministre, de Chef de l'État. Cependant, lors de la première élection présidentielle, ce dernier ne sera pas élu par un large collège électoral tel que prévu à l'article 12, mais par un collège électoral restreint, et ce, conformément aux dispositions transitoires énoncées à l'article 52[25]. Dès lors, toutes les constitutions successives ainsi que les révisions y afférentes ne cessent de magnifier la fonction de président de la République en lui reconnaissant le statut de Chef de l'État.

---

[19] BAYART (J. F.), *L'État au Cameroun*, Presses de la fondation nationale des sciences politiques, coll. Références, seconde éd. mars 1985, p.64 et ss.
[20] *Ibid.*, pp. 69-73.
[21] *Idem.*
[22] DONFACK SOKENG (L.), "Cinquante ans de réformes politiques et constitutionnelles : la quête d'un « modèle » camerounais de démocratie ?", in Abouem à Tchoyi (D.) et M'Bafou (S. C.), *50 ans de réforme de l'État au Cameroun : stratégies, bilans et perspectives*, Yaoundé, Harmattan, 2013, p.423.
[23] *Ibid.*, pp.419-420.
[24] Voir article 11 de la Constitution du 4 mars 1960.
[25] DONFACK SOKENG (L.), "Cinquante ans de réformes politiques et constitutionnelles : la quête d'un « modèle » camerounais de démocratie ?", *op. cit.*, p.425.

En tant que chef de l'État, lequel État s'entend comme la personnification juridique de la nation[26], le président de la République incarne la nation, et doit, dans ce sens, en préserver l'existence et l'unité en assumant le rôle de garant de la continuité de l'État d'une part (A), et de sa souveraineté d'autre part (B).

A- Le président de la République comme garant de la continuité de l'État

L'idée de continuité est consubstantielle à l'État en tant qu'institution au sens du Doyen **Maurice Hauriou**[27]. L'État est en effet une idée d'œuvre juridiquement construite qui s'incarne dans le corps social[28]. Sous cet angle, il s'inscrit dans la durée et dans la continuité[29]. Cependant, l'entité étatique comme fiction juridique[30] ne saurait par elle-même assurer sa continuité. À cet effet, elle recourt à des organes[31] auxquels est confiée cette mission, notamment le président de la République. Sous ce rapport, le président de la République du Cameroun est garant d'une double continuité de l'État : l'une ontologique (1), et l'autre institutionnelle (2).

1- La garantie de la continuité ontologique de l'État

Du grec *ontos*, l'ontologie désigne l'étude de l'être et s'oppose à la réflexion ontique qui s'intéresse à l'étant. Ainsi, analyser la garantie de la continuité ontologique de l'Etat revient à s'intéresser à ses fondements juridico-sociologiques. À l'instar de tous les États modernes, l'État du Cameroun dispose d'un territoire comme cadre géographique aux frontières plus ou moins répertoriées, mais stables, et d'une constitution saisie comme norme fondamentale, cadres matriciels desquels il tire *de facto* et *de jure* son existence. En ce sens, aussi bien la préservation de son intégrité territoriale (a) que celle de l'intégrité de sa Constitution (b) participent de la garantie de sa continuité ontologique.

a- La préservation de l'intégrité territoriale

La Constitution camerounaise commande la garantie de l'intégrité du territoire national dans ses différentes composantes, terrestre, maritime, aérienne. Elle en confie le soin au président de la République et lui interdit, à

---

[26] CARRE DE MALBERG (R.), *Contribution à la théorie générale de l'État*, Dalloz, rééd. EricMaulin, p.13.

[27] HAURIOU (M.), « La théorie de l'institution et de la fondation », *Cahiers de la nouvelle journée*, 1925, n° 4, pp.2-45.

[28] HAURIOU (M.), *Principes de droit public* Paris, Dalloz, 1910, rééd. 2010, p.126.

[29]BERGEL (J. L.), *Théorie générale du droit*, Dalloz, 2e éd. 1989, p.182.

[30] C'est dire ici que l'État est une personne morale matérialisée par des éléments sociologiques et normatifs, et dont la volonté est exprimée par des institutions-organes représentées et animées par des personnes physiques.

[31] Raymond Carré de Malberg, *Contribution à la théorie générale de l'État*, *Op. cit.*, pp.39-40.

cet égard, de porter atteinte à l'intangibilité de ses frontières[32] de quelque manière que ce soit et ce, conformément au principe de l'indivisibilité de la République[33]. Le Chef de l'État ne saurait ainsi ratifier des traités internationaux modifiant la structure originelle du territoire national ou encore donner suite favorable à des revendications sécessionnistes.

Cet impératif catégorique revêt deux dimensions, l'une interne et l'autre internationale. La dimension interne se rapporte aux mouvements irrédentistes et de rébellion ; elle relève, en principe, du droit interne. La dimension internationale quant à elle renvoie aux actes d'agression et d'annexion, elle est régie par le droit international.

Toutefois, en raison de l'imbrication entre le droit international et le droit interne, les différends internes n'échappent plus à l'emprise du droit international tel que le traduit la décision de la CIJ de 1961 dans l'affaire Northern Cameroon, ainsi que celle de la Commission africaine des droits de l'homme et des peuples dans l'affaire **Kevin Mgwanga Gunme** et al/ Cameroon.

Au cours de sa relative jeune histoire, le Cameroun a connu l'une et l'autre adversité. L'État s'enlisa, pendant quasiment une décennie[34], dans un conflit frontalier avec le Nigéria sur la péninsule de Bakassi. Outre des affrontements militaires, le droit international fut convoqué à travers la saisine de la CIJ pour le règlement de ce différend dont les enjeux étaient d'ordre économique[35] et stratégique[36]. Par ailleurs, durant ce conflit, la conduite des opérations militaires et diplomatiques se fit sous l'autorité du Chef de l'État qui s'acquitta, à cette occasion, de sa mission de préservation de l'intégrité du territoire national.

Dans le même sens, face aux attaques de la secte islamiste **Boko Haram** sur le territoire du Cameroun, le Chef de l'État mobilisa les forces de sécurité et de défense afin de préserver l'intégrité du territoire. Avec la crise sécessionniste qui sévit dans les régions du Sud-ouest et du Nord-ouest, une autre occasion lui est encore offerte de remplir cette mission. À cet effet, et en conformité avec la Constitution, le président de la République exerce des

---

[32]ABLINE (G.), *Sur un nouveau principe du droit international : l'utipossidetis, Op. cit.*, p.128.
[33] Voir alinéa 2 de l'article premier de la Constitution.
[34] Le Conflit sur la péninsule de Bakassi s'étala de 1994 à 2002.
[35] Le site du conflit recèle d'importants gisements de pétrole et de gaz, ainsi qu'une forte quantité de ressources halieutiques et constitue, en outre, la principale porte d'entrée et de sortie pour le Sud-est du territoire nigérian.
[36]AWOUMOU (C. D. G.), « Affaire Bakassi : quelles perspectives ? », *Enjeux* N° 21 Octobre-Décembre 2004, p.3.

attributions militaires que lui confèrent les pouvoirs de crise[37]. Les premières sont prévues à l'article 8 alinéa 2, et les seconds à l'article 9. En tant que chef des armées, le Chef de l'État commande les forces armées et peut, le cas échéant, les engager dans un conflit lorsqu'il y va de la sûreté de l'État. Cependant, les pouvoirs de crise dont est investi le président sont de deux ordres. Les uns se rattachent à l'état d'urgence et sont qualifiés de pouvoirs spéciaux[38]. Leur fondement législatif réside dans la loi n° 90/047 du 19 décembre 1990 relative à l'état d'urgence, et leur base réglementaire découle du décret portant proclamation de l'état d'urgence. Les autres se rapportent à l'état d'exception qui ne connaît, jusqu'à présent, aucun aménagement législatif. À ce sujet, on y observe quasiment un vide juridique. L'état d'exception confère au Chef de l'État des pouvoirs exorbitants de droit commun qui, aux termes de l'article 9 alinéa 2 de la Constitution, se justifieraient par la gravité de la menace, notamment l'atteinte à l'intégrité du territoire, c'est-à-dire à l'existence même de l'Etat, quoique la même raison puisse également justifier la proclamation de l'état d'urgence. Ce qui est, à l'évidence, de nature à créer quelques confusions entre les deux notions.

L'énoncé de l'article 9 de la Constitution du Cameroun s'inspire de l'article 16 de celle de la France[39] dont les fondements historiques ne sont guère identiques bien que l'adoption du premier se justifiait, à cette période-là, par la rébellion menée par l'UPC. L'article 16 trouvait sa justification dans les évènements de 1940[40] et de 1958[41]. De fait, cet article n'a été appliqué qu'une seule fois, soit en 1961, à la suite de la tentative de putsch militaire survenue à Alger[42]. Au Cameroun, l'article 9, sous ses diverses versions antérieure et actuelle[43], connut une application continue jusque dans la décennie 1970.

En apparence, aucune limite ne semble se dresser à l'exercice des pouvoirs de crise au cours de l'état d'exception. À cet égard, le Chef de l'État semble

[37]PLATON (S.), « Vider l'article 16 de son venin : les pleins pouvoirs sont-ils solubles dans l'état de droit contemporain ? », *Revue française de droit constitutionnel* 2008/5 (HS n° 2), p. 97-116.

[38] Voir alinéa 1 de l'article 9 de la Constitution.

[39] Une approche comparée de l'article 9 de la Constitution du Cameroun et de l'article 16 de la Constitution de la France révèle des similitudes entre les dispositions de ceux-ci.

[40] Sous la Deuxième Guerre mondiale en effet, le président de la République de l'époque, Albert Lebrun, hostile à l'armistice, dû s'incliner et laisser les pouvoirs au Maréchal Pétain

[41] De même, en pleine guerre d'Algérie, la nécessité se fit pressante de reconnaître au président de la République française des pouvoirs exceptionnels.

[42] PLATON (S.), « Vider l'article 16 de son venin : les pleins pouvoirs sont-ils solubles dans l'état de droit contemporain ? », *Op.cit.*, p. 99.

[43] Il s'agit de l'article 20 de la constitution du 4 mars 1960 ; de l'article 15 de la constitution du 1er septembre 1961 ; et de l'article 11 de la constitution du 2 juin 1972.

exercer une véritable dictature constitutionnelle au sens romain[44]. Cela fut le cas pendant la période postindépendance sous l'ère de l'autoritarisme, et ce à travers *« l'institutionnalisation de la légalité d'exception »*[45]. Pourtant à l'analyse, les Constitutions de 1960 et 1961, notamment l'article 20 pour la première, aménageaient quelques garanties du point de vue de l'État de droit[46].

Mais, depuis ce temps, le contexte a changé et l'impératif des droits et libertés fondamentaux imprègne la scène politique à la faveur du processus démocratique et de l'exigence de respect de l'État de droit. Ainsi, les pouvoirs de crise du président de la République ne devraient pas échapper au contrôle du juge national et, dans un contexte d'intégration régionale, à celui du juge supranational, notamment le juge africain des droits de l'homme et des peuples.

Cependant, pour un meilleur encadrement de ces pouvoirs exceptionnels, il serait judicieux que le constituant camerounais y aménage, à l'instar de la France[47], un régime novateur et plus soucieux de prévenir l'arbitraire et de garantir les droits fondamentaux. Ce d'autant que la préservation de l'intégrité du territoire n'exclut pas celle de l'intégrité de la Constitution qui, dans son préambule, consacre ces droits et, implicitement dans son dispositif, le principe de la séparation des pouvoirs[48].

b- La préservation de l'intégrité de la Constitution

En tant que norme fondamentale, la Constitution exige le respect, car l'existence de l'État est juridiquement inhérente[49]. Texte sacré ou sacralisé, celle-ci requiert donc un gardien à qui elle confie la mission de veiller sur son

---

[44]CARPENTIER (M.), « État d'exception et dictature », *revue de sciences humaines*, 20/2011, pp.75-93.

[45]OWONA (J.), « L'institutionnalisation de la légalité d'exception dans le droit public camerounais », *RJPIC*, tome 29, n° 1, mars 1975, pp.3-48.

[46]C'est ainsi que la proclamation de l'état d'exception devait être faite par un décret élaboré et décidé en Conseil des ministres après consultation du président de l'Assemblée nationale.

[47]PLATON (S.), « Vider l'article 16 de son venin : les pleins pouvoirs sont-ils solubles dans l'état de droit contemporain ? », *op.cit.*, pp.104-108.

[48] MONEMBOU (C.), *La séparation des pouvoirs dans le constitutionnalisme camerounais : contribution à l'étude de l'évolution constitutionnelle*, Thèse de Doctorat en droit public, université de Yaoundé II, 2011, 510 p.

[49]CONSTANT (B.), *Cours de politique constitutionnelle*, Guillaumin et Cie, 2e éd., 1872, pp. 374-375. Fort éloquente à cet égard, cette assertion de Benjamin Constant, « *un gouvernement constitutionnel cesse de droit d'exister, aussitôt que la Constitution n'existe plus, et une Constitution n'existe plus dès qu'elle est violée : le Gouvernement qui la viole déchire son titre : à dater de cet instant même, il peut bien subsister par la force, mais il ne subsiste plus par la Constitution* ».

respect. Aussi, au titre de Chef de l'État, est-il logique que le président de la République en soit le gardien[50] sans toutefois en être l'unique[51].

Ainsi, se trouve justifié son rôle de préservation de l'intégrité de la Constitution. Ce rôle revêt deux dimensions : d'une part, la protection de la suprématie du texte constitutionnel, et d'autre part son adaptation, à travers sa révision, aux mutations sociopolitiques et juridiques.

Sous le prisme du normativisme kelsénien[52], la Constitution est hissée au pinacle de l'ordre juridique. Formellement et substantiellement, elle abreuve les autres normes juridiques de manière à en conditionner l'existence juridique[53]. Sous cet angle, elle constitue une norme suprême. La garantie de sa suprématie par le président de la République s'opère à travers trois prérogatives : *primo* la non-promulgation des lois ainsi que la non-ratification des traités et accords internationaux contraires à la Constitution, *secundo* la suspension d'un Conseil régional en cas d'édiction d'actes contraires à la Constitution, *tertio* la saisine du Conseil constitutionnel en inconstitutionnalité.

Aux termes de l'alinéa 3 de l'article 47 de la Constitution, les lois ainsi que les traités et accords internationaux peuvent être déférés, avant leur promulgation, à la sanction du Conseil constitutionnel par le président de la République, le président de l'Assemblée nationale, le président du Sénat, un tiers des députés ou un tiers des sénateurs, les présidents des exécutifs régionaux[54]. Cette saisine déclenche le contrôle en inconstitutionnalité qui, à terme, est appelé à garantir la suprématie de la Constitution.

Par ailleurs, l'énoncé de cet article entretient un flou qu'il importe de dissiper. En effet, en disposant que les traités et accords internationaux, au même titre que les lois, sont déférés au Conseil Constitutionnel avant leur promulgation, cet énoncé laisse interrogateur, car cela signifierait que la promulgation est l'acte qui rend exécutoires les traités internationaux et, de la sorte, engage internationalement l'État en lieu et place de la ratification. Ce qui, de notre point de vue, est un non-sens, ce d'autant plus que c'est le président de la République qui ratifie les traités et accords internationaux, même ceux dont les matières relèvent du domaine de la loi, le parlement ne pouvant y adopter qu'une loi d'approbation. Sauf à dire que l'acte de promulgation se confondrait avec l'acte de ratification. Aussi, serait-il

---

[50]Voir alinéa 2 de l'article 5 de la Constitution.

[51] ARDANT (P.), « L'article 5 et la fonction présidentielle », *Pouvoirs* n° 41, 1987, p.40.

[52] KELSEN (H.), *Théorie pure du droit*, trad. Ch. Eisenmann, Paris, Dalloz, 1962, 496 p.

[53]*Ibid.*, p.13.

[54]L'ordre de présentation des organes habilités à saisir le Conseil constitutionnel n'est guère anodin quoiqu'il ait été plus cohérent, du point de vue protocolaire, que le président du Sénat devançât celui de l'Assemblée nationale.

judicieux de reformuler cette disposition pour la rendre cohérente avec l'ensemble du texte constitutionnel.

Au reste, en s'abstenant de promulguer les lois et de ratifier les textes internationaux jugés contraires à la Constitution pour les déférer pour examen au Conseil constitutionnel, le président de la République s'assure de la conformité des normes inférieures à la Constitution. De la sorte, il en préserve la suprématie. S'inscrit dans une même logique, la suspension d'un Conseil régional en cas d'édiction de sa part d'actes contraires à la Constitution[55].

La décentralisation emporte son lot de certitudes et d'incertitudes. En instituant la région et confiant sa direction au Conseil régional, le texte constitutionnel créé, par la même occasion, de potentielles niches de violation de ses dispositions. Pour parer à cette possibilité, le président de la République peut soit suspendre, soit dissoudre le Conseil régional qui aura édicté des actes contraires à la Constitution. L'une et l'autre sanction appelle une procédure particulière[56].

La protection de la suprématie de la Constitution s'opère par ailleurs par sa révision. Certes, il pourrait sembler ambigu de prétendre que cette dernière contribue à en garantir la suprématie. Mais, en réalité, il n'en est rien, car une Constitution en déphasage avec la société appelle nécessairement sa violation, car elle serait inapte à en assurer la régulation et favoriserait ainsi le foisonnement des pratiques *contra legem*. Aussi, doit-elle s'adapter pour demeurer la norme fondamentale et la référence principielle.

Ainsi, dans le cadre de son rôle de garant du respect de la Constitution, le président de la République, concurremment avec le Parlement, est habilité à initier la procédure de révision de la Constitution. À cet effet, il peut soumettre tout projet ou proposition de révision au Congrès constituant ou alors à un référendum constituant. À deux reprises, le Cameroun a eu à organiser un référendum constituant : en 1960 et en 1972[57].

---

[55]Voir alinéa 1 de l'article 59 de la Constitution.

[56]Ne peut excéder deux mois, toute suspension d'un Conseil régional par le président de la République. À ce sujet, celui-ci prend un décret sur proposition du ministre chargé des Collectivités Territoriales. Cette suspension pourrait être précédée par une mise en demeure adressée au Conseil Régional par le ministre chargé des Collectivités Territoriales. Quant à la dissolution, elle résulte d'un décret présidentiel après avis du Conseil constitutionnel. À cet effet, le chef de l'État crée une délégation spéciale, dont un président et un Vice-président, sur proposition du ministre chargé des Collectivités Territoriales. Aux termes de l'alinéa 2 de l'article 50 de la loi n° 2004/019 du 22 juillet 2004 fixant les règles applicables aux régions, les pouvoirs de la délégation spéciale se cantonnent à l'expédition des affaires courantes, aux mesures conservatoires et à la recherche de solutions aux affaires dont l'urgence est avérée.

[57]OLINGA (A. D.), *La constitution du Cameroun*, *op. cit.*, pp.66-67.

Au-delà du fait que le président de la République soit le garant de la continuité ontologique de l'État, il est également le garant de la continuité institutionnelle.

2- La garantie de la continuité institutionnelle de l'État : la fonction d'arbitrage

L'État est une personne morale articulée autour d'un faisceau d'institutions de sorte que sa continuité est nécessairement liée à la leur. Il s'agit d'une double continuité assurée par le président de la République : l'une organique (a), et l'autre fonctionnelle (b).

a- La continuité organique

L'État se déploie à travers ses multiples organes sous ses figures d'État-législateur ou d'État-juge. À travers ceux-ci, il assure ses missions régaliennes dont la réalisation doit être continue. De la sorte, se trouve justifiée l'exigence de la continuité organique de l'État dont la garantie est dévolue au président de la République à travers d'une part, la nomination aux emplois civils et militaires, et d'autre part, la nomination des membres du Gouvernement et de ceux du Conseil constitutionnel.

Au regard de la relative clarté et lisibilité de l'énoncé constitutionnel susmentionné[58], on ne s'appesantira pas outre mesure sur l'attribution reconnue au président de la République de nommer aux emplois civils et militaires[59]. Cependant, il faut noter que cette disposition ne concerne point les charges institutionnelles auxquelles la notion de fonction sied davantage. Ainsi, parle-t-on de fonction de membre du gouvernement, de celle de membre du Conseil constitutionnel ou de président de la République[60].

Par ailleurs, à la lecture de l'article 12 alinéa 2 du texte constitutionnel, il semble, dès l'abord, se dessiner une concurrence de compétences en matière de nomination aux emplois civils entre le Premier ministre et le président de la République, bien qu'il y soit énoncé une réserve en faveur des prérogatives du deuxième. En réalité, il n'en est rien, car, à l'article 4 du décret présidentiel n° 91/282 du 14 juin 1991, ont été énumérés de façon exhaustive les emplois civils dont la nomination relève de la compétence du Premier ministre.

Cela étant, il convient par ailleurs de noter que le pouvoir de nomination du président de la République est discrétionnaire. À la différence de la France, les actes présidentiels de nomination au Cameroun ne requièrent point de

---

[58] Voir Alinéa 10 de l'article 8 de la Constitution.

[59] La notion d'emplois civils et militaires renvoie aux postes de travail prévus par le budget et dotés des crédits affectés à la rémunération de son titulaire.

[60] SPONCHIADO (L.), *La compétence de nomination du président de la Cinquième république*. Thèse de Doctorat en droit public, Université Panthéon-Sorbonne, 2015, p.38.

contreseing[61]. Aucun contrôle parlementaire n'est, par ailleurs, consacré à cet égard. De même, à ce sujet, le président de la République n'est pas obligé de consulter les autres organes constitués. Il en est également ainsi de la nomination des membres du Gouvernement, en particulier de la nomination du Premier ministre[62] ; de celle des membres du Conseil constitutionnel à la différence de la France[63] ; et de celle de dix (10) des cent (100) membres du Sénat[64].

Au demeurant, la continuité organique garantit la continuité institutionnelle de l'État, car elle permet à chaque fonction institutionnelle et à chaque emploi civil et militaire d'être pourvus en personnel. Il en est de même de la continuité fonctionnelle.

b- La continuité fonctionnelle

Au risque de se voir qualifier d'État failli[65], celui-ci doit continuellement fonctionner. C'est dire qu'il doit régulièrement et permanemment assurer ses missions régaliennes. À cet effet, la Constitution a reconnu au président de la République des attributions qui lui permettent, d'une part, de réguler les pouvoirs publics, et d'autre part, de collaborer avec les autres organes constitutionnels.

Les dysfonctionnements et blocages sont autant de scories auxquelles font face tous les systèmes institutionnels publics ou privés, étatiques ou non étatiques. Pour y remédier, il est souvent aménagé des mécanismes de régulation capables de garantir le fonctionnement régulier des institutions. Au Cameroun, cette régulation est principalement assurée par le président de la République à travers un certain nombre d'attributions.

Ainsi, en cas de blocage au sein de l'Assemblée nationale, le Chef de l'État peut décider de sa dissolution. À cet effet, il doit préalablement consulter le

---

[61] *Ibid.*, pp.75-76.

[62] Bien que la Constitution ait prévu la consultation du Premier ministre pour la nomination des autres membres du Gouvernement, la pratique institutionnelle ignore cette exigence constitutionnelle. C'est ainsi que le décret n° 2011/409 du 9 décembre 2011 portant de nomination de Monsieur Philemong Yang au poste de Premier ministre et celui n° 2011/410 du 9 décembre 2011 portant nomination des autres membres du Gouvernement ont été concomitamment édictés. Le Professeur Alain Didier Olinga écrit en ce sens que : *« si le décret de nomination du Premier ministre est généralement différent de celui nommant les autres membres du Gouvernement, la concomitance de la diffusion de ces textes rend illusoire la proposition du Premier ministre pour la nomination des autres membres du Gouvernement »*. Voir Olinga (A. D.), *La constitution du Cameroun*, op. *cit*., p.67.

[63] En France, avant de prononcer la nomination, le président de la République doit obtenir l'avis conforme de la commission des lois de chaque assemblée,

[64] Voir alinéa 1 de l'article 20 de la Constitution.

[65] BENDANA (A.), « Deux lectures opposées de l'État « défaillant » en Amérique latine », *Alternatives Sud*, Vol. 19-2012, pp.155-170.

Gouvernement, le bureau de l'Assemblée nationale et celui du Sénat. Cette dissolution peut intervenir dans l'hypothèse d'une crise gouvernementale découlant de l'adoption d'une motion de défiance. Toutefois, la *« nécessité »* qu'évoque la Constitution ne se borne point à cette hypothèse, son appréciation relève du pouvoir discrétionnaire du président de la République. Dans le même sens, ce dernier peut, aux termes de l'article 15 alinéa 4 de la Constitution, proroger ou abroger le mandat de l'Assemblée nationale[66]. Bien que cette disposition prévoit en principe une autodissolution, il apparaît à l'évidence que l'Assemblée ne peut s'autosaborder. Par conséquent, il reviendra, en définitive, au président de la République de prononcer cette dissolution sur la base de l'article 8 alinéa 12 de la Constitution[67].

La fonction de régulation des pouvoirs publics par le président de la République se traduit aussi à travers la présidence du Conseil supérieur de la magistrature et celle du Conseil de ministres. La première attribution se justifie par son rôle de garant de l'indépendance de la justice[68]. La deuxième, quant à elle, lui permet d'exercer un pouvoir total sur le gouvernement et, de la sorte, de jouer pleinement son rôle d'arbitre.

Au-delà de la régulation des pouvoirs publics, le président de la République collabore avec les autres organes constitués. C'est le cas avec l'Assemblée nationale et le Conseil Constitutionnel. À ce sujet, il exerce concurremment avec la première, l'initiative des lois. Sa participation au travail législatif se traduit aussi à travers la promulgation des lois, qui intervient, excepté le cas de la navette parlementaire d'un texte[69], dans les quinze jours (15) à compter de leur transmission. Ce délai expiré, le président de l'Assemblée nationale peut se substituer à lui sans pourtant exclure sa compétence ; d'où l'existence d'une concurrence de compétences.

Par ailleurs, le président de la République collabore avec le Conseil constitutionnel en le consultant sur certaines questions, notamment celles relatives à l'abrogation ou la prorogation du mandat de l'Assemblée nationale, ou en le saisissant dans le cadre du contentieux objectif.

Au reste, la continuité fonctionnelle de l'État se manifeste aussi lorsque le président de la République en place continue à diriger l'État en attendant l'installation du nouveau président élu dès sa prestation de serment[70]. Dans

---

[66] En effet, aux termes de l'alinéa 4 de l'article 15 : *« en cas de grise grave, le président de la République peut, après consultation du président du Conseil Constitutionnel et des bureaux de l'Assemblée nationale et du Sénat, demander à l'Assemblée nationale de décider par une loi de proroger ou d'abréger son mandat ».*

[67]OLINGA (A. D.), *La constitution du Cameroun, op. cit.*, p.65.

[68] À ce titre, le président de la République nomme, affecte et sanctionne les magistrats.

[69]OLINGA (A. D.), *La constitution du Cameroun, op. cit.*, pp.65-66.

[70] L'alinéa 1 de l'article 7 de la Constitution dispose à ce sujet que : *« le président de la République élu entre en fonction dès sa prestation de serment ».*

l'attente de cette installation, c'est le président de la République dont le mandat a expiré qui continue à assurer les fonctions de Chef de l'État. Ses pouvoirs sont toutefois réduits aux acquêts, car il n'exerce plus les attributions y afférentes.

Au final, en assumant la continuité ontologique et institutionnelle de l'État, le président de la République se trouve au cœur de la structuration de celui-ci. Il en est également ainsi lorsqu'il se pose comme le garant de sa souveraineté.

B- Le président de la République comme garant de la souveraineté de l'État

La souveraineté est une notion complexe et polysémique qui, de l'avis de **Eric Maulin**, *« désigne de nombreuses situations politiques ou juridiques relatives soit à la légitimité du pouvoir, soit à l'exercice de prérogatives, soit à la définition de l'État »*[71]. Sous le prisme de cette acception, elle renvoie à un attribut juridique de l'État[72] et s'entend, d'une part, comme le caractère suprême du pouvoir étatique, c'est-à-dire perpétuel et absolu, et d'autre part comme ce pouvoir lui-même en tant que pouvoir de droit, originaire et suprême. Ainsi, elle est inhérente à l'existence de l'État et s'origine, d'après le mouvement constitutionnaliste, dans le peuple[73] qui l'exerce par le biais des institutions étatiques[74], notamment le président de la République qui en est, par ailleurs, le garant en tant que Chef de l'État. À ce titre, il est chargé de préserver l'indépendance de l'État (1), car celle-ci en conditionne non pas l'existence, mais l'exercice de la souveraineté ; de définir la politique de la nation qui en traduit l'exercice effectif (2) ; et de représenter l'État dans tous les actes de la vie publique (3).

1- La préservation de l'indépendance de l'État

À la différence de la souveraineté attribut juridique de l'État, l'indépendance désigne une situation de fait fort dynamique ; elle se prouve en s'éprouvant. Elle traduit la souveraineté en action et épouse deux dimensions qui en recoupent les deux figures : la souveraineté interne et la souveraineté externe. En ce sens, on observe, d'une part, une indépendance institutionnelle, et d'autre part, une indépendance territoriale. Toutes les deux requièrent la garantie du président de la République.

Parler de l'indépendance de l'État revient logiquement à affirmer celle de ses organes constitutifs, précisément le pouvoir judiciaire et le pouvoir

---

[71]MAULIN (E.), « La souveraineté », in ALLAND (D.) et RIALS (S.) (Dir.), *Dictionnaire de la culture juridique*, Paris, PUF, 1re éd., 2003, p.1434.

[72] BARRAUD (B.), « Souveraineté de l'État et puissance de l'État », *Revue de la Recherche juridique – Droit Prospectif* 2017-1, n° 165, p.1.

[73] Voir alinéa 1 de l'article 2 de la Constitution.

[74] Voir article 4 de la Constitution.

exécutif. Cette indépendance interdit au plan international toute ingérence. Au plan interne, elle commande l'obéissance. Le président de la République en est le garant constitutionnel. C'est ainsi que la Constitution, à l'alinéa 3 de l'article 37, l'érige en garant de l'indépendance du pouvoir judiciaire. Toutefois, cela ne signifie nullement qu'il peut s'immiscer dans le fonctionnement dudit pouvoir de sorte à l'inféoder. En ce sens, l'indépendance de la justice induit une double obligation : l'une interdisant l'immixtion du Chef de l'État, et l'autre proscrivant aux magistrats de porter atteinte à la dignité de leur fonction à travers des actes de concussion.

Par ailleurs, le président de la République, en tant que Chef de l'État, assure la garantie de l'indépendance des institutions étatiques en créant et en aménageant les services publics, précisément ceux de l'administration publique, déclinée, fort à propos, comme le bras séculier du pouvoir exécutif, et ce conformément à l'alinéa 8 de l'article 8 de la Constitution. À travers leur déploiement, ces différents services publics permettent à l'État de s'approprier, de gérer et de contrôler tous les secteurs d'activités.

2- La définition de la politique de la nation

À l'évidence, la souveraineté confère à l'État la liberté de décision dans tous les secteurs des affaires publiques. Dans cette logique, exercer la souveraineté de l'État revient à décider de l'orientation des actions ; c'est fixer le sens de la gestion des affaires publiques, c'est-à-dire faire des choix et en commander la formalisation et la matérialisation aux services techniques. En tant que Chef de l'État et du pouvoir exécutif, le président de la République décide des objectifs à atteindre par l'État aux plans financier, socio-économique et diplomatique. Bref, il s'agit, pour lui, de définir la politique de la nation dont la conduite est confiée au Premier ministre[75]. À cet effet, il dispose de mécanismes normatifs, notamment le pouvoir réglementaire ainsi que l'initiative des lois qui lui permettent de réaliser *« le programme législatif du Gouvernement »*[76] ; et de mécanismes institutionnels, notamment le Conseil des ministres saisi comme *« la clé de voûte du pouvoir présidentiel »*[77], du moins en théorie, quand on sait que celui-ci est tenu au Cameroun à des intervalles très irréguliers, et le pouvoir hiérarchique qui lui permet de coordonner l'action gouvernementale.

3- La représentation de l'État dans tous les actes de la vie publique

En tant que Chef de l'État, le président de la République est appelé, conformément à l'alinéa 1 de l'article 8, à représenter l'État dans tous les actes

---

[75] Voir alinéa 2 de l'article 5 de la Constitution.

[76] MASSOT (J.), « « Direction du Gouvernement » et « conduite de la politique de la nation » », *La Revue administrative*, N° 194, mars- avril 1980, p. 129.

[77] *Idem.*

de la vie publique aussi bien au niveau national qu'international. Au plan national, il s'agit notamment de la participation aux cérémonies et commémorations officielles à l'instar de la Fête de l'unité nationale célébrée le 20 mai de chaque année. Au plan international, il s'agit, entre autres, de la participation aux sessions des organisations internationales, aux conférences et sommets internationaux.

Au final, il appert, de ce qui précède, que le président de la République est le garant de l'unité nationale, car il est au cœur de la structuration de l'État dans la mesure où il en assure la continuité et en préserve la souveraineté. Par ailleurs, il est aussi le garant de l'unité nationale dans la mesure où il constitue le socle de la cohésion sociale.

II- Le président de la République comme socle de la cohésion sociale

L'unité suppose la cohésion saisie comme la force en vertu de laquelle les différentes parties d'un corps adhèrent les unes aux autres. Sous cet angle, dans les sociétés plurales, l'unité nationale suggère la cohésion sociale, c'est-à-dire le multiple dans l'un. Il ne s'agit guère d'une unité niant le pluralisme et imposant un ordre unitaire niant la différence. En fait, il est question de réunir des parties hétérogènes autour d'intérêts communs tout en répondant pertinemment à leurs intérêts particuliers. Sous cet angle, l'unité envisagée ici est politique dans la mesure où les contradictions et rationalités multiples sont inhérentes à toute société, sauf à promouvoir, de façon dangereuse, une assimilation culturelle qui, à terme, entretient les germes d'une révolte.

De la sorte, la cohésion postulée n'est pas un donné, car, toutes les sociétés sont traversées par des intérêts divergents, voire contradictoires, qu'il faut nécessairement arbitrer de manière à éviter toute discrimination au risque de provoquer des frustrations pouvant engendrer des crises sociales. Ainsi, l'unité postulée par la cohésion sociale est instable, elle n'est pas un acquis, mais un requis.

Dès lors, la cohésion sociale se pose comme un construit. Dans un État multiethnique et relativement jeune, à l'instar du Cameroun, elle procède d'un processus d'intégration nationale dont le promoteur emprunte la figure du président de la République (A). À ce titre, il devient le principal interlocuteur de la société (B).

A- Le président de la République, promoteur de l'intégration nationale

Au Cameroun, l'intégration nationale est un construit vertical, car elle est initiée et portée par l'État. En effet, avant l'existence de ce dernier, le projet d'une nation camerounaise n'était guère à l'ordre du jour. Tout au plus, parlait-on d'un peuple camerounais en proie à des clivages ethniques et politiques[78]. Aussi, dès la création de l'État va s'imposer l'exigence de construire une nation camerounaise sous le modèle de l'État-nation, et ce à travers la mise en place d'un processus d'intégration nationale diligenté par le président Ahmadou Ahidjo qui en était, de la sorte, le principal promoteur. Ce rôle revient désormais à son successeur, le président **Paul Biya**, ce d'autant plus que la société et l'État camerounais sont confrontés, peut-être plus que naguère, à des crises et tensions sociopolitiques. Car comme l'affirme fort justement le Pr **Luc Sindjoun**, *« le champ social est de plus en plus organisé par des réseaux identitaires qui mobilisent la société sur le registre communautaire. L'ethnicité et la région sont devenues des identifiants cardinaux influençant les rapports sociaux de manière formelle ou implicite »*[79].

La promotion de l'intégration nationale nécessite l'élaboration d'une identité commune comme référent culturel sur lequel se construit le sentiment d'appartenance collective. *« Il s'agit de la construction et de la mobilisation des signes, des actes et des pratiques attestant de l'existence d'une communauté, d'un groupe social soudé ou alors faisant croire en l'existence de celle-ci ou de celui-ci »*[80]. A cet effet, on observe, l'érection de l'unité nationale en idéocratie gouvernante (1), et, la mobilisation de référents symboliques unificateurs (2).

1- L'érection de l'unité nationale en idéocratie gouvernante

La force agissante du discours est indéniable, surtout lorsque celui-ci emprunte les traits de l'idéologie et mobilise les leviers du droit. C'est notamment le cas de l'idée d'unité nationale qui, bien qu'elle ait un peu perdu de sa superbe[81], n'en demeure pas moins un référent structurant la politique au Cameroun. Aussi est-elle qualifiée d'idéocratie gouvernante, laquelle justifie la politique d'intégration nationale dont les ressorts s'organisent, autour de la construction discursive du *« vouloir-vivre ensemble »* (a) et de la construction normative de l'unité nationale (b).

a- La construction discursive du « vouloir-vivre ensemble »

La communication politique est un moyen de gouvernement et le discours politique un instrument fort pertinent. Conscients de la force de la parole, les

---

[78] Il s'agit notamment de la crise qui sévit dans les régions du Nord-ouest et du Sud-ouest. Briefing Afrique de Crisis Group N° 138, *La crise anglophone au Cameroun : comment l'Église catholique peut encourager le dialogue*, 26 avril 2018, 11 p.

[79]SINDJOUN (L.), « Le champ social camerounais : désordre inventif, mythes simplificateurs et stabilité hégémonique de l'État », in *Politique africaine*, n° 64, 1996, p.61.

[80] SINDJOUN (L.), « Identité nationale et "révision constitutionnelle" du 18 janvier 1996 : comment constitutionnalise-t-on le "nous" au Cameroun dans l'État post- unitaire ? », *op. cit.*, p.1.

[81]NJOYA (J.), *Unité nationale et mutations politiques : essai sur une régulation symbolique et conservatrice du système politique camerounais (1982-2000)*, thèse de doctorat d'État en science politique, Université de Yaoundé II, 2007, p.44.

gouvernants camerounais s'en sont servis pour véhiculer l'impératif du vivre-ensemble. En effet, l'analyse de la texture et de la structure des discours du président de la République révèle la profusion des connecteurs de sociation[82], c'est-à-dire *« les agrégats sémantiques qui participent à la construction du "vouloir-vivre ensemble" »*[83]. À ce sujet, on souligne l'utilisation récurrente du pronom ''nous'', de l'adjectif possessif ''nos'', des thèmes tels que ''l'unité nationale'', ''le patriotisme'', ''la construction nationale'', ''le peuple camerounais''. Au reste, tous ces agrégats sont structurés autour du vocable ''nous'', porteur de sens en tant qu'élément d'occultation des antagonismes dans un univers social plural caractérisé par des replis identitaires et par la revendication de l'existence d'un peuple anglophone[84] distinct d'un peuple francophone. En ce sens, le Pr **Jean Njoya** affirme que : *« dans le discours du président Biya, l'étude des occurrences du mot ''nous'' montre que la thématique de l'unité est prépondérante »*[85].

Ainsi, les discours du président de la République recèlent un coefficient performatif. Ils entendent créer un effet de production d'action en saisissant le patriotisme qui réside en chaque citoyen de sorte à *« faire oublier les divergences par les appels au rassemblement, à la solidarité et à l'obéissance dans un même système de régulation sociale et d'autorité impartiale »*[86]. Dans cette logique, la mise en exergue du bilinguisme par le président traduit sa volonté d'ériger celui-ci en *« modalité d'unification du disparate qui contribue à surmonter la peur et les anxiétés, fournissant ainsi des croyances et des certitudes qui créent la sécurité psychologique au sein de la communauté anglophone »*[87]. Ce d'autant plus que *« l'anglophonie rebelle va s'imposer comme la problématique dissidente légitime d'autant plus qu'elle manipule l'arme de la sécession »*[88].

Les moments d'énonciation de ces discours contribuent à la production de cet effet. Car *« ce sont des moments de prise de parole dont la programmation est connue d'avance : discours des vœux de fin d'année, prestation de serment, et dans une certaine mesure, les messages au parlement dont le recours est constitutionnellement réglementé »*[89]. Ils agissent comme des rites

---

[82]*Ibid.*, p.49.
[83]*Ibid*, pp.49-50.
[84] SINDJOUN (L.), « Identité nationale et "révision constitutionnelle" du 18 janvier 1996 : comment constitutionnalise-t-on le "nous" au Cameroun dans l'État post- unitaire ? », *op.cit.*, p.5.
[85]NJOYA (J.), *Unité nationale et mutations politiques : essai sur une régulation symbolique et conservatrice du système politique camerounais (1982-2000), op.cit.*, p.62.
[86]*Idem*
[87]*Ibid.*, p.69.
[88] SINDJOUN (L.), « Identité nationale et "révision constitutionnelle" du 18 janvier 1996 : comment constitutionnalise-t-on le "nous" au Cameroun dans l'État post- unitaire ? », *op.cit.*, p.6.
[89]NJOYA (J.), *Unité nationale et mutations politiques : essai sur une régulation symbolique et conservatrice du système politique camerounais (1982-2000), op. cit.*, p.65.

d'institution symbolique de la Nation. Pour plus d'écho, les discours présidentiels mobilisent un appareil symbolique, ainsi qu'un dispositif scénique et de diffusion susceptible de produire de façon efficace des effets d'annonce et de croyance. Cet attelage complexe est particulièrement mis en mouvement lorsque le président de la République s'adresse à la jeunesse[90] considérée, fort à propos, comme *« le fer de lance de la nation »* ou *« le Cameroun de demain »*.

Toutefois, aussi pertinente que soit la construction discursive du vouloir-vivre collectif, celle-ci requiert des bases normatives pour influer, de façon pertinente, sur les comportements. Car *« le droit est la forme par excellence du discours agissant, capable par sa vertu de produire des effets »*[91].

b- La construction normative de l'unité nationale

Le droit est un instrument de régulation sociale. Aussi, au regard de sa fonctionnalité, il aurait été incongru que l'idéologie de l'unité nationale ne connût pas une réception juridique. Car, comme le relève justement **Auguste Nguelieutou**, *« l'effet magique du discours juridique lui assure une place primordiale dans le processus de construction nationale. Malgré la remarque de Michel Crozier selon laquelle on ne transforme pas la société par décret, il reste qu'aucune société ne peut exister de manière durable comme un tout intégré, que par un travail de mise en forme juridique »*[92]. Ainsi, la juridicisation de l'unité nationale irrigue tout le droit public[93]. Elle a justifié, sous l'autorité du président Ahmadou Ahidjo, la mise en place d'un système politique autoritaire et monolithique qui stigmatisait le pluralisme politique au moyen d'un régime répressif organisé autour de l'ordonnance n° 62 OF-18 du 18 mars 1962 portant répression de la subversion. Cette répression prétextait la capacité de nuisance du pluralisme aux efforts de construction de l'unité nationale. De la sorte, le système autoritaire réduisait la Constitution de 1961 et celle de 1972, toutes deux d'inspiration pourtant libérale, au statut de constitution-programme dépourvue de véritables garanties juridiques en raison de l'inexistence d'une juridiction constitutionnelle.

Par ailleurs, face aux mutations sociopolitiques de la décennie 1990, elle a également structuré la révision constitutionnelle du 18 janvier 1996. L'économie du débat y afférent en révèle la force structurante. C'est ainsi que, lors du lancement du large débat national organisé le 24 mars 1993 et relatif à

---

[90] *Ibid.*, p.69.
[91] NGUELIETOU (A.), *Le peuple dans la vie politique camerounaise postcoloniale*, *op. cit.*, p.105.
[92] *Idem.*
[93] KONTCHOU KOUOMEGNI (A), « Le droit public camerounais, instrument de construction de l'unité nationale », *Revue juridique et politique : indépendance et coopération*, Vol. 33, 1979, pp.415-441.

ladite révision, le ministre d'État chargé de la communication annonce que « ... *la souveraineté et l'intégration nationales seront scrupuleusement sauvegardées du débat à la fin de cette concertation...* »[94]. Plus précis sur la question de la forme de l'État, le président Paul Biya affirme que « ... *l'État unitaire est la forme d'État qui convient* »[95] face aux velléités fédéralistes de certains.

La loi constitutionnelle du 18 janvier 1996 mobilise un ensemble de leviers symboliques et politiques pour consolider la construction de l'unité nationale. C'est ainsi que dans le premier paragraphe de son préambule, elle affirme que le peuple camerounais, *« profondément conscient de la nécessité impérieuse de parfaire son unité, proclame solennellement qu'il constitue une seule et même nation »*. À cet effet, elle réaffirme les principes de l'unité et de l'indivisibilité de l'État.

Par ailleurs, elle consacre un État unitaire décentralisé. Cette décentralisation est organisée autour de la commune et de la région saisies ici comme un site d'expression des droits des populations autochtones. Ainsi, au sens de la Constitution, il s'agit d'une décentralisation harmonisée et ancrée dans une logique de consolidation de l'unité nationale à travers la quête d'un équilibre interrégional. C'est ainsi qu'aux termes de l'article 55 §§ 3 et 4, *« l'État assure la tutelle sur les collectivités territoriales décentralisées dans les conditions fixées par la loi. L'État veille au développement harmonieux de toutes les collectivités territoriales décentralisées sur la base de la solidarité nationale, des potentialités régionales et de l'équilibre interrégional »*.

Au demeurant, le président de la République promeut l'intégration nationale en érigeant l'unité nationale en idéocratie gouvernante. Il en est de même lorsqu'il mobilise des référents symboliques unificateurs.

2- La mobilisation de référents symboliques unificateurs

Dans le but de promouvoir l'intégration nationale, le président de la République exalte les succès sportifs entendus comme des moments de communion nationale (a). Dans la même lancée, il participe à la commémoration des évènements historiques fédérateurs (b).

a- L'exaltation des succès sportifs comme moments de communion nationale

Au-delà de son caractère ludique, le sport joue au Cameroun une fonction intégrative. Ainsi, se justifie son appropriation par les dirigeants politiques pour catalyser ses effets de manière à cristalliser les ferveurs patriotiques et nationales. C'est particulièrement le cas du football qui constitue le sport roi

[94]In *Cameroon Tribune*, N° 5345 du jeudi 25 mars 1993 p.3.
[95]In *Cameroon Tribune*, N° 5371 du 3 mai 1993.

en Afrique en général et au Cameroun en particulier. Après chaque succès remporté par l'équipe nationale des *« Lions indomptables »*, le président de la République, dans ses discours, exalte la combativité, l'unité et le patriotisme de ces sportifs. Il érige ces valeurs en éléments de l'identité nationale et exhorte les populations à s'en inspirer. Ainsi, le football constitue *« "capital symbolique" qui structure la communication politique sur la "nation" camerounaise »*[96]. Il participe de la construction de la communauté nationale camerounaise ; une communauté imaginaire s'abreuvant à la source de l'iconographie de l'équipe nationale de football.

Par ailleurs, en raison de sa force symbolique, le football connaît une récupération de la part du président de la République pour asseoir et renforcer sa légitimité. En effet, écrit le Pr **Jean Njoya**, *« il y a même comme une communion hypostatique entre le président et les "lions indomptables" ; la part de la récupération y est perceptible ; on pouvait lors du retour triomphal de l'équipe nationale, lire sur les pancartes des militants du RDPC les inscriptions propagandistes identifiant le président Biya aux lions indomptables : « vive le Cameroun qui gagne avec Paul Biya », « les lions indomptables, symbole du renouveau sportif » »*[97].

Au reste, afin de promouvoir l'intégration nationale, le président de la République exalte les succès sportifs, moments de communion nationale. Dans la même logique, il commémore les évènements historiques fédérateurs.

b- La commémoration nationale des évènements historiques fédérateurs

« La mémoire collective est un processus de production de sens qui appartient au champ politique »[98]. Elle constitue de la sorte, un héritage culturel. Or, la nation ne se conçoit pas sans héritage. Elle renvoie à une *« communauté vivante des héritiers passés, présents et à venir. La nation implique une dimension de solidarité dans le temps et dans l'espace, la notion de communauté de destin »*[99]. Cette solidarité spatio-temporelle est construite autour de référents historiques fédérateurs qu'il importe d'inscrire dans la mémoire collective à travers des actes de commémoration afin de légitimer l'idée d'une nation camerounaise. En effet, *« la mémoire collective est beaucoup plus que l'ensemble des faits du passé, elle est surtout un code*

[96]NJOYA (J.), *Unité nationale et mutations politiques : essai sur une régulation symbolique et conservatrice du système politique camerounais (1982-2000), op.cit.*, p.371.
[97]*Ibid.*, p.383.
[98] NGUELIEUTOU (A.), *Le peuple dans la vie politique camerounaise postcoloniale, op. cit.*, p.83.
[99] Lagarde (J.-M.), « Patrie, Nation, État », http://www.civitas-institut.com, p.2.

sémantique de mémorisation, de rétention des faits du passé dont la structure signifiante est en rapport direct avec la légitimation politique »[100].

Cette mémoire est souvent célébrée sous l'autorité du président de la République lors de différentes manifestations nationales, à l'instar de la Fête nationale de l'unité, de la Fête de la jeunesse. A ces occasions commémoratives, celui-ci en profite pour souligner la nécessite de consolider l'unité nationale. Au demeurant, en érigeant l'unité nationale en idéocratie gouvernante et en mobilisant les référents symboliques unificateurs, le président de la République apparaît ainsi comme le principal promoteur de l'intégration nationale et comme le principal interlocuteur de la société.

B- Le président de la République, principal interlocuteur de la société

L'État est une institution au service de la société ; il n'est guère une fin en soi, mais pour soi. Aussi, en tant que chef de l'État, le président de la République est censé servir les intérêts de la société. À ce titre, il se pose comme le principal interlocuteur de cette dernière. Cela se traduit à travers sa fonction de représentation du peuple (1) et à travers sa fonction de restauration des équilibres régionaux (2).

1- La fonction présidentielle de représentation du peuple

Loin d'être pris en otage[101], le peuple camerounais agit par l'intermédiaire de ses élus, en l'occurrence par le biais du président de la République. Cette intermédiation est cristallisée par la technique de la représentation dont le mandat constitue le levier, précisément le mandat représentatif et non impératif[102].

Le peuple dont il s'agit ici n'est pas une somme d'individus, mais renvoie à une unité de volonté. Il s'apparente à la nation dont *« la fonction dans ce cas précisément est « de pérenniser l'existence d'un peuple »s'impose dans le corps des organes de l'État »*[103].

---

[100] NGUELIEUTOU (A.), *Le peuple dans la vie politique camerounaise postcoloniale*, *op. cit.*, p.83.

[101] CAPORAL (S.), « Le peuple : un souverain sous contrôle », *VIIe Congrès français de droit constitutionnel* – Atelier n° 3 : Constitution et pouvoir constituant, 24 p.

[102] NDJINGA TCHOUNGNIA (G.), *Le mandat des élus au Cameroun. Contribution à l'étude du principe représentatif en droit public camerounais*, Thèse de doctorat en droit public, Université de Douala, 19 décembre 2012, p.10.

[103] NGANDO SANDJE (R.), *État et nation dans le constitutionnalisme africain. Étude thématique*, thèse de Doctorat en droit public, Université de Bourgogne, juin 2013, p.10 ; Kamto (M.) et Mouangue Kobila (J.), « Sur une question en débat : nullité du mandat impératif et déchéance des élus au Cameroun », *Lex, lata,* N° 032, novembre 1996, p.9.

Au reste, en tant que Chef de l'État, le président de la République est le représentant du peuple comme composante de l'État. À ce sujet, il bénéficie d'un transfert de la souveraineté nationale à travers son élection au suffrage universel (a). Laquelle souveraineté il exerce parce que détenant l'autorité de l'État (b).

a- Le transfert de la souveraineté nationale : l'élection au suffrage universel

Organe constitutif de l'État, le président de la République ne détient pas la souveraineté nationale. Malgré la formule elliptique de la Constitution[104], cette dernière appartient au peuple qui la transfère à l'Etat et, partant, au président de la République. Désigné par le peuple par voie élective au suffrage universel pour un mandat de sept ans renouvelable indéfiniment[105] afin de le représenter et, ainsi, agir à sa place pour garantir ses intérêts, ce dernier bénéficie du transfert de la souveraineté nationale. Parce que bénéficiant de ce transfert, il porte les intérêts du peuple entendu comme l'ensemble des individus constitutifs de la société, laquelle renvoie à la réunion d'individus qui vivent sur un même territoire et soumis aux mêmes lois et gouvernement. Il s'agit de la société au sens de Jean-Jacques Rousseau[106], c'est-à-dire une arithmétique des citoyens.

Ainsi, par le mystère de l'élection, le président de la République est investi par le peuple pour exprimer sa volonté. De la sorte, se trouve légitimé le transfert de la souveraineté du peuple au président de la République qui est appelé à l'exercer.

b- L'exercice de la souveraineté nationale : la détention de l'autorité de l'État

D'après l'article 4 de la Constitution, l'autorité de l'État est exercée par le président de la République et le parlement. Cette compétence se justifie par le fait que ces deux organes sont élus au suffrage universel direct ou indirect, et ce, conformément à l'alinéa 2 de l'article 2 de la Constitution qui dispose que *« les autorités chargées de diriger l'État tiennent leurs pouvoirs du peuple par voie d'élections au suffrage universel direct ou indirect, sauf dispositions contraires de la présente Constitution »*.

Ainsi, l'exercice de la souveraineté nationale par le président de la République repose sur un mandat représentatif. À ce sujet, celui-ci représente

---

[104] Il s'agit de l'alinéa 1 de l'article 2 qui dispose que la souveraineté nationale appartient au peuple. Cet énoncé concilie deux acceptions de la souveraineté apparemment contradictoires, à savoir la souveraineté nationale et la souveraineté populaire.

[105] Voir alinéa 2 de l'article 6 de la Constitution.

[106] ROUSSEAU (J.-J.), *Du contrat social, ou principes du droit politique*, in *Collection complète des œuvres*, Genève, 1780-1789, vol. 1, in-4°, pp.11-12.

le peuple dans tous les actes politico- juridiques, et peut ainsi engager sa responsabilité au travers de celle de l'État. Au reste, le président de la République exerce une fonction de représentation du peuple. Sur cette base, il est appelé à exercer une fonction de restauration des équilibres régionaux.

2- La fonction présidentielle de restauration des équilibres régionaux

Toutes les régions du Cameroun n'ont pas le même niveau de développement. En effet, on constate plusieurs disparités régionales. Ce qui explique la cristallisation des revendications sociopolitiques dont le principal destinataire est le président de la République en tant que Chef de l'État (a). À ce titre, ce dernier doit y apporter des solutions d'ordre politique et administratif (b).

a- Le président de la République comme destinataire des revendications sociopolitiques

Clé de voûte du système institutionnel dans une société plurale en proie à la pauvreté et à la précarité, le président de la République polarise les revendications sociopolitiques dont la non-satisfaction est source de contestations.

Sous le prisme d'une perception réifiée de l'Etat, assimilé à un *« gâteau national »*, chaque composante sociologique en réclame une portion en termes de demandes sociales ou de postes politico-administratifs. C'est ainsi que, délaissant la voie des pétitions portées par les membres du parlement, les différents groupes ethnorégionaux, par le biais de leurs élites, recourent à la pratique des memoranda et des motions de soutien pour porter à la connaissance du président de la République leurs revendications et lui réaffirmer leur loyauté. Cette pratique contribue à entretenir l'image d'un président de la République tout-puissant, *« père de la nation »* et gérant de façon paternaliste la *res publica*[107]. Ainsi lui sont prêtés les traits d'un thaumaturge. Cependant, la non-satisfaction de ces revendications emporte souvent des contestations d'ordre discursif et pratique. Aussi, afin de dissiper ces tensions, de consolider sa légitimité et la cohésion sociale, le président de la République doit-il procéder à la redistribution des postes politico-administratifs.

b- Le président de la République et la redistribution des postes politico-administratifs

Quoique l'État camerounais soit fondé sur la notion de citoyen qui incline à reléguer la notion d'ethnie au second plan, il convient de reconnaître que la

---

[107] KAMTO (M.), « La chose publique », *revue africaine des sciences juridiques*, Vol.2. N° 1. 2001, pp.16-18.

gestion du pouvoir ne saurait ignorer la réalité ethnique. D'ailleurs, l'aspect démotique est pris en compte par la Constitution dans l'implémentation de la décentralisation à travers la désignation d'un autochtone à la tête des exécutifs régionaux.

Ainsi, aux fins de cohésion sociale, la gestion de l'État exige l'implication de toutes les ethnies. Aussi, les processus de nomination aux postes politico-administratifs intègrent-ils les données sociologiques, notamment ethnorégionales. Conscient de cette réalité, le président de la République, à travers son pouvoir de nomination, procède, sur cette base, à la redistribution des postes politico-administratifs.

Conclusion

En définitive, il appert que le président de la République est le garant de l'unité nationale parce qu'il assume deux rôles indissociables. Il est le socle de la structuration de l'État et celui de la cohésion sociale. En effet, la construction de la nation camerounaise est articulée autour d'un double ancrage, l'un juridique fondé sur l'État, l'autre sociologique rattaché à la société. Ainsi, le président de la République doit s'investir dans les champs politique et social pour accomplir sa mission de garant de l'unité nationale. Cependant, cette mission exige la participation de tous les citoyens, l'unité nationale étant une quête collective qui ne saurait se limiter à l'investissement d'une seule personne, fût-elle charismatique. Sa vision, aussi pertinente soit-elle, requiert l'adhésion de tous. De la sorte, il est impérieux que les citoyens camerounais s'approprient les valeurs de patriotisme, de fraternité, de solidarité indispensables à la construction de l'unité nationale.

Bibliographie indicative

- Bayart (J. F.), *L'État au Cameroun*, Presses de la fondation nationale des sciences politiques, coll. Références, seconde éd. mars 1985.

- Barbier (J-C.), « Les diversités ethniques et les langues », in Encyclopédie de la République fédérale du Cameroun, Douala, NEA, 1981.

- Werner Ruf, « La conception de la nation en France et en Allemagne », H&M., N° 1223 - janvier-février 2000.

- Kontchou Kouomegni (A), « Idéologie et institutions politiques : l'impact de l'idée de l'unité nationale sur les institutions publiques de l'État camerounais », CONAC(G.) (dir.) *Dynamiques et finalités des droits africains*, Paris, Economica, 1980.

- Tchinda Kenfo (J.), « Les mirages de l'unité nationale au Cameroun, comment dépasser les frontières ethniques et linguistiques », *Note d'analyses sociopolitiques*, n° 02, 20 avril 2018, CARPADD, Montréal.URL *: https://www.carpadd.com/publications/note-danalyses-sociopol/.*

- Koukoutsaki-Monnier (A.), « Pour une approche pluridimensionnelle de l'identité nationale », *revue pluridisciplinaire de sciences humaines et sociales*, N° 16 ; Sindjoun (L.), « Identité nationale et "révision constitutionnelle" du 18 janvier 1996 : comment constitutionnalise-t-on le "nous" au Cameroun dans l'État post- unitaire ? », *polis.sciencespobordeaux.fr/vol1.*

- Donfack Sokeng (L.), "Cinquante ans de réformes politiques et constitutionnelles : la quête d'un « modèle » camerounais de démocratie ?", in Abouem à Tchoyi (D.) et M'Bafou (S. C.), *50 ans de réforme de l'État au Cameroun : stratégies, bilans et perspectives*, Yaoundé, Harmattan, 2013.

- Sindjoun (L.), « Le champ social camerounais : désordre inventif, mythes simplificateurs et stabilité hégémonique de l'État », in *Politique africaine*, n° 64, 1996.

- Njoya (J.), *Unité nationale et mutations politiques : essai sur une régulation symbolique et conservatrice du système politique camerounais (1982-2000)*, thèse de doctorat d'Etat en science politique, Université de Yaoundé II, 2007.

- Kontchou Kouomegni (A), « Le droit public camerounais, instrument de construction de l'unité nationale », *Revue juridique et politique : indépendance et coopération*, Vol. 33, 1979.

LE PRÉSIDENT DE LA RÉPUBLIQUE GARANT DE LA CONTINUITÉ DE L'ÉTAT AU CAMEROUN

Achille NGA NGONO

Il existe des coups d'État administratifs et le Cameroun en a connu. Ils constituent une atteinte à la continuité de l'État garantie par le président de la République. Ils prennent corps dans la crise dite anglophone à travers la désertion des postes de responsabilité par certaines autorités administratives détentrices de l'autorité de l'État dans leurs circonscriptions administratives. Cet abandon constitue une remise en cause de l'autorité[1] du président de la République. Constatée par la presse écrite[2], cette désertion fut suivie par la nomination de nouveaux Sous-préfets[3]. Sous le joug de ces violences, pertes en vies humaines, destruction des édifices publics, pendant que le maire de Buéa demandait la militarisation de la zone, un religieux[4] contredisait[5], sollicitait le retrait de l'armée dans cette zone comme préalable à la résolution de cette crise. Cette attitude fut qualifiée, par la doctrine de *« coup d'État scientifique »*[6]. Cette crise a occasionné la destruction du domaine public routier à l'entrée de Bamenda[7].

La conséquence directe fut alors le déplacement des populations de Bamenda en direction des autres régions[8]. L'on note aussi la discontinuité en

---

[1] KOJÈVE (A.), *La notion de l'autorité*, éditions Gallimard, Bibliothèque des Idées, 2004, p.58. L'autorité *« est la possibilité qu'a un agent d'agir sur les autres (ou sur un autre), sans que ces autres réagissent sur lui, tout en étant capables de le faire. »* Elle renvoie à *« la possibilité d'agir sans faire de compromis »*. *Ibid.*, p.59

[2] La presse était en droit d'écrire : *« Nord-Ouest/Sud-Ouest. Une quinzaine de sous-préfets en fuite », Quotidien Émergence* n° 1302 du jeudi 13 septembre 2018. La presse précisait : *« Nord-Ouest/Sud-Ouest. Une quinzaine de sous-préfets en fuite »*. Le jour, de renchérir : *« Nord-Ouest et Sud-Ouest : là où l'administration a déserté », Le Jour*, n° 2767 du jeudi 13 septembre 2018.

[3] Lire *Cameroon Tribune* n° 11683/7882 (décret n° 2018/490 du 19 septembre 2018) du jeudi 20 septembre 2018, p.3.

[4] Il s'agit de l'archevêque de Douala, Christian TUMI, à propos « d'un projet de conférence générale anglophone ». Lire *Cameroon Tribune* du vendredi 13 juillet 2018.

[5] Il fut contredit par Monseigneur Samuel KLEDA. Lire à ce propos, le journal *L'ANECDOTE* n° 956 du 20 au 23 septembre 2018.

[6] Il s'agit des propos du professeur Joseph Vincent NTUDA EBODE. Lire *Cameroon Tribune* du mercredi 1er août 2018, n° 11650/7849, p.2.

[7] Cette destruction a été relayée par la presse écrite qui constatait que *« les sécessionnistes coupent Bamenda du Cameroun ». Mutations*, n° 4693, du lundi 10 septembre 2018

[8] La presse affirmait dans ce sens : *« Le Nord-Ouest et le Sud-Ouest se vident. » Le Messager*, n° 5147 du lundi 17 septembre 2018.

matière fiscale. En effet, l'État n'arrive plus à prélever l'impôt puisqu'il n'y a pas d'ordre. Pourtant, l'impôt est l'expression de la souveraineté de l'État, car sa finalité est le service public. En effet, *« c'est surtout avec de l'argent que, dans les États modernes, les gouvernants se procurent les services personnels et les choses nécessaires au fonctionnement des services publics »*[9] à travers l'impôt. En effet, *« l'admission principielle du territoire comme fondement de l'impôt »* [10]est menacée, car *« l'État est en panne »*[11]. Même les lois de la République ne sont plus respectées et appliquées. L'on est désormais dans une situation de reconquête d'un territoire entre les mains des sécessionnistes-terroristes, d'où le déploiement de l'armée qui agit de manière professionnelle. Les « ambazoniens » ont déjà leur drapeau qu'ils hissent parfois sur cette portion du territoire. On a aussi Boko Haram, groupe terroriste qui sévit dans le Grand Nord du Cameroun. Toutes ces discontinuités ont été balayées d'un revers de main par le qualificatif *« le Cameroun avance »*[12]. S'agissant de ces régions (Sud-Ouest et Nord-Ouest), le président de la République affirme que *« leur avenir se trouve bien au sein de notre république. »*[13]. Par conséquent, si le Cameroun peut être considéré comme *« une République de continuité »*[14], cette continuité de l'État au Cameroun n'est pas un long fleuve tranquille dans l'histoire du pays cependant. Le coup d'État manqué du vendredi 6 avril 1984[15] et *« l'invasion du Cameroun par les troupes nigérianes en décembre 1993 »*[16] en sont la preuve. Il en résulte qu'un État, malgré l'institutionnalisation des mécanismes de continuité garantie par le président de la République, ne peut pas indéfiniment demeurer stable. Il peut connaître aussi des mouvements d'instabilité qui ne remettent pas en cause sa permanence. Selon ce postulat, *« l'État demeure immuable, il est permanent et, en ce sens, perpétuel »*[17].

---

[9] JÈZE (G.), *Cours élémentaire de science des finances et de législation financière française*, présentation Gilbert ORSONI, coll., de la faculté Jean MONNET, Paris, La Mémoire du Droit, 2013, p.194

[10] ABENG MESSI (F.), *Le territoire et l'impôt en droit fiscal camerounais*, thèse de Doctorat Ph.*D* en droit public, UYII, FSJP, année académique, 2015, p.75.

[11] L'on emprunte ici l'expression du professeur Luc SINDJOUN.

[12] Lire à ce propos, *Cameroon Tribune* n° 11675/7874 du lundi 10 septembre 2018, n° 11678/7877 du jeudi 13 septembre 2018, et n° 11681/7880 du mardi 18 septembre 2018.

[13] Lire le discours de campagne du président de la République à Maroua du 29 septembre 2018 *in Cameroon Tribune* du lundi 1er octobre 2018, n° 11690, p.2

[14] L'on emprunte ici l'expression de GICQUEL (J.-E.), « Ruptures et continuités de la Ve République. À propos de l'essai sur la pratique de la Ve République », Mélanges en l'honneur de Jean GICQUEL, *Constitutions et Pouvoirs,* Paris, Montchrestien, 2008, p.193.

[15]Lire à ce propos MBOME (F.), *Régimes politiques africains,* 1re éd., Les éditions Bala, Yaoundé-Cameroun, 1990, p.44

[16]Lire les explications de Pierre MOUKOKO MBONJO, ministre des Relations extérieures, *Cameroon Tribune* n° 10406/6607 du vendredi 9 août 2013, p.5.

[17]CARRE de MALBERG (R.), *Contribution à la théorie générale de l'État* Paris, SIREY, 1920 et 1922 rééditions CNRS, 1962, T 1, p.48.

Dire que le président de la République est garant de la continuité de l'État implique une clarification sémantique, car la définition est un prérequis analytique. Il convient de clarifier tour à tour les termes de l'étude notamment *le président de la République*, *garant*, et *la continuité de l'État*.

La précision terminologique du terme *président de la République* exige de préciser en premier lieu celui de *président* et en second celui de la *République*. Le terme *président* vient du latin *« praesidens »* [18]et désigne *« celui qui préside une assemblée, un Tribunal, une société »*[19].

Le président est dès lors le titulaire du pouvoir politique dans la tradition républicaine depuis 1848 en France. Tel est le sens ordinaire de cette terminologie selon le dictionnaire Encyclopédie **Quillet**. La doctrine a proposé plusieurs sens à cette terminologie. La doctrine africaine l'appréhende sous l'angle culturel et fonctionnel[20]. Celle camerounaise le perçoit comme *« le mandataire du peuple »*[21] et *« le chef de l'État »*[22]. Dans le cas d'espèce, le président de la République sera appréhendé au sens de l'article 5 alinéa 1 de la loi constitutionnelle du 18 janvier 1996, comme le chef de l'État élu de la Nation camerounaise. Le terme *République* quant à lui vient du latin *« res publica* (c'est-à-dire) *chose publique »*[23]. C'est un *« État où le gouvernement est exercé par les représentants de la nation, élus pour un temps et responsables »*[24]. Il en est ainsi de la République française proclamée cinq fois[25], qui s'est opposée à la monarchie, comme celle de **Louis XIV**. Pour le professeur **Pascale COURTOT**, *« la République n'est pas seulement, en France, un régime politique qui se définit, négativement, en opposition à la*

---

[18]Lire à ce propos le *Dictionnaire Encyclopédie, Quillet*, nouvelle édition entièrement remaniée par les collaborateurs les plus éminents, d'après l'édition originale publiée (s/dir) Raoul Mortier (P.-S.), Paris, Librairie Aristide Quillet, 278, Boulevard Saint-Germain, 1962, p.4709.

[19]*Ibid*, p.4984.

[20]Sous le premier, il est considéré comme *« le détenteur du pouvoir politique moderne »*. Aussi, comme *« l'autorité suprême et la puissance inégalable dans l'ordre politique interne »*. Sous le second, *« le personnage central de la vie sociale et acteur politique majeur des pays africains »*. AIVO (F-J.), *Le président de la République en Afrique noire francophone. Genèse, mutations et avenir de la fonction*, *op.cit.*, p.24 et 25

[21] MBPILLE (P-E), *Le président de la République en droit constitutionnel camerounais*, thèse de Doctorat en droit public, 2015, FSJP-UYII-SOA Cameroun, p.196.

[22]*Idem.*

[23]*Idem.*

[24]*Idem.*

[25]La première fut proclamée du 21 septembre 1792 au 28 mai 1804 et désignée successivement, la convention, le directoire et enfin le Consulat. La deuxième, du 25 février 1848 au 1er décembre 1852. La troisième fut proclamée le 4 septembre 1870. La quatrième fut instituée par la Constitution du 27 octobre 1946 et la cinquième par la Constitution du 4 octobre 1958. L'on a donc en France les Républiques proclamées et celles instituées.
Lire à ce propos le Dictionnaire Encyclopédie Quillet.

monarchie. C'est également un ensemble de principes et de valeurs... »[26]. Au Cameroun, la doctrine l'appréhende comme *« un construit juridique hétérogène au plan formel et matériel »*[27] à travers les caractères indivisible, démocratique, laïc et social.

S'agissant du *garant* d'une chose, il *« est celui qui répond. C'est à lui que l'on demande des comptes à propos de cette chose placée sous sa responsabilité. »*[28] Le professeur **Philippe ARDANT** est de cet avis[29].

La continuité naquit en France à partir d'une hérésie commise par le maréchal **Philippe PÉTAIN** à travers *« les actes constitutionnels de 1940 »*[30], période pendant laquelle il gouvernait par les actes et non par la Constitution.

Pour le doyen **Roger BONNARD**, la continuité *« consiste en ceci. Malgré les changements dans les institutions de l'État et les changements de personnes, malgré une transformation complète de l'organisation de l'État, l'État survivrait sans interruption, sans même de novation, restant toujours identique à lui-même. »*[31] Selon le professeur **Jean GICQUEL**, elle consiste à « *assurer la pérennité de la vie nationale en vue de préserver les droits et libertés des personnes. »*[32]

Au sens du dictionnaire du droit constitutionnel, elle renvoie à l'*« absence d'interruption »*[33]. Elle implique *« la continuité de la vie nationale »*[34]. En matière administrative, elle renvoie à la *« permanence du corps social, notamment à travers l'application du principe de continuité, l'administration dépasse le quotidien pour prévoir. »*[35]Dans la présente étude, elle est une obligation de l'État d'empêcher des interruptions du fonctionnement des pouvoirs publics et des atteintes à l'édifice de l'État qui assure sa survie et dont le président est responsable. L'État mal défini par la doctrine à travers

---

[26]COURTOT (P.), La portée de l'interdiction de réviser la forme républicaine du gouvernement », *R.R.J.*, 2002-4, p.1753

[27] MVAEBEME (E.-S.), *La république en droit public camerounais*, thèse de Doctorat en droit public, UYII, FSJP, février 2017, p.41.

[28] NGUELE ABADA (M.), « Une intelligence de l'article 5 de notre loi fondamentale », in *Cameroon Tribune*, n° 11014 du lundi 18 janvier 2016, à l'occasion du 20e anniversaire de la loi constitutionnelle du 18 janvier 1996, p.10.

[29] Pour l'auteur, s'agissant du président de la République *« il est institué garant ; on conclut qu'il en est responsable et répond de leur respect »*. Lire à ce propos ARDANT (Ph.), « L'article 5 et la fonction présidentielle », Pouvoirs-41, 1987, p.44.

[30] BONNARD (R.), « Les actes constitutionnels de 1940 », *R.D.P*, 1942.

[31]*Ibid*, p.56.

[32] GICQUEL (J.), « Sur la continuité de l'État », Mélanges en l'honneur de Louis DUBOUIS, *Au carrefour des droits*, Paris, Dalloz, 2002, p.573.

[33]DE VILLIERS (M.), LE DIVELLEC (A.), *Dictionnaire du droit constitutionnel*, *op.cit.*, p. 85.

[34]*Idem.*

[35] DEBBASCH (Ch.), et COLIN (F.), *Droit administratif*, Paris, 7e éd., Economica, 2004, p.10.

ses éléments constitutifs[36] dans une moindre mesure *« n'est rien d'autre que l'ensemble des pouvoirs publics »*[37]. En réalité, *« l'État est en droit une personne morale c'est-à-dire qu'il est titulaire de droits et d'obligations. »*[38] On opte pour cette posture tout en précisant que c'est une personne morale de droit public.

Grâce à ce que la doctrine appelle *« l'imitation des modèles étrangers »*[39], la continuité va prendre corps en Afrique. C'est ainsi qu'elle est consacrée dans la Constitution Sénégalaise[40]. C'est à ce propos que la doctrine écrit : *« en substance, l'influence hexagonale, prégnante dans les institutions sénégalaises depuis 1959, se fait toujours sentir. »*[41]Cette influence ne remet pas en cause *« l'autonomie du droit public sénégalais »*[42] ni du droit africain de manière générale[43]. La Constitution gabonaise l'a également consacrée[44].

La continuité de l'Etat est consacrée au Cameroun de manière latente par l'institutionnalisation des mécanismes de continuité, notamment l'État d'urgence et l'État d'exception, sans le nom de continuité, avant 1996, et de manière patente par l'utilisation du nom « continuité » ainsi que les mécanismes de sa mise en œuvre depuis 1996[45].

---

[36]HOND (J.-T.), *Droit constitutionnel et institutions politiques essentielles du cours et exercices corrigés*, Yaoundé, éd., FASST, 1998, p.10.

[37] NGUELE ABADA (M.), « Une intelligence de l'article 5 de notre loi fondamentale », article précité, p.10.

[38] CADOUX (Ch.), Droit constitutionnel et institutions politiques. Théorie générale des institutions politiques, 4e éd., Paris, CUJAS, p.163.

[39] RIVERO (J.), « Les phénomènes d'imitation des modèles étrangers en droit administratif », Pages de doctrine, Paris, LGDJ, 1980, pp.459-473.

[40] Article 24 de la loi constitutionnelle du 26 août 1960 *« le président de la République est le gardien de la Constitution. Il assure, par son arbitrage, la continuité de la République et le fonctionnement régulier de ses institutions... »*

[41] FELDMAN (J.-Ph.), « La Constitution du Sénégal du 22 janvier 2001 est-elle libérale ? Analyse comparée avec la Constitution de la Ve République », Politeia, n° 13 (2008), p.668.

[42]GAUTRON (J-C.), ROUGEVIN-BAVILLE (M.), *Droit public sénégalais*, 2e éd., Paris, éd., A. Pedone, 1977, p.8.

[43] Lire à ce propos ONDOA (M.), *Introduction historique au droit camerounais : la formation initiale. Éléments pour une théorie de l'autonomie des droits africains*, les Éditions Le Kilimandjaro (EDLK), N° d'édition 009, 1er trimestre 2013, (coll. Doctrine juridique africaine et malgache), pp.88-90.

[44] L'article 8 de la Constitution de la République gabonaise du 26 mars 1991, modifiée par la loi n° 13/2003 du 19 août 2003 précise : *« Le président de la République est le chef de l'État ; il veille au respect de la Constitution ; il assure, par son arbitrage, le fonctionnement régulier des pouvoirs publics ainsi que la continuité de l'État... »*

[45]Au Cameroun, la garantie de la continuité de l'État fut consacrée pour la première fois par la première Constitution formelle du 04 mars 1960 (article 11). Elle sera exclue successivement par la Constitution de la République fédérale du Cameroun du 1er septembre 1961 qui consacra en ses lieu et place *« l'unité de la fédération »* (article 8). Cette unité sera reconduite également au détriment de la continuité de l'État par la Constitution primitive du 2 juin 1972, qui avait consacré *« l'unitarisation »* de l'État fédéral du Cameroun. Dans cette période, le pouvoir

C'est ainsi qu'elle sera consacrée de nouveau par l'article 5 de la loi constitutionnelle du 18 janvier 1996. Selon l'alinéa 2, le président de la République *« est le garant... de la continuité de l'État »*. L'article 5 énumère *« les principales missions du chef de l'État, il esquisse une définition de la fonction présidentielle »*. [46]Analysant cet article 5 dans lequel est incluse la continuité de l'État, la doctrine française affirme que *« l'article 5 ne précise pas les moyens dont le président doit user ; or ses compétences constitutionnelles habituelles peuvent se révéler insuffisantes ou inappropriées. »*[47]Elle oublie qu'il faut lire les autres articles pour comprendre l'article 5 de la Constitution. Sa compréhension doit être synchronisée aux autres dispositions constitutionnelles. D'ailleurs, un groupe d'auteurs est de cet avis[48]. La continuité de l'État fait partie des territoires effleurés et mal appréhendés de la doctrine camerounaise[49]. Le besoin se fait sentir de sonner

constituant originaire avait calfeutré le président de la République à la consolidation de l'unité nationale acquise avec douleur et duperie du président AHIDJO par la partie anglophone. Ce n'est que lors de la révision de cette Constitution en 1996 que va refaire surface le principe de la continuité de l'État (article 5). Il faut souligner tout de même que la Constitution du 2 juin 1972 avait mis en place les mécanismes permettant au président de la République de garantir la continuité de l'« *État unitarisé* » du Cameroun ainsi que la Constitution fédérale du 1er septembre 1961.

46 LUCHAIRE (F.), CONAC (G.) (s/dir.), *La Constitution de la République française*, 2e éd., Paris, Economica, juin 1987, p.227.

47 MELIN-SOUCRAMANIEN (F.) et PACTET (P.), *Droit constitutionnel*, 34e éd., Paris, Sirey, août 2015, p.380.

48 Il reconnaît, s'agissant des dispositions de l'article 5 qu'*« à chacune de ces dispositions correspondent un ou plusieurs articles de la constitution qui énoncent les moyens attribués au président de la République pour exercer effectivement cette mission. »* DEBBASCH (Ch.), PONTIER (J-M.), BOURDON (J.), RICCI (J-C.), *Droit constitutionnel et institutions politiques*, Paris, Economica, 2e éd., 1986, p.585.

49 M. MBPILLE analyse deux mécanismes juridiques permettant à ce dernier d'exercer la fonction de continuité de l'État. (État d'urgence et d'exception). Le professeur Alain Didier OLINGA dans un ouvrage pionnier du droit constitutionnel camerounais analysant la fonction présidentielle, mentionne la continuité à vol d'oiseau. Il pense que la proclamation de l'État d'exception est un moyen exceptionnel pour le président de la République d'assurer la fonction d'arbitrage. Que l'on soit autorisé à douter de cette posture. Si l'on est fier qu'*« Olinga ait analysé la constitution camerounaise »*, l'on craint d'être, en matière de continuité de l'État, des *« perroquets malhabiles d'expériences constitutionnelles étrangères »* à la recherche de sa consistance. Abordant directement cette question pendant les vingt ans de la loi constitutionnelle de 1996, à travers un intitulé séducteur : *« une intelligence de l'article 5 de notre loi fondamentale »*, le professeur Marcelin NGUELE ABADA énumère deux mécanismes de garantie de la continuité de l'État à savoir l'État d'urgence et d'exception. Il confond par la suite, continuité et arbitrage présidentiel lorsqu'il affirme que *« le fonctionnement régulier des pouvoirs publics et la continuité de l'État sont assurés par l'arbitrage présidentiel »*. L'inclusion de la continuité dans l'arbitrage est inacceptable, car si la rédaction de l'article 5 lui donne raison en France, tel n'est pas le cas à travers l'article 5 de la Constitution révisée de 1972. D'un côté *« il assure »*, et de l'autre côté *« il est garant »*, ce qui n'est pas la même chose. Lire à ce propos, MBPILLE (P-E), *le président de la République en droit constitutionnel camerounais, op.cit.*, p.222-226 ; OLINGA (A-D.), *La Constitution de la République du Cameroun*, 2e éd., Presses de l'UCAC, les éditions terre africaine, Yaoundé

le glas à ce déficit doctrinal en déchiffrant cette attribution presque inexplorée du président de la République au Cameroun par la proposition des mécanismes de continuité. D'ailleurs, *« l'argument d'autorité n'a aucune valeur »*[50]. Dès lors, la question est la suivante : en quoi consiste la garantie présidentielle de la continuité de l'État au Cameroun ? Une telle question suscite en premier lieu un intérêt juridique, car la continuité de l'État participe de la survie de l'État. Le président de la République a l'obligation d'assurer cette continuité. Cette obligation est consacrée en premier lieu dans la formule de sa prestation de serment, car *« le serment... est porteur d'obligations constitutionnelles »*[51]. Elle découle aussi de la rédaction de l'article 5 de la loi constitutionnelle de 1996 à travers l'alinéa 2 qui précise qu'il *« est... garant de... la continuité de l'État... »*. L'on note ici que le présent de l'indicatif qui traduit un état constitue une véritable obligation c'est-à-dire un impératif juridique pour le président de la République d'assurer la garantie de la continuité de l'État. Malgré cette obligation apparente, l'on observe l'irresponsabilité du président de la République dans la pratique de la continuité de l'État au Cameroun, surtout en droit interne à travers la consécration de l'immunité à son égard par l'article 53 nouveau de la loi constitutionnelle du 18 janvier 1996[52]. Celle-ci est d'ailleurs une imitation du colonisateur[53]. Mais cette responsabilité demeure envisageable en droit international[54].

Au plan théorique, analysant la nature du droit constitutionnel et celle du droit administratif, le doyen **Georges VEDEL** opta pour la *« discontinuité du droit constitutionnel et* [la] *continuité du droit administratif ».*[55] Cette discontinuité est illustrée en France par la prégnance des coups d'État qui ont jonché l'histoire constitutionnelle de la France[56], ainsi qu'en Afrique, car *« les*

Cameroun 2006, p.52 et 7 ; NGUELE ABADA (M.), « Une intelligence de l'article 5 de notre loi fondamentale », article précité, p.10.

[50] GAUTIER (P.-Y), « Essai sur la plume juridique », *in*, Mélanges en l'honneur du professeur Gilles GOUBEAUX, Paris, Dalloz, L.G.D.J – Lextenso, éd., 27 octobre 2009, p.168.

[51]ABANE ENGOLO (P-E.), « Le président au Parlement », *R.A.S.J*, n° 2/2016, UYII (F.S.J.P), p.201.

[52]Article 53 alinéa 3 : « *Les actes accomplis par le président de la République en application des articles 5, 8, 9 et 10 ci-dessus, sont couverts par l'immunité et ne sauraient engager sa responsabilité à l'issue de son mandat* ».

[53] OWONA (J.), « Le pouvoir exécutif » in Encyclopédie juridique de l'Afrique, tome premier, *L'État et le Droit* (s/dir) Pierre-François GONIDEC et Maurice AHANHANZO GLELE, 1982, p. 110.

[54] NGUELE ABADA (M.), « L'obligation de rendre compte du président de la République : réflexions à partir de la révision constitutionnelle du 14 avril 2008 », *in L'obligation,* Études offertes au professeur Paul-Gérard POUGOUE (s/dir), Pr Françaís ANOUKAHA et Pr Alain Didier OLINGA, L'Harmattan Cameroun, 2015, p.655.

[55]VEDEL (G.), « Discontinuité du droit constitutionnel et continuité du droit administratif : le rôle du juge », Pages de doctrine, Paris, LGDJ, 1980, pp.204-217.

[56] Lire à ce propos AGULHON (M.), Coup *d'État et République*, Paris, Presses de Sciences Po, 1997, 99 p. L'on se souviendra toujours que la France qui donne des leçons de démocratie

États africains francophones sont caractérisés de manière générale par l'instabilité constitutionnelle »[57] à travers *« la persistance des régimes non constitutionnels »*[58]. À partir de ces exemples patents, l'on devrait accorder le suffrage à la thèse du doyen **Georges VEDEL** ; même si une plante ne saurait critiquer ou discuter les propos de l'horticulture, tout de même que l'on soit autorisé à douter un peu de la continuité du droit administratif défendue par l'auteur. En effet, ce cours, dispensé pour la première fois en France avant le droit constitutionnel par **Joseph Marie de GERANDO**[59], est aussi instable que le droit constitutionnel[60]. Ceci s'explique et se justifie par le caractère fondamentalement jurisprudentiel de ce droit[61]. Toujours au plan théorique, on observe que c'est un individu, notamment le président de la République, qui doit garantir la continuité de l'État. C'est dans cette optique que *« le Roi-Soleil »*[62] disait *« l'État, c'est moi »*[63]. On pourrait lui emboîter le pas par la formule selon laquelle *« du chef de l'État dépend tout »*[64]. Mais, pour éviter que le décisionnisme n'entraîne la mort de l'État, il faudrait un encadrement de la norme constitutionnelle. On note une complémentarité entre décisionnisme et normativisme dans la garantie de la continuité de l'État par

---

aujourd'hui à l'Afrique notamment a proclamé la République cinq fois. Cette proclamation fut marquée par les ruptures, la continuité et la discontinuité de l'État français et du pouvoir politique.

[57] KAMTO (M.), *Pouvoir et Droit en Afrique Noire : Essai sur les fondements du constitutionnalisme dans les États d'Afrique noire francophone*, Paris, L.G.D.J., 1987, p.437.

[58] KARIM DOSSO, « Les pratiques constitutionnelles dans les pays d'Afrique noire francophone : cohérences et incohérences », Revue française de Droit constitutionnel, 90, 2012, supplément électronique, p.75.

[59] FORTSAKIS (Th.), *Conceptualisme et empirisme en droit administratif français,* Paris, LGDJ, 1987, p. 45 et suivantes.

[60] Cette instabilité est l'œuvre du juge administratif, à travers sa jurisprudence qui se caractérise par sa fugacité, sa souplesse ainsi que sa moindre prévisibilité. À ces caractéristiques, l'on peut adjoindre les revirements et les changements jurisprudentiels qui habitent cette matière. D'ailleurs, le doyen VEDEL voulait que ce droit soit codifié.

[61]VEDEL (G.), « Le droit administratif peut-il rester indéfiniment jurisprudentiel ? » *EDCE*, 1979-1980. Voir aussi dans ce sens CHAPUS (R.), *Droit administratif général*, tome 1, Paris, Montchrestien, 15e éd., 2001, p.6.

[62] Ce roi est communément appelé Louis XIV. On lui aurait attribué ce qualificatif, car on le considérait *« comme le monarque heureux du temps de la monarchie absolue »*. Lire à ce propos ALDEBERT (J.), Histoire *de France illustrée/2000 ans d'images*, Librairie Larousse, Paris, 1988 (préface de Pierre MIGUEL), p.1.

[63] Cette formule est née dès son entrée en fonction, pendant le premier contact avec son Conseil. En interpellant le Chancelier SÉGUIER second responsable du Royaume, il lui dit : *« Monsieur, dit le roi, je vous ai fait assembler avec mes ministres et secrétaires d'État pour vous dire que, jusqu'à présent, j'ai bien voulu laisser gouverner mes affaires par feu M. le cardinal ; il est temps que je les gouverne moi-même. Vous m'aiderez de vos conseils quand je vous ordonne de ne rien signer sans mon consentement »*. Ces propos furent admirablement résumés par la formule *« l'État, c'est moi », idem.*

[64] AIVO (F-J.), *Le président de la République en Afrique noire francophone. Genèse, mutations et avenir de la fonction*, Paris, l'Harmattan, 2007, p. 25.

le président de la République. Ainsi, *« norme et décision paraissent ici être complémentaires »*[65].

En tenant compte des supports formels, notamment les textes juridiques, l'on note que la continuité de l'État a une consistance complémentaire qui s'observe à travers la vigilance présidentielle dans la non-interruption du fonctionnement des pouvoirs publics d'une part (I) et la résistance présidentielle à la destruction de l'édifice étatique d'autre part (II).

I- La vigilance présidentielle dans la non-interruption du fonctionnement des pouvoirs publics

La vigilance présidentielle constitue le premier volet de la garantie de la continuité de l'État au Cameroun. Vigilance vient du latin *« vigilantia »*[66], c'est-à-dire *« attention permanente en vue d'une surveillance »*[67]. Ici, le président de la République reste et demeure vigilant en empêchant la survenance ou l'émergence des interruptions dans le fonctionnement des pouvoirs publics. Cette vigilance concerne les pouvoirs publics nationaux (A) et les pouvoirs publics locaux (B).

A- La non-interruption du fonctionnement des pouvoirs publics nationaux

Il existe les pouvoirs publics nationaux[68]. Ceux rencontrés au Cameroun sont le gouvernement (1), le parlement (2) et le pouvoir judiciaire (3).

1- La pérennisation de l'activité du gouvernement

Le président de la République assure la continuité gouvernementale, principalement à travers sa pérennité. Cela signifie que l'État est perpétuel, ne doit pas cesser, doit durer pour toujours à travers son gouvernement. La doctrine y est favorable[69]. Elle commence par son pouvoir de nomination[70]. Il nomme le chef du gouvernement et, sur sa proposition, les autres membres du

[65]BILLIER (J-C.), MARYIOLI (A.), *Histoire de la philosophie du droit,* Paris, Armand Colin, 2001, p.173

[66]Dictionnaire *Quillet* de la langue française, Editions Quillet, novembre 1988, p.87

[67]*Idem.*

[68]DRUESNE (G.), « Réflexions sur la notion de pouvoirs publics en droit français », *R.D.P*, 1996, p. 1204.

[69] OWONA (J.), *Droits constitutionnels et institutions politiques du monde contemporain. Étude comparative*, Paris, l'Harmattan 2010, p.19.

[70]L'article 8 alinéa 10 de la loi constitutionnelle du 18 janvier 1996 précise : *« il nomme aux emplois civils et militaires de l'État ».*

gouvernement[71]. Cette proposition est un *« encadrement du choix »* [72]du président de la République, c'est-à-dire qu'il *« ne peut exercer sa compétence que sur proposition d'une autre autorité »*[73]. Mais au Cameroun, le Premier ministre propose-t-il des nominations au président de la République ? La pratique des nominations camerounaises du gouvernement autorise une réponse nuancée[74]. C'est un pouvoir qui permet au président de la République d'assurer la continuité de service administratif de l'État, car il met en exergue le pouvoir administratif du président de la République[75]. En clair, *« il va de soi qu'une politique à appliquer nécessite de nombreux relais au sein de l'État, tant dans les services centraux que dans les services extérieurs. »*[76]Considérant que la nomination est constituée de quatre variables : *« l'autorité, l'acte, l'agent, l'emploi »*[77], ces variables lui permettent d'exercer son autorité sur l'étendue du territoire national.

Il en est ainsi de la nomination des autorités déconcentrées, notamment les gouverneurs, les préfets et sous-préfets qui représentent le président de la République dans la région, considérée comme une collectivité territoriale décentralisée et une circonscription administrative[78]. Ces autorités agissent au nom du président de la République. C'est dans ce sens qu'**ODILON BAROT** disait : *« c'est le même marteau qui frappe, mais on en a raccourci le manche »*[79]. Le président de la République peut, en cas d'empêchement[80], utiliser la délégation de pouvoir pour assurer la continuité de l'État[81]. Ces

---

[71] Article 10 alinéa 1 de la loi constitutionnelle du 18 janvier 1996.

[72] MONTAY (B.), *Le pouvoir de nomination de l'Exécutif sous la Ve République. De la compétence liée au pouvoir de patronage*, Mémoire de droit public approfondi, Jus Politicum-n° 11-2013, p.20.

[73] *Idem.*

[74] Quand il est nommé concomitamment avec les autres membres du gouvernement, le président de la République ne tient pas compte de sa proposition a contrario, il le consulte.

[75] DUPORT (J.), *Le rôle administratif du président de la République en France depuis 1975*, thèse de l'université de Paris I, 1976.

[76] MONTAY (B.), *Le pouvoir de nomination de l'Exécutif sous la Ve République. De la compétence liée au pouvoir de patronage*, *op.cit.*, p.80.

[77] *Ibid*, p.6.

[78] EDOUA BILONGO (B.), « Le statut de la région en droit public camerounais », *RADP*, vol. IV, n° 7, juillet-décembre 2015, pp.132-164.

[79] Ceci est rapporté par HOND (J.-T.), *Droit constitutionnel et institutions politiques essentielles du cours et exercices corrigés*, *op.cit.*, p.31.

[80] Lire à ce propos, ABANE ENGOLO (P.-E.), « L'empêchement définitif du président de la République en droit camerounais », *RADP*, vol.I, n° 1, juin-décembre 2012, pp.182-204.

[81] Article 10 alinéa 2 de la constitutionnelle de 1996 : *« Le président de la République peut déléguer certains de ses pouvoirs au Premier ministre, aux autres membres du Gouvernement et à certains hauts responsables de l'Administration de l'État, dans le cadre de leurs attributions respectives »*. Alinéa 3 : *« En cas d'empêchement temporaire, le président de la République charge le Premier ministre ou, en cas d'empêchement de celui-ci un autre membre du Gouvernement, d'assurer certaines de ses fonctions, dans le cadre d'une délégation expresse »*.

autorités assurent le maintien de l'ordre public sur le territoire national au nom du président de la République[82], ainsi que les menaces de trouble à l'ordre public[83]. Il en est ainsi de la décision du Gouverneur de la région du Nord-Ouest signée le 9 septembre 2018 portant interdiction de la circulation des personnes et des biens entre 18 h et 6 h à Bamenda, après que les sécessionnistes-terroristes ont coupé la route à l'entrée de Bamenda[84]. Le président de la République peut utiliser aussi son pouvoir hiérarchique à travers son pouvoir d'instruction. Il en est ainsi de son instruction, par le biais du secrétaire général de la Présidence de la République à l'endroit du ministre de l'Administration territoriale du 7 septembre 2018, de réinstaller les sous-préfets déserteurs de leurs arrondissements[85] dans les régions du Nord et Sud-Ouest. L'on constate que du point de vue pratique, le président de la République a perdu son autorité dans la garantie de la continuité de l'État.

On observe qu'il ne fait plus peur à certains citoyens camerounais ennemis de la République. L'émergence des idées sécessionnistes et l'abandon des autorités administratives dans ces régions autorisent une telle affirmation. Pourtant, à une certaine époque, personne ne pouvait braver l'autorité du président de la République. Aucun sous-préfet ne pouvait abandonner son poste de service, fut-il dans une situation de péril grave. Ceci s'expliquait peut-être par le fait que l'on était dans un contexte de mise en hibernation des droits et libertés publiques[86]. Par contre, le président actuel (**Paul BIYA**) incarne l'esprit de liberté, ce qui est salutaire à travers ce que la doctrine appelle *« la construction de l'État de droit »*[87]. Malgré la déclaration de guerre, la condamnation de ces actes barbares par le discours présidentiel[88] et l'envoi des militaires sur le terrain, cette crise perdure. Dès lors, l'objectif est la propension vers la restauration de l'autorité présidentielle. L'on devrait se rappeler que les citoyens se définissent par le fait qu'ils sont ceux qui n'abandonnent pas leur patrie, mais meurent avec elle, qui exécutent le message pacifique du président de la République surtout lorsque l'intérêt

---

[82] ATEMENGUE (J-de-N.), *La police administrative au Cameroun. Recherche sur le maintien de l'ordre public,* thèse pour le doctorat en droit public interne et analyse politique, Université Jean Moulin-Lyon 3, faculté de droit, juillet 1995, p.133 à 136.

[83] NYEBE TSANGA (D.), *La menace de trouble à l'ordre public en droit camerounais,* Mémoire de Master en Droit public, UYII, année académique, 2011-2012, 124 p.

[84] Lire à ce propos *Mutations* n° 4693 du lundi 10 septembre 2018 et *La Nouvelle Expression* n° 4805 du lundi 10 septembre 2018.

[85] *Le Jour* n° 2767, p.5.

[86] ATANGANA AMOUGOU (J-L.), *L'État et les libertés publiques au Cameroun. Essai sur l'évolution du constitutionnalisme négro-africain,* thèse de doctorat en droit public, Université de Jean Moulin Lyon 3, Faculté de Droit, 10 décembre 1999, 356p.

[87] MAKOUGOUM (A.), *Ordre public et libertés publiques en droit public camerounais. Contribution à l'étude de la construction de l'État de droit au Cameroun* depuis 1990, thèse de doctorat Ph.*D* en droit public interne, année 2013-2014, Université de Yaoundé II, FSJP, 721 p.

[88] Voir dans ce sens, le message du président de la République adressé à la nation en fin d'année 2016, paru dans *Cameroon Tribune* du mardi 3 janvier 2017, n° 11255, p.2.

national est en jeu comme c'est le cas avec la crise anglophone. Où est parti l'*« esprit de corps »* des autorités administratives camerounaises ? Que serait devenu le Cameroun si ses héros et ses pères fondateurs l'avaient abandonné pendant les situations de crise ? L'amour de la patrie interdit les actes de destruction de l'Etat et de son abandon. Ces autorités en cavale sont coupables de désertion.

Le président de la République peut également utiliser son pouvoir de création et d'organisation des services publics de l'État[89] pour garantir la continuité de l'État. Ce fut le cas avec le réaménagement du gouvernement et la création du nouveau ministère de la Décentralisation au Cameroun. **Marie Claire NNANA**[90] est en droit d'approuver ce réaménagement dont l'objectif était sans doute d'assurer la continuité de l'État même s'il n'a pas mis fin à cette crise. Le président de la République peut encore assurer la continuité du gouvernement[91] à travers ce que la doctrine appelle *« la continuité de la fonction présidentielle »*[92]. Si au Cameroun actuel, c'est le président du Sénat qui est l'*« intérimaire au premier degré »* [93]selon l'article 6 (4a) de la loi constitutionnelle de 1996, il convient de dire ici que le président de la République peut utiliser son pouvoir d'initiative de révision constitutionnelle pour supprimer cette fonction intérimaire par la création du poste de vice-président, pour assurer son intérim en cas de vacance et réparer l'erreur commise par l'*« abolition du fédéralisme »* [94]en permettant au président de la République de devenir *« chef unique du gouvernement de l'État unitaire camerounais »*[95], pour permettre à un Camerounais anglophone d'assurer la vacance[96].

---

[89] Article 8 alinéa 9 de la loi constitutionnelle du 18 janvier 1996.

[90] « *De fait, dans le contexte des tensions sociopolitiques que vivent les régions du Nord-Ouest et du Sud-Ouest, le chef de l'État avait identifié l'accélération du processus de décentralisation comme l'une des voies de sortie de crise.* » Lire à ce propos *Cameroon Tribune*, du lundi 5 mars 2018 n° 11549/7748, p.3.

[91] Gouverner, *« du mot latin gubernare, signifie étymologiquement diriger, tenir la barre du navire. Au sens très large, c'est assurer l'ordre et le développement de la société en prenant des décisions et, par conséquent, des responsabilités. Gouverner, dit-on, c'est prévoir, choisir et décider. »* Lire à ce propos CADOUX (Ch.), *Droit constitutionnel et institutions politiques*, *op.cit.*, p.163.

[92] GICQUEL (J.), et GICQUEL (J-E.), *Droit constitutionnel et institutions politiques*, 30e éd., Paris, L.G.D.J., 2016, p.642.

[93] *Ibid*, p.643.

[94] OWONA (J.), « La nouvelle constitution camerounaise du 20 mai 1972. De l'État fédéral à l'État unitaire », *R.Jur.Ind.Coop.*, t.27, n° 1, Paris, mars 1973, p.12.

[95] *Ibid*, p.21.

[96] Ce vice-président devrait être un Camerounais anglophone pour assurer la continuité de l'État en mettant sans doute fin à cette crise dite anglophone. L'on oublie souvent à tort que le Cameroun actuel est une association du Cameroun anglophone et du Cameroun francophone. Mais depuis l'unification et réunification de ces deux Cameroun, seuls les Camerounais francophones ont dirigé le pays comme présidents de la République. Quand bien même un

La continuité de l'État s'articule également autour de la pérennisation de l'activité du Parlement.

2- La pérennisation de l'activité du parlement

La continuité de l'État implique aussi la continuité de l'activité du parlement. Plusieurs mécanismes juridiques peuvent être identifiés permettant au président de la République d'assurer la continuité au sein du parlement. Il en est ainsi de la prorogation du mandat des députés[97]. L'on peut illustrer cela à travers la dernière prorogation du mandat des députés, un an de plus, ceci pour éviter *« un chevauchement des différentes opérations électorales. »* La crise anglophone constitue aussi un expliqué de cette prorogation[98]. Le président de la République peut également utiliser la promulgation des lois comme une modalité de continuité de l'État. Il est à noter que s'il ne le fait pas, le président de l'Assemblée nationale peut se substituer à lui[99]. Il peut aussi demander une seconde lecture[100] qui constitue un contrôle politique de constitutionnalité des lois considéré comme *« un oublié »*[101] par la doctrine. En matière financière, il peut utiliser la technique du douzième budgétaire pour reconduire le budget de l'exercice précédent si l'actuel n'a pas été adopté par l'Assemblée nationale[102]. C'est ce que la doctrine appelle *« la*

---

anglophone avait occupé le poste de vice-président, pour des raisons cachées, il a été évincé du pouvoir aux motifs économiques au profit d'un francophone. Cette suppression du poste de vice-président était une duperie bien construite à son détriment. Il s'agit là d'une cause en maturation de la crise anglophone qui émerge aujourd'hui. Voici venu peut-être le moment de leur permettre de diriger le pays pour assurer la continuité du pouvoir exécutif par ricochet de l'État du Cameroun. C'est ce par quoi il faudrait passer pour mettre fin aux discontinuités constatées dans ces régions. Cette solution peut être mal perçue, mais elle paraît incontournable pour la continuité de l'État du Cameroun. L'on devrait la mettre en application pour juger un Camerounais anglophone au pied de la fonction présidentielle pour une matérialisation réelle de l'unité nationale au Cameroun.

[97] Article 15 alinéa 4 de la constitutionnelle de 1996.

[98] Pour le professeur MANASSE ABOYA ENDONG, *« Au-delà du caractère inévitable de la prorogation que suggère le contexte sécuritaire persistant dans les deux régions anglophones, il y a également la crainte de perturbations inévitables liées aux chevauchements entre la présidentielle et les législatives dont les mandats des sortants prennent quasiment fin à la même période »*, en trouvant comme fondement *« les causes conjoncturelles dans une partie du territoire national. »*. Lire à ce propos *Cameroon Tribune* du mercredi 27 juin 2018 n° 11625/7824, p.7.

[99] Article 8 alinéa 5 et 31 alinéa 1 et 2 de la constitutionnelle de 1996.

[100] Sur la seconde lecture, lire MBENGUE EYOUM (D.), *La seconde lecture en droit parlementaire camerounais*, mémoire de Master en droit public, UYII-FSJP, année académique 2015-2016, 179 p.

[101]Voir dans ce sens TUSSEAU (G.), « un oublié du constitutionnalisme contemporain : le contrôle politique de constitutionnalité », in Mélanges en l'honneur de Jean du Bois de GAUDUSSON, *Espaces du service public,* Tome I, Presses universitaires de Bordeaux, Contributions réunies par Ferdinand MELIN-SOUCRAMANEIN, pp.711-750.

[102] Article 16 alinéa 2(b) de la Constitution.

reconduction de l'exécution des recettes »[103]. Aussi, grâce à son pouvoir de nomination de 30 sénateurs, le président de la République assure la continuité du Parlement[104]. Ce recrutement des sénateurs constitue selon le professeur **ABANE ENGOLO Patrick Edgard**, *« la diminution de l'autorité du fait de la nomination »*[105]. La continuité des pouvoirs publics nationaux se termine par la continuité du pouvoir judiciaire.

3- La pérennisation de l'activité du pouvoir judiciaire

En tenant compte du critère organique, la doctrine avait exclu le pouvoir judiciaire dans la catégorie des pouvoirs publics[106]. La lecture de l'article 50 de la loi constitutionnelle du 18 janvier 1996 au Cameroun lui donne raison, car le constituant fait la distinction entre les pouvoirs publics et ceux juridictionnels[107]. Mais du point de vue matériel, l'on peut ranger le pouvoir judiciaire dans la catégorie des pouvoirs publics. Cette conception fut d'ailleurs consacrée par la Constitution de 1791 dans son titre III consacré aux pouvoirs publics dont faisait partie le pouvoir judiciaire[108].

Le président de la République assure la pérennisation du pouvoir judiciaire par son pouvoir de nomination et de sanction des magistrats. L'article 37 alinéa 3 de la loi constitutionnelle précise : *« le président de la République est garant de l'indépendance du pouvoir judiciaire »*. Or, malgré ce pouvoir de nomination et de sanction, l'on observe que le président de la République a l'obligation d'assurer l'indépendance du pouvoir judiciaire, comme le précise l'article 37 alinéa 3. Si l'indépendance est *« le fait d'une institution n'étant pas liée à d'autres »*[109], tout de même, on observe *« l'emprise du président de la République sur la justice »*[110]. Celle-ci sera davantage garantie par la nomination à vie des magistrats, comme c'est le cas aux États-Unis d'Amérique du Nord. Mais à l'état actuel du fonctionnement de l'activité judiciaire, on observe néanmoins des discontinuités sur le terrain. Certains

---

[103] OWONA NDOUGUESSA (F.-L.), *Les dérogations au principe de l'annualité en droit budgétaire camerounais*, Mémoire de DEA en droit public, UYII, FSJP, année académique 2008-2009, p.16.

[104] Article 20 alinéa 2 de la Constitution.

[105] ABANE ENGOLO (P.-E.), « Réserves sur le recrutement des sénateurs », Solon, vol.III, n° 17, août 2017, p.66

[106] DRUESNE (G.), « Réflexions sur la notion de pouvoirs publics en droit français », article précité, p.1153.

[107] Alinéa 1 : *« Les décisions du Conseil constitutionnel ne sont susceptibles d'aucun recours. Elles s'imposent aux pouvoirs publics et à toutes les autorités administratives, militaires et juridictionnelles, ainsi qu'à toute personne physique ou morale »*.

[108] DRUESNE (G.), « Réflexions sur la notion de pouvoirs publics en droit français », article précité, p.1151.

[109] THOMAS (J.), *L'indépendance du Conseil constitutionnel*, Paris, LGDJ, 2010, p.19.

[110] EDOUA BILONGO (B.), *Les changements constitutionnels au Cameroun et au Sénégal. Étude comparative*, thèse pour le doctorat en droit public, année académique 2014-2015, UYII, FSJP, p. 354.

magistrats ont déserté leurs postes de travail dans les régions du Nord-Ouest et Sud-Ouest. Cette désertion, un expliqué au regard de l'instinct de vie, demeure injustifiée du moment où elle porte atteinte au principe de la continuité du service public de la justice. Mais si les autorités administratives fuient les combats, à plus forte raison les civils ? La garantie de la continuité de l'activité judiciaire exige la sécurisation du personnel judiciaire ainsi que leurs locaux de travail. Cela est urgent, car c'est ce personnel qui est censé juger les auteurs de la discontinuité de l'État dans ces régions. Il faudrait aussi protéger davantage les prisons pour éviter les évasions.

B- La non-interruption du fonctionnement des pouvoirs publics locaux

Quoique contestés par la doctrine[111], les pouvoirs publics locaux existent. Ceux du Cameroun sont constitués des collectivités territoriales décentralisées à savoir les communes et les régions. Pour assurer leur continuité, le président de la République peut utiliser les modalités de la tutelle pour la sanction des élus locaux (1) et la prorogation du mandat des conseillers municipaux (2).

1- L'utilisation des modalités de la tutelle pour la sanction des élus locaux

Le président de la République peut aussi utiliser des modalités de la tutelle pour garantir la continuité des pouvoirs publics locaux. Critiqué par la doctrine[112], le pouvoir de tutelle perdure dans la décentralisation. La doctrine classique y est pourtant favorable[113]. Un pèlerin moderne de la décentralisation approuve cette orientation doctrinale[114]. Cette tutelle s'exerce sur les organes communaux et régionaux. Il convient d'identifier les mécanismes juridiques permettant au président de la République d'assurer la continuité de l'État vis-à-vis des pouvoirs publics locaux. Que l'on soit autorisé à concentrer l'analyse sur les collectivités à *« statut*

[111]DRUESNE (G.), « Réflexions sur la notion de pouvoirs publics en droit français », article précité.

[112] MBARGA (E.), *Cours de droit administratif*, fascicule II, organisation administrative de la commune, l'établissement public, Université Fédérale du Cameroun, Faculté de Droit et des Sciences économiques, p. 59.

[113] Le doyen Maurice HAURIOU écrivait à juste titre : *« non seulement l'administration centrale subsiste, mais elle conserve un contrôle étendu sur les administrations décentralisées, contrôle qui porte le nom de tutelle administrative. Ainsi on peut dire que la centralisation reste la règle et que la décentralisation est l'exception »*. Lire à ce propos, *Précis de droit administratif et de droit public*, 12e éd., Sirey, 1933, rééd. Dalloz 2002, p. 85.

[114] Lire à ce propos Gérard MARCOU, in avant-propos, *Les contrôles de l'État sur les collectivités territoriales aujourd'hui* (s/dir) Pascal COMBEAU, Paris, Logiques juridiques, l'Harmattan, 2007, p. III.

constitutionnel »[115], celles créées par la loi ne seront pas abordées ici, car constituant *« la décentralisation autoritaire »*[116]. D'ailleurs, elle vise *« la neutralisation des collectivités territoriales »,*[117] mais toujours est-il que le président de la République assure leur continuité par son pouvoir de nomination des délégués du gouvernement. S'agissant de « *la décentralisation démocratique »*[118] matériellement en vigueur à savoir les communes, celles-ci peuvent être révoquées[119] et suspendues par le président de la République[120]. Étant entendu que la décentralisation ici est l'attribution d'une portion du pouvoir central à des autorités élues, la continuité de l'État est assurée par une délégation spéciale pour éviter les ruptures au sein du fonctionnement des pouvoirs publics locaux, notamment la fonction publique locale, surtout que le Maire est un agent de l'État en vertu du *« dédoublement fonctionnel »*[121]. C'est ainsi qu'en cas de suspension du conseil municipal en temps de guerre, le décret du président de la République doit constituer une délégation spéciale[122]. Cette délégation a pour fin d'assurer la continuité des

---

[115] Lire à ce propos GUIMDO DONGMO (B.-R.), « Constitution et décentralisation au Cameroun depuis la réforme constitutionnelle du 18 janvier 1996 », Revue *juridique et politique*-2005- n° 2, p. 208.

[116]*« Le recrutement des autorités locales est assuré par la nomination du pouvoir central. La décentralisation n'est plus démocratique, puisqu'avec la suppression de l'élection, le fait démocratique de l'action des administrés n'existe plus »*, lire à ce propos, BONNARD (R.), *Précis de droit administratif*, 4e éd., Paris, L.G.D.J, 1943, p.317.

[117] KOUOMEGNI KONTCHOU (A.), « Administration et politique en Afrique francophone ou de l'autocratie bureaucratique », Paris, Economica, 1984 (s/dir) Gérard CONAC, La Vie du Droit en Afrique, *Les grands services publics dans les États francophones d'Afrique*, p.24.

[118] *« Le recrutement des autorités administratives locales est assuré par élection : ces autorités sont élues par les électeurs de la circonscription administrative »*, BONNARD (R.), *Précis de droit administratif*, *op.cit.*, p.317.

[119] L'article 95 alinéa 1 de la loi n° 2004/018 du 22 juillet 2004 fixant les règles applicables aux communes, précise : *« En cas d'atteinte à la fortune publique, l'infraction pouvant entraîner une sanction pénale assortie de déchéance, de carence avérée ou de faute lourde dans l'exercice de leurs fonctions, le maire et ses adjoints peuvent être révoqués par décret du président de la République... »*

[120] Article 105 alinéa 1 de la loi n° 2004/018 du 22 juillet 2004 fixant les règles applicables aux communes : *« En temps de guerre, le maire et les conseillers municipaux pris individuellement peuvent être, pour des motifs d'ordre public ou d'intérêt général, suspendus par décret du président de la République, jusqu'à la cessation des hostilités. Les membres du conseil ainsi suspendus ne sont pas remplacés numériquement pendant la durée normale de leur mandat »*. Lire également l'article 52 alinéa 1.

[121] VERPEAUX (M.), « Le contrôle administratif exercé sur les maires et les adjoints », Mélanges en l'honneur de Jean-Claude DOUENCE, *La profondeur du droit local*, Dalloz, 2006, p.472.

[122] Article 52 alinéa 2 de la loi n° 2004/018 du 22 juillet 2004 fixant les règles applicables aux communes

pouvoirs publics locaux. Le président de la République peut aussi proroger les délais de cette délégation spéciale[123].

Le président de la République détient aussi les modalités de continuité de l'État vis-à-vis des autorités régionales en tant que Collectivités Territoriales Décentralisées. Il en est ainsi de la suspension, la dissolution, la substitution ainsi que la destitution[124]. Il s'agit néanmoins d'une *« tutellisation excessive des collectivités territoriales décentralisées »*[125]. On note que la région *« brille par sa précarité, quoique dirigée par un conseil élu »*[126]. Si pour la doctrine, le pouvoir de substitution ne fait pas partie de la tutelle de l'État sur les collectivités territoriales[127], l'on note qu'il est une modalité de continuité de l'État, car le pouvoir de substitution permet de garantir *« le minimum des conditions nécessaires à la continuité de la vie nationale »*[128]. D'ailleurs, ce pouvoir permet à une autorité administrative d'agir en lieu et place d'une autre autorité, dont le refus d'agir porte atteinte à la continuité de l'État et des services publics. Il faut noter tout de même que la décision de suspension et de révocation doit être motivée. Pour la doctrine, *« Cette obligation est conçue comme une garantie formelle de protection des maires et des adjoints. Elle permet la vérification des conditions de procédure, notamment le respect des droits de la défense et elle facilite le contrôle juridictionnel éventuellement exercé sur la décision. »*[129] À titre de droit étranger, un maire peut être suspendu pour refus d'organiser une élection et pour célébration d'un mariage homosexuel[130]. Le président de la République assure également la continuité des pouvoirs publics locaux à travers la prorogation du mandat des conseillers municipaux.

2- La prorogation du mandat des conseillers municipaux

La prorogation du mandat des conseillers municipaux est le résultat d'un projet de loi adopté le lundi 2 juillet 2018. Ce texte fut promulgué par le président de la République le mercredi 11 juillet 2018. Il précise à ce titre que

---

[123] Article 55 alinéa 3. Cette prorogation peut proroger pour une durée de 06 mois renouvelable au plus 3 fois.

[124] Lire les Articles 59 alinéas 1 et 2 et 60 alinéas 1 et 2 de loi constitutionnelle de 1996.

[125] KOUOMEGNI KONTCHOU (A.), « Administration et politique en Afrique francophone ou de l'autocratie bureaucratique », article précité, p.25.

[126] OLINGA (A.-D.), « La régionalisation camerounaise en chantier : acquis constitutionnels et perspectives législatives », Juridis périodique, n° 55, juillet-août-septembre 2003, p.94.

[127] PLESSIX (B.), « Le pouvoir de substitution d'action » (s/dir), Pascal COMBEAU, Les contrôles de l'État sur les collectivités territoriales aujourd'hui, *op.cit.*, p. 67.

[128] VEDEL (V.) et DELVOLVE (P.), *Droit administratif,* 12e éd., Paris, PUF, coll. Thémis, t.I, p. 29.

[129] VERPEAUX (M.), « Le contrôle administratif exercé sur les maires et les adjoints », Mélanges en l'honneur de Jean-Claude DOUENCE, *La profondeur du droit local*, article précité, p. 478.

[130] *Idem.*

« le mandat des conseillers municipaux... élus le 30 septembre 2013 est prorogé de 12 mois, à compter du 15 octobre 2015. » Le code électoral prévoit une telle possibilité à travers l'article 170 alinéa 2 qui précise : *« ... en cas de nécessité, le président de la République peut, par décret, proroger ou abréger le mandat des conseillers municipaux pour une durée n'excédant pas dix-huit (18) mois, après consultation du Gouvernement et du Bureau du Sénat ».* Cette prorogation est conditionnée à la *« nécessité ».* Celle-ci s'aperçoit à travers la crise dite anglophone qui, en dehors de l'hypothèse du *« chevauchement »* évoquée par les pouvoirs publics, fut à l'origine de cette prorogation. L'on observe ici l'importance de la fonction permissive de la loi qui permet parfois de sauver l'État en assurant sa continuité à travers la fonction présidentielle. La garantie présidentielle de la continuité de l'État au Cameroun s'observe aussi par la résistance présidentielle à la destruction de l'édifice étatique.

II- La résistance présidentielle à la destruction de l'édifice étatique

Le second volet de la continuité de l'État est la résistance à la destruction de l'édifice étatique. Le mouvement de résistance a pris corps en France[131], et la résistance présidentielle renvoie à la défense que fait le président de la République contre ceux qui attaquent l'État du Cameroun, du point de vue interne et international. Elle consiste pour le président de la République à assurer la pérennisation de la survie de l'État dans le temps (A) et dans l'espace (B).

A- La pérennisation de la survie de l'État dans le temps

La pérennisation de la survie de l'État dans le temps consiste, pour le président de la République à œuvrer pour la perpétuité de l'État afin qu'il ne cesse pas d'exister. Il s'agit pour lui d'assurer la protection de l'intégrité territoriale contre l'invasion en premier lieu (1) et la protection de l'intégrité territoriale contre l'agression en second lieu (2).

1- La protection de l'intégrité territoriale contre l'invasion militaire

La garantie de la continuité de l'État oblige le président de la République à protéger l'intégrité territoriale de l'État contre l'invasion du territoire. C'est une obligation de survie de l'État. Pour illustrer cet engagement présidentiel, l'on voudrait se référer au temps passé à travers l'affaire dite Bakassi qui avait opposé le Cameroun à son voisin, le Nigéria, devant la CIJ. En effet, le Nigéria

---

[131]Dans l'histoire constitutionnelle de la France, on entend par résistance « *l'action de ceux qui, entre 1940 et 1944, se sont opposés, par les moyens les plus divers, aux puissances de l'Axe ou à leurs complices, ainsi qu'à leur effort de guerre, soit sur le sol national, soit sur les territoires qui en relevaient* ». Lire à ce propos le Dictionnaire Encyclopédie, Quillet (P-S), *op.cit.*, p.4989.

avait voulu envahir une portion du territoire camerounais, notamment la presqu'île de Bakassi et l'île de Darak. À titre historique, *« on se souvient déjà qu'en 1981, les armes avaient parlé... à propos de la presqu'île de Bakassi »*[132]. Sous l'impulsion dynamique du président de la République, le Cameroun avait recouru à la diplomatie. Ce faisant, le Cameroun permettait de percevoir les relations internationales comme les relations pacifiques à travers le symbole de la diplomatie, notamment celle multilatérale c'est-à-dire au service de la paix[133]. Cette diplomatie va échouer au départ de cette affaire, et réussir dans sa résolution définitive[134] à travers l'accord de Greentree[135]. Le ministre des Relations extérieures relate les différentes étapes de la requête introductive d'instance du Cameroun[136].

Au cours du procès, pendant que le Nigéria invoquait la théorie de la consolidation historique, le Cameroun invoquait la détention du titre juridique qui va prévaloir au final en lui permettant de retrouver sa souveraineté sur cette portion du territoire grâce à l'arrêt de la CIJ le 10 octobre 2002. Cette décision ne peut plus faire l'objet d'un recours en révision[137]. Désormais, la communauté internationale peut aussi intervenir pour garantir la continuité de l'État. Ce fut le cas lors de l'invasion du Koweït par l'Irak. Sous l'égide du président **BUSH** père, les États-Unis ont engagé la guerre contre l'Irak en 1991. En cas d'échec de cette diplomatie, il peut aussi faire recours à la voie

---

[132]Voir dans ce sens propos du ministre des Relations extérieures, Pierre MOUKOKO MBONJO dans *Cameroon Tribune* n° 10404/6605-40e année du mercredi 14 août 2013, p.5.

[133]C'est ainsi qu'*« après la phase de recherche d'une solution au conflit frontalier par les voies diplomatiques, le Cameroun avait saisi le Mécanisme de règlement des conflits de l'OUA. Il y a eu des entretiens, des négociations à Kara, au Togo sous les auspices du président Gnassingbé Eyadema, il y a aussi eu une démarche au niveau des Nations unies... »* Propos du ministre des Relations extérieures, Pierre MOUKOKO MBONJO, *idem.*

[134]*« L'État souverain développe l'activité diplomatique à la fois pour protéger la collectivité nationale des menaces extérieures et pour assurer sa présence dans le concert des nations. »* PEKASSA NDAM (G-M), « La notion d'administration publique dans la jurisprudence de la Cour de Justice de l'Union européenne », *RDP,* 1er mars 2012, n° 2. P.21.

[135] Lire NTUDA EBODE (J-V.), « Le Cameroun et le Nigéria : du verdict de la cour internationale de justice à l'accord de Greentree : une lecture stratégique », *in* Mélanges en l'honneur du doyen Joseph-Marie BIPOUN WOUM (s/dir) Maurice KAMTO, Stéphane DOUMBE-BILLE, Brusil Miranda METOU, l'Harmattan, Études africaines, Série Droit, 2016, pp.389-400.

[136]*« C'est ainsi qu'il y a eu la première requête introductive d'instance de mars 1994 qui posait une question à la Cour internationale de Justice (CIJ) : à qui revient la souveraineté sur la presqu'île de Bakassi ? Et puis deux mois plus tard, le chef de l'État a décidé d'aller plus loin en introduisant une requête complémentaire qui a été déposée en mai 1994 à la CIJ. La question qui était posée à la CIJ était cette fois plus large : quelle est la frontière entre le Cameroun et le Nigéria, frontière du Nord jusqu'à la mer ? De par cette deuxième question, le dossier du conflit frontalier entre le Cameroun et le Nigéria devenait le plus important que la CIJ ait jamais eu à connaître depuis sa création en 1948 ». Idem*

[137] Lire RIM AMANTCHANG (Ch.), *L'élément nouveau dans la jurisprudence de la cour internationale de justice,* mémoire de DEA en droit public international, UYII-FSJP, année académique 2013, 148 p.

juridictionnelle en saisissant la CIJ ou un arbitre. La résolution de cette affaire constitue un cas d'école de garantie de continuité de l'État, notamment son territoire. C'est ce qui explique d'ailleurs la distinction attribuée au président de la République, notamment le prix de l'UPA pour la résolution pacifique des conflits. À cette occasion, il était en droit d'écrire : *« il a été démontré que le recours à la force pose plus de problèmes qu'il n'en résout... la paix par le droit est donc possible. »*[138]

Nul doute que le président de la République a fait preuve de sagesse, de calme pour la garantie de la continuité de l'État du Cameroun. Ainsi, l'on est d'avis que **Paul BIYA** fera date en Afrique, dans le monde et au Cameroun en particulier. Ce faisant, il assure la continuité économique avec le voisin nigérian. L'on peut donc écrire avec **Pierre MOUKOKO MBONJO** que *« l'histoire et l'avenir rendront justice au président **Paul BIYA.** »*[139] Si l'on était dans le contexte français, on lui aurait même attribué la médaille de la Résistance[140]. À partir de ces considérations, le président de la République apparaît comme une institution importante dans la garantie de la continuité territoriale de l'État. Il mérite les éloges et la reconnaissance nationale et internationale. Mais cette vision apologétique de la fonction présidentielle doit être tempérée par le devoir d'ingratitude que tout citoyen ordinaire devrait avoir vis-à-vis du président de la République et par ses obligations constitutionnelles de garantie de cette continuité territoriale. La neutralité axiologique autorise une telle posture[141]. Le président avait seulement accompli ses obligations en tant qu'élu de la nation camerounaise et chef d'État. L'on est d'avis qu'un président belliqueux aurait plongé le Cameroun dans une lourde guerre contre le Nigéria. Ainsi, que le président actuel soit remercié. Mais il était normal et nécessaire qu'il le fasse. Car, sa survie politique en dépendait.

Ce cas camerounais est un modèle de garantie de la continuité de l'État qui peut inspirer d'autres États, notamment l'Ukraine dont une partie du territoire a été annexée par la Russie. Après de nombreuses condamnations infructueuses de la communauté internationale sans succès, le président ukrainien a la possibilité de saisir la Cour International de Justice pour rétablir la souveraineté ukrainienne sur la Crimée. Si les enjeux géostratégiques peuvent expliquer cette annexion russe, la garantie de la continuité de l'État ukrainien ne peut la tolérer. Mais pourquoi le président ukrainien tarde-t-il à

---

[138]Lire à ce propos *Cameroon Tribune n° 106065, op.cit.*, p.4.

[139]Lire à ce propos *Cameroon Tribune* n° 10406/66 07, *op.cit*, p.5.

[140] Cette médaille est une *« décoration créée par ordonnance du Général de GAULLE du 7 janvier 1945, destinée à récompenser les personnes ou collectivités ayant pris une part active à la résistance, ou ayant rallié les forces françaises en guerre dans des conditions difficiles ».* Lire à ce propos *Dictionnaire Encyclopédique* Quillet, *op.cit.*, p. 4989.

[141]CHAMPEIL-DESPLATS (V.), *Méthodologie du droit et des sciences du droit*, Paris, Dalloz, 2014, Collection, Méthodes du droit (S/dir.), Philippe JESTAZ, p. 111.

saisir la CIJ ? Quand bien même il la saisirait et au cas où elle venait à condamner la Russie, cette décision symbolique resterait sans doute lettre morte à cause du déséquilibre des forces et des liens historiques entre les deux nations. D'ailleurs, *« les États les plus puissants ont depuis longtemps déserté les prétoires de la justice internationale. »*[142] En tout état de cause, la garantie de la continuité de l'État oblige aussi le président de la République à protéger l'intégrité territoriale contre l'agression.

2- La protection de l'intégrité territoriale contre l'agression

Le président de la République a l'obligation d'assurer la continuité de l'État face à un acte d'agression. De fait, l'agression, malgré les difficultés de sa définition, n'est pas *« un terme tabou »,*[143] bien que considérée comme *« l'arlésienne »*[144] *;* la doctrine internationale lui propose une définition ainsi que des critères cumulatifs[145]. Il convient alors de se poser la question de savoir ce que peut faire le président de la République en cas d'agression d'un État pour garantir la continuité territoriale du Cameroun. Le droit international, dans ce sens lui offre plusieurs types de mécanismes. Étant entendu que l'agression ne se présume pas, il faudrait que l'acte de l'État agresseur soit qualifié d'agression. Le président de la République peut alors saisir tour à tour le Conseil de Sécurité des Nations Unies, l'Assemblée générale des Nations Unies, la CIJ, voire les organismes régionaux. En qualité de chef des forces armées qui doit assurer la sécurité interne et externe selon l'article 8 alinéa 2 et 3 de la loi constitutionnelle du 18 janvier 1996, il peut aussi recourir à la légitime défense selon l'article 51 de la Charte des Nations Unies. Il peut demander la réparation de l'acte d'agression à travers les pouvoirs publics internationaux.

Au regard de ce qui précède, le président de la République assure la protection de l'édifice étatique dans le temps à travers la protection du territoire contre l'invasion et l'agression. Celle-ci se poursuit également dans l'espace.

---

[142] KAMTO (M.), *L'agression en droit international*, Paris, éd., A. Pedone, février 2010, p. 3.

[143] *Ibid.*, p.95

[144] NGUELE ABADA (M.), « Le crime d'agression ou l'arlésienne du droit international », *R.R.J*, 2006-1, pp.279-316.

[145] Selon le professeur Maurice KAMTO, *« une agression – au sens du droit international positif – ne peut être qu'une agression armée qui suppose l'emploi de la force par un État – ou des entités ayant avec lui des liens tels qu'elles peuvent être considérées comme des « organes de facto » de l'État – en violation de la règle de l'interdiction du recours à la force »*. L'auteur recense trois critères cumulatifs en s'appuyant sur le droit positif international, à savoir : *« une action des forces armées à travers une frontière internationale »*, *« l'utilisation première de la force armée »* et *« la gravité suffisante »*, voir dans ce sens, KAMTO (M.), *L'agression en droit international, op.cit.*, p.108, 109 et 110.

B- La pérennisation de la survie de l'État dans l'espace

La protection de l'édifice étatique impose au président de la République d'assurer aussi la pérennisation de la survie de l'État dans l'espace géographique du territoire national à travers la préservation de l'intégrité territoriale contre la sécession (1) et la préservation de l'intégrité territoriale contre l'occupation terroriste (2).

1- La préservation de l'intégrité territoriale contre la sécession

Le président de la République a l'obligation de préserver l'intégrité du territoire contre la sécession. Depuis novembre 2016, le Cameroun est menacé par les sécessionnistes dans les régions anglophones du Sud-Ouest et du Nord-Ouest. De nombreuses mesures ont été prises par le président de la République pour résoudre cette crise. L'on peut tout d'abord citer la création de la commission pour la promotion du bilinguisme et du multiculturalisme, la création des départements d'English law dans les universités d'État (Douala, Dschang et Ngaoundéré), la libération de certains prisonniers, la création d'une section Common law à la Cour Suprême et à l'ENAM[146]. Il en est ainsi également de la mise en place d'un plan d'assistance humanitaire d'urgence prescrit par le chef de l'État[147].

Ces mesures salutaires s'avèrent néanmoins inefficaces puisque la crise perdure. Le président dispose cependant d'autres mesures pour lutter contre cette sécession, comme recourir à l'article 9 qui consacre successivement l'État d'urgence[148] et l'État d'exception[149]. D'ailleurs la proclamation de l'État d'exception est désormais obligatoire, car cette crise constitue déjà, au sens de l'article 9 de la loi constitutionnelle du 18 janvier 1996, un *« péril grave menaçant l'intégrité du territoire, la vie, l'indépendance ou les institutions de la république... »*. L'on est d'avis que l'article 9 regorge une permission de proclamer cet État d'exception, car *« le président est seul à apprécier justement et nécessairement ces périls graves »*[150]. Mais quand les institutions de la république sont menacées, les écoles incendiées, le droit à l'éducation

---

[146] Lire à ce propos notre étude NGA NGONO (A.), « Les enjeux gain de la création d'une section Common Law dans les grandes écoles de formation au Cameroun : le cas de l'ENAM », *RADSP*, vol.VI, n° 12, juillet-décembre 2018, 2e Sem. pp.45 -63.

[147] Lire à ce propos *Cameroon Tribune* du jeudi 5 juillet 2018 n° 11631/7830-44e année et *Cameroon Tribune* du vendredi 22 juin 2018 n° 11622/ 7821, 43e année.

[148] Alinéa 1 : *« Le président de la République peut, lorsque les circonstances l'exigent, proclamer par décret, l'état d'urgence qui lui confère des pouvoirs spéciaux dans les conditions fixées par la loi ».*

[149] Alinéa 2 : *« Le président de la République peut, en cas de péril grave menaçant l'intégrité du territoire, la vie l'indépendance ou les institutions de la République, proclamer, par décret, l'état d'exception et prendre toutes mesures qu'il juge nécessaires. Il en informe la Nation par voie de message ».*

[150] NLOMO ASSAM (Y.-L.), *Le pouvoir discrétionnaire en droit administratif camerounais*, mémoire de DEA en droit public, UYII, FSJP, 2009, p.105.

violé, les édifices publics brûlés, le président de la République a l'obligation de proclamer l'État d'exception. Son silence devient intolérable comme c'est le cas en ce moment. Les titres tels qu'*« Agression d'élèves et d'enseignants : stop à la barbarie ! »*[151] et *« Nord-Ouest et Sud-Ouest : l'école doit se poursuivre »*[152] sont non-sens si le président de la République n'agit pas efficacement. Peut-être voudrait-il respecter le principe de *« la proportionnalité »*[153] qui voudrait qu'on ne puisse pas tuer *« une mouche par un marteau-pilon »*. Mais, cette *« mouche »* c'est-à-dire *« crise anglophone »* a déjà fait perdre plusieurs éléments des forces de défense. Jusqu'au 18 septembre, on comptait 107 éléments et plusieurs civils tués... L'on observe que le seuil de gravité a été atteint pour déclencher cet état exception. D'ailleurs, l'intérêt général l'impose. Le président de la République a la force du droit pour trouver les solutions à cette crise. La doctrine lui reconnaît la détention des pouvoirs de crise[154]. Au nom de quoi le président de la République laisse-t-il alors la situation se détériorer ? Peut-être la faute revient au constituant qui a octroyé une faculté d'utilisation de ses pouvoirs de crise au président de la République à propos de cette crise. Le journal *Le Messager* avait-il raison, de se demander ce *« que cache le silence de Paul BIYA ? »*[155]. La doctrine interdit d'ailleurs la renonciation du président de la République dans ce domaine[156]. Elle est en droit d'écrire : *« la magnificence de la fonction présidentielle rappelle la responsabilité subséquente qui interdit au dépositaire du suffrage universel de faillir »*[157]. Le président de la République aurait pu proclamer l'État d'exception dans ces régions pour mettre fin aux pertes en vie humaine.

À défaut d'utiliser la force par le droit, le président de la République peut aussi assurer l'application de certaines dispositions non appliquées[158] de la loi constitutionnelle du 18 janvier 1996 pour stopper les réclamations sécessionnistes telles que le retour au fédéralisme. Il peut ainsi mettre en application les dispositions relatives aux régions comme collectivités

---

[151] Lire à ce propos *Cameroon Tribune* du 7 septembre 2018 n° 11674/7873-44e année.

[152] Voir dans ce sens *Cameroon Tribune* du jeudi 6 septembre 2018 n° 11673/7872-44e année.

[153] GUIBAL (M.), « De la proportionnalité », Paris, *A.J.D.A*, octobre 1978, pp.477-487.

[154] Il en est ainsi du professeur OWONA (J.), « Le pouvoir exécutif » *in Encyclopédie juridique de l'Afrique*, tome premier, *L'État et le Droit* (s/dir) Pierre-François GONIDEC et Maurice AHANHANZO GLELE, 1982, p.111. Lire aussi OWONA (J.), « L'institutionnalisation de la légalité d'exception dans le droit public camerounais », éd., CLE, *RCD*, n° 6 juillet-décembre 1974, pp.104-123.

[155] Lire à ce propos *Le Messager* n° 5120 du jeudi 2 août 2018.

[156] Voir dans ce sens ARDANT (Ph.), *« L'article 5 et la fonction présidentielle »*, article précité, p.50.

[157] NGUELE ABADA (M.), « Une intelligence de l'article 5 de notre loi fondamentale », article précité, p.17.

[158] MOUZET (P.), « Les dispositions non appliquées de la constitution », in Pascal Jean (s. la dir. de), *La constitution de la Ve République. Réflexion pour la cinquantenaire*, La documentation française, Paris, 2008, pp.195-213.

territoriales décentralisées. Il devrait se souvenir que la crise anglophone cache *« l'existence d'un agenda politique »*[159] car *« les populations de cette région veulent s'autoadministrer. Elles recherchent un partage du pouvoir politique. Elles voudraient avoir une identité politique qui consiste à avoir leur place dans la gestion de pouvoir. »*[160]Si pour la doctrine, il s'agit *« du blocage préventif de la mise en place de plusieurs institutions prévues par la Constitution du 18 janvier 1996 »*[161], l'on ne sait de quelle prévention il s'agit. Il est question au contraire d'une violation grave des règles constitutionnelles par la violation du droit à l'entrée en vigueur des institutions. Pour y parvenir, il faudrait une entrée en vigueur matérielle des régions. Mais depuis que le gouvernement a promis *« des textes en vue »*[162] pour le *« fonctionnement des régions, statut des personnels communaux »*[163], aucun n'est parvenu à ce jour sur la table de la décentralisation régionale au Cameroun. Cette attitude criarde remet en cause *« un fort courant de pensée décentralisateur qui a souvent pris appui sur les cultures minoritaires jusque-là ignorées, voire brimées par le pouvoir central. »*[164] Quand bien même ces textes seraient en vigueur, ce serait un retard pour la décentralisation camerounaise. L'on vit toujours sous le joug du principe de la progressivité[165]. Ceci a poussé un auteur averti à parler de *« la Constitution duale »*[166] bien qu'il a été incompris par la doctrine[167].

Le président de la République peut également se retrouver au parlement[168] à travers la convocation du Parlement réuni en Congrès[169]. À défaut, il peut faire profil bas à travers *« la politique du profil bas »*[170] en discutant avec les

---

[159] Voir notre étude NGA NGONO (A.), « Les enjeux gain de la création d'une section Common Law dans les grandes écoles de formation au Cameroun : le cas de l'ENAM », p.51.

[160] *Idem.*

[161] Voir dans ce sens, MOUANGUE KOBILA (J.), « Peut-on parler d'un reflux du constitutionnalisme au Cameroun ? », Recht in Africa, 2010, p.33.

[162] *Cameroon Tribune* du mercredi 12 avril 2017 n° 11326/7525 – 42e année.

[163] *Idem.*

[164] TCHAPNGA KEUTCHA (C.), « Droit constitutionnel et conflits politiques dans les États francophones d'Afrique noire », *RFDC* 2005/3, n° 63, p.457.

[165] L'article 67 alinéa 1 de la loi constitutionnelle du 18 janvier 1996 précise : *« les nouvelles institutions de la République prévues par la présente Constitution seront progressivement mises en place. »*

[166] ONDOA (M.), « La Constitution duale : recherches sur les dispositions constitutionnelles transitoires au Cameroun », *RASJ*, Yaoundé, vol.1, 2 (2000), pp.20-56.

[167] Lire à ce propos, la maladresse réactionnelle du professeur OLINGA (A-D.), *La Constitution de la République du Cameroun*, Yaoundé (Cameroun) Les presses de l'Université Catholique d'Afrique Centrale, les éditions Terre Africaine, 1re éd., 2006, p.24.

[168] ABANE ENGOLO (P-E.), « Le président au Parlement », article précité.

[169] Lire notre étude, NGA NGONO (A.), « Le Parlement réuni en congrès ou le congrès du Parlement en droit constitutionnel camerounais », *RADP*, vol. VII, n° 12, janvier-juin 2018, 1re sem., pp.101-129.

[170] Lire à ce propos SINDJOUN (L.), « Le président de la République au Cameroun (1982-1996). Les acteurs et leur rôle dans le jeu politique », Groupe de recherches administratives et politiques, n° 50-1996, p.8.

responsables sécessionnistes. La politique du profil bas avait permis au président de la République d'évincer ses adversaires politiques au fauteuil présidentiel en remplaçant le président AHIDJO après sa démission[171]. Aujourd'hui, le président de la République peut également faire recours à cette politique à travers un dialogue avec les responsables anglophones pour mettre fin au désordre provoqué, en vue d'assurer la continuité de l'État. Lui qui aspire à la paix comme le démontre la résolution de l'affaire dite Bakassi, peut à juste titre s'inspirer de Louis XVIII en France en faisant des concessions[172]. Celles-ci amèneront à la restauration de la paix dans ces régions. On observe l'émergence de cette volonté présidentielle quand il précise s'agissant de ces régions : *« il... faudra... manier à la fois la fermeté et le dialogue... »*[173]

Il peut recourir aussi à l'ONU pour résoudre cette crise, car le Cameroun est le fils de l'ONU, étant entendu que c'est grâce à l'ONU que le Cameroun existe en tant qu'État aujourd'hui. La protection de l'édifice étatique passe également par la préservation de l'intégrité territoriale contre l'occupation terroriste.

2- La préservation de l'intégrité territoriale contre l'occupation terroriste

La continuité de l'État oblige le président de la République à lutter contre l'occupation terroriste. Depuis belle lurette (2007), le Cameroun est victime d'attentats terroristes dans la partie du Grand Nord à travers Boko Haram, et dans les régions du Sud-Ouest et du Nord-Ouest par les sécessionnistes-terroristes à Bamenda et Buéa. Il devient nécessaire et obligatoire de proclamer l'État d'exception au regard de l'actualité récente à Bamenda où *« les terroristes changent de méthode »* [174]en « (coupant) *Bamenda du Cameroun »*[175], au surplus, en attaquant les voyageurs à la sortie de la ville comme le mentionnait la presse écrite : *« Nord-Ouest. Des voyageurs attaqués à l'entrée de Bamenda »*[176]. Le président peut demander l'application de la peine de mort à ces sécessionnistes et terroristes qui sèment la terreur dans ces régions en guise de théorie de l'exemple et à titre dissuasif. D'ailleurs, malgré qu'elle soit en désuétude, elle reste en vigueur au Cameroun. L'armée ne devrait plus se cantonner à la riposte en cas d'attaque. Elle doit devenir une armée d'avant-garde, c'est-à-dire qui contre-attaque les positions des terroristes. Il faudrait militariser la zone, contrairement à une certaine opinion

---

[171]*Idem.*

[172] Voir dans ce sens MELCHIOR-BONNET (B.), *Restauration et révolutions*, 1815-1851, histoire de la France illustrée, Paris, Librairie Larousse, 1988 (Avant-propos).

[173] Discours du président de la République à Maroua. Lire à ce propos *Cameroon Tribune* du lundi 1er octobre 2018, n° 11690, p.4.

[174]*La Nouvelle expression* n° 4805 du lundi 10 septembre 2018, *op.cit. p.8.*

[175]*Mutations* n° 4693 du lundi 10 septembre 2018.

[176]*Le Jour* n° 2764 du lundi 10 septembre 2018.

qui opte pour le retrait de l'armée dans le secteur. La continuité de l'État a besoin d'*« une forte adhésion populaire »*[177]. Elle ne saurait être garantie toute seule par le président de la République. D'ailleurs, *« sans le soutien de citoyens convenablement éduqués, aucune démocratie ne peut être stable. »*[178].

L'on peut dès lors davantage s'appuyer sur les comités de vigilance qui ont largement contribué à l'éradication de Boko Haram au Grand-Nord. Ceux-ci agissent en qualité de fonctionnaires de fait[179] pour assurer la continuité de l'État du Cameroun. On pourrait les instituer sur toute l'étendue du territoire des régions du Nord-Ouest et Sud-Ouest pour porter secours aux forces de défense nationale. C'est d'ailleurs grâce à leur contribution que ***« la sérénité revient »*** [180]dans l'Extrême-Nord du Cameroun après les attaques de Boko Haram pour qui l'éducation occidentale est un péché.

Conclusion

Au moment de conclure, on note que l'État du Cameroun vit des moments de discontinuité ayant des causes endogènes et exogènes. Les premières s'articulent autour de la soif subjective de gérer le pouvoir politique sans passer par les urnes en se cachant derrière les revendications des avocats et des enseignants et le laxisme des pouvoirs publics dans la gestion des crises, le non-respect de la fonction préventive de l'administration. À côté de celles-ci, on a les discontinuités économiques, sociales, culturelles, éducationnelles et juridiques. Certaines de ces causes endogènes s'adossent sur celles exogènes pour atteindre leur but, à travers la transformation des revendications des avocats et enseignants en sécessionnisme et terrorisme. En guise de solution, il faudrait *« une éducation tournée vers le profit, éducation tournée vers la démocratie »*[181], l'unité, pour la continuité de l'État. Il faudrait la bonne gouvernance, car un citoyen qui a atteint ses étapes du développement se plaint difficilement du prince. Au total, le président de la République est la pierre angulaire de la garantie de la continuité de l'État au Cameroun à travers sa vigilance et sa résistance.

---

[177] Lire dans ce sens *Cameroon Tribune* du mardi 8 mai 2018 n° 11592/7791.

[178] NUSSBAUM (M.), *Les émotions démocratiques. Comment former le citoyen au XXIe siècle ?,* Paris, Nouveaux Horizons, 2011, p.19.

[179] Sur le fonctionnaire de fait, lire TAGUE TOKAM (N.), *La notion de fonctionnaire de fait en droit administratif camerounais*, mémoire de DEA en droit public, UYII, FSJP, année académique 2009-210 ; 130 p.

[180] Voir dans ce sens *Cameroon Tribune* du lundi 28 mai 2018 n° 11604/7803.

[181] NUSSBAUM (M.), *Les émotions démocratiques. Comment former le citoyen au XXIe siècle ?, op.cit.*, p.23.

Mais il ne peut pas assurer tout seul la continuité de l'État. Il a besoin d'une assistance interne et internationale. Néanmoins, le concernant, de nombreux moyens présentés dans le cadre de cette étude pourront être utilisés par lui. Le président de la République devrait prendre au sérieux la continuité de l'État, car entre ses mains repose la survie de l'Etat, surtout lorsqu'on sait qu'aucun Etat au monde ne peut fonctionner valablement, assurer les étapes du développement (nutrition, logement, santé, éducation…) de ses citoyens dans une période de discontinuité. Si la doctrine s'était demandé : *« ne faudrait-il pas alors supprimer l'article 5 »*[182] en France, qui fut, *« dès son origine, bafoué »*[183], l'on pense qu'il faudrait réécrire cet article au Cameroun en mettant fin à la discrétionnalité dont jouit le président de la République dans son interprétation par l'impérativité de celui-ci pour la survie de l'État. Aussi, permettre à son intérimaire ou au président de l'Assemblée nationale de se substituer au président de la République quand il est défaillant dans la garantie de la continuité de l'État.

---

[182]ARDANT (Ph.), *« L'article 5 et la fonction présidentielle »*, article précité, p.51.
[183]*Idem.*

Bibliographie indicative

- ABANE ENGOLO (P E), « L'empêchement définitif du président de la République en droit camerounais », In *RADP*, Vol, n°01, *EDLK*, déc. 2012, 2e semestre, Juin-Décembre, 2012.

- ENGOUTOU (J L), « Le président de la République, chef des forces armées dans les Etats d'Afrique noire francophone ». *RADP*, vol VI, n° 11, Juillet-Décembre, 2017.

- GICQUEL (J.), « Sur la continuité de l'Etat », Mélanges en l'honneur de Louis DUBOUIS, *Au carrefour des droits*, Paris, Dalloz, 2002.

- KAMTO (M.), *Pouvoir et Droit en Afrique Noire : Essai sur les fondements du constitutionnalisme dans les Etats d'Afrique noire francophone*, Paris, L.G.D.J., 1987.

- KARIM DOSSO, « Les pratiques constitutionnelles dans les pays d'Afrique noire francophone : cohérences et incohérences », Revue française de Droit constitutionnel, 90, 2012, supplément électronique.

- KOUOMEGNI KONTCHOU (A.), « Administration et politique en Afrique francophone ou de l'autocratie bureaucratique », Paris, Economica, 1984, (s/dir) Gérard CONAC, La Vie du Droit en Afrique, *Les grands services publics dans les États francophones d'Afrique*.

MBOME (F.), *Régimes politiques africains,* 1re éd., Les éditions Bala, Yaoundé-Cameroun, 1990.

- NGUELE ABADA (M.), « L'obligation de rendre compte du président de la République : réflexions à partir de la révision constitutionnelle du 14 avril 2008 », *in L'obligation,* Études offertes au professeur Paul-Gérard POUGOUE (s/dir), Pr François ANOUKAHA et Pr Alain Didier OLINGA, L'Harmattan Cameroun, 2015.

- OLINGA (A.-D.), « La régionalisation camerounaise en chantier : acquis constitutionnels et perspectives législatives », Juridis périodique, n° 55, juillet-août – septembre 2003.

- OWONA (J.), « L'institutionnalisation de la légalité d'exception dans le droit public camerounais », éd., CLE, *RCD*, n° 6 juillet-décembre 1974.

« LE PRÉSIDENT DE LA RÉPUBLIQUE, GARANT DE L'INTÉGRITÉ DU TERRITOIRE EN DROIT CAMEROUNAIS »

***Thierry Olivier TAMA AYINDA*[1]**

Le constituant camerounais du 18 janvier 1996 a fait du président de la République le garant de l'intégrité du territoire[2]. Cette attribution n'est nullement une fantaisie, elle justifie autant la place que le rôle joué par ce dernier au sein de l'édifice constitutionnel. S'agissant de la place, le chef de l'État camerounais[3] est prépondérant[4] sur l'ensemble des autres pouvoirs, en ce sens qu'il trône sur le parlement, ainsi que sur le pouvoir judiciaire. Quant au rôle joué par ce dernier, il est le garant attitré du système constitutionnel[5] dans la mesure où il assure le fonctionnement régulier et harmonieux des institutions, mais aussi, et surtout garantit la continuité et la permanence de l'État en toutes circonstances. Dès lors, il bénéficie d'un panel important de prérogatives devant lui permettre de remplir ces importantes missions. Il en est ainsi, de son attribution constitutionnelle objet de la présente réflexion.

Mais avant tout développement, un détour dans l'histoire constitutionnelle camerounaise nous apprend que cette attribution n'est pas une création du constituant camerounais du 18 janvier 1996. Déjà en 1960, la Constitution du 4 mars habilitait le président de la République à recourir aux pouvoirs de crise en cas d'atteinte à l'intégrité du territoire. L'article 20 de ladite Constitution en est une parfaite illustration. Ce dernier dispose en substance que « *le président de la République peut (...) dans le cas des circonstances exceptionnelles portant atteinte à l'intégrité de la nation, prendre par décret pris en Conseil des ministres, après consultation du président de l'Assemblée nationale, proclamer l'état d'exception qui lui confère la responsabilité du*

---

[1] Directeur de la coopération au CERCOA (Centre d'études et de Recherche sur l'État et la Constitution en Afrique).

[2] Art 5 alinéa 2 de la Constitution camerounaise du 18 janvier 1996.

[3]BIKORO (J.M.), *Les paradoxes constitutionnels en droit positif du Cameroun*. Mémoire de DEA 2011, Université de Yaoundé II, p. 44.

[4]MONEMBOU (C.), *La séparation des pouvoirs dans le constitutionnalisme camerounais : contribution à 'étude de l'évolution constitutionnelle*. Thèse de doctorat Ph.D, en Droit public, Université de Yaoundé II, 2011, p. 51.

[5]*Ibid.*, p. 48.

Gouvernement (...) »[6]. Telle semble aussi être l'option constitutionnelle choisie par la loi n° 61/24 du 1er septembre 1961, loi portant révision constitutionnelle et tendant à adapter la Constitution du 4 mars 1960 aux nécessités d'un Cameroun réunifié. En effet, l'article 15 de ladite loi permet également au président de la République de recourir aux pouvoirs d'exception en cas de péril menaçant l'intégrité du territoire[7]. Quant à la Constitution unie du Cameroun de 1972, celle-ci réaffirme cette attribution au profit du président de la République. Son article 11 habilite par ailleurs ce dernier à prendre toute mesure qu'il juge nécessaire pour la garantie de l'intégrité du territoire[8]. Le constituant camerounais de 1996 n'a donc fait qu'affiner un principe vieux de près de 36 ans, à savoir la préservation de l'intégrité du territoire camerounais par le président de la République. En effet, élément sociologique nécessaire à la définition de l'État, le territoire permet à un État de prendre sa consistance[9] dans la mesure où il représente « *la structure matérielle* »[10], c'est-à-dire la « *sphère géographique de son implantation et de sa délimitation* »[11].

Des développements qui précèdent, il ne saurait y avoir d'État sans territoire et *a contrario*, un État qui perd son territoire ne devrait plus être considéré comme tel[12]. L'importance du territoire n'est donc plus à démontrer dans la mesure où cet élément sociologique sert de « *mesure et de limite de son autorité* »[13]. Le territoire est la mesure de l'autorité, car, il constitue la sphère de compétence exclusive[14] et de limite de l'autorité. En effet, c'est à l'intérieur de ce cadre spatial que devrait s'exercer la puissance d'un gouvernement[15]. Ainsi en matière constitutionnelle, le territoire s'apparente alors à une limite du cadre d'exercice des compétences étatiques[16]. Et comme le souligne le professeur **EL Hadj MBODJ**, il « *permet à ce dernier de protéger son indépendance en fixant les frontières derrière lesquelles, il pourra efficacement défendre son intégrité* »[17]. Dès lors, l'intégrité du territoire s'assimile à un principe républicain et patriotique de la défense

---

[6] Art 20 de la constitution camerounaise du 4 mars 1960.
[7] Art 15 de la loi constitutionnelle camerounaise du 1er septembre 1961.
[8] Art 11 de la Constitution camerounaise du 2 juin 1972.
[9] MBODJ (EL HADJ), *Cours de droit constitutionnel*, UCAO, 2010, p. 32.
[10] *Ibid*, p. 33.
[11] *Idem.*
[12] *Idem.*
[13] *Idem.*
[14] *Idem.*
[15] BEAUD (O.), *La puissance de l'État*. PUF, 1994, p. 512.
[16] OWONA (J.), *La notion d'intégrité territoriale dans la vie politique et le droit constitutionnel français depuis 1789*. Thèse de Doctorat en droit public, Université de droit, économie et des sciences de Paris II, mars 1976, p. 28.
[17] *Ibid*, p. 33

nationale[18] et ayant pour objectif d'assurer une cohésion spatiale de l'État[19]. Au Cameroun, le président de la République est le garant de ce principe.

Mais pour mieux cerner le sujet, il convient d'abord de procéder à une clarification conceptuelle des termes clés de l'étude en donnant tour à tour un contenu clair aux concepts de président de la République, intégrité du territoire et de droit camerounais. De prime abord, la notion de président de la République, elle n'est pas facile à cerner au regard des différentes conceptions. Ainsi, du point de vue textuel, la notion de président de la République renvoie, selon le constituant camerounais du 18 janvier 1996, au Chef de l'Etat[20], c'est-à-dire à la plus haute autorité[21] hiérarchique au sein de l'ordre juridique et exerçant la réalité du pouvoir politique[22]. Quant au point de vue doctrinal, le président de la République s'appréhende généralement comme « *toute personne élue au suffrage universel direct ou indirect et secret, exerçant la plupart des attributions du pouvoir exécutif et dont découle le plus souvent sa responsabilité* »[23]. Mais dans le cadre de cette réflexion, la mutualisation de ces deux approches de la notion de président de la République fera l'objet d'un recours systématique.

D'un second abord, la notion d'intégrité du territoire est le symbole de l'idée nationale[24]. De manière triviale, deux approches peuvent être convoquées. À savoir l'approche extensive et l'approche restrictive. Dans le premier cas, l'intégrité du territoire serait alors « *le maintien dans les limites stables du cadre de validité de l'ordre étatique, de la sphère de l'exercice exclusive de compétence de l'État et du symbole tangible de l'idée nationale* »[25]. Quant à l'approche restrictive, l'intégrité du territoire renverrait simplement et strictement au maintien et à la préservation de la consistance spatiale de l'État. En d'autres termes, il s'agit, comme l'indique le professeur **Joseph OWONA,** « *d'aboutir non seulement à une immutabilité de la consistance du territoire, mais également à une interdiction de changements fréquents et surtout non consentis par l'État de son territoire* »[26]. C'est par

---

[18] *Ibid*, p. 32.
[19] *Idem.*
[20] Art 5 alinéa 1 de la Loi constitutionnelle du 18 janvier 1996.
[21] ONDO (T.), *L'introuvable nature du chef d'État africain, analyse comparée de la contestation du pouvoir présidentiel en Afrique noire francophone (les exemples camerounais, gabonais, tchadien et togolais).* Thèse de Doctorat en droit public, Université de Reims Champagne Ardenne, 2005, p. 19.
[22] ABANE ENGOLO (P. E.), « L'empêchement définitif du président de la République en droit camerounais », In *RADP*, Vol, n° 01, *EDLK*, déc., 2012, 2e semestre, juin-décembre, 2012, p. 183.
[23] MONGOY BOKASSANGA (M.), *Le président de la République et la Décentralisation au Cameroun.* Mémoire de master en Droit public. Université de Yaoundé II, 2014, P. 13.
[24] OWONA (J.), *La notion d'intégrité territoriale dans la vie politique et le droit constitutionnel français depuis 1789.* op. cit., P. 37.
[25] *Ibid.*, p. 47.
[26] *Idem.*

ailleurs cette approche qui retiendrait l'attention de la présente réflexion dans la mesure où elle nous permettra d'examiner avec clarté et précision la crise du territoire que vit le Cameroun en ce moment, relatif aux mouvements sécessionnistes et aux attaques terroristes.

Enfin, le droit camerounais, ainsi que l'indique Monsieur **ETOGA MANGA** « *revient à s'intéresser aux règles juridiques applicables à la société camerounaise* »[27], c'est-à-dire à toute norme de droit en vigueur dans l'aire géographique camerounais[28]. De cette définition des concepts, on peut donc formuler l'interrogation suivante **: quelle est la signification de la garantie présidentielle de l'intégrité du territoire en droit camerounais ?** Une telle problématique revêt à coup sûr un intérêt théorique certain, dans la mesure où elle nous permettra d'examiner les contours de cette attribution présidentielle à l'ère de la valse des revendications sécessionnistes et des mouvements y afférents. Mais à cette dernière, on peut néanmoins apporter une réponse duale en mettant en amont un accent sur la préservation du territoire contre des atteintes (**I**) et en aval, à la mobilisation des moyens adéquats (**II**).

I- La préservation du territoire contre des atteintes

L'un des volets essentiels de la garantie présidentielle de l'intégrité du territoire dans le constitutionnalisme camerounais est sans doute la préservation de sa consistance contre des atteintes. Ainsi, par atteinte à l'intégrité du territoire, l'on fait allusion ici « *au préjudice matériel résultant soit d'un acte, soit alors d'une opération dont l'objectif a été de porter atteinte au territoire d'un Etat donné* »[29]. En effet, le cadre de la validité de l'ordre juridique[30] peut subir des préjudices matériels pluriels, et ce, à travers des moyens diversifiés. Ainsi pour limiter de telles entraves, les constituants prévoient le plus souvent des mécanismes de réponse. En droit camerounais, ceux-ci visent à préserver autant l'assise territoriale (**A**) que celle de son aménagement (**B**).

A- La préservation contre les atteintes liées à l'assise territoriale

Le territoire, tout comme la population et le pouvoir politique, est un élément matériel essentiel à la définition sociologique de l'État. Toutefois, il est important, voire primordial de souligner que cet élément n'est pas

---

[27] ETOGA MANGA (R. J.), *La fonction consultative du Parlement en droit camerounais*, Mémoire de master en Droit public, Université de Yaoundé II, 2014, P. 15.

[28] *Idem.*

[29] ALLAND (D.), *Manuel de droit international public. op. cit.*, p. 145.

[30] OWONA (J.), *La notion d'intégrité territoriale dans la vie politique et le droit constitutionnel français depuis 1787. op. cit.*, p. 28.

synonyme de « *terrestre* »[31] dans la mesure où le territoire regorge d'autres aspects tout aussi importants que cette dimension. En droit constitutionnel, l'étendue du territoire désigne généralement non seulement l'aspect terrestre, mais aussi ceux aérien et maritime[32]. Au Cameroun, la charge de la préservation de toute cette étendue territoriale revient donc au président de la République qui peut par le biais de ses prérogatives, préserver l'État contre les invasions étrangères (1) d'une part, ou alors le défendre contre une occupation arbitraire des nationaux (2).

1- La préservation du territoire national contre les agressions étrangères

Considéré comme un mutant juridique[33] parce que son contenu ayant été influencé par une nette évolution des valeurs[34], le crime d'agression a finalement reçu une définition actée par la Communauté internationale au début des années 2010. Il s'agit ici des résultats de la conférence de Kampala sur la révision du statut de la Cour Pénale Internationale qui s'est tenue dans la capitale ougandaise du 31 mai au 11 juin 2010. Du consensus y afférant, ainsi que le souligne le Professeur **Maurice KAMTO** a porté « *ainsi bien sur la définition du crime et les éléments de celui-ci que sur l'exercice de la compétence en cette matière* »[35].

Sur la définition, le crime d'agression s'appréhende au sens de la résolution 3314 comme « *la planification, la préparation, le lancement en l'exécution par une personne effectivement en mesure de contribuer ou de diriger l'action politique ou militaire d'un État, d'un acte d'agression qui, par sa nature, sa gravité et son ampleur, constitue une violation manifeste de la Charte des Nations Unies* »[36] et le paragraphe 2 de cette résolution indique aussi ce qui convient de retenir comme acte d'agression. Ce dernier reprend *in extenso* les actes d'agression listés par ladite résolution[37]. Et interpréter de

---

[31]Document du Juriste « la notion d'atteinte à l'intégrité du territoire », *op.cit.*, p. 3.

[32]D'abord le territoire terrestre, ce dernier est constitué du sol sur lequel est établie la population de l'État et ses frontières sont le plus souvent constituées des données naturelles et artificielles. Ensuite le territoire maritime, aussi important que l'aspect précédemment analysé est l'espace marin et plus ou moins immergé ou l'État exerce « *les compétences identiques à celles qu'il déploie sur le territoire terrestre* ». Ce dernier est composé : des eaux intérieures, de la mer territoriale, de la zone contigüe, de la zone économique exclusive et du plateau continental. Enfin le territoire aérien, c'est-à-dire l'espace qui supplante le territoire terrestre et les eaux adjacentes et ceci, en dehors de l'espace extra-atmosphérique. Pour plus d'information, lire utilement **EL HADJ MBODJ**, Cours de droit constitutionnel *op.cit.*

[33] *Idem.*

[34]METANGMO (VM), *Le crime d'agression : recherches sur l'originalité d'un crime à la croisée du droit international pénal et du droit international du maintien de la paix.* Thèse de doctorat en droit, Université de Lille II, 2012, p.44.

[35] KAMTO (M), *L'agression en droit international.* Pédonne, Paris, Mars, 2010, p. 44.

[36] Paragraphe 1 de l'article 8 bis de la résolution 3314.

[37] Paragraphe 2 de l'article 8 bis de la Résolution 3314.

manière stricte, l'agression est entendue par cette traduction littérale de la résolution 3314 « *comme un acte commis par un État à l'encontre d'un autre État contre sa souveraineté, son intégrité territoriale ou l'indépendance politique de cet État* »[38]. Toutefois, d'autres auteurs des crimes d'agression sont aujourd'hui admis en droit international. Il s'agit entre autres, « *des organisations de libéralisation et les réseaux transnationaux terroristes* »[39]. Ensuite, sur l'exercice de la compétence en particulier, l'agression doit être constatée et réprimée soit par les organes d'extranéité à l'instar du Conseil de Sécurité et du Procureur de la Cour Pénale Internationale, soit alors de manière souveraine par les États qui le subissent.

Relativement aux États, cette répression trouve généralement son fondement dans des textes qui leur donnent naissance. En matière constitutionnelle, les constituants prévoient généralement un arsenal juridique devant permettre au président de la République de faire face aux agressions étrangères. C'est-à-dire de répondre aux actes provenant de l'extérieur et violant aussi bien sa souveraineté que l'intégrité du territoire. Celles-ci à l'encontre des États qui le subissent, peuvent être effectuées de manière directe ou indirecte[40]. Directe, en ce sens que les auteurs d'actes d'agression seraient directement comptables de leur fait. Et indirecte dans la mesure où ces agresseurs feraient intervenir des intermédiaires afin de perpétuer des actes mettant en péril l'intégrité du territoire d'un État donné. Au Cameroun, le constituant a fait du président de la République, l'acteur de répression. En effet, les articles 8 et 9 de la Constitution camerounaise du 18 janvier 1996 peuvent nous servir de base d'illustration[41]. Tout d'abord, l'article 8 de la Constitution précédemment citée. Les alinéas 2 et 3 dudit article confèrent au président camerounais les prérogatives de chef des forces stratégiques et de garant de la sécurité du territoire. En tant que chef des forces armées, le président de la République est l'autorité suprême de l'armée. Et à cet effet, il doit répondre à une agression étrangère de toute nature en la réprimant par le recours aux forces de défense et de sécurité. Et en tant que garant de la sécurité intérieure et extérieure de l'État, la préservation de la sûreté du territoire lui incombe dans la mesure où le constituant fait de ce dernier le responsable de la préservation de la paix sociale.

Ainsi, pour assurer ces différentes missions, le constituant de cet État africain habilite le président de la République, autorité garante de l'intégrité

---

[38] *Idem.*

[39]METANGMO (VM), *Le crime d'agression : recherches sur l'originalité d'un crime à la croisée du droit international pénal et du droit international du maintien de la paix.* op.cit., p. 260.

[40] LUNGWE FATAKI (O.), *Le crime d'agression en droit international pénal, portée et enjeux de la révision de Kampala. op.cit*, p. 14.

[41] Lire utilement l'article 8 de la Constitution camerounaise du 18 janvier 1996.

du territoire à recourir à toutes mesures qu'il juge nécessaires afin de faire face aux actes d'agression pouvant provenir autant directement d'autres États, que ceux pouvant être perpétués par d'autres acteurs. Mais sans vouloir s'étendre à l'arsenal des mesures présidentielles parce que devant faire l'objet des développements ultérieurs, il convient seulement d'indiquer que le président camerounais doit préserver l'intégrité du territoire en donnant des réponses adéquates aux actes d'agression sans se soucier de l'étendue des mesures. À titre d'illustration, nous pouvons évoquer les mesures prises par le président camerounais afin de mettre un terme aux agressions du territoire par la secte islamique BOKO HARAM au Nord du Cameroun de 2016 jusqu'à nos jours et aussi, évoqué l'arsenal des mesures prises par ce dernier pour stopper l'invasion nigériane en début d'année 2000. Telle est aussi son attitude à l'égard d'une occupation arbitraire du territoire par les nationaux.

2- La préservation du territoire contre une occupation arbitraire des nationaux

Le territoire d'un État peut aussi faire l'objet d'une occupation arbitraire de la part des nationaux. Très récurrent en Afrique, ce cas de figure est plus souvent l'œuvre des différends intraétatiques[42]. En effet, il arrive souvent des situations de disputes mettant généralement aux prises un État et certains de ses citoyens[43]. Ces situations doivent être réprimées par le président de la République.

Dans le continent africain, celles-ci se manifestent généralement par le truchement des actes d'insurrection et des velléités sécessionnistes. Relativement à la première hypothèse, il s'agit d'une sanction politico-juridique inorganisée[44] dans la mesure où cette option consiste à poser des actes subversifs[45], actes ayant pour finalité de troubler voir de renverser l'ordre établi[46]. De ce qui précède, il ressort un lien étroit entre une entreprise subversive et l'insurrection. En effet, des menées subversives ainsi que le souligne Monsieur **MESSING** visent « *dans un premier temps à retourner la population contre les institutions et dans un second, aboutissent le plus souvent à une insurrection généralisée* »[47] avec en prime une prise illégale du pouvoir et l'instauration arbitraire d'un nouveau régime au sein d'une sphère

[42]SADY (S.), *La résolution des conflits en Afrique.* Thèse de Doctorat d'État en Sciences politiques. Université Cheikh Anta Diop de Dakar, 2003, p. 9.
[43] *Ibid*, p. 12.
[44] BURDEAU (G.), *Traité de science politique. Le statut du pouvoir dans l'État.* Tome IV, LGDJ, 1969, p. 489.
[45] MESSING (J. L.), *La problématique du maintien de l'ordre dans les États d'Afrique noire francophone* (1960-1992). Thèse de Doctorat de 3e cycle, Université de Yaoundé II, 1994, p. 138.
[46] FRIEDRICH (C. J.), *La démocratie constitutionnelle. op.cit.*, p. 97.
[47] *Ibid.*, p. 140.

géographique étatique. Ce cas d'hypothèse fonde donc la répression des dits actes par le président de la République. Au Cameroun, ce fondement n'est pas *ex nihilo*, il émane de la Constitution. Il s'agit ici, des articles 5, 8 et 9 de la Constitution camerounaise précitée[48]. Ces derniers confèrent au président de la République les pouvoirs de crise et chef des forces de défense et de sécurité afin de garantir l'intégrité du territoire en réprimant tout acte subversif au sein du territoire national.

Quant au second cas d'hypothèse, il permet aussi à certains citoyens de porter une atteinte grave à une partie du territoire national en instaurant le règne de l'arbitraire. Fléau de plusieurs facteurs, les revendications sécessionnistes permettent à certains nationaux enclins à la problématique identitaire de forcer une cession illégale d'une partie du territoire d'un État donné. Celles-ci font souvent l'objet d'une lutte âpre entre les forces régaliennes et les factions revendicatrices provoquant par cette occasion de nombreuses pertes en vie humaine et la destruction des édifices publics ainsi que des biens privés. À titre d'illustration, évoquons l'offensive insurrectionnelle lancée par **Laurent Désiré KABILA** contre le pouvoir du président Mobutu en République Démocratique du Congo au cours de l'année 1997[49], les revendications identitaires que subit actuellement le Cameroun avec la problématique de l'anglophonie matérialisée par des atteintes répétitives à l'intégrité du territoire par des citoyens camerounais originaires des régions anglophones. Ainsi, ce type d'actes, voire d'actions des nationaux, fondent également les mesures répressives du président de la République en droit camerounais. En effet, le chef de l'État camerounais, garant de la préservation de la consistance du territoire bénéficie d'un panel important de prérogatives, devant lui permettre non seulement de prévenir, d'endiguer voire d'éradiquer la survenance de telles situations au sein du territoire national. Et les articles 8 et 9 de la Constitution camerounaise précédemment citée, peuvent également s'appliquer dans le cas d'espèce.

Toutefois, sans devoir s'étendre aux dites prérogatives parce que devant faire l'objet des développements ultérieurs, il est néanmoins judicieux de souligner que c'est au profit de ce dernier que le constituant a octroyé cette charge ainsi que celle de la préservation de l'aménagement du territoire.

---

[48] Lire utilement les articles 5, 8 et 9 de la Constitution camerounaise précitée.

[49] ATCHE (B. R.), *Les conflits armés internes en Afrique et le droit international*. Thèse de Doctorat en droit. Université de Cergy-Pontoise, 2008, p. 89.

B- La préservation contre les atteintes liées à l'aménagement du territoire

En droit camerounais, la voie de fait[50] (invasion, agression... etc.) n'est pas le seul fait générateur pouvant mettre en péril l'intégrité du territoire. D'autres arguments peuvent être mobilisés. C'est le cas de la mise en œuvre de certaines mesures de politique de décentralisation très poussées[51]. Celles-ci peuvent également concourir à faciliter ce forfait dans la mesure où elles mettent souvent en péril aussi bien la forme républicaine de l'État que l'aménagement de la décentralisation instituée par le constituant. Ainsi, le président de la République afin de préserver l'intégrité du territoire pourrait non seulement réprimer l'action de certaines autorités (1) et, mais aussi, et surtout réprimer les actes ayant un lien étroit avec les replis identitaires (2).

1- La répression des autorités régionales sécessionnistes

Afin de préserver l'intégrité du territoire, il arrive des situations ou le président de la République doit réprimer certaines autorités étatiques. C'est le cas des autorités locales en général et de manière spécifique celles en charge de la gestion des régions au Cameroun. En effet, comme certaines autorités au plan national, celles-ci bénéficient de l'exercice du pouvoir réglementaire. Pouvoir qui leur permet de prendre des actes obligatoires à l'égard des administrés. Toutefois, ces actes doivent être conformes aux prescriptions républicaines inscrites par le constituant à l'article 1er de la Constitution camerounaise du 18 janvier 1996, qui dispose substantiellement en son alinéa 2 que « *La République du Cameroun est un État unitaire décentralisé. Elle est un et indivisible, laïque et démocratique et sociale. Elle reconnaît et protège les valeurs traditionnelles conformes aux principes démocratiques, aux droits de l'Homme et à la loi. Elle assure l'égalité de tous devant la loi* »[52]. À l'examen de cette disposition constitutionnelle, il en ressort un intérêt certain du constituant du maintien à l'état institué de certains principes chers à la République. C'est par exemple le cas de l'indivisibilité et l'unité de la République. Ainsi, au regard de l'importance de ces deux principes, toute autorité régionale qui se verra poser des actes de sécession ou en marge de ces prescriptions juridiques verra la censure du président de la République, à travers la mise en œuvre de son pouvoir disciplinaire.

Toutefois, il convient de souligner que cette répression présidentielle des indélicatesses des autorités régionales sécessionnistes a néanmoins un fondement textuel. Il s'agit en outre de l'arsenal juridique inscrit par le constituant aux articles 59 et 60 de la Constitution camerounaise

---

[50]CONAC (G.), « L'article 5 », in *La Constitution de la République française* (dir), **François LUCHAIRE** et **Gérard CONAC**. Paris, Economica, p. 251.

[51] *Idem.*

[52] Art 1er alinéa 1 de la Constitution camerounaise du 18 janvier 1996.

précédemment citée. Mais sans vouloir présentement s'étendre à l'examen de leurs contenus, il est néanmoins important de relever que cette répression présidentielle s'opère sous réserve de certaines conditions de fond et de forme.

Relativement aux conditions de fond, il faudrait pour être plus précis que l'autorité régionale incriminée ait pris des actes, dans le cadre de cette réflexion, soit portant atteinte à la sécurité de l'État voire à l'ordre public, soit alors mettant en péril l'intégrité du territoire objet d'étude. Quant aux conditions de forme, elles sont relativement souples en ce sens qu'elles appellent simplement à l'arbitrage présidentiel à travers le biais d'un simple décret répressif, et ce, malgré l'avis de l'organe en charge de la justice constitutionnelle. Cet avis est indéterminé dans la Constitution camerounaise et permet dès lors au président de la République de prendre des mesures coercitives sans encombrement. Il en est de même en cas de comportement favorisant les replis identitaires.

2- La répression des replis identitaires

Expression d'un malaise[53], le repli identitaire est aussi un facteur de fragilisation de la mise en œuvre de certains principes de la sûreté du territoire. C'est par exemple le cas du Cameroun, de la mise en œuvre des principes d'unité et de cohésion sociale[54].

Par définition, le repli identitaire désignerait un processus de réaction de certains citoyens au regard négatif des autres membres du corps social[55]. De cette définition, il en ressort que le repli identitaire constitue alors un comportement de méfiance, voire de rejet pouvant entraîner une fracture d'une société structurée. Ce dernier est généralement l'œuvre des discriminations multiples, mais davantage une absence réelle de participation conséquente à la gestion des affaires de la cité.

Le repli identitaire apparaît dès lors, comme une quête « *d'une protection personnelle d'un groupe ethnique ou alors l'expression d'une contestation du fonctionnement d'une société organisée* »[56]. Le repli identitaire entraîne malheureusement des dérives plurielles et volatiles[57], dérives tournant autour de la reconnaissance de la fierté, l'estime de soi, la demande de respect pour ne citer que ces exemples.

Toutefois, cet état d'esprit dangereux nécessite dès lors, une réaction forte et prompte de l'État. Au Cameroun, celle-ci est une prérogative du président

53 Terminum plus, gouvernement du Canada, septembre 2006.

54 Art 5 de la Constitution camerounaise du 18 janvier 1996.

55 *Idem.*

56 *Idem.*

57 KAUFMANN (J. C.), « Comment expliquer le réflexe du repli identitaire ? » In identité : *La bombe à retardement*. Paris, 2014, p. 14.

de la République. En effet, élu de la nation tout entière, le président de la République non seulement « *incarne l'unité nationale* »[58], mais est aussi garant de la sûreté et la cohésion interne de l'État. À ce titre, il est habilité à prendre toute mesure qu'il juge nécessaire afin d'endiguer la fracture sociale relative à certains comportements antisociaux, à l'instar des replis identitaires. Il peut par exemple, prendre des mesures favorisant la participation de toutes les couches de la société à la gestion des affaires publiques, à accélérer la mise en place des institutions nécessaires à la mise en œuvre effective du développement local, en améliorant le vivre ensemble pour tous les citoyens, en réprimant les développements des cultures d'exclusion et en garantissant convenablement des droits des minorités et des populations autochtones[59] au sein de la société pour ne citer que ces quelques exemples, etc.

Mais sans devoir trop s'attarder à l'examen des dites mesures parce qu'objet des prochains développements, il est judicieux de relever que le président camerounais bénéficie des arguments juridiques importants devant lui permettre de défendre en toutes circonstances la structure matérielle de l'État.

II- La mobilisation des moyens adéquats

Les moyens mobilisés par le président de la République afin de garantir l'intégrité du territoire constituent à juste titre le second volet de cette analyse. En effet, le constituant camerounais a fait œuvre utile de grande sagesse[60] en instituant au profit du président de la République des mécanismes juridiques devant lui permettre d'agir en toutes circonstances, et ce, quelle que soit la nature de la menace afin de protéger la consistance matérielle de l'État. Dans l'organisation constitutionnelle camerounaise, ces mécanismes sont nombreux et diversifiés. Mais dans le cadre de cette étude, seuls les moyens normaux (**A**) et ceux pouvant être qualifiés d'exceptionnels (**B**) méritent une attention particulière.

A- La mobilisation des moyens ordinaires

Dans le constitutionnalisme camerounais, le président de la République ainsi que nous l'avons précédemment développé bénéficie d'un large éventail d'arguments juridiques lui permettant de préserver aussi bien la sûreté que la sécurité de la sphère territoriale de l'État. C'est par exemple le cas de sa mobilisation des moyens dits ordinaires. Par définition, les moyens ordinaires de protection de l'intégrité du territoire renverraient aux mécanismes curatifs usuels, c'est-à-dire aux mesures simples et habituelles parce que considérées

---

58 Art 5 alinéa 2, de la Constitution camerounaise précitée.

59 Préambule de la Constitution camerounaise du 18 janvier 1996.

60 BARTHÉLEMY (J.), « Le droit public en temps de crise ». Paris, *RDP*, 1915, p. 144.

comme des règles régulières n'attirant ni la curiosité ni alors la mise en œuvre d'une procédure complexe et spéciale[61]. Au Cameroun celles-ci peuvent être classées en deux catégories, à savoir d'une part, les mesures directes (**1**) et d'autre part, les mesures indirectes (**2**).

1- Les mesures directes

Comme le qualificatif l'indique, les mesures directes correspondent aux mesures coercitives que le président de la République prend à l'encontre de certaines autorités sans intermédiaires afin de garantir la stabilité du territoire. Il s'agit entre autres, de la sanction contre les autorités régionales fautives et la mise en œuvre de son veto contre les réformes constitutionnelles portant atteinte à l'intégrité du territoire.

Relativement à la première mesure, elle érige le président de la République en censeur des autorités régionales si celles-ci viennent à prendre dans l'exercice de leur fonction des mesures portant atteinte aussi bien à l'ordre public considéré comme un état de paix[62] par Madame **MAKOUGOUM** qu'à l'intégrité du territoire proprement dite. En effet, certains organes régionaux institués par le constituant peuvent faire l'objet d'une répression violente de la part du président de la République. Mais ceux-ci doivent au préalable avoir commis des impairs portant atteinte à la sécurité ou à l'ordre public de l'État, ou mettant en péril son intégrité.

Toutefois, ces différentes mesures directes du président de la République tournent autour de la mise en œuvre de son pouvoir disciplinaire en matière de décentralisation au Cameroun. En effet, le président camerounais peut au regard des articles 59 et 60 de la Constitution camerounaise du 18 janvier 1996[63] procéder à la suspension, à la dissolution, à la substitution de plein droit, voire à la destitution d'un organe régional indélicat. S'agissant de la suspension, elle est une mesure directe du président qui consiste à ajourner de manière temporaire[64] l'activité juridique de l'organe fautif. Au Cameroun, cette mesure coercitive pourra être appliquée au président du conseil régional, à son bureau,[65] mais également au conseil dans son intégralité[66] si ces différents organes venaient à être auteurs des actes

---

[61] *Idem.*

[62] MAKOUGOUM (A.), *Ordre public et libertés publiques en droit public camerounais : contribution à l'étude de la construction e l'État de droit au Cameroun depuis 1990.* Thèse de Doctorat Ph.D. en droit public, Université de Yaoundé II, année 2014, p. 15.

[63] Art lire utilement les articles 59 et 60 de la Constitution camerounaise du 18 janvier 1996.

[64] TAMA AYINDA (T. O.), *Constitution et crises en Afrique : réflexion sur l'encadrement constitutionnel des crises dans les États d'Afrique noire francophone.* Thèse de Doctorat Ph. D. en droit public, Université de Yaoundé II, 2018, p. 240.

[65] Art 60 de la Constitution camerounaise u 18 janvier 1996.

[66] Art 59 alinéa 1 de la Constitution précitée.

délictuels mettant en péril l'intégrité du territoire. Quant à la dissolution[67], elle permet à l'autorité suprême de l'État de mettre légalement fin à l'existence juridique d'un organe régional en cas d'édiction d'actes mettant aussi la souveraineté du territoire camerounais en question. La substitution de plein droit[68] quant à elle s'inscrit aussi dans cette logique dans la mesure où elle permet au président camerounais d'exercer les fonctions juridiques d'un organe régional si ce dernier venait à poser des actes en rupture totale avec la préservation de la consistance spatiale de l'État. Enfin, la destitution[69] qui consiste à priver un organe régional de sa charge légalement établie. Cette mesure disciplinaire pourrait être prise par le président de la République si cet organe de l'État venait aussi à être fautif des actes menaçant l'intégrité du territoire. Au regard de ce qui précède, il en ressort que toutes ces mesures sont mises en œuvre de manière directe par le président de la République et ont pour finalité de préserver le territoire national contre l'activité de certaines institutions consacrées.

Quant à la seconde mesure, il s'agit d'un veto du président de la République permettant à ce dernier de faire échec à une réforme d'ordre juridique devant mettre en péril l'intégrité du territoire. Par conceptualisation, le veto renvoie en matière constitutionnelle à une institution par laquelle une autorité de l'État peut s'opposer à l'entrée en vigueur d'une norme juridique[70]. Au Cameroun, le droit de veto s'exerce par le président de la République et s'apposer sur différents types de lois. Il en est ainsi des simples lois, constitutionnelles, voir organiques pour ne citer que celles-là. Toutefois, ce droit spécial et particulier du chef de l'État tire néanmoins son fondement juridique de l'article 64 de la Constitution. Cet article dispose en substance qu'« *Aucune procédure de révision ne peut être retenue si elle porte atteinte à la forme républicaine, à l'unité et à l'intégrité territoriale de l'État et aux principes démocratiques qui régissent la République* »[71]. À son examen, il en ressort une mise en échec par le constituant des procédures de révision constitutionnelle mettant en péril l'intégrité du territoire.

Le président, alors garant de cette prérogative spécifique en droit camerounais se verrait donc mettre son droit de veto en exergue si le Parlement venait à initier un texte de loi mettant en péril la consistance matérielle de l'État[72]. Dans cet État africain, ledit veto peut s'exercer soit, sur l'intégralité du texte, dans ce cas le président rejette l'intégralité du texte, soit alors sur certains aspects mis en cause, auquel cas il renverrait le texte de loi

[67] Art 59 alinéa 2 de la Constitution précitée.
[68] Art 59 et 60 alinéas 3 de la Constitution précitée.
[69] Art 60 alinéa 2 de la Constitution précitée.
[70] MENY (Y.) et DUHAMEL (O.), *Dictionnaire constitutionnel*. Paris, PUF, 1992, P. 1066.
[71] Art 64 de la constitution camerounaise du 18 janvier 1996.
[72] Art 63 alinéa 1 de la constitution précitée.

querellé à l'organe représentatif pour des objections avant sa promulgation. De ce qui précède, il ressort donc que ces principales mesures sont prises directement par le président camerounais afin de faire échec à une entreprise criminelle visant à mettre en péril l'intégrité du territoire. Mais pour séduisantes qu'elles puissent paraître[73], les mesures directes ne sont pas les seules mesures prises par le président de la République afin de préserver l'air géographique national. D'autres peuvent être aussi mobilisées, c'est par exemple le cas des mesures qualifiées par la présente étude de mesures indirectes.

2- Les mesures indirectes

Par mesures indirectes, l'on désigne dans le cadre de cette réflexion le recours du président de la République à certains organes afin de préserver l'intégrité du territoire. En droit camerounais, il s'agit ainsi du recours de ce dernier à certains organes juridictionnels et non juridictionnels.

S'agissant des organes juridictionnels, il s'agit des organes en charge de dire le droit[74] et le président de la République peut recourir à ceux-ci afin qu'ils se prononcent sur des faits mettant en péril l'intégrité du territoire camerounais.

Au plan interne, il s'agit de la saisine du Conseil Constitutionnel, voire des autres organes nationaux en charge de dire le droit. Relativement au Conseil constitutionnel, il est au Cameroun l'instance compétence en matière constitutionnelle[75] dans la mesure où cet organe est en charge du contrôle de constitutionnalité. À ce titre, le Conseil constitutionnel statue dès lors sur la conformité à la Constitution des textes de loi de l'ordre juridique lui est inférieur. Le président de la République peut donc recourir à cette instance juridictionnelle[76] pour mettre en échec les reformes de droit visant à mettre en péril l'intégrité du territoire. En effet, le constituant camerounais a institué une clause d'éternité[77] à son article 64 de la Constitution précédemment citée afin de pouvoir neutraliser toute réforme juridique portant atteinte à l'intégrité du territoire. Cet article dispose en substance qu'« *aucune procédure de révision ne peut être retenue si elle porte atteinte à la forme républicaine, à l'unité et à l'intégrité du territoire de l'État et aux principes démocratiques qui régissent la République* »[78]. À l'examen de son contenu, il en ressort que le

---

[73] MONEMBOU (C.), *La séparation des pouvoirs dans le constitutionnalisme camerounais : Contribution à l'étude de l'évolution constitutionnelle*. Thèse de Doctorat Ph.D en droit public, Université e Yaoundé II, 201, p. 51.

[74] TAMA AYINDA (T. O.), *Constitution et crises en Afrique : réflexion sur l'encadrement constitutionnel des crises dans les États d'Afrique noire francophone*. *op.cit*, p. 186.

[75] Art 46 de la Constitution camerounaise précitée.

[76] Art 47 alinéa 2 de la Constitution camerounaise précitée.

[77] BARTHÉLEMY (J.) et DUEZ (P.), *Traité de droit constitutionnel*. 2e éd., Paris, Sirey, 1933.

[78] Art 64 de la Constitution camerounaise du 18 janvier 1996.

président de la République, également garant du respect de la Constitution dans cet État africain[79], va donc mettre son droit de saisine en exergue afin de garantir les prescriptions constitutionnelles par le biais de l'office du juge constitutionnel.

En ce qui concerne les autres organes nationaux, il s'agit des tribunaux répressifs de droit commun et militaire. En ce qui concerne les tribunaux de droit commun, il s'agit principalement des tribunaux pénaux, tribunaux en charge de réprimer les délinquants au Cameroun. Le président de la République peut faire recours à ces organes juridictionnels afin de juger les auteurs d'actes délictuels mettant en péril la sphère territoire de l'État. Pour ce qui est des tribunaux militaires, ils sont considérés comme des tribunaux d'exception en droit camerounais en ce sens qu'ils ont des attributions et missions bien précises. Et en matière de répression des auteurs d'actes mettant en péril la sûreté et la sécurité de l'État, l'activité de ces instances se trouve fondée parce qu'elles permettent à l'État de juger des crimes d'une dangerosité certaine pour les institutions. Le président de la République au Cameroun peut aussi recourir à leur office afin de neutraliser les auteurs des actes délictuels mettant en péril l'intégrité nationale.

Au plan international, le président camerounais peut recourir à la Cour Internationale de justice et à la Cour Pénale Internationale afin de préserver la consistance matérielle de l'État. S'agissant du recours du président à la Cour internationale de justice, celle-ci se fait sur requête adressée au Conseil de sécurité des Nations Unies et relatant les faits de certains acteurs de la société internationale mettant en péril l'intégrité de son territoire. En effet, la Cour Internationale de Justice est l'organe judiciaire principal des Nations Unies. À ce titre, ce dernier a pour mission de régler les conflits entre les sujets du droit international en général et en particulier les différends entre les États. S'agissant de la seconde catégorie de différends, ceux-ci sont d'ordres divers, mais tournent généralement autour des différends frontaliers.

Le président de la République alors garant de l'intégrité du territoire en droit camerounais peut saisir cette instance internationale afin de trouver des solutions pacifiques à ce genre de différends avec un autre sujet originaire du droit international. Et l'arrêt rendu par cette instance au courant de l'année 2002 pour le problème frontalier de la presqu'île de BAKASSI entre le Cameroun et le Nigéria peut nous servir d'illustration. En effet, la justice permanente des Nation-Unies en date du 10 novembre 2002 s'est prononcée en faveur du Cameroun à la suite du travail de base effectuée par une commission mixte, mécanisme original de règlement des différends[80] mis en

[79] Lire utilement l'article 5 de la Constitution précitée.
[80]SALAH (M.), « La commission mixte Cameroun/Nigéria, un mécanisme original de règlement des différends inter étatiques », *AFDI*, année, 2005, 51, pp. 162-184.

mouvement par les chefs d'État nigérian et camerounais, et ceci sous l'égide de l'instance précédemment évoquée.

Aussi, le président camerounais peut également saisir la Cour Pénale internationale afin de dire le droit suite à la commission d'actes d'agression à l'encontre du territoire national. En effet, la Cour pénale internationale instituée le 17 juillet 1998 par le traité de Rome peut être saisie par tout État parti ou membre dudit traité afin de connaître une catégorie d'infractions au rang desquelles, le crime d'agression. Le Cameroun État signataire du dit traité peut alors engager des poursuites à l'encontre des individus ayant perpétrés des crimes d'agression contre son territoire devant cette instance. Et le président camerounais, alors chef d'État[81] et autorité engageant l'État dans tous les actes de la vie publique[82] peut, par le truchement de cette habilitation constitutionnelle, préserver l'intégrité du territoire national en saisissant le Procureur de ladite cour afin qu'il ouvre une action en justice contre les délinquants ayant perpétrés les faits ayant la qualification de crime d'agression contre le Cameroun.

Quant aux organes non juridictionnels, ils sont des organes qui ne font pas intervenir des instances en charge de dire le droit[83]. À ce sujet, les organes internationaux jouissent d'une réelle célébrité[84]. En effet, le président de la République peut recourir à certains systèmes associatifs institutionnels[85] afin de protéger l'intégrité du territoire camerounais. C'est le cas par exemple des systèmes d'envergure universelle comme l'ONU à caractère régional comme l'Union africaine.

S'agissant de l'Organisation des Nations Unies, le président camerounais peut saisir le Conseil de sécurité des Nations Unies d'une plainte faisant écho d'une menace contre la paix à cause de la violation par un autre État membre de son intégrité du territoire. À ce sujet, le Conseil invite très souvent les parties à régler leurs différends par des moyens pacifiques[86] et le cas échéant énonce généralement les principes de règlement qu'il juge approprié dans le cas d'espèce[87].

Relativement à l'Union africaine, le président de la République peut aussi recourir à cette instance associative africaine afin de garantir l'intégrité du territoire. En effet, l'acte instituant l'Union africaine et son protocole sur le

---

[81]Art 5 alinéa 1 de la Constitution camerounaise précitée.

[82]Art 8 alinéa 1 de la Constitution camerounaise précitée.

[83]TAMA AYINDA (T. O.), *Constitution et crises en Afrique : réflexion sur l'encadrement constitutionnel des crises dans les États d'Afrique noire francophone. op.cit.*, p. 186.

[84]KPODAR (A.), « La communauté internationale et le Togo : éléments de réflexions sur l'extranéité de l'ordre constitutionnel », *RTSJ*, n° 00, Jan/juin, 2011, p. 38.

[85]*Idem.*

[86]*Idem.*

[87] *Ibid.*, p. 45.

conseil de paix et de la sécurité des États membres habilitent ceux-ci à recourir à la médiation et à l'union en cas de crise[88]. Et la violation du territoire camerounais par un autre État membre de ladite union constitue une crise et fonde dès lors le recours du président de la République à la médiation de cette instance. Ce recours constitue néanmoins une mesure indirecte de préservation de la souveraineté territoriale de l'État camerounais dans la mesure où il permet au président de la République de défendre le périmètre national par l'office d'une autre institution que lui-même. Toutefois, tel ne semble pas l'option choisie par le constituant camerounais à propos de la préservation de l'intégrité du territoire par le biais de la mise en œuvre des moyens exceptionnels.

B- La mobilisation des moyens exceptionnels

Dans le constitutionnalisme camerounais, le président de la République exerce des pouvoirs d'exception[89]. Ceux-ci se présentent comme des moyens juridiques exorbitants mis à sa disposition par le constituant afin de répondre aux situations d'extrême nécessité au profit de l'État[90]. Au Cameroun, ces situations sont plurielles et diversifiées. Plurielles, en ce sens qu'elles ont un capital comptable élevé et diversifié dans la mesure où elles sont de nature différente. C'est par exemple le cas de la préservation de l'intégrité du territoire. En effet, le constituant camerounais permet au chef de l'État de recourir, en cas de menaces contre l'intégrité du territoire de recourir, aux états de crise constitutionnalisés **(1)** et aux mesures typiques d'ordre militaire **(2)** afin de maintenir la sphère territoriale nationale dans une situation de sûreté et de sécurité.

1- Le recours aux états de crise constitutionnalisés

Les états de crise constitutionnalisés sont des régimes d'exception institués par le constituant dans le but de faire face aux évènements anormaux et imprévus[91] menaçant l'ordre juridique de l'État. Il s'agit ici de la consécration du droit constitutionnel des circonstances. En effet, certaines circonstances de fait peuvent révéler l'impuissance du pouvoir à garantir autant la continuité de l'Etat que le fonctionnement régulier des institutions[92] en application du droit constitutionnel classique. Dès lors, celles-ci nécessitent un recours aux

---

[88]Art 3f du protocole relatif à la création du conseil de paix et de sécurité du 9 juillet 2002.
[89]MATHIEU (B.), *La notion d'exception en droit constitutionnel français.* Thèse de Doctorat en droit public, Université Paris I Panthéon Sorbonne, 2013, p. 643.
[90]LAMARQUE (J.), « La théorie de la nécessité et l'article 16 de la constitution française de 1958 ». In Chronique constitutionnelle et parlementaire française, *RDP*, 1961, p. 606.
[91]TAMA AYINDA (T. O.), *Constitution et crises en Afrique : Réflexion sur l'encadrement constitutionnel des crises dans les États d'Afrique noire francophone. op.cit*, p. 40.
[92]FAVOREU (L.), *Droit constitutionnel.* Paris, Dalloz, 6e éd, 2003, p. 590.

régimes dérogatoires du droit commun[93] en ce sens qu'il permettra aux autorités exerçant le pouvoir politique de prendre des mesures exorbitantes sans pour autant être en marge de la légalité établie. Au Cameroun, le président de la République peut donc recourir à ces régimes de crise afin de défendre l'intégrité du territoire. L'on fait allusion ici aux états de crise consacrés à l'article 9 de la Constitution camerounaise[94], à l'instar de l'état d'urgence et de l'état d'exception. Déjà, ces états de crise apparaissaient déjà dans les Constitutions camerounaises de mars 1960 et de juin 1972. En effet, la Constitution du 4 mars 1960, en son article 20, disposait à ce titre que « le président de la République peut, lorsque les circonstances l'exigent, proclamer par décret présidentiel pris en Conseil des ministres, l'état d'urgence (...) et dans le cas des circonstances exceptionnelles pouvant porter atteinte à l'intégrité de la Nation, l'état d'exception (...) »[95] et quant à celle du 2 juin 1972, elle réaffirme ce principe en son article 11 dans la mesure où, il permet au président de la République de proclamer l'état d'exception et l'état d'urgence, en cas de péril grave menaçant l'intégrité du territoire. Le constituant de 1996 n'a donc fait que suivre les pas de ses homologues historiques.

D'abord l'état d'urgence, il est fondé par l'alinéa 1 de l'article précité. Ce dernier dispose en substance que « *le président de la République peut lorsque les circonstances l'exigent, proclamer par décret, l'état d'urgence qui lui confère les pouvoirs spéciaux dans les conditions fixées par la loi* »[96]. À l'examen de cette disposition constitutionnelle, il en ressort que ce régime d'exception n'est pas directement impliqué à la protection de l'intégrité du territoire, mais habilite néanmoins le président de la République à exercer les pouvoirs spéciaux permettant à ce dernier de prendre des mesures nécessaires à la sauvegarde de la sûreté et de la sécurité du territoire. Toutefois, il est judicieux de souligner que le recours du président de la République à cet état de crise afin de préserver la sûreté du territoire n'est pas seulement opéré selon sa consécration constitutionnelle. En effet, une loi permet au Cameroun de mieux s'abreuver de cet état de crise. Il s'agit ici de la loi n° 90/47 du 19 décembre 1990 relative à l'encadrement de l'état d'urgence au Cameroun[97]. De l'examen du contenu de ladite loi, il en ressort que ce régime de crise confère autant au président de la République qu'à d'autres autorités administratives l'extension de leur pouvoir de police administrative afin de

---

[93]DELPHY(C.), « L'état d'exception : la dérogation au droit commun comme fondement de la sphère privée »., *NQF*, Vol6, n° 4, Nation, Nationalisme, privé et public, nov. 1995, pp. 73-114.

[94] Art 9 de la Constitution camerounaise du 18 janvier 1996.

[95] Art 20 de la Constitution camerounaise du 4 mars 1960.

[96] Art 9 alinéa 1 de la constitution précitée.

[97] Lire utilement la loi du 19 décembre 1990, relative à l'encadrement de l'état d'urgence au Cameroun.

protéger l'ordre public dans le territoire camerounais. Il peut être mis en œuvre que pour une période n'excédant pas trois mois et ne peut être prorogé qu'une seule fois, et ce, pour la même période indiquée. L'état d'urgence reste néanmoins un régime de crise civil en ce sens que l'autorité militaire ne se substitue pas immédiatement à l'autorité civile dans la prise des mesures tendant à garantir l'ordre de l'assise territoriale. Ainsi, le recours à cet état de crise au Cameroun reste néanmoins important en ce sens qu'il permet à la plus haute autorité administrative de l'État de préserver la sûreté du territoire en réprimant les actes mettant en péril son intégrité[98], actes souvent opérés par les malfaiteurs identifiés.

Ensuite, l'état d'exception est « *le modèle africain du recours aux pouvoirs exceptionnels de l'article 16 de la Constitution française du 4 octobre 1958* »[99]. Il tire aussi son fondement de l'article 9 précité. L'alinéa 2 dudit article dispose que « *le président de la République peut, en cas de péril grave menaçant l'intégrité du territoire, la vie, l'indépendance ou les institutions de la République, proclamer par décret, l'état d'exception et prendre toutes mesures qu'il juge nécessaires. Il en informe la nation par voie de message* »[100]. À l'examen de cette disposition constitutionnelle, il en ressort que l'état d'exception est une arme redoutable entre les mains du président de la République dans la mesure où ce régime d'exception permet au chef de l'État camerounais de prendre des mesures sans aucun contrôle, en cas de péril menaçant l'intégrité du territoire, mesures excédant très souvent les limites normales de ses prérogatives, parce qu'appliquées si les circonstances inhabituelles le justifient[101] à l'instar de la garantie de l'intégrité du territoire. Il s'agit ici de la mise en œuvre de la dictature constitutionnelle[102], c'est-à-dire l'application d'un régime d'exception qui confère au président de la République l'ensemble des pouvoirs étatiques. D'aucuns parleraient même de dictature de salut public,[103] car, elle est une parenthèse provisoire du respect des droits fondamentaux et de la séparation des pouvoirs[104] dont la finalité est de protéger l'assise territoriale de l'État.

Toutefois, il convient de relever que la mise en application de ces états de crise au Cameroun obéit à certaines conditions préalables. Celles-ci

---

[98] RIVERO (J.), *Droit administratif, op. cit.*, p. 309.

[99] TAMA AYINDA (T. O.), *Constitution et crises en Afrique : réflexion sur l'encadrement constitutionnel des crises dans les États d'Afrique noire francophone. op. cit.*, p. 43.

[100] Art 9 alinéa 2 de la Constitution camerounaise précitée.

[101] *Ibid.*, p. 5.

[102] FRIEDRICH (C.), *La démocratie constitutionnelle.* Paris, PUF, 1958, p. 387.

[103] MESSING (J. L.), *La problématique du maintien de l'ordre dans les États d'Afrique noire francophone : le cas du Cameroun* (1960-1992). *op.cit.*, p. 159.

[104] *Idem.*

s'articulent autour de deux paradigmes à savoir la réalisation des conditions de fond d'une part et la réalisation des conditions de fond d'autre part.

S'agissant des conditions de fond, ils désignent des éléments substantiels de la validité d'un acte[105] en droit. Il s'agit alors des exigences de fond devant favoriser le déclenchement des états de crise. Au Cameroun, ces exigences peuvent faire l'objet d'une double analyse du moment où l'examen des dites conditions intéresse l'un ou l'autre état. Sur ce, pour que l'état d'urgence puisse être déclenché afin de sauvegarder l'ordre public et par ricochet la préservation de l'assise du territoire, il faudrait au préalable, au terme de la loi du 19 décembre 1990, la réalisation de plusieurs évènements, à l'instar des graves troubles à l'ordre public du territoire ou à la sûreté de l'État en général, opérés très souvent en cas d'invasion des forces armées des puissances étrangères [106]sur le territoire national. Quant aux conditions de fond relatives à la mise en œuvre de l'état d'exception, il faudrait plutôt la réunion de deux faits majeurs, à savoir, la survenance d'une menace grave contre l'intégrité du territoire, et favorisant l'interruption du fonctionnement régulier des pouvoirs publics constitutionnels.

Relativement aux conditions de forme, celles-ci renvoient aux exigences purement formelles de la validité d'un acte juridique[107]. Ces « *conditions ne s'intéressent donc pas à la substance de l'acte, mais au fil conducteur que doit suivre l'autorité de l'État habilité à prendre ledit acte juridique* »[108]. Celles-ci sont de simples conditions procédurales[109] et tournent autour du message émis à l'endroit de la nation et du recours au décret.

De ce qui précède, il en ressort que ces deux états de crise constituent néanmoins une option en matière de préservation de l'intégrité du territoire au Cameroun. Le président de la République alors garant de cette attribution formelle dans le constitutionnalisme camerounais peut, s'il le juge nécessaire, recourir à ces deux états ou alors aux mesures militaires *stricto sensu* afin de préserver l'air géographique national.

[105] LE CAUSTUMER (J. C.), « la norme et l'exception. Réflexion sur les rapports du droit avec la réalité », *CRDF*, n° 6, 2007, p. 19.

[106] Art 1er de la loi camerounaise du 19 janvier 1990 relative à l'état d'urgence.

[107]MELEDJE (D. F.), « Situation et urgence ou les liens entre les contestations violentes e l'ordre constitutionnel et la régulation constitutionnelle des crises ». Abidjan, *RID*, n° 42, 2011, p. 31.

[108]MELEDJE francisco, cité par TAMA AYINDA (T. O.), *Constitution et crises en Afrique : Réflexion à l'encadrement constitutionnel des crises dans les États d'Afrique noire francophone. op.cit.*, p. 81.

[109]DEBBASCH (C.), *Droit constitutionnel*. Paris, 2e é, Litec, p. 148.

2- Le recours aux mesures militaires

Face aux circonstances extraordinaires[110] menaçant l'intégrité du territoire, le président camerounais peut aussi recourir aux mesures d'ordre militaire. Celles-ci s'assimilent dans le cadre de cette étude aux mesures de défense et de sécurité que le chef d'État prend généralement afin de garantir l'intégrité du territoire. Il s'agit globalement de la défense nationale, tâche matériellement remplie par le recours du président aux forces armées.

Toutefois, le recours à cette institution ne se fait pas *ex nihilo*. Elle est l'œuvre d'une habilitation constitutionnelle, en l'occurrence, l'article 8 de la Constitution camerounaise du 18 janvier 1996. En effet, l'alinéa 2 du dit article fait du président camerounais « *le chef des forces armées* »[111], c'est-à-dire la prééminence institutionnelle établie[112] en matière de défense nationale. Les prérogatives de ce dernier en matière de garantie de l'intégrité du territoire oscillent donc entre la définition de la politique stratégique, la prise concrète des décisions militaires proprement dites, ainsi que le contrôle des opérations militaires[113].

S'agissant de la politique de défense nationale, le président de la République est au cœur de la définition de la politique de défense[114] en matière de garantie de l'intégrité du territoire. Ce dernier initie et promulgue par exemple les lois de programmation militaire en rapport étroit avec cet objet. C'est le cas des lois ayant un lien étroit avec le budget militaire et la préparation des opérations extérieures[115] devant servir de manière prompte et rapide en cas de menace contre l'intégrité du territoire. Aussi, il est le maître d'œuvre de la coopération militaire en ce sens que c'est à lui que revient le soin de définir le type de coopération adoptée pour la défense du territoire. À titre de droit comparé, nous pouvons évoquer les lois de programmation militaire promulguée en France en 2018, devant couvrir l'organigramme militaire de 2019 à 2025 de cet État européen et aussi, celles liées au budget de la défense nationale à l'instar de celui ayant fait l'objet de vifs débats en 2018 parce qu'ayant fait l'objet d'une augmentation de 1,8 milliard d'euros.

Quant à la décision militaire, il s'agit, comme le souligne Monsieur **Jean Luc ENGOUTOU,** de celle impliquant « *directement l'emploi de la force*

---

[110]TERNEYLE (P.), « Les adaptations aux circonstances du principe de constitutionnalité : contribution du Conseil constitutionnel à un droit constitutionnel de la nécessité ». Paris, *RDP*, 1987, p. 400.

[111]Art 8 alinéa 2 de la Constitution précitée.

[112]BITA HEYEGHE (H.), « Le chef de l'État, chef des armées ». *CAIRN*, 2018, p. 5.

[113]BARTHÉLEMY (J.) et DUEZ (P.), *Traité de droit constitutionnel*. op.cit., p. 844.

[114]COHEN (S.), « Le Président, chef des armées ». *Pouvoirs*, n° 58, 1991, p.37.

[115] *Idem.*

armée »[116]. Elle concerne ainsi, « *le choix des cibles, la nature des forces à déployer, le volume des effectifs, le choix des armes et le déclenchement des hostilités* »[117] pour ne prendre que ces quelques exemples. Et pour être plus précis, il s'agit de l'ensemble du commandement militaire[118]. Des développements qui précèdent, il en ressort que le président camerounais a l'obligation, et voire le devoir de déployer des forces stratégiques de l'Etat si l'intégrité du territoire est mise en cause[119]. Ce déploiement a néanmoins pour finalité de garantir la sûreté de la nation[120] tout entière. Et nous avons encore pour mémoire la déclaration de guerre à BOKO HARAM en mai 2014 ou le président camerounais a résumé sur le perron de l'Élysée les travaux du sommet de sécurité de Paris, travaux visant la neutralisation des actions de cette secte islamique à l'encontre des territoires des États affectés.

Enfin la coordination stratégique, elle est l'art « *de coordonner au plus haut niveau de décision, l'action de l'ensemble des forces militaires de la nation* »[121] afin de conduire une guerre ou une crise grave. Au Cameroun, cette attribution est aussi dévolue au président de la République dans la mesure où il est garant de l'intégrité du territoire. Et les forces armées constituent son bras séculier car, elles ont pour principale mission de protéger les intérêts vitaux de l'État. La préservation de l'intégrité du territoire considérée comme l'un des dits intérêts, il est donc logique voir louable de permettre à la première autorité militaire du Cameroun d'être l'âme de la coordination stratégique.

Au terme de cette réflexion axée sur l'examen du président de la République comme garant de l'intégrité du territoire, il en ressort des développements qui précèdent que cette habilitation constitutionnelle a bel et bien un contenu. Ce dernier s'articule autour de deux paradigmes à savoir, la préservation du territoire contre les atteintes et la mobilisation des moyens adéquats, justifiant ainsi l'intérêt que porte le constituant camerounais à la préservation des intérêts fondamentaux de l'État.

---

[116]ENGOUTOU (J. L.), « Le président de la République, chef des forces armées dans les États d'Afrique noire francophone ». *RADP*, vol VI, n° 11, Juillet-Décembre, 2017, p. 35.

[117]*Idem.*

[118]COHEN (S.), « Le pouvoir politique et l'armée », *Pouvoirs*, n° 125, 2008, p. 22.

[119]*Ibid.*, p. 33

[120]CONSTANT (B.), *Cours de politique constitutionnelle*. Tome 1, Paris 1982, SLATKINE, p. 303.

[121]*Idem.*

Bibliographie indicative

ABOUEM A TCHOYI (D.), MBAFOU (S. C.) (dir.), *50 ans de réforme de l'État au Cameroun : Stratégies, bilans et perspectives*, Yaoundé, L'Harmattan, 2013.

- BIDIAS A MBASSA (J.P.B.), « La suspension des Constitutions dans les États africains en crise », *RADSP*, Vol.III, n° 06, 2015.

- BODIN (J.), *Les six livres de la République*, Livre I, chap. VIII, Paris, Librairie Générale française, 1993.

- BRAIBANT (G.), « L'État face aux crises », *Pouvoirs,* n° 10, 1979.

- CRISTINI (R.), « Indivisibilité de la république et décentralisation », *Mélanges en l'honneur du Doyen Paul ISOART,* Paris, A. Pedone, 1996.

- DAVID (F.), « Le président de la République, garant de la cohésion sociale », *RFDC*, 2004/3 n° 59.

- DONFACK SOKENG (L.), « Fondements et signification de l'hymne national du Cameroun », *SOLON,* Vol. III, n° 7, août 2013.

- KONTCHOU KOUMENI (A.), *Le système diplomatique africain*, Paris, Éditions A. Pedone, 1977.

- METOU (B. M.), « Autodétermination interne et principes d'unité et d'indivisibilité de l'État en droit constitutionnel des États africains francophones », *RRJ*, 2011-2.

- OLOA ZAMBO (A.), *L'affaire du Cameroun septentrionale. Cameroun/. Royaume-Uni,* Paris, L'Harmattan, coll. « Études africaines », 2007.

- SINDJOUN (L.), *La formation du patrimoine constitutionnel commun des sociétés politiques : éléments pour une théorie de la civilisation politique internationale*, Dakar, Série des monographies du Codesria, 1997.

- SFDI, *Le chef de l'État et le droit international,* Colloque de Clermont-Ferrand, Paris, A. Pedone, 2001.

LE PRÉSIDENT DE LA RÉPUBLIQUE, GARANT DE L'INDÉPENDANCE NATIONALE

Éric SIMO

Il est parfois intrépide de traiter des problèmes d'actualité en l'occurrence celui de la garantie de l'indépendance nationale. Pour autant, dans le cadre spécifique de la science juridique, une telle entreprise paraît incontournable, car « *la première obligation des juristes, c'est de garder le contact avec les faits, surtout lorsque ceux-ci sont considérables et qu'ils se renouvellent* »[1]. Dans ce sillage, force est de relever que la mondialisation contemporaine de l'économie[2] suivie de la globalisation juridique[3] laisse interrogateur sur la survivance de l'indépendance nationale au plan substantiel. Il en va de même des velléités sécessionnistes observables dans la partie anglophone du Cameroun ou encore des activités terroristes et déstabilisatrices constatées au nord du même pays.

Toujours en termes d'actualité, on ne manquera pas de faire observer que la décennie 2010 restera gravée dans le marbre politique et juridique de la plupart des pays d'Afrique noire francophone comme étant la date du tristement célèbre anniversaire des indépendances nationales[4]. Triste en ce sens qu'elle rappelle, 50 ans après, la fin de la période de domination politique dont ces États ont fait l'objet. Célèbre dans la mesure où, avec l'écoulement du temps, elle aura permis à des générations différentes de célébrer ensemble

---

[1] BASTID (P.), *L'idée de constitution*, Paris, Economica, 1985, 197 p., p. 2.

[2] Elle s'opère entre autres à travers la mondialisation des échanges, le flottement de masses considérables de capitaux, le développement des réseaux de communication ignorant les frontières qui impactent significativement l'indépendance nationale. V. dans ce sens, ADDA (J.), *La mondialisation de l'économie, Tome I : Genèse*, Paris, La Découverte, 1996, pp. 4 et s. ; TOUNA MAMA (dir.), *La mondialisation et l'économie camerounaise*, Yaoundé, Friedrich Ebert Stiftung, 1998.

[3] V. AUBY (J.-B.), *La globalisation, le droit et l'État*, 2e éd., Paris, Montchrestien, coll. « Clés politiques », 2010 ; du même auteur, « Globalisation et décentralisation », in *Les mutations contemporaines du droit public, Mélanges en l'honneur de Benoît JEANNEAU*, Paris, Dalloz, 2002, pp.563-576.

[4] La plupart des anciennes colonies françaises ont obtenu leur indépendance au cours de la décennie 1960. Par ordre alphabétique on peut citer : Benin, 1er août 1960 ; Burkina Faso, 5 août 1960 ; Cameroun, 1er janvier 1960 ; Congo-Brazzaville, 15 août 1960 ; Côte d'Ivoire, 7 août 1960 Gabon 17 août 1960 ; Madagascar, 26 juin 1960 ; Mali, 22 septembre 1960 ; Niger, 3 août 1960 ; République centrafricaine, 13 août 1960 ; Sénégal, 4 avril 1960 ; Tchad, 11 août 1960 ; Togo, 27 avril 1960.

l'entrée de leur pays au sein de la société internationale, consécutivement au statut de sujet de l'ordre juridique international qui lui est depuis lors reconnu.

Par ailleurs, indépendamment de l'idéologie néocolonialiste assez répandue, mais au contenu imprécis, la célébration des Indépendances 50 années[5] après ne doit rien au hasard. L'intervalle 1960-2010 constitue en effet un indicateur temporel assez considérable pour apprécier le degré d'affermissement d'une indépendance acquise au prix d'innombrables sacrifices. Il permet dès lors de se rendre compte que les pays en cause sont restés jaloux et fiers de l'indépendance chèrement acquise[6]. Pour y parvenir, à l'image de la France[7], ils ont érigé le premier personnage de l'État[8], en

l'occurrence le président de la République[9], en garant de l'indépendance nationale[10].

Si l'idée du mimétisme constitutionnel[11] permettait d'expliquer cette filiation indéniable avec le droit constitutionnel français, il n'en demeure pas moins vrai qu'en Afrique noire francophone[12], le président de la République soit une institution assez atypique. Il s'agit là d'une donnée constante du constitutionnalisme africain, car les différentes mutations constitutionnelles opérées n'ont pas fondamentalement changé la donne. *A contrario*, elles ont contribué à son renforcement[13] voire à sa pérennisation [14]faisant ainsi de

---

[5]ABOUEM A TCHOYI (D.), M''BAFOU (S. C.) (dir.), *50 ans de réforme de l'État au Cameroun : Stratégies, bilans et perspectives*, Yaoundé, L'Harmattan, 2013 ; ATANGANA AMOUGOU (J.-L.) (dir.), *Le Cameroun et le droit international,* Colloque des cinquantenaires de l'Indépendance et de la Réunification du Cameroun -Ngaoundéré les 2 et 3 mai 2013, Paris, A. Pedone, 2014, 376 p.

[6] La Loi constitutionnelle n° 96/06 du 18 janvier 1996 portant révision de la Constitution du 2 juin 1972, modifiée et complétée par la loi n° 2008/001 du 14 avril 2008, dans son préambule précise que : « *Jaloux de l'indépendance de la patrie camerounaise chèrement acquise et résolue à préserver cette indépendance (....)* ».

[7] ARDANT (P.), « L'article 5 et la fonction présidentielle », *Pouvoirs,* N° 41, 1987, pp. 37-62.

[8] PRELOT (M.), BOULOUIS (J.), *Institutions politiques et Droit constitutionnel,* 6e éd. Paris, Dalloz, 1975, p.655.

[9] COHENDET (M. A.), *Le président de la République*. Paris, Dalloz, 2002, 159 p.

[10] Pour être concis, on pourra se référer à l'article 5 de la Constitution du Cameroun qui énonce que : « *Élu de la nation tout entière, il incarne l'unité nationale ; il définit la politique de la nation ; il est le garant de l'indépendance nationale, de l'intégrité du territoire, du respect des traités et accords internationaux* ».

[11] Du BOIS de GAUDUSSON (J.), « Les nouvelles Constitutions africaines et le mimétisme », in DARBON (D.) et Du BOIS De GAUDUSSON (J.) (dir.), *La création du droit en Afrique*, Paris, Éd. KARTHALA, 1997, p. 313 et s. ; du même auteur, « Le mimétisme post colonial et après ? », *Pouvoirs*, n° 129, 2002, pp. 45-55.

[12]AIVO (F.J.), *Le président de la République en Afrique noire francophone : Genèse, mutations et avenir de la fonction*, Paris, L'Harmattan, 2007, 643 p.

[13] BOURGI (A.), « L'évolution du constitutionnalisme en Afrique : du formalisme à l'effectivité », *RFDC*, 2002/4 n° 52, p. 721-748.

[14] LATH (Y. S.), « La pérennisation du présidentialisme dans les États d'Afrique : les repères d'un modèle africain des régimes politiques », in AIVO (Fr. J.) (dir.), *La constitution béninoise*

lui, « *l'alpha et l'oméga de la vie politique et juridique* »[15] de l'État. Elles précisent par ailleurs qu'il incarne la nation et peut- être même l'État si l'on emprunte la démarche déductive[16]. C'est probablement à ce titre qu'il s'est vu conféré la fonction de garant de l'indépendance nationale dont la présente notule se donne pour objectif d'expliciter.

D'emblée, il faut le souligner, l'indépendance nationale qui est au centre de l'étude est une notion dont le contenu n'a pas pu résister à l'usure du temps. Initialement perçue comme une lueur, progressivement, du fait des développements récents du droit international public, elle s'apparente à un leurre. Relativement au premier aspect, elle pouvait être perçue comme « (…) *une idée qui ne cesse de hanter le discours des juristes (...), comme si la répétition incantatoire du terme pouvait permettre d'ancrer un peu plus son existence dans la réalité et la transformer en un fait tangible et concret* »[17]. De même, elle fut constamment brandie par les autorités des États tiers-mondistes comme bouclier aux tentatives d'ingérence dans les affaires internes par les puissances occidentales. De ce fait, on pourrait la rattacher, mais sans toutefois la confondre aux notions d'autonomie constitutionnelle et de souveraineté. L'unité entre ces trois notions s'explique dans la mesure où, s'agissant spécifiquement des États jadis sous domination politique, l'accession à l'indépendance allait leur permettre de « *faire partie intégrante du monde libre* »[18] en leur conférant directement la souveraineté internationale et par ricochet, la capacité d'exercer pleinement leur « autonomie constitutionnelle »[19].

---

du 11 décembre 1990 : un modèle pour l'Afrique ? Mélanges en l'honneur de Maurice AHANHANZO-GLELE, Paris, L'Harmattan, 2014, 798p.

[15]NGUELE ABADA (M.), « La réforme constitutionnelle du 18 janvier 1996 en République du Cameroun », *Droits Africains,* N° 15/16, 1995-1996, p. 72.

[16] Comme l'explique à ce sujet le Doyen Maurice KAMTO, à partir du moment où il est établi que le président de la République incarne la nation et que cette dernière se confond avec l'État, on peut logiquement conclure qu'il incarne l'État. cf., KAMTO (M.), *Pouvoir et droit en Afrique Noire* : *Essai sur les fondements du constitutionnalisme dans les États d'Afrique Noire francophone,* Paris, L.G.D.J., 1987, 546 p. Partageant cette analyse, le professeur Alain Didier OLINGA écrit que le président de la République « (…) *n'est pas que le chef de l'État ; il en est pratiquement le propriétaire et l'incarnation. L'État* c'*est le président de la République* ». cf. OLINGA (A. D.), *La Constitution de la République du Cameroun,* 2e éd., Yaoundé, PUCAC, 2013, p.68.

[17]Pour reprendre ainsi le professeur Emmanuelle JOUANNET lorsqu'il parlait de la communauté internationale. cf., JOUANNET (E.), « La communauté internationale vue par les juristes », *AFRI,* Vol. VI, 2005, p.3.

[18]KAMTO (M.) « Dynamique constitutionnelle du Cameroun indépendant », *R.J.A.*, 1995/1, 2 et 3, pp. 7-49.

[19]Elle renvoie à « une norme de droit international public qui énonce que chaque peuple a le libre choix des règles fondamentales de son organisation politique ». cf. KAMTO (M.), « Constitution et principe de l'autonomie constitutionnelle », in, *AIDDC, Constitution et droit international.* Recueil des cours 8, Tunis, 2000, pp. 127- 178.

Dans cette perspective, l'indépendance renvoie au droit pour un État d'exercer par lui-même l'ensemble de ses compétences internes et externes sans subordination à une autre entité[20]. Elle stipule en ce sens non seulement le respect de l'intégrité territoriale de l'État, mais aussi sa liberté de s'organiser comme bon lui semble, c'est-à-dire qu'il dispose d'une totale et entière autonomie constitutionnelle[21]. Elle se déploie sur toutes les activités ayant un lien avec la vie d'une nation donnée et aurait donc trait à son système politique, économique, sécuritaire, social et culturel[22]. Cette composition hétéroclite de l'indépendance nationale n'est pas sans conséquence sur le contenu de la fonction présidentielle en la matière.

En France, l'interprétation de son contenu a permis au président de la République de s'auto affirmer comme le garant « de la solidarité nationale », « de la cohésion sociale » ou tout simplement de « l'essentiel »[23]. On s'accorde néanmoins au sein de la doctrine à dire qu'il permet à son mandataire d'agir dans les domaines de la politique étrangère et de la défense nationale afin de garantir les intérêts suprêmes de la nation[24]. Cependant, avec l'écoulement du temps, la notion d'indépendance nationale s'est amenuisée au point d'apparaître finalement comme une fiction juridique, car difficilement conciliable avec la réalité contemporaine.

En effet, dans un contexte international où tout bouge, où l'État se mondialise, le constat est celui de la crise de l'indépendance nationale ou de la souveraineté[25]. Cet état de choses tient par ailleurs au fait que le droit international public s'est ouvert à d'autres sujets à l'instar des individus et entend dès lors régir des aspects qui touchent forcément à la structure du pouvoir ou plus techniquement à l'autonomie constitutionnelle des États[26]. Il intègre désormais en son sein les notions de démocratie[27] et d'État de droit[28].

---

[20] CORNU (G.) (dir.), *Vocabulaire juridique* (Association Henri Capitant), 9e éd., Paris, PUF, 2011, p.534.

[21] BEN ACHOUR (R.), « État de droit, démocratie et droit international », *Ordine internazionale e diritti umani* (2014), p. 184.

[22] Pour approfondissement, voyons SALMON (J.) (dir.), *Dictionnaire de droit international public*, Bruxelles, Bruyant, 2001, pp. 570-573.

[23] Sur l'ensemble, voyons DAVID (F.), « Le président de la République, garant de la cohésion sociale », *RFDC*, 2004/3 n° 59, pp. 533-566 ; ARDANT (P.), « L'article 5 et la fonction présidentielle », *op.cit.*

[24] HAMON (F.), TROPER (M.), *Droit constitutionnel*, 34e éd., Paris, LGDJ, 2013, p.497.

[25] BOULAD-AYOUB (J.), BONNEVILLE (L.) (dir.), *Souverainetés en crise*, Paris, L'Harmattan, 2003, 569 p.

[26] PREZAS (I.), « L'internationalisation structurelle des systèmes constitutionnels nationaux : les cas de la Bosnie-Herzégovine et du Kosovo », in LAVAL (P.-Fr.) et PROUVEZE (R.), *L'ONU, entre internationalisation et constitutionnalisation*, Paris, A. Pedone, 2015, pp.32 et s.

[27] BEN ACHOUR (R.), « État de droit, démocratie et droit international », *op.cit.*, pp.181-221.

[28] SFDI, *L'État de droit en droit international*, Paris, A. Pedone, 2009, 447 p ; CHEVALLIER (J.), « La mondialisation de l'État de droit », in *Droit et politique à la*

Dans cette voie, il attire l'attention sur la nécessaire prise en compte de l'impératif démocratique[29] par l'ensemble des membres de la société internationale[30]. Ces éléments novateurs laissent interrogateur le juriste quant à leur conciliation avec l'indépendance nationale telle que précédemment définie.

Une telle préoccupation invite à l'analyse des moyens juridiques conférés au président de la République afin de garantir l'indépendance nationale dans un climat où règne également l'insécurité transfrontalière. Dès lors, la question centrale qui se dégage de l'étude est celle de savoir : comment s'opère la garantie présidentielle de l'indépendance nationale ? La réponse à cette interrogation doit principalement se faire à partir de l'interprétation de la Constitution camerounaise. Au-delà du simple fait qu'elle détermine les modalités d'exercice de ladite fonction, on doit se garder à l'esprit qu'en tant que fondement de l'ordre juridique[31], elle est le creuset des intérêts fondamentaux de la Nation dont la garantie est conférée au président de la République. Dès lors, l'idée mise en exergue est que cette fonction présidentielle s'opère de manière pérenne par la mobilisation des moyens constitutionnels. L'autorité investie de ladite fonction procède en effet à la consolidation de l'exclusivité de l'ordre juridique à déterminer les intérêts vitaux de la nation **(I)** ainsi qu'à la restauration de l'intégrité de la souveraineté **(II)** dans l'hypothèse où ces intérêts venaient à être bafoués.

I- La consolidation de l'exclusivité de l'ordre juridique étatique

Le principe d'exclusivisme, propriété intrinsèque de l'ordre juridique, « *exclut le caractère juridique de tout ce qui ne rentre pas en lui-même* »[32]. Partant de ce postulat, l'admission des normes d'origine externe en son sein est conditionnée par leur compatibilité avec les intérêts de la nation qu'il établit. À la lecture du texte constitutionnel camerounais, le président de la République, dans le cadre des relations internationales, est chargé d'y veiller. Il lui confère en effet le pouvoir de formuler discrétionnairement la politique

---

croisée des cultures. Mélanges en l'honneur de Philippe ARDANT, Paris, LGDJ, 1999, pp. 325-337.

[29]OLINGA (A.-D.), « L'impératif démocratique dans l'ordre régional africain », *RCADHP*, 1999, pp. 55-76. Du même auteur OLINGA (A. D.) « La promotion de la démocratie et d'un ordre constitutionnel de qualité par le système africain des droits fondamentaux : entre acquis et défis » *A. A. D. H.*, 2017, pp. 221-243.

[30]SICILIANOS (L.-A.), *L'ONU et la démocratisation de l'État. Systèmes régionaux et ordre juridique universel*, Paris, A. Pedone, 2000, 321 p.

[31] TROPER (M.), « La pyramide est toujours debout ! Réponse à Paul Amselek », *RDP*, n° 2, 1978.

[32]AGO (R.), cité par YASSEEN (M. K.), *Problèmes relatifs à l'application du droit étranger*, *R.C.A.D.I.*, Vol. 106 (1962- II), p.521.

étrangère (A), mais en nécessaire compatibilité avec les intérêts nationaux qu'il consacre (B).

A- La formulation discrétionnaire de la politique étrangère

En théorie constitutionnelle, l'administration n'a pas vocation à forger la volonté générale[33] et par conséquent de fixer les intérêts vitaux de la Nation. Cette fonction relève de la compétence du législateur[34] et plus précisément du constituant, [35]voire du juge constitutionnel[36]. Cependant, dans la plupart des hypothèses, elle est appelée à la consolider[37]. À titre d'exemple, le président camerounais est doublement habilité à conforter les choix du constituant en définissant globalement la politique étrangère **(1)** et concluant spécifiquement les traités internationaux **(2)**.

1- La définition présidentielle de la politique étrangère

Par le biais des organes que sa Constitution institue, l'État définit souverainement sa politique étrangère, c'est-à-dire la manière par laquelle il entend gérer ses intérêts au contact des autres États. Ramené au cas camerounais, après avoir relevé que l'autorité de l'État est exercée par le président de la République et le Parlement[38], le constituant précise que le premier définit la politique de la Nation[39] y compris étrangère, peut-on sous-entendre. Il précise plus loin en effet qu'il représente l'État dans tous les actes de la vie publique[40], « (...) accrédite les ambassadeurs et les envoyés extraordinaires auprès des puissances étrangères (...) »[41]. Sur cette base, on peut déduire qu'il est l'autorité habilitée à exercer le droit de légation qui s'articule autour de l'établissement bilatéral des relations diplomatiques **(a)** et

---

[33]EVEILLARD (G.), « La place de la volonté générale dans l'élaboration de l'acte administratif unilatéral », *Jus Politicum*, n° 10/2013.

[34]CARRE De MALBERG (R.), *La loi expression de la volonté générale, étude sur le concept de la loi dans la constitution de 1875*, Paris, Librairie du recueil Sirey, 1931 (réimpression), Economica, coll. « classique », 1984, 222 p.

[35]C. Const., décision n° 85-197 DC du 23 août 1985, Loi sur l'évolution de la Nouvelle-Calédonie, *Rec.* 70. Où il est précisé que « la loi qui est l'expression de la volonté générale dans le respect de la Constitution ».

[36]BLACHER (Ph*.), Le contrôle de constitutionnalité et la volonté générale*, Paris, PUF, coll. « Les grandes thèses du droit français », 2001, 246 p *; CCC, Le pouvoir normatif du juge constitutionnel,* n° 24/2008, 130 p.

[37]En droit administratif camerounais, on lira avec intérêt la thèse du professeur Patrick Edgard ABANE ENGOLO dans laquelle l'auteur, au-delà de l'application-exécution, met en exergue l'application-création qui parachève le processus de sécrétion de la légalité. cf. ABANE ENGOLO (P.E.), *L'application de la légalité par l'administration au Cameroun*, Thèse de Doctorat/PHD, Université de Yaoundé II, 2009, 523 p.

[38] cf. article 4 de la Loi constitutionnelle de 1996, *op.cit.*

[39]*Ibid.* article 5(2).

[40]*Ibid.*, article 8 (1).

[41] *Ibid.*, article 8 (4).

d'une rupture unilatérale desdites relations **(b)** lorsque les intérêts nationaux sont menacés.

a- L'établissement bilatéral des relations diplomatiques

Les intérêts de la nation ne sont pas figés dans la sphère étatique. Ils présentent en effet un élément d'extranéité. Leur sauvegarde nécessite l'établissement des services publics étatiques à l'étranger. En droit international, l'État est aussi un ensemble de services publics dirigés par des pouvoirs publics[42]. À ce titre, il dispose d'une compétence internationale, « *aux fins de les organiser, de les faire fonctionner et de les défendre* »[43]. Constitutionnellement, le président de la République est investi des pouvoirs de création des services publics[44] et d'accréditation des ambassadeurs[45]. Ce constat amène à partager l'idée selon laquelle, la politique étrangère au Cameroun relève du domaine réservé du président de la République : il en est « *l'ordonnateur et le conducteur* »[46]. Cette posture lui permet de consolider les intérêts nationaux établis par la Constitution. À l'occasion, il choisit librement les États avec lesquels les relations diplomatiques seront établies. La notion de reconnaissance [47]en droit international trouve dès lors sa raison d'être bien que sa mise en œuvre soit au strict respect des normes *de jus cogens*[48]. Par son truchement, le président de la République affirme l'intention de son pays à vouloir entretenir des relations amicales avec une autre entité qui ne constituerait pas une pour les intérêts de sa Nation dont il est le garant de l'indépendance.

En recourant à la notion de reconnaissance de gouvernement, c'est-à-dire « *l'acte libre par lequel un ou plusieurs États constatent qu'une personne ou un groupe de personnes sont en mesure d'engager l'État qu'elles prétendent représenter, et témoignent de leur volonté d'entretenir avec elles des relations* »[49], force est de relever que le choix du président de la République

---

[42]DAILIER (P.), FORTEAU (M.), PELLET (A.), *Droit international public*, 8e éd., Paris, LGDJ, 2010, p.556.

[43]*Ibidem.*

[44] Article 8 (9) de la Loi constitutionnelle de 1996, *op.cit.*

[45]*Ibid.*, article 8 (4).

[46]MOUELLE KOMBI (N.), *La politique étrangère du Cameroun*, Paris, L'Harmattan, coll. « Points de vue », 1996, pp.15 et s.

[47]Elle désigne « l'acte par lequel un État, constatant l'existence de certains faits (...), déclare ou admet implicitement qu'il les considère comme des éléments sur lesquels sont établis ses rapports juridiques (...) ». cf. SALMON (J.) (dir.), *Dictionnaire de droit international public*, Bruxelles, Bruyant, 2001, p.938.

[48]cf., Avis n°10 du 4 juillet 1992 de la Commission d'arbitrage et la Conférence de paix en Yougoslavie, *RGDIP* ; 1992, p.595.

[49]Institut de Droit International, article 10 de la Résolution sur la reconnaissance des nouveaux États et des nouveaux gouvernements, session de Bruxelles, 23 avril 1936, *ADI*, 1936, Vol 39, t. II, p. 303.

pourrait être influencé par le partage des valeurs communes. Il serait par exemple difficile de préserver les intérêts de la nation dans une relation avec un gouvernement issu des changements anticonstitutionnels[50]. De même, lorsqu'elle serait établie, cette relation peut unilatéralement être rompue par le président de la République s'il estime que l'idéologie soutenue par son homologue est en parfaite contradiction avec les intérêts de la nation camerounaise.

b- La rupture unilatérale des relations diplomatiques

Si l'établissement des relations amicales est consensuel entre les États compte tenu du principe d'égalité souveraine, au nom de cette même souveraineté, la rupture quant à elle est unilatérale. Cette dernière opération relève de la compétence du chef de la diplomatie camerounaise à savoir le président de la République. La lecture minutieuse de la Constitution camerounaise conforte cette allégation.

Déjà relevé plus haut, il a compétence pour créer et organiser les services publics[51] y compris ceux qui sont décentralisés au plan international. À bien y penser, ces services publics n'échappent guère aux Lois de **Roland** et plus précisément aux principes d'adaptabilité et continuité. En ce sens, ce sont les intérêts nationaux formellement définis par l'ordre juridique interne qui oriente la création et la suppression des services publics étatiques situés à l'étranger. Par conséquent, le président de la République peut être amené, au nom de l'intérêt national, à fermer l'ambassade du Cameroun dans un pays X et d'en instituer une autre dans un État Y bien que le droit international public tend de plus en plus à relativiser la dimension unilatérale de l'acte mettant fin aux relations diplomatiques entre États.

En effet, en cas de menace ou de rupture contre la paix internationale, le Conseil de sécurité « peut décider quelles mesures n'impliquant pas l'emploi de la force armée doivent être prises pour donner effet à ses décisions, et peut inviter les Membres des Nations Unies à appliquer ces mesures. Celles-ci peuvent comprendre l'interruption complète ou partielle des relations économiques et des communications ferroviaires, maritimes aériennes, postales, télégraphiques, radiographiques et des autres moyens de communication, *ainsi que la rupture des relations diplomatiques* »[52]. La constitutionnalisation de la Charte des Nations-Unies amène à conclure que l'État conserve son droit de rupture unilatérale. L'invitation du Conseil de

---

[50]En ce qui concerne le Cameroun, le constituant précise l'attachement du peuple aux valeurs démocratiques universelles formulées dans la Déclaration universelle des Droits de l'Homme, la Charte des Nations-Unies et la Charte africaine des droits de l'homme et des peuples. cf. Préambule de la loi constitutionnelle de 1996, *op.cit.*

[51] Article 8 (4) de la Loi constitutionnelle de 1996, *op.cit.*

[52] Article 41 de la Charte des Nations-Unies.

sécurité est nécessaire afin de garantir les intérêts que les Etats ont librement consentis.

En tout état de cause, au contact des puissances étrangères, les intérêts de la nation sont transcrits par le président de la République dans les actes juridiques internationaux dont il participe à l'édiction.

2- La transcription juridique des intérêts nationaux dans la politique définie

La formulation de la politique étrangère se concrétise par l'édiction des actes juridiques, appréhendés comme étant des « *opérations qui permettent à des sujets humains de fixer des normes juridiques* »[53]. En droit international, la volonté de l'État [54]qui se matérialise dans l'édiction des actes juridiques lui permet de concrétiser souverainement [55]ses intérêts. Le constituant camerounais habilite à cet effet le président de la République à conclure les traités classiques **(a)** et d'adhésion aux communautés d'intégration **(b).**

a- La conclusion des traités classiques en faveur des intérêts nationaux

Le président de la République représente l'État dans tous les actes de la vie publique[56]. Sur la scène internationale, il « négocie et ratifie les traités et accords internationaux »[57]. Ainsi habilité par le biais de la voie conventionnelle, il a vocation à prolonger et à défendre juridiquement les intérêts fondamentaux de la nation tels qu'ils ont été balisés par le constituant.

Cependant, il sied de relever que le prolongement des intérêts nationaux au plan international ne se fait pas uniquement par le truchement de l'acte conventionnel[58]. Le renouvellement des sources du droit rendant certes périlleuse l'élaboration d'une théorie de l'acte juridique international[59] permet

---

[53]KELSEN (H.), *Théorie pure du droit,* traduction française Charles EISENMANN, Paris, Dalloz, 2é éd., 1962, p.351.
[54]KAMTO (M.), *La volonté de l'État en droit international, R.C.A.D.I.*, Vol. 310, 2007, pp.1-426.
[55]Le Doyen DUGUIT écrivait à ce propos que « (...) *la souveraineté est une volonté qui a ce caractère à elle propre et à elle seulement de ne jamais le déterminer que par elle-même. (...). Jamais une volonté souveraine ne peut être déterminée à agir parce (...) qu'une autre volonté veut qu'elle agisse en tel ou tel sens* ». cf., DUGUIT (L.), *Souveraineté et Liberté,* Paris, Librairie Félix Alcan, 1922, p. 75.
[56] Article 8 (1) de la Loi constitutionnelle de 1996, *op.cit.*
[57] Article 43 de la loi constitutionnelle de 1996, *op.cit.*
[58]Si le cas de la coutume est plus patent compte tenu de la prise en compte cumulative de la *consuetudo* et de *l'opinio juris sive necesitatis*, la jurisprudence internationale ne devrait pas être négligée. On doit pouvoir la faire remonter à la volonté des États.
[59]JACQUE (J. P.), *Éléments pour une théorie de l'acte juridique en droit international public*, Paris, LGDJ, 1972, 511 p.

néanmoins aux États de faire valoir leurs intérêts par des voies alternatives notamment unilatérale et contractuelle[60].

En tout état de cause, on peut relever la conclusion présidentielle des traités relatifs au prolongement ainsi qu'à la garantie des intérêts vitaux déjà formalisés. On note par exemple l'affermissement présidentiel de la dimension sociale de la constitution à travers la conclusion des traités relatifs aux droits fondamentaux[61]. Cette technique juridique est également usitée pour rendre viable le droit au développement en stimulant notamment l'investissement étranger en territoire camerounais[62]. De même, la technique conventionnelle permet de sauvegarder les intérêts inscrits dans la Constitution contre de potentielles menaces internes [63]ou externes[64]. Dès lors, comprendre l'option constituante en faveur d'une « *présidentialisation de la procédure conventionnelle* »[65] s'explique. Par conséquent, la présence croissante des entités infra étatiques sur la scène internationale par le biais de la coopération décentralisée ne devrait pas dissimuler le fait que le président camerounais est juge de l'opportunité[66] en matière de « politique juridique extérieure »[67]. Il demeure en effet « (…) *le responsable suprême des laboratoires où s'élabore la politique étrangère du pays* » [68]surtout dans un contexte où l'idée de regroupement sous-régionale semble être à la mode.

---

[60]On lira utilement LAAZOUZI (M.), *Les contrats administratifs à caractère international*, Paris, Economica, coll. « Recherches juridiques », 2008, 507 p ; WEIL (P.), *Problèmes relatifs aux contrats passés entre un état et un particulier*, *RCADI*, Vol. 128 (1969-III), pp. 95-240.

[61]À titre purement illustratif, on peut citer, le Décret n° 2013/190 du 20 juin 2013 portant adhésion de la République du Cameroun à la Convention concernant les expositions internationales, signé à Paris le 22 novembre 1928 et le Décret n° 91/413 du 18 octobre 1991 relatif à la ratification de la Convention internationale sur les droits de l'enfant adoptée le 20 novembre 1989.

[62] V. dans ce sens les Conventions fiscales signées par le Cameroun avec le Maroc, la Tunisie et la Suisse respectivement les 7 septembre 2012, 26 mars 1999 et 13 juillet 1990.

[63] On peut noter l'adhésion du Cameroun à la Convention de l'Union africaine sur la prévention et la lutte contre la corruption adoptée le 11 juillet 2003 et entrée en vigueur le 4 août 2006.

[64] V. par exemple le Règlement CEMAC N° 08/05- UEAC-057-CM-13 portant adoption de la Convention relative à la lutte contre le terrorisme en Afrique Centrale du 4 novembre 2004.

[65] MOUELLE KOMBI (N.), « La loi camerounaise du 18 janvier 1996 et le droit international », MELONE (S.), MINKOA SHE (A), SINDJOUN (L.) (dir.), *La réforme constitutionnelle du 18 janvier 1996 au Cameroun. Aspects juridiques et politiques*, Yaoundé, Friedrich -Ebert/GRAP, 1996, p. 127.

[66]Pour relativiser cette idée, la doctrine relève l'émergence de la coopération décentralisée, la construction communautaire sans oublier la diplomatie parlementaire et le dialogue des juges. L'internationalisation de la Constitution explique amplement le constat. cf. TOURARD (H.), *L'internationalisation des constitutions nationales*, Paris, LGDJ, 2000, 724 p.

[67]De LACHARRIERE (G.), *La politique juridique extérieure*, Paris, Economica, 1983, 218 p.

[68]MOUELLE KOMBI (N.), *La politique étrangère du Cameroun, op.cit.*, p.15.

b- L'adhésion aux communautés d'intégration dans l'intérêt national

De plus en plus, les États semblent avoir pris conscience du fait que la réalisation des intérêts arrêtés dans le contrat social ne peut se faire en autarcie. Cela est explicitement inscrit dans les Constitutions africaines. En parcourant celle du Cameroun, on peut y lire ceci : « *Jaloux de l'Indépendance de la patrie camerounaise chèrement acquise et résolue à préserver cette Indépendance ; convaincu que le salut de l'Afrique se trouve dans la réalisation d'une solidarité de plus en plus étroite entre les peuples africains, affirme sa volonté à œuvrer à la construction d'une Afrique unie et libre…* »[69]. La création des communautés d'intégration constituait l'étape préalable pour la réalisation d'un tel objectif[70].

L'acte y relatif étant par nature conventionnel, la compétence de l'autorité présidentielle est sollicitée à cet effet nonobstant l'absence de dispositions spécifiques en la matière dans la Constitution camerounaise. L'inexistence d'une clause d'habilitation expresse de l'autorité présidentielle peut être surmontée par son accréditation à conclure les traités[71] dans l'intérêt national. C'est ainsi qu'il a procédé à la conclusion des traités marquant l'adhésion du pays à la CEEAC[72], à l'OHADA[73] et à la CEMAC. Relativement à cette dernière, il a fallu attendre deux ans[74] après l'authentification du traité institutif pour que le président de la République confirme l'adhésion du Cameroun. Ce laps de temps peut être considéré comme l'intervalle nécessaire pour apprécier la compatibilité dudit traité avec les intérêts prééminents de la nation.

B- La subordination objective de la politique étrangère à la Constitution

Dans sa fonction de garant de l'indépendance nationale, le président de la République est juridiquement amené à subordonner sa politique étrangère à la Constitution. En ce sens, il en est appelé à adapter la norme conventionnelle en formulation (1) et d'anéantir les effets juridiques de la norme formulée (2) lorsqu'elles seraient contraires aux intérêts de la nation formellement inscrits dans la Constitution.

---

[69] Paragraphe 2 du préambule de la Loi constitutionnelle du 18 janvier 1996.

[70] Comme le précisait le Conseil des ministres de l'OUA. cf. Résolution CM/Rés.464 (XXVI) de 1976.

[71] Article 43 de la Loi constitutionnelle de 1996, *op.cit.*

[72] Suite à la Loi 84-12 du 5 décembre 1984, le président de la République a ratifié le Traité instituant la Communauté Economique des États de l'Afrique Centrale (CEEAC).

[73] Le parlement avait adopté la Loi n° 94/04 du 4 août 1994 et conformément à cette loi, le président de la République a signé le décret de ratification du traité de Port-Louis le 5 septembre 1996.

[74] cf. Décret n° 98/274 du 23 octobre 1998.

1- L'adaptation de la norme externe en formulation à la Constitution

L'accession à l'indépendance invitait le Cameroun à adopter une Constitution formelle en ce sens que, « (...) *prétendre entrer dans la société internationale sans constitution serait un peu, comme se présenter à une soirée en costume de bain* »[75]. Elle a non seulement le mérite d'incarner son identité à travers les valeurs qu'elle véhicule, mais aussi d'en assurer la cohérence de son ordre juridique. Cette double considération nécessite qu'aucune norme ne puisse lui être contraire au sein de l'État.

Afin de préserver l'indépendance nationale, elle invite le président de la République à s'assurer que la norme conventionnelle en formulation lui soit compatible, c'est-à-dire qu'elle ne remet pas en cause les intérêts prééminents de la Nation. À cet effet, elle lui confère un double pouvoir de saisine : la saisine du Conseil constitutionnel (a) et du peuple par voie référendaire (b).

a- La sollicitation de l'office du juge constitutionnel

Lors de la conclusion de la norme conventionnelle, si l'autorité présidentielle par ailleurs chargée de veiller au respect de la Constitution[76] a des doutes sur sa compatibilité avec les intérêts vitaux de la nation, le constituant camerounais lui permet de suspendre le processus y relatif et de s'en référer pour interprétation authentique au Conseil constitutionnel[77]. Le constituant a en effet institué un double contrôle de filtrage favorable à la sauvegarde des intérêts fondamentaux de la nation.

Il repose de prime abord sur un contrôle politique de constitutionnalité effectué par le président de la République et/ou le Parlement. L'intervention de ce dernier est subordonnée à l'interprétation présidentielle de l'article 26 de la Constitution. En effet, si le président de la République estime que le texte conventionnel en rédaction touche au domaine de la loi, sa ratification sera subordonnée à une approbation en forme législative du Parlement[78]. Quoi qu'il en soit, l'interprétation dont le résultat est revêtu d'une présomption de vérité légale est du ressort du Conseil constitutionnel.

En effet, en dernière analyse, il revient au Conseil constitutionnel lorsqu'il est saisi de dire si la norme conventionnelle en formulation contrarie ou pas les intérêts de la nation. Dans l'affirmative, son adaptation à la Constitution

---

[75]HAURIOU (A.), *Droit constitutionnel et Institutions politiques*, 4e éd., Paris, Montchrestien, 1970, p.15.

[76] Article 5 (2) de la Loi constitutionnelle de 1996, *op.cit.*

[77]En clair, « Si le Conseil Constitutionnel a déclaré qu'un traité ou accord international comporte une clause contraire à la Constitution, l'approbation en forme législative ou la ratification de ce traité ou de cet accord ne peut intervenir qu'après la révision de la Constitution ». Article 43 de la Loi constitutionnelle de 1996, *op.cit.*

[78]*Ibid.*, article 43.

paraît déterminante pour la garantie de l'indépendance nationale. Deux hypothèses s'y prêtent : soit on abandonne le projet de traité, soit on révise souverainement la Constitution. Cependant, ce qu'on omet généralement de dire en évoquant davantage la seconde hypothèse est que le texte international soumis au juge constitutionnel n'est pas encore une norme, mais un projet de texte. À partir de ce moment, le président de la République, après l'avis de la haute juridiction, peut encore formuler une réserve au plan international. Celle-ci consistera à exclure de l'engagement en formulation, les dispositions jugées contraires aux intérêts prééminents de la nation dont il peut d'ailleurs questionner par voie référendaire.

b- La sollicitation de l'avis du peuple par voie référendaire

Le peuple, titulaire de la souveraineté peut l'exercer par voie référendaire[79]. Le déclenchement de la procédure y afférente relève de l'initiative présidentielle,[80] mais dans des matières limitativement énumérées. C'est le cas des projets de loi tendant à la ratification des accords ou des traités internationaux présentant par leurs conséquences, une importance particulière[81].

À première vue, le constituant semble avoir circonscrit le recours au référendum en matière conventionnelle aux matières touchant au domaine de la loi. La circonscription ainsi opérée peut donner lieu aux interprétations doctrinales diverses. La doctrine constitutionnalise africaine l'analyse comme un indicateur du présidentialisme[82]. Elle serait alors un moyen juridique de contournement voire d'exclusion du Parlement de la procédure conventionnelle[83]. À bien y regarder, elle n'a quasiment pas une portée présidentialiste. Elle permet tout simplement au peuple souverain de dire s'il entend réviser ses intérêts vitaux au contact de la norme conventionnelle en formulation. Le cantonnement de l'hypothèse aux matières ayant trait au

---

[79] Article 2 (1) de la Loi constitutionnelle de 1996, *op.cit.*

[80]Le constituant camerounais affirme sans ambiguïté que « Le président de la République, après consultation du président du Conseil Constitutionnel, du président de l'Assemblée nationale et du président du Sénat, peut soumettre au référendum tout projet de réforme qui, bien que relevant du domaine de la loi, serait susceptible d'avoir des répercussions profondes sur l'avenir de la Nation et les Institutions Nationales ». cf. Article 36 (1) de la Loi constitutionnelle de 1996, *op.cit.*

[81]*Ibidem.*

[82] Pour une tentative de synthèse, voire notre étude, SIMO (E.), *Droit communautaire CEMAC et Parlements nationaux : réflexion à partir du cas camerounais*, Mémoire de Master II, Université de Yaoundé II, 2011-2012, 120 p.

[83] Voyons dans ce sens SOMALI (K.), *Le Parlement dans le nouveau constitutionnalisme en Afrique. Essai d'analyse comparée à partir des exemples du Benin, du Burkina Faso et du Togo*, Thèse de Doctorat en Droit, Université de Lille II, 2008, 491 p et TALL (M.), *Les parlements dans les États d'Afrique noire francophone : Essai sur le Burkina Faso, la Côte d'Ivoire, le Sénégal et le Togo,* Thèse de Doctorat en Droit public, Université de Poitiers, 1986, 463 p.

domaine de la loi [84]ne doit rien au hasard, car ce domaine est constitué des matières les plus importantes de notre production normative. Le même procédé référendaire peut être usité pour se retirer d'un traité existant finalement contraire aux intérêts de la nation.

2- L'extinction de la norme formulée comme contraire à la Constitution

Du point de vue du droit international, une partie ne peut invoquer les dispositions de son droit interne comme justifiant la non-exécution d'un traité[85]. Elle est en effet astreinte au respect de la parole donnée[86]. Cependant, elle peut revendiquer l'extinction d'un traité à son égard en vue de préserver les intérêts vitaux qui sont inscrits dans sa Constitution et qui structurent son identité. Le droit international ne s'oppose pas à cette nécessité[87]. Comme l'explique à ce sujet le professeur **Francesco CAPOTORTI**, « *aucune partie contractante ne peut prétendre modifier les traités ou y mettre fin, si ce n'est pour une cause légitime et dans les matières prévues par l'ordre juridique* »[88]. Du point de vue de l'étude, la cause légitime a trait à la sauvegarde des intérêts prééminents de la nation dont le président de la République a la charge. À cette occasion, il peut procéder à la dénonciation impérative **(a)** ou solliciter tout simplement la révision **(b)** de la norme conventionnelle en cause.

a- La dénonciation impérative de la norme conventionnelle

La Constitution est considérée à juste titre comme l'« *expression la plus auguste de la volonté générale* »[89]. Elle a par conséquent vocation à déterminer les intérêts suprêmes de la nation lesquels doivent être protégés en tout lieu et en toutes circonstances. Ainsi, le droit d'origine externe, principalement visé ici, devrait procéder à la conciliation sinon à l'harmonisation des normes afin de préserver l'identité constitutionnelle des États-parties. L'hypothèse inverse conduirait à se poser la question de savoir si la Constitution est encore la norme fondamentale de l'État[90] et inviterait

---

[84]FAVOREU (L.) (dir.), *Le domaine de la loi et du règlement. L'application des articles 34 et 37 de la constitution depuis 1958. Bilan et perspectives*, 2e éd., Paris, Economica, 1981, 283 p.
[85]Article 27 de la Convention de Vienne sur le droit des Traités du 23 mai 1969, Nations Unies, *Recueil des Traités,* Vol. 1155, pp. 331 et s.
[86]*Ibid.* Article 26.
[87]SFDI, *La nécessité en droit international*, Colloque de Grenoble, Paris, Editions A. Pedone, 2007, 382 p.
[88]CAPOTORTI (F.). *L'extinction et la suspension des traités, RCADI,* Vol.134 (1971-III), p.455.
[89] HUMMEL (J.), « A qui appartient la volonté générale ? », *Jus Politicum*, n° 10/2013, p.4.
[90]TCHAKALOFF (M.-F. Ch.), GOHIN (O.), « La Constitution est-elle encore la norme fondamentale de la République ? », *Recueil Dalloz*, 1999, pp.120-128.

sans doute le président de la République à dénoncer la norme externe qui est à l'origine des turbulences.

En règle générale, on entend par dénonciation, l'« *acte par lequel une partie à un accord international déclare y mettre fin, en tout ou en partie, à son égard* »[91]. Elle ne se confond pas avec l'opération de retrait qui n'est que l'une de ses manifestations. Pour être opérante, cette dernière nécessite l'existence des clauses dites de retrait, c'est-à-dire des clauses autorisant, sous certaines conditions, l'État qui s'en prévaut à se retirer du régime conventionnel auquel il avait préalablement souscrit[92]. Or, la dénonciation peut être partielle en ce sens qu'elle peut porter uniquement sur certaines dispositions d'un traité donné.

S'agissant spécifiquement d'une organisation internationale[93], le retrait renvoie à l'acte unilatéral par lequel un État membre met fin à son appartenance à celle-ci[94]. En application du parallélisme de compétence, le président de la République étant l'autorité constitutionnelle qui a conclu l'acte d'adhésion de la nation à cette organisation, il est en retour logique qu'il puisse être compétent pour prononcer son retrait au sein de ladite entité. À titre d'exemple, l'existence d'une monnaie unique au sein des États membres de la CEMAC a constamment été envisagée par l'opinion publique comme une atteinte à leur souveraineté monétaire. Sans toutefois partager l'analyse, force est de considérer que le président de la République peut solliciter le retrait du Cameroun de l'union monétaire tout comme il peut procéder à la simple suspension du traité qui en est le support juridique. Dans ce cas de figure, on parlera d'une dénonciation suspensive, laquelle peut se faire de manière conventionnelle ou unilatérale suivant la nature du traité[95]. Relativement au traité bilatéral, on ne doit pas perdre de vue l'application du principe de réciprocité établi dans la Constitution[96] et conforté par le droit international[97]. Du point de vue de la logique juridique, en droit camerounais, cette opération relève de l'apanage du président de la République. Il peut à l'inverse solliciter une révision du texte international multilatéral.

---

[91] SALMON (J.)(dir.), *Dictionnaire de droit international public*, *op.cit.*, p.321.
[92] *Ibid.* p.1008.
[93] PARENT (Ch.), « Le droit de retrait de l'Union européenne », *RDP*, 2016 n° 3, pp. 935 et s.
[94] SALMON (J.), *Dictionnaire de droit international public*, *op.cit.*, p.1008.
[95] Article 58 (1) et s. de la Convention de Vienne.
[96] Article 45 de la Loi constitutionnelle de 1996, *op.cit.*
[97] Lorsqu'il affirme qu'« *une violation substantielle d'un traité bilatéral par l'une des parties autorise l'autre partie à invoquer la violation comme motif pour mettre fin au traité ou suspendre son application en totalité ou en partie* » Article 60 (1) de la Convention de Vienne de 1969.

b- La révision sollicitée de la norme conventionnelle

Les conventions internationales ayant une incidence particulière sur les intérêts fondamentaux des nations n'échappent point à la procédure de révision. En concluant de tels traités, les États n'ont certainement pas voulu être liés par des chaînes. Par ailleurs, ils demeurent les maîtres des traités. Ces derniers actes juridiques n'échappent guère à l'opération de révision[98], laquelle prend en considération le respect des dispositions constitutionnelles internes. Le Traité CEMAC stipule dans ce sens que « *tout État membre peut soumettre à la Conférence des Chefs d'État des projets tenant à la révision du présent Traité ou des Conventions de l'UEAC et de l'UMAC* »[99]. Le président de la République étant le représentant légal du Cameroun, il lui incombe non seulement d'initier au besoin cette procédure de révision, mais aussi d'exprimer le consentement de l'État à être lié par les modifications, car celles-ci « *entrent en vigueur après avoir été ratifiées par tous les États membres en conformité avec leurs règles constitutionnelles* »[100].

C'est ainsi que le président camerounais, en estimant que le Traité CEMAC révisé est compatible aux intérêts fondamentaux de la nation, on peut le présumer, allait procéder à sa ratification[101]. En le faisant, il conforte l'exclusivité de l'ordre juridique interne à déterminer les intérêts suprêmes d'une nation indépendante. La violation grossière desdits intérêts nécessite par ailleurs une restauration présidentielle de l'intégrité de la souveraineté.

II. La restauration de l'intégrité de la souveraineté étatique

L'indépendance nationale s'exprime dans la souveraineté. Par conséquent, l'atteinte aux intérêts prééminents de la Nation constitue une remise en cause de la souveraineté qu'on peut appréhender comme étant « *le caractère suprême d'un pouvoir suprême qui n'admet aucun autre au-dessus de lui-même* (…) »[102]. Au plan strictement juridique, la Constitution constitue son support. Elle est en effet « *l'expression première et la plus éminente de la souveraineté nationale* »[103]. Ainsi, dans la sphère où la souveraineté est appelée à s'exercer, l'État bénéficie d'une puissance[104] dont aucune autre

---

[98]SCELLE (G.), « La révision dans les conventions générales », *A.I.D.I.*, Session de Bruxelles, Vol.41, 1948, pp.1-15.
[99]Art.57 (1) du Traité CEMAC.
[100]cf. Art.57 (2) du Traité CEMAC.
[101]cf. Loi n° 2011 -16 du 15 juillet 2011 ayant autorisé le président camerounais à ratifier le Traité révisé de la CEMAC et les Conventions s'y rapportant.
[102]CARRE De MALBERG (R.), *Contribution à la théorie générale de l'État : spécialement d'après les données fournies par le droit constitutionnel français.* Préface Eric MAULIN, Paris, Rééd. Dalloz, 2003, p.79.
[103]CHAPUS (R.), *Droit administratif général*, Tome 1, Paris, Montchrestien, 2001, p.1.
[104]BEAUD (O.), *La puissance de l'État,* Paris, PUF, coll. « Le Léviathan », 1994, 512 p.

entité ne peut s'en prévaloir. En droit constitutionnel camerounais, cette souveraineté appartient au peuple[105] pris dans son entièreté. En joignant le propos à l'actualité qui a cours dans le pays, on peut relever que la restauration présidentielle de l'intégrité de la souveraineté se manifeste par la dévalorisation des tentatives de fragmentations internes **(A)** et la rétorsion contre les incursions externes **(B).**

A- La dévalorisation des tentatives de fragmentations internes

La République du Cameroun est une et indivisible, affirme le constituant[106]. À partir du moment où la République a pour fondement principal la souveraineté[107], il n'est point anodin de transposer l'idée d'indivisibilité mise en exergue par le constituant. Ainsi, la souveraineté nationale serait une et indivisible. Cette indivisibilité repose en filigrane sur une double unité : territoriale et institutionnelle.

Pour préserver cette unité contre les tentatives de fragmentations internes, le président de la République, incarnation de l'unité nationale, en valorisant l'indivisibilité du territoire **(1)** est généralement amené à revaloriser des institutions républicaines **(2)** qui sont d'ailleurs appelées à s'inscrire dans la durée.

1- La valorisation de l'indivisibilité du territoire

Chez le Doyen **Maurice HAURIOU**, la République est à la fois une forme de gouvernement et une forme d'État[108]. Relativement au second aspect, le constituant affirme dès l'incipit de la constitution que « *la République du Cameroun est un État unitaire décentralisé* »[109]. Cette forme décentralisée de l'État ne saurait remettre en cause l'indivisibilité du territoire d'autant plus que le même constituant confie plus loin au président de la République le soin de garantir son intégrité[110]. A cet effet, l'autorité présidentielle est appelée à anéantir toutes les velléités sécessionnistes **(a)** sans toutefois préjudicier l'autonomie reconnue aux entités *infra* étatiques **(b).** À n'en point douter, cette autonomie participe à la consolidation binaire de l'unité nationale et de la cohésion sociale dans le cadre d'un État unitaire décentralisé.

---

[105] Article 2 (1) de la Loi constitutionnelle de 1996, *op.cit.*

[106] Article 1 (2).

[107] BODIN (J.), *Les six livres de la République*, Livre I, chap. VIII, Paris, Librairie Générale française, 1993, p.74.

[108] HAURIOU (M.), *Précis de droit constitutionnel*, Paris, Sirey, 1929, p.343.

[109] Article 2 (1) de la Loi constitutionnelle de 1996, *op.cit.*

[110] Ibid. article 5(2).

a- La négation justifiée des velléités sécessionnistes

L'indivisibilité désigne l'état de ce qui ne peut être divisé et doit être envisagé dans son ensemble[111]. En droit constitutionnel, le principe est celui de l'indivisibilité de la République qui s'applique à la fois à son territoire et à l'expression de la Souveraineté nationale. Ceci revient à dire que l'atteinte à l'intégrité du territoire constitue une entorse à l'idée de souveraineté telle que présentée par le constituant camerounais.

De ce fait, l'autonomie reconnue aux Collectivités Territoriales Décentralisées[112] ne devrait pas être perçue comme une admission implicite d'un droit de sécession à leur profit. Il s'agit d'un droit qu'on reconnaît généralement aux entités soumises à la domination d'une puissance étrangère[113]. Il ne s'opère pas dans un cadre purement étatique. Sa négation constitutionnelle ne devrait donc pas soulever de difficulté, d'autant plus que le juge international rappelle fort opportunément que l'État a, « *en vertu de sa souveraineté, une faculté totale qui lui permet d'exercer tous les droits que l'ordre juridique international lui reconnaît* »[114]. Il en est ainsi de la détermination de sa forme politique.

Pour faire face aux potentielles revendications sécessionnistes, le constituant instruit le garant de l'indépendance nationale de veiller à la sécurité intérieure de la République [115]et l'habilite par conséquent à recourir à la légalité d'exception[116] en pareilles circonstances. C'est ainsi qu'il peut décréter l'état d'urgence, mais en conformité avec la loi qui l'encadre[117]. Par contre, plus expressif pour le propos, tel un « Jupiter constitutionnel », il peut, « (...) en cas de péril grave menaçant l'intégrité du territoire, la vie, l'indépendance ou les Institutions de la République, proclamer, par décret, l'état d'exception et prendre toutes mesures qu'il juge nécessaires. Il en informe la Nation par voie de message »[118]. Il va sans dire que l'activité

---

[111] GUINCHARD (S.), DEBBARD (Th.) (dir.), *Lexiques des termes juridiques*, 25e éd., Paris, Dalloz, 2017-2018, pp.1117-1118.

[112] Pour approfondissement, on lira KEUDJEU DE KEUDJEU (J. R.), *Recherche sur l'autonomie des collectivités territoriales décentralisées au Cameroun*, Thèse de Doctorat/Ph. D. en Droit public, Université de Yaoundé II, 2010-2011, 750 p.

[113]METOU (B. M.), « Autodétermination interne et principes d'unité et d'indivisibilité de l'État en droit constitutionnel des États africains francophones », *RRJ*, 2011-2, pp.1003-1031.

[114] CPJI, 17 août 1923, *Vapeur Wimbledon*, Série A, n° 1, p. 25.

[115]Article 8 (3) de la Loi constitutionnelle de 1996, *op.cit.*

[116]OWONA (J.), « L'institutionnalisation de la légalité d'exception dans le droit public camerounais », *R.J.P.I.C.*, n° 1, janvier-mars 1975, pp. 3-48.

[117] L'article 9 (1) de la Constitution indique que : « Le président de la République peut, lorsque les circonstances l'exigent, proclamer par décret, l'état d'urgence qui lui confère des pouvoirs spéciaux dans les conditions fixées par la loi ».

[118]*Ibid.* article 9 (2).

sécessionniste porte atteinte à l'intégrité du territoire[119] et ne saurait être analysée comme une conséquence positive de l'autonomie reconnue aux entités infra étatiques qui par contre méritent d'être valorisées.

b- La promotion nécessaire de l'autonomie des entités décentralisées

Au plan politique, l'indépendance de l'État stipule le respect de son intégrité territoriale[120] y compris par ses propres démembrements[121] à l'effet de préserver l'impératif de cohésion nationale. Chaque entité infra étatique doit pouvoir se sentir concernée par l'« idéal républicain »[122]. Le maintien de l'équilibre territorial entre le centre et la périphérie [123]apparaît dès lors comme un levier favorable dans la préservation présidentielle de l'unité nationale.

Le constituant camerounais reconnaît de prime abord une double autonomie administrative et financière aux Collectivités Territoriales Décentralisées[124] laquelle s'avère déterminante pour la gestion des intérêts locaux même si cette dernière notion reste imprécise en droit administratif camerounais[125]. Par la suite, il invite la figure emblématique de l'État en l'occurrence le président de la République à veiller à leurs développements harmonieux sur la base de la solidarité nationale[126]. De la sorte, le constituant, à juste titre, fait de la promotion de l'autonomie desdites collectivités, un vecteur de la cohésion nationale dans une parfaite solidarité nationale. Se trouve ainsi mis en relief le principe de l'unité nationale[127] dans une approche favorable au décongestionnement du pouvoir central nonobstant une certaine recentralisation[128] observée. La définition générale de la politique de la nation

[119]Voir dans ce sens OWONA (J.), *La notion d'intégrité territoriale dans la vie politique et le droit constitutionnel français depuis 1789*, Thèse d'État en droit, Université de Paris II, novembre 1972, 285 p.

[120]BEN ACHOUR (R.), « État de droit, démocratie et droit international », *Ordine internazionale e diritti umani* (2014), p. 184.

[121]Voir dans ce sens CRISTINI (R.), « Indivisibilité de la république et décentralisation », *Mélanges en l'honneur du Doyen Paul ISOART*, Paris, A. Pedone, 1996, pp.115-133.

[122] MVAEBEME (E. S.), *La République en droit public camerounais*, Thèse de Doctorat/Ph. D. en Droit public, Université de Yaoundé II, 2015-2016, p.13.

[123]OLINGA (A. D.), *La Constitution de la République du Cameroun*, *op.cit.*, p.239.

[124]Article 55 (2) de la Loi constitutionnelle de 1996.

[125] Sur l'imprécision de la notion d'intérêts locaux au Cameroun, on lira utilement EDOUA BILONGO (E.), « Les notions d'affaires locales et d'intérêts locaux en droit de la décentralisation au Cameroun », *RADP*, Vol. VII, n° 12, janvier - juin 2018, pp.49 et s.

[126]Article 55 (4) de la Loi constitutionnelle de 1996, *op.cit.*

[127]KONTCHOU KOUEMEGNI (A.), « Le droit public camerounais, instrument de construction de l'unité nationale » *RJPIC*, T. 33, n° 4, décembre 1979, pp.415- 441.

[128]MONEMBOU (C.), « Les paradoxes de la décentralisation camerounaise : de la décentralisation à la recentralisation », *RADSP*, n° 1, Vol I, pp.161-180.

invite le président de la République à tenir compte des intérêts locaux [129]sans quoi la rémanence des revendications identitaires sera toujours d'actualité entraînant de la sorte une nette fragilité de l'intégrité territoriale, voire institutionnelle.

2- La revalorisation des institutions républicaines

Les Constitutions africaines font du chef de l'État la clé de voûte de l'édifice institutionnel[130]. La réforme constitutionnelle du 18 janvier 1996 au Cameroun[131] conforte cette manière de penser lorsqu'elle fait de lui le garant de la permanence et de la continuité de l'État[132]. Dans ce sillage, notamment en période de crise, la revalorisation des institutions républicaines est un indicateur de la garantie pérenne des intérêts prééminents de la nation. Dans la prévention des crises, le constituant [133]confère au président de la République les pouvoirs de revalorisation des institutions-organes **(a)** et des institutions-normes **(b)**.

a- La revitalisation des institutions-organes

D'emblée, conformément à l'idée générale qui est défendue par l'étude, il sied d'exclure de son champ les conflits intra-institutionnels. Il s'agit dès lors de relever la nécessaire revalorisation des institutions républicaines dans un climat de crise interne tel que les revendications sécessionnistes observées au Cameroun en ce sens qu'elles portent particulièrement atteinte aux intérêts vitaux de la nation et par conséquent à l'indépendance nationale, c'est-à-dire à l'idée de souveraineté. Ces institutions doivent donc pouvoir surmonter l'épreuve des crises. Garant de l'indépendance nationale et par conséquent de la défense nationale, le président de la République a une compétence liée

---

[129] V. dans ce sens, MENTHONG (H.-L.), « La construction des enjeux locaux dans le débat constitutionnel au Cameroun », in MELONE (S.), MINKOA SHE (A.), SINDJOUN (L.) (dir.), *La réforme constitutionnelle du 18 janvier 1996 au Cameroun*, *op.cit.*, pp.146-181.

[130]BOURGI (A.), « L'évolution du constitutionnalisme en Afrique : du formalisme à l'effectivité », *RFDC*, 2002/4 n° 52, p.730.

[131] MELONE (S), MINKOA SHE (A), SINDJOUN (L) (dir), *La réforme constitutionnelle du 18 janvier 1996 au Cameroun, op.cit.*, 418 p ; NGUELE ABADA (M.), « La réforme constitutionnelle du 18 janvier 1996 en République du Cameroun », *Droits Africains*, n° 15-16, 1996, pp. 72- 81 ; ONDOUA (A.) (dir.), *La Constitution camerounaise du 18 janvier 1996, Bilan et Perspectives*, Yaoundé, Afrédit, 2007, 268 p.

[132] Article 5 (2) de la Loi constitutionnelle de 1996, *op.cit.*

[133]V. dans ce sens, DONFACK SOKENG (L.), « Droit constitutionnel et crises en Afrique », *SOLON*, Vol III, n° 5, avril 2011, pp.72-93 ; Du BOIS De GAUDUSSON (D.), « Les solutions constitutionnelles des conflits politiques », *Afrique contemporaine*, n° spécial, 4e trimestre, 1996, pp. 250- 256 ; KEUTCHA TCHAPNGA (C.), « Droit constitutionnel et conflits politiques dans les États francophones d'Afrique noire », *RFDC*, n° 63, 2005, pp. 451- 491.

relativement à leur revitalisation à partir du moment où il est chargé par ailleurs de veiller au respect de la Constitution[134].

C'est ainsi qu'il peut, après consultation, demander à l'Assemblée nationale de proroger son mandat[135] comme ce fut récemment le cas. À rebours, en cas de nécessité, il peut plutôt procéder à sa dissolution [136]pour ainsi préserver la permanence du Gouvernement. En outre, il devrait également procéder à la revitalisation des attributs symboliques de la souveraineté lorsqu'ils sont désacralisés dans le cadre de la crise anglophone. Il en est ainsi du drapeau et de l'hymne national[137]. S'agissant particulièrement du premier élément, les différentes atteintes dont il a fait l'objet ont conduit le président de la République à réaffirmer que « *le Cameroun est un et indivisible ! Il le demeurera* »[138]. De ces considérations, force est d'adhérer à l'idée selon laquelle l'institution présidentielle sert de « *thermomètre à la vie et au fonctionnement des systèmes politiques des pays francophones au sud du Sahara* »[139]. La cohésion nationale, la cohésion sociale et l'unité nationale seraient en effet fortement altérées dans l'hypothèse contraire. Il en va de même de l'autorité des normes juridiques en période de crises internes.

b- La revigoration des institutions-normes

Les normes constituent le support juridique des intérêts fondamentaux de la nation. C'est davantage ce qui justifie le prestige qui est spécifiquement réservé à la norme constitutionnelle. En période de crise, sa revalorisation s'inscrit dans le cadre de la garantie présidentielle de l'indépendance nationale.

Bien que sa révision[140] ou sa suspension [141]puisse être envisagée comme une solution de sortie de crise dans le contexte spécifique de la crise anglophone, elle constituerait une atteinte à son autorité. C'est dans ce sillage qu'on peut situer le mutisme présidentiel quant au déclenchement de l'initiative de révision[142] en dépit des nombreuses sollicitudes. Recourant à l'idée des limites au pouvoir de révision, on ne manquera pas d'indiquer que

---

[134] Article 5 (2) de la Loi constitutionnelle de 1996, *op.cit.*
[135] *Ibid.* Article 15 (4).
[136] *Ibid.* Article 8 (12).
[137] DONFACK SOKENG (L.), « Fondements et signification de l'hymne national du Cameroun », *SOLON,* Vol. III, n° 7, août 2013, pp.7-18.
[138] Message adressé à la nation à l'occasion des fêtes de la fin d'année 2016 et du nouvel an 2017. cf. *Cameroon Tribune*, n° 11255/7453, 3 janvier 2017, p.2.
[139]AIVO (F.J.), *Le président de la République en Afrique noire francophone, op.cit.,* p.23.
[140] V. dans ce sens ATANGANA AMOUGOU (J.-L.), « Les accords de paix dans l'ordre juridique interne en Afrique », *RASJ*, n° 1, Vol.1, 2007, p.238-252
[141]BIDIAS A MBASSA (J.P.B.), « La suspension des Constitutions dans les États africains en crise », *RADSP*, Vol.III, n° 06, 2015, pp. 87-115.
[142] Article 63 de la Loi constitutionnelle de 1996, *op.cit.*

le constituant camerounais interdit toute révision portant atteinte à l'intégrité du territoire et à la forme républicaine[143] pour ne citer que celles-ci. Si la formule brumeuse de « forme républicaine » usitée par le constituant ne renseigne pas à suffisance, conduisant ainsi au rejet présidentiel[144] du fédéralisme[145] alors même que celui-ci ne semble pas être en contradiction avec le principe de l'intégrité territoriale, il convient de mentionner que le président aurait pu recourir à l'idée de limite temporelle. Il serait de prime abord illogique et malsain d'admettre qu'on peut prendre des armes contre les institutions républicaines afin d'imposer une révision constitutionnelle, quels que soient son objet et son objectif. Il s'agirait en réalité d'une révision sans et contre la puissance souveraine[146]. En faisant usage de ses pouvoirs exceptionnels[147], le président aurait pu dissuader les sécessionnistes sur l'inopportunité d'une révision en période de crise[148].

En outre, il doit également garantir le respect des traités internationaux [149]notamment constitutionnalisés et particulièrement relatifs aux droits fondamentaux[150] bien qu'il soit astreint à l'obligation de rendre compte[151], laquelle permet néanmoins de relativiser l'idée de l'introuvable responsabilité[152] jusqu'ici relevée. Quoi qu'il en soit, les mêmes pouvoirs exceptionnels peuvent être mobilisés en cas d'incursions externes.

---

143 *Ibid.* article 64.

144cf. *Cameroon Tribune* n° 11266/7465 du mercredi 18 janvier 2017 dans lequel le porte-parole du Gouvernement explique ou du moins déclare le refus présidentiel du fédéralisme.

145 LEKENE DONFACK (E. Ch.), *L'expérience du fédéralisme camerounais : les causes et les enseignements d'un échec*, Thèse pour le Doctorat d'État, Université de Clermont, 1979, 416 p ; THIAM (D.). *Le fédéralisme africain, RCADI*, Vol.126 (1969-I), pp. 317-398.

146 CAMPAGNA (N.), « Une révision de la Constitution sans la puissance souveraine ? », *Verfassung*, 2000, pp. 5-9

147 Article 9 (2) de la Loi constitutionnelle de 1996, *op.cit.*

148 Le Conseil constitutionnel français affirme que la période de mise en application des pouvoirs exceptionnels dans le cadre de l'art. 16 constitue une limite temporelle à la révision. CC, 2 septembre 1992, *Maastricht II*, Décision 92-312 DC, Rec. 76.

149 Article 5 (2) de la Loi constitutionnelle de 1996, *op.cit.*

150 ATEMENGUE (J. de N.), « Conflits armés, crises humanitaires et responsabilité indirecte du chef politique », in YAWAGA (S.) (dir.), *Crises humanitaires et responsabilités*, Paris, L'Harmattan, 2018, 669 p (Spécialement pp.17-32).

151 NGUELE ABADA (M.), « L'obligation de rendre compte du président de la République : réflexion à partir de la révision constitutionnelle du 14 avril 2008 », in ANOUKAHA (F.), OLINGA (A. D.), (dir.), *L'obligation. Études offertes au professeur Paul-Gérard POUGOUE*, Yaoundé, L'Harmattan, 2015, pp.629-649.

152 ONDO (T.), *La responsabilité introuvable du chef d'État africain : analyse comparée de la contestation du pouvoir présidentiel en Afrique noire francophone : les cas camerounais, gabonais, tchadiens et togolais*. Thèse de Doctorat en droit public, Université de Reims Champagne Ardenne, 2005, 678 p.

B- La rétorsion contre les incursions externes

L'État, quel que soit le régime, constitue un élément de continuité, de permanence, de stabilité[153]. Or, de plus en plus, du fait de leur recrudescence, les crises parfois occasionnées par des incursions externes engendrent sa déstabilisation en portant atteinte aux intérêts vitaux de la nation et par conséquent à la Souveraineté nationale. Pour y remédier, le président de la République devra user des pouvoirs que lui confère la Constitution. Cependant, l'analyse doit être complétée par les données issues du droit international public vu que ce dernier aménage également les compétences de l'État[154] en accentuant par ricochet le processus d'internationalisation de la fonction présidentielle[155].

En combinant les données juridiques y afférentes et en intégrant leur application récente par le président camerounais, on peut y voir une utilisation souhaitable des mécanismes pacifiques **(1)** assortie d'un emploi raisonnable de la force armée **(2)**.

1- L'utilisation souhaitable des mécanismes pacifiques

Le constituant fait de la paix une valeur intransigeante de la Nation camerounaise. Il adhère de la sorte à l'idée que la paix constitue le premier levier du développement des intérêts prééminents de la Nation. Il le fait par la constitutionnalisation des instruments juridiques internationaux relatifs aux règlements pacifiques des différends à l'instar de la Charte des Nations Unies et confie au président de la République le soin de veiller à leur respect. Usant des pouvoirs à lui conférés afin de restaurer l'idée de souveraineté face aux incursions externes, le président camerounais semble avoir évolué dans sa démarche : du recours traditionnel à l'arbre à palabres **(a)**, il n'a pas hésité à saisir récemment le juge international **(b)**.

a- Le recours traditionnel à la diplomatie internationale

L'État souverain construit pleinement et souverainement son idéologie diplomatique. Cette règle bénéficie également aux États africains jadis sous domination politique[156]. Il s'agit en réalité d'une condition existentielle de l'État. De ce fait, le développement des intérêts prééminents de la nation dans

---

153 BRAIBANT (G.), « L'État face aux crises », *Pouvoirs,* n° 10, 1979, p.6.

154 SFDI, *Les compétences de l'État en droit international,* Colloque de Rennes, Paris, A. Pedone, 2005, 320 p.

155 SFDI, *Le chef de l'État et le droit international,* Colloque de Clermont-Ferrand, Paris, A. Pedone, 2001, 300 p.

156 V. dans ce sens KONTCHOU KOUMENI (A.), *Le système diplomatique africain*, Paris, Editions A. Pedone, 1977, 279 p. V. également NGIMBOG – L.R.), NGONGO (L.P.), OWONA (J.), ZANGA (A.), « Le système diplomatique africain », in *Encyclopédie juridique de l'Afrique*, Tome II, Abidjan/Dakar/Lomé, Nouvelles Éditions africaines, 1982, pp.135-167.

le cadre de la coopération internationale doit se faire dans le strict respect de son indépendance comme l'affirme par exemple le constituant camerounais[157]. Par conséquent, l'intervention d'un État, c'est-à-dire le fait pour lui de chercher à pénétrer « *dans la sphère de compétence exclusivement réservée à un autre, soit pour l'aider à régler ses affaires propres, soit pour les régler à sa place ou l'obliger à les régler conformément à ses vœux* »[158] constitue une violation du principe de souveraineté. Le juge international conforte l'analyse en précisant qu'« *en droit international coutumier, les États, par principe ne peuvent recevoir d'ordres qui proviennent d'autres États ou d'organisations internationales* »[159]. Si une telle situation venait à se présenter, le constituant préconise davantage au garant de l'indépendance nationale de recourir à la voie diplomatique[160]. C'est ainsi que l'autorité compétente s'est toujours engagée à travailler pour la paix mondiale et à résoudre les conflits par les voies pacifiques[161] en s'abreuvant notamment aux sources anthropologiques traditionnelles[162].

Dès 1961, il faisait déjà appel à la diplomatie du Conseil de sécurité dans le cadre du différend relatif au rattachement du Cameroun septentrional au Nigéria. De même, on ne manquera pas de relever au passage l'attitude diplomatique empruntée par les autorités camerounaises sous instruction sans doute du président de la République dans ce qu'on pourrait, toute proportion gardée, appeler l'intervention américaine dans les affaires internes du pays[163]. Cette situation a d'ailleurs donné lieu à un fort tapage médiatique ainsi qu'aux interprétations politiques et doctrinales divergentes. À considérer qu'il s'est agi d'un différend ou d'une forte tension politique, force est de reconnaître que seul le juge international serait compétent pour lui donner une réelle qualification juridique.

b- Le recours exceptionnel à la juridiction internationale

Le président de la République peut saisir la juridiction internationale pour faire valoir les intérêts de la nation camerounaise qui auraient été injustement bafoués. Deux hypothèses s'y prêtent. D'abord, la mise en œuvre de la protection diplomatique en cas de violation des droits des ressortissants

---

[157] Paragraphe III du Préambule de la Loi constitutionnelle de 1996.

[158] NGUYEN QUOC DINH et alii, *Droit international public*, Paris, LGDJ, 1987, p.820.

[159]Tribunal pénal international pour l'ex-Yougoslavie, 26 février 1998, IT- 95 - 14 – AR 108 bis, Le Procureur C. Tihomir Blaskic, § 26.

[160] Lire Paragraphe II du Préambule de la Loi constitutionnelle de 1996.

[161]BOOH BOOH (J. R.), « Le Cameroun et le maintien de la paix », ATANGANA AMOUGOU (J.-L.) (dir.), *Le Cameroun et le droit international, op.cit.*, pp.14.

[162] Cf. TITE AMOUGUI (A.), « Le droit international et l'action diplomatique du Cameroun », in ATANGANA AMOUGOU (J.-L.) (dir.), *Le Cameroun et le droit international, op.cit.*, pp.23-43.

[163]L'ambassadeur américain conseillait au président camerounais actuel de ne pas déposer sa candidature aux élections de 2018 afin d'entrer dans l'histoire.

camerounais par un autre État sur son territoire. Ensuite, l'engagement de la responsabilité d'un autre État pour avoir causé un préjudice en portant atteinte aux intérêts directs de l'État camerounais. Dans les deux cas de figure, le rôle de la Cour internationale de justice est sollicité[164]. Cependant, le recours à son office n'a pas toujours été la règle eut égard de l'« *énorme déception* » [165]connue dans l'affaire du *Cameroun septentrional*[166]. À partir de ce moment, l'État du Cameroun ne manquera pas d'afficher son hostilité vis-à-vis de la haute juridiction[167]. Toutefois, l'impératif d'une garantie pérenne des intérêts fondamentaux de la nation allait conduire le président de la République à revoir cette stratégie. L'arrêt rendu du *différend frontalier entre le Cameroun et le Nigéria*[168] en est la preuve vivante en ce sens que la haute juridiction allait restaurer la souveraineté du Cameroun sur la presqu'île de Bakassi[169]. Afin de donner plein effet[170] à cet arrêt majeur, il allait une fois de plus faire prévaloir son idéologie diplomatique en signant quatre ans plus tard l'accord de Greentree[171]. Le recours à la force étant jugé inapproprié en l'espèce.

2- L'utilisation raisonnable de la force armée

Dans certaines circonstances, le recours à la force armée constitue une nécessité vitale sans laquelle les institutions étatiques, les activités économiques et sociales ne peuvent être assurées d'un fonctionnement normal[172]. Le constituant camerounais, en affirmant que le président de la République veille à la sécurité intérieure et extérieure de la République[173] précise au préalable qu'il est le Chef des Forces armées[174]. Certainement, ce

---

[164] METOU (B. M.), *Le Rôle du juge dans le contentieux international*, Bruxelles, Bruylant, 2012, 623 p.

[165]ATANGANA AMOUGOU (J.-L.), « Le Cameroun et la CIJ », in ATANGANA AMOUGOU (J.-L.), (dir.) Le *Cameroun et le droit international, op.cit.* p.49.

[166]THIERRY (H.), « L'affaire du Cameroun septentrional (Cameroun c. / Royaume-Uni) devant la Cour internationale de justice », *A.F.D.I.*, Vol.9.1963, p.358.

[167] Pour d'amples développements, on lira avec intérêt OLOA ZAMBO (A.), *L'affaire du Cameroun septentrionale. Cameroun/. Royaume-Uni,* Paris, L'Harmattan, coll. « Étude africaine », 2007, 290 p.

[168] CIJ, arrêt du 10 octobre 2002, Recueil 202, p.317.

[169]METOU (B. M.), « Le Cameroun et la Cour International de Justice », in OLINGA (A. D.) (dir.), *Le Cameroun et le Prétoire International*, Yaoundé, Éditions Afrédit, 2015, pp.25-48.

[170] Lire ATANGANA AMOUGOU (J.L.), « La négociation dans l'exécution des arrêts de la CIJ » *R.R.J.*, 2006-3, pp1515-1539.

[171] Accord signé le 12 juin 2006. On lira spécifiquement OLINGA (A. D.), *L'accord de Greentree du 12 juin 2006 relatif à la Presqu'île de Bakassi*, Préface Alain ONDOUA, Paris, L'Harmattan, 2009, 184 p.

[172] NJOH MOUELLE (E.), OWONA (J.) (dir.), *Encyclopédie de la République unie du Cameroun*, T.II, Dakar, NEA, 1989, p.271

[173] Article 8(3) de la Loi constitutionnelle de 1996.

[174] *Ibid.*, article 8(2).

pouvoir ne constitue point un élément de décor inscrit dans le texte constitutionnel.

Avec lucidité, il fut mis en œuvre pour faire face à la secte islamiste Boko Haram qui depuis 2014 tendait à accaparer la région de l'Extrême-Nord. L'atteinte flagrante et grossière contre les intérêts vitaux de la nation qu'elle a engendrée a conduit le président camerounais à faire usage du pouvoir militaire dont il est investi en déclarant justement la guerre contre cette secte[175]. Quelques années plus tard, confortant le point de vue de l'étude et compte tenu de l'évolution malheureuse de la situation, il était conduit à affirmer que « *la lutte contre (...) cette secte djihadiste appelle à une mobilisation générale accrue si nous voulons réellement en finir avec ce danger. Il est mortel pour nos peuples, pour nos populations, pour notre indépendance et notre démocratie* »[176].

Bien avant lui, son devancier président avait usé de la force armée notamment lors de l'accrochage qui avait opposé les gardes-frontières camerounaises et nigérianes dans la zone maritime le 16 mai 1981[177]. Plus incisif, il avait été contraint en quelque sorte d'employer la force armée en juin 1988 lorsque l'armée nigériane effectua une incursion dans l'espace territorial camerounais[178].

Conclusion

La fonction présidentielle qui suscite une grande concupiscence apparaît au terme de cette étude comme un « fardeau » notamment lorsqu'il s'agit pour l'autorité investie de garantir de l'indépendance nationale. Elle doit en effet sauvegarder les intérêts prééminents de la nation camerounaise en tout lieu et en toutes circonstances. Les évènements qui ont récemment perturbé la stabilité du pays ont permis d'apprécier le poids de la mesure. Ils ont en effet conduit l'analyste à se rendre compte que s'il est coutume de considérer l'institution présidentielle « *comme le centre de gravité des crises sous le continent africain en ce sens que la plupart des crises politiques et des conflits politiques qui déchirent cette partie du globe sont une conséquence directe ou indirecte de l'institution présidentielle* »[179], spécifiquement en ce qui concerne le Cameroun, elle s'apparente davantage à un levier indispensable pour la

---

[175] Déclaration de S.E. Paul BIYA lors de la Conférence de presse conjointe des chefs d'État à l'issue du Sommet de Paris sur la Sécurité au Nigéria

[176] Déclaration de S.E. Paul BIYA lors de la 72e Session de l'Assemblée générale des Nations-Unies, New York, 13 septembre-24 décembre 2017.

[177] MOUELLE KOMBI (N.), *La politique étrangère du Cameroun*, *op.cit.*, 60.

[178] *Ibidem.*

[179] AIVO (F.J.), *Le président de la République en Afrique noire francophone, op.cit.*, p.27.

stabilité politique et institutionnelle du pays. Bien plus, cette fonction doit s'exercer en liaison avec l'idée d'un ordre constitutionnel mondial dont le soubassement est l'existence d'un patrimoine constitutionnel commun aux sociétés politiques[180]. On assiste dès lors à une certaine « *normalisation de la fonction présidentielle* »[181] laquelle est sans doute déterminante pour la consolidation de l'État de droit[182] et l'accentuation du processus de démocratisation au Cameroun[183].

[180] SINDJOUN (L.), *La formation du patrimoine constitutionnel commun des sociétés politiques : éléments pour une théorie de la civilisation politique internationale*, Dakar, Série des monographies du Codesria, 1997, 63 p.

[181] BERGOUGNOUS (G.), « La normalisation de la fonction présidentielle est-elle possible ? Réflexion sur une exception française », *in Constitutions et pouvoirs, Mélanges en l'honneur de Jean GICQUEL*, Paris, Montchrestien, 2008, pp. 25-42.

[182] NGUELE ABADA (M.), « La question de l'État de droit en Afrique après 50 ans d'indépendance », *Enjeux (Bulletin d'Analyses Géopolitiques pour l'Afrique Centrale)*, n°41 octobre-décembre 2009, pp.12-18.

[183] BANOCK (M.), *Le processus de démocratisation en Afrique. Le cas du Cameroun.* Paris, L'Harmattan, 1992, 252 p

Bibliographie indicative

- Cubertafond (B.), *La création du droit*, Paris, Ellipse, 1999.

-Favoreu (L.), Gaïa (P.), Ghevontian (R.), Mestre (J.-L.), Pfersmann (O.), Roux (A.), Scoffoni (G*), Précis de droit constitutionnel*, Paris, Dalloz, 14e édition, 2011.

- Gicquel (J.), *Droit constitutionnel et institutions politiques*, Paris, Montchrestien, 20e édition, 2005.

- Hauuy (C.), *Le président de la République, vu par la doctrine publiciste, sous la IIIe République*, Nancy, Congrès français de droit constitutionnel, 16 17 et 18 juin 2001.

- Locke (J.), *Traité du Gouvernement civil*, Flammarion, coll. G.F, 1690.

-Ricci (J.-C*.), Droit administratif*, Paris, Hachette, 9e éd. 2014.

- Olinga (A. D*.), Justice constitutionnelle et contentieux électoral : quelle contribution à la sérénité de la démocratie élective et à l'enracinement de l'État de droit ? Le cas du Cameroun*, Marrakech, Centre africain de Formation et de Recherche administratives pour le Développement, Conférence Panafricaine des présidents des Cours Constitutionnelles et Institutions Comparables sur le Renforcement de l'État de Droit et la Démocratie à travers la Justice constitutionnelle, Fondation Hanns Seidel, 26-28 novembre 2012.

LA GARANTIE DU RESPECT DES TRAITES ET ACCORDS INTERNATIONAUX PAR LE PRÉSIDENT DE LA RÉPUBLIQUE

André Yannick NKANGA

La « théorie de la séparation des pouvoirs » suppose l'existence, dans l'État, de trois organes chargés de l'exercice du pouvoir politique. Il s'agit de l'organe exécutif, l'organe législatif et de l'organe judiciaire. Cette théorie, qui a été systématisée par **Montesquieu** dans son ouvrage « *De l'esprit des lois* », prévoit une séparation organique et fonctionnelle entre les trois pouvoirs institués. Pour garantir le respect des droits et libertés fondamentaux des individus, il met en œuvre un mécanisme de *check and balance*[1], afin d'éviter que l'essentiel du pouvoir ne soit concentré entre les mains d'une seule entité. Il affirme à ce sujet que : *« pour qu'on ne puisse abuser du pouvoir, il faut que par la disposition des choses, le pouvoir arrête le pouvoir »*[2].

Cette théorie dérive en réalité de celle de la séparation des fonctions de l'État en tâches spécialisées[3]. Cette dernière trouve son origine dans les œuvres de **John Locke**, qui dénombre trois fonctions spécifiques dans l'État à savoir la fonction législative qui établit les règles générales, la fonction exécutive qui applique les règles établies, les met en œuvre et enfin la fonction fédérative qui est chargée de la sécurité et des affaires extérieures[4].

Le pouvoir exécutif est donc chargé de l'application des lois entendues ici au sens large[5]. Cette fonction est incarnée au Cameroun par le président de la République qui est chef de l'État[6], et par un gouvernement chapeauté par un Premier ministre, chef du Gouvernement. « *Élément stable de l'exécutif en raison de son irresponsabilité, la fonction présidentielle s'oppose avec le*

[1] Système d'équilibre des pouvoirs dans le procédé de prise de décisions soit au sein d'un système politique, soit au sein d'une organisation.
[2] Montesquieu, *De l'esprit des lois*, Genève, Barillot et fils, 2 vol, 1748, p. 32.
[3] OWONA (J.), *Droit constitutionnel et régimes politiques africains,* Paris, Mondes en devenir, 1985, p.32.
[4] LOCKE (J.), *Traité du Gouvernement civil*, Flammarion, coll. G.F, 1690
[5] La loi est ici entendue au sens matériel comme tout texte écrit, créant des règles de droit.
[6] *Constitution de la République camerounaise* du 18 janvier 1996, article 5, alinéa 1.

gouvernement, élément mouvant du régime »[7]. Cette posture lui est reconnue du fait de ce que le Professeur **Joseph Owona** qualifie de moyen de renforcement du pouvoir du président de la République. Il dénombre en effet trois moyens à savoir premièrement l'élection directe du chef de l'exécutif au suffrage universel direct égal et secret, faisant de lui le délégué direct de la souveraineté. Deuxièmement la rééligibilité illimitée et troisièmement l'absence de responsabilité politique du chef de l'exécutif devant le parlement[8].

La fonction présidentielle a toujours retenu l'attention de la doctrine en Droit public[9]. Dans la pratique des régimes politiques, le président peut être affaibli du fait de la prééminence du législatif sur l'exécutif, faisant de lui un « *simple spectateur politique investi d'une magistrature inactive ou contemplative* »[10]. Il peut également bénéficier de pouvoirs plus étendus lorsque la primauté est accordée à l'exécutif.

La jurisprudence s'est également prononcée sur la fonction présidentielle. En effet, elle admet qu'il appartient au Chef de l'État en dehors de toute délégation législative, et en vertu de ses pouvoirs propres de prendre des mesures générales nécessaires à l'ordre public et au fonctionnement harmonieux des services publics[11].

Au Cameroun, la fonction présidentielle a fait l'objet d'une consécration constitutionnelle, fixant ainsi les règles relatives à son statut et à ses fonctions. Ainsi, l'article 5 alinéa 2 de la Constitution camerounaise dispose que le président de la République : *« Élu de la Nation tout entière, il incarne l'unité nationale ; il définit la politique de la Nation ; il veille au respect de la constitution ; il assure par son arbitrage le fonctionnement régulier des pouvoirs publics ; il est garant de l'indépendance nationale, de l'intégrité du territoire de la permanence et de la continuité de l'État ; du respect des traités et accords internationaux* ». Il convient de relever dans cet article 5 *in fine* que le respect des engagements internationaux de l'État est garanti par le président de la République. De même, l'article 43 de la même Constitution dispose que : « *le président de la République négocie et ratifie les traités et accords internationaux (...)* ». Il ressort donc de ces dispositions que le président de la République est l'autorité constitutionnellement compétente pour engager l'État sur le plan international et garantir le respect en droit interne, des engagements souscrits par l'État au plan international. *« Le traité*

7HAUUY (C.), *Le président de la République, vu par la doctrine publiciste, sous la IIIe République*, Nancy, Congrès français de droit constitutionnel, 16 17 et 18 juin 2001, p.2.
8 OWONA (J.), *op. cit.*, p.263.
9 HAUUY (C.), *Ibid*, p.1.
10 Gicquel (J.), *Droit constitutionnel et institutions politiques*, Paris, Montchrestien, 20e édition, 2005, p.128.
11 C.E., 8 août 1919, *Labonne*, Rec Lebon, p. 737 ; et Recueil Sirey, 1924, 3e partie, p.46.

international s'entend d'un accord international conclu par écrit entre États et régi par le droit international, qu'il soit consigné dans un instrument unique ou dans deux ou plusieurs instruments connexes, et, quelle que soit sa dénomination particulière »[12]. Il s'agit donc d'un accord écrit entre sujets de droit international, destiné à produire des effets de droit. Quant aux accords internationaux, le dictionnaire de la terminologie du droit international publié sous l'autorité du Professeur Basdevant définit l'accord au sens général comme : « une communauté de vues sur un point déterminé, sur une question, sur un choix, etc. ». Il s'agit donc d'une communauté d'opinion, d'une convergence de vue entre deux ou plusieurs sujets de droit international.

Dès lors, on se pose la question de savoir comment le président de la République garantit le respect des traités et accords internationaux. La question ainsi posée permet de montrer que le président de la République garantit le respect des traités et accords internationaux de manière directe d'une part, à travers les actes réglementaires et son influence sur le pouvoir législatif **(I)**, et de manière indirecte grâce à son pouvoir de saisine du Conseil constitutionnel **(II)**.

I- La garantie directe

Le président de la République peut garantir de manière directe le respect des traités et accords internationaux à travers non seulement son pouvoir de prendre des actes réglementaires **(A)**, mais aussi par son influence sur le pouvoir législatif **(B)**.

A- La garantie par les actes réglementaires du président de la République

La garantie du respect des traités et accords internationaux est assurée par le président de la République, grâce à son pouvoir réglementaire qui lui confère le pouvoir de créer des règles juridiques relatives au respect des traités et accords internationaux **(1)**, et le pouvoir de censurer les actes administratifs unilatéraux pris par ses subordonnés **(2)**.

1- La garantie par l'exercice du pouvoir réglementaire

On distingue ici, le pouvoir réglementaire de droit commun **(a)** et l'extension exceptionnelle du pouvoir réglementaire **(b)**.

a- Le pouvoir réglementaire de droit commun : les règlements

Le président de la République est constitutionnellement garant du respect des traités et accords internationaux. Il assure cette fonction de manière

[12] Convention de Vienne sur le droit des Traités du 23 mai 1969, en son article 2 (1).

directe, du fait de son pouvoir de création des règles de droit. La création des normes est l'opération par laquelle le droit est produit dans une société donnée. Il s'agit de la fabrication du droit par des instances faisant œuvre de « *montreur de conduites* »[13]. Ces règles sont destinées à réguler les rapports entre les individus dans une société donnée. Elles naissent de la conscience que la société a de leur rôle nécessaire et de l'impératif de faire recours à la contrainte pour sanctionner de manière juste leur violation. La création des normes s'analyse donc comme une nécessité sociale[14].

Ce pouvoir de création des règles de droit reconnu au président de la République, connu sous le nom de pouvoir réglementaire est le pouvoir dont disposent les autorités exécutives pour édicter des règlements, c'est-à-dire des actes exécutoires de portée générale et impersonnelle. Il tire son fondement juridique des dispositions de l'article 27 de la constitution qui dispose : « *les matières autres que celles qui sont du domaine de la loi ressortissent au pouvoir réglementaire* ».

Le président de la République peut ainsi prendre des actes administratifs unilatéraux ayant pour objet de permettre ou de faciliter la mise en œuvre ou encore de garantir le respect des engagements internationaux de l'État. Ainsi, il peut prendre des règlements autonomes[15] ou des règlements d'application des lois[16]. Il dispose d'une compétence générale de création des règles de droit dans les matières qui ne sont pas du domaine de la loi. Le pouvoir réglementaire de droit commun lui permet donc de prendre des actes normatifs, conformément à l'article 27 de la Constitution sus-citée, et dont l'objet est de garantir le respect des traités et accords internationaux. Que dire de l'extension exceptionnelle du pouvoir réglementaire ?

b- L'extension exceptionnelle du pouvoir réglementaire : les ordonnances

Le pouvoir réglementaire peut être étendu exceptionnellement à travers les ordonnances qui peuvent être prises par le président de la République. Les ordonnances permettent au président de la République de solliciter du parlement l'habilitation à prendre des règles de droit dans les matières qui relèvent du domaine de la loi. Ce pouvoir tire son fondement juridique de

---

[13] CUBERTAFOND (B.), *La création du droit*, Paris, Ellipse, 1999, pp. 46-47.

[14] NGUYEN QUOC DINH, DAILLIER (P), PELLET (A), *Droit international public*, Paris, LGDJ, 7e éd., 2002, p.105.

[15] Les règlements autonomes sont des règlements qui sont pris sur le fondement de l'article 27 de la constitution camerounaise, qui attribue une compétence générale au règlement, la loi bénéficiant d'une compétence d'attribution sur les matières limitativement énumérées par l'article 26 du même texte constitutionnel.

[16] Ce sont des règlements pris par les autorités administratives pour faciliter l'exécution d'une loi. Ils sont pris soit quand la loi le demande expressément, soit sans que cette demande soit faite afin de préciser une disposition législative.

l'article 28 de la Constitution camerounaise qui dispose que *« dans les matières énumérées à l'article 26, alinéa 2 ci-dessus, le Parlement peut autoriser le président de la République, pendant un délai limité et sur des objets déterminés, à prendre des ordonnances (...) »*.

Relativement à leur régime juridique, les ordonnances entre le moment de leur publication et celui de leur dépôt en vue de ratification ont une nature réglementaire et en suivent l'entier régime[17]. Après leur ratification, elles ont la même valeur juridique que les lois dont elles épousent le régime.

Le président de la République peut ainsi prendre des ordonnances dans les matières qui relèvent normalement du domaine de la loi, sous réserve de l'habilitation parlementaire, pour garantir le respect des traités et accords internationaux ratifiés par l'État.

De manière directe, le président peut également garantir le respect des traités et accords internationaux grâce au pouvoir hiérarchique qu'il exerce sur les actes des autorités administratives inférieures.

2- La garantie par le pouvoir hiérarchique du président de la République

Le pouvoir hiérarchique peut être entendu comme un pouvoir de contrôle exercé par le supérieur hiérarchique sur les agents qui lui sont subordonnés. Grâce à ce mécanisme, le président de la République peut veiller au respect des règles conventionnelles par ses collaborateurs. Il peut ainsi censurer les actes réglementaires de ses subordonnés grâce au pouvoir d'instruction et de réformation d'une part **(a)**, et aux mécanismes d'abrogation et de retrait d'autre part **(b)**.

a- Le pouvoir d'instruction et de réformation

Le pouvoir d'instruction est la possibilité de donner dans l'intérêt du service, des consignes, voire des ordres à ses subordonnés et de fixer à travers de notes et circulaires les principes généraux de leur intervention. Ces instructions peuvent être transmises sous diverses formes notamment : les notes de service, les directives, les circulaires, les courriers, le téléphone, les télécopies... Le président de la République peut ainsi orienter les actes de ses subordonnés vers le respect des traités et accords internationaux grâce au pouvoir d'instruction, en prescrivant des orientations générales relatives à cette garantie ou en ordonnant des mesures nécessaires au respect de ces engagements internationaux.

Pour ce qui est du pouvoir de réformation, il s'agit du pouvoir reconnu aux supérieurs hiérarchiques de modifier ou d'annuler les actes pris par ses

---

[17] CE, *Syndicat national des inspecteurs des affaires sanitaires et sociales*, du 12 février 1997.

subordonnés. Ainsi, le président de la République peut, lorsque les règlements pris par ses subordonnés violant les engagements internationaux de l'État, les annuler ou en modifier le sens pour garantir le respect de ces engagements. La réformation a donc pour effet de supprimer les effets juridiques des actes réglementaires pris en violation des règles conventionnelles. L'abrogation et le retrait constituent également des mesures de censure des actes pris en violation des textes conventionnels.

b- L'abrogation et le retrait rétroactif de l'acte administratif

Pour **Charles Eisenmann**, les normes ne sont pas fixées définitivement, *ne varietur*, elles suivent le cours des évolutions sociales[18]. Cela entraîne que chaque norme élaborée et introduite dans l'ordonnancement juridique y demeure pour un temps déterminé, le temps de ses effets[19]. Plusieurs procédés ont été imaginés dans la doctrine pour marquer la fin de l'acte administratif unilatéral, notamment l'abrogation et le retrait rétroactif.

L'abrogation d'un acte administratif pour l'avenir consiste à décider que pour l'avenir, l'acte cessera de produire tout ou partie de ses effets[20]. L'abrogation d'un acte réglementaire est toujours possible sur décision spontanée de l'administration, les administrés ne disposant d'aucun droit au maintien des règles générales[21], alors même qu'elles auraient été édictées pour une durée préfixée[22]. Le président de la République peut donc mettre fin à un acte administratif unilatéral par la technique de l'abrogation, si cet acte est contraire aux traités et accords internationaux régulièrement ratifiés par le Cameroun.

Le retrait rétroactif[23] de l'acte administratif quant à lui est une mesure grave par laquelle l'administration anéantit son acte non seulement pour l'avenir, mais encore pour le passé[24]. Le président de la République, pour garantir le respect des traités et accords internationaux, dispose ainsi du

[18]EISENMANN (C.), *Cours de droit administratif*, 1949-1950, 1956-1957, 1959-1960, tome II, Paris, LGDJ, 1983, P.367.

[19]MBALLA OWONA (R), *La notion d'acte administratif unilatéral au Cameroun*, Thèse de Doctorat/Ph.D, option droit public, Université de Yaoundé II Soa, 2010, p. 356.

[20] RICCI (J.-C.*), Droit administratif*, Paris, Hachette, 9e éd. 2014, p. 70

[21] CE, *Affaire Blanchet*, du 17 mars 1911.

[22] CE, *Affaire Syndicat de la meunerie à seigle*, du 25 juin 1954.

[23] Le retrait rétroactif de l'acte administratif régulier reste toutefois impossible s'il est créateur de droits. Voir en ce sens (CE, *Affaire Demoiselle Ingrand* du 1er décembre 1950). Il est en revanche toujours possible s'il n'a pas créé de droits (CE, *Affaire Carrel*, du 26 mai 1950). Pour le retrait rétroactif des décisions réglementaires irrégulières, elle est toujours susceptible d'être retirée si elle n'a pas créé de droit (CE, *Affaire Ponard*, du 14 novembre 1958) et ce retrait est même une obligation pour l'administration (CE, *Affaire Syndicat national des statistiques*, du 13 février 1948).

[24] Ricci (J-C), *Droit administratif*, op. cit., p. 70.

pouvoir de retirer de manière rétroactive des règlements pris en violation des engagements internationaux de l'État.

À côté de la garantie par les actes réglementaires du président de la République, ce dernier garantit également de manière directe le respect des traités et accords internationaux à travers son influence sur le pouvoir législatif.

B- La garantie sur les actes législatifs

Le président de la République garantit de manière directe le respect des traités et accords internationaux grâce à l'influence qu'il exerce sur le pouvoir législatif. Il convient de distinguer ici selon que cette influence est exercée avant **(1)** ou après l'adoption des textes législatifs **(2)**.

1- Avant l'adoption des textes législatifs

Avant l'adoption des textes législatifs, le président de la République dans but de garantir le respect des traités et accords internationaux peut influencer la procédure législative grâce à son pouvoir d'initiative des lois **(a)**, et à ses prérogatives sur la discussion et le vote des textes législatifs **(b)**.

a- La garantie par le pouvoir d'initiative des lois du président de la République

Selon les dispositions de l'article 25 de la Constitution camerounaise : *« l'initiative des lois appartient concurremment au président de la République et aux membres du Parlement »*. Quand le texte émane de l'exécutif, on parle de « projet de loi », tandis que lorsque l'initiative est du parlement on parle de « proposition de loi ». Ainsi, le projet de loi examiné en séance plénière est le texte déposé par le président de la République, de même que la proposition de loi examinée en séance plénière est le texte élaboré par l'auteur ou les auteurs de celle-ci[25]. Le président de la République dispose donc du pouvoir d'initier des projets de loi, dans le but de garantir le respect des traités et accords internationaux. Il s'agit donc d'un pouvoir constitutionnellement reconnu au président de la République, d'initier des mesures législatives ayant vocation à garantir la mise en œuvre effective des textes conventionnels.

De plus, l'article 36 de la Constitution camerounaise dispose quant à lui que « le président de la République, après consultation du président du Conseil Constitutionnel, du président de l'Assemblée nationale et du président du Sénat, peut soumettre au référendum tout projet de réforme qui bien que relevant du domaine de la loi, serait susceptible d'avoir des répercussions profondes sur l'avenir de la Nation et les institutions nationales (…) ». C'est le cas notamment des projets de loi tendant à la ratification des accords et

[25] Constitution camerounaise du 18 janvier 1996, article 29 alinéa 2.

traités internationaux, présentant par leurs conséquences, une importance particulière[26]. Que dire des prérogatives du président de la République dans la phase de discussion et de vote des textes de loi ?

b- Les prérogatives du président de la République dans la discussion et le vote des textes législatifs

Le chef de l'État peut également assurer de manière directe le respect des traités et accords internationaux, du fait de l'influence qu'il exerce ou des prérogatives qu'il a sur la discussion et le vote des textes de loi au Parlement. Dans la phase de discussion des textes législatifs, l'article 33 de la Constitution reconnaît au Premier ministre et aux autres membres du gouvernement, l'accès au Parlement et le pouvoir de participer aux débats. Le président de la République peut ainsi, en tant que chef de l'exécutif, influencer les discussions des textes de loi dans le but de garantir le respect des traités et accords internationaux. Il peut également, à sa demande, être entendu par l'Assemblée nationale, le Sénat ou les deux chambres réunies en congrès et peut également leur adresser des messages[27].

D'un autre point de vue, le président de la République peut accélérer la discussion des textes législatifs lorsqu'il en évoque l'urgence. C'est le sens des dispositions de l'article 30, alinéa 3 de la Constitution du Cameroun qui énonce que le Sénat doit statuer dans un délai de 10 jours à compter de la date de réception des textes transmis par le président de l'Assemblée nationale. Ce délai peut cependant être de 5 jours, pour les textes dont l'exécutif déclare l'urgence.

On ne saurait également méconnaître le rôle d'arbitre que joue le président de la République dans la phase de la navette parlementaire. En effet, en cas de rejet de tout ou partie du texte transmis au Sénat, le texte est retourné à l'Assemblée nationale pour un nouvel examen et le texte est adopté à la majorité absolue[28]. De plus, « *en cas d'absence de majorité absolue, le président de la République peut provoquer la réunion d'une commission mixte paritaire chargée de proposer un texte commun sur les dispositions rejetées par le Sénat* »[29]. Si la commission ne parvient pas à l'adoption par l'une et l'autre chambre du Parlement, le président de la République peut, soit demander à l'Assemblée nationale de statuer définitivement, soit déclarer caduc le projet ou la proposition de loi[30].

---

[26]*Constitution* du Cameroun, du 18 janvier 1996, article 36 alinéa 2.
[27]*Ibid*, article 32.
[28]*Constitution* du Cameroun, op. cit., article 30 alinéa 3(c).
[29]*Ibid*, article 30 alinéa 3 (c) (2).
[30]*Ibid,* article 30 alinéa 3 (c) (2).

La garantie directe du respect des traités et accords internationaux par le président de la République se renforce après l'adoption des textes législatifs.

2- La garantie après l'adoption des textes législatifs

Le président de la République peut également garantir le respect des traités et accords internationaux après l'adoption des textes législatifs, grâce à son pouvoir de demander une seconde lecture du texte à adopter (a) ou au refus de promulguer (b).

a- La demande d'une seconde lecture

Le président de la République peut garantir de manière directe le respect des conventions internationales en demandant une seconde lecture des textes qui lui sont soumis par le législatif, pour promulgation. En effet, selon les dispositions de l'article 19 alinéa 3 de la Constitution camerounaise : *« avant leur promulgation, les lois peuvent faire l'objet d'une demande de seconde lecture par le président de la République. Dans ce cas, les lois sont adoptées à la majorité absolue des députés »*. Cette demande de seconde lecture permet au président de la République de limiter l'entrée en vigueur des textes législatifs adoptés en violation des engagements internationaux souscrits par le Cameroun. Cette limitation vient du fait que l'article 19 alinéa 3 susvisé impose, en cas de demande de seconde lecture, l'adoption du texte à la majorité absolue des députés, alors que l'article 19 alinéa 1 dispose que : *« l'Assemblée nationale adopte les lois à la majorité simple des députés »*. Qu'en est-il du refus par le président de la République de promulguer la loi ?

b- Le refus de promulguer la loi par le président de la République

La procédure d'élaboration de la loi retient généralement comme principales étapes, l'initiative du texte qui est partagé entre l'exécutif et le législatif, la discussion du texte, le vote et l'adoption du texte, la promulgation et la publication. Étymologiquement, la promulgation signifie divulguer, rendre public. La promulgation intervient donc comme une formalité constitutionnellement obligatoire après l'adoption définitive d'une loi par le Parlement, aux fins de rendre celle-ci exécutoire comme loi de l'État[31].

Relativement à l'autorité compétente pour exercer cette compétence, la Constitution camerounaise pose clairement que c'est le président de la République qui promulgue les lois adoptées par le Parlement dans un délai de 15 jours à compter de leur transmission, s'il ne formule aucune demande de seconde lecture ou s'il n'en saisit le Conseil Constitutionnel[32]. Il ressort de

---

[31]FAVOREU (L.), Gaïa (P.), GHEVONTIAN (R.), Mestre (J.-L.), PFERSMANN (O.), ROUX (A.), SCOFFONI (G.), *Précis de droit constitutionnel*, Paris, Dalloz, 14e édition, 2011, p. 855.
[32]*Constitution* du Cameroun, op. cit., article 31 alinéa 1.

cette disposition que la promulgation peut être empêchée dans deux hypothèses. D'une part, on évoque la demande de seconde lecture qui a été analysée ci-dessus ; et d'autre part le contrôle de constitutionnalité qui est de nature à retarder ou empêcher la promulgation[33].

Le président de la République peut donc, de manière directe, garantir le respect des traités et accords internationaux en refusant de promulguer les lois qu'il juge contraires aux engagements internationaux de l'État. Cependant, cette garantie reste limitée par l'article 31 alinéa 2 de la même Constitution qui dispose que : « *à l'issue de ce délai, et après avoir constaté sa carence, le président de l'Assemblée nationale peut se substituer au président de la République* ».

Il ressort de ces premières analyses que le président de la République peut intervenir de manière directe pour garantir le respect des traités et accords internationaux, grâce à son pouvoir réglementaire d'une part, et à son influence sur les actes de législatifs d'autre part. Cependant, il convient de se demander si cette garantie ne peut uniquement se faire que de manière directe par le président de la République. À cette question, il convient de répondre par la négative, car, le président peut également garantir le respect des conventions internationales de manière indirecte.

II- La garantie indirecte

La garantie indirecte dans le cadre de cette analyse vise à prendre en compte les moyens dont dispose le président de la République pour garantir le respect des traités et accords internationaux par le biais d'une autre institution. Il s'agit en effet du pouvoir de saisine du Conseil Constitutionnel dont il convient d'analyser le contenu (A) et la portée (B).

A- Le pouvoir de saisine du Conseil Constitutionnel

La question de l'accès à l'instance contentieuse peut être déclinée sous quatre rubriques à savoir : la figure du titulaire du droit de saisine, l'objet de la saisine, les délais de recours et le coût de l'accès[34]. Dans le cadre de cette étude, on retiendra d'une part le fondement juridique de la saisine de la Cour constitutionnelle par le président de la République, les délais de recours et le

---

[33]FAVOREU (L.), Gaïa (P.), GHEVONTIAN (R.), MESTRE (J.-L.), PFERSMANN (O.), ROUX (A.), SCOFFONI (G.), *op. cit.* p. 855.

[34]OLINGA (A. D.), *Justice constitutionnelle et contentieux électoral : quelle contribution à la sérénité de la démocratie élective et à l'enracinement de l'État de droit ? Le cas du Cameroun*, Marrakech, Centre africain de Formation et de Recherche administratives pour le Développement, Conférence Panafricaine des Présidents des Cours Constitutionnelles et Institutions Comparables sur le Renforcement de l'État de Droit et la Démocratie à travers la Justice constitutionnelle, Fondation Hanns Seidel, 26-28 novembre 2012, p. 5

coût de la saisine (1), et d'autre part, l'objet de la saisine de la Juridiction constitutionnelle (2).

1- Le fondement juridique, les délais de recours et le coût de la saisine

Le président de la République garantit le respect des traités et accords internationaux, grâce au pouvoir de saisine du Conseil Constitutionnel dont il dispose. L'analyse du fondement juridique de ce pouvoir de saisine **(a)** précédera celle des délais de recours **(b)**.

a- Le fondement juridique de la saisine de la Cour par le président de la République

On entend par fondement juridique, la base légale qui donne la possibilité au président de la République de saisir le Conseil Constitutionnel. Ce fondement juridique ressort de l'article 47 alinéa 2 de la constitution qui dispose que : *« le Conseil Constitutionnel est saisi par le président de la République, le président de l'Assemblée nationale, le président du Sénat, un tiers des députés ou un tiers des sénateurs (...)* ». Cette disposition constitutionnelle reconnaît au président de la République le pouvoir de saisir le Conseil Constitutionnelle. Ce pouvoir de saisine constitue ainsi un moyen à sa disposition pour garantir le respect des traités et accords internationaux. En effet, il peut, avant toute promulgation d'un texte législatif, saisir le Conseil Constitutionnel aux fins de vérification de la conformité dudit texte, aux traités et accords internationaux. Ainsi, « *avant leur promulgation, les lois et les traités internationaux peuvent être déférés au Conseil constitutionnel par le président de la République (...)* »[35]. Cette saisine du Conseil constitutionnel suspend le délai de promulgation[36], qui est fixé selon les dispositions de l'article 31 de la Constitution camerounaise à quinze (15) jours à compter de la date de transmission du texte adopté par le Parlement. Que retenir des délais de recours ?

b- Les délais de recours et le coût de l'accès au juge

En ce qui concerne les délais de recours, ils sont pour le moins contraignants[37]. En effet, selon les dispositions de l'article 31 alinéa (1) : « *le président de la République promulgue les lois adoptées par le Parlement dans un délai de quinze (15) jours à compter de leur transmission s'il ne formule aucune demande de seconde lecture ou s'il n'en saisit le Conseil*

[35] *Constitution* du Cameroun, op. cit., article 47 alinéa 3.

[36] *Ibid*, article 47 alinéa 3, *in fine*.

[37] OLINGA (A.D), *Justice constitutionnelle et contentieux électoral : quelle contribution à la sérénité de la démocratie élective et à l'enracinement de l'État de droit ? Le cas du Cameroun*, op. cit, p. 7.

constitutionnel ». Le président de la République dispose ainsi de quinze jours dès la réception du texte adopté, pour saisir le juge Constitutionnel. Passé ce délai, son action peut être prescrite par la promulgation de la loi par le président de l'Assemblée nationale après le constat de la carence du président de la République.

« *S'agissant du coût de l'accès au juge, sauf les escouades de conseils dont les justiciables peuvent se doter, il est en principe nul* »[38]. En effet, la requête est dispensée de tout frais de timbre ou d'enregistrement[39]. Le coût de la saisine du juge constitutionnel ne constitue donc pas un obstacle, à l'exercice du droit de saisine du président de la République. On comprend d'ailleurs pourquoi le Professeur Alain Didier Olinga affirme que : « *ce n'est donc pas sur le terrain de son coût que l'accès au prétoire du juge constitutionnel est compliqué au Cameroun* »[40].

S'il est important de relever le fondement juridique de la saisine du juge constitutionnel par le président de la République, ainsi que les règles relatives aux délais de recours et au coût de la saisine, il n'en demeure pas moins important de présenter l'objet de la saisine.

2- L'objet de la saisine du juge constitutionnel par le président de la République

Le président de la République est l'une des autorités compétentes pour saisir le Conseil constitutionnel au Cameroun tel qu'il ressort de l'article 47, alinéa 2 sus-cité. Il reste qu'il faut déterminer l'objet de la saisine. Cette question relative à l'objet de la saisine renvoie au domaine de compétences de la Cour constitutionnelle. Relativement à ce domaine de compétence, il est déterminé par l'article 47, alinéa 1 de la Constitution camerounaise qui dispose que : « le Conseil constitutionnel statue souverainement sur :

- La constitutionnalité des lois, des traités et accords internationaux ;
- Les règlements intérieurs de l'Assemblée nationale et du Sénat avant leur mise en application, quant à leur conformité à la constitution ;
- Les conflits d'attribution entre les institutions de l'État, entre l'État et les régions entre les régions ».

Le président de la République peut donc saisir le Conseil constitutionnel, aux fins de vérification de la conformité des lois aux traités et accords

[38] *Ibid*, p.8.

[39] Voir, loi de 2004 portant organisation et fonctionnement du Conseil constitutionnel, en son article 42 alinéa 4.

[40] Olinga (A.D), *Justice constitutionnelle et contentieux électoral : quelle contribution à la sérénité de la démocratie élective et à l'enracinement de l'État de droit ? Le cas du Cameroun*, op. cit, p.8.

internationaux. En effet, aux termes de l'article 45 de la Constitution du Cameroun : « *les traités et accords internationaux régulièrement ratifiés ont, dès leur publication, une autorité supérieure à celle des lois, sous réserve pour chaque accord ou traité, de son application par l'autre partie* ». Cet article fonde juridiquement la supériorité des traités et accords internationaux sur la loi. En vertu du principe hiérarchique, la cohérence de l'ordre juridique est assurée par l'idée que le texte supérieur s'impose aux textes inférieurs et des mécanismes juridictionnels et non juridictionnels existent pour garantir cette cohérence[41]. C'est le contrôle de juridicité. Il comprend le contrôle de constitutionnalité des lois et celui de la légalité des actes administratifs.

Le contrôle de conventionalité quant à lui, n'est pas consacré de manière explicite dans les textes. En effet, « les textes n'en parlent pas, mais il faudrait songer à organiser formellement un contrôle de conventionalité sans quoi la supériorité de la convention internationale sur la loi serait un leurre[42]. Qu'à cela ne tienne, le président de la République peut saisir le Conseil constitutionnel en cas de doute sur la recevabilité d'un texte (a) et en cas de non-conformité de la loi aux traités et accords internationaux (b).

a- En cas de doute sur la recevabilité d'un texte

Lorsqu'il existe des doutes ou des litiges sur la recevabilité d'un texte, le président de la République, le président de l'Assemblée nationale ou un tiers des députés saisit le Conseil constitutionnel qui en décide[43]. Ainsi, s'il existe des doutes ou des litiges sur la recevabilité d'un texte, en raison de sa non-conformité aux engagements internationaux souscrits par le Cameroun, la Constitution reconnaît au président de la République, le pouvoir de saisir le Conseil constitutionnel pour que ce dernier se prononce sur le litige ou sur le doute concerné. Il s'agit donc d'un moyen indirect de garantie du respect des traités et accords internationaux, dans la mesure où le président de la République fait intervenir un organe tiers, pour l'exercice de cette garantie. Que dire du second moyen de garantie ?

b- En cas de non-conformité de la loi aux traités et accords internationaux

Il a été rappelé plus haut que le Conseil constitutionnel est compétent pour connaître du contrôle de constitutionnalité des lois. En effet, après l'adoption du texte par le parlement, son entrée en vigueur est conditionnée par la promulgation et la publication. La promulgation, encore appelée « *déclaration*

[41]TCHAKOUA (J.M.), *Introduction générale au droit camerounais*, Yaoundé, PUCAC, 2008, p. 89.

[42]*Ibid*, P.89.

[43] Voir article 18, alinéa 3 (b) de la Constitution du Cameroun.

d'existence de la loi »[44], intervient quinze jours après la réception du texte par le Chef de l'État. Ce délai peut cependant être suspendu par la saisine par le président de la République du Conseil constitutionnel. Cette saisine a pour objet de vérifier la conformité de la loi à la Constitution et aux traités et accords internationaux.

Le président de la République peut donc, lorsque tout ou partie d'un texte législatif contient des dispositions contraires à la constitution et aux traités et accords internationaux, et avant sa promulgation, saisir le Conseil constitutionnel aux fins de vérification de la conformité. Il s'agit encore là d'un moyen indirect de garantie du respect des traités et accords internationaux en ce sens que le président de la République ne vérifie pas *intuitu personae* la conformité du texte par rapport à la constitution et aux textes conventionnels, mais il confie l'exercice de ce contrôle à la Cour constitutionnelle qui en décide.

Dès lors, que peut-on retenir de la portée de la saisine du juge constitutionnel par le président de la République ?

B- La portée de la saisine du juge constitutionnel par le président de la République

L'étude de la portée de la saisine de la cour constitutionnelle permet d'analyser l'autorité et l'exécution des décisions du Conseil **(1)**, et d'autre part les effets de ces décisions **(2)**.

1- L'autorité et l'exécution des décisions du Conseil constitutionnel

L'autorité et l'exécution des décisions du Conseil constitutionnel sont consacrées dans le texte constitutionnel. En effet, les décisions du Conseil constitutionnel ne sont susceptibles d'aucun recours. Elles s'imposent aussi bien aux pouvoirs publics qu'à toutes les autres autorités administratives, militaires et juridictionnelles, ainsi qu'à toute personne physique ou morale[45]. L'analyse de l'autorité **(a)** précédera celle de l'exécution des décisions du Conseil constitutionnel **(b)**.

a- L'autorité des décisions du Conseil constitutionnel

Les décisions du Conseil constitutionnel sont revêtues de l'autorité de chose jugée. Elles ne peuvent ainsi faire l'objet d'aucun recours dans la mesure où ses décisions sont rendues en dernier ressort. Dans le contentieux constitutionnel français, plusieurs décisions se réfèrent à la notion de chose

---

[44]TCHAKOUA (J.M.), *Introduction générale au droit*, *op.cit.* p. 112.
[45] V. Article 50, alinéa 1 de la constitution.

jugée parlant des décisions du Conseil constitutionnel[46]. Conformément au schéma Kelsénien, chaque fois que la Cour constitutionnelle statue sur une loi de manière abstraite, la logique du système veut que sa décision soit revêtue d'une autorité absolue de chose jugée[47]. Cette décision doit avoir un effet *erga omnes.*

Ces décisions ont une autorité à portée absolue. En effet, les décisions du Conseil constitutionnel s'imposent à tous, au-delà même du cercle des parties au procès. Elles ont en effet autorité absolue de chose jugée, en ceci qu'elles ne peuvent faire l'objet d'aucun recours et elles s'imposent à toutes les autorités politiques, administratives et juridictionnelles[48]. Mais si les décisions du Conseil ont une autorité de chose jugée, cela ne signifie pas qu'elles aient valeur d'arrêts de règlement. Comme pour toutes les décisions juridictionnelles, l'autorité de chose jugée ne joue que si les litiges ont même cause, même objet et mêmes parties[49]. L'autorité de chose jugée est ainsi limitée à la déclaration d'inconstitutionnalité visant les dispositions soumises au contrôle du Conseil constitutionnel[50]. Ces décisions peuvent être invoquées à l'encontre d'une autre loi rédigée au surplus en termes différents[51].

Ce caractère des décisions du Conseil constitutionnel est complété avec sa force exécutoire qu'il convient à présent de présenter.

b- L'exécution des décisions du Conseil constitutionnel

Aux termes de l'article 50 sus-cité, les décisions du Conseil constitutionnel s'imposent aux pouvoirs publics et à toutes les autorités administratives et juridictionnelles.

En ce qui concerne l'exécution par les pouvoirs publics, le président de la République ne peut évidemment promulguer une loi déclarée inconstitutionnelle. Du moins, dans l'hypothèse où une disposition non conforme est déclarée séparée du texte, il dispose d'une alternative : soit il promulgue la loi amputée de cette disposition, soit il demande au Parlement une nouvelle lecture de la loi afin qu'elle puisse être complétée[52]. De même,

---

[46] V. la décision 88 – 244 DC du 20 juillet 1988, *Loi de l'amnistie,* qui se réfère expressément « à l'autorité de chose jugée attachée à la décision du Conseil constitutionnel du 22 octobre 1982 » ; voir aussi la décision du 8 juillet 1989 (89 – 258 DC, *Dix de Renault*) qui, pour la première fois, invalide une disposition législative pour violation de la chose jugée ; l'autorité de chose jugée est également invoquée par exemple dans les décisions 92 – 312 DC, *Maastricht II* ; et 97 – 394 DC du 31 décembre 1997, *Traité d'Amsterdam.*

[47] Favoreu (L), Gaïa (P), Ghevontian (R), Mestre (J-L), Pfersmann (O), Roux (A), Scoffoni (G), *Précis de droit constitutionnel, op. cit.* p. 246.

[48] *Ibid.,* p. 365.

[49] *Idem.*

[50] *Idem.*

[51] Voir, décision 88 – 244 DC du 20 juillet 1988, considérant 18.

[52] Voir, décision 85 – 197 DC, du 23 août 1985, *Consultation du Conseil d'État.*

le gouvernement doit lui aussi exécuter les décisions du Conseil constitutionnel en respectant l'autorité de chose jugée qui leur est rattachée.

En ce qui concerne le Parlement, il doit lui aussi respecter les décisions rendues par le Conseil constitutionnel. L'autorité de chose jugée peut être opposée aux dispositions qui ne font que reprendre celles déjà déclarées non conformes. Il a en effet été rappelé que c'est la décision 89 – 258 DC du 8 juillet 1989 « *Loi d'amnistie* » qui a invalidé pour la première fois en France, une disposition législative pour violation de l'autorité de chose jugée.

Pour ce qui est enfin de l'exécution par les autorités juridictionnelles, les juridictions judiciaires, administratives et les Cours sont également soumises à l'autorité de chose jugée par le Conseil constitutionnel. À côté de la force obligatoire des décisions rendues par le Conseil constitutionnel, il semble également important d'évoquer les effets de la saisine du juge constitutionnel par le président de la République.

2- Les effets de la saisine du juge constitutionnel par le président de la République

Il convient de distinguer ces effets selon qu'il s'agisse des dispositions déférées devant la Cour constitutionnelle **(a)** ou de la cohérence de l'ordre juridique national **(b)**.

a- Les effets sur les dispositions déférées devant le juge constitutionnel

Les textes déférés par le président de la République au Conseil constitutionnel peuvent connaître deux issues. Ils peuvent être déclarés conformes à la Constitution et aux traités et accords internationaux et ils peuvent aussi être déclarés non conformes aux textes supérieurs.

Dans le premier cas, le texte déclaré conforme sera promulgué et publié pour entrer dans l'ordonnancement juridique. Il va de ce fait produire tous ses effets de droit. Cette déclaration de conformité permet de garantir le respect des traités et accords internationaux ainsi que la Constitution de la République. Faut-il encore rappeler que l'article 45 de la Constitution camerounaise place les traités et accords internationaux au-dessus de la loi dans la hiérarchie des normes.

Dans le second cas, le texte déclaré non conforme ne saurait faire son entrée dans l'ordonnancement juridique. Ainsi, tout texte déclaré non conforme par le Conseil constitutionnel ne peut être promulgué par le président de la République[53]. Les textes déclarés contraires sont rejetés et ne peuvent produire des effets de droit dans la mesure où ils n'entreront pas en

[53] Article 50, alinéa 2 de la Constitution du Cameroun.

vigueur. Cette déclaration de non-conformité permet ainsi au président de la République de garantir, pour le moins de manière indirecte, le respect des traités et accords internationaux. Ainsi, lorsque le texte est déclaré non conforme, il est simplement écarté et ne le rentrera pas dans l'ordonnancement juridique. Si par contre certaines dispositions détachables du texte sont déclarées non conformes, le président de la République peut demander une seconde lecture du parlement dans le but de compléter le texte. À côté de ces effets relatifs au texte déféré devant le juge constitutionnel, il importe également d'aborder les effets relatifs à la cohérence de l'ordre juridique.

b- Les effets relatifs à la cohérence de l'ordre juridique

La saisine du Conseil constitutionnel par le président de la République permet de garantir la cohérence de l'ordre juridique. En effet, cette saisine a vocation à garantir la conformité des lois aux textes qui leur sont hiérarchiquement supérieurs. Le principe hiérarchique est un principe qui vise à garantir la cohérence de l'ordre juridique. Il établit une hiérarchie entre les différentes normes qui composent cet ordre juridique en posant clairement que les règles inférieures doivent être conformes aux règles supérieures dont elles tirent leur fondement.

La saisine du juge constitutionnel par le président de la République permet également de garantir l'État de droit en promouvant le respect du droit et en garantissant les droits et libertés fondamentaux du citoyen.

En définitive, il ressort de cette analyse que le président de la République est garant du respect des traités et accords internationaux, garantie qu'il assure soit de manière directe, soit de manière indirecte. De manière directe, il garantit le respecte des traités et accords internationaux à travers, non seulement son pouvoir réglementaire qui lui confère le pouvoir de créer des règles juridiques ou de contrôler celles créées par ses subordonnés, mais aussi du fait du pouvoir qu'il dispose sur les actes du pouvoir législatif avant et après l'adoption des lois.

Il exerce également cette garantie de manière indirecte à travers son pouvoir de saisine du Conseil constitutionnel dans le but de veiller à la conformité des textes législatifs aux normes qui leur sont supérieures. Cette garantie indirecte permet d'assurer la cohérence de l'ordre juridique, la garantie de l'État de droit et le respect des droits et libertés fondamentaux du citoyen.

Bibliographie indicative

- CARCASSONE (G.) et GUILLAUME (M.), *La Constitution, introduite et commentée*, préface de Georges VEDEL, Édition du Seuil, 12e édition.

- BILOUNGA (T.), « La crise de la loi en droit public camerounais », R.A.D.S.P, vol 1, N° 1, jan-juin 2013.

- DE BECHILLON (D.), « Le juge et son œuvre - un an de fabrication du droit administratif dans la jurisprudence du Conseil d'État », *in Mélanges Troper*, 1969.

- LACHAUME (J-F.), *La hiérarchie des actes administratifs exécutoires en droit public français*, LGDJ, Paris, 1966.

MILLARD (E.), « Qu'est-ce qu'une norme juridique ? », in *Cahiers du Conseil Constitutionnel*, N° 21, Dossier *la Normativité*, janvier 2007.

- RIVERO (J.) et WALINE (J.), *Droit administratif*, Dalloz, 18e édition, Paris, 2000.

- SCHMITZ (J.), *La théorie de l'institution du doyen Maurice Hauriou*, L'Harmattan, 2013.

- NTONGA BOMBA (S.V.), « La procédure législative devant l'Assemblée nationale du Cameroun », CAFRAD, Tanger, Maroc, 2002.

LE POUVOIR NORMATEUR DU PRÉSIDENT DE LA RÉPUBLIQUE AU CAMEROUN

Lazare II AMYE ELOUMA

La séparation des pouvoirs est le principal modèle d'organisation des fonctions et des organes constitutionnels dans les démocraties. Elle consacre d'une part la spécialité des fonctions et d'autre part l'autonomie des pouvoirs[1]. Il y a lieu d'établir désormais un *distinguo* entre les trois pouvoirs que sont le législatif, le judiciaire et l'exécutif. Ainsi, si le législatif vote les lois, l'exécutif applique ces dernières et le judiciaire sanctionne leur violation.

Seulement, par ces temps d'édification plus ou moins contestable de la démocratie en Afrique en général et au Cameroun en particulier[2], le pouvoir

[1]ABANE ENGOLO (P.E.), ***L'application de la légalité par l'administration au Cameroun***, Thèse de doctorat Ph.D en droit public, Université de Yaoundé II, FSJP, 2 avril 2009, p.3

[2]« *L'histoire du Cameroun est jalonnée par deux dates presque d'égale importance : 1960 constituant l'indépendance avec le début d'exercice des compétences nationales et internationales d'un État devenu véritable sujet de droit et 1990, constituant l'éveil à la démocratie et le début d'un encadrement juridique réalisant l'évolution vers un État de droit. L'accession à l'autonomie des États d'Afrique a été réalisée à des échéances chronologiques variées, mais le rendez-vous de la démocratie et l'État de droit ont mobilisé toutes les forces vives et progressivement les pouvoirs politiques de gré ou de force. Les processus étaient sanctionnés par la tenue des premières élections pluralistes. Les déclarations du président Paul BIYA confondent nettement les ambitions unanimistes du système politique contesté : « il faut bien considérer aussi que d'autres valeurs de référence peuvent exister. Il faut bien considérer aussi que d'autres courants de pensée qui existent qu'il faudra prendre en compte, combattre ou intégrer. Notre parti est fort, certes, mais il doit dès aujourd'hui se préparer à la concurrence (...) ». Ces propos du chef de l'État camerounais tenus à un moment historique particulier annonçaient le début d'une nouvelle aventure sociopolitique. Cette nouvelle donne politique s'inscrit dans une logique de profonde remise en cause des « certitudes classiques ». Elle renouvelle le souci de recomposition politique face à un monde en pleine mutation : Les divisions idéologiques cessent de régenter les relations internationales : Les distinctions raciales disparaissent progressivement de la société politique sud-africaine, les dernières élections qui viennent de porter au pouvoir le leader historique Nelson MANDELA et son parti l'A.N.C, ouvrent une ère nouvelle dans ce pays. Ces premières élections multiraciales ont sonné le glas de l'apartheid et organisé une alliance entre État de droit et démocratie. Cela s'est également confirmé au-delà du continent africain. Le mur de Berlin n'est plus que ruines et avec son effondrement, conséquence de la destruction des bases staliniennes du pouvoir, c'est toute une référence politique qui entre sans beaucoup de regret aux calandres de l'histoire.*

Nous assistons en définitive au triomphe du libéralisme politique et économique. L'émergence de la démocratie et du libéralisme est à la mesure de l'échec de l'unanimisme et du communisme. La nervure centrale du pouvoir cesse d'être le parti comme dans les pays de

exécutif semble dorénavant être la pièce maîtresse de régulation, ou tout au moins le principal centre d'impulsion politique du fonctionnement de l'État. De ce fait, comme il a été évoqué précédemment, c'est à ce pouvoir que revient la mission substantielle d'exécuter les lois. Quoiqu'en sus de cette mission, il faut ajouter que « *l'exercice de ce pouvoir ne se ramène plus uniquement à l'exécution des lois au plein sens du terme, mais également, à l'édiction véritable des actes juridiques* »[3], des normes. Sur la base de ces considérations, les autorités du pouvoir exécutif ont la latitude d'édicter des actes destinés à produire des effets de droit[4] ou par synonymie des normes. Et parmi ces autorités du pouvoir exécutif, figure en bonne place le président de la République, *véritable machine à sécréter des normes.*

Clé de voûte du système politique camerounais et pas seulement, le président de la République est tout aussi l'élément central de l'appareil administratif de l'État. C'est la raison pour laquelle en tant qu'autorité politique et administrative, ce dernier bénéficie d'un véritable pouvoir normateur ; qu'il faut considérer comme étant la capacité reconnue à certaines autorités ou institutions d'édicter des normes. Des normes posées[5].

---

tendance marxiste-léniniste, l'exercice du pouvoir cesse d'être affaires d'un homme, d'un groupe ou d'une communauté ethnique ou tribale comme c'était jusque-là le cas dans la majorité des États d'Afrique. Avec l'émergence de l'universalité des droits de l'homme et la reconnaissance de la dignité humaine en deçà et au-delà des Pyrénées, c'est un nouveau contrat social qui se reconstruit dans le monde et notamment en Afrique après plus d'un quart de siècle des indépendances : trente années de pouvoir absolu et de l'arbitraire érigés en règle, l'incertitude d'un avenir encore tumultueux reste à l'image des « certitudes » hasardeuses des modèles de construction de l'État. L'histoire des années 1990 fait apparaître le souci de construction des États de droit et d'une démocratie participative. Tous les discours politiques s'inscrivent dans cette logique dont la convergence pourrait surprendre à juste titre, mais la réalisation devrait être évaluée à l'épreuve des faits. En réalité, chaque État soucieux de contenir la montée des forces nouvelles précipite les mutations tout en évitant d'être débordé et partant, de voir l'histoire s'écrire par d'autres. La réalité économique catastrophique doit entretenir le nouveau discours de l'État de droit et de la démocratisation. C'est ce changement de cap qui préoccupe l'essentiel de nos développements qui, en se limitant dans le cas du Cameroun, donnent les indicateurs de l'allure du phénomène dans les pays situés au sud du Sahara. Ils peuvent inspirer les transitions opérées dans d'autres pays dès lors que le Cameroun est considéré comme cette « Afrique miniaturisée ». Depuis 1990, le Cameroun s'est engagé de manière définitive dans la voie de la démocratisation et de la construction d'un État de droit. La particularité se situe moins dans les concepts que dans les processus », in NGUELE ABADA (M.), *ÉTAT DE DROIT ET DÉMOCRATISATION. Contribution à l'étude de l'évolution politique et constitutionnelle au Cameroun*, Thèse de doctorat en droit public, nouveau régime, Tome 1, Université de Paris 1- Panthéon Sorbonne, 12 janvier 1995, pp.1-3.

[3] ESSOMBA (A.L.), *Le domaine du pouvoir réglementaire du Premier ministre au Cameroun*, Thèse de doctorat Ph. D. en droit public, Université de Douala, FSJP, 2012, P.92.

[4] CORNU (G.), *Vocabulaire juridique*, 11e édition mise à jour, Quadrige, PUF, 2016, p.23.

[5] Sur la positivité des normes, Hans KELSEN pense qu'« *une norme posée par un acte de volonté qui a lieu dans la réalité est une norme positive. Du point de vue du positivisme moral ou juridique n'entrent en considération, comme objets de connaissance que les normes positives, c'est-à-dire posées par des actes de volonté et plus précisément par des actes de*

Le monème ''*norme*'' tire sa source du latin *norma* et a pris dans la langue allemande le caractère d'un vocable d'emprunt par lequel on désigne un commandement, un ordre, une prescription[6]. En effet, ce sont les travaux du maître de Vienne, **Hans KELSEN,** qui ont vulgarisé ledit terme. Même si dès le XIXe siècle, l'usage de ce mot a commencé à se répandre dans la théorie juridique allemande[7]. Ainsi, le recours au concept de ''*norme*'' dans la théorie kelsénienne repose sur deux logiques : la première est de mobiliser un concept plus général que les concepts classiquement utilisés jusqu'alors comme celui de règle ou celui de loi. La seconde réside dans le fait de permettre la constitution d'une théorie générale du droit positif reposant sur l'analyse du rapport entre diverses normes au sein d'un même système juridique[8].

In fine, la norme désigne toute règle « *juridiquement obligatoire, quels que soient sa source, son degré de généralité, sa portée* »[9]. Elle peut avoir un caractère individuel ou général. Ainsi, une norme présente un caractère individuel si elle pose comme obligatoire, un comportement déterminé pour un individu dans une circonstance particulière et unique[10]. Quant à son caractère général, la norme pose comme obligatoire, un comportement déterminé ou général[11].

Quant à l'institution présidentielle, c'est une institution à la représentation personnalisée et l'une des plus importantes dans l'État. Il s'agit en l'occurrence de la personne qui exerce la réalité du pouvoir exécutif[12] au Cameroun. Si le professeur **Michel DE VILLIERS** pense que le président de la République est la « *dénomination en régime républicain de la fonction de chef de l'Etat (...)* »[13], et le Lexique des termes juridiques d'ajouter que « *c'est*

---

volonté humaine. Les normes qui sont posées par des actes de volonté humaine ont au sens propre du terme un caractère arbitraire. Ce qui signifie que, dans ces normes, n'importe quel comportement peut être statué comme étant obligatoire. L'hypothèse selon laquelle il faudrait qu'il y ait des normes qui ne proviennent pas de l'arbitraire, conduit à la notion de normes qui ne sont pas la signification d'actes de volonté humaine. Des normes qui ne sont absolument pas la signification de quelques ''actes'' que ce soit ou la signification d'actes de pensée, ou, si elles sont la signification d'actes de volonté qui ne sont pas la signification d'actes de volonté humaine, mais d'actes de volonté supra-humaine (en particulier la signification d'actes de volonté divine) », in KELSEN (H.), *Théorie générale des normes*, P.U.F., 1996, pp.5-6.

6 *Ibid.*, p.1.

7 MILLARD (E.), « Qu'est-ce qu'une norme juridique ? », in *Cahiers du Conseil Constitutionnel*, N° 21, Dossier *la Normativité*, janvier 2007, p.1.

8 *Idem.*

9 CORNU (G.), *Vocabulaire juridique*, op.cit., p.882.

10 KELSEN (H.), op.cit., p.9.

11 *Idem.*

12 ABANE ENGOLO (P.E.), « L'empêchement définitif du président de la République en droit camerounais », RADP, EDKL, Vol. I, n° 1, juin. - déc. 2012, p.183.

13 DE VILLIERS (M.), *Dictionnaire de droit constitutionnel*, Paris, Armand Colin, 5e édition, 2005, P.212

le titre du chef de l'Etat dans une République »[14]. D'emblée, le président de la République au Cameroun émerge dans sa primauté et sa préséance. Il est le chef, chef de l'institution qui englobe et surplombe toutes les institutions sociales. C'est le chef de tous les chefs au sein de l'État[15]. Cette hauteur de la chefferie présidentielle[16] explique que le président de la République trône au sommet de l'exécutif. Ce qui lui confère un véritable pouvoir normateur, lui permettant *ipso jure* d'administrer l'État conformément aux articles 5 et 8 de la loi constitutionnelle du 18 janvier 1996.

Au regard de la loi fondamentale, le président de la République, parce qu'il est à la tête du pouvoir exécutif au Cameroun, exerce assurément un pouvoir normateur dont le but est d'affecter l'ordonnancement juridique et d'être opposable aux administrés. Et puisque le pouvoir exécutif a généralement une fonction politique et une fonction administrative[17], il est évident que le lien entre ces deux fonctions réside dans le fait que l'administration est le bras séculier du gouvernement[18]. Ces fonctions lui sont données parce que le chef de l'État, chef de l'exécutif, doit mettre en œuvre la politique établie par le truchement de son pouvoir normateur.

Fort de ce constat, s'il y a plus lieu de se demander comme l'avait fait en son temps le professeur **Pierre AVRIL**, « *un président pour quoi faire ?* »[19] ; il résulte que le président de la République se présente à la fois comme une autorité politique et administrative pouvant édicter des normes. Ainsi, mener une étude sur le pouvoir normateur du président de la République au Cameroun peut conduire à l'interrogation suivante : **quelle est la spécificité du pouvoir normateur du président de la République au regard du droit positif camerounais ?** Le vocable ''*spécificité*'' est bienvenu ici en raison du fait que le président de la République n'est pas le seul à disposer d'un pouvoir normateur dans l'État.

La réponse avancée en guise d'hypothèse se décline ainsi qu'il suit : **la spécificité du pouvoir normateur du président de la République au Cameroun réside dans le fait qu'il est binaire au regard du droit positif. Il est binaire parce que reposant à la fois sur la fonction politique et la fonction administrative du pouvoir exécutif**. La démonstration à faire dans

---

[14]GUINCHARD (S.) (S. dir), DEBARD (T.), *Lexique des termes juridiques*, Dalloz, 25e édition, 2017-2018, p.1592.
[15]OLINGA (A. D.), *La Constitution de la République du Cameroun*, Les Éditions terres africaines, Presses de l'UCAC, 2006, p.65.
[16]*Idem.*
[17]ABANE ENGOLO (P.E.), *L'application de la légalité par l'administration au Cameroun*, op.cit. P.4
[18]*Ibid.*, p.7.
[19]Le professeur Pierre AVRIL se posait cette question en 1965. Pour plus de détails sur la question, lire utilement Marie-Claire PONTHOREAU, « Le président de la République. Une fonction à la croisée des chemins », *Pouvoirs* 2001/4 (N° 99), pp. 33-44.

l'analyse de cette préoccupation entraîne le questionnement du droit positif et de la doctrine.

Au total, la démarche méthodologique positiviste adoptée au sujet du pouvoir normateur du président de la République au Cameroun va impliquer deux mouvements divergents. Lesquels mouvements seront adossés sur une argumentation juridique dont le caractère propre est une question de degré par rapport aux autres disciplines. Ainsi, « *les juristes sont conduits à plus argumenter, idéalement à mieux argumenter que les autres (...)* »[20]. L'hypothèse générale évoquée plus haut implique une démonstration aux deux mouvements divergents ci-après : le pouvoir normateur incident du président de la République : l'influence sur la fonction législative **(I)** et le pouvoir normateur évident du président de la République : l'emprise sur l'émission des règlements **(II)**.

I- Le pouvoir normateur incident du président de la République : l'influence sur la fonction législative

L'un des éléments qui soit visible dans la loi constitutionnelle du 18 janvier 1996 au Cameroun est manifestement l'élévation du président de la République non seulement au-dessus de la gestion quotidienne des affaires étatiques, mais aussi sur l'ensemble des institutions républicaines. À la lecture du texte constitutionnel, il y a lieu de se rendre compte de la transcendance du pouvoir présidentiel. En effet, véritable chef du pouvoir exécutif dans lequel il n'a aucun concurrent, le chef de l'État est le maître du jeu politique, car il incarne l'État aussi bien dans ses rapports avec la communauté nationale qu'avec les sujets de droit international. De telles attributions étendues au sein de l'exécutif font du président de la République du Cameroun, « *le principal pôle d'attraction du pouvoir d'État* »[21]. Sous ce regard, puisque la loi fondamentale fait de lui le principal pôle d'attraction de l'État, il y a lieu de constater qu'au-delà du pouvoir exécutif, le président de la République exerce un pouvoir normateur important dans ses relations avec les autres pouvoirs constitutionnels, notamment le pouvoir législatif.

Et c'est bien en raison de ce que le président de la République a un pouvoir normateur au-delà du pouvoir exécutif, sa sphère compétentielle naturelle que celui qu'il exerce sur le pouvoir législatif est qualifié ''*d'incident*''. Est incident selon la langue française, ce « *qui se produit par hasard ; accessoire, occasionnel* »[22]. Mieux encore, c'est un évènement peu important en lui-même, mais capable d'entraîner de graves conséquences. Il en ainsi du

---

[20]GOLTZBERG (S.), *L'argumentation juridique*, Dalloz, 3e édition, 2017, p.4.
[21]MBPILLE (P.E.), *Le président de la République en droit constitutionnel camerounais*, Thèse de Doctorat Ph.D en droit public, Université de Yaoundé II, FSJP, Novembre 2015, p.243.
[22]*Le Larousse de poche 2003*, p.417.

pouvoir normateur du président de la République qui influence sur la fonction législative.

En réalité, le pouvoir normateur incident du président de la République s'observe sur la fonction législative en deux temps. En effet, ce pouvoir normateur incident est direct (A), et son caractère indirect (B) peut également être soulevé.

A- Le pouvoir normateur incident direct : l'édiction concurrentielle et déléguée des normes

Le pouvoir législatif est l'organe chargé de voter et d'adopter les lois dans un État. Au Cameroun, ce pouvoir est détenu par un parlement bicaméral, constitué de deux chambres que sont l'Assemblée nationale et le Sénat[23]. Ces deux institutions dont l'une des fonctions les mieux établies est de confectionner les lois connaissent une incursion du président de la République dans cette sphère législative ; au point où ce dernier a un pouvoir normateur dans la fonction législative du parlement. Ce pouvoir normateur confère alors un statut de législateur qui fait de lui un législateur concurrentiel **(1)** et un délégué **(2)**.

1- Le président de la République, un normateur législatif concurrentiel

En sa qualité de chef de l'État, le président de la République, au regard du droit constitutionnel camerounais, a un pouvoir normateur dans la fonction législative du parlement. En effet, la qualité de normateur législatif concurrentiel du président de la République peut s'observer sur deux axes en droit positif camerounais. Si d'une part, il faut considérer l'initiative partagée des lois en amont entre le président de la République et le parlement, d'autre part il faut noter la promulgation des lois.

Relativement à l'initiative partagée des lois, elle tire son fondement de l'article 25 de la loi constitutionnelle du 18 janvier 1996. Cet article énonce en substance que, « *l'initiative des lois appartient concurremment au président de la République et aux membres du Parlement* ». C'est l'une des bases du pouvoir normateur du président de la République dans la fonction législative. Et pour comprendre qu'il s'agit d'un véritable pouvoir normateur, il faut revenir sur la définition du concept ''*d'initiative de la loi*''. Il peut s'appréhender comme cette « *procédure qui consiste à déclencher l'opération de fabrication de la loi* »[24]. En effet, pour qu'un projet de texte puisse se transformer en une loi, une prescription générale, impersonnelle, permanente

[23]cf. Article 14 de la loi constitutionnelle du 18 janvier 1996.

[24]NTONGA BOMBA (S.V.), « La procédure législative devant l'Assemblée nationale du Cameroun », CAFRAD, Tanger, Maroc, 2002, p.7.

et obligatoire, plusieurs opérations ou actes préparatoires sont indispensables[25]. Étant donné que c'est le président de la République qui trône au sommet de l'exécutif, tout projet de loi qui émane de ce pouvoir est analysé comme une initiative du chef de l'État[26].

De plus, s'il faut se référer au fonctionnement de la procédure législative au parlement camerounais, constat est fait selon lequel les projets de loi du chef de l'État priment sur les initiatives parlementaires. Cet état de choses se manifeste par la « *prégnance des projets de loi, et une subsidiarité des propositions de loi* »[27]. Cette implication et cette participation du président de la République dans le domaine de la loi sont encore plus visibles dans l'exclusivité de la compétence du chef de l'État en matière d'élaboration de la loi des finances. Ici, seule l'initiative présidentielle est admise ; le parlement se contentant de voter le budget de l'État. Ce pouvoir normateur du président de la République dans la fonction législative en amont laisse transparaître celui existant en aval qu'est la promulgation des lois[28].

Le vote d'une loi par les parlementaires ne la rend pas directement exécutoire ou opposable. Il faut attendre que le président de la République fasse usage de son pouvoir normateur par le biais de la promulgation pour qu'une loi entre en vigueur et soit opposable conformément à l'article 31 de la loi constitutionnelle du 18 janvier 1996[29]. En effet, la promulgation s'entend comme étant l'action par laquelle « *le chef de l'État authentifie la loi et la rend exécutoire* »[30]. Sous ce rapport, il va de soi que par principe, la promulgation de la loi ne relève pas de la compétence du pouvoir législatif[31]. C'est une manifestation du pouvoir normateur incident du président de la République parce qu'intervenant dans la procédure législative.

Certes la promulgation des lois n'est pas une compétence exclusive du chef de l'État dès lors qu'à l'issue d'un délai de quinze jours à compter de leur

---

[25]EFOUA MBOZO'O (S.), « Pratiques et procédures parlementaires », Yaoundé, 1999, pp.17-21, cité par Serge Vincent NTONGA BOMBA, Ibidem.

[26]L'article 29 alinéa 2 de la loi constitutionnelle du 18 janvier 1996 dispose que « *le projet de loi examiné en séance plénière est le texte déposé par le président de la République* ».

[27]MBPILLE (P.E.), op.cit., p.246.

[28]C'est la marque même de l'édiction des normes par le président de la République dans le domaine législatif.

[29]Article 31 (1) « *Le président de la République promulgue les lois adoptées par le parlement dans un délai de quinze (15) jours à compter de leur transmission, s'il ne formule aucune demande de seconde lecture ou s'il n'en saisit le Conseil constitutionnel.*

(2) À l'issue de ce délai, et après avoir constaté sa carence, le président de l'Assemblée nationale peut se substituer au président de la République.

(3) La publication des lois est effectuée au Journal officiel de la République en français et en anglais ».

[30]CARCASSONE (G.) et GUILLAUME (M.), *La Constitution, introduite et commentée*, préface de Georges VEDEL, Édition du Seuil, 12e édition, 2014, p.91.

[31]OLINGA (A. D.), *La Constitution de la République du Cameroun*, op.cit., p.132.

transmission, ou s'il ne saisit pas le Conseil constitutionnel, « e*t après avoir constaté sa carence, le président de l'Assemblée nationale peut se substituer au président de la République* »[32]. Au regard de cet état de choses, il s'avère que la promulgation des lois est une compétence partagée entre le président de la République et le président de l'Assemblée nationale. Même si l'intervention de ce dernier demeure accessoire, aléatoire et conditionnelle[33] étant donné qu'il faut d'abord constater la carence du titulaire principal du pouvoir normateur de promulgation au-delà des quinze jours attribués par la Constitution à cet effet[34].

In fine, il y a lieu de conclure qu'à la phase d'initiative de la loi comme à la phase finale de promulgation, le pouvoir normateur du président de la République est présent dans la fonction législative ; ce qui fait du chef de l'État un normateur législatif concurrentiel vis-à-vis des membres du parlement. Qu'en est-il du normateur législatif délégué qu'est tout aussi le président de la République ?

2- Le président de la République, un normateur législatif délégué

Le titre IV de la loi constitutionnelle du 18 janvier 1996 réservé aux rapports entre le pouvoir exécutif et le pouvoir législatif prévoit en son article 28 que, « *les matières énumérées à l'article 26, alinéa 2 ci-dessus, le parlement peut autoriser le président de la République, pendant un délai limité et sur des objets déterminés, à prendre des ordonnances* ». Là réside l'un des fondements de l'incursion du président de la République dans la fonction législative, en lui conférant un pouvoir normateur par le biais des ordonnances. Considérées à juste titre comme des actes juridiques de valeur législative ou constitutionnelle pris par un organe exécutif en raison de circonstances particulières[35], les ordonnances sont des « *actes juridiques qui symbolisent à juste titre le statut de législateur délégué du chef de l'État* »[36].

Si le pouvoir normateur est ce pouvoir d'édicter des normes opposables, il est convenable d'avancer que le président de la République édicte des normes qui ressortissent du domaine législatif par le biais des ordonnances assujetties au départ par la loi d'habilitation et à la fin par la loi de ratification.

Les ordonnances marquent la participation du président de la République à l'édiction des lois en général. C'est une manifestation du pouvoir gouvernemental qu'il exerce, se caractérisant par la fonction d'animer et de diriger le mouvement de législation. Il s'agit là d'une compétence déléguée

---

32 cf. alinéa 2 article 31 loi constitutionnelle du 18 janvier 1996.
33 MBPILLE (P.E.), op.cit., p.249.
34 *Idem.*
35 CABRILLAC (R.) (Dir.), *Dictionnaire du vocabulaire juridique*, Paris, Litec, LenixNexis, 3e édition, 2008, p.296.
36 MBPILLE (P.E.), op.cit., p.251.

du chef de l'État dès lors que le parlement émet au départ son consentement par la loi d'habilitation[37], laquelle permet au président de la République de prendre des ordonnances dans les matières réservées au pouvoir législatif. Ainsi, à travers la loi d'habilitation qui matérialise le consentement du parlement à investir momentanément le chef de l'État de la compétence législative. Ici, le président de la République n'est plus simplement exécutant de la loi, il la conçoit aussi tout en étant le détenteur temporaire du pouvoir législatif[38] que lui confère la loi d'habilitation. Ainsi, le consentement *ex ante* accordé par le parlement est nécessaire pour que les ordonnances produisent des effets de droit[39], en qualité d'actes réglementaires, tant que l'institution législative n'a pas refusé de les ratifier. Encore qu'il faut un consentement *ex post* par voie de loi de ratification de cette institution législative afin que les ordonnances aient un caractère législatif.

La loi de ratification sanctionne en aval les ordonnances présidentielles pour qu'elles aient définitivement un caractère législatif. Elle exprime alors le consentement *ex post* du parlement pour valider l'acte législatif du chef de l'État. De ce fait, la doctrine et le droit positif s'arriment pour établir que « *tant qu'elles ne sont pas ratifiées, les ordonnances restent des actes administratifs dont la légalité peut être discutée par le recours pour excès de pouvoir ou par voie de l'exception d'illégalité* »[40].

In fine, si le président de la République au regard du droit positif camerounais a un pouvoir normateur qui influence le fonctionnement de l'institution qui confectionne les lois, de par sa qualité de ''*législateur*'', il reste que ce dernier a toujours, selon la loi fondamentale de 1996, une prérogative dans le travail parlementaire qu'on appelle la seconde lecture.

B- Le pouvoir normateur incident indirect : le cas de la seconde lecture

Pour qu'un projet ou une proposition de texte puisse se muer en une loi, expression de la volonté générale, il faut assurément l'intervention d'un

---

[37]« *Nom souvent donné, en doctrine et en pratique, à la procédure par laquelle une autorité publique en autorise une autre à faire quelque chose que sans cette permission elle ne pourrait pas se faire. Ex. les lois d'habilitation par lesquelles le Parlement autorise le gouvernement à prendre des (...) ordonnances ayant certains caractères législatifs* », in CORNU (G.), *Vocabulaire juridique*, op.cit., p.505.

[38]MBPILLE (P.E.), op.cit., p.252.

[39]Il en est ainsi du statut des personnes à l'instar de l'Ordonnance N° 81 du 29 juin 1981 portant organisation de l'état civil et des diverses dispositions relatives à l'état des personnes physiques. C'est aussi le cas en matière de finances publiques, notamment l'Ordonnance N° 2018/002 du 4 juin 2018 modifiant et complétant certaines dispositions de la loi N° 2017/021 du 20 décembre 2017 portant loi de finances de la République du Cameroun pour l'exercice 2018.

[40]À ce sujet, lire l'article 28 de la loi constitutionnelle du 18 janvier 1996, et GUINCHARD (S.), DEBARD (T.), *Lexique des termes juridiques*, op.cit., p.1267.

certain nombre d'actes et de techniques dont certains entrent dans les travaux préparatoires de la loi et d'autres participent à son adoption définitive[41] par le parlement. Et parmi ces travaux préparatoires pouvant entrer dans la confection de la loi au parlement, la seconde lecture peut y trouver une place de choix.

Consignée dans les articles 19 (3), 24 (3) et 63 (3) de la loi constitutionnelle du 18 janvier 1996, la seconde lecture se confond avec la notion de *nouvelle délibération* en droit parlementaire français. Le Lexique de droit constitutionnel appréhende cette notion comme « *l'examen d'une question par une assemblée et la décision la concluant* »[42]. Les éminents professeurs **Pierre AVRIL** et **Jean GICQUEL** continuent en avançant qu'« *avant de promulguer une loi le président de la République peut demander une nouvelle délibération de celle-ci* »[43]. Ainsi consacré, le concept de seconde lecture en droit parlementaire camerounais renvoie à la notion de *nouvelle délibération* établie en droit parlementaire français. « *De plus, qu'il s'agisse de seconde lecture ou de nouvelle délibération, toutes les définitions retenues s'accordent sur le fait qu'il s'agit d'un examen opéré par une assemblée législative sur une loi à la demande du président de la République* »[44].

Le pouvoir normateur incident du président de la République dans la fonction législative s'observe aussi dans la seconde lecture, car comme l'a énoncé le Conseil constitutionnel français, c'est une « *prérogative traditionnelle reconnue au chef de l'État* »[45] et d'une « *phase législative complémentaire de la procédure législative* »[46].

Pour se convaincre que la seconde lecture constitue un pouvoir normateur du président de la République dans la fonction législative, il y a lieu de constater *primo* que la seconde lecture se manifeste comme l'intervention du

---

[41] NTONGA BOMBA (S.V.), « La procédure législative devant l'Assemblée nationale du Cameroun », op.cit., p.7.

[42] AVRIL (P.) et GICQUEL (J.), *Lexique de droit constitutionnel*, PUF, 4e édition, août 2014, p.40.

[43] Idem.

[44] MBENGUE EYOUM (D.), *La seconde lecture en droit parlementaire camerounais*, Mémoire de Master en droit public, Université de Yaoundé II, FSJP, 2015-2016, p.12.

[45] CC, Décision N° 85-197, DC du 23 août 1988, Évolution de la Nouvelle-Calédonie. La cour énonce en substance que, « *(13). Considérant que l'article 10 de la constitution dispose que : le président de la République (...) peut (...) demander au parlement une nouvelle délibération de la loi ou de certains de ses articles. Cette nouvelle délibération ne peut être refusée.*
(14). Considérant que l'exercice de la prérogative conférée au président de la République par le deuxième alinéa de l'article 10 précité n'est soumis à aucune autre condition que celles résultant de ce texte (...) »

[46] « *(23). Considérant que, lorsque le président de la République décide de recourir à la seconde lecture prévue par l'article 23 de l'ordonnance du 7 novembre 1958 (...) il ne s'agit pas du vote d'une loi nouvelle, mais dans l'intervention dans la procédure législative en cours, d'une phase complémentaire (...)* ».

pouvoir normateur du président de la République dans la délibération parlementaire **(1)** tout comme elle est une directive présidentielle à l'égard du parlement **(2)**.

1- L'intervention du pouvoir normateur du président de la République dans la délibération parlementaire

La confection de la loi au parlement camerounais respecte un canevas bien déterminé. Si, avant la consécration normative de la loi par le président de la République, les deux étapes préalables que sont l'initiative de la loi et son adoption sont importantes, il reste que dans cette phase qu'on peut aussi qualifier de délibération parlementaire le pouvoir normateur du chef de l'État peut surgir par le truchement de la seconde lecture.

La seconde lecture représente le pouvoir normateur incident indirect du chef de l'État. Indirect parce qu'ici, le président de la République n'édicte pas directement la norme. Mais il peut demander au parlement de revoir certaines dispositions d'une loi déjà adoptée et qui sera promulguée par lui ; c'est-à-dire opposable aux tiers. Saisir la seconde lecture comme pouvoir normateur incident indirect du chef de l'État demande qu'on s'intéresse à l'intervention du président de la République dans la délibération parlementaire. Aussi faut-il s'attarder sur l'exclusivité reconnue au chef de l'État dans le déclenchement de la seconde lecture, lequel déclenchement est inconditionnel.

Au regard de l'article 31 alinéa 1 de la loi constitutionnelle du 18 janvier 1996, le président de la République, dans les délais liés à la promulgation de la loi, peut retourner un texte à l'institution parlementaire pour une révision de la future norme. En effet, lorsque la loi votée par le parlement est transmise au président de la République, il doit la promulguer dans les quinze jours suivant son adoption. Il est affirmé que si la loi est adoptée dans le cadre de la procédure normale, la date de sa consécration normative sera maîtrisée dans la mesure où il faudra juste compter les quinze jours prévus pour la promulgation.

Cependant, lorsque la consécration normative est reportée du fait de la survenance d'un incident telle la seconde lecture qui est une exclusivité présidentielle, l'un des effets est que la date de la consécration normative devient imprécise[47]. De ce fait, c'est en fonction de la procédure de réexamen de la loi en question que la date sera éventuellement connue, sauf si la seconde lecture est demandée à nouveau.

Le report de la consécration normative de la loi par le chef de l'État entraîne inéluctablement le retour de la loi au parlement pour réexamen, afin

[47] MBENGUE EYOUM (D.), *La seconde lecture en droit parlementaire camerounais*, op.cit., p. 45.

que les parlementaires prennent en compte les considérations du chef de l'État du fait de son pouvoir normateur. Ce réexamen devra épuiser toutes les étapes de la procédure législative que sont, le dépôt qui émane du président de la République en l'espèce, la délibération et éventuellement la promulgation.

Quant au déclenchement inconditionnel de la seconde lecture par le président de la République, il faut dire de prime abord qu'elle est formellement non motivée[48] dans la mesure où aucun texte, qu'il s'agisse de la Constitution ou des lois portant règlement intérieur des assemblées parlementaires, n'impose au chef de l'État de motiver sa demande de seconde lecture. Sous la IIIe République en France, le président de la République pouvait demander aux deux chambres une nouvelle délibération « *par un message motivé* » [49]; ceci n'a pas été consacré dans la Constitution française et les lois sur le règlement des assemblées en vigueur. Ainsi, en France comme au Cameroun, la demande de seconde lecture est dispensée des motifs de droit[50] et de fait[51]. Ceci s'apparente donc à une sorte de directive que reçoit le parlement de la part du président de la République.

2- La seconde lecture, une directive présidentielle à l'égard du parlement

Le pouvoir normateur du président de la République se meut aussi dans la seconde lecture en raison de ce que cette dernière est une directive du chef de l'État à l'endroit de l'institution parlementaire chargée de légiférer. Par directive, il faut entendre une « *norme par laquelle une autorité disposant d'un pouvoir d'appréciation se fixe à elle-même, ou prescrit à une autorité une ligne de conduite dans l'exercice de ce pouvoir* »[52]. Et face à cette

---

[48]*Idem.*

[49] Article 7 de la loi constitutionnelle française du 16 juillet 1875 sur les rapports entre pouvoirs publics

[50] Les motifs de droit renvoient aux bases ou fondements juridiques qui justifient la demande de seconde lecture. Ainsi, aucun texte ne précise les éléments de droit qui doivent structurer la demande de seconde lecture. De sorte que le président de la République formule la demande de seconde lecture sans se référer à la constitution ou à la loi de la sorte : « *considérant que l'article X... de la constitution, considérant que l'article X... de la constitution ; considérant que l'article X... de la loi portant règlement intérieur de l'Assemblée nationale ou du Sénat* », in MBENGUE EYOUM (D.), *La seconde lecture en droit parlementaire camerounais*, op.cit., p.61.

[51] Les motifs de fait renvoient aux différentes circonstances qui justifient la demande de seconde lecture. Ainsi, aucun texte ne précise les éléments factuels qui doivent sous-tendre la demande de seconde lecture. De la sorte, lorsque le président de la République formule la demande de seconde lecture sans mentionner des circonstances ainsi qu'il suit : « *considérant que la loi adoptée a été à l'origine de... ; entendu que tel fait s'est posé dès l'adoption de cette loi...* », *Idem.*

[52]CORNU (G.), *Vocabulaire juridique*, op.cit., P.351. La seconde lecture peut même s'apparenter à une instruction présidentielle. En effet, une instruction est une « *prescription pratique donnée à un subordonné pour l'exécution d'un ordre ou l'application d'une règle*

directive présidentielle, le parlement n'a pas d'autres choix que de pencher pour l'adoption d'une loi conforme aux directives présidentielles, lorsque le chef de l'État a bien évidemment la majorité dans l'appareil législatif. C'est dans ce sens qu'en effet, la seconde lecture avait été demandée par le chef de l'État par rapport à la loi portant Code pénal. Déposée au parlement le 13 juin 2016 et adoptée le 22 juin 2016. Seulement, cette loi a été à l'origine de vives tensions sociales dès le 23 juin 2016 en raison de ce que nombre de ses dispositions étaient non désirées par les magistrats, les avocats, les hommes politiques, la société civile... Il s'agissait notamment des dispositions relatives à l'adultère des hommes, la filouterie de salaire et de loyer, la mendicité et les immunités ministérielles. C'était donc pour anticiper sur les instabilités sociales que la demande de seconde lecture par président de la République avait été effectuée le 28 juin 2016.

Au regard de ceci, il faut se rendre compte à l'évidence que le pouvoir normateur du chef de l'État ici est indirect. Car il instruit à l'institution législative par le biais de la seconde lecture des directives qui plus tard intégreront la loi et seront opposables aux tiers.

In fine, en guise de conclusion de cette première partie, on peut aisément avouer que le président de la République au Cameroun « *maîtrise toutes les étapes de la procédure législative* »[53] au point où il bénéficie au sein du pouvoir législatif d'un véritable pouvoir normateur, quoiqu'incident. Ainsi, le chef de l'État dispose de la compétence normative de droit commun en matière législative, tandis que le parlement, réduit à une portion congrue, exerce une simple compétence d'attribution[54]. Si son pouvoir normateur est un incident dans le domaine législatif, il reste que dans la sphère exécutive, ce pouvoir est évident au regard de son emprise dans l'émission des règlements.

(...) », in CORNU (G.), op.cit., p.558. En ce sens, l'instruction peut se justifier par le fait qu'il est bien connu qu'au-delà des rapports de collaboration qui existent entre le président de la République et le chef de l'État, il y a aussi des rapports de domination dans les rapports président de la République-Parlement en faveur du premier. Voir dans ce sens, notre thèse de Doctorat Ph.d, *L'écriture des Constitutions au Cameroun*, Université de Yaoundé II, FSJP, 29 décembre 2016, pp. 345-349.

[53]BILOUNGA (T.), « La crise de la loi en droit public camerounais », R.A.D.S.P, vol 1, N° 1, jan-juin 2013, p. 69.

[54]ATANGANA AMOUGOU (J.L.), *L'État des libertés publiques au Cameroun. Essai sur l'évolution des libertés publiques en droit camerounais*, thèse Doctorat en droit public, Université Jean Moulin Lyon III, Faculté de droit, 1999, P.149

II- Le pouvoir normateur évident du président de la République : l'emprise sur l'émission des règlements

Le président de la République est une autorité administrative[55]. Il l'est parce qu'il participe à la fonction administrative tout en concourant à la mission de service public[56]. À ce titre et au regard de la loi constitutionnelle du 18 janvier 1996, le fait pour le chef de l'État de participer à la fonction administrative lui permet d'édicter des normes qui affectent l'ordonnancement juridique par le biais des règlements. Entendus comme des textes de portée générale émanant de l'autorité administrative[57], les règlements sont la marque du pouvoir normateur du chef de l'État dans la sphère exécutive au point qu'il a l'emprise sur les autres autorités administratives. Ici, le pouvoir normateur est dit *évident* dans la mesure où le pouvoir exécutif, lieu d'application des lois, est le domaine compétentielle par excellence du président de la République.

Saisir le pouvoir normateur évident du président de la République du fait de son emprise sur les règlements exige qu'on s'attarde sur la manifestation de la volonté unilatérale du chef de l'État (A) dans la prise des règlements, et la suprématie des actes réglementaires présidentiels (B).

---

[55]La notion d'autorité administrative peut avoir une définition ternaire. L'une organique, les autres fonctionnelle et matérielle. Du point de vue organique, « *l'autorité administrative est cette portion du pouvoir exécutif qui est chargée d'assurer l'application des lois d'ordre public* » (in, EBANG MVE (U.N.), *Le titre foncier au Cameroun. Recherche sur la spécificité d'un acte administratif unilatéral*, Thèse de doctorat Ph. D. en droit public, Université de Yaoundé II, FSJP, 2010, P.65) Sur le plan fonctionnel, l'autorité administrative désigne « *principalement, stricto sensu, le représentant ou l'organe d'une personne morale de droit public (...) Mais accessoirement, lato sensu, tout organe non administratif exerçant ou participant à l'exercice d'une fonction administrative (...)* » (in, ATEBA EYONG (A. R.), *Le juge administratif et la création du droit : Essai sur l'élaboration jurisprudentielle du droit administratif camerounais*, Thèse de doctorat Ph. D. en droit public, Université de Yaoundé II, FSJP, P. 304. Sur le plan matériel, les autorités administratives sont des « *individus ou groupes d'individus remplissant un certain nombre de conditions d'aptitude et de qualification, investis par la loi du pouvoir de représenter une personne publique, leur permettant de prendre au nom et pour le compte de cette dernière, des actes juridiques dont les conséquences – droits et obligations – seront directement imputables à la personne publique* » (in, SABOURIN (P.), *Recherches sur la notion d'autorité administrative en droit français*, Thèse, Université de Bordeaux, 1966, P. 375). *In fine* et simplement, une autorité administrative est un « *organe ou agent qui a le pouvoir d'édicter des actes administratifs unilatéraux au nom de la personne morale à laquelle il appartient* », in TRUCHET (D.), *Droit administratif*, Thémis droit, P.U.F., 6e édition mise à jour, 2015, p.79.

[56]FRIER (P.-L.), PETIT (J.), *Précis de droit administratif*, Montchrestien, 5e édition, p. 283.

[57]CORNU (G.), *Vocabulaire juridique*, op.cit., p.883.

A- La manifestation de la volonté unilatérale du président de la République

Le pouvoir normateur du président de la République dans la sphère exécutive se manifeste essentiellement par le pouvoir réglementaire. Si pour les professeurs **Jean RIVERO** et **Jean WALINE** le pouvoir réglementaire est « *le pouvoir de statuer par voie générale accordé à des autorités autres que le parlement soit national soit local* »[58]. Définition à la fois sommaire et imprécise quant à la détermination de l'autorité compétente pour exercer le pouvoir réglementaire, le Doyen **Georges VEDEL** est plus pointu même s'il est incomplet dans son appréhension de la notion en affirmant que, « *le pouvoir réglementaire est le pouvoir de faire des règlements, c'est-à-dire de prendre des décisions exécutoires de caractère général et impersonnel* »[59]. Mais au regard des deux définitions présentées par ces éminents auteurs, il y a lieu d'appréhender le pouvoir réglementaire comme « *le pouvoir reconnu juridiquement aux autorités administratives ou non administratives de faire des règlements ou des actes réglementaires c'est-à-dire des actes administratifs décisoires ayant un caractère général et impersonnel* »[60].

C'est sous le couvert du pouvoir réglementaire à lui reconnu que le président de la République édicte des normes qui affectent l'ordonnancement juridique. Ainsi, par le biais des actes administratifs unilatéraux[61], le chef de l'État manifeste l'unilatéralité de la volonté présidentielle dans l'émission des règlements (1) et le détachement de l'assentiment des administrés dans l'adoption desdits règlements (2).

1- L'unilatéralité de la volonté présidentielle dans l'émission des règlements

Le pouvoir normateur du président de la République se meut par l'acte administratif unilatéral qui se présente comme le principal mode d'expression de la volonté des autorités administratives[62]. Sous ce rapport, la volonté est à

---

[58]RIVERO (J.) et WALINE (J.), *Droit administratif*, Dalloz, 18e édition, Paris, 2000, p.65.
[59]VEDEL (G.), cité par le professeur Bernard-Raymond GUIMDO dans son cours de droit administratif général, Université de Yaoundé II, FSJP, année académique 2006/2007, Inédit.
[60]*Idem.*
[61]La notion d'acte administratif unilatéral est difficile d'appréhension. C'est ainsi que plusieurs auteurs évitent de le faire et se contentent d'en préciser le contenu ou les éléments constitutifs. Pour Pierre DELVOLVE, « *l'acte administratif est un acte juridique adopté unilatéralement par une autorité administrative portant sur l'ordonnancement juridique et affectant les droits et les obligations des tiers sans leur consentement* ». Cette définition de Pierre DELVOLVE est proche de celle donnée par le juge administratif camerounais dans l'arrêt NGONGANG NJANKE Martin du 20 mars 1968. Pour ce juge en effet, l'acte administratif unilatéral est « *un acte juridique unilatéral pris par une autorité administrative dans l'exercice d'un pouvoir administratif et créant des droits et des obligations pour les particuliers* », Cf. CFJ/CAY, Arrêt N° 20 du 20 mars 1968, NGONGANG NJANKE Martin contre État du Cameroun.
[62]TRUCHET (D.), *Droit administratif*, op.cit., p.213

la base de tout acte juridique que le doyen **Léon DUGUIT** définit comme « *un acte de volonté intervenant avec l'intention que se produise une modification dans l'ordonnancement juridique tel qu'il existe au moment où il se produit ou tel qu'il existera à un moment futur donné* »[63].

L'idée de manifestation de volonté étroitement liée à la définition de l'acte juridique est fort évocatrice en raison de ce que l'acte administratif unilatéral du chef de l'État est l'expression d'une unilatéralité de sa part. Ladite unilatéralité dans l'émission des règlements par le président de la République signifie en général que l'acte provient de lui seul.

Ainsi, dans le cadre des actes administratifs, l'unilatéralité implique la manifestation de la seule volonté de l'autorité administrative qu'est le chef de l'État, parce qu'investi de la compétence de prendre des décisions administratives. Ici, il n'existe pas un accord de volonté comme c'est le cas dans les contrats privés. Toutefois, l'unilatéralité de la volonté présidentielle dans les règlements n'implique pas la volonté du seul chef de l'État[64]. Mais c'est le fait que dans le cadre de son pouvoir normateur évident, il n'y a pas d'accord de volonté entre les principaux destinataires du règlement et les preneurs de décision que sont les autorités administratives.

Le processus qui mène à la naissance juridique des actes administratifs unilatéraux du chef de l'État[65] du fait de son pouvoir normateur évident dans la sphère exécutive est en général marqué d'interventions diverses. En effet, symbole d'une partition entre diverses personnes, organes ou autorités administratives, des éléments nécessaires concourent à sa production. De la sorte, malgré la ventilation opérée, l'acte présidentiel garde toutefois sa nature unilatérale en ce qu'il n'accède à la vie juridique que par l'effet de

---

[63]DUGUIT (L.), *Traité de droit constitutionnel*, 3e édition, 1927, Tome 1, P.316, cité par MBALLA OWONA (R.), *La notion d'acte administratif unilatéral en droit camerounais*, thèse de Doctorat Ph.d en droit public, Université de Yaoundé II, FSJP, 2010, p.265

[64]Il faut sans doute rappeler que l'unilatéralité de l'acte administratif présidentiel se justifie par le fait que ce dernier a pour finalité de régler la conduite des personnes autres que le chef de l'État. Mais cette unilatéralité ne signifie pas absolument que l'acte émane d'une seule personne. En d'autres termes, les auteurs d'un acte unilatéral peuvent être plusieurs. C'est le cas des actes édictés par un conseil d'administration ou un conseil municipal. C'est dire aussi que ce n'est pas le nombre de personnes ou d'auteurs qui permet de faire la différence entre un acte unilatéral et celui plurilatéral.

[65]Certains auteurs à l'instar de Gweltaz EVEILLARD pensent que le fait pour le président de la République de bénéficier de l'unilatéralité dans l'édiction des règlements repose sur le système démocratique. Ainsi dans un tel système, pour pouvoir exprimer la volonté générale par des règlements, il faut disposer d'un mandat pour le faire, autrement dit de la légitimité démocratique. Étant une autorité administrative élue, le président de la République a une légitimité équivalente à celle du parlement pour exprimer la volonté générale par le biais des actes administratifs unilatéraux. Pour mieux comprendre cet état de choses, lire utilement et avantageusement EVEILLARD (D.), « La place de la volonté générale dans l'élaboration de l'acte administratif unilatéral », in *Jus Politicum*, N° 10, 2013, pp. 11-14.

l'expression d'une seule volonté[66] ; en l'occurrence ici le président de la République. La pluralité de volontés que porte celle du chef de l'État se retrouve ainsi juridiquement annihilée sous l'effet d'une neutralisation par principe formelle[67] liée à l'unité juridique de la personne du président de la République.

En outre, la manifestation de la volonté présidentielle dans les règlements au Cameroun traduit l'emprise du chef de l'État sur l'édiction des actes administratifs décisoires signe de son pouvoir normateur. Ces actes administratifs du fait de la volonté présidentielle n'existent en effet que s'ils ont une portée normatrice, ils doivent affecter l'ordonnancement juridique[68] parce qu'ils ont un caractère général et impersonnel. Ils s'adressent anonymement à ceux auxquels ils s'appliquent. De la sorte, le pouvoir normateur du président de la République, quoiqu'habité par la volonté unilatérale, est assujetti à trois critères que fonde le droit administratif. D'abord, les actes administratifs émanant de la volonté présidentielle doivent être des actes obligatoires en raison de ce qu'ils s'imposent aux administrés. Ce caractère obligatoire a clairement été affirmé par le juge administratif dans l'affaire **MBARGA Richard**[69]. De plus, ces actes administratifs unilatéraux doivent être exécutoires, c'est-à-dire établis dans le but de modifier l'ordonnancement juridique en imposant des obligations ou en conférant des droits aux tiers, comme l'a affirmé le juge administratif dans l'affaire **NDJOFANG Frédéric**[70]. En guise de troisième critère, ces actes unilatéraux du chef de l'État doivent faire grief, c'est-à-dire qu'ils produisent absolument des effets de droit.

In fine, si l'unilatéralité de la volonté présidentielle guide l'émission des règlements dans le cadre du pouvoir normateur du chef de l'État, il reste qu'en sus de cette volonté manifestement unilatérale dans l'édiction des normes présidentielles, il faut tout aussi faire ressortir le détachement de l'assentiment des administrés dans la confection des normes présidentielles.

---

[66]MBOUP (I.), *L'unilatéralité de l'acte administratif unilatéral décisoire*, Thèse de doctorat Ph. D. en droit public, Université d'Aix-Marseille 3, 2010, P.V.
[67]*Idem.*
[68]À ce sujet, lire utilement FRIER (P.-F.), PETIT (J.), *Précis de droit administratif*, op.cit., p.275.
[69]Cf. CS/CA, Jugement N° 28 du 25 février 1982, MBARGA Richard contre État du Cameroun
[70]Dans cette jurisprudence, le juge administratif camerounais affirme en substance que : « *Considérant qu'il y a lieu de faire remarquer à NDJOFANG qu'un recours pour excès de pouvoir est toujours dirigé contre un acte émanant d'une autorité administrative qu'il faut donc que cet acte ait un caractère exécutoire (...) que l'on ne peut affirmer qu'un bulletin de notes qui ne constitue qu'une preuve (...) du travail fournit constitue un acte administratif* », cf. Jugement N° 40/CS/CA du 22 février 1979, Affaire NDJOFANG Frédéric contre État du Cameroun.

2- Le détachement de l'assentiment des administrés dans l'émission des règlements

Si en règle générale, nul, dans les relations entre particuliers, ne peut voir sa situation juridique modifiée sans son consentement, du fait de la seule volonté d'autrui, il faut préciser que l'accord des volontés est le procédé ordinaire de l'action juridique privée. Cette règle traduit un postulat fondamental : l'égalité juridique des volontés humaines.

Seulement, en droit administratif, l'administration a le pouvoir de modifier les situations juridiques par des décisions exécutoires qui sont des actes au travers desquels l'administration met en exergue ce pouvoir de modification unilatérale de situation juridique. C'est l'archétype même de l'action administrative, le plus usité, le plus révélateur des prérogatives de la puissance publique. Ce procédé induit *ipso facto* une inégalité entre l'administration et les administrés.

L'acte administratif unilatéral des autorités administratives en général et celui du président de la République en particulier que lui confère son pouvoir normateur est par vocation une décision dont la valeur juridique est indépendante du consentement de ses destinataires[71] que sont les administrés. En effet, « *l'avis donné par l'administré ne suffit pas à former l'acte* »[72] réglementaire présidentiel en raison de ce que, quelle que soit sa forme, cet acte réglementaire est l'outil principal à disposition des administrations[73] ou mieux du pouvoir exécutif que chapeaute le chef de l'État au Cameroun[74]. C'est en quelque sorte la représentation d'une certaine supériorité de l'administration face aux administrés, exemple typique d'un schéma d'opposition entre gouvernant et gouverné[75]. Ainsi, la recherche de l'adhésion des administrés aux actes réglementaires présidentiels qui régissent leurs situations juridiques ne peut affecter le pouvoir en vertu duquel ces actes sont édictés[76]. C'est ce qui peut être constaté à titre illustratif dans la fonction publique camerounaise. En effet, décret N° 2000/287 du 12 octobre 2000 modifiant et complétant le décret N° 94/199 du 7 octobre 1994 portant statut

---

[71]MBALLA OWONA (R.), *La notion d'acte administratif unilatéral en droit camerounais*, op.cit., p.276.
[72]*Idem.*
[73]CARACACHE (T.), *La participation du citoyen à l'élaboration des actes réglementaires de l'administration : Comparaison entre systèmes américain et français*, Mémoire de Master 2 recherche Droit européen comparé, Université de Paris II, Panthéon-Assas, Institut de droit comparé de Paris, 2015-2016, p.6.
[74]La lecture des articles 5 et 8 de la loi constitutionnelle du 18 janvier 1996 démontre à souhait que le président de la République-chef de l'État au Cameroun est celui qui surplombe l'institution exécutive.
[75]CARACACHE (T.), *La participation du citoyen à l'élaboration des actes réglementaires de l'administration : Comparaison entre systèmes américain et français*, *Ibid.*, p.6.
[76]MBALLA OWONA (M.), op.cit., p.276.

général de la fonction publique. Ici, le Statut régissant les fonctionnaires est pris par le chef de l'État sans le consentement de ces derniers.

C'est sous ce prisme que si en une matière donnée, une décision peut être adoptée unilatéralement même si les destinataires et/ou administrés n'y consentement pas, la mesure adoptée demeure un acte unilatéral[77]. C'est donc la volonté de l'autorité administrative, mieux celle du président de la République dans le cadre de son pouvoir normateur qui est, elle seule, déterminante pour que l'acte réglementaire soit adopté, imposé et opposable parce qu'affectant l'ordonnancement juridique.

Allant dans le même sens et afin de conforter le détachement de l'assentiment des administrés dans les règlements de nature présidentiel, le professeur Georges DUPUIS affirme en disant que des droits et des obligations sont imposés aux destinataires que sont en général les administrés, qu'ils le veuillent ou non, ou plus exactement, contre leur volonté et précisément pour la vaincre[78]. L'acte créateur de droits ou d'obligations est ainsi l'expression d'un pouvoir de commandement[79] du chef de l'État qui, pour de bonnes raisons, peut admettre le consentement des administrés, mais n'en dépend guère. C'est une manifestation du pouvoir normateur du président de la République au Cameroun dans l'institution exécutive.

In fine, si l'emprise du président de la République sur l'émission des règlements du fait de son pouvoir normateur dans l'institution exécutive traduit la manifestation de sa volonté unilatérale dans la prise des règlements tout en se dépouillant de l'assentiment des administrés, il reste qu'au regard du droit positif camerounais, les actes réglementaires présidentiels ont une certaine suprématie par rapport aux actes des autres autorités administratives.

B- La suprématie des actes réglementaires présidentiels

« *Notre société vit depuis le moyen âge sous la domination d'une structure verticale fortement hiérarchisée, qui est restée prépondérante jusqu'au milieu du XIXe siècle. En haut de l'échelle trônait Dieu, suivi du roi et de l'archevêque. Aux niveaux suivants s'échelonnaient successivement le juge, l'évêque, le professeur (...). Au bas de l'échelle se tenait le peuple (...)* »[80]. Dans la même veine, le pouvoir exécutif dans un État reflète naturellement la structure verticale de la société. Il emprunte au modèle pyramidal sa

---

[77]*Idem.*
[78]DUPUIS (G.), « la définition de l'acte unilatéral », *Recueil d'études en hommage à Charles EISENMANN*, Paris, Cujas, 1975, P. 206, cité par MBALLA OWONA (R.), op.cit., p.277.
[79]*Idem.*
[80]CARLZON (J.), *Renversons la pyramide*, Paris, InterEditions, 1986, P.17

concentration de pouvoir au sommet, un certain nombre d'échelons intermédiaires et une large base[81].

Aujourd'hui, la hiérarchie peut être considérée comme le modèle par excellence qui maintient l'ordre social. Elle est envisagée comme un mode de gouvernement de toute action collective,[82] car, « *même dans le cas des sociétés animales, au fait qu'il s'agit de sociétés, c'est-à-dire de collectivités ayant choisi, ayant conçu une organisation, même minimale* »[83]. S'appuyant certainement sur cet état de choses, **Hans KELSEN,** par son normativisme, fait de la hiérarchie des normes, un instrument incontournable pour tout juriste qui, bon gré mal gré, s'y réfère. Quoiqu'en n'étant « *nulle part exprimée, mais partout présente, la hiérarchie des actes juridiques fait chaque jour davantage, figure de principe fondamental du droit public (...)* »[84], « *(...) elle représente pour les juristes un problème aussi fondamental que l'axiomatique pour les mathématiciens* »[85]. La pyramide des actes normatifs a cessé d'être une simple présentation pour devenir un outil dont usent au quotidien les juristes de tout ordre et de toutes branches[86].

Concomitamment à la conception kelsénienne, **CARRE de MALBERG** laissait déjà percevoir en son temps que la hiérarchie normative est fixée relativement à la qualité de puissance attribuée aux organes par l'ordre juridique, de sorte que la valeur de la norme dépend de la puissance de son

---

[81]Les réflexions d'antan d'Aristote (en effet, cet illustre auteur en la personne d'Aristote fut le premier à avoir théorisé une hiérarchie basée sur les rapports des jeunes avec les vieux, « *destinés les uns à être commandés et les autres à commander* ». Ce philosophe d'un autre âge a fondé la hiérarchie sur l'âge ; le vieux se hisse dans l'âge de la sagesse, ce qui attribue une suprématie du vieux sur le jeune. Chez Aristote, « *la relation entre vieux et jeunes est pédagogique par essence, et dans cette éducation rien n'est plus impliqué que la formation des* dirigeants *futurs par les dirigeants présents* ». À ce sujet, lire utilement ARENDT (H.), « Qu'est-ce que l'autorité ? », in *La crise de la culture*, Gallimard, p.153 et p.156) et Platon (En revanche, chez Platon, l'inégalité entre, les rapports hiérarchiques reposent sur le savoir, la supériorité du savant qui connaît le monde des idées sur l'ignorant), en passant par la pensée romaine, la théologie, la théocratie, la pensée scientifique et la pensée politique, et ce, jusqu'à l'heure actuelle, il ressort que les rapports humains sont fondés sur la hiérarchie. Celle-ci est présente dans les sociétés passées et contemporaines. Elle a un visage de domination et de rapports subordonnés les uns aux autres : les personnes aux personnes et les structures aux structures.

[82]ABDELMOUMEN (N.), *Hiérarchie et séparation des pouvoirs dans les sociétés anonymes de type classique*, Thèse de doctorat en droit des affaires, Université de Paris I Panthéon-Sorbonne, 6 décembre 2013, p.4.

[83]MORIN (E.), PIATELLI – PALMARINI (M.), *Le primate et l'homme*, Centre Royaumont pour une science de l'homme, 1974, pp. 45-46, cité par ABDELMOUMEN (N.), Idem.

[84]QUERMONNE (J-L.), *L'évolution de la hiérarchie des actes juridiques en droit public français*, Thèse de Doctorat en Droi public, Caen, 1952, p.268

[85]LACHAUME (J-F.), *La hiérarchie des actes administratifs exécutoires en droit public français*, LGDJ, Paris, 1966, p. 5.

[86]OLINGA (AD.), *Qu'est-ce être juriste ?* Éléments pour une dogmatique éthique, Éditions Clé, Yaoundé, 2013, pp. 17-18.

auteur. Sous ce rapport, au regard du fait que le président de la République au Cameroun se situe au sommet des institutions organes et/ou personnes[87], ses actes réglementaires qu'il sécrète du fait de son pouvoir normateur bénéficient d'une supériorité à l'égard des actes réglementaires des autres autorités administratives. Ceci est sans doute la traduction de la formule de **CARRE de MALBERG** selon laquelle « *la hiérarchie des organes suit la hiérarchie des fonctions et jamais un pouvoir subordonné ne pourra arrêter un pouvoir supérieur* »[88].

Pour illustrer cette pensée de **CARRE de MALBERG** dans le cadre du pouvoir normateur du chef de l'État camerounais, et afin de faire ressortir l'essence de la hiérarchie normative, il est nécessaire de s'appesantir sur la suprématie des actes réglementaires présidentiels à l'égard de ceux du Premier ministre **(1)** et cette même suprématie à l'égard des actes réglementaires des autres autorités administratives **(2)**.

1- La suprématie des actes réglementaires présidentiels à l'égard de ceux du Premier ministre

Il existe au Cameroun une multitude d'autorités administratives investies du pouvoir réglementaire. Il en existe tant au niveau de l'administration d'État qu'au niveau de l'administration décentralisée. Quoi qu'il en soit, « *le pouvoir d'édicter unilatéralement des actes administratifs exécutoires est partagé en droit public (...) entre différentes autorités* »[89] administratives. On peut aisément faire le *distinguo* entre deux types d'autorités investies du pouvoir réglementaire. En effet, si d'une part on a celles qui sont investies du pouvoir réglementaire général et d'autre part celles qui sont investies du pouvoir réglementaire dérivé. C'est dans le premier cas qu'interviennent les deux principales autorités du pouvoir exécutif que sont le président de la République et le Premier ministre.

De prime abord, il est impérieux de relever que ces deux autorités administratives que sont le chef de l'État et le chef du gouvernement[90] ne soient pas investies du pouvoir réglementaire de la même manière. C'est dire que leurs différents actes réglementaires n'ont pas la même autorité. En réalité, le Premier ministre jouit d'un pouvoir réglementaire certes initial, mais

---

[87]Pour plus de détails sur les institutions organes ou personnes du Doyen Maurice HAURIOU, lire utilement et avantageusement, SCHMITZ (J.), *La théorie de l'institution du doyen Maurice Hauriou*, L'Harmattan, 2013, 528 p.

[88]CARRE de MALBERG (R.), *Contribution à la théorie générale de l'État*, Paris, Sirey, 1922, pp.109-142.

[89]LACHAUME (J-F.), *La hiérarchie des actes administratifs exécutoires en droit public français*, op.cit., p.9.

[90]Selon l'article 12 alinéa 1 de la loi constitutionnelle du 18 janvier 1996, le Premier ministre est le chef du gouvernement et dirige l'action de celui-ci.

limité, traduisant de ce fait la subordination des actes de ce dernier, face à ceux du président de la République.

Les règlements édictés par le président de la République sont supérieurs à ceux émis par toutes les autres autorités administratives. Les règlements de celles-ci doivent se soumettre aux actes de celui-là. Il y'a alors une subordination *ipso jure* et *ipso facto* des actes réglementaires primo ministériel par rapport à ceux du président de la République. Ce qui vient, en conséquence, justifier la limitation des compétences du chef du gouvernement. Argumentant dans ce sens, **Denys de BECHILLON** argue que « *l'organisation des pouvoirs publics est caractérisée en effet, pratiquement dans tous les États, par une structure hiérarchique ou pyramidale, laquelle correspond au dessein de donner compétence générale au supérieur hiérarchique* »[91].

En effet, c'est la suprématie du président de la République parmi les autorités administratives qui hisse ses actes réglementaires au sommet de la hiérarchie normative des actes des autres autorités administratives notamment, ceux du Premier ministre. Plusieurs critères permettent de classer les actes réglementaires du chef de l'État au dôme du bloc de légalité administrative. Il en est ainsi, du critère organique et du critère matériel. Le premier critère, c'est-à-dire celui organique, demeure prépondérant pour établir une hiérarchie des actes administratifs. Son postulat de base est relativement simple : la place des actes administratifs dans la hiérarchie des normes administratives dépend de celle de leurs auteurs dans la hiérarchie des autorités administratives. L'explication de la prépondérance du critère organique trouve chez **CARRE de MALBERG** comme chez **DUGUIT** son assise dans la supériorité de la loi, à la seule différence que ladite supériorité ne repose pas sur la généralité de la norme jamais expressément posée par la *Grundnorm*[92], mais en réalité sur la puissance de l'organe qui édicte la loi. En son temps, la norme constitutionnelle faisait la part belle à la loi expression de la ''*volonté du peuple*''[93].

Quant au critère matériel, il pose que les actes réglementaires généraux sont supérieurs aux actes non réglementaires. Au sens de **DUEZ** et **DEBEYRE**, ce critère est le seul qui assoit réellement la substance de l'acte

---

[91]DE BECHILLON (D.), « Le juge et son œuvre-un an de fabrication du droit administratif dans la jurisprudence du Conseil d'État », *in Mélanges Troper*, 1969, p.371.
[92]LACHAUME (J-F), *La hiérarchie des actes administratifs exécutoires en droit public français*, op.cit., p. 154.
[93]Dans ce sens, lire avantageusement EVEILLARD (D.), « La place de la volonté générale dans l'élaboration de l'acte administratif unilatéral », op.cit. pp.1-24.

pour établir une hiérarchisation[94]. Il repose sur la portée de l'acte, son contenu pour le classer dans la hiérarchie des actes administratifs[95].

Sous ces différents critères, il y a lieu d'avancer avec le Professeur **GUIMDO** que la classification organique prend en compte l'organe qui édicte l'acte. « *Entre deux actes administratifs de même nature (...), celui pris par l'autorité hiérarchiquement supérieure prime sur celui qui émane de l'autorité inférieure (ex : un décret présidentiel s'impose à un arrêté ministériel)* »[96]. On distingue alors les actes émanant du chef de l'État (sur proposition du Premier ministre et les actes qu'il émet sans proposition ou sans consultation…). Selon le cas, ces actes peuvent être réglementaires ou non réglementaires. Le président de la République prend aussi des ordonnances. Le Premier ministre, quant à lui, est habilité à prendre des actes administratifs sous forme de décrets ou d'arrêtés, lesquels sont réglementaires ou non réglementaires.

In fine, les actes présidentiels au faîte de la pyramide des normes des actes administratifs relèguent au second plan les actes réglementaires du Premier ministre. Puisque, les actes réglementaires se confondent avec le pouvoir réglementaire, il est alors possible d'user des hiérarchisations de celui-ci pour apprécier la position des actes présidentiels. Ainsi selon M. **ESSOMBA Ambroise Louison**[97], le pouvoir réglementaire présidentiel est hiérarchiquement supérieur à celui du Premier ministre en vertu de la norme constitutionnelle[98]. Sa prééminence en matière de règlement autonome est avérée[99]. Mais il faut se rendre à l'évidence que ces postulats ne peuvent être retenus puisque sur cette base, l'ensemble de ses actes réglementaires présidentiels est supérieur à celui du Premier ministre et des autres autorités administratives.

---

[94]LACHAUME (J-F.), *La hiérarchie des actes administratifs exécutoires en droit public français*, op.cit., p. 129.

[95]MBALLA OWONA (R.), *La notion d'acte administratif unilatéral en droit camerounais*, op.cit., p. 361.

[96]GUIMDO (B-R.), *Cours de droit administratif*, op.cit., Inédit.

[97]ESSOMBA (A.L.), *Le domaine du pouvoir réglementaire du Premier ministre au Cameroun*, op.cit., p.61.

[98]Étant donné que la loi constitutionnelle du 18 janvier 1996 place le chef de l'État au sommet du pouvoir exécutif, il est naturellement secondé par le Premier ministre. Ainsi, tous bénéficient des actes réglementaires de même nature (Décrets, Arrêtés, Décisions…). Sauf que ceux du président de la République ont une valeur supérieure à ceux du Premier ministre. À titre illustratif, un décret du Premier ministre est inférieur à celui du président de la République.

[99]ABANE ENGOLO (P.E), *L'application de la légalité par l'administration au Cameroun*, op.cit., p.319.

2- La suprématie des actes réglementaires présidentiels à l'égard des autres autorités administratives

Dans le cadre du pouvoir normateur de chaque autorité, on pourrait concevoir un équilibre entre autorités spécialisées si les fonctions qu'elles exercent étaient équivalentes. En effet, si les fonctions sont hiérarchisées et les organes spécialisés, il va de soi que celui qui exerce la fonction la plus élevée voit ses actes être supérieurs aux autres. C'est dans cet esprit de pensée que Jean **WALINE** affirme que, « *l'échelle des textes dépend de l'échelle des organes* »[100]. Au bénéfice de cette considération, on peut aisément prétendre que les actes réglementaires présidentiels ont *mutatis mutandis* une valeur supérieure aux actes réglementaires des autres autorités administratives que sont : les autorités centrales à savoir les ministres[101], les autorités déconcentrées à l'instar des gouverneurs, préfets et sous-préfets[102]..., et enfin les autorités décentralisées que sont les maires[103].

Ainsi, l'existence d'une hiérarchie entre les actes administratifs de ces différentes autorités imprime, au rapport les unissant, une orientation précise qu'est l'obligation pour l'auteur d'un acte réglementaire de respecter dans l'élaboration de ce dernier et dans ses dispositions de fond, les prescriptions de la règle administrative supérieure[104] que sécrète le pouvoir normateur du président de la République. En effet, si le pouvoir d'édicter des normes est morcelé entre plusieurs autorités[105], il va sans dire que la supériorité du pouvoir normateur du chef de l'État réside dans le fait que ce dernier se situe au-dessus de l'appareil étatique ou encore au trône du pouvoir exécutif. Dans ce sens, étant le chef de l'institution exécutive, tous ses actes coiffent la hiérarchie normative administrative. Face à ceci, un arrêté ministériel ou municipal ne saurait être contraire soit à un décret présidentiel ou même un arrêté du chef de l'État. Si par mégarde cela arrivait, cet état de choses pourrait

---

[100]WALINE (J.), *Traité élémentaire de droit administratif*, 6e édition, p.24.

[101]Les ministres bénéficient du pouvoir réglementaire dérivé chacun dans son domaine de compétences spécifiques. En tout état de cause, tout ministre bénéficie d'un pouvoir réglementaire ainsi que l'a affirmé le juge administratif français dans l'arrêt JAMART du Conseil d'État en date du 7 février 1936. La jurisprudence affirme alors en substance, « *Même dans le cas où les ministres ne tiennent d'aucune disposition même législative un pouvoir réglementaire, il leur appartient comme à tout chef de service de prendre des mesures nécessaires au bon fonctionnement de l'administration placée sous leur autorité* ».

[102]cf. Décret N° 2008/376 du 12 novembre 2008 portant organisation administrative de la République du Cameroun et le Décret N° 2008/377du 12 novembre 2008 portant attribution des chefs de circonscriptions administratives.

[103]cf. Loi N° 2004/017 du 22 juillet 2004 portant orientation de la décentralisation et la Loi N° 2004/018 fixant les règles applicables aux communes.

[104]LACHAUME (J-F.), *La hiérarchie des actes administratifs exécutoires en droit public français*, op.cit., p.88.

[105]*Ibid.*, p.50.

fausser l'équilibre de la pyramide normative administrative affectant de droit et de fait l'ordonnancement juridique.

Au final, l'exigence de conformité au règlement présidentiel des actes des autorités administratives inférieures au chef de l'État traduit l'idée selon laquelle les actes sécrétés par ceux subordonnés doivent respecter les règlements édictés par leur supérieur hiérarchique en général et par l'autorité suprême en particulier. La conformité signifie simplement que l'acte administratif inférieur est astreint à ne faire que ce qu'il doit faire et à faire ce qui doit être fait[106]. L'exigence présentée ne veut nullement dire que l'acte inférieur soit une copie conforme de l'acte supérieur, mais plutôt en général, elle signifie que rien de ce qui concerne l'acte inférieur ne soit en contradiction avec l'acte supérieur.

Au demeurant, les actes réglementaires des autorités administratives inférieures si elles doivent être conformes aux actes réglementaires édictés par le chef de l'État, elles ont aussi pour mission de préciser, compléter, adapter, concrétiser ou appliquer les règlements présidentiels. De la sorte, le niveau d'exigence de conformité de l'acte inférieur ne dépend pas de sa position dans l'ordre juridique, mais plutôt du degré de précision de l'acte supérieur alors, plus l'acte supérieur est bref, plus la marge de manœuvre de l'acte inférieur est large[107]. Le degré de précision de l'acte supérieur est à l'origine des notions de compétence liée[108] et de pouvoir discrétionnaire[109]. À titre d'exemple, lorsque le décret présidentiel N° 2018/004 du 8 janvier 2018 portant création de la Faculté de Médecine et des Sciences Biomédicales de Garoua sous tutelle de l'université de Ngaoundéré donne de façon laconique compétence au ministre de l'Enseignement supérieur pour ouvrir, par arrêté, les concours d'entrée, ce dernier, sous réserve du respect de la compétence et de la forme de l'acte, aura une marge discrétionnaire plus ou moins importante dans d'autres éléments (nombre de places, date du concours...)[110].

---

[106]ABANE ENGOLO (P.E.), *L'application de la légalité par l'administration au Cameroun*, op.cit., p.148.

[107]Ibid. pp.187-189

[108]« *Se dit du pouvoir qu'exerce une autorité quand elle n'a pas le choix entre plusieurs solutions* », in CORNU (G.), *Vocabulaire juridique*, op.cit., p.213.

[109]« *Classification opérée parmi les pouvoirs de l'Administration par référence à la plus ou moins grande liberté qui lui est reconnue d'apprécier l'opportunité de la mesure à prendre et la détermination de son contenu. La compétence de l'Administration est « liée » si la réunion des conditions légales l'oblige à prendre l'acte. Elle est « discrétionnaire » si cette réunion l'autorise seulement à agir, sans que le contrôle du juge soit d'ailleurs exclu des éléments de légalité de l'acte autres que l'adéquation de celui-ci aux circonstances de fait* », in GUINCHARD (S.) (S.Dir), DEBARD (T.), *Lexique des termes juridiques*, op.cit., pp.1564-1565.

[110]cf. Arrêté N° 18/00283/MINESUP/SG/CNFMP/na du 30 mai 2018 portant ouverture de l'Examen National d'Aptitude à la Formation Médicale au Cameroun pour le compte de l'année académique 2018/2019 à la Faculté de Médecine et des Sciences Biomédicales de Garoua.

Conclusion

Au moment de conclure la présente réflexion relative au pouvoir normateur du président de la République au Cameroun, la lecture du droit positif impose de constater que le chef de l'État est à la fois une autorité politique et une autorité administrative. Si la première stature lui permet d'intervenir dans le domaine de l'institution législative rendant ainsi son pouvoir normateur incident, il va sans dire que la seconde stature démontre à souhait sa suprématie dans l'émission des règlements dans l'appareil exécutif de l'État. D'où son emprise dans l'édiction des actes réglementaires. Dans tous les cas, le chef de l'État camerounais édicte des normes qui affectent l'ordonnancement juridique et s'imposent non seulement aux autres autorités administratives, mais aussi aux administrés en général. C'est la manifestation du caractère spécifique[111] du pouvoir normateur binaire du président de la République au Cameroun qui consolide au final sa suprématie au sommet de l'État, non pas seulement au plan institutionnel, mais aussi au plan normatif.

[111]Il faut dire que pour les autres autorités et institutions, ils ont un pouvoir normateur unique. Ainsi, à titre illustratif, le pouvoir législatif ont un pouvoir normateur ont un pouvoir normateur en matière de lois, les membres de l'exécutif à l'exception du chef de l'État ont un pouvoir normateur en matière de règlements. Or le président de la République a un pouvoir normateur à cheval entre les lois et les règlements ; d'où la spécificité.

Bibliographie indicative

- Amselek (P.), « Le rôle de la pratique dans la formation du droit : aperçus à propos de l'exemple du droit public français », *RDP*, 1983.

- Brisson (J.-F.) et Rouyère (A.), *Droit administratif*, Paris, Montchrestien, 2004.

- Esmein (A.), *Éléments de droit constitutionnel français et comparé*, 8e éd., Recueil Sirey, 1928, t. 1.

- Faure (B.), « Le problème du pouvoir réglementaire des autorités administratives secondaires », in « Loi et règlement », études réunies par AUBY (J.-B.), *Cahiers du Conseil constitutionnel*, n° 19, avr./sept. 2005.

- Favoreu (L.) : « Les règlements autonomes existent-ils ? », Mélanges Burdeau, *Le pouvoir*, LGDJ, 1977.

- Favoreu (L.), « Le pouvoir normatif primaire du Gouvernement en droit français », *RFDC*, n° 32, 1997.

- Frier (P.-L.), « Le pouvoir réglementaire local : force de frappe ou puissance symbolique », *AJDA*, 2003.

- Guettier (C.), « Le contrôle juridictionnel des actes du président de la République », *RDP*, n° ¾, 1998.

- Luchaire (F.), « Le règlement et l'acte réglementaire en droit constitutionnel français », in *Itinéraires. Études en l'honneur de Léon Hamon*, Paris, Economica, 1982.

- Saint-Girons (A.), *Manuel de droit constitutionnel*, Deuxième édition, Paris, L. Larose, 1885.

- Vedel (G.) et Delvolvé (P.), *Droit administratif*, PUF, 11e éd., Paris, 1990.

- Verpeaux (M.), *La naissance du pouvoir réglementaire (1789-1799)*, Paris, PUF, 1991.

- Haquet (A.), « Le pouvoir réglementaire des autorités administratives indépendantes », *RDP*, 2OO8, n° 2.

- Rivero (J.), « Rapport de synthèse », *in* Favoreu (L.) (dir.), *Vingt ans d'application de la Constitution de 1958 : le domaine de la loi et du règlement*, Aix-en-Provence, PUAM, 1978.

LE POUVOIR RÉGLEMENTAIRE DU PRÉSIDENT DE LA RÉPUBLIQUE AU CAMEROUN

Joseph Pierre EFFA

Le compte rendu par **Gaston Jèze**, de l'ouvrage de **Felix Moreau** sur *le règlement administratif*[1], pour la *Revue générale d'administration*, commence par cette phrase : « S'il est en Droit public une matière délicate et mal déterminée, c'est celle du règlement administratif. »[2] Il en est ainsi à plus forte raison du pouvoir réglementaire qui en est le fondement. Ça l'est autant, sinon plus, du pouvoir réglementaire du président de la République au Cameroun qui, en vertu de l'article 5 de la Constitution du 18 janvier 1996, est le chef de l'État, élu de la Nation tout entière. Il incarne l'unité nationale, définit la politique de la nation, veille au respect de la Constitution, assure, par son arbitrage, le fonctionnement régulier des pouvoirs publics, est le garant de l'indépendance nationale, de l'intégrité du territoire, de la permanence et de la continuité de l'État, du respect des traités et accords internationaux.

La fonction présidentielle est fondamentale au Cameroun en ce qu'elle porte sur les bases mêmes de la société et des régimes politique et juridique[3]. Avec l'institution de chef de l'État se trouvent engagées les nécessités vitales de sécurité et de stabilité politiques et juridiques. Dès lors, toute question, notamment politique et juridique, se posant à son sujet devient délicate, comme à juste raison l'entrevoyait déjà **Shakespeare** dans *Hamlet*[4].

---

[1] Voir MOREAU (F.), *Le règlement administratif. Étude théorique et pratique du droit public français*, Paris, Fontemoing éd., 1902, t. 2, 540 p.

[2] Voir *Revue générale d'administration publique*, 1902, t. 2, p. 5.

[3] Sur le plan juridique en particulier, parlant du président français, le professeur Pierre avril a montré qu'à l'occasion des décisions par lesquelles celui-ci fait application de ses pouvoirs, il est conduit, implicitement ou explicitement, à les interpréter préalablement. Et d'ajouter : « À travers les précédents qui en résultent et la pratique qu'ils instituent, de telles interprétations définissent (…) la Constitution autant, sinon plus, que les interprétations authentiques du Conseil constitutionnel » (avril (P.), *Les conventions de la Constitution*, PUF, coll. « Léviathan », 1997, p. 71-72). Aussi Romi (R.), « Le président de la République, interprète de la Constitution », *RDP*, 1987, pp. 1281 et s.

[4] Mettant en garde contre le contrôle qui pourrait être exercé sur le chef de l'État ou ses actes, il écrit : « Le roi ne peut souffrir sans qu'il s'exhale du pays un gémissement universel. Roue colossale, fixée au sommet d'une haute montagne, ses rayons gigantesques sont chargés d'innombrables objets que sa chute entraînerait avec elle dans un commun désastre. » (*Hamlet*, Acte III, Scène 3).

Aux difficultés liées au statut juridique et politique du président de la République, pièce maîtresse de l'édifice étatique, s'ajoutent celles relatives à la notion même de pouvoir réglementaire. L'histoire, complexe, a été faite [5] de la naissance en France de « cet enfant illégitime de la séparation des pouvoirs »[6].

Alors même qu'au cours de la Révolution de 1789 l'on vit sous le dogme de la souveraineté de la loi impliquant son exclusivité comme source du droit et le refus de tout pouvoir normatif au roi, dans la pratique, les divers organes exécutifs qui se succèdent (roi, ministres, Comité de la Convention, Directoire) édictent des règles de droit dans les buts variés : assurer l'exécution des lois, préciser le sens des lois, organiser les autorités et les services, prendre des mesures de police, exceptionnellement combler une lacune de la loi.

Bien plus, on observe que les organes révolutionnaires font un usage croissant de ces techniques réglementaires et qu'à partir de la Convention, et encore plus du Directoire, cet usage tend à devenir moins désordonné et plus organisé. Le Consulat devait achever cette évolution. C'est en effet à l'époque de la Convention que date la prise de conscience de la nécessité d'assurer concrètement les lois. Parlant de la France, M. **Louis-Lucas** écrit à juste titre que « le pouvoir réglementaire est rentré dans nos institutions par une porte dérobée »[7].

La Constitution française du 4 octobre 1958 est le premier texte constitutionnel français qui utilise, à l'article 21, l'expression « pouvoir réglementaire ». Ce qui pourrait laisser entendre, à tort, que ce dernier n'a jamais existé auparavant. En tout état de cause, à la stricte lecture des textes constitutionnels français, le « règlement »[8] précède le « pouvoir réglementaire ».

La Constitution de 1958 comporte d'autres innovations quant au sujet qui nous concerne en particulier. Elle prévoit notamment un pouvoir réglementaire à l'article 21, mais ne parle, à l'article 37, que des « matières à caractère réglementaire » opérant ainsi un rapprochement délicat entre les deux expressions[9].

Une autre nouveauté consiste dans la distinction entre les règlements dits « subordonnés », c'est-à-dire d'exécution des lois, et ceux qualifiés

---

[5] En particulier VERPEAUX (M.), *La naissance du pouvoir réglementaire (1789-1799)*, Paris, P.U.F., 1991, 434 p.

[6] FROMONT (M.), Préface in VERPEAUX (M.), *op cit*, p. VI.

[7] LOUIS-LUCAS, « La loi », Chronique, XXIX, *Dalloz*, 1964, p. 198.

[8] Le mot « règlement » apparaît dès l'an VIII, à l'article 44 de la Constitution du 22 frimaire.

[9] Voir LUCHAIRE (F.), « Le règlement et l'acte réglementaire en droit constitutionnel français », in *Itinéraires. Études en l'honneur de Léon Hamon*, Paris, Economica, 1982, pp. 445 et s.

d'« autonomes », correspondant respectivement au domaine de la loi (article 34) et à celui du règlement (article 37). Cette distinction pose nombre d'interrogations[10], notamment celle de la nature juridique d'un pouvoir réglementaire autonome attribué à l'exécutif en général et au président de la République en particulier[11].

En consacrant l'existence d'un « pouvoir réglementaire », la Constitution camerounaise indique, à l'article 8, alinéa 8, qu'il est exercé par le président de la République. Par ailleurs, elle distingue le domaine de la loi et celui du règlement, respectivement aux articles 26 et 27, ce qui correspond à la différenciation entre le règlement subordonné et le règlement autonome. En revanche, elle n'opère pas le rapprochement entre les expressions voisines des articles 21 et 37 de la Constitution française.

C'est dire si la consécration constitutionnelle du « pouvoir réglementaire » ne signifie pas que toutes les incertitudes relatives à cette notion soient dissipées. À commencer par sa définition même, comme en témoignent les flottements de la doctrine à cet égard, bien que les auteurs soient unanimes pour reconnaître que cette notion constitue un des fondements du droit public[12].

La présentation classique veut que le pouvoir réglementaire soit celui d'une autorité qui n'est ni une assemblée législative ni une juridiction, de prendre des actes à caractère général et impersonnel, contenant des normes modifiant l'état du droit existant[13]. **Michel Fromont**, quant à lui, se préoccupe de le définir par rapport à la loi, comme étant « le pouvoir de l'exécutif d'édicter des règles de droit, qui, pour être plus ou moins fortement subordonnées à la loi, n'en sont pas moins des règles de droit plus ou moins

---

[10] Il semble qu'elle relance aussi le débat sur les origines d'un pouvoir réglementaire attribué à l'exécutif. Voir VERPEAUX (M.), *La naissance du pouvoir réglementaire (1789-1799), op.cit.*, p. 1.

[11] Voir FAVOREU (L.) : « Les règlements autonomes existent-ils ? », Mélanges Burdeau, *Le pouvoir*, LGDJ, 1977, pp. 403-420 ; « Les règlements autonomes n'existent pas », *RFDA*, 1987, n° 6, pp. 871-884.

[12] « Sans pouvoir de réglementer, que deviendrait l'activité de l'administration ? » (VERPEAUX (M.), *La naissance du pouvoir réglementaire (1789-1799), op.cit.*, p. 4.) Dans la préface de l'ouvrage de Jean-Claude Douence, *Recherches sur le pouvoir réglementaire de l'administration*, « Bibliothèque de droit public », n° 81, LGDJ, p. 68, Jean-Marie Auby écrit qu'« il serait banal d'affirmer que l'étude du pouvoir réglementaire de l'administration constitue un des chapitres majeurs du droit administratif » (p. XI). Michel Fromont observe, pour sa part, que « la naissance du pouvoir réglementaire est l'une des étapes du processus de hiérarchisation interne du droit écrit qui continue encore de se développer sous nos yeux », Préface in VERPEAUX (M.), *La naissance du pouvoir réglementaire (1789-1799)*, op.cit., p. VI.

[13] Par exemple, pour une définition proche, Ziller (J.), « Le contrôle du pouvoir réglementaire en Europe », *AJDA,* 1999, p. 635 : « Le pouvoir réglementaire peut être défini comme la compétence dévolue à des institutions autres que le Parlement (dimension organique) d'émettre des actes normatifs à portée générale (dimension fonctionnelle). »

concurrentes de celles contenues dans les lois »[14]. Les auteurs du *Lexique des termes juridiques* préfèrent insister sur les aspects administratifs et y voient le « pouvoir… de prendre des actes de portée générale et impersonnelle aux dénominations diverses. Ces actes, de nature administrative, présentent le caractère commun d'être soumis au contrôle des juridictions administratives »[15].

Les hésitations de la doctrine s'étendent au mot « règlement » dont la notion de pouvoir réglementaire est le soutien. L'usage qui est fait de ce mot trahit déjà la pauvreté de langage en la matière. En effet, l'on peut être dubitatif en constatant que le même terme de « règlement » est utilisé pour désigner des textes aussi différents qu'un décret du président de la République et l'arrêté d'un maire, sans parler de toutes les autorités administratives subordonnées disposant d'un pouvoir réglementaire[16]. Ce mot « règlement » ne sert-il pas aussi à qualifier une catégorie d'actes édictés par des autorités de la CEMAC, notamment le Conseil des ministres, en vertu du Traité du 16 mars 1994 et ses Additifs du 5 juillet 1996 et du 27 avril 2007 ? Pour désigner les circulaires ayant un caractère normatif, le juge administratif emploie également l'adjectif « réglementaire » en précisant qu'il s'oppose à « interprétatif »[17].

En première analyse, le mot « règlement » renvoie à l'idée d'un texte contenant une règle, ce qui n'est guère satisfaisant, car, en mettant à part les décisions individuelles, quel est l'acte juridique qui ne contient pas une règle ? La loi votée par le Parlement ne serait alors qu'un règlement[18]. **Aucoc** donne ainsi au règlement une formule qui conviendrait aussi bien à la loi : « Un règlement est un acte qui pose des règles d'une certaine généralité, applicables à l'avenir, obligatoires pour les citoyens. »[19]

---

[14] FROMONT (M.), Préface in Verpeaux (M.), *La naissance du pouvoir réglementaire (1789-1799), op.cit.*, p. V.

[15] GUINCHARD (S.) et autres, *Lexique des termes juridiques*, 22e éd., Paris, Dalloz, 2014, p. 757.

[16] Pour une analyse critique de l'usage du même mot pour désigner des réalités différentes, BENOIT (F.-P.), *Le droit administratif français*, Paris, Dalloz, 1968, p. 523 : « [Le problème du pouvoir réglementaire] n'a une existence spécifique qu'en ce qui concerne le gouvernement, mais non quant aux autorités administratives subordonnées, dont les compétences sont toutes différentes de celles du Parlement et du gouvernement. »

[17] Voir CÉ, 29 janvier 1954, *Institution Notre-Dame du Kreisker*, *Recueil Lebon*, p. 64.

[18] La langue anglaise n'est guère plus satisfaisante ni plus riche en la matière si l'on songe au sens du mot « *Rule* », employé à la section VIII de l'article I de la Constitution américaine de 1787 : *« The Congress shall have Power… to make Rules for the Governement and Regulation of the land and naval Forces »*. Le mot « Rule » peut être traduit par « règle » ou « règlement » (dans ce dernier sens, voir DUVERGER (M.), *Constitutions et documents politiques*, PUF, 10e éd., 1986, p. 548 : « Le Congrès aura le pouvoir… de faire des règlements pour l'organisation et l'administration des forces de terre et de mer »).

[19] AUCOC (L.), *Conférences sur l'Administration et le Droit administratif*, 3e éd., Paris, Dunod, n° 53, t. I, p. 124.

La doctrine la plus répandue présente la loi comme « la formule des principes »[20], le règlement comme « la collection des détails »[21] et conclut à une différence intrinsèque[22]. Cette doctrine a reçu de Portalis sa formule la plus forte[23]. On peut néanmoins douter que le critérium de distinction soit sûr. Car qu'est-ce qu'un principe ? Qu'est-ce qu'un détail ? La différence du principe et du détail est toute relative : telle règle est un détail au regard de telle autre et un principe au regard d'une troisième[24].

Une partie de la doctrine s'est détournée de cette distinction incertaine et s'est attachée, à trouver un principe juridique entre la loi et le règlement : la loi seule crée le droit ; le règlement se borne à organiser, c'est-à-dire à exécuter la loi. Telle est la théorie qu'a développée le doyen Hauriou[25].

Certains auteurs établissent cependant une identité de nature entre la loi et le règlement[26] et font valoir que la différence essentielle qui les sépare se rattache à la hiérarchie établie d'abord entre l'État, qui seul fait des lois et les autres personnes administratives, qui, lui étant subordonnées, ne font que des règlements. Ensuite, entre les agents de l'État, duquel un seul, le Parlement, est qualifié pour l'exercice du pouvoir législatif[27]. La loi produit des effets

---

[20] MOREAU (F.), *Le règlement administratif. Étude théorique et pratique de droit public français*, *op. cit.*, p. 40.

[21] *Idem.*

[22] Carré de Malberg se fonde sur un autre point de vue : « Les règlements ne constituent, à aucun degré, de la législation : car, en tant qu'actes administratifs, ils sont entièrement dépourvus de la puissance, des caractères et des effets qui forment le trait propre de la loi au sens constitutionnel de ce mot. » (Carre de Malberg, « La vraie notion de règlement administratif selon le droit français », *Contribution à la théorie générale de l'État*, 1922 (réédition CNRS).

[23] Il écrit : « Les lois proprement dites diffèrent des simples règlements. C'est aux lois à poser, dans chaque matière les règles fondamentales, et à déterminer les formes essentielles. Les détails d'exécution, les précautions provisoires ou accidentelles, les objets instantanés ou variables, en un mot toutes les choses qui sollicitent bien plus la surveillance de l'autorité qui administrent que l'intervention de la puissance qui institue ou qui crée sont du ressort des règlements. Les règlements sont des actes de magistrature, les lois des actes de souveraineté. » PORTALIS (J.-E.-M.), *Discours préliminaire au premier projet de Code civil*, Édition électronique réalisée par Claude Ovtcharenko, Préface de Michel Massenet, Bordeaux, Éditions Confluences, Collection Voix de la Cité, 2004, p. 26.
http://classiques.uqac.ca/collection_documents/portalis/discours_1er_code_civil/discours.html

[24] Pour une analyse critique de cette définition, voir Moreau (F.), *Le règlement administratif. Étude théorique et pratique de droit public français*, op. cit., n° 34, pp. 40 et s.

[25] Voir HAURIOU (M.), *Précis de droit administratif et de droit public général*, 4e éd., 1900, pp. 31 et s.

[26] Notamment PLANIOL (M.), *Traité élémentaire de droit civil*, 1900, t. I, n° 57, p. 141 : « Les actes réglementaires émanent d'une autorité moins haute, mais ils ont tous les caractères spécifiques de la loi ; ce sont des dispositions législatives d'ordre inférieur aux lois proprement dites, mais de même nature. »

[27] Voir MOREAU (F.), *Le règlement administratif. Étude théorique et pratique de droit public français op.cit.*, p. 3.

dont les uns se rattachent à son caractère de règle générale et d'autres qui se rattachent à la prépondérance de son auteur, le Parlement. Les premiers doivent être attribués, les seconds refusés au règlement.

Ainsi, comme règle générale et de même que la loi, le règlement est une disposition générale et impersonnelle. Il possède une force obligatoire absolue qui s'impose à tous, citoyens, fonctionnaires, tribunaux. Il reçoit pour son application l'interprétation judiciaire. Il dispose pour l'avenir et n'a pas d'effet rétroactif. Comme acte du pouvoir exécutif ou administratif et à la différence de la loi, il ne jouit pas d'une pleine liberté d'action et est soumis au contrôle de légalité du juge administratif statuant sur le recours en annulation. Ces ressemblances et différences combinées justifient l'appellation de « lois secondaires » ou « quasi-lois » [(28)] souvent donnée aux règlements.

Ne se préoccupant pas de définir le règlement par contraste avec la loi et se recentrant plutôt sur les aspects purement administratifs, **Michel Verpeaux** se fonde à la fois sur un critère organique, et non formel, qui est celui de son auteur, une autorité administrative et sur un critère matériel, la norme générale s'opposant à la mesure individuelle. Pour lui, « le règlement consiste à édicter des règles générales et impersonnelles, applicables unilatéralement à un nombre indéfini de destinataires, qui ne peuvent être, selon la théorie classique, que des administrés »[29]. Dans ces conditions, le pouvoir réglementaire est le pouvoir de prendre unilatéralement des actes de caractère général et impersonnel.

En tout état de cause, appliquée à notre sujet, la discussion dont nous venons de présenter les grandes lignes a au moins le mérite, à défaut de donner lieu à une définition précise et consensuelle, de poser la question du pouvoir réglementaire, c'est-à-dire normatif, de manière plus directe, du président de la République au Cameroun par rapport aux autres autorités normatives et au juge.

S'agissant des autorités normatives, le pouvoir du président de République doit être confronté d'abord à la loi du fait de l'existence d'un pouvoir réglementaire « autonome », à côté du pouvoir réglementaire classique d'exécution des lois, qui, par définition, est soumis à la loi. À la différence de ce dernier, le pouvoir réglementaire autonome confère-t-il au président de la République un pouvoir normatif primaire, c'est-à-dire indépendant de la loi et dont les actes se situeraient au même rang que la loi dans la hiérarchie des normes ? La question, au fond, est celle de la liberté et de la capacité normative du président de la République par rapport à la loi.

---

[28] SAINT-GIRONS (A.), *Manuel de droit constitutionnel*, Deuxième édition, Paris, L. Larose, 1885, p. 379.
[29] VERPEAUX (M.), *La naissance du pouvoir réglementaire (1789-1799), op.cit.*, pp. 4-5.

Son pouvoir normatif s'analyse également au regard du partage constitutionnel des compétences réglementaires avec le Premier ministre. L'article 12, alinéa 3, de la Constitution énonce en effet que ce dernier est chargé de l'exécution des lois, exerce le pouvoir réglementaire et nomme aux emplois civils, sous réserve des prérogatives reconnues au président de la République dans ces domaines. Au Premier ministre est attribuée une compétence de principe en matière réglementaire, au président de la République une compétence d'exception. Au-delà de ce constat simple se pose la question de l'équilibre qui s'établit en ce domaine entre les deux autorités de l'exécutif.

Enfin, l'on doit s'interroger sur le rapport entre le pouvoir réglementaire du président de la République, chef de l'État, et celui des collectivités territoriales notamment[30], qui, en vertu de l'article 55, alinéa 2, de la Constitution, jouissent du principe de libre administration.

Dans un État de droit et de séparation des pouvoirs, l'existence d'un pouvoir appelle tout naturellement la question de son contrôle. Aussi le pouvoir réglementaire du président de la République ne s'analyse-t-il pas seulement par rapport à celui des autres autorités normatives, mais aussi au regard du contrôle notamment juridictionnel[31] qui s'exerce à son égard.

Or, le contrôle juridictionnel des actes du président de la République peut faire problème du fait de la place éminente de celui-ci au sein de l'État. « Palladium de l'institution étatique, écrit M. **Houillon**, il ne faut envisager le régime de (sa) responsabilité qu'avec prudence, c'est-à-dire sans risquer de rendre précaire la réalisation de sa mission..., sous peine de porter atteinte à l'État ou de lui nuire [(32)]. Et le professeur Pierre Avril observe que la fonction de chef de l'État fait l'objet d'une protection spécifique dans toutes les démocraties contemporaines[33]. Il semble même qu'en contrôlant certains actes du président de la République, le juge est amené à la situation étrange d'évaluer les choix politiques à l'aune des exigences juridiques. La question qui se pose alors dans un État de droit démocratique est de savoir à partir de

[30] Nous nous poserons cette même question au sujet des autorités administratives indépendantes.

[31] Il existe aussi un contrôle non juridictionnel, en particulier politique, des actes du président de la République. Nous l'écartons toutefois de notre étude, pour la raison qu'il appelle des considérations politiques dépendant de l'autorité politique habilitée à l'exercer. En revanche, le pouvoir réglementaire étant un pouvoir normatif, nous nous intéresserons au contrôle juridictionnel, qui s'effectue sur la base de considérations juridiques.

[(32]HOUILLON (P.), « Rapport au nom de la commission des lois constitutionnelles, portant modification du titre IX de la Constitution », *J.O.R.F., Doc. parl.,* A. N., 20 décembre 2006, n° 3537, p. 41.

[33] Voir AVRIL (P.), *Rapport de la commission de réflexion sur le statut pénal du président de la République*, Paris, La Documentation française, 2002, pp. 29 et s.

quand le contrôle juridictionnel de l'interprétation présidentielle risque de devenir illégitime [34].

Ces considérations fondamentales et complexes conduisent à s'interroger sur l'étendue du pouvoir réglementaire du président de la République au Cameroun et du contrôle du juge sur son exercice.

Il apparaît qu'il est relativement limité (I) et partiellement soumis au contrôle juridictionnel (II).

I- Un pouvoir relativement limité

Malgré la situation éminente du président de la République au sein de l'État, son pouvoir réglementaire reste subordonné à la loi, ce qui limite ses possibilités normatives en cette matière (A). Le pouvoir réglementaire du chef de l'État ne retrouve une primauté qu'à l'égard des autres pouvoirs réglementaires (B).

A- La subordination à la loi

Par définition, le pouvoir réglementaire est un pouvoir d'exécution de la loi à laquelle il est donc naturellement subordonné. Malgré cela, les potentialités normatives ouvertes au président de la République par la Constitution camerounaise du 18 janvier 1996, à la suite de la Constitution française de 1958, ont été neutralisées.

1- Le pouvoir réglementaire, un pouvoir d'exécution de la loi par définition

Le pouvoir réglementaire naît comme un pouvoir d'exécution de la loi. La conception initiale va cependant évoluer pour admettre un certain pouvoir normatif propre du président de la République dans l'exécution des lois.

a- La conception initiale du pouvoir réglementaire comme un pouvoir d'exécution de la loi

L'article 8, alinéa 8, de la Constitution du 18 janvier 1996 dit que le président de la République « exerce le pouvoir réglementaire ». Les dispositions ainsi citées paraissent vagues. Notamment, l'on peut se demander si le président de la République assure l'exécution des lois. Cette question se pose surtout dans la mesure où l'article 9, alinéa 8, de la Constitution du 2 juin 1972 le chargeait de cette compétence. Or, la révision constitutionnelle du 23 avril 1991[35] et, à sa suite, la Constitution du 18 janvier 1996 attribue

---

[34] Voir GUETTIER (C.), « Le contrôle juridictionnel des actes du président de la République », *RDP*, n° ¾, 1998, pp. 1719 et s.
[35] Voir article 9, alinéa 5, de la loi n° 91/001 du 23 avril 1991.

cette dernière, de manière expresse, au Premier ministre[36] alors que cette même Constitution n'en dit plus mot s'agissant du président de la République. Y'a-t-il donc eu transfert de la compétence d'exécution des lois au détriment du chef de l'État et au profit du Premier ministre ?

Il n'en est rien à la vérité : le président de la République continue d'assurer l'exécution des lois. En effet, traditionnellement, l'on considère que la fonction d'exécution des lois est consubstantielle à l'exécutif et à l'exercice d'un pouvoir réglementaire. Esmein écrit ainsi que le pouvoir réglementaire doit être confié naturellement au pouvoir exécutif, essentiellement parce qu'il ne peut être confié à un autre organe[37]. Et **Michel Verpeaux** ajoute que « la notion de pouvoir réglementaire passant par l'existence d'un exécutif, celui-ci est précisément chargé de l'exécution des lois »[38]. C'est du reste sous cet aspect que naît le pouvoir réglementaire.

Plus encore, le fondement du pouvoir réglementaire comme un pouvoir d'exécution des lois avant tout, se trouve dans la tradition juridique issue de la Révolution française et basée sur le légicentrisme, qui veut que le législateur souverain seul soit légitime pour formuler du droit obligatoire, général et abstrait. La loi est le centre de tout, il n'y a de place que pour la loi, le droit est assimilé à la loi, seule la loi, œuvre d'une assemblée représentative, expression de la volonté générale, peut-être source du droit. La loi étant conçue comme l'unique source du droit, les actes de l'exécutif ne peuvent en principe être que relatifs à l'exécution des lois. En théorie, la Révolution française se caractérise par le refus d'admettre l'existence de textes généraux et impersonnels autres que ceux émanant du Parlement. Ainsi, par définition et par principe, exercer le pouvoir réglementaire consiste avant tout à exécuter les lois. Le président de la République exerçant le pouvoir réglementaire est donc d'abord une autorité d'exécution des lois.

D'un point de vue juridique, l'autorité administrative investie du pouvoir réglementaire d'exécution des lois ne peut être qu'une autorité subordonnée à la loi. Il s'établit de la sorte une inégalité de principes entre la loi et le règlement, puisque le deuxième agit conformément à la première dont il est dépendant et ne peut s'exercer en dehors d'elle : le règlement qui doit se contenter d'exécuter, au sens courant du terme, n'est de ce fait pas l'égal de la loi, mais lui est entièrement soumis. Le règlement d'exécution de la loi est assez strictement dans la nécessité d'être subordonné à la loi dont il ne doit pas contredire les objectifs et les règles[39]. C'est un règlement dérivé de la loi

[36] Voir article 12, alinéa 2, de la Constitution.

[37] ESMEIN (A.), *Éléments de droit constitutionnel français et comparé*, 8e éd., Recueil Sirey, 1928, t. 1, p. 575.

[38] VERPEAUX (M.), *La naissance du pouvoir réglementaire (1789-1799), op.cit.*, p. 15.

[39] Cette conception stricte de l'exécution des lois est défendue et consacrée sous la Révolution. Mably, par exemple, affirme à l'Assemblée nationale constituante que le règlement doit se

dont il vise la mise en application. Il lui reste soumis quand bien même il résulte d'une délégation directe de la loi, ainsi que l'a démontré dès 1907 le commissaire du gouvernement Tardieu, dans ses conclusions sous l'arrêt *Chemins de fer de l'Est*[40].

Ainsi conçu, à la différence de la loi, le pouvoir réglementaire ne dispose ni d'une liberté ni d'une capacité d'initiative normative lui permettant d'édicter du droit général et impersonnel. Alors que la loi est un pouvoir normatif initial et inconditionné, il est un pouvoir normatif conditionné et subalterne[41], qui s'inscrit tout entier dans la fonction d'exécution des lois et n'a pas, en principe, la maîtrise de sa mise en œuvre[42].

Cette conception du pouvoir réglementaire, fondée sur le dogme de l'exclusivité de la loi comme source du droit, a tout de même évolué. Il a été finalement admis que le Chef de l'État puisse disposer d'un pouvoir normatif propre dans l'exécution des lois.

b- La reconnaissance d'un pouvoir normatif dans l'exécution de la loi

L'activité d'exécution des lois n'est pas purement mécanique ni matérielle. Elle confère à l'exécutif une part propre de pouvoir normatif qui lui permet d'élaborer des règles à caractère général. M. **Verpeaux** a dévoilé la présence, depuis 1789 en France, d'actes généraux d'application des lois, ou édictés en dehors de la loi, malgré les interdictions ou les silences des différents textes constitutionnels. Il concluait à l'existence, au profit du chef de l'État, d'un pouvoir normatif « clandestin »[43] sous la Révolution.

---

borner à « exécuter ce qui lui est prescrit par la loi » (cité par BARTHÉLEMY (J.), *Le rôle du pouvoir exécutif dans les républiques modernes*, Paris, Giard et Brière, 1906, p. 421). La consécration de cette conception est le fait de l'article 3 de la Constitution de 1791, qui posait qu'« il n'y a point en France d'autorité supérieure à celle de la loi. Le roi ne règne que par elle, et ce n'est qu'au nom de la loi qu'il peut exiger l'obéissance ». Un siècle plus tard, Esmein écrivait : « Le règlement fait en exécution de la loi est complètement subordonné à celle-ci. Il ne peut que développer et compléter dans le détail les règles qu'elle a posées ; il ne peut ni l'abroger ni la contrarier ; il doit la respecter dans sa lettre et dans son esprit » (ESMEIN (A.), *Éléments de droit constitutionnel français et comparé*, 2e éd., Paris, 1899, p. 471).

[40] Voir Conclusions Tardieu sous CE, 6 décembre 1907, *Chemins de fer de l'Est*, *Sirey*, 1908, 3, p. 1.

[41] Le juge constitutionnel français établit souvent cette hiérarchie. Exemple : « Considérant que l'article 34 de la Constitution réserve au législateur le soin de fixer "les règles concernant les droits civiques"... qu'il n'appartient au pouvoir réglementaire que d'édicter les mesures d'application qui sont nécessaires à la mise en œuvre de ces règles. » (Cons. const., Décision n° 61-13 L du 3 mai 1961, *Rec.*, p. 36. Ou encore : « A la loi de fixer les normes de premier rang tandis qu'au règlement d'exécution revient le soin de compléter, par des normes secondaires appropriées, l'action du législateur. »

[42] Voir BRISSON (J.-F.) et ROUYERE (A.), *Droit administratif*, Paris, Montchrestien, 2004, pp. 198 et s.

[43] Verpeaux (M.), *La naissance du pouvoir réglementaire (1789-1799)*, *op.cit.*, p. 18.

C'est le chef de l'État et le gouvernement qui, en France, ont, les premiers, bénéficié de l'élargissement de la notion d'exécution d'une loi « bien au-delà de son sens grammatical »[44]. Depuis le début du XXe siècle, on constate, en effet, une tendance du Conseil d'État à interpréter largement les habilitations législatives. Cette attitude confère une autonomie dans l'exécution et donne à l'exécutif un « pouvoir d'initiative » de nature à engendrer des différences de degrés et non de nature, entre les pouvoirs réglementaires d'exécution stricte d'une loi, d'exécution spontanée d'une loi (complément volontaire) et autonome.

Deux arrêts vont reconnaître au président de la République un pouvoir normatif propre dans l'exécution des lois. La décision *Heyriès* [45]admet qu'il peut, en cas de circonstances exceptionnelles, édicter des règles à caractère général contraires à la loi, pour assurer la continuité des services publics, qui, selon le Conseil d'État, fait partie de sa mission générale d'exécution des lois. L'arrêt *Labonne*[46] confirme ce précédent, mais en dehors des circonstances exceptionnelles. En l'espèce, le Conseil d'État juge « qu'il appartient au chef de l'État en dehors de toute habilitation législative et en vertu de ses pouvoirs propres de déterminer celles des mesures de police qui doivent, en tout état de cause, être appliquées dans l'ensemble du territoire ». En d'autres termes, il décide que l'autorité titulaire du pouvoir réglementaire général dispose, même en l'absence de toute habilitation législative, d'une compétence pour édicter des mesures de police à caractère général et s'appliquant sur l'ensemble du territoire[47].

Au Cameroun, la reconnaissance au président de la République d'une faculté normative propre dans l'exécution de la loi peut être fondée sur la théorie des pouvoirs implicites qui est sans doute aussi à la base de la jurisprudence administrative française en la matière[48]. Georges Vedel a montré qu'au-delà de l'exécution de chaque loi, « article par article, paragraphe par paragraphe », il existait une notion d'exécution au sens large comportant le maintien de l'ordre public et le fonctionnement régulier des

---

[44] VEDEL (G.) et DELVOLVE (P.), *Droit administratif*, PUF, 11e éd., Paris, 1990, pp. 25 et s.
[45] CE, 28 juin 1918, *Heyriès*, *Recueil Lebon*, p. 651.
[46] CE, 8 août 1919, *Labonne*, *Recueil Lebon*, p. 737.
[47] De même, la jurisprudence a reconnu aux ministres, puis à l'ensemble des chefs de service, des facultés propres d'organisation et de fonctionnement de leur service pour assurer toute l'exécution utile des lois qui ont institué ces services (voir : CE, 7 février 1936, *Jamart*, *Recueil Lebon*, p. 172 ; CE, 7 juillet 1950, *Dehaene*, *Recueil Lebon*, p. 426 ; CE 9 juillet 1965, *Pouzenc*, *Recueil Lebon*, p. 421 ; CE 13 février 1985, *Syndicat communautaire pour l'agglomération nouvelle de Cergy- Pontoise*, *Recueil Lebon*, p. 37, pour les collectivités locales).
[48]Voir notamment : MAUGER (F.), *Les pouvoirs implicites en droit administratif français*, thèse, Université Panthéon-Assas, 2013, 337 p. ; VENEZIA (J.-C.), « Les pouvoirs implicites dans la jurisprudence administrative », in *Le juge et le droit public*, Mélanges offerts à Marcel Waline, Paris, LGDJ, 1974, t. 2, p. 795.

services publics qui donnent au droit administratif ses bases constitutionnelles. « Indépendamment même des prescriptions formelles du législateur »[49], il est acquis que le gouvernement dispose d'une investiture générale pour prendre toutes les mesures nécessaires à la vie nationale, finalement sous la seule réserve d'agir dans l'intérêt général. Il ne s'agit plus d'un pouvoir réglementaire d'exécution à proprement parler, mais d'un pouvoir réglementaire « pour » l'exécution des lois mettant en œuvre un pouvoir propre[50].

À des degrés divers, la théorie des pouvoirs implicites imprègne tout le droit organique de l'administration et vivifie le pouvoir d'exécution des lois. Si, d'aventure, le juge administratif décidait d'exclure en bloc ces manifestations spontanées d'autorité, à coup sûr, le fonctionnement de l'administration deviendrait impossible. Les pouvoirs implicites sont une « prothèse »[51] nécessaire au bon fonctionnement de l'administration.

La faculté normative reconnue au président de la République dans l'exécution de la loi, par application de la théorie des pouvoirs implicites et en vertu de ses pouvoirs propres, reste toutefois limitée. Pour audacieuse qu'elle fût, la jurisprudence ***Labonne*** n'altérait pas la fonction normative du Parlement et le pouvoir réglementaire autonome restait l'exception, circonscrite aux matières de police. Plus fondamentalement, l'exercice de cette compétence normative autonome du président de la République ne peut se faire qu'au service de l'exécution de la loi ou dans le cadre d'une stricte habilitation législative, et toujours dans le respect des prescriptions posées par la loi et les règles supérieures. Autrement dit, cette compétence normative autonome du chef de l'État s'inscrit toute entière dans l'exécution de la loi à laquelle elle est subordonnée ; elle ne saurait prétendre lui être équivalente.

Cependant, les dispositions prévues par la Constitution du 18 janvier 1996 qui offraient au président de la République des potentialités normatives révolutionnaires ont été neutralisées.

2- La neutralisation des potentialités normatives du président de la République

La « Révolution n'a pas eu lieu »[52]. À la suite de la Constitution française du 4 octobre 1958, la Constitution camerounaise de 1996 a posé les principes

---

[49] VEDEL (G.) et DELVOLVE (P.), *Droit administratif, op. cit.*, p. 29.
[50] Voir Faure (B.), « La crise du pouvoir réglementaire : entre ordre juridique et pluralisme institutionnel », *AJDA*, 1990, p. 547.
[51] AMSELEK (P.), « Le rôle de la pratique dans la formation du droit : aperçus à propos de l'exemple du droit public français », *RDP*, 1983, p. 1471.
[52] RIVERO (J.), « Rapport de synthèse », *in* FAVOREU (L.) (dir.), *Vingt ans d'application de la Constitution de 1958 : le domaine de la loi et du règlement*, Aix-en-Provence, PUAM, 1978, p. 263.

d'un domaine du pouvoir réglementaire autonome, dans les matières de l'article 27 et d'une possibilité pour le président de la République de légiférer par voie d'ordonnances sur le fondement de l'article 28. Des thèses ont été soutenues pour reconnaître une nature législative à ces règlements autonomes et à ces ordonnances. Elles ont échoué et le principe de la supériorité de la loi a été maintenu.

a- L'échec de la thèse de la nature législative du pouvoir réglementaire autonome

À la suite de la Constitution française, la Constitution camerounaise opère une distinction entre le domaine de la loi et celui du règlement. Ce dernier se définit en fonction des articles 26 et 27 de la Constitution. L'article 26 délimite *a priori* un domaine législatif. Le législateur ne peut voter de lois que dans les matières strictement énumérées dans cet article. En dehors de ces matières, il ne peut intervenir. Le Conseil constitutionnel veille, du reste au respect de ce principe et déclarera contraire à la Constitution toute loi adoptée hors du domaine de la loi. Si un parlementaire dépose une proposition de loi (ou un amendement) dans un domaine qui n'est pas normalement celui de la loi, elle peut être déclarée irrecevable.

A contrario, l'article 27 de la Constitution dispose que « les matières autres que celles qui sont du domaine de la loi ressortissent au pouvoir réglementaire ». Ainsi, à côté des règlements d'application de la loi qui continuent d'exister et qui, découlant de la loi qu'ils précisent, sont dits « règlements dérivés », apparaît, dans des domaines différents de ceux de la loi, une autre catégorie de règlements appelés « règlements autonomes ».

En première analyse, le constituant de 1996 a favorisé le pouvoir réglementaire au détriment du pouvoir législatif en limitant le domaine d'intervention du second et en reconnaissant au premier un large champ d'action lui attribuant notamment la compétence de prendre des règlements autonomes, c'est-à-dire des dispositions normatives initiales. Le pouvoir législatif bénéficie d'une compétence d'attribution, alors que la compétence de principe ou de droit commun revient au pouvoir réglementaire.

En théorie, on aurait pu penser que l'article 27 de la Constitution consacrait un « pouvoir normatif primaire »[53] au bénéfice de l'exécutif, en ce que ce dernier aurait été compétent pour intervenir et fixer des dispositions normatives initiales dans des matières dans lesquelles le législateur n'est pas autorisé à pénétrer. On aurait pu penser qu'il fondait un pouvoir réglementaire qui se situait au même niveau que le pouvoir législatif. Il aurait pu être interprété comme attribuant notamment au président de la République des

[53] FAVOREU (L.), « Le pouvoir normatif primaire du Gouvernement en droit français », *RFDC*, n° 32, 1997, p. 713.

pouvoirs normatifs de nature législative. En effet, les règlements autonomes ne devraient pas être soumis aux lois. Ils ne devraient pas leur être subordonnés puisque, conformément à la répartition constitutionnelle des compétences, ils interviennent dans des matières qui ne relèvent pas du domaine de la loi. Ils sont autonomes par rapport à la loi. Dès lors, que le pouvoir réglementaire était investi d'un pouvoir qui ne se limitait pas à l'exécution des lois, il était envisageable de lui reconnaître une valeur égale à celle de la loi ou tout du moins qu'il ne lui soit pas soumis. Le pouvoir réglementaire autonome aurait donc pu être un second « pouvoir législatif », confié à l'Exécutif, qui, non seulement se serait situé au même niveau que le pouvoir législatif, mais aurait encore supplanté celui-ci quant à sa qualité de pouvoir normatif de droit commun. Son exercice, notamment par le président de la République, aurait pu donner lieu à la production d'actes normatifs considérés comme équivalents à la loi aussi bien en ce qui concerne leur force active et passive qu'en ce qui concerne le régime de leur contrôle. Il en va ainsi de l'Italie et de l'Espagne[54], notamment avec les « décrets-législatifs » (l'équivalent de nos ordonnances de l'article 28) et les « décrets-lois » (décrets d'urgence, sans équivalent en droit camerounais actuel)[55].

Ce n'est pourtant pas cette interprétation qui a prévalu. À l'image de la solution retenue par le Conseil d'État[56], les potentialités normatives que l'article 27 de la Constitution camerounaise aurait pu permettre en faveur du président de la République ont été neutralisées par l'alignement des règlements autonomes au régime des actes administratifs : ils restent des actes administratifs et qui n'ont pas valeur de loi. C'est ainsi qu'il y a unité du pouvoir réglementaire et il n'y a pas lieu de distinguer entre règlements autonomes et règlements d'exécution des lois. Si les règlements autonomes n'ont pas, par définition, à tenir compte d'une loi particulière à la matière qui en fait l'objet, ils doivent respecter la légalité en général et le contrôle de légalité exercé à leur égard ne représente, devant le juge administratif, aucune spécificité. Le régime contentieux des règlements autonomes et des règlements ordinaires est le même. Le pouvoir réglementaire du président de

---

[54] Cependant, contrairement aux constitutions française et camerounaise, qui instituent une distinction entre domaines législatif et réglementaire, les Constitutions espagnole et italienne ouvrent au pouvoir législatif un domaine illimité.

[55] En droit comparé, sur la question des actes législatifs de l'Exécutif, voir *RFDC*, « Légiférer par décrets ? », n° 32, 1997, pp. 675-762.

[56] Fidèle à sa jurisprudence précitée des *Chemins de fer de l'Est* de 1907, le Conseil d'État, dans le célèbre arrêt du 26 juin 1959 *Syndicat des ingénieurs-conseils* (voir CE, 26 juin 1959, *Syndicat des ingénieurs-conseils, Recueil Lebon*, p. 364), a refusé de voir dans les règlements de l'article 37 de la Constitution française autre chose qu'un acte administratif soumis à son contrôle. Selon le Conseil d'État, le fait que le règlement autonome puisse, dans les matières dudit article, se substituer à la loi n'en change pas la nature juridique : le règlement reste susceptible de recours en annulation par lequel le juge pourra s'assurer du respect par le Gouvernement de la Constitution et des principes généraux du droit.

la République demeure ainsi subordonné à la loi. Sa limitation tient alors essentiellement au fait qu'il dispose d'une puissance normative et d'une liberté de disposition moindres que celles du Parlement.

Il est vrai que l'évolution de la question dépendra aussi de la politique jurisprudentielle du juge constitutionnel. En France, l'interprétation du Conseil constitutionnel a plutôt conforté la prééminence de la loi dans le champ normatif[57]. Dans sa décision *Blocage des prix et revenus*[58], laissant la protection du domaine réglementaire au seul Gouvernement, il déclare qu'une loi intervenue dans les matières réglementaires n'est pas inconstitutionnelle et n'est donc pas susceptible d'être contestée par les parlementaires. Par voie de conséquence, aucune matière n'est interdite à la norme législative. Le législateur peut se saisir de n'importe quel sujet, le domaine de la loi est élargi au-delà des matières de l'article 34 tandis que celui du règlement autonome devient résiduel, en ce sens que le pouvoir réglementaire statue dans les espaces que lui laisse la loi et la Constitution, même s'il peut obtenir la délégalisation de quelques dispositions de forme législative en vertu de l'article 37 alinéa 2[59]. D'une manière générale, « la loi va partout et partout le règlement y est soumis »[60].

Si cette solution devait être retenue au Cameroun et en l'absence de dispositions destinées à protéger le domaine du règlement autonome, tels les mécanismes de délégalisation, les potentialités normatives du président de la République pourraient aussi se trouver sacrifiées sur l'autel du dogme de la suprématie de la loi[61]. D'autant plus que, par ailleurs, la thèse de la nature législative des ordonnances a également été rejetée.

---

[57] Voir MATHIEU (B.), « La part de la loi, la part du règlement. De la limitation de la compétence réglementaire à la limitation de la compétence législative », *Pouvoirs*, vol. 114, 2005, n° 3, p. 73.

[58] Décision n° 82-143 DC du 30 juillet 1982, « Loi sur les prix et les revenus » ; voir FAVOREU (L.) et PHILIP (L.), *Les grandes décisions du Conseil constitutionnel*, 8e éd., n° 33.

[59] Dans sa décision *Avenir de l'École*, n° 2005-512 DC du 21 avril 2005, le Conseil constitutionnel s'est reconnu le droit de constater, dans le cadre de l'article 61, le caractère réglementaire des dispositions de la loi qui lui est soumise. Mais la procédure dite de délégalisation de l'article 37, al. 2, de la Constitution, va de plus en plus être considérée par le Gouvernement comme non productive, en ce sens qu'il a de plus en plus de difficultés à obtenir des délégalisations de la part du Conseil constitutionnel.

[60] BRISSON (J.-F.) et ROUYERE (A.), *Droit administratif*, *op. cit.*, p. 203.

[61] Ce n'est pas cependant la seule hypothèse envisageable. Les cas de l'Espagne et de l'Italie précités, où la loi bénéficie d'un domaine illimité, montrent que l'on peut aussi aboutir à une situation dans laquelle, au contraire, le pouvoir réglementaire s'étend sur le domaine législatif. Voir Paladin (L.), « Actes législatifs du Gouvernement et rapports entre les pouvoirs : l'expérience italienne », *RFDC*, n° 32, 1997, pp. 693-711 ; DIEZ-PICAZO (L. M.), « Actes législatifs du Gouvernement et rapports entre les pouvoirs : l'expérience espagnole », *Idem*, pp. 726-744.

b- Le rejet de la thèse de la nature législative des ordonnances

Dans l'article 28 de la Constitution du 18 janvier 1996, le terme d'« ordonnance » désigne des actes pris par le président de la République dans le domaine de la loi, en vertu d'une autorisation législative. L'habilitation est accordée par le Parlement au président de la République pendant un délai limité et sur des objets déterminés, afin de prendre des mesures qui sont normalement du domaine de la loi. Les ordonnances peuvent ainsi être considérées comme des « héritières » des décrets-lois des IIIe et IVe Républiques françaises en permettant au président de la République de « légiférer » à la place du Parlement.

Sous la Ve République, une controverse a eu lieu à propos de la nature juridique des ordonnances de l'article 38 de la Constitution. Deux thèses étaient en présence[62]. Certains auteurs ont soutenu que l'ordonnance avait une valeur législative. C'est ce qu'affirme **Marcel Waline** dès 1959 et c'est la position qu'il maintiendra par la suite dans ses ouvrages[63]. Cette thèse s'appuie sur la définition matérielle de la loi qui implique qu'est loi, tout acte qui intervient dans des matières législatives. En revanche, le doyen **Vedel** était défenseur de la thèse dite de l'extension provisoire du pouvoir réglementaire aux matières législatives. Selon celle-ci, une ordonnance non ratifiée doit être qualifiée d'acte administratif, susceptible à ce titre de faire l'objet d'un contrôle contentieux et spécialement d'un recours en annulation pour excès de pouvoir devant le juge administratif[64]. Le Conseil d'État a opéré un choix fondamental en admettant sa compétence pour examiner la légalité d'une ordonnance jusqu'à ratification législative, reconnaissant ainsi de manière implicite son caractère réglementaire[65]. Ainsi les ordonnances de l'article 38, comme naguère les décrets-lois demeurent des actes administratifs soumis au contrôle du juge administratif tant que le législateur ne les a pas ratifiées. En 1974, dans les *Mélanges **Waline***, le doyen **Vedel** salue cette « continuité du droit administratif » face à la « discontinuité du droit constitutionnel ».

C'est l'ensemble de ce régime que reprend l'article 28 précité de la Constitution camerounaise de 1996 : c'est la ratification de l'ordonnance qui détermine le statut juridique de l'acte. Par sa ratification par le Parlement, l'ordonnance devient un texte de valeur législative, soustrait au contrôle contentieux du juge administratif et relevant du régime juridique de la loi. En

---

[62] Voir, notamment, FAVOREU (L.) et autres, *Droit constitutionnel*, 12e éd., Paris, Dalloz, 2009, pp. 857-858.

[63] « Les ordonnances [...] sont des actes législatifs non seulement parce qu'elles peuvent modifier des lois antérieures [...], mais aussi parce qu'elles ne pourront plus être modifiées par le Gouvernement après l'expiration du délai fixé par le Parlement pour l'exercice de ce pouvoir. Il faudra une loi nouvelle pour les modifier ou les abroger » (*RDP*, 1959, p. 1059).

[64] *JCP*, 1959, II, 11152.

[65] Voir CE, 3 novembre 1961, *Damiani*, *Recueil Lebon*, p. 607.

revanche, tant qu'elle n'est pas ratifiée, l'ordonnance a le caractère d'acte administratif dont la légalité peut être contestée par référence aux sources classiques de la légalité administrative.

La Constitution camerounaise a ainsi consacré la thèse de l'extension provisoire du pouvoir réglementaire dans les matières législatives, au détriment de celle de la délégation législative[66]. Cette dernière, en faisant des ordonnances des actes de valeur législative dès leur édiction, comme c'est le cas en droit comparé lorsqu'elles sont prises sur habilitation législative[67], aurait permis au président de la République de disposer d'un pouvoir normatif primaire ou initial. L'option pour la solution de l'extension provisoire du pouvoir réglementaire a neutralisé les potentialités normatives qu'offre la technique des ordonnances, et le pouvoir réglementaire du président de la République est resté subordonné à la loi, conformément à la tradition légicentriste[68]. Il ne retrouve une primauté qu'à l'égard des autres pouvoirs réglementaires.

B- La primauté sur les autres pouvoirs réglementaires

La primauté du pouvoir réglementaire du président de la République sur les autres pouvoirs réglementaires se traduit par sa supériorité sur celui du Premier ministre d'une part, et dans la subordination de principe des pouvoirs réglementaires secondaires d'autre part.

---

[66] Sur les théories de la délégation législative et de l'extension du pouvoir réglementaire et leurs conséquences dans la matière qui nous intéresse, voir HAURIOU (M.), « La recevabilité du recours pour excès de pouvoir contre les règlements d'administration publique et la véritable nature de ces règlements », Note sous CE, 6 décembre 1907, *Chemins de fer de l'Est*, requête numéro 4244, *Sirey*, 1908.3.1.

[67] Voir *RFDC*, « Légiférer par décrets ? », *op. cit.*

[68] C'est ainsi que la procédure d'édiction des ordonnances est strictement encadrée et le président de la République n'échappe ni au contrôle du Parlement ni à celui des juges administratif et constitutionnel. Par exemple, l'article 28 de la Constitution fait obligation au chef de l'État de déterminer l'objet de l'ordonnance à prendre. À cet égard, en France, avec la décision n° 86-207 DC du 26 juin 1986, le Conseil constitutionnel a condamné définitivement la pratique des lois d'habilitation vague et imprécise que l'on connaissait déjà sous les IIIe et IVe Républiques. Il a ainsi obligé le Gouvernement, quand celui-ci dépose un projet d'habilitation, à « indiquer avec précision au Parlement, quelle est la finalité des mesures qu'il se propose de prendre et leurs domaines d'intervention ». La marge de manœuvre du Gouvernement en ressort d'autant plus limitée que le Conseil constitutionnel n'hésite pas, depuis 1986, à multiplier les « déclarations de conformité à la Constitution sous réserve », en précisant en particulier que la loi d'habilitation ne saurait avoir, ni pour effet ni pour objet, de dispenser le Gouvernement du respect des principes et des règles à valeur constitutionnelle. Cette technique de contrôle dite des « réserves d'interprétation » conduit à placer le Gouvernement en quelque sorte sous surveillance au moment de l'édiction des ordonnances ; le Conseil rappelant qu'il appartient au Gouvernement d'interpréter la loi et de l'appliquer dans le strict respect de la Constitution.

1- La supériorité sur le pouvoir réglementaire du Premier ministre

Le partage du pouvoir réglementaire est la règle à la tête de l'exécutif. Néanmoins, sous la IIIe et la IVe République française, il était entièrement détenu respectivement par le président de la République et le président du Conseil. Il en va différemment sous la Ve République, où il est partagé entre le président de la République et le Premier ministre[69].

Au Cameroun, deux autorités sont désignées par la Constitution du 18 janvier 1996 comme étant les titulaires du pouvoir réglementaire général : le président de la République et le Premier ministre. Dès lors, la question est de savoir comment se fait le partage de l'exercice de ce pouvoir entre ses deux détenteurs. En théorie, le Premier ministre est titulaire du pouvoir réglementaire sous réserve des prérogatives reconnues au président de la République, mais la réalité révèle la supériorité de ce dernier. Établie par le partage constitutionnel des compétences réglementaires, cette supériorité est confirmée par la loi portant attributions du Premier ministre.

a- Une supériorité établie par le partage constitutionnel des compétences réglementaires

L'article 12, alinéa 3, de la Constitution du 18 janvier 1996 énonce que le Premier ministre exerce le pouvoir réglementaire et nomme aux emplois civils, sous réserve des prérogatives reconnues au président de la République dans ces domaines. Une lecture stricte de ce texte fait apparaître que le pouvoir réglementaire du Premier ministre s'étend à l'ensemble des matières, en excluant simplement celles qui sont signalées comme relevant du président de la République. On peut ainsi conclure que le Premier ministre bénéficie d'une compétence réglementaire de droit commun ou de principe[70].

En revanche, le président de la République jouit d'une compétence réglementaire d'attribution. En effet, l'article 12, alinéa 3 de la Constitution pose que sa compétence s'étend sur les matières qui lui sont reconnues, c'est-à-dire qu'elles sont expressément désignées. On peut distinguer entre celles qui révèlent une compétence réglementaire propre du président de la République et celles qui relèvent d'une compétence réglementaire partagée

---

[69] Voir article 21 de la Constitution du 4 octobre 1958. L'alinéa 1 de cet article dit : « Le Premier ministre dirige l'action du Gouvernement. Il est responsable de la défense nationale. Il assure l'exécution des lois. Sous réserve des dispositions de l'article 13 (les pouvoirs du président de la République), il exerce le pouvoir réglementaire et nomme aux emplois civils et militaires. »

[70] Entre autres, il est le chef du Gouvernement et dirige l'action de celui-ci (article 12, alinéa 1). Il est chargé de l'exécution des lois (article 12, alinéa 2). Il exerce le pouvoir réglementaire et nomme aux emplois civils (article 3, alinéa 3). Il dirige tous les services administratifs nécessaires à l'accomplissement de sa mission (article 12, alinéa 4). Il dispose du pouvoir de police pour le maintien de l'ordre public (arrêt *Labonne*).

avec le Premier ministre. Au regard notamment des matières qui relèvent de la compétence réglementaire du président de la République, sa supériorité est incontestable.

De *prime abord*, il convient de noter que compétence d'attribution n'est pas forcément synonyme de compétence secondaire, négligeable, résiduelle ou peu importante, c'est même tout le contraire. Nous le constatons ci-dessus, au sujet des domaines de la loi et du règlement en France. Tel est bien aussi le cas au Cameroun, s'agissant de l'articulation du pouvoir réglementaire général entre ses deux détenteurs au sein de l'Exécutif, l'analyse révélant la supériorité du président de la République qui tient à deux facteurs.

L'un est l'importance en quantité, en qualité et en portée des compétences réglementaires reconnues au président de la République. En effet, son champ d'action est large et son autorité plus grande que ceux du Premier ministre. Par exemple, les services administratifs que dirige ce dernier sont créés par le président de la République. C'est le président de la République qui le nomme, fixe ses attributions, met fin à ses fonctions et préside les conseils ministériels (article 10 de la Constitution). On peut supposer que le constituant a voulu, par cette disposition, marquer la subordination et la dépendance du Premier ministre vis-à-vis du président de la République. En conséquence, le bicéphalisme administratif qu'il a institué au sein de l'exécutif est nécessairement déséquilibré au profit du second.

L'autre facteur de la prédominance du président de la République en matière réglementaire est de nature politique. Le président de la République et le Premier ministre appartiennent au même parti politique dont le premier est le chef. Cette donnée politique fondamentale, naturellement transférée au sein de l'Exécutif, modifie leurs rapports au profit du premier. Il est vrai, cependant, qu'elle est aidée en cela par l'imprécision des textes de répartition des compétences. Par exemple, la Constitution ne dit pas à quels emplois civils et militaires nomme le président de la République. L'observation est aussi valable pour ce qui est du pouvoir d'exécution des lois, qui est partagé entre le président de la République et le Premier ministre. Le problème est de savoir dans quel domaine et qui du président de la République ou du Premier ministre est compétent pour prendre les règlements d'application de telle ou telle loi ?

Concrètement, du fait de l'identité de la majorité présidentielle et de la majorité parlementaire, les conséquences de cette imprécision des textes ne se font pas encore ressentir, hormis la confusion des pouvoirs, qu'elle entraîne au profit du président de la République. Mais si le président de la République et le Premier ministre devaient appartenir à des majorités politiques différentes, elle pourrait conduire à des conflits de compétences au sein de l'Exécutif et au blocage des institutions. Par ailleurs, la supériorité du président de la République est du reste confirmée par la loi portant attributions du Premier ministre.

b- Une supériorité confirmée par le décret portant attributions du Premier ministre

Il s'agit du décret n° 92/089 du 4 mai 1992 portant attributions du Premier ministre, modifié et complété par le décret n° 95/145 -bis du 4 août 1995. La lecture de l'article premier de ce texte, en particulier les termes utilisés traduisent le caractère subalterne du rôle du Premier ministre par rapport à celui du président de la République. Il indique notamment que le Premier ministre est chargé, suivant l'orientation donnée par le président de la République de l'impulsion, de l'animation, de la coordination et de la supervision des services placés sous son autorité ; qu'il veille à la réalisation des programmes d'action des ministères approuvés par le président de la République et impartis aux chefs de départements ministériels ; qu'il coordonne la préparation des actes législatifs et réglementaires à soumettre à la sanction du président de la République.

En précisant les attributions du Premier ministre, le décret n° 92/089 a, pour l'essentiel, réduit sa marge de manœuvre dans le domaine réglementaire qu'il partage constitutionnellement avec le président de la République. C'est ce dernier qui édicte l'essentiel des règlements autonomes, le Premier ministre étant chargé, en général, de prendre les actes d'application de certains d'entre eux[71]. Par ailleurs, ce décret restreint le champ de compétence du Premier ministre en matière d'exécution des lois. C'est ainsi qu'il énonce, en son article 3, que « le Premier ministre dispose en tant que de besoin du pouvoir de signer les décrets d'application des lois votées par l'Assemblée nationale ». La mention « en tant que de besoin » semble indiquer que l'exécution des lois par le Premier ministre est davantage une dérogation qu'un principe. Au regard de cette disposition, ce serait finalement le président de la République qui détiendrait principalement le pouvoir d'appliquer les lois. Sa supériorité est aussi manifeste dans la subordination de principe des pouvoirs réglementaires secondaires.

2- La subordination de principe des pouvoirs réglementaires secondaires

La subordination des pouvoirs réglementaires secondaires à celui du président de la République est liée au principe d'unité du pouvoir normatif de l'État. Elle se traduit du reste dans leurs caractères résiduel et subordonné.

[71] Exemple : décret n° 2000/698/PM du 13 septembre 2000 fixant les modalités d'organisation et de fonctionnement du conseil supérieur de la fonction publique ; décret n° 2000/697/PM du 13 septembre 2000 fixant le régime de la formation permanente des fonctionnaires ; décret n° 2000/689/PM du 13 septembre 2000 fixant le régime du congé administratif annuel des fonctionnaires et décret n° 2001/116/PM du 27/03/01 fixant le statut juridique du fonctionnaire stagiaire et conditions du stage probatoire à la titularisation.

a- Une subordination liée au principe d'unité du pouvoir normatif de l'État

La subordination des pouvoirs réglementaires secondaires au pouvoir réglementaire du président de la République résulte du principe de l'unité du pouvoir normatif de l'État. En effet, l'article 1er, alinéa 2 de la Constitution du18 janvier 1996 pose que la République du Cameroun est un État unitaire, décentralisé. Elle est une et indivisible. Les principes d'unité et d'indivisibilité paraissent étroitement imbriqués.

Dans un état unitaire – au contraire d'un état composé, fédéral ou confédéral -, il ne saurait en principe exister de source normative autonome en dehors de celle émanant des organes nationaux[72]. Le pouvoir normatif trouve sa source première dans l'État et il n'existe qu'un seul ordre juridique, celui de l'État. Les autres personnes morales de droit public, parce qu'elles restent des entités infra étatiques, ne peuvent disposer d'ordre juridique propre, c'est-à-dire indépendant et en dehors de celui de l'État. Elles ne peuvent donc bénéficier d'un pouvoir normatif autonome par rapport au pouvoir normatif national. Le pouvoir réglementaire dont elles peuvent être détentrices est nécessairement subordonné et secondaire, et les règles de droit qu'elles édictent s'intègrent en principe dans la hiérarchie des normes de l'État. Dans la mesure où il s'agit de personnes administratives, ces règles sont forcément subordonnées à la loi et aux règlements des autorités étatiques centrales, dont ceux du président de la République. Ce principe est valable pour les pouvoirs réglementaires secondaires[73], celui des collectivités territoriales décentralisées aussi bien que celui des autorités administratives indépendantes notamment, dont les caractères traduisent l'état de subordination et de limitation.

b- Les caractères résiduel et subordonné des pouvoirs réglementaires secondaires

Étant exclu qu'au Cameroun, les collectivités territoriales décentralisées puissent disposer d'un pouvoir réglementaire autonome, une question peut se poser en doctrine quant au fait de savoir si, en vertu du principe de libre administration posé par l'article 55, alinéa 2, de la Constitution, elles peuvent

---

[72] Voir FAVOREU (L.), « Décentralisation et Constitution », *RDP*, 1982, p. 1259.

[73] « Un principe non écrit préside au partage du pouvoir réglementaire dans l'État : tout règlement d'une autorité secondaire doit trouver sa source dans un texte supérieur l'habilitant en ce sens ; ce texte pouvant être une loi ou un règlement selon les incidences de la question à traiter sur le partage des compétences législative ou réglementaire. » (FAURE (B.), « Le problème du pouvoir réglementaire des autorités administratives secondaires », in « Loi et règlement », études réunies par AUBY (J.-B.), *Cahiers du Conseil constitutionnel*, n° 19, avr./sept. 2005.

se voir reconnaître un pouvoir normatif comparable à celui exercé par le président de la République.

En théorie, le principe de libre administration ne confère pas aux collectivités territoriales décentralisées un pouvoir réglementaire autonome, en dehors du domaine de compétence du législateur. Autrement dit, les collectivités territoriales ne sont pas habilitées à prendre des décisions administratives sur le fondement direct de l'article 55 de la Constitution. Ce dernier n'est pas au règlement local ce que les articles 8 (pour le président de la République), 12 (pour le Premier ministre) et 27 (domaine du règlement) sont aux règlements étatiques, à savoir une source directe du pouvoir réglementaire. L'activité normative des autorités locales découle de l'exercice d'attributions que la loi leur a conférées. Elle ne saurait donc se déployer sans une loi préalable[74].

La question de l'articulation entre les pouvoirs réglementaires nationaux et locaux a été posée en France à partir de 1983. Elle a donné lieu à un débat fort intéressant qui a confirmé les caractères subordonné et résiduel du pouvoir réglementaire local[75]. Dès 1984, le Conseil constitutionnel a clairement invalidé toute interprétation tendant à réserver aux collectivités territoriales l'exécution des lois[76]. Il a ensuite été soutenu que le pouvoir réglementaire national ne pouvait intervenir que si sa compétence était expressément prévue par la loi. Mais dans un arrêt du 1er avril 1996[77], le Conseil d'État estime que le pouvoir réglementaire national peut et doit intervenir pour la mise en œuvre de dispositions législatives même si la loi ne le prévoit pas expressément. Cette position est confirmée et précisée par la décision du Conseil constitutionnel du 17 janvier 2002[78]. Il juge que les collectivités locales ne sont pas autorisées, lorsqu'elles sont habilitées par la loi à exercer le pouvoir réglementaire d'exécution, à abroger, modifier, adapter ou méconnaître les décrets pris par le pouvoir réglementaire national.

En résumé, le pouvoir réglementaire local ne peut agir que sur habilitation du législateur si le pouvoir réglementaire national n'est pas intervenu pour mettre en œuvre la loi. Aujourd'hui comme hier, les collectivités territoriales ne peuvent invoquer un pouvoir réglementaire initial ; aujourd'hui comme

---

[74] Telle est d'ailleurs la position constante du Conseil constitutionnel français. Par exemple : Décision n° 85-196 DC, du 8 août 1985, Loi sur l'évolution de la Nouvelle-Calédonie ; Décision n° 90-274 DC du 29 mai 1990, Loi visant à la mise en œuvre du droit au logement.

[75] Voir *Cahiers du CFPC*, n° 13 (1983).

[76] Décision n° 83-168 DC du 20 janvier 1984, Loi portant dispositions statutaires relatives à la fonction publique territoriale.

[77] CE, 1er avril 1996, *Département de la Loire*, *Annuaire des collectivités locales*, 1997, Chron. Jurisprudence administrative, note Douence.

[78] Décision n° 2001-454 DC du 17 janvier 2002, Loi relative à la Corse, JO 23 janvier 2002, p. 1526.

auparavant, leur pouvoir réglementaire d'exécution des lois conserve un caractère résiduel et subordonné[79].

De même, le légicentrisme, la forme unitaire de l'État et l'unité du pouvoir normatif qu'elle implique conduisent à méconnaître toute autonomie normative aux autorités administratives indépendantes[80]. Les mêmes caractères ont donc été retenus pour présenter le pouvoir réglementaire qui peut leur être reconnu. Pour les auteurs, il s'agit d'un pouvoir subordonné[81] à la loi et au règlement national, circonscrit ou spécial [82]et même subsidiaire[83], voire résiduel[84].

Dans sa décision n° 88-248 DC du 17 janvier 1989, concernant le Conseil supérieur de l'audiovisuel, le Conseil constitutionnel français juge que l'habilitation législative au profit d'une autorité autre que le Premier ministre « ne concerne que des mesures de portée limitée tant par leur champ d'application que par leur contenu ». Les auteurs des *grandes décisions du Conseil constitutionnel* ont considéré que la précision « signifie, en clair, que non seulement la compétence réglementaire des autorités indépendantes est limitée "en surface" (...), mais aussi "en profondeur" : les autorités indépendantes peuvent arrêter les mesures de détail après que le pouvoir réglementaire national ait défini les éléments essentiels »[85]. Pour ces raisons, ils estiment que le pouvoir réglementaire des autorités administratives indépendantes correspond à « un pouvoir subordonné et second par rapport au pouvoir réglementaire national, lorsqu'il est nécessaire que celui-ci intervienne... »[86].

En conclusion, le légiscentrisme implique un pouvoir réglementaire du président de la République subordonné à la loi. Mais du fait de la position éminente de ce dernier au sein de l'administration, de la forme unitaire de l'État et du principe d'unité du pouvoir normatif qui en est la conséquence,

---

[79] Voir FRIER (P.-L.), « Le pouvoir réglementaire local : force de frappe ou puissance symbolique », *AJDA*, 2003, p. 559.
[80]Voir HAQUET (A.), « Le pouvoir réglementaire des autorités administratives indépendantes », *RDP*, 2OO8, n° 2, p. 393.
[81] LACHAUME (J.-F.), *Droit administratif*, Paris, P.U.F., coll. Thémis, Les grandes décisions de la jurisprudence, 13e éd., 2002, p. 144 ; Brisson (J.-F.) et Rouyère (A.), *Droit administratif*, Paris, Montchrestien, 2004, p. 200.
[82] Notamment FAVOREU (L.) et autres, *Droit constitutionnel*, Paris, Dalloz, 7e éd., 2004, p. 550 ; Frier (P.-L.) et PETIT (J.), *Précis de droit administratif*, Paris, Montchrestien, 4e éd., p. 73 ; GUETTIER (Ch.), *Institutions administratives*, Paris, Dalloz, 2e éd. 2002, p. 96 ; GAUDEMET (Y.), *Traité de Droit administratif*, t. 1, Paris, LGDJ, n° 16e éd., 2001, n° 154, p. 85 ; GENTOT (M.), *Les AAI*, Montchrestien, coll. Clés, 1991, p. 76 ; Chevallier (J.), « Réflexions sur l'institution des autorités administratives indépendantes », *JCP* 1986, I 3254, § 7.
[83] BRACONNIER (S.), « La régulation des services publics », *RFDA*, 2001, p. 51.
[84] AUTIN (J.-L.) et Ribot (C.), *Droit administratif général*, Paris, Litec, 2e éd., 2003, p. 63.
[85]*GDCC*, déc. n° 39, CSA, *Dalloz*, 13e éd., p. 701.
[86]*Idem.*

son pouvoir réglementaire est supérieur à celui des autres pouvoirs réglementaires. Déjà relativement limité, il est, par ailleurs, partiellement contrôlé par le juge.

II- Un pouvoir partiellement soumis au contrôle du juge

La singularité de la situation étudiée explique très largement une certaine attitude de réserve que les juges – administratif et constitutionnel – ont souvent adoptée dans la définition de l'étendue de leur contrôle des actes du président de la République. Force est ainsi de constater que certains sont soumis au contrôle juridictionnel (A), tandis que d'autres en sont exclus (B).

A- Les actes du président de la République soumis au contrôle du juge

Le juge administratif comme le juge constitutionnel exercent un contrôle juridictionnel des actes du président de la République, qui, pour être partiel, n'en est pas moins réel.

1- Le contrôle par le juge administratif

C'est en qualité d'autorité administrative que le président de la République peut voir ses actes contrôlés par le juge administratif. Comme nous l'avons noté, il n'y a pas de différence de régime contentieux entre les règlements autonomes et les règlements d'exécution des lois. Le contrôle de légalité exercé à l'égard des règlements autonomes ne présente aucune spécificité devant le juge administratif.

Parmi les décisions du président de la République soumises au contrôle du juge administratif, il convient de citer les ordonnances prises en vertu de l'article 28 de la Constitution. Tant qu'elles n'ont pas été ratifiées par le Parlement, elles restent des actes administratifs réglementaires et donc soumises au contrôle du juge administratif. En réalité, la Constitution camerounaise reprend à son compte l'aboutissement du débat précité, entre la thèse de l'extension du pouvoir réglementaire et celle de la délégation législative[87]. Cette solution ne s'explique donc qu'en considérant au préalable que les ordonnances sont le fruit d'une extension provisoire de la compétence réglementaire du président de la République dans le domaine législatif et non d'une délégation de la compétence législative. C'est à cette condition qu'elles peuvent être soumises au contrôle du juge de l'excès de pouvoir[88].

---

[87] Voir *supra*.

[88] Pour l'application de ce raisonnement en France, voir CE, 24 novembre 1961, *Fédération nationale des syndicats de police*, *Recueil Lebon*, p. 658 ; *AJDA*, 1962, p. 114, note J. T. ; *Dalloz*, 1962, note M. Fromont ; *Sirey*, 1963, note L. HAMON ; voir également Favoreu (L.),

Il est intéressant de noter que par l'arrêt *Canal, Robin et Godot*[89], le Conseil d'État avait transposé cette solution dans l'hypothèse des ordonnances présidentielles prises en application de la loi référendaire du 13 avril 1962. Pour y parvenir, il avait dû résoudre un premier problème, qui tenait à la recevabilité d'un recours dirigé contre une ordonnance prise sur le fondement d'une habilitation accordée directement par le peuple souverain et qui présentait une valeur législative. Le Conseil d'État avait alors jugé que la loi référendaire « a eu pour objet, non d'habiliter le président de la République à exercer le pouvoir législatif lui-même, mais seulement de l'autoriser à user exceptionnellement, dans le cadre et dans les limites qui y sont précisées, de son pouvoir réglementaire, pour prendre, par ordonnance, des mesures qui normalement relèvent de la loi ». Il a ainsi considéré que l'habilitation n'était pas une attribution d'une portion du pouvoir législatif, mais une simple autorisation accordée au pouvoir réglementaire d'intervenir, dans les strictes limites de l'habilitation, dans le domaine de la loi. La décision *Canal et autres* transpose, de la sorte, aux ordonnances prises sur habilitation référendaire le régime appliqué à celles prises sur habilitation parlementaire. Selon la jurisprudence classique précitée, *Compagnie des chemins de fer de l'Est*, en cas de délégation législative, l'acte accompli par l'autorité qui a reçu délégation n'a pas le même caractère que celui accompli par l'autorité délégante.

Une autre question se pose au sujet des mesures prises par le président de la République en application de l'article 9, alinéa 1, de la Constitution, relatif à l'état d'urgence. Le juge administratif peut-il contrôler leur légalité ? Quelle est la nature du décret qui proclame l'état d'urgence ? Un acte administratif unilatéral ou un acte de gouvernement ? En l'absence d'une jurisprudence camerounaise appropriée en la matière, on peut dire ceci[90] : le décret est certes prévu par la Constitution, mais c'est une loi qui indique les conditions et les modalités de son édiction. Cela signifie que le décret proclamant l'état

---

« Ordonnances ou règlements d'administration publique ? (la destinée singulière des ordonnances de l'article 38 de la Constitution) », *RFDA*, 1987, p. 686.

[89] CE, 19 octobre 1962, *Canal, Robin et Godot, Recueil Lebon*, p. 552 ; *GAJA*, n° 97. Le Conseil d'État n'écarta pas en l'espèce le recours au motif qu'il aurait concerné un acte de gouvernement ; voir ODENT (B.), « Actes de gouvernement », in *Répertoire de contentieux administratif*, Dalloz, n° 40. Rappelons que cette décision fut la cause d'une très vive tension entre le Général de Gaulle et le Conseil d'État, qui sembla un instant menacé, si ce n'est dans son existence même, du moins dans son rôle et dans ses attributions.

[90] Voir le cours de Droit administratif général II du professeur Bernard-Raymond Guimdo, année 2017-2018. Le Conseil d'État français est arrivé à la même conclusion dans l'arrêt *Rolin et Boivert* du 24 mars 2006, en considérant que le décret par lequel le président de la République déclare l'état d'urgence en vertu de la loi du 3 avril 1955 n'est pas un acte de gouvernement, dès lors que l'intervention du Parlement appelé à décider de la prorogation de ce régime d'exception n'est pas certaine au moment de l'édiction du décret.

d'urgence doit être pris dans le respect des dispositions de cette loi. Il en résulte que sa légalité peut être contrôlée par le juge administratif.

La loi sur l'état d'urgence dispose par ailleurs, en son article 9, que « les modalités » de son « application (...) seront en tant que de besoin fixées par voie réglementaire ». Il se dégage de cette disposition que non seulement le décret proclamant l'état d'urgence doit être conforme à la loi, mais qu'il devrait aussi être pris dans le respect du décret d'application de cette loi. Il en est de même de toutes les mesures que le président de la République, le ministre en charge de l'Administration territoriale et les autorités administratives de la localité où l'état d'urgence a été proclamé prendront dans ce cadre. Elles relèvent donc aussi du juge administratif.

Toujours en temps de crise, la question est de savoir si les mesures prises par le président de la République en application de l'article 9, alinéa 2, de la Constitution, relatif à l'état d'exception, sont susceptibles de recours devant le juge administratif. Saisi de la question au sujet de l'article 16 de la Constitution française, le Conseil d'État, dans l'arrêt ***Rubin de Servens***[91], a répondu par l'affirmative. Encore faut-il que l'acte soit bien de nature administrative. En effet, selon cette jurisprudence, les décisions prises par le président de la République dans le cadre de l'article 16 de la Constitution relèvent de la compétence du Conseil d'État, à la condition qu'elles ne portent pas sur des matières législatives. En l'espèce, le Conseil d'État n'a donc pas recouru à la notion d'actes de gouvernement. Il a opéré une distinction d'ordre matériel entre les mesures intervenues dans le domaine législatif et celles accomplies dans le domaine réglementaire. On peut supposer qu'il en sera de même en droit camerounais.

En tout état de cause, ces contrôles de la juridiction administrative ont ouvert une brèche dans l'immunité qui caractérise plutôt le régime contemporain des actes du président de la République. Après le juge administratif, le juge constitutionnel a lui aussi apporté sa contribution à cette entreprise d'enracinement progressif de l'État de droit.

2- Le contrôle par le Conseil constitutionnel

Le Conseil constitutionnel peut être conduit à s'intéresser d'un peu plus près aux actes du président de la République. Il en est ainsi en France en tout cas, dans des hypothèses dont la survenance au Cameroun est loin d'être improbable.

---

[91] CE, 2 mars 1962, *Rubin de Servens*, *GAJA*, n° 96. La Cour de cassation s'était, quant à elle, refusée à distinguer entre les décisions prises au titre de l'article 16 selon leur caractère réglementaire ou législatif et leur avait accordé une immunité totale ; voir Cass. crim., 21 août 1961, *Fohran et Vallauri*, *Bull. crim.* n° 363 ; Cass. crim., 10 mai 1962, *Dovecar et Piegts*, *JCP* 1962, II, 12736, note J. Michaud.

En premier lieu, il arrive parfois au Conseil constitutionnel français de connaître directement d'actes du président de la République. C'est ainsi qu'il a dû apprécier la constitutionnalité d'un décret présidentiel en juin 1981, lorsqu'il a été saisi du décret portant convocation des électeurs pour l'élection des députés[92]. En l'espèce, le Conseil d'État a rejeté des pourvois dirigés contre les actes qui sont le préliminaire des opérations électorales au Parlement au motif que le Conseil constitutionnel est, en vertu de l'article 59 de la Constitution du 4 octobre 1958, juge de l'élection des députés à l'Assemblée nationale[93]. Les intéressés saisirent alors le Conseil constitutionnel d'une requête tendant à l'annulation des décrets portant convocation des collèges électoraux pour l'élection des députés et fixant le déroulement des opérations électorales. Or, après voir rappeler que sa mission s'exerçait « habituellement » par l'examen des contestations élevées contre les résultats acquis dans les diverses circonscriptions, le Conseil constitutionnel, par la décision ***Delmas*** du 11 juin 1981 (précitée), a accepté de façon prétorienne de se prononcer sur la constitutionnalité des dispositions litigieuses au motif que les griefs invoqués à leur encontre mettaient en cause la régularité de l'ensemble des opérations électorales et non celle des opérations ayant lieu dans telle ou telle circonscription.

En déclarant recevable une telle requête[94], le Conseil constitutionnel a contribué au recul, en France, du champ d'application de la notion d'acte de gouvernement en acceptant d'exercer son contrôle sur des actes qui, jusque-là, n'étaient soumis à aucun contrôle juridictionnel[95].

Mais il lui arrive aussi parfois de pouvoir exercer de façon indirecte un contrôle de certains actes du président de la République. En effet, l'examen de la constitutionnalité d'une loi de ratification le conduit, à l'occasion, à examiner la constitutionnalité d'ordonnances de l'article 38. En outre, lorsque certaines conditions particulières sont réunies, il lui arrive de pouvoir apprécier la régularité de la procédure suivie par le président de la République dans l'élaboration de la loi. Tout à fait typique de ce contrôle est la décision qu'il a rendue le 23 août 1985, au sujet d'une loi sur la Nouvelle-Calédonie,

---

[92] Voir Cons. const., Décision n° 81-1 ELEC du 11 juin 1981, *Delmas*, *Rec.*, p. 97 ; *Dalloz* 1981, p. 589, note F. Luchaire ; *AJDA*, 1981, p. 357, note Cl. Goyard et p. 481, note M.-A. Feffer ; *RDP*, 1981, p. 1347, note L. Favoreu.

[93] CE, 3 juin 1981, *Delmas, Recueil Lebon*, p. 244. L'article 48, alinéa 1, de la Constitution camerounaise du 18 janvier 1996, énonce que le « Le Conseil constitutionnel veille à la régularité de l'élection présidentielle, des élections parlementaires, des consultations référendaires. Il en proclame les résultats ».

[94] Il a depuis confirmé sa jurisprudence, notamment dans des décisions du 4 juin 1988 (*Rec.* p. 77 ; *Dalloz*, 1988, p. 445, note F. Luchaire ; *RFDA*, 1988, p. 702, note B. Genevois, en acceptant d'examiner au fond trois recours contre le décret de convocation du corps électoral après la dissolution du 14 mai 1988. Voir également CAMBY (J.-P.), *Le Conseil constitutionnel, juge électoral*, Sirey, coll. « Droit public », 1996, n° 84-86.

[95] Ils ne le sont toujours pas au Cameroun, voir *infra*.

et qui lui a permis de préciser l'interprétation qu'il convenait de retenir de la prérogative présidentielle qui consiste à demander au Parlement une « nouvelle délibération » de la loi ou de certains de ses articles.

En l'espèce, le Conseil constitutionnel avait rendu le 8 août 1985 une première décision par laquelle il avait annulé pour « erreur manifeste d'appréciation », les dispositions d'un article de loi, mais sans cependant déclarer celles-ci inséparables de la loi. Aussi le président de la République avait décidé de ne pas promulguer la loi. Il préféra convoquer le Parlement en session extraordinaire afin que celui-ci procède à « une nouvelle délibération de la loi ». Pour ce faire, il prit deux décrets contresignés par le Premier ministre, l'un convoquant le Parlement en session extraordinaire, l'autre soumettant la loi à une nouvelle délibération. La loi fut déférée au Conseil constitutionnel qui rejeta les recours de l'opposition dans sa décision du 23 août 1985. À l'occasion de ce contrôle « à double détente », la loi n'a pas été déclarée incontestable au motif que le décret qui la rendait possible était incontrôlable. En fait, l'examen du décret du président de la République était nécessaire par la logique même du contrôle de constitutionnalité de la loi votée sur deuxième délibération. Le Conseil a donc dû, indirectement, mais certainement, exercer un contrôle du décret présidentiel.

Cependant, dans des hypothèses nombreuses, en France comme au Cameroun, des actes du chef de l'État échappent au contrôle juridictionnel.

B- Les actes du président de la République exclus du contrôle du juge

Il s'agit, pour l'essentiel, des actes de gouvernement. Il est vrai, selon une évolution caractéristique de la jurisprudence administrative, que leur domaine s'est progressivement réduit[96]. Cependant, la théorie continue de jouer[97] de façon caractéristique à l'égard de nombreux actes du président de la République agissant dans le cadre des rapports avec d'autres pouvoirs publics ou au titre de la conduite des relations internationales.

---

[96]La doctrine, à l'exemple du professeur Paul Duez, développe avec une grande force de conviction le thème du recul de l'acte de gouvernement (voir DUEZ (P.), « Les actes de gouvernement », *Sirey*, 1935, 215 p., pp. 167-183). Certains auteurs croient même pouvoir annoncer la disparition de l'acte de gouvernement en prononçant son éloge (voir VENEZIA (J.-C.), « Éloge de l'acte de gouvernement », In *Gouverner, administrer, juger. Liber amicorum Jean Waline*, Paris, *Dalloz*, 2002, pp. 723-731.

[97]Voir : MELLERAY (F.), « L'immunité juridictionnelle des actes de gouvernement en question », *RFDA*, 2001, p. 1086 ; SERRAND (P.), « L'irréductible acte de gouvernement », *Dalloz*, 2000, Jur., pp. 335-3409 ; AUVRET-FINCK (J.), « Les actes de gouvernement, irréductible peau de chagrin ? », *RDP*, 1995, pp. 130-174.

Dans l'ordre interne[98], on peut citer, par exemple : le décret portant promulgation d'une loi[99] ; l'acte par lequel le président de la République convoque ou clôture des sessions extraordinaires du Parlement ; l'acte par lequel il prononce la dissolution de l'Assemblée nationale ; les mesures prises par l'exécutif dans l'exercice de son droit d'initiative des lois (dépôt ou retrait des projets de loi) ; le décret du président de la République décidant de soumettre un projet de loi au référendum ; la décision du président de la République de mettre en application l'article 9.2 de la Constitution relatif à l'état d'exception ; les actes ayant un mobile politique[100] ; les actes portant convocation du corps électoral aux élections politiques (présidentielles et législatives)[101].

---

[98] L'exercice du droit de grâce (article 8, alinéa 7 de la Constitution) était rangé par Maurice Hauriou dans la catégorie des actes de gouvernement (note sous CE, 30 juin 1893, *Gugel, S.*, 1895.3.41). Toutefois, depuis l'arrêt *Gombert* de 1947 (CE, 28 mars 1947, *Recueil Lebon*, p. 138), la doctrine considère plutôt que la compétence du Conseil d'État est écartée en l'espèce non plus sur le fondement de la théorie des actes de gouvernement, mais en raison du fait que les actes en cause ne sont pas détachables du fonctionnement du service public judiciaire. Cette façon de voir est approuvée par René Chapus qui relève cependant le caractère équivoque des arrêts concernant la matière (voir Chapus (R.), *Droit administratif général*, tome I, 11e éd., Montchrestien, 1997, n° 1173, p. 875). Encore récemment, le Conseil d'État a jugé que « les décisions que le chef de l'État est appelé à prendre dans l'exercice du droit de grâce et dont dépend l'exécution des peines infligées par les juridictions de l'ordre judiciaire ne peuvent être regardées comme des actes émanant d'une autorité administrative » (CE, 3 septembre 1997, *François*, req., n° 173125).

[99] Le décret de promulgation des lois est l'acte par lequel le chef de l'État atteste l'existence de la loi et donne aux autorités publiques l'ordre d'observer et de faire observer la loi. Selon la jurisprudence administrative française, il ne peut faire l'objet d'un recours pour excès de pouvoir, qui serait fondé sur le fait que le texte promulgué serait différent de celui voté par le Parlement (voir CE, *Desreumeaux, Recueil Lebon*, p. 993). Néanmoins, la portée de son immunité juridictionnelle paraît singulièrement limitée. En effet, appelé à apprécier par voie d'exception la légalité de deux *errata* à une loi, le Conseil d'État s'est référé, non au décret de promulgation, mais « à l'examen des textes concordants adoptés par la Chambre des députés et par le Sénat ». Le décret de promulgation n'authentifie donc pas la teneur de la loi (voir CE, 9 mars 1936, *ministre des Finances c/ Société X*, *Recueil Lebon*, p. 299 ; également Sauvignon (F.), « La promulgation des lois : réflexions sur la jurisprudence *Desreumeaux*, *RDP*, 1981, p. 989).

[100] Il en est ainsi dans le jugement n° 34/CA/CS du 24 avril 1980, *Essougou Benoît c/ État du Cameroun*, où le juge déclare en substance : « (…) on entend par actes de gouvernement, des actes ayant un caractère essentiellement politique dont la décision appartient exclusivement au gouvernement ; qu'il s'agit encore d'actes se rattachant à l'exercice de la puissance exécutive dans les matières de gouvernement ». Par cette formulation, le juge administratif camerounais fait renaître la théorie du mobile politique abandonnée en France depuis 1875. Mais, le jugement *Essougou Benoit* est resté unique sur ce point.

[101] En effet, statuant en référée sur des requêtes introduites par certains partis politiques contre ces actes, le juge administratif a clairement indiqué que de tels actes étaient des actes de gouvernement. Voir : Ordonnance de référé n° 01/OR/CS/PCA/92-93 du 2 oct. 1992, *Affaire UDC contre État du Cameroun*, observations de B. Guimdo, *Juridisinfo* n° 14 avril-mai-juin 1993, p. 60 ; Ordonnance de référé n° 02/OR/CS/PCA/92-93 du 2 octobre 1992, *Affaire*

Quant aux actes de gouvernement qui participent de l'activité de l'exécutif étatique dans ses rapports internationaux et diplomatiques, on peut citer, entre autres : les mesures prises par le président de la République au cours d'une négociation ou en ce qui concerne l'exécution des accords internationaux ; plus largement, les mesures prises par le président de la République dans la conduite des relations internationales (exemple : le refus du ministre des Affaires étrangères opposé à un étranger de séjourner sur le territoire national en qualité de personnel diplomatique) ; enfin, les mesures prises par les autorités de l'exécutif dans ses rapports avec les organisations internationales (ex. : le fait pour un État de refuser de présenter une candidature à un poste dans une organisation internationale).

SDF c/ État du Cameroun ; Ordonnance de référé n° 03/OR/CS/PCA/92-93 du 2 octobre 1992, *Affaire SDF et UFDC c/ État du Cameroun*.

Bibliographie indicative

- BADUGUE (P. L), « L'exécution des mandats internationaux de la cour pénale internationale contre les chefs d'État en exercice : jusqu'où va l'obligation de coopérer des États parties ? Entre l'indifférence pénale à la qualité officielle de la cour et l'objection des États », *RIDP 2018/Available online at http://www.penal.org.*

- BATCHOM (P. E), « La sécurité collective en Afrique post-Guerre froide », *Res Militaris*, vol.4, n° 2, Summer-Autumn/Été-Automne 2014.

- BELOMO ESSONO (P. C.), « Sécurité et ordre politique au Cameroun : entre dynamiques internes et connexions internationales », *Revue africaine des relations internationales,* Vol. 12, Nos. 1 & 2, 2009.

- CHOUALA (Y-A), « Conjoncture sécuritaire, champ étatique et ordre politique au Cameroun : éléments d'analyse anthropopolitiste d'une crise de l'encadrement sécuritaire et d'un encadrement sécuritaire de crise », *Polis/R.C.S.P./C.P.S.R. Vol. 8,* Numéro spécial, 2001.

- COHEN (S), « Le pouvoir politique et l'armée », *Pouvoirs* 2008/2 (n° 125).

- MAMPIONONA ARIZAY VICTORIEN RABEARISOA, « Rôles et missions des Forces armées dans une démocratie naissante. Le cas de Madagascar », Friedrich-Ebert-Stiftung Madagascar octobre 2013.

- MICHEL (L. M), « Constitutionnalisme et contrôle politique des militaires en Afrique francophone », *Res Militaris*, vol.5, n° 2, Summer-Autumn/Été-Automne 2015.

- MEYNAUD (J), « Les militaires et le pouvoir », *Revue française de sociologie*, 1962, 2-2.

LE PRÉSIDENT DE LA RÉPUBLIQUE CHEF DES FORCES ARMÉES AU CAMEROUN

Albert Steve ELLA ELLA

L'actualité s'en fait l'écho jour après jour : la sécurité se dégrade. L'ère de la paix qui enivre le peuple camerounais connaît depuis quelque temps des soubresauts dus à des exactions de la nébuleuse organisation terroriste ***Boko Haram*** dans le Nord du pays, et plus récemment du mouvement sécessionniste dans les régions anglophones[1]. L'irruption d'un terrorisme endogène est sans doute le marqueur le plus important et déstructurant d'un Nouveau Monde, avec lequel il va falloir vivre[2]. La sécurité et la paix internationales se jouent donc désormais au sein des États et non plus entre les États. Ce changement majeur est dû à la nature des conflits post-Guerre froide. Les guerres nouvelles de la période postérieure à la Guerre froide se déroulent pour la plupart au sein des États-nations. La guerre classique symétrique qui opposait deux États tend à disparaître au profit de soulèvements, de coups d'État, de rebellions et autres nouvelles formes violence[3]. L'ouverture des frontières avec le phénomène de mondialisation place le Cameroun au cœur de la criminalité transfrontière en Afrique centrale. La production de la sécurité au Cameroun doit par conséquent s'effectuer à partir du schéma international qui s'inscrit dans la lutte contre ces nouvelles formes de violence[4].

L'analyse de la conjoncture sécuritaire au Cameroun s'inscrit de manière forte dans la trajectoire de la crise de la territorialisation. De fait, le champ conjoncturel d'interprétation des mutations sécuritaires s'organise autour de la mise en exergue de la fonction présidentielle dans le cadre de la mobilisation de l'appareil sécuritaire à travers les forces armées et de défense. D'après la pensée hobbesienne, le besoin de sécurité crée l'État. La sécurité

---

[1] De retour à Abidjan où il participait au sommet Union africaine-Union européenne, le président a réagi sur la situation anglophone en ces termes : « *Le Cameroun est victime des attaques à répétition d'une bande de terroristes qui se réclament d'un mouvement sécessionniste* ».

[2] Discours du général d'armée Pierre de Villiers IHEDN École militaire, février 2016, p. 2.

[3] BATCHOM (P. E.), « La sécurité collective en Afrique post-Guerre froide », *Res Militaris*, vol.4, n° 2, Summer-Autumn/Été-Automne 2014, p.12.

[4]BELOMO ESSONO (P. C.), « Sécurité et ordre politique au Cameroun : entre dynamiques internes et connexions internationales », *Revue africaine des relations internationales,* Vol. 12, Nos. 1 & 2, 2009, p. 66.

est par conséquent consubstantielle à l'État[5]. La sécurité c'est le « *sens* » de l'État et la mission suprême du Prince. L'insécurité par contre, c'est la crise ou la perte de « *sens* » de l'État[6]. C'est du besoin d'éradication de l'insécurité que le Léviathan a connu une légitimation sociopolitique. L'État neutralisé par les entrepreneurs de l'insécurité apparaît comme un État à responsabilité contestable et à faible respectabilité[7]. C'est en cela que l'ordre sécuritaire constitue l'essence de l'ordre étatique au Cameroun. Le discours politique dans ce pays est émaillé des termes de sécurité, d'ordre et d'autorité[8]. L'articulation idéologique du pouvoir postcolonial s'est fondée sur le sacro-saint principe de l'unité et de l'indivisibilité du Cameroun qui a marqué d'ailleurs la création de l'État unitaire et de l'idéologie de l'intégration nationale. Cette conception de l'unité de l'État s'impose de ce fait à toutes les composantes de la société[9].

L'affaiblissement du pouvoir central et l'usure des institutions dans un contexte de délabrement sécuritaire de l'État s'accompagnent souvent de la déperdition de la légitimité du prince. Aussi, dans un temps politique camerounais marqué par la mobilisation et l'intervention des forces armées dans la lutte contre le terrorisme, il convient de s'interroger sur la fonction du président de la République chef des forces armées au Cameroun. Cette actualité constitue une occasion idoine pour engager une réflexion sur l'autorité du président de la République chef des forces armées.

Le président de la République renvoie au « *titre du Chef de l'État dans une république* »[10]. C'est l'« *organe suprême de l'État qui est déterminé par la législation nationale de chaque État* »[11]. L'institution présidentielle qui équivaut aux concepts retenus par les textes constitutionnels en général, notamment ceux de *« président de la République »*, de *« Chef de l'État »* ou de *« Chef d'État »*, reflète la même réalité, c'est-à-dire la plus haute autorité étatique, détentrice du pouvoir suprême. Le président de la République est donc le chef de l'État, et cette qualité lui donne des prérogatives[12], parmi lesquelles on retrouve celle de chef des forces armées. La Constitution fait du

---

[5] *Ibid.*, p. 40.

[6] CHOUALA (Y.-A.) « Conjoncture sécuritaire, champ étatique et ordre politique au Cameroun : éléments d'analyse anthropopolitiste d'une crise de l'encadrement sécuritaire et d'un encadrement sécuritaire de crise », *Polis/R.C.S.P./C.P.S.R. Vol. 8,* Numéro spécial, 2001, p. 26.

[7] *Ibid.*, p. 2.

[8] BELOMO ESSONO (P. C.), « Sécurité et ordre politique au Cameroun : entre dynamiques internes et connexions internationales », *op. cit.,* p. 41.

[9] *Ibid.*, p. 42.

[10] *Lexique des termes juridiques*, 13e édition, Dalloz, p. 432.

[11] SALMON (J.), *Dictionnaire de droit international public*, p. 169.

[12] Au Cameroun, il dispose à lui seul les attributions essentielles de chef de l'exécutif qui font de lui le garant, le gardien et l'arbitre, conformément à l'article 5 de la constitution du 18 janvier 1996.

président de la République, le détenteur des principaux pouvoirs en matière de défense et de sécurité nationales. « *Le président de la République est le Chef de l'État (...). Il est le garant de l'intégrité du territoire* »[13]. L'article 8 (2) précise qu'« *Il est le Chef des Forces armées* » et par conséquent « *Il veille à la sécurité intérieure et extérieure de la République* ». Les forces armées sont alors définies comme l'ensemble des différentes organisations et moyens militaires qu'un Etat consacre à la mise en œuvre de sa politique de défense[14].

Cette réflexion se cristallise davantage sur la relation entre les pouvoirs militaire et civil au sein de l'État. En effet, tout régime démocratique postule la prééminence du pouvoir civil sur les militaires. La Démocratie consacre le principe de subordination de l'autorité militaire à l'autorité civile[15]. La Ve république en France opère un tournant majeur dans les relations entre le pouvoir politique et les chefs militaires. L'ordre politique a pris le pas sur l'ordre militaire, consacrant ainsi l'hégémonie du Chef de l'État qui devient, en vertu de la constitution, le « Chef des armées »[16]. Cependant, les Forces armées ont été un acteur politique au lendemain des indépendances dans les pays africains. Depuis lors, l'Afrique a connu une intrusion brutale de militaires dans la sphère politique par la prise du pouvoir politique de manière violente. La tendance à la sédition des armées ou, d'une manière générale, l'instabilité de leurs relations avec les autorités civiles, normalement détentrices du pouvoir, a longtemps constitué l'un des traits dominants du fonctionnement des États africains[17]. Il fallait affirmer avec force le sacro-saint principe de *Cedantarma togae* à savoir la primauté du politique sur le militaire et l'indispensable soumission de l'autorité militaire au pouvoir politique. La plupart des constitutions des États d'Afrique noire francophone mettent l'armée sous l'emprise du président de la République. Les constituants de ces États désignent le président de la République comme la première autorité militaire. La conséquence de cette prééminence est la subordination de l'armée à ce dernier. L'autorité du président de la République sur les forces armées ne semble souffrir d'aucune contestation au Cameroun. Non seulement la constitution fait de lui le chef des forces armées, la fidélité de l'armée au président de la République s'est consolidée depuis l'accession à l'indépendance qui a vu l'instauration d'un régime autoritaire. L'alternance « néopatrimoniale » au sommet de l'État en 1982 n'a pas engendré un régime

[13] Cf. article 5 (1) Constitution du 18 janvier 1996

[14] MAMPIONONA ARIZAY VICTORIEN RABEARISOA, « Rôles et missions des Forces armées dans une démocratie naissante. Le cas de Madagascar », Friedrich-Ebert-Stiftung Madagascar octobre 2013, p.1.

[15] *Ibid.*, p. 4.

[16] COHEN (S.), « Le pouvoir politique et l'armée », *Pouvoirs* 2008/2 (n° 125), p. 22.

[17] MICHEL (L. M.), « Constitutionnalisme et contrôle politique des militaires en Afrique francophone », *Res Militaris*, vol.5, n° 2, Summer-Autumn/Été-Automne 2015, p.1.

démocratique[18]. Le coup d'État manqué du 6 avril 1984 a contribué au renforcement du pouvoir présidentiel. La démocratisation de la vie politique dans les années 1990 n'a pas fondamentalement changé cet état des choses.

La volonté de gouverner les hommes ou d'orienter la politique en s'appuyant sur la force des armes s'observe en de nombreuses civilisations[19]. Les forces armées sont au service de la Nation. Elles sont républicaines et assument les missions de protection de l'intégrité du territoire et de participation au développement économique et social[20]. Ainsi, toute utilisation abusive des forces armées peut engager la responsabilité du chef. Cela subodore que l'aphorisme anglais : *« The King can not do wrong »* dont la traduction en français signifie que *« le roi ne peut mal faire »*, qui posait, jusqu'à un certain moment de l'histoire politique et constitutionnelle, le principe de l'irresponsabilité du Roi, connaît des limites. En effet, il s'accommode mal du principe démocratique qui exige que toute personne dépositaire de quelque parcelle de l'autorité de l'État réponde des actes délictueux qu'elle aura posés dans l'exercice de ce pouvoir. Perçu comme la clé de voûte de l'édifice constitutionnel démocratique, le principe de responsabilité constituerait le fondement même de la démocratie. La quasi-totalité des systèmes démocratiques consacre la responsabilité des gouvernants en général et celle des chefs d'État criminels en particulier[21]. Ainsi entendu, **quelle analyse peut-on faire de l'autorité du président de la République-chef des forces armées au Cameroun ?** De façon générale, on y observe une forte prééminence de l'autorité du président de la République-chef des forces armées. Elle est perceptible à travers la prépondérance du chef de l'État, chef des forces armées dans le système institutionnel (I), accompagnée d'un faible contrôle de son autorité (II).

---

[18] ONDO (T.), *La responsabilité introuvable du chef d'État africain : analyse de la contestation du pouvoir présidentiel en Afrique noire francophone (les exemples camerounais, gabonais et togolais)*, thèse de doctorat Université de Reims Champagne-Ardenne, 2005, p. 468.

[19] MEYNAUD (J.), « Les militaires et le pouvoir », *Revue française de sociologie*, 1962, 2-2, p.75.

[20] ENGOUTOU (J.-L.), « Le président de la République chef des forces armées dans les États d'Afrique noire francophone », *RADP*, Vol VI, n° 11, juillet-décembre 2017, p 43. Il ne s'agit plus d'une armée destinée exclusivement à faire la guerre, mais aussi à répondre aux différentes missions sociales exprimées par la population. Ces nouvelles missions sont vairées et complexes (la santé, l'assistance sociale, la prise en charge des populations, l'éducation…)

[21] NDZINA NOAH (J. M. N.), *Le bicamérisme en droit constitutionnel camerounais*, thèse de Doctorat en Droit public, Université de Yaoundé II, 2017, p. 315.

I. La place prépondérante du président de la République-chef des forces armées au Cameroun

La primauté du président de la République s'incarne dans le droit et les institutions. Il est le maître du sens de l'ordre politique tout entier[22]. La pratique politique au Cameroun unifie la paix et la sécurité en les instituant comme les deux faces de *Janus*. Dans un processus symbiotique, elles deviennent une seule et même réalité. L'idéologie politique au Cameroun repose sur ces deux notions[23]. Cette idéologie qu'incarne le président de la République traduit l'éminence de sa fonction en tant que chef des forces armées (A) et fait de lui la prééminence institutionnelle en la matière (B).

A- L'éminence fonctionnelle du président de la République chef des forces armées

L'éminence fonctionnelle du président de la République-chef des forces armées se traduit par son rôle de définition de la politique nationale de défense (1) et sa domination en matière de recours à la force armée (2).

1- Définition de la politique nationale de défense

Selon la constitution, le président de la République définit la politique de la nation. Par conséquent, le président de la République, chef des armées, définit la politique nationale de la défense. La défense recouvre un large spectre d'activités dont les frontières avec la politique étrangère, la sécurité intérieure ne sont pas très visibles. Il faut d'abord souligner la spécificité de politique nationale de la défense, son caractère de *Janus*, avec une face orientée vers l'extérieur[24] et une face orientée vers l'intérieur[25]. La Défense nationale apparaît donc à la fois comme un instrument de souveraineté nationale et de crédibilité internationale. L'essence de la politique nationale de défense au Cameroun s'ordonne autour du maintien de l'ordre et de l'unité. Défense et sécurité apparaissent comme les composantes essentielles de cette politique sur le plan purement interne. La défense nationale consiste avant tout à préparer et mener la guerre, à mobiliser la résistance militaire de l'ensemble de la Nation face à la menace. Elle a *pour objet d'assurer en tout temps, en toutes circonstances et contre toutes les formes d'agression, la sécurité et l'intégrité du territoire, ainsi que la vie de la population. Protéger le peuple*

---

[22]BELOMO ESSONO (P.-Ch), « Sécurité et ordre politique au Cameroun : entre dynamiques internes et connexions internationales », *op. cit*, p. 48.

[23] *Ibid.*, p. 65.

[24] Il s'agit beaucoup plus de l'articulation avec la politique étrangère, l'état du système international et l'évolution des menaces et de l'environnement stratégique.

[25] BASTIEN (I.), « La politique de défense est-elle a-politique ? », *http : //www.ceri-sciences-po.org*, mars 2007, p.7.

camerounais et garantir la paix et l'intégrité du territoire apparaît comme le dogme fondamental qui unit la République à ses armées.

S'agissant de la face extérieure de la politique nationale de défense, on peut la retrouver dans les énoncés de la politique étrangère de l'État. La politique étrangère en matière de défense apparaît comme l'expression de la confrontation d'intérêts nationaux divergents ou comme la prévention du risque de guerre par des initiatives diplomatiques stratégiques. La politique étrangère d'un État est une prérogative du souverain. C'est le domaine réservé du prince. La politique étrangère du Cameroun est articulée autour de principes fondateurs qui peuvent être retrouvés dans les discours prononcés par le Chef de l'État ou ses représentants, dans les grands regroupements internationaux. La loi n° 96/06 du 18 janvier 1996 portant révision de la constitution du 2 juin 1972 rappelle ces principes dans son préambule en des termes assez généraux[26]. Elle reflète par ailleurs la pleine adhésion du Cameroun aux principes énoncés par la charte des nations unies et au droit international régional africain[27].

Ce rôle prééminent du chef de l'État en matière de défense s'accompagne de responsabilités moins affirmées en ce domaine, lesquelles sont dévolues à la deuxième composante de l'exécutif, le gouvernement[28]. Le ministre délégué à la Défense est un des rouages importants de la politique nationale de défense[29]. IL est chargé de l'étude des plans de défense, de la mise en œuvre de la politique de défense, de la coordination et du contrôle des forces de défense et de l'organisation des juridictions militaires[30]. Il est le trait d'union entre les armées, le président et le gouvernement. Il a à faire accepter aux militaires des orientations gouvernementales souvent impopulaires et à faire comprendre au président, au Premier ministre et aux membres du parlement, les besoins et les revendications de l'armée quand celles-ci lui paraissent

[26] Le peuple camerounais, y est-il souligné, « jaloux de l'indépendance de la patrie camerounaise chèrement acquise et résolu à préserver cette indépendance, convaincu que le salut de l'Afrique se trouve dans la réalisation d'une solidarité de plus en plus étroite entre les peuples africains affirme sa volonté d'œuvrer à la constitution d'une Afrique unie et libre tout en entretenant avec les autres nations du monde, des relations pacifiques et fraternelles conformément aux principes formulés par la charte des Nations-Unies ».

[27] Il s'agit en particulier de la non-intervention dans les affaires relevant essentiellement de la compétence nationale de l'État et du règlement pacifique des différends de la pleine adhésion du Cameroun au droit international régional africain s'agissant du respect des frontières héritées de la colonisation.

[28] MICHEL (L. M.), « Constitutionnalisme et contrôle politique des militaires en Afrique francophone », *op. cit.*, p. 9.

[29] Le ministère de la Défense est régi par le décret n° 2001/177 du 25 juillet 2001 portant organisation du ministère de la Défense, modifié par le décret n° 2012/386 du 14 septembre 2012.

[30] Cf article 1er (1) nouveau du décret précité.

légitimes[31]. Il s'agit somme toute d'une architecture dominée par le président de la République à qui revient la décision en cas de recours à la force armée.

2- Domination présidentielle en matière de recours à la force armée

Le processus décisionnel en matière de défense mobilise divers acteurs à la tête desquels se trouve le président de la République-chef des forces armées. La décision militaire concernant le recours à la force armée constitue la plus importante dans le domaine militaire. C'est au président de la République, chef des forces armées qu'il incombe de prendre cette décision militaire. Cette situation postule une compétence exclusive de l'autorité politique dans les conditions et modalités de son engagement[32]. Le Général de Gaulle est en effet le premier président de la Cinquième République qui a inauguré cet état des choses[33]. Ses successeurs ont fait de même, la continuité institutionnelle a permis à Valéry Giscard d'Estaing d'affirmer, à propos de la mise en œuvre de la force de frappe nucléaire qu'« *en France, la responsabilité de cette décision et de son exécution dépend du seul président de la République, sans aucun échelon intermédiaire* ». François Mitterrand se prononcera dans des termes proches en affirmant à la télévision, le 16 novembre 1983 : « *La pièce maîtresse de la stratégie de dissuasion en France, c'est le Chef de l'État, c'est moi, tout dépend de sa détermination...* »

Cette conception hégémonique du président de la République se traduit également dans la plupart des pays africains par l'accaparement et la détention des pleins pouvoirs, l'hypercentralisation, la personnification et la personnalisation du pouvoir sont les attributs du système présidentialiste[34]. Il apparaît que le président de la République ne semble en aucun cas lié par les avis d'un organe consultatif du fait de sa prééminence institutionnelle qui ne souffre d'aucune contestation[35]. Ainsi, le président de la République a eu à déclarer la guerre à la nébuleuse terroriste lors du mini-sommet de Paris sur la sécurité en Afrique centrale en ces termes : « *Nous sommes ici pour déclarer la guerre à **Boko haram*** ». Toutefois, la prise de décisions en matière de défense étant lourde de conséquences et souvent complexe, le président de la République s'entoure d'autres organes consultatifs dont il assure par ailleurs

---

[31] COHEN (S.), « Le pouvoir politique et l'armée », *Pouvoirs* 2008/2 (n° 125), p. 24.

[32] MEYNAUD (J.), « Les militaires et le pouvoir », *Revue française de sociologie*, 1962, 2-2, p. 76.

[33] Il a assumé pendant les dix années de l'exercice de son mandat la totalité des responsabilités en matière de Défense nationale, que ce soit concernant la guerre d'Algérie, le reformatage de l'armée qui l'a suivie, la priorité donnée à la dissuasion nucléaire ou le départ de l'organisation militaire du Traité de l'atlantique nord en 1966.

[34] BELOMO ESSONO (P. C.), « Sécurité et ordre politique au Cameroun : entre dynamiques internes et connexions internationales », *op. cit.*, p. 49.

[35] ENGOUTOU (J.-L.), « Le président de la République chef des forces armées dans les États d'Afrique noire francophone », *RADP*, Vol VI, n° 11, juillet-décembre 2017, p 43.

la présidence[36]. Le président de la République se trouve au cœur du renseignement de haut niveau. En effet, le système militaire est bâti pour renseigner directement et rapidement le président de la République. La présidence reçoit tous les jours les télégrammes des attachés militaires en poste à l'étranger, ceux de la DGRE (Direction générale de la recherche extérieure), et des autres services de renseignement militaire. Par ailleurs, le Chef de l'État préside les conseils de défense qui discutent des grands choix en la matière. Il est le destinataire des notes et dossiers préparés par l'état-major des armées[37]. La qualité du renseignement permet à la fois d'anticiper les menaces, de connaître les faiblesses de l'ennemi et d'orienter l'action. Il apparaît clairement que la décision du recours à la force armée appartient au président de la République-chef des forces armées ; une posture politique qui justifie également sa prééminence institutionnelle.

B- La prééminence institutionnelle du président de la République chef des forces armées

La prééminence institutionnelle du président de la République se manifeste à travers le pouvoir réglementaire (1) et de nomination (2) qu'il exerce à titre principal sur l'armée.

1- Détenteur principal du pouvoir réglementaire

Le pouvoir réglementaire est un attribut de l'exécutif[38]. C'est sur cette base que le président de la République pose des normes générales et impersonnelles. L'organisation de la défense au Cameroun relève essentiellement du pouvoir réglementaire. Cette situation postule une compétence dans la fixation des règles de recrutement et de fonctionnement de l'armée. Le pouvoir réglementaire se manifeste par des ordonnances et des décrets portant organisations des forces armées et de défenses[39]. Le président de la République peut mobiliser le pouvoir réglementaire à l'effet de créer ou de procéder à certaines modifications institutionnelles. En période de trouble, le chef de l'État réagit soit à travers la mise sur pied de structure d'exception soit à travers la réorganisation des forces nationales de défense. L'initiative d'importants textes portant réorganisation des forces nationales de défenses depuis l'avènement des deux crises par le Chef de l'État en est une illustration. Le 14 août 2014, l'armée camerounaise a été réorganisée par le président de la République Paul Biya, chef des forces armées. Ainsi, dans les procédures légales et normales du maintien de l'ordre, le président de la République, en tant que chef suprême des « forces de sécurité » s'appuie sur les forces de

---

[36] *Idem.*

[37] COHEN (S.), « Le pouvoir politique et l'armée », *op. cit.*, p. 24.

[38] Cf article 8 (8) de la Constitution.

[39] L'armée camerounaise est créée par ordonnance n° 59/57 du 11 novembre 1959 portant création de l'armée camerounaise et organisation générale de la défense

première et deuxième catégorie que sont la police et la gendarmerie. C'est l'encadrement sécuritaire normal dans un contexte de menace non agressive. L'encadrement sécuritaire de crise fait souvent appel aux forces de troisième catégorie, c'est-à-dire l'armée. Ainsi, le décret présidentiel n° 2000/27 du 20 janvier 2000 portant création et organisation d'un commandement opérationnel dans la ville de Douala, énonce ainsi un encadrement sécuritaire de crise parce qu'il faisait appel aux forces de troisième catégorie, c'est-à-dire l'armée dans le maintien de l'ordre public.

La crise survenue dans les régions anglophones a également vu des réajustements dans l'armée. Le chef de l'État a en effet procédé à un réaménagement des forces de défense. Le Chef de l'État a signé le 21 février 2018 des décrets portant réorganisation des forces de défense. Le contenu de ces textes révèle le passage du commandement territorial de l'armée camerounaise de trois à quatre Régions militaires interarmées (RMIA). De ce fait, à la troisième région militaire basée à Garoua dans le Nord, s'est ajoutée une nouvelle RMIA qui sera, basée à Maroua, dans la région de l'Extrême-Nord. De même, une nouvelle région de gendarmerie est également créée dans l'Extrême-Nord. L'on note aussi la création d'un poste de commandement d'une région militaire interarmée et un poste de commandement de gendarmerie à Bamenda, chef-lieu de la région du Nord-ouest, siège du mouvement sécessionniste. Cette réorganisation du commandement militaire par le président de la République est également accompagnée d'un redéploiement des hommes chargés d'animer cette structure. Il s'agit là de la traduction de la prééminence institutionnelle du président de la République-chef des forces armées à travers son pouvoir de nomination.

2- Détenteur principal du pouvoir de nomination

La nomination représente une des prérogatives essentielles de tout exécutif. La nomination représente une condition nécessaire à la vie de l'État. Elle apparaît aussi comme un moyen d'assurer la cohésion de l'action publique. À travers la nomination, le pouvoir central se donne des relais nécessaires à la conduite cohérente de ses projets politiques[40]. Selon la constitution, le président de la République nomme aux emplois civils et militaires de l'État[41]. La nomination est un acte essentiellement discrétionnaire, en ce sens que l'individu qui est investi du pouvoir de nomination a un large pouvoir d'appréciation touchant l'opportunité du moment de la nomination et le choix de l'individu désigné. Sur le plan sociologique, la nomination apparaît comme l'une des ressources essentielles

[40]SPONCHIADO (L.), *La compétence de nomination du président de la cinquième République*, thèse de doctorat, Université Paris I, 2015, p. 4.
[41]Cf article 8 alinéa 10.

du pouvoir[42]. Une personne que l'on nomme est une personne que l'on cherche à récompenser, à fidéliser, mais aussi à ménager[43]. Dans cette logique, le pouvoir de nomination et de révocation des forces de défense constitue sans doute un instrument privilégié du pouvoir du chef de l'État. L'Afrique a toujours été marquée par la personnalisation, voire la patrimonialisation du pouvoir. Au cours des régimes précédents, le chef de l'État concentrait entre ses mains, l'essentiel des ressources politico-administratives à des fins de patronage systématique dans le but de maintenir la loyauté politique. À en croire **MONTESQUIEU,** *« Le suffrage par le sort est de la nature de la démocratie ; le suffrage par choix est de celle de l'aristocratie »*[44]. Ainsi, à travers le pouvoir de nomination, le président de la République exerce-t-il une ascendance sur l'armée. Il nomme et met en retraite les hauts gradés de l'armée[45]. Selon le décret n° 2001/188 du 25 juillet 2001 portant statut particulier du corps des officiers d'active des forces de Défense, il est stipulé dans l'article 56 alinéa 1 que « *la retraite est la position définitive de l'officier de carrière rendu à la vie civile et admis au bénéfice des dispositions réglementaires du régime des pensions militaires de retraite* ». L'alinéa 2 précise les conditions de mise en retraite d'officiers, prononcée par le président de la République[46]. Par ailleurs, « *le président de la République peut également, pour nécessité de service, maintenir en fonction, un officier général atteint par la limite d'âge de son grade* », conformément à l'alinéa 3 du texte précité.

Au Cameroun, l'on observe une longévité que poursuivent des généraux encore en poste. Longévité à titre exceptionnel, du fait de la discrétion, de la magnanimité du Prince. En effet, ni le président de la République lui-même ni les officiers de l'armée camerounaise ne sont sensibles aux évidences du temps[47]. Ils semblent plutôt entériner l'idée selon laquelle « *il n'y a pas de retraite pour les grands hommes* »[48]. Le prestige attaché à leurs fonctions, un

---

[42] SPONCHIADO (L.), *La compétence de nomination du président de la cinquième République*, op. cit., p. 4.

[43] JOZEFOWICZ (H.), « Le diable gît-il dans les détails ? Le Conseil constitutionnel met fin au long feuilleton du contrôle des nominations présidentielles », *Politeia*, n° 17, 2010, p. 416.

[44] MONTESQUIEU, DE SECONDAT (C.), Baron DE MONTESQUIEU (dit), *De l'esprit des lois*, Firmin Didot, 1864, p. 11.

[45] C'est ainsi que jusqu'au 11 mars 2011, le Cameroun n'avait jamais connu de général retraité. Le couperet tombe par le décret présidentiel n° 2011/048 portant « admission à la deuxième Section du cadre des officiers généraux des forces de Défense ».

[46] *« La mise à la retraite est prononcée par le président de la République :*
- d'office, lorsque l'officier est rayé des cadres par la limite d'âge, par suite d'une infirmité, d'une aptitude physique insuffisante ou par mesure disciplinaire
- sur sa demande, agrée, dès qu'il a acquis ses droits à la pension, dans la limite d'un contingent annuel fixé par armée »

[47] ONDOUA (A.), *Sociologie du corps militaire en Afrique noire : Le cas du Cameroun*, thèse de doctorat Université de Rennes 1, 2013, p. 382.

[48] *Idem.*

prestige militaire notamment couronné dans l'article 3 alinéa 1 qui stipule : « *le titre de maréchal de la République, les rangs et appellations de général d'Armée ou amiral d'escadron et de général de corps d'Armée ou vice-amiral d'escadre ne constituent pas des grades, mais peuvent être décernés par le président de la République* ».

Ainsi, au regard du dispositif normatif mis en place le président de la République apparaît comme la figure hégémonique du système constitutionnel. Au regard de la réalité politique, le contrôle de son autorité en tant que chef des armées peut paraître à bien des égards comme une vue de l'esprit.

II- L'autorité faiblement contrôlée du président de la République chef des forces armées

Les différentes constitutions des pays d'Afrique noire francophone ont consacré le principe de l'irresponsabilité politique du président de la République (1) même si sa responsabilité pénale est admise (2).

A- Un contrôle politique quasi inexistant

Caractéristique essentielle du régime présidentiel, l'irresponsabilité politique du président de la République devant l'Assemblée nationale signifie que le Chef de l'État « *n'a pas de compte à rendre aux députés sur les actes qu'il accomplit dans l'exercice de ses fonctions* ». Cette forme d'organisation constitutionnelle consacre l'irresponsabilité du chef de l'État devant le parlement. Elle limite fortement les prérogatives du parlement en matière de défense (1). Dans la même veine, la responsabilité du chef de l'État-chef des forces armées devant le peuple connaît des limitations (2).

1- La rationalisation du contrôle parlementaire en matière de défense

La rationalisation du parlement en matière de défense se justifie au moins pour deux raisons : la limitation du pouvoir d'information du parlement en matière de défense et la pratique des communications sans débats devant le parlement.

Concernant d'abord la limitation du pouvoir d'information, le Parlement n'est concerné par le domaine de la Défense que dans un cadre restreint. En effet, le constituant camerounais de 1972 limite l'information du Parlement aux impératifs de défense et de sécurité nationale. L'article 28 dispose expressément que « *Le Gouvernement, sous réserve des impératifs de la défense nationale et de la sécurité de l'État, fournit explications et renseignements à l'Assemblée nationale* ». Cet encadrement du pouvoir d'information du parlement bénéficie à l'exécutif dans la mesure où le constituant ne donne pas un contenu aux concepts d'impératifs de défense nationale et de sécurité de l'État[49]. Ce sont des notions floues, aux contours qui ne trouvent de contenu que par leur contenant. Le chef de l'État apparaît comme le seul juge de l'opportunité des mesures à prendre pour garantir et sauvegarder l'intégrité de la République. De ce fait, tout est susceptible de constituer une atteinte à la défense nationale et la sécurité de l'État. La menace de la défense nationale et la nécessité de garantir la sécurité de l'État sont d'excellents motifs pouvant justifier la proclamation de l'état d'urgence ou de l'état d'exception. On pourra ainsi affirmer que le droit à l'information du Parlement sera ignoré en cas d'état d'urgence et d'état d'exception[50].

Ensuite, la communication sans débat du président de la République à l'Assemblée nationale[51], de même que les impératifs de défense nationale et de sécurité de l'Etat apparaissent comme des techniques affaiblissant les moyens d'information de l'Assemblée nationale[52]. La communication du président de la République au Parlement lui permet de venir exposer sa politique directement devant les représentants du peuple. Cette intervention se fait sans débat et ne peut donner lieu à un vote susceptible d'engager la responsabilité politique de ce dernier. L'interdiction constitutionnelle d'engager un débat sur la communication du président de la République apparaît de façon péremptoire comme une technique de rationalisation de l'information parlementaire. En effet, parce que le président de la République est l'Exécutif, détenant et contrôlant tous les leviers de pouvoirs dans un contexte de constitutionnalisme autoritaire du fait du parti unique, la communication présidentielle à l'Assemblée nationale apparaît comme une opportunité pour les élus de la nation, codétenteur de la souveraineté nationale de questionner le Chef de l'État sur sa politique, sur le respect de la Constitution[53]. La communication sans débat apparaît finalement comme une option incontestable vers la présidentialisation du régime politique et le développement d'un constitutionnalisme autoritaire tournée vers une sacralisation intense du Chef de l'État. La rationalisation de l'information parlementaire est d'ailleurs renforcée par les impératifs de défense et de sécurité nationale[54].

---

[49] MONEMBOU (C.), « La séparation des pouvoirs dans le constitutionnalisme camerounais : Contribution à l'étude de l'évolution constitutionnelle », thèse de doctorat Université de Yaoundé II, 2011, p. 105.

[50] *Idem.*

[51] L'article 32 de la constitution de 1996 dispose que : « *Le président de la République peut, sur sa demande, être entendu par l'Assemblée nationale, le Sénat, ou les deux chambres réunies en congrès. Il peut également leur adresser des messages. Ces communications ne donnent lieu à aucun débat en sa présence* ».

[52] MONEMBOU (C.) « La séparation des pouvoirs dans le constitutionnalisme camerounais : Contribution à l'étude de l'évolution constitutionnelle », *op. cit.*, p. 106.

[53] *Ibid.*, p. 104.

[54] *Ibid.*, p. 105.

L'irresponsabilité du président de la République chef des forces armées devant le parlement conforte sa puissance hégémonique à laquelle se heurte souvent le peuple souverain.

2- La limitation du contrôle populaire du chef de l'État chef des forces armées

La démocratie d'après **Abraham Lincoln** est définie comme « *le gouvernement du peuple par le peuple, et pour le peuple* » c'est-à-dire que dans un système démocratique, le pouvoir vient du peuple, il est exercé par le peuple pour ses propres intérêts[55]. **Jean-Jacques ROUSSEAU** soulignait à cet effet que « *Les dépositaires de la puissance exécutives ne sont point les maîtres du peuple, mais ses officiers, qu'il peut les établir ou les destituer quand il lui plaît* »[56]. De plus, la sécurité ne fait plus l'objet d'une simple prérogative des pouvoirs publics. C'est un « *bien commun* », un bien social que la majorité sociale doit conserver[57]. La sécurité est le fondement de la vie en société, de l'individu, elle s'incarne dans le corps social, représente un bien commun et se révèle en un droit fondamental de l'homme[58].Tous les citoyens, selon le préambule de la Constitution du 18 janvier 1996, contribuent à la défense de la patrie. La constitution camerounaise consacre le principe de l'élection populaire du président de la République. Il s'agit là d'une possibilité donnée au peuple de confirmer ou de retirer sa confiance au chef d'État qu'il a élu. Il s'agit d'une responsabilité électorale ou populaire[59]. En effet, il pourra voir sa responsabilité engagée lors du renouvellement de son mandat, des élections législatives anticipées ou encore lors du référendum[60]. Peut-être soumis au référendum, toute question qui paraît exiger la consultation directe du peuple. Lorsque le président de la République soumet un texte ou une

---

[55]Selon les dispositions de l'article. 2.- (1) de la constitution, « *La souveraineté nationale appartient au peuple camerounais qui l'exerce soit par l'intermédiaire du président de la République et des membres du Parlement, soit par voie de référendum. Aucune fraction du peuple ni aucun individu ne peut s'en attribuer l'exercice.*
(2) *Les autorités chargées de diriger l'État tiennent leurs pouvoirs du peuple par voie d'élections au suffrage universel direct ou indirect, sauf dispositions contraires de la présente Constitution* ».

[56]ROUSSEAU (J.-J.), *Contrat social*, p. 256.

[57]CHOUALA (Y.-A.) « Conjoncture sécuritaire, champ étatique et ordre politique au Cameroun : éléments d'analyse anthropopolitiste d'une crise de l'encadrement sécuritaire et d'un encadrement sécuritaire de crise », *op. cit.*, p. 21.

[58]BELOMO ESSONO (P. C.), « Sécurité et ordre politique au Cameroun : entre dynamiques internes et connexions internationales », *op. cit*, p. 41.

[59] ONDO (T.), *La responsabilité introuvable du chef d'État africain : analyse de la contestation du pouvoir présidentiel en Afrique noire francophone (les exemples camerounais, gabonais et togolais)*, *op. cit.*, p. 234.

[60]TIKONIMBEKOUPOKPA (E.), *Le modèle constitutionnel des États d'Afrique noire francophone dans le cadre du renouveau constitutionnel : le cas du Bénin, du Niger et du Togo*, *op. cit.*, p. 172.

question à référendum, sa personne et son maintien en fonction ne sont pas normalement mis en cause. Le référendum apparaît souvent comme une question de confiance posée au peuple, un substitut ou un succédané de l'élection au suffrage universel[61].

Cependant, les modes populaires d'actions politiques et la capacité des citoyens à infléchir le cours de l'histoire connaissent quelques limites. D'abord, la gestion de l'agenda politique et du calendrier électoral apparaît comme une prérogative de l'exécutif. Par ailleurs, l'initiative du référendum appartient au président de la République ou sur proposition du gouvernement, ou au parlement. Sauf exception, les questions relatives à la défense ne sont pas un enjeu structurant dans le débat politique, elles sont quasiment absentes des échéances électorales et n'occupent qu'une place minime dans la vie des partis politiques. Les questions de défense sont quasiment absentes des programmes des candidats[62].

Le principe de la responsabilité du président de la République devant le peuple n'obéit pas vraiment à une logique démocratique, du fait de l'absence d'une véritable concurrence électorale. En effet, malgré la restauration du multipartisme, la mise en place d'institutions telles que le Conseil constitutionnel et les commissions nationales indépendantes, la liberté et la transparence des scrutins électoraux ne sont toujours pas garanties. Le pouvoir présidentiel en Afrique noire francophone apparaît à la fois comme un pouvoir omnipotent et répressif. Dans ces conditions, il semble difficile qu'il soit pacifiquement contesté et encore moins remis en cause même lorsque le Chef de l'État a commis des atrocités[63]. Pour mettre fin à cette situation, Montesquieu préconise qu'« *il faut que le pouvoir arrête le pouvoir* ». Il s'agit d'un pouvoir supérieur en violence. En d'autres termes, en l'absence de procédures efficaces de responsabilité, les dirigeants ne peuvent être mis en cause que par des mécanismes violents. Ces derniers s'expriment par la voie de la révolte populaire ou révolution. La désobéissance civile à l'autorité illégitime devient ainsi le plus sacré des droits et le plus impératif des devoirs pour tout citoyen en vue de rétablir la légalité constitutionnelle. Mais ces moyens restent théoriques et inopérants, en cas de résistance du peuple, ce

[61] C'est le cas du régime militaire du président togolais Eyadéma. Après cinq ans d'exercice de magistrature suprême à la faveur d'un coup d'État en 1967, le Général Eyadéma décide de légitimer son mandat à travers la tenue d'un référendum. La question suivante avait été posée au référendum : « Voulez-vous que le président Eyadéma poursuive la mission que lui a confiée l'armée et le peuple en qualité de président de la République ? » Le chef de l'État a vu sa confiance fortement renouvelée par le peuple qui a voté pour le « oui » à 99,90 %.
[62] BASTIEN (I.), « La politique de défense est-elle apolitique ? » http://www.ceri-sciences-po.org – mars 2007, p.12.
[63] ONDO (T.), *La responsabilité introuvable du chef d'État africain : analyse de la contestation du pouvoir présidentiel en Afrique noire francophone (les exemples camerounais, gabonais et togolais)*, *op cit.*, p. 343.

dernier pourra être réprimé dans le sang[64]. Il apparaît que les procédures constitutionnelles et populaires de contrôle de la responsabilité du chef de l'État-chef des forces armées se trouvent fortement limitées. Toutefois, il existe d'autres procédés de contrôle juridictionnel pouvant entraîner la mise en œuvre de sa responsabilité.

B- Un contrôle juridictionnel quasi inopérant

Dans la trilogie des pouvoirs adoptés par **Montesquieu** se trouve le pouvoir judiciaire. Celui-ci est au centre de la protection des justiciables et des citoyens contre l'arbitraire des gouvernants. Aussi l'une des exigences de l'État de droit serait-elle de la mise en œuvre de la responsabilité du président de la République fut-il chef des forces armées devant les juridictions nationales (1) et internationales (2).

1- L'inefficacité de la responsabilité devant les juridictions nationales

La distinction entre les actes accomplis dans l'exercice des fonctions et ceux accomplis en dehors de celles-ci est un principe essentiel dans l'analyse de la responsabilité pénale du chef de l'État[65]. Selon la constitution, le président de la République est irresponsable politiquement et pour les actes accomplis dans l'exercice de ses fonctions, sauf pour haute trahison. Cela signifie que le Chef de l'État est mis en cause pour ses actes de fonctions devant la haute cour de justice (b) et pour ses actes détachables devant les juridictions répressives de droit commun ou d'exception (a).

a- L'irresponsabilité du président de la République-chef des forces armées devant les juridictions de droit commun et d'exception

Le président de la République n'est pas inviolable sur le plan pénal. La constitution retient la responsabilité pour les actes étrangers à sa fonction. Les actes accomplis dans l'exercice de sa fonction sont en principe couverts par l'immunité. Toutefois, s'il commet un délit pénal étranger à sa fonction, sa responsabilité pénale pourrait être engagée. Il s'agit de l'application constitutionnelle de l'égalité de tous devant la loi, fondement de la responsabilité pénale proclamée par la constitution et par des instruments internationaux ratifiés relatifs aux droits de l'homme. L'on peut de ce fait imaginer que les actes accomplis antérieurement et postérieurement à sa fonction sont justiciables devant les tribunaux compétents. Il existe des juridictions pénales d'exception susceptibles de connaître des infractions

---

[64] *Ibid.* p. 151.

[65]ONDO (T.), *La responsabilité introuvable du chef d'État africain : analyse de la contestation du pouvoir présidentiel en Afrique noire francophone (les exemples camerounais, gabonais et togolais)*, thèse de doctorat Université de Reims Champagne-Ardenne, 2005, p. 522.

touchant aux forces armées. Il en est ainsi d'abord du tribunal militaire[66] compétent pour connaître des infractions militaires prévues par le code de justice militaire. Il en est également de la Cour de sûreté de l'État[67] compétente pour connaître des crimes et délit contre la sûreté intérieure et extérieure de l'État prévus par le Code pénal[68].

Dès lors, la question est de savoir comment distinguer les actes détachables de la fonction et ceux qui ne le sont pas. L'on assiste à une confrontation entre deux logiques : la logique pénale, d'une part, soucieuse de l'égalité de tous les citoyens devant la loi pénale, de la répression des infractions, de la protection des droits des victimes, et la logique constitutionnelle, d'autre part, attachée à la continuité de l'État[69]. La Constitution doit l'emporter sur le droit pénal, ont affirmé les uns. Les tenants de cette lecture pensent que le privilège de juridiction doit être étendu, pendant la durée du mandat, à tous les actes commis par le président de la République en dehors de l'exercice de ses fonctions ou avant le début de son mandat. Les arguments militant en faveur de cette thèse ont été abondamment analysés dans la doctrine. Il s'agit ensuite du principe de la continuité de l'État dont le chef de l'État, élu au suffrage universel direct par la volonté du peuple, et qui s'impose en raison même de l'importance des missions du président de la République pour la vie de la nation. On rappelle à ce sujet que le président de la République est le garant de l'indépendance nationale et de l'intégrité du territoire, qu'il est le chef des armées, qu'il est garant de l'indépendance de l'autorité judiciaire et préside le Conseil supérieur de la magistrature, etc. Le chef de l'État ne pourrait plus exercer librement et sereinement ses fonctions, fait-on remarquer, s'il était mis à la merci de la moindre plainte ou constitution de partie civile, s'il était exposé à un harcèlement judiciaire de ses adversaires, et s'il devait toujours compter avec la menace d'une mise en examen pour un fait quelconque ne se rattachant pas à sa fonction de chef de l'État. Il s'agit encore du respect de la dignité de la fonction présidentielle et de sa dimension symbolique au plan national et international qui oblige à mettre son titulaire à l'abri de l'humiliation d'une mise en examen devant les tribunaux répressifs.

Ces considérations ne sauraient pour autant avoir pour effet de créer une immunité du président de la République pendant la durée de son mandat pour les actes accomplis en dehors de l'exercice de ses fonctions ou avant son élection, dans la mesure où, ces actes peuvent relever de la procédure de mise

---

[66]Le tribunal militaire est organisé par l'ordonnance n° 72-2 du 26 août 1972 et ses modifications subséquentes.
[67]Elle est organisée par la loi n° 90/1990 du 19 décembre 1990.
[68] Il s'agit entre autres de l'hostilité à la patrie (article 102), de la guerre civile (article 112), la révolution (article 114), bande armée (article 115), insurrection (article 116), etc.
[69]DE GOUTTES Régis, « Conclusions sur l'arrêt de l'assemblée plénière de la Cour de cassation du 10 octobre 2001 », *Revue française de droit constitutionnel,* 2002/1 n° 49, p. 52.

en accusation devant la Haute Cour de justice, pendant la durée du mandat présidentiel.

b- La responsabilité illusoire du chef de l'État-chef des forces armées devant la haute cour de justice

La responsabilité pénale du président de République devant la Haute Cour de justice paraît illusoire du fait de son caractère politique et surtout du fait de son ineffectivité.

D'abord, le caractère politique de la Haute Cour de justice est perceptible à travers son organisation et l'origine de ses membres. En effet, la haute cour de justice connaît une composition mixte à savoir des magistrats parlementaires nommés en son sein et des magistrats de l'ordre judiciaire nommés hors de son sein. La haute cour de justice est composée de neuf juges titulaires et six juges suppléants. Ces juges sont élus par l'Assemblée nationale au début de chaque législature. Parmi les juges titulaires, six sont choisis à l'Assemblée nationale au scrutin secret et à la majorité absolue des membres de ladite Assemblée, alors que trois sont choisis par l'Assemblée nationale hors de son sein. Par ailleurs, la haute cour de justice est formée d'un ministère public exercé par le Procureur général près la Cour suprême, assisté d'un Avocat général. Cette organisation apparaît suffisamment politique et démontre en toute logique le caractère illusoire de cette procédure de mise en accusation[70]. Cet état des choses est renforcé par le fait majoritaire au sein du parlement. En effet, la mise en accusation du président de la République n'est qu'une vue de l'esprit en cas de coïncidence de la majorité présidentielle avec la majorité parlementaire. Le Chef de l'État ne peut être jugé pour haute trahison que devant une juridiction dont les membres sont, soient des députés ; soient choisis par les députés de sa majorité[71]. La majorité parlementaire étant donc favorable au chef de l'État, les parlementaires du parti présidentiel et leurs alliés majoritaires peuvent difficilement mettre en jeu la responsabilité du chef de l'État pour haute trahison[72]. L'illusion de la haute trahison est encore renforcée par l'incrimination des infractions constitutives de haute trahison. L'incrimination de la haute trahison est votée par l'Assemblée nationale et n'est pas prévue par le Code pénal[73]. La maîtrise du processus législatif par le président de la République semble ainsi justifier l'imprécision

---

[70] MONEMBOU (C.), La *séparation des pouvoirs dans le constitutionnalisme camerounais : Contribution à l'étude de l'évolution constitutionnelle*, *op.cit.*, p. 100.

[71] *Idem.*

[72] ONDO (T.), *La responsabilité introuvable du chef d'État africain : analyse de la contestation du pouvoir présidentiel en Afrique noire francophone (les exemples camerounais, gabonais et togolais)*, *op.cit.*, p. 283.

[73] MONEMBOU (C.), *op.cit.*, p. 100.

des textes sur les infractions pouvant entraîner la mise en jeu de la responsabilité du Chef de l'État.

Ensuite, relativement à son effectivité, il convient de noter que la Haute Cour de justice n'a jamais accédé à son effectivité. Aucune procédure de saisine n'a jamais été enclenchée. Cette ineffectivité est renforcée par la dernière révision constitutionnelle intervenue le 14 avril 2008 a considérablement réduit la marge de manœuvre de la Haute Cour de Justice. Selon les dispositions de l'article 53, nouvel alinéa 3 « *Les actes accomplis par le président de la République en application des articles 5, 8, 9 et 10 ci-dessus, sont couverts par l'immunité et ne saurait engager sa responsabilité à l'issue de son mandat* ». De fait, cette nouvelle disposition montre à l'évidence que la personne du Chef de l'État semble immunisée par rapport aux actes qu'elle pose aussi bien durant l'exercice de son mandat qu'au terme de son mandat. Cette situation qui traduit d'un certain point de vue l'impossible justiciabilité du président de la République devant la Cour.

Le droit pénal international interpelle à cet égard *a contrario* le droit constitutionnel en faisant œuvre on ne peut plus généralisatrice. Il ne fait pas de distinction selon qu'une personne recherchée est une personne privée ou une personne publique. Au contraire, il leur tient le même langage. Ainsi, on a assisté au lendemain de la Deuxième Guerre mondiale à la consolidation de la responsabilité pénale internationale du chef de l'État. Il s'agit d'une responsabilité personnelle pour crimes internationaux dont les mécanismes d'application semblent encore imparfaits.

2- La complexité de la mise en œuvre de la responsabilité du président de la République chef des forces armées devant le juge pénal international

Les procès de Nuremberg et de Tokyo à la fin de la Deuxième Guerre mondiale avaient déjà posé le principe du jugement des responsables des crimes contre la paix et des crimes contre l'humanité. L'*affaire Pinochet* a inauguré une nouvelle perspective cinquante-trois ans plus tard, celle de l'arrestation et du jugement d'un ancien chef d'État non pour des crimes commis en tant de guerre, mais des violations massives des droits de l'homme perpétrées en temps de paix dans le cadre de la gestion politique de la société. Le mouvement va s'accélérer pour s'élargir aux chefs d'État en fonction. Le 5 mars 2009, la Cour pénale internationale (CPI) a lancé un mandat d'arrêt international contre le président soudanais, Omar El-Béchir pour crimes de guerre et crimes contre l'humanité au Darfour. Malgré ces avancées, la responsabilité pénale du chef de l'État devant le juge pénal international connaît des obstacles. Ainsi, si le principe de la non-prise en compte de l'immunité des chefs d'État pour crimes contre l'humanité est finalement consacré par la convention de Rome du 17 juillet 1998 portant Statut de la

Cour Pénale internationale[74], la question continue de faire débat devant les juridictions internationales. La justice pénale internationale se heurte à une forte défiance voire méfiance de la part des États. En effet, la question de la coopération des États avec la Cour pénale internationale reste entière. La CPI avait lancé pour la première fois un mandat d'arrêt contre M. **Al-Bashir** un président en exercice. Mais les États africains se sont montrés solidaires à l'égard de ce dernier en refusant de coopérer avec la CPI[75].

M. **Al-Bashir,** contre qui la Cour a délivré deux mandats d'arrêt le 4 mars 2009 et le 12 juillet 2010, s'est rendu au Tchad, parti au Statut de Rome depuis le 1er janvier 2007. Il s'est également rendu au Nigéria parti au Statut de Rome depuis le 27 septembre 2001 du 15 au 16 juillet 2013. La CPI a constaté que le Tchad avait manqué à l'obligation qui lui incombait de la consulter, conformément à l'article 97 du Statut de Rome au sujet de problème ayant empêché l'exécution des demandes d'arrestation et de remise. La CPI a également établi que le Tchad ne coopérait pas avec la Cour en refusant délibérément d'arrêter et de remettre M. **Al-Bashir** et en empêchant ainsi la Cour d'exercer les fonctions et les pouvoirs que lui confère le Statut de Rome. Le 5 septembre 2013, la CPI prenait la même décision s'agissant du Nigéria. La CPI s'est prononcée sur le manquement de la République Démocratique du Congo à l'égard des demandes de coopération de la Cour aux fins de l'arrestation et de la remise de M. **Al-Bashir**[76]. La Chambre a également établi que la République Démocratique du Congo ne coopérait pas avec la Cour en refusant délibérément d'arrêter et de remettre M. **Al-Bashir** et en empêchant ainsi la Cour d'exercer les fonctions et les pouvoirs que lui confère le Statut de Rome. Il en a été ainsi de l'Afrique du Sud en 2015 lors d'un sommet de l'Union africaine où s'était rendu le président soudanais. La position de tous ces États reflète à l'affirmation de leur souveraineté et à la revendication de l'immunité rattachée à l'exercice des fonctions des chefs d'État pour le respect

---

[74]L'article 27 dudit statut traite en effet de l'impertinence de la qualité d'officiel affirme sans ambiguïté que : « *1. Le présent Statut s'applique à tous de manière égale, sans aucune distinction fondée sur la qualité officielle. En particulier, la qualité officielle de chef d'État ou de gouvernement, de membre d'un gouvernement ou d'un parlement, de représentant élu ou d'agent d'un État, n'exonère en aucun cas de la responsabilité pénale au regard du présent Statut, pas plus qu'elle ne constitue en tant que telle un motif de réduction de la peine. 2. Les immunités ou règles de procédure spéciales qui peuvent s'attacher à la qualité officielle d'une personne, en vertu du droit interne ou du droit international, n'empêchent pas la Cour d'exercer sa compétence à l'égard de cette personne.* »

[75]Lors de leur sommet à Syrte, les chefs d'États africains ont pris une résolution le 3 juillet 2009 dans laquelle ils reprochent au Conseil de sécurité de l'ONU de ne pas avoir répondu à leur demande de suspendre les poursuites contre le président Omar El-Béchir. En conséquence, il a été décidé que les États membres de l'UA « *ne coopéreront pas avec la CPI dans l'arrestation et le transfert* » du président soudanais ; *Agence France Presse (AFP)*, 3 juillet 2009.

[76] La Chambre a constaté que la RDC avait manqué à l'obligation qui lui incombait de la consulter, conformément à l'article 97 du Statut de Rome, au sujet de problème ayant empêché l'exécution des demandes d'arrestation et de remise concernant M. Al- Bashir.

desquels ils s'abstiennent d'exécuter les mandats d'arrêt délivrés par la Cour[77]. La constitutionnalisation du mandat illimité dans un contexte international marqué la traque de l'impunité apparaît comme une solution particulièrement efficace. En effet, il s'agit d'un gage à l'exercice à vie du pouvoir par les dirigeants en place et partant, une garantie de leur impunité perpétuelle et quasi absolue[78]. Par conséquent, il suffit au président de la République de s'éterniser au pouvoir pour bénéficier d'une immunité à vie. Car, tant que ce dernier demeurera au pouvoir, sa responsabilité pénale ne pourra pas être mise en jeu, aussi bien sur le plan national qu'international[79].

Conclusion

La prééminence de l'institution présidentielle semble être un obstacle insurmontable au contrôle de l'autorité du président de la République-chef des forces armées. Sa position hégémonique dans le système institutionnel semble justifier son irresponsabilité politique et juridictionnelle. Il apparaît par conséquent nécessaire de procéder à quelques aménagements.

D'abord, il est important de procéder au renforcement de la criminalisation de la responsabilité du chef de l'État-chef des forces armées tant sur le plan national qu'international. En effet, la responsabilité pénale du chef de l'État apparaît comme un gage de limitation de l'utilisation arbitraire de son autorité et de construction d'une République démocratique respectueuse de l'État de droit et des libertés fondamentales. Cette responsabilité ne peut être effective qu'à travers la mise en place d'une juridiction libre et indépendante hors de la sphère d'influence du président de la République.

En outre, il est important de renforcer la culture démocratique et l'État de droit qui permettront un contrôle efficient de l'autorité du Chef de l'État chef des forces armées. Il s'agit en effet de mettre en place un système électoral transparent visant au renforcement du contrôle populaire du chef de l'État. En outre, il est nécessaire de renforcer le rôle du parlement en matière de défense. La restauration des compétences du parlement, des processus constituants et législatifs pourra renforcer la qualité des textes pouvant entraîner la mise en jeu de la responsabilité pénale du président de la République chef des forces armées. Par ailleurs, cela aurait pour effet de limiter son intrusion permanente dans la composition de juridictions compétentes pour connaître de sa responsabilité.

---

77 BADUGUE (P. L.), « L'exécution des mandats internationaux de la cour pénale internationale contre les chefs d'État en exercice : jusqu'où va l'obligation de coopérer des États parties ? Entre l'indifférence pénale à la qualité officielle de la cour et l'objection des États », *RIDP 2018/Available online at http://www.penal.org*, p. 8.

78 ONDO (T.), *op. cit.*, p. 520.

79 TIKONIMBÉ KOUPOKPA (E.), *Le modèle constitutionnel des États d'Afrique noire francophone dans le cadre du renouveau constitutionnel : le cas du Bénin, du Niger et du Togo*, *op. cit.*, p. 280.

Bibliographie indicative

- ARDANT (Philippe), « Responsabilité politique et pénale des chefs d'État, des chefs de gouvernement et des ministres », *in : Revue internationale de droit comparé*, Vol. 54 N° 2, avril-juin 2002.

- DONFACK SOKENG (Léopold), « L'institutionnalisation de l'opposition : Une réalité objective en quête de consistance », *in Série des livres du CODESRIA*, 2004.

- FERRETTI (Raymond), « L'élection présidentielle au suffrage universel : force ou faiblesse pour la Ve ? », *RAJF*, 7 avril 2002, Rajf.org

- GOYARD-FABRE (Simone), « Légitimité », in Vocabulaire de la culture juridique, ALLAND (Denis), RIALS (Stéphane) (Dir.), PUF, 2007.

- HOURQUEBIE (Fabrice), « Quel statut constitutionnel pour le chef de l'État africain ? Entre principes théoriques et pratiques du pouvoir », *Afrique contemporaine* 2012/2 (n° 242).

- KERLEO (Jean-François), « Le fait majoritaire, chronique d'une mort annoncée ? », in Jus Politicum, 18 juillet 2017.

- MILLARD (Éric), « Le modèle français : deux formes de présidentialisation du régime parlementaire », *Teoria Politica*, 2013.

- NABLI (Béligh), « L'opposition parlementaire : un contre-pouvoir politique saisi par le droit », *Pouvoirs* 2010/2 (n° 133).

- VIDAL-NAQUET (Ariane), « L'institutionnalisation de l'opposition. Quel statut pour quelle opposition ? », *Revue française de droit constitutionnel* 2009/1 (n° 77).

LA FONCTION PRÉSIDENTIELLE À L'ÉPREUVE DU FAIT MAJORITAIRE AU CAMEROUN

Stéphane MOUGNOL À MOUGNOL

Il y a des axiomes juridiques qui, de par leur importance, se sont érigés en paradigme dont la prise en compte est nécessaire pour comprendre un certain nombre de mutations juridiques. La séparation des pouvoirs au rang de ceux-ci s'est muée en un véritable postulat dans la compréhension de l'articulation des pouvoirs dans l'État. En effet, systématisé par d'imminents auteurs[1], ce principe est aujourd'hui la pierre angulaire dans la construction et la stabilisation des institutions étatiques contemporaines. Cependant, si son orientation originaire[2] est toujours prégnante dans la pensée constitutionnelle, il faut dire que le jeu politique a fortement édulcoré sa pertinence. En réalité, dans son esprit, le principe de la séparation des pouvoirs était entendu comme une règle de limitation du pouvoir. À ce propos, **MONTESQUIEU** affirmait : « C'est une expérience éternelle, tout homme qui a du pouvoir est porté à en abuser. Il va jusqu'à ce qu'il trouve des limites… Pour qu'on ne puisse abuser du pouvoir, il faut que, par la disposition des choses, le pouvoir arrête de pouvoir… La vertu même a besoin de limites »[3]. L'éclatement de la puissance étatique en trois avait donc comme finalité l'encadrement réciproque des pouvoirs.

Toutefois, la trop forte collaboration qui s'est instituée entre ceux-ci dans certains régimes politiques (avec une prédominance du pouvoir exécutif) a conduit à un effritement des frontières entre les pouvoirs, leur faisant perdre par la même occasion leur fonction de limitation réciproque. C'est donc dans ce contexte de fragilisation de la séparation classique des pouvoirs que le fait majoritaire s'est positionné comme étant la nouvelle option de limitation de l'autorité de l'exécutif de plus en plus grandissant. Au Cameroun, le texte constitutionnel aménage trois pouvoirs. Cependant, tant la Constitution que la pratique institutionnelle campent le président de la République à une posture

---

[1] On peut citer dans ce sens : Montesquieu, John LOCKE, Jean Jacques ROUSSEAU…

[2] Dans la construction originaire de la séparation des pouvoirs, la doctrine met en évidence de façon générale une division horizontale des pouvoirs permettant de distinguer les pouvoirs exécutif, législatif et judiciaire.

[3] MONTESQUIEU, *De l'esprit des lois*, livre XI, chapitre VI : De la constitution d'Angleterre

olympique[4] lui conférant d'énormes attributions sur les autres pouvoirs constitués tout en limitant leur influence sur sa fonction. Suivant la configuration juridique actuelle à laquelle on ajouterait les pratiques politiques, le législatif et le judiciaire ne seraient pas de véritables contrepoids à l'action de l'exécutif dont l'incarnation est le chef de l'État. Le fait majoritaire est donc une alternative possible de limitation du pouvoir du président de la République. Par fait majoritaire, il faut entendre la possibilité pour le gouvernement à disposer d'une majorité stable et fidèle sur laquelle il peut s'appuyer tout au long de son mandat[5]. La majorité étant soudée à l'exécutif par ce fait, l'on voit émerger une nouvelle séparation des pouvoirs articulée autour de la distinction majorité et opposition. Ainsi que le présente **BENETTI** repris par le Professeur **Jean-François KERLEO**, le fait majoritaire est réalisé par l'union du gouvernement et de la majorité dans l'exercice du pouvoir, par leur solidarité réciproque.

Il apparaît donc que le fait majoritaire reste indépendant de la situation du chef de l'État et peut se maintenir en période de non-cohabitation seulement, le président de la République en perd le bénéfice. Dans le cas contraire, c'est-à-dire lorsque le président, le Gouvernement et la majorité parlementaire appartiennent à la même majorité, se crée une « soudure » entre ces trois pouvoirs théoriquement séparés et dont la fusion donne naissance au pouvoir majoritaire. La pratique institutionnelle camerounaise depuis les indépendances montre la constance d'un lien permanent entre le président de la République et la majorité parlementaire, faisant du fait majoritaire la réalité de l'articulation des pouvoirs dans ce pays. Cependant, le fait majoritaire pouvant être appréhendé suivant une double dynamique[6], l'on peut se demander quelle emprise celui-ci peut avoir sur la fonction présidentielle au Cameroun.

Cette question est d'autant plus importante qu'elle permet d'analyser les implications de cette nouvelle configuration de la séparation des pouvoirs dans un contexte dominé par la prégnance de la fonction présidentielle qui, avec le parlement, exerce l'autorité de l'État[7].

---

[4] OWONA (J.), *Droits constitutionnels et institutions politiques du monde contemporain*, Paris, l'Harmattan, 2010, p. 665

[5] KERLEO (J.-F.), « Le fait majoritaire, chronique d'une mort annoncée ? », in Jus Politicum, 18 juillet 2017, pp.337-354

[6] La réalité du fait majoritaire met en évidence deux possibilités : d'une part, l'adéquation entre la majorité parlementaire et le président de la République. On parle alors de fait majoritaire au profit du président de la République. D'autre part, la non-concordance entre la majorité parlementaire et la tendance politique au pouvoir qui entraîne ce que la doctrine qualifie de situation de cohabitation dans laquelle le parlement n'est pas acquis a priori à la cause du président de la République. Dans ce cas, le fait majoritaire ne bénéficie pas au chef de l'État.

[7] cf. Article 4 de la loi constitutionnelle du 18 janvier 1996.

Au regard des exigences posées par le constituant de 1996, la dialectique fait majoritaire fonction présidentielle laisse entrevoir une consolidation de cette dernière par le phénomène majoritaire (I) et une emprise marginale de celui-ci sur la stabilité de la fonction présidentielle (II).

I- La consolidation certaine de la fonction présidentielle par le fait majoritaire

La concordance entre la majorité présidentielle et la majorité parlementaire est une des expressions du fait majoritaire. Bien qu'il existe une autre variante de cette réalité qui ne bénéficie pas au président de la République, le Cameroun, depuis son accession à l'indépendance, n'a jusqu'à présent expérimenté que le premier cas de figure, la majorité législative étant acquise au chef de l'État. Dans une configuration dans laquelle ce dernier jouit d'une légitimité populaire acquise au travers du suffrage universel direct[8], le fait majoritaire est un facteur important de consolidation de la prépondérance de cette fonction (A). Bien plus, le cas camerounais laisse entrevoir un accroissement de l'influence présidentielle sur le parlement (B).

A- La consolidation certaine de la fonction présidentielle par le fait majoritaire

La fonction présidentielle au Cameroun telle qu'aménagée par le constituant est parée d'atours majestueux, faisant de son détenteur un président olympien,[9] car, il faut le dire, il est puissant[10]. Le Professeur **Alain Didier OLINGA** affirme au regard de ses analyses de ladite fonction qu'il apparaît que le président de la République n'est pas que le chef de l'État. Il en est pratiquement le propriétaire et l'incarnation[11]. Au-delà de l'importance constitutionnelle du statut qui lui est attribué, lorsque la majorité parlementaire lui est acquise, il bénéficie davantage d'autorité en ce sens que le fait majoritaire renforce la légitimité de ses actes (1), de même qu'il étend le champ de sa liberté d'action (2).

---

[8] Art. 6 al.1 de la loi constitutionnelle du 18 janvier 1996.

[9] OWONA (J.), Droits constitutionnels et institutions politiques du monde contemporain, op.cit., p. 666

[10] Idem.

[11] OLINGA (A. D.), La Constitution de la République du Cameroun, Yaoundé, 2e édition, PUCAC, 2013, p.68.

1- Le renforcement de la légitimité des actes présidentiels par le fait majoritaire

Dans la pensée politique, la notion de légitimité désigne le bien-fondé du pouvoir, ce qui lui confère sa justification et sa validité[12]. D'un point de vue juridique, une confusion est entretenue et quelques fois à tort entre légitimité et légalité. Si à certains égards l'on peut assimiler légitimité à légalité[13], une autre tendance distingue ces deux notions, cette dernière prenant en compte des réalités factuelles, sociologiques et axiologiques que le droit ne prend pas forcément en compte[14]. En dépit de cette diversité d'appréhension de la légitimité, il faut reconnaître qu'elle a une double dimension. Une, représentant un logicisme légaliste[15], une autre, mettant davantage en exergue une dimension extrajuridique. Cette double dynamique se trouve véritablement représentée dans les actes du président de la République et renforcée lorsque celui-ci bénéficie du fait majoritaire.

Au Cameroun en effet, le Chef de l'État est élu au suffrage universel direct[16]. Cette posture lui donne un statut de représentation sociale et sociétale de même qu'elle consacre un président politiquement fort[17]. Par conséquent, il jouit d'une légitimité populaire qui fonde l'adhésion du substrat social à toutes les décisions qu'il prend relevant de sa fonction. Cependant, lorsqu'il bénéficie du fait majoritaire, non seulement sa marge de manœuvre est accrue, mais aussi, sa légitimité est renforcée par l'adhésion du parlement à tous les actes qu'il entreprend, qu'il s'agisse du vote d'un projet de loi confortant la politique définie par lui, qu'il s'agisse d'un projet de révision constitutionnelle qu'il initie ou encore d'une demande d'habilitation parlementaire. Une lecture stricte de la Constitution camerounaise actuelle laisse entrevoir comme régime politique un régime parlementaire[18]. Cependant, l'observation des attributions du chef de l'État et la nature du rapport qu'il entretient avec le parlement dans le cadre de la pratique institutionnelle forcent à constater que l'on se trouve en présence de ce que le Professeur **Éric MILLARD** appelle un « régime

---

12 GOYARD-FABRE (S.), « Légitimité », in Vocabulaire de la culture juridique, ALLAND (Denis), RIALS (Stéphane) (Dir.), P.U.F., 2007, pp.929-933.

13 « Dans le registre philosophique, par l'étymologie des termes de légitimité et de légalité dont la racine commune est le latin *lex* : la légitimité est-on tenté de dire, implique la légalité au point de lui être consubstantielle ». GOYARD-FABRE (S.), « Légitimité », *op.cit.*, p.929.

14 *Ibid.*, p.933.

15 *Idem.*

16 Art.6 al.1 de la loi constitutionnelle du 18 janvier 1996.

17 HOURQUEBIE (F.), « Quel statut constitutionnel pour le chef de l'État africain ? Entre principes théoriques et pratique du pouvoir », *Afrique contemporaine* 2012/2 (n° 242), p. 73-86.

18 Le constituant camerounais reconnaît un exécutif bicéphale, une possibilité de dissolution du parlement par l'exécutif et la capacité pour le parlement de mettre en jeu la responsabilité du gouvernement.

parlementaire présidentialisé »[19]. Il qualifie ainsi un régime parlementaire dans lequel on assiste à un phénomène de personnalisation et de confusion du pouvoir au profit du président de la République. L'élection du chef de l'État au suffrage universel direct revêt ses actes d'une légitimité certaine car, il est le représentant du peuple, et bien plus que le député, sa légitimité n'est pas locale, mais nationale étant entendu que sa circonscription n'est ni un département, ni une région, mais le pays tout entier. Le fait majoritaire au profit de l'exécutif dans ce cas de figure ne permet que de renforcer davantage une légitimité déjà acquise. Bien plus, cette concordance entre la majorité présidentielle et la majorité parlementaire entraîne une stabilité de l'activité présidentielle qui se trouve recouverte d'une double légitimité. La première est tirée de la légitimité du statut de celui qui pose l'acte, la seconde est tirée de l'adoubement par le parlement de ces actes. Cet état de fait contribue à étendre considérablement la liberté d'action du président de la République.

2- L'extension de la liberté d'action du président de la République

Suivant l'article 8 alinéa 8 de la Constitution camerounaise, le chef de l'État exerce le pouvoir réglementaire. Il s'agit d'un pouvoir réglementaire originaire et autonome qui est reconnu en sa faveur et qu'il partage avec le Premier ministre, chef du gouvernement[20]. À titre principal, ce sont ces deux autorités qui exercent ce pouvoir, la seconde agissant sous réserve des prérogatives reconnues à la première. Ils sont donc à ce titre habilités à aménager et à construire le domaine du règlement. Cependant, en dépit des dispositions constitutionnelles, la frontière entre le domaine de la loi et le domaine du règlement n'est pas étanche. En effet, le texte constitutionnel camerounais reconnaît en matière de production normative une compétence d'attribution[21] en faveur du parlement et une compétence de principe au profit de l'exécutif[22]. Si en principe le parlement suivant cette configuration ne peut intervenir en marge du domaine qui lui est constitutionnellement assigné, le président de la République peut cogérer[23] avec les assemblées législatives le domaine de la loi à travers les ordonnances[24]. Cette prérogative est exclusivement exercée par le chef de l'État, le gouvernement n'étant pas habilité à prendre des actes de cette nature. À travers cette capacité, cette autorité s'érige en véritable législateur pouvant intervenir dans un domaine qui n'est pas originairement le sien. En situation de fait majoritaire favorable, le président de la République voit son champ d'action considérablement

---

[19]MILLARD (E.), « Le modèle français : deux formes de présidentialisation du régime parlementaire », *Teoria Politica*, 2013, pp.211-231.
[20] Art.12 de la loi constitutionnelle du 18 janvier 1996.
[21] Art. 26.
[22] Art. 27.
[23] OLINGA (Alain Didier), *La Constitution de la République du Cameroun, op.cit.*, p.101.
[24] Art. 28.

étendue, l'habilitation à prendre ou à ratifier de tels actes lui étant acquis du fait de la concordance de majorités. Par ailleurs, les incursions sporadiques de celui-ci dans le domaine de la loi alors même qu'il dispose déjà d'une compétence générale en matière de production normative ne font que renforcer l'étendue de ses attributions.

« Dans les matières énumérées à l'article 26 alinéa 2 ci-dessus, le Parlement peut autoriser le président de la République pendant un délai limité et sur des objets déterminés, à prendre des ordonnances... Elles demeurent en vigueur tant que le Parlement n'a pas refusé de les ratifier »[25]. Ces dispositions montrent à bien des égards que lorsque la complicité entre le pouvoir législatif et le chef de l'État est établie à travers le fait majoritaire, ce dernier jouit d'une réelle capacité à se mouvoir librement dans un domaine qui ne lui est pas réservé. Aussi, l'accroissement de ses prérogatives participe au renforcement de la majesté de cette fonction, le fait majoritaire permettant au Parlement de s'effacer pour des raisons bien plus politiques que juridiques, au profit du chef de l'exécutif qui peut désormais tout faire.

Cette tendance se confirme davantage quand on sait qu'en dehors du parlement, une autre limitation du pouvoir de l'exécutif est le juge constitutionnel. Au Cameroun en effet, ce dernier est garant de la constitutionnalité des lois. À ce titre, il annule *a priori*, les textes législatifs pouvant être inconstitutionnels. Dès lors, dans son rôle de garant juridictionnel de l'autorité de la constitution, il est appelé à veiller au respect de la suprématie de la Constitution des projets de loi, ou des ordonnances. Cependant, ne pouvant s'autosaisir, il ne peut exercer sa fonction que sur requête soit du président de la République, soit du Parlement, soit des présidents des exécutifs régionaux[26]. En situation de fait majoritaire en faveur de l'exécutif, il se crée une solidarité telle que même en présence d'une norme inconstitutionnelle à l'initiative du chef de l'État, celle-ci n'est pas portée devant le juge constitutionnel qui ne peut par conséquent limiter les velléités du pouvoir exécutif. Cette prépondérance juridique de la fonction présidentielle trouve sa justification dans le phénomène politique, cadre premier d'émancipation du fait majoritaire.

B- L'accroissement de l'influence présidentielle sur le Parlement

Le constituant au Cameroun a aménagé une prépondérance de l'exécutif sur tous les autres pouvoirs constitués. Cette réalité juridique cristallisée dans la Constitution est la résultante d'une réalité politique qui s'est renforcée dans le temps. En effet, il y a une forte influence de la dynamique politique sur les relations factuelles entre les pouvoirs constitués et le fait majoritaire dans ses

[25] Art. 28 de la Constitution.
[26] Art. 47 al.2.

implications n'est qu'une conséquence découlant du jeu entre les organes des différents pouvoirs liés ici par le phénomène partisan. Le chef de l'État est aussi et peut être avant tout, le chef d'une représentation politique, ce qui, d'un point de vue de la hiérarchie interne à chaque parti politique, le place dans une position hiérarchiquement supérieure à celle de tous les autres membres. Dans ce contexte, le phénomène partisan devient le premier levier d'influence du président de la République sur le Parlement en cas de fait majoritaire favorable (1) que la discipline du parti tend à renforcer (2).

1- L'influence du président de la République sur le Parlement à travers le phénomène partisan

L'histoire des partis politiques au Cameroun a connu différentes péripéties. L'on a vu se succéder des périodes de multipartisme, de monopartisme, de retour au multipartisme avec à chaque fois la prépondérance d'un parti sur les autres. Après les indépendances, cette logique s'est systématisée, le parti dominant étant toujours le parti au pouvoir ayant à la tête le chef de l'État[27]. Les candidats à une fonction de parlementaire au Cameroun comme l'indique le code électoral doivent être présentés par un parti politique, les candidatures indépendantes n'étant pas autorisées. L'exercice du pouvoir au sein des partis politiques étant fortement centralisé, c'est quelquefois le comité central de la formation politique qui désigne les membres appelés à représenter le parti lors des élections législatives. Dans ce contexte, le chef de l'État, chef du parti, exerce une influence considérable sur les parlementaires de sa formation politique qui, du fait du phénomène partisan, lui sont assujettis. Le parti joue donc un rôle important dans le statut juridique du parlementaire. Par exemple, même si après son élection, le député n'est plus seulement le représentant de sa formation politique ou de sa circonscription électorale, mais le député de toute la nation, il reste que son lien au parti le place dans une situation de soumission aux instances de celui-ci, et le président de la République, en tant que chef de la représentation politique majoritaire au parlement, ne peut que voir dans les faits ses attributions considérablement étendues sur le parlement. Le parlement tend à devenir, dans ces circonstances, le comité législatif du cabinet[28]. Étant entendu que l'influence du président est réelle sur les membres de son parti, plus ce parti est représenté au parlement, plus l'emprise du chef

---

[27] Une exception est néanmoins observable durant la transition politique de 1982 qui a laissé entrevoir une configuration dans laquelle l'ancien président de la République Amadou AHIDJO était le président du parti au pouvoir (UNC), et le nouveau chef de l'État Paul BIYA n'occupait qu'une place secondaire au sein du parti. Toutefois, cette situation ne va pas durer, car, en dissolvant l'UNC et en créant le RDPC, le nouveau président de l'État camerounais est rentré dans la tradition partisane qui liait le chef du parti au pouvoir à la tête de l'exécutif.

[28] COLLIARD (J.-C.), cité par LECOMPTE (D.), SAWICKI (F.), « Discipline partisane et discipline majoritaire sous la Ve République : le cas du parti socialiste », *JOURNÉE D'ÉTUDE EN HOMMAGE AU PROFESSEUR JEAN-CLAUDE COLLIARD* mercredi 30 septembre 2015, 13 p.

de l'État sur le pouvoir législatif s'accroît. Le fait majoritaire en de telles circonstances renforce assurément l'autorité de la fonction présidentielle sur tous les autres pouvoirs constitués, étendant par la même occasion, la sphère de compétence du chef de l'exécutif. Il s'agit d'un rapport de cause à effet consolidé par les exigences liées au respect de la discipline du parti.

2- L'accroissement de l'autorité présidentielle sur le parlement, une conséquence inéluctable de la discipline du parti

Jean-Claude COLLIARD estime que la discipline imposée aux parlementaires par le parti repose en bonne part sur le rôle que celui-ci joue dans l'élection des membres des assemblées législatives qui sont moins élus grâce à leurs ressources personnelles que grâce au capital symbolique collectif que leur délègue leur parti à travers le mécanisme de l'investiture. Les parlementaires ont dès lors un intérêt collectif à faire régner la discipline pour préserver ce capital symbolique commun et chacun d'entre eux a intérêt à se montrer discipliné pour continuer à bénéficier de ce capital collectif[29]. Le président de la République étant le chef du parti représenté majoritairement au parlement, ces assemblées du fait de la discipline imposée par le parti deviennent le comité législatif du président[30].

Par discipline du parti, il faut entendre par là, un ensemble de règles qui impose aux membres du parti quel que soit leur statut, de respecter les décisions adoptées au nom du parti[31]. Ces décisions vont de la désignation des candidats représentant le parti aux consignes de vote en assemblée. L'idée de discipline ici traduit l'obligation de soumission et d'obéissance permanente à l'autorité supérieure qui, en l'espèce, est le président de la République, autorité suprême du parti au pouvoir. Même s'il ne s'agit pas d'une obligation juridique, le droit protégeant le parlementaire contre d'éventuelles représailles du parti, il s'agit néanmoins d'une obligation qui lie tacitement le parlementaire. Sa majorité parlementaire tire par conséquent son autorité et sa légitimité du seul président de la République qui attend obéissance et gratitude[32]. Aussi, il a acquis la légitimité nécessaire pour intervenir dans le processus de discipline de vote, non uniquement en tant que garant de l'unité de sa majorité, mais essentiellement en qualité d'auteur des consignes[33], toute chose qui matérialise l'étendue de son influence sur la majorité du parlement qui procède de lui. Il n'est pas superflu de constater que le non-respect des consignes du parti et de sa discipline en général peut conduire dans certains

---

[29] *Idem.*
[30] *Idem.*
[31] REIGNIER (Dorothée), *La discipline de vote dans les assemblées parlementaires sous la cinquième République*, thèse en vue de l'obtention du Doctorat en Droit public, Université du Droit et de la Santé - Lille II, 2011, p.3.
[32] Ibid., p.249.
[33] ibid., p. 525.

cas à la perte de la qualité de parlementaire à l'initiative de la majorité. Une question en ce sens reste constante dans la pensée de tout observateur du phénomène politique. Est-ce que l'exclusion d'un parlementaire du parti qui l'a investi entraîne de fait la fin de ses fonctions comme telles ? De cette interrogation, deux positions peuvent émerger. La première est que le parlementaire est certes élu sous la bannière d'une formation politique et par une circonscription bien déterminée. Cependant, à partir du moment où il est élu, il devient le représentant de la nation tout entière et ne saurait perdre cette qualité par son retrait ou son exclusion du parti. La seconde laisse penser que le parlementaire n'est pas seulement élu en raison de son potentiel personnel. Il l'est davantage parce qu'il est soutenu par une machine politique dont le parti est l'incarnation. Les candidatures indépendantes au Cameroun n'étant pas autorisées, c'est l'investiture par le parti qui est un préalable essentiel à l'acquisition de la qualité de parlementaire. Par conséquent, l'exclusion volontaire ou forcée du parti entraîne automatiquement la perte de la qualité de parlementaire. Suivant cette dernière hypothèse, le respect de la discipline devient une condition fondamentale de la sauvegarde respectivement des qualités de membre du parti et de membre du parlement. Le respect des consignes données par le Chef de l'exécutif, président du parti majoritaire dans les assemblées législatives est une condition importante pour la stabilité du Parlement.

Au regard de ce qui précède, force est de constater que le fait majoritaire au Cameroun a fortement contribué à renforcer le statut du président de la République en lui attribuant de sérieuses prérogatives officieuses sur le parlement et étendant par la même occasion le champ global de ses compétences. Toutefois, si l'émergence du fait majoritaire ici a grandement consolidé l'assise et la prestance de la fonction présidentielle, il n'en demeure pas moins que son emprise sur celle-ci reste très marginale au regard de la solidité constitutionnelle de l'autorité présidentielle.

II- L'emprise marginale du fait majoritaire sur la stabilité de la fonction présidentielle

Au lendemain des indépendances, le Cameroun est un complexe de micronations qu'il fallait unifier afin de voir émerger une nation camerounaise. Jeune État, son développement économique, social et culturel était à construire. Afin de faciliter son émergence, le constituant camerounais a misé sur un exécutif fort, pouvant être placé au-dessus des contingences politiques. À travers son élection au suffrage universel direct, et donc ne procédant pas du parlement, il est devenu le garant de l'intérêt national et de la continuité de l'État. Afin de garantir la majesté et la stabilité de sa fonction, le constituant lui a aménagé une réelle autonomie (A), tout en lui reconnaissant des prérogatives lui permettant de transcender les réalités liées au fait majoritaire (B).

A- L'autonomie de la fonction présidentielle

L'articulation des pouvoirs constitués au Cameroun est quelque peu atypique. Souvent identifié comme étant un régime parlementaire rationalisé[34], il présente un caractère fortement présidentialisé, ce qui a poussé le Professeur **Alain Didier OLINGA** à l'envisager comme un présidentialisme démocratique[35]. Bien plus, à l'aune des révisions constitutionnelles récentes, il parle même d'un hyper présidentialisme, la fonction présidentielle étant celle qui dure le plus, du fait de sa non-limitation dans le temps, le pouvoir présidentiel étant celui qui pèse plus lourdement sur tous les autres, le pouvoir présidentiel ne répondant de rien dans l'accomplissement de ses fonctions, la densité de ses attributions et le régime de son irresponsabilité dépassant ceux de tous les autres[36]. Le constituant camerounais a donc doté la fonction présidentielle d'une autonomie qui lui permet de passer outre les contingences du fait majoritaire au regard de l'importance des pouvoirs qui lui sont dévolus (1), et de la cristallisation de son irresponsabilité tant politique que pénale (2).

1- L'importance des pouvoirs dévolus au président de la République

L'article 10 alinéa 1 de la constitution du Cameroun dispose que « Le président de la République nomme le Premier ministre et sur proposition de celui-ci, les autres membres du gouvernement. Il fixe leurs attributions. Il met fin à leurs fonctions. Il préside les conseils ministériels ». Cette disposition, couplée à l'article 8 du même texte[37] donne un aperçu de l'importance des prérogatives reconnues au chef de l'État. Cependant, c'est l'article 10 qui

---

[34] ONDOA (M.), « Une résurrection : le régime parlementaire camerounais », Annales de la faculté des sciences juridiques et politiques de l'université de Douala, n2, 2002, pp. 7-43.

[35] OLINGA (A. D.), La Constitution de la République du Cameroun, op.cit., p. 42.

[36] *Ibid.*, p.46.

[37] ***Art. 8.-*** (1) Le président de la République représente l'État dans tous les actes de la vie publique. (2) Il est le chef des Forces armées. (3) Il veille à la sécurité intérieure et extérieure de la République. (4) Il accrédite les ambassadeurs et les envoyés extraordinaires auprès des puissances étrangères. Les ambassadeurs et les envoyés extraordinaires des puissances étrangères sont accrédités auprès de lui. (5) Le président de la République promulgue les lois dans les conditions prévues à l'article 31 ci-dessous. (6) Le président de la République saisit le Conseil constitutionnel dans les conditions déterminées par la Constitution. (7) Il exerce le droit de grâce après avis du Conseil supérieur de la Magistrature. (8) Il exerce le pouvoir réglementaire. (9) Il crée et organise les services publics de l'État. (10) Il nomme aux emplois civils et militaires de l'État. (11) Il confère les décorations et les distinctions honorifiques de la République. (12) Le président de la République peut, en cas de nécessité et après consultation du Gouvernement, des bureaux de l'Assemblée nationale et du Sénat, prononcer dissolution de l'Assemblée nationale. L'élection d'une nouvelle Assemblée a lieu conformément aux dispositions de l'article 15 alinéa 4 ci-dessous.

donne la pleine mesure de l'autonomie dont il jouit. En effet, dans la logique parlementariste, le bicéphalisme de l'exécutif permet de distinguer un président de la République chef de l'État, et un Premier ministre chef du gouvernement. La particularité de cette articulation tient en ce que le président de la République est un arbitre entre les pouvoirs, et le Premier ministre est généralement une représentation de la majorité parlementaire. C'est ce dernier rapport entre le chef du gouvernement et la majorité parlementaire qui sous d'autres cieux a laissé entrevoir une influence du fait majoritaire sur la fonction présidentielle notamment en période de cohabitation, le président étant obligé de nommer comme Premier ministre le chef de la majorité parlementaire qui définit et exécute la politique de la nation.

Suivant cette configuration, le chef de l'État est véritablement un arbitre, car, en cas de divergence entre les majorités présidentielle et parlementaire, à l'issue d'élections législatives, le président n'a pas de recours puisqu'il lui est impossible de prononcer une dissolution consécutive à des législatives contraires à son souhait, lesquelles lui seraient probablement encore plus défavorables. Face à des résultats, à l'issue d'élections législatives qui lui seraient défavorables, le président de la République n'a pas d'autre choix que de s'effacer devant la majorité parlementaire et son Premier ministre, car c'est bien le texte constitutionnel qui permet au Premier ministre de détenir la réalité du pouvoir. Au Cameroun, en dépit de ce que l'exécutif soit bicéphale, le président de la République au regard de ses attributions est détenteur presque exclusif du pouvoir exécutif et n'est pas influençable par les aléas liés au fait majoritaire. En étant investi par le peuple, le chef de l'État, va bénéficier par l'onction du suffrage universel, d'une légitimité qui se trouve bien sûr grandie et renforcée. Ce faisant, le chef de l'exécutif devient un représentant du peuple. Il met fin ainsi au monopole dont disposaient jusqu'alors les députés en ce domaine. Mais, si le président est désormais élu par le peuple comme les députés, sa légitimité est plus grande encore par-dessus tout, c'est l'élection du président au suffrage universel direct qui va entraîner l'élargissement de la fonction présidentielle : de l'arbitre, on passe au capitaine. De purement institutionnelle, la fonction présidentielle devient politique[38]. Il nomme le Premier ministre sans qu'aucune exigence constitutionnelle ne lie cette nomination à la majorité représentée au Parlement.

Par ailleurs, depuis les indépendances, la majorité présidentielle a toujours concordé avec la majorité parlementaire de telle sorte que l'on ne saurait présager de l'obligation qui pèse sur le chef de l'État en période de cohabitation en ce qui concerne la nomination du Premier ministre. En vertu de la séparation des pouvoirs, l'exécutif et le législatif ont des sphères de

[38] FERRETTI (R.), « L'élection présidentielle au suffrage universel : force ou faiblesse pour la Ve république ? », *RAJF*, 7 avril 2002, Rajf.org.

compétence différentes. Il arrive qu'il y ait une interaction entre ces deux pouvoirs, mais le président de la République n'est pas influencé par l'action du parlement dont le contrôle se limite à l'activité du gouvernement. Comme le présente le Professeur **Fabrice HOURQUEBIE**, le contexte d'Afrique noire francophone en général et Camerounais en particulier peut conduire à analyser le pouvoir politique en un réseau de pouvoirs dominés par l'hégémonie bureaucratique politique et partisane maîtrisée par le chef de l'État[39] qui détient un pouvoir immense. L'auteur traduit cette hégémonie de la fonction présidentielle à travers ce qu'il appelle le principe de superposition. Ce dernier principe met en rapport dans une triple dimension, la superposition de l'armée et du pouvoir présidentiel[40], la superposition du fait ethnique au pouvoir présidentiel et la superposition du parti unique au pouvoir présidentiel.

Au-delà du caractère trop abstrait de ce triptyque, ce principe de superposition a le mérite d'exprimer la grande étendue des pouvoirs du président de la République qui tant d'un point de vue politique que juridique trouve très peu de limitations dans les autres pouvoirs constitués. Cette prépondérance de la fonction présidentielle sur les autres fonctions constitutionnelles se trouve renforcée par le régime de son irresponsabilité tant pénale que politique.

2- La cristallisation de son irresponsabilité politique et pénale

Afin d'assurer la stabilité et l'autonomie de cette fonction, le constituant camerounais a construit un régime d'immunités permettant au chef de l'État d'exercer ses attributions. La responsabilité est généralement considérée comme une contrepartie acceptable lorsque l'on exerce le pouvoir. En d'autres termes, la responsabilité permet d'éviter toute dérive des personnes qui exercent une fonction d'autorité et la fonction présidentielle se trouve à cet égard interpellée au regard de l'étendue de ses prérogatives. Cependant, s'il s'agit d'une règle communément acceptée, il faut dire qu'elle connaît en fonction des circonstances, certaines exceptions. En effet, en dépit des nombreux pouvoirs que la Constitution attribue au président de la République, elle a toujours défini de manière assez restrictive, le régime de sa responsabilité tant politique que pénale.

En ce qui concerne sa responsabilité politique, il est important de souligner que le principe presque absolu ici est celui de l'irresponsabilité politique du chef de l'État. En réalité, bénéficiant d'une légitimité populaire acquise à

[39] HOURQUEBIE (Fabrice), « Quel statut constitutionnel pour le chef de l'État africain ? Entre principes théoriques et pratique du pouvoir », *Afrique contemporaine* 2012/2 (n° 242), p. 73-86.

[40] Le président de la République est en effet le chef des forces armées auxquelles il peut faire recours soit pour accéder au pouvoir en dehors de toute base légale, soit pour se maintenir au pouvoir.

travers le suffrage universel direct, sa responsabilité politique pourrait être engagée à l'initiative du peuple détenteur originaire du pouvoir. Toutefois, afin d'éviter les dérives pouvant résulter d'un usage instrumental du peuple, la souveraineté qu'il détient s'exerce à travers ses représentants ou par voie référendaire, les mandats impératifs étant nuls[41], la responsabilité politique du président de la République ne peut être mise en cause par le peuple qu'à l'occasion d'une échéance électorale, ce qui renforce la stabilité du mandat présidentiel.

Par ailleurs, le parlement peut démettre le gouvernement à travers les procédures de motion de censure ou de question de confiance[42]. Cependant, si la responsabilité politique du gouvernement peut être mise en cause sous l'action du parlement, le président de la République quant à lui est irresponsable devant le parlement qui ne peut prendre aucune sanction politique à son encontre.

En ce qui concerne sa responsabilité pénale, il convient également de dire qu'à ce niveau aussi, le principe est l'irresponsabilité pénale du chef de l'État, même si des mécanismes exceptionnels de mise en jeu de sa responsabilité ont été aménagés par le constituant. En se référant à l'article 53 de la Constitution, il en ressort que « La haute cour de justice est compétente pour juger les actes accomplis dans l'exercice de leurs fonctions par : le président de la République en cas de haute trahison… Le président de la République ne peut être mis en accusation que par l'Assemblée nationale et le Sénat statuant par un vote identique au scrutin public et à la majorité des quatre cinquièmes des membres les composant. Les actes accomplis par le président de la République en application des articles 5, 8, 9, et 10 ci-dessus, sont couverts par l'immunité et ne sauraient engager sa responsabilité à l'issue de son mandat ». Un tel aménagement traduit comme le disait le Professeur **Philippe ARDANT**, « les hésitations entre une volonté de ne pas leur conférer de privilèges par rapport aux autres citoyens, le souci de leur assurer une protection pour leur permettre d'exercer leurs fonctions avec une certaine sérénité et celui de les obliger à rendre compte de leur gestion devant les élus de la nation et, éventuellement, de leurs actes devant les juges. La conciliation est délicate et n'a jamais été entièrement satisfaisante »[43]. Suivant la vieille maxime « le roi ne peut mal faire », il était aisé de s'accommoder avec le régime de l'irresponsabilité totale du chef l'État. Cependant, les démocraties contemporaines s'accommodent mal d'un tel régime, surtout au regard des attributions qui sont reconnues à

[41] La nullité des mandats impératifs est une caractéristique essentielle de la souveraineté nationale qui se distingue en cela de la souveraineté populaire.
[42] Art.34 de la Constitution.
[43] ARDANT (Ph.), « Responsabilité politique et pénale des chefs d'État, des chefs de gouvernement et des ministres », *in : Revue internationale de droit comparé*, Vol. 54 N° 2, avril-juin 2002, pp. 465-485.

certaines autorités publiques. Dès lors, la possibilité d'engagement de la responsabilité pénale du président de la République à l'initiative du parlement est à bien des égards un moyen d'action de ce dernier sur la plus haute autorité de l'État. Toutefois, en l'absence de définition d'un contenu à la notion de haute trahison [44]auquel il faudrait ajouter l'étendue des actes couverts par l'immunité présidentielle, cette responsabilité est difficilement envisageable.

La lecture des articles 5, 8, 9 et 10 du texte constitutionnel montre que tous les actes publics du président de la République sont couverts par le régime de l'immunité, même à l'issue de son mandat. Dans ce contexte, y aurait-il des actes de haute trahison qui interviendraient en totale marge de l'exercice d'une attribution constitutionnelle reconnue au chef de l'État par les articles ci-dessus évoqués ? Cette hypothèse est difficilement envisageable lorsqu'on connaît l'étendue des prérogatives qui lui sont reconnues. Bien plus, la responsabilité qui peut incomber au président du fait des actes passés à titre privé avant, pendant ou après son mandat peut-elle être portée devant le juge à l'initiative du parlement[45] ? Assurément non parce qu'il serait difficile de démontrer l'intérêt et la qualité de ce dernier pour intenter une telle action. Enfin, la mise en accusation du chef de l'État pour haute trahison par le pouvoir législatif est conditionnée par un vote identique des deux chambres à la majorité des quatre cinquièmes, seuil qui est difficilement atteignable lorsque l'on sait qu'il détient généralement un minimum de soutien dans chacune des chambres. Quand bien même ce quota serait atteint, la capacité de dissolution de l'Assemblée nationale reconnue au chef de l'exécutif est une contre mesure très efficace dans ce contexte. La procédure est par conséquent

---

[44] Le constituant camerounais, dans la consécration de la notion de haute trahison, ne lui a attribué ni un contenu précis ni un régime juridique spécifique. En d'autres termes, que faut-il entendre d'abord par trahison et ensuite par haute trahison ? Par ailleurs, lorsque la responsabilité du président de la République est engagée pour ce motif, quelles sont les sanctions qu'il encourt ? L'absence de précision sur ce dernier point peut sans doute être considérée comme une atteinte au principe général de la légalité des délits et des peines et plus globalement de la sécurité juridique.

[45] En France, dans un contexte où Jacques CHIRAC avait été menacé d'une mise en examen pour des affaires concernant sa gestion de la mairie de Paris, le juge constitutionnel avait estimé dans une affaire parallèle portée à sa connaissance, que le président de la République durant son mandat ne pouvait voir sa responsabilité mise en cause que devant la haute cour de justice même en raison des actes accomplis en dehors de l'exercice de ses fonctions. La Cour de cassation a pour partie adhéré à cette position du Conseil constitutionnel dans son arrêt du 10 octobre 2001 même si elle a admis que la compétence de la haute cour de justice ne portait que sur des cas de haute trahison et non sur toutes les autres affaires pénales auxquelles le président pourrait se trouver mêlé, et a suspendu les délais de prescription durant l'exercice du mandat présidentiel afin que les actes qui pouvaient lui être reprochés avant son entrée en fonction puissent pouvoir être portés devant le juge à la fin de son mandat sans qu'ils ne soient frappés de prescription. Et même dans cet environnement, le parlement n'a qu'une faible possibilité de mettre en jeu la responsabilité pénale du chef de l'État.

difficilement praticable de sorte que l'on peut pencher sur l'irresponsabilité totale en matière pénale du président de la République.

De ce qui précède, le constat qui en découle est que l'activité du parlement influence très peu ou pas du tout la fonction présidentielle. Par conséquent, le fait majoritaire, même lorsqu'il est en défaveur du chef de l'exécutif, n'influence pas véritablement son activité qui jouit d'une autonomie constitutionnelle solidement aménagée. L'influence négligeable du fait majoritaire sur la fonction présidentielle est sans doute une conséquence de la réelle autonomie de cette fonction.

B- L'influence négligeable du fait majoritaire sur la fonction présidentielle

Le régime politique camerounais laisse les observateurs perplexes quant à sa nature. En effet, présentant de façon générale des caractéristiques d'un régime parlementaire, l'on observe néanmoins une forte prépondérance de la fonction présidentielle de telle sorte qu'il est devenu difficile pour certains auteurs d'accepter une qualification parlementaire du régime politique camerounais. Le président de la République ici est puissant. Il est même tout-puissant parce qu'il existe très peu de moyens constitutionnels de limitation de son autorité. Sous d'autres cieux, le fait majoritaire, de par sa portée, est devenu le meilleur moyen de limitation de l'action de l'exécutif. Toutefois, au Cameroun, il est assez improbable en l'état actuel des aménagements constitutionnels que le fait majoritaire puisse remplir cette fonction au regard des attributions du président de la République (1) et l'absence d'institutionnalisation juridique de l'opposition (2).

1- Les attributions constitutionnelles du président de la République comme contre mesure à un fait majoritaire défavorable

La pratique du régime parlementaire a généralement consacré le Premier ministre comme représentant de la majorité législative. À ce titre, il incarne l'orientation politique de son parti et ce dernier soutien ses initiatives au parlement. Au Cameroun depuis les indépendances, la majorité présidentielle a toujours correspondu à la majorité parlementaire. C'est dire qu'on n'a jamais été en période de cohabitation dans laquelle la première ne correspond pas à la seconde. Dans la mesure où cela se produirait, le président dispose néanmoins d'attributions permettant la stabilité de sa fonction et le mettant à l'abri des soubresauts d'un fait majoritaire défavorable.

Le chef de l'État définit la politique de la nation[46], nomme le Premier ministre et met fin à ses fonctions[47]. Dans une configuration dans laquelle c'est

[46] Art. 5 al.2.

[47] Art. 10 al.1.

le chef du gouvernement qui définit la politique de la nation et est nommé par le chef de l'État qui a un pouvoir lié[48], le fait majoritaire peut avoir d'importantes implications, car, en l'absence de concordance entre les deux majorités, la fonction présidentielle se trouve très limitée par les attributions du Premier ministre qui entend les assumer pleinement. Au Cameroun pourtant, non seulement le président n'a pas une compétence liée pour la nomination du chef du gouvernement, mais aussi, ce dernier n'est pas en charge de la définition de la politique de la nation et ne peut par conséquent pas l'influencer, ce d'autant plus que s'il manifeste des réticences à exécuter la politique définie par la plus haute autorité de l'exécutif, il peut simplement être remplacé par un autre. Le fait majoritaire ne peut donc pas influencer la politique établie par le chef de l'État qui est le seul à pouvoir en définir les contours.

Bien plus, il a d'importantes prérogatives sur le pouvoir législatif qui fragilise toute résistance de cet organe. Au rang de celles-ci, on a la possibilité de dissolution de l'Assemblée nationale[49] qui peut être utilisée comme une arme par le président en cas de fait majoritaire défavorable. Quant au Sénat, le chef de l'État désigne 30 % des sénateurs, ce qui rend difficile l'émergence d'une majorité suffisante pour menacer son action. Le parlement peut démettre le gouvernement à travers les procédures de la question de confiance ou de la motion de censure. Cependant, le constituant autorise le président de la République à reconduire le Premier ministre déchu[50], ce qui est une défiance frontale et sans conséquence, de l'autorité de la majorité parlementaire qui a refusé la confiance au gouvernement ou voté la motion de censure contre lui.

En période de crise, les pouvoirs du chef de l'État sont davantage renforcés au détriment des attributions du parlement. Suivant l'article 9 alinéa 1 de la constitution, « le président de la République peut, lorsque les circonstances l'exigent, proclamer par décret, l'État d'urgence qui lui confère des pouvoirs spéciaux dans les conditions fixées par la loi ». Dans la loi n° 90/047 du 19 décembre 1990 relative à l'état d'urgence comme nous le rappelle le Professeur **Alain Didier OLINGA**, cet état est proclamé pour une période de trois mois renouvelable une fois et c'est seulement si à l'issue de ce délai, la crise persiste, que l'Assemblée nationale doit être consultée sans autres précisions quant à la portée de ladite consultation présidentielle[51]. L'auteur constate que le pouvoir législatif est ici tenu ignorant des mesures prises en

---

[48] Dans le Régime parlementaire britannique, en matière de nomination du Premier ministre, la reine d'Angleterre a un pouvoir lié et c'est en vertu de cela qu'elle est obligée de nommer un représentant de la majorité parlementaire à cette fonction.
[49] Art.8 al.12.
[50] Art. 34 al. 6.
[51] OLINGA (Alain Didier), *La Constitution de la République du Cameroun, op.cit.*, p. 63.

application de l'état d'urgence[52]. Durant la période de l'État d'exception, l'exorbitance des pouvoirs du chef de l'État a amené le Professeur à parler d'une période de dictature présidentielle[53]. C'est dire au final qu'au-delà des vertus du fait majoritaire qu'il faut reconnaître comme nouvelle modalité d'articulation des pouvoirs, son influence au Cameroun reste encore très marginale sur la fonction présidentielle au regard des prérogatives constitutionnelles reconnues à son détenteur. Bien plus, l'absence d'institutionnalisation juridique de l'opposition est un autre aspect important qui édulcore l'impact du fait majoritaire sur la fonction présidentielle.

2- L'absence d'une institutionnalisation d'un statut juridique explicite à l'opposition

Une opposition fonctionnelle, capable d'offrir une alternative viable et crédible au gouvernement en exercice, est un élément essentiel de la démocratie, indispensable à un pluralisme accompli. Une opposition fonctionnelle propose des idées et des politiques qui diffèrent de celles du gouvernement, contribuant ainsi à la diversité du débat. Une opposition fonctionnelle est aussi un mécanisme essentiel afin de rendre le gouvernement responsable[54]. Dans la dialectique soulevée par le fait majoritaire, une nouvelle dynamique émerge mettant côte à côte les réalités de majorité et d'opposition. Par opposition, il faut entendre l'ensemble des partis politiques ou des mouvements qui n'appartiennent pas à la majorité parlementaire ou à la coalition au pouvoir, qui expriment leurs divergences et leurs points de vue critiques par rapport à l'action du gouvernement et sont en compétition pour l'accession légale au pouvoir et son exercice pacifique.

L'opposition politique n'est pas nécessairement parlementaire même si elle trouve dans l'institution délibérante le moyen privilégié de sa reconnaissance et de son expression[55]. Aussi, c'est l'idée d'opposition parlementaire qui est mise en exergue dans la réalité du fait majoritaire, car il s'agit d'une institution unique dans son principe et multiple dans ses manifestations, son institutionnalisation apparaissant comme le processus par lequel elle devient un jeu institutionnel autorisé[56]. C'est dire que dans les démocraties représentatives, l'opposition joue un rôle important dans la

---

[52] *Idem.*

[53] *Idem.*

[54] Democracy reporting International « Les droits constitutionnels de l'opposition », Note d'information n° 34 avril 2013, 9 p.

[55] Conférence européenne des présidents de parlements, « Majorité et opposition- trouver un équilibre en démocratie », thème 3, Document d'information préparé par le secrétariat sur instruction de la Présidente de l'Assemblée parlementaire du Conseil de l'Europe, Oslo, Norvège, 11-12 septembre 2014, 10p.

[56] DONFACK SOKENG (L.), « L'institutionnalisation de l'opposition : Une réalité objective en quête de consistance », *in Série des livres du CODESRIA*, 2004, pp.44-101.

garantie de la légitimité du jeu politique. C'est ainsi que le Professeur **Ariane VIDAL-NAQUET** affirmait que « La place de l'opposition n'est pas seulement la conséquence de la démocratie pluraliste, elle en est le critère. La démocratie s'identifie alors avec le respect de la minorité, constituée en opposition, par la majorité »[57]. Au Cameroun comme le montre le Professeur **DONFACK SONKENG**, l'histoire politique et institutionnelle est un marqueur pouvant justifier aisément l'institutionnalisation progressive de l'opposition dans cet environnement.

En effet, l'opposition au Cameroun, en l'absence de texte juridique la consacrant, s'est construit un statut dans le maquis. Le Professeur situe son émergence d'un point historique entre 1940 et 1965 qui correspond à une période au cours de laquelle se construisait déjà l'idée d'une République du Cameroun. Selon lui, c'est à partir du décret du 7 août 1944 qui aménageait le syndicalisme et préfigurait la gestation des premiers partis politiques que l'on pouvait situer la naissance de l'opposition au Cameroun même si à cette époque, opposition, nationalisme et résistance à la domination coloniale semblent se confondre[58]. Toutefois, c'est la mise en place de l'Assemblée représentative du Cameroun (ARCAM) en 1946 puis de l'Assemblée territoriale du Cameroun (ATCAM) en 1952 qui jettent véritablement les bases d'une opposition politique institutionnalisée dans ce territoire. Les mutations politiques et institutionnelles qui se sont succédé à partir de 1961 jusqu'au début des années 90 ont eu un impact réel sur le statut de l'opposition, notamment avec l'avènement du parti unique. La réouverture du pays aux vertus de la démocratie pluraliste dans les années 1990 a véritablement redonné une nouvelle visibilité à l'opposition.

Toutefois, au-delà de cette légitimation tacite de l'opposition à travers l'aménagement juridique du multipartisme, il faut dire qu'elle ne bénéficie pas ici d'un statut juridique explicitement défini, ce qui ne permet pas toujours d'entrevoir l'étendue de son rôle. La légitimité de l'opposition dans un système politique est fonction de la place qui lui est accordée à travers un cadre juridique stable. Dans ce contexte, il devient difficile de parler de statut de l'opposition même si à travers des textes et pratiques épars, on a un tracé en pointillé de son statut. Comme l'affirme le Professeur **DONFACK SONKENG**, « Malgré la présence de ces nombreux éléments statutaires qui portent le témoignage d'un processus d'institutionnalisation « en travail », l'opposition camerounaise demeure une institution fragile et insuffisamment outillée pour assumer son rôle social. Nul doute que la formalisation et la codification de ces éléments la conforteraient en tant qu'institution démocratique et républicaine. L'institution

---

[57] VIDAL-NAQUET (A.), « L'institutionnalisation de l'opposition. Quel statut pour quelle opposition ? », *Revue française de droit constitutionnel* 2009/1 (n° 77), p. 153-173.

[58] DONFACK SOKENG (L.), « L'institutionnalisation de l'opposition : Une réalité objective en quête de consistance », *op.cit.*

définirait ainsi, par un réseau de normes juridiques plus ou moins denses et stables, les conditions de détermination et de représentation de l'opposition. Auquel cas il suffirait que les membres de l'opposition se déterminent et exercent leurs attributs dans le cadre tracé par l'institution pour qu'ils soient investis d'une légitimité certaine »[59].

La réalité du fait majoritaire trouve donc son plein achèvement sur une opposition dotée de moyens d'agir comme un véritable contre-pouvoir. En l'absence de cet encadrement, il serait difficile de créditer l'opposition d'une certaine légitimité tant dans leur statut que dans leurs actions. Aussi, comme l'affirmait **André LAIGNEL** « vous avez juridiquement tort parce que vous êtes politiquement minoritaire »[60]. L'opposition en l'absence de statut véritable ne pourra à aucun moment limiter les dérives de la majorité et davantage limiter l'étendue de la fonction présidentielle. Dans un contexte de fusion entre le législatif et l'exécutif, ce n'est qu'une opposition juridiquement constituée qui peut véritablement servir de contre-pouvoir.

Conclusion

La fonction présidentielle au Cameroun est la plus prestigieuse des fonctions constitutionnellement aménagées. Son prestige tient à la fois de l'immensité des prérogatives de son titulaire et de l'autonomie dont elle a su s'entourer. Cette antinomie lui permet de se soustraire à l'influence du pouvoir législatif. La régulière concordance entre la majorité présidentielle et la majorité parlementaire a fortement contribué au renforcement de cette fonction en ce qu'elle a considérablement étendu la sphère d'influence du président de la République, le dotant d'une plus grande autorité sur le parlement et d'une marge de manœuvre plus importante au sein du pouvoir législatif. Cette extension de l'influence du chef de l'État par le fait majoritaire s'est faite sans contrepartie, car, le chef de l'exécutif est constitutionnellement doté d'attributions lui permettant aisément de contrebalancer les effets qu'un fait majoritaire défavorable à sa fonction pourrait créer. Par ailleurs, l'absence d'une institutionnalisation juridique explicite d'un statut de l'opposition comme contre-pouvoir contribue davantage au renforcement de la stabilité de la fonction présidentielle qui se voit doté d'un pouvoir quasi illimité. La complicité développée entre les pouvoirs exécutif et législatif couplés aux limites de l'opposition comme contre-pouvoir peut amener, au regard de ce qui précède, à se demander qui peut au final limiter l'immensité du pouvoir du président de la République.

---

[59]*Idem.*

[60]Cité par NABLI (B.), « L'opposition parlementaire : un contre-pouvoir politique saisi par le droit », *Pouvoirs* 2010/2 (n° 133), p. 125-141.

Bibliographie indicative

- CABANIS (A.) et LOUIS MARTIN (M.), *Les constitutions d'Afrique francophone : Évolutions récentes*, Paris, Karthala, 1999.

- MUGOMBOZI AKONKWA (F.), *Du crime de haute trahison en droit constitutionnel congolais*, Université libre des pays des Grands Lacs - Graduat en droit 2002.

- NIQUEGE (S.) (Sous la dir. de), *L'infraction pénale en droit public*, L'Harmattan, 2010.

- OLINGA (A. D), *La révision constitutionnelle du 14 avril 2008*, Yaoundé, Imprimerie Saint Paul .2008.

- ÉMERI (Cl.), « De l'irresponsabilité présidentielle », *Pouvoirs*, N° 41, 1987.

- MELONE (S.), « Constitution et droit pénal : pistes de recherche après la loi n° 96/06 du 18 janvier 1996 », in MELONE (S.), MINKOA SHE (A.), SINDJOUN (L.) (sous la dir. de), *La réforme constitutionnelle du 18 janvier 1996 au Cameroun : Aspects juridiques et politiques*, Fondation FRIEDRICH EBERT/Association Africaine de Sciences politiques (Section camerounaise, GRAP).

- KEUTCHA TCHAPNGA (C.), « Les immunités parlementaires en droit camerounais : réflexion sur une exception au principe de l'égalité des citoyens devant la loi », *RJPIC*, 52e année, n° 2, mai-août 1998.

- JULLIARD (J.), « La tentative du Prince-président », *Pouvoirs*, N° 41, 1987.

- POLLET-PANOUSSIS (D.), « La Constitution congolaise de 2006 : petite sœur africaine de la Constitution française », *Revue française de Droit constitutionnel*, 2008/3, n° 75.

LE STATUT PÉNAL DU PRÉSIDENT DE LA RÉPUBLIQUE EN DROIT CONSTITUTIONNEL CAMEROUNAIS

François ABENG MESSI

Le statut pénal du président de la République en droit constitutionnel camerounais présente le visage d'un paradoxe. Pourtant, comme le font remarquer les Professeurs **Francis HAMON** et **Michel TROPER**, *« on dit parfois que le pouvoir doit aller de pair avec la responsabilité ». « Mais,* poursuivent-ils, *en pratique, ce n'est pas toujours le cas »*[1]. En effet, au Cameroun, comme en France, malgré l'étendue des pouvoirs qu'elle attribue au chef de l'État, la Constitution définit de façon plutôt restrictive, le champ de sa responsabilité. Le Doyen **Georges VEDEL** y voyait le *« paradoxe de l'irresponsabilité »*[2]. Le Professeur **Télesphore ONDO** n'y voit rien du tout[3]. Pourtant, il est établi qu'*« il n'y a pas de pouvoir sans responsabilité »*, soit ! Cela étant, devrait-on, comme le recommande le Professeur **Claude ÉMERI**[4], faire confiance aux légistes ? Ces derniers ont trituré les adages : *« King cannot do wrong »*, *« le roi ne peut mal faire »* (mais ses prévôts font parfois mal) et ils ont formulé des axiomes contradictoires *« le roi règne, mais ne gouverne pas »*, *« le trône n'est pas un fauteuil vide »*.

Partant, évoquer le statut pénal du président de la République en droit constitutionnel camerounais, c'est opter pour l'établissement d'une délicate union[5] entre le droit constitutionnel et le droit pénal. Loin d'être incestueuse,

---

[1] HAMON (F.) et TROPER (M.), *Droit constitutionnel*, LGDJ, 34ᵉ éd., 2013, p. 489.

[2] Georges VEDEL cité par le Professeur Jean GICQUEL. V. GICQUEL (J.), *Droit constitutionnel et institutions politiques*, 12ᵉ éd., Paris, Montchrestien, 1993, p. 582. Voir utilement BIKORO (J. M.), *Les paradoxes constitutionnels en droit positif du Cameroun*, Mémoire de DEA en droit public, Université de Yaoundé II, 2011, p. 66.

[3] ONDO (T.), *La responsabilité introuvable du chef d'État africain : Analyse comparée de la contestation du pouvoir présidentiel en Afrique noire francophone (Les exemples camerounais, gabonais, tchadien et togolais)*, Thèse de Doctorat en Droit en droit public, Université de Reims Champagne-Ardenne, 2005, 678 p.

[4] ÉMERI (Cl.), « De l'irresponsabilité présidentielle », *Pouvoirs*, N° 41, 1987, p. 133.

[5] Cette union a déjà été abordée de manière extensive par NIQUEGE (S.) (Sous la dir. de), *L'infraction pénale en droit public*, L'Harmattan, 2010, 214 p. Pour une autre lecture lire MELONE (S.), « Constitution et droit pénal : pistes de recherche après la loi n° 96/06 du 18 janvier 1996 », in MELONE (S.), MINKOA SHE (A.), SINDJOUN (L.) (sous la dir. de), *La réforme constitutionnelle du 18 janvier 1996 au Cameroun : Aspects juridiques et*

une telle union donne naissance au droit constitutionnel pénal ou au droit pénal constitutionnel[6] dont l'un des chapitres les plus querellés est sans doute la question de la responsabilité pénale du président de la République.

Issu du latin *status* qui signifie État, le statut désigne la condition juridique d'une personne, d'une catégorie de personnes ou d'une institution qui résulte d'un ensemble de règles établies par la loi[7]. En revanche, le président de la République exprime le titre que l'on attribue au chef de l'État dans une République[8]. En ce sens, il se distingue du monarque que l'on rencontre dans une monarchie[9] ou même de l'empereur dans un empire[10]. Le statut pénal du président de la République décrit donc le sort que le droit réserve au président de la République *es* qualité de justiciable pénal. Il s'agit alors d'entrer dans l'univers énigmatique de la responsabilité pénale de la plus haute autorité de l'État dans lequel la doctrine et les partis politiques n'ont cessé d'exprimer leurs points de vue abscons.

Après l'indépendance du Cameroun, il faut remonter à la Loi n° 61-24 du 1erseptembre 1961 portant révision constitutionnelle et tendant à adapter la Constitution actuelle aux nécessités du Cameroun réunifié, pour y voir la consécration constitutionnelle de la responsabilité pénale du président de la République. L'article 36 dudit texte est ainsi rédigé : *« Il est créé une haute Cour fédérale de justice dont la composition, la condition de saisine et l'organisation sont déterminées par la loi fédérale. La haute Cour fédérale de justice est compétente pour juger des actes accomplis dans l'exercice de leurs fonctions par le président de la République fédérale, en cas de haute trahison, et par le Vice-président de la République fédérale, les ministres de l'État fédéral, les Premiers ministres et les secrétaires d'État des États fédérés en cas de complot contre la sûreté de l'État »*. L'avènement de la forme unitaire de l'État ne va pas changer grand-chose en dehors du fait que l'article 34 de la Constitution du 2 juin 1972 va muer la *haute Cour fédérale de justice* en *haute Cour de justice* tout court[11]. La Loi n° 75-1 du 9 mai 1975 portant

---

politiques, Fondation FRIEDRICH EBERT/Association Africaine de Science politique (Section camerounaise, GRAP), pp. 54-69.

[6] CAPPELLO (A.), *La constitutionnalisation du droit pénal : Pour une étude du droit pénal constitutionnel*, Thèse de Doctorat en Droit en droit pénal, Université Panthéon-Assas, 2011, 606 p.

[7] CORNU (G.), *Vocabulaire juridique*, Quadrige Lamy, PUF, 7e édition, Paris 2005, p. 886.

[8] GUINCHARD (S.), DEBARD (Th.) et autres, *Lexique des termes juridiques*, Dalloz, 25e éd., 2017, p. 1592.

[9] C'est le cas au Maroc, au Lesotho, au Canada, en Arabie Saoudite, en Belgique, au Cambodge, en Espagne, en Jamaïque, en Jordanie, en Malaisie ainsi qu'au Royaume-Uni de Grande-Bretagne et de l'Irlande du Nord.

[10] C'est le cas au Japon.

[11]*« Il est créé une haute Cour de Justice dont les conditions de saisine et l'organisation sont déterminées par la loi. La haute Cour de Justice est compétente pour juger les actes accomplis dans l'exercice de leurs fonctions par le président de la République en cas de haute trahison et*

modification de la Constitution du 2 juin 1972 lui donnera la rédaction qui survivra jusqu'en 1996. De fait, sous l'effet de la Loi n° 96-06 du 18 janvier 1996 portant révision de la Constitution du 2 juin 1972, l'article 53 verra le jour. Il est compartimenté en deux alinéas, dont le premier : *« La Haute Cour de Justice est compétente pour juger les actes accomplis dans l'exercice de leurs fonctions par : le président de la République en cas de haute trahison ; le Premier ministre, les autres membres du Gouvernement et Assimilés, les Hauts Responsables de l'Administration ayant reçu délégation de pouvoirs en application des articles 10 et 12 ci-dessus, en cas de complot contre la sûreté de l'État »* ; et le second : *« L'organisation, la composition, les conditions de saisine ainsi que la procédure suivie devant la Haute Cour de Justice sont déterminées par la loi »*. À cette date, tout semble encore juridiquement acceptable au point de ne susciter pas une controverse de grande ampleur. Mais, à la faveur de la loi n° 2008/001 du 14 avril 2008 modifiant et complétant certaines dispositions de la loi n° 96/06 du 18 janvier 1996 portant révision de la Constitution du 2 juin 1972, le calme qui régnait jadis sur la question de la responsabilité pénale du président de la République a cédé la place à un déferlant débat. Et pour cause, l'article 53 semble avoir été vidé de son contenu. Assurément, on en veut à la nouvelle formulation de son alinéa 2[12] et l'introduction de l'alinéa 3[13]. Cet article *« institue une quasi-impunité au profit du Chef de l'État au détriment des autres gouvernants »*[14]. En effet, le Cameroun s'est ainsi rapproché de la France qui, un peu plus d'un an avant, par le moyen de la Loi constitutionnelle n° 2007-238 du 23 février 2007, venait de consacrer en son article 67 nouveau que : *« Le président de la République n'est pas responsable des actes accomplis en cette qualité, sous réserve des dispositions des articles 53-2 et 68 »*[15]. Pour une certaine opinion, le Constituant semble avoir consacré une

---

par le Premier ministre, les ministres et Vice-ministres en cas de complot contre la sûreté de l'État ».

[12] *« Le président de la République ne peut être mis en accusation que par l'Assemblée nationale et le Sénat statuant par un vote identique au scrutin public et à la majorité des quatre cinquièmes des membres les composants ».*

[13] *« Les actes accomplis par le président de la République en application des articles 5, 8, 9 et 10 ci-dessus sont couverts par l'immunité et ne sauraient engager sa responsabilité à l'issue de son mandat ».*

[14] TAMBA AYINDA (Th. O.), *La responsabilité pénale des gouvernants en droit constitutionnel : l'exemple camerounais*, Mémoire de DEA en droit public, Université de Yaoundé II, 2011, p. 5.

[15] L'article 53-2 ci-dessus évoqué est ainsi acté : *« La République peut reconnaître la juridiction de la Cour pénale internationale dans les conditions prévues par le traité signé le 18 juillet 1998 »*. Quant à l'article 68, il prévoit que : *« Le président de la République ne peut être destitué qu'en cas de manquement à ses devoirs manifestement incompatibles avec l'exercice de son mandat. La destitution est prononcée par le Parlement constitué en Haute Cour. La proposition de réunion de la Haute Cour adoptée par une des assemblées du Parlement est aussitôt transmise à l'autre qui se prononce dans les quinze jours. La Haute Cour est présidée par le président de l'Assemblée nationale. Elle statue dans un délai d'un*

irresponsabilité générale du président de la République. Elle constitue, au sens du Professeur **Frédéric Joël AIVO**, *« le socle de l'immunité présidentielle »*[16].

Dans le contexte camerounais, il semble encore bien opportun d'engager ou de relancer la discussion sur le statut pénal du président de la République sous le prisme du droit constitutionnel au moins pour deux séries de raison.

Premièrement, comme l'avait souligné la Commission **AVRIL** en France, l'actualité est agitée « d'affaires » les plus variées les unes que les autres, qui n'ont en commun que le fait de mettre en cause des responsables politiques. Des pratiques jadis considérées tolérables – allant des « cabinets noirs » aux écoutes téléphoniques, en passant par les fonds spéciaux – ont cessé de l'être. Des habitudes anciennes et souterraines – le financement occulte de la vie politique – sont apparus au grand jour. Et certains faits de corruption ont été révélés et sanctionnés[17]. C'est un sujet dont l'intérêt juridique n'a d'égal que les implications juridiques que son interprétation peut engendrer. Il est donc important que la précision soit apportée sur le sens que l'on doit donner à l'encadrement constitutionnel du statut pénal du président de la République. En ce qu'il est un potentiel justiciable pénal, le président de la République doit connaître, à l'avance, le sort pénal qui lui est réservé. C'est un impératif de sécurité juridique[18].

Deuxièmement, sur le plan politique, la question mérite d'être abordée dans la mesure où elle met sur le banc des accusés le président perçu *« comme l'homme d'une politique : celle qu'il a exposée devant les électeurs durant la campagne »*[19]. Sa personnalité pénale peut donc être un élément déterminant

---

mois, à bulletins secrets, sur la destitution. Sa décision est d'effet immédiat. Les décisions prises en application du présent article le sont à la majorité des deux tiers des membres composant l'assemblée concernée ou la Haute Cour. Toute délégation de vote est interdite. Seuls sont recensés les votes favorables à la proposition de réunion de la Haute Cour ou à la destitution. Une loi organique fixe les conditions d'application du présent article ». Cette procédure de destitution, conçue comme une « soupape de sécurité », se substitue à la procédure de jugement pour haute trahison héritée de la monarchie constitutionnelle.

16 AIVO (F. J.), *Le président de la République en Afrique noire francophone : Genèse, mutations et avenir de la fonction*, Préface HOLO (Th.), Postface CHAIGNEAU (P.), L'Harmattan, 2007, p. 123.

17 Commission AVRIL, *Le statut pénal du président de la République*, Rapport, p. 5.

18 ABANE ENGOLO (P. E.), « La notion de qualité du droit », *RADSP*, Vol. 1, N° 1, 2013, pp. 91-93. Selon l'auteur, la base de la prévisibilité est la responsabilité (pour ne pas dire l'obligation) de l'organe de création du droit de concevoir des normes certaines. La certitude vient de la clarté du texte. Il est question que le texte n'ait pas de fragments qui prêteraient à équivoque. Voir également GAY (L.), « Le contrôle des qualités formelles de la loi en droit constitutionnel comparé : France, Espagne et Canada », in FATIN-ROUGE STEFANINI (M.), GAY (L.) et PINI (J.) (Sous la dir. De), *Autour de la qualité des normes*, Actes du colloque d'Aix-en-Provence des 24 et 25 octobre 2008, Bruylant, 2010, pp. 102-112.

19 HAMON (F.) et TROPER (M.), *Droit constitutionnel*, LGDJ, 34e éd., 2013, p. 485.

dans le choix que les électeurs peuvent vouloir porter sur lui ou tout simplement à l'occasion d'un sondage ou bien plus, dans le contexte électoral, notamment l'élection présidentielle du 7 octobre 2018. Le Décret n° 2018/391 du 9 juillet 2018 portant convocation du corps électoral en vue de l'élection du président de la République a été pris et ELECAM a publié la liste des candidats le 7 août 2018[20]. En application de l'article 131 du Code électoral, le Conseil constitutionnel a vidé le contentieux préélectoral le 17 août dernier. La campagne a débuté le 22 septembre. Le Conseil constitutionnel se prononcera au plus tard le 22 octobre. Le fauteuil présidentiel du Palais d'Etoudi étant mis à prix, la question du statut pénal peut être un sujet déterminant dans la propagande électorale.

C'est au regard des enjeux ainsi charriés, qu'il peut être indiqué de construire la présente réflexion au tour de la question de savoir : *quelle est la portée du statut pénal du président en droit constitutionnel camerounais ?* Il en ressort que la portée du statut pénal du président de la République est ambivalente. Il s'agit d'ailleurs d'une double ambivalence qui oscille entre la *spécialité* et l'« *ordinarité* » d'une part, entre la *sécurité* et *l'insécurité* d'autre part.

Pour le démontrer, l'approche exégétique paraît fournir des canaux méthodologiques de haute facture. Il en est ainsi parce que la question du statut pénal du président de la République en droit constitutionnel camerounais a une forte dénotation d'appartenance au registre du droit positif. Il est donc question d'analyser l'ensemble des textes qui renseignent à ce propos. En temps opportun, des références seront importées aux droits étrangers à l'effet d'éclairer la lanterne camerounaise. Le recours à l'approche sociologique des positivistes sera, sur certains points, d'un appui de taille lorsque la pure règle de droit n'aura pas suffi à expliquer un phénomène. Sur ces fondements, l'idée de la portée doublement ambivalente du statut pénal du président de la République en droit constitutionnel camerounais est portée par le fait que le président de la République se révèle être un justiciable pénal spécial en insécurité (I) d'une part, mais également un sujet pénal ordinaire en sécurité (II).

I- Le président de la République, un justiciable pénal spécial en insécurité

À l'entame, on est tenté de reconnaître que le statut du président de la République est irrévocable. Il est le « cœur » et « l'organe vivant » du

[20] Paul BIYA ; GARGA HAMAN ADJI ; Maurice KAMTO ; Cabral LIBII ; MATOMBA Serge Espoir ; AKERE MUNA ; NDAM NJOYA ; NDIFOR Franklin ; Joshua OSHI.

système[21]. Cela étant, *« le chef de l'État n'est pas un justiciable comme les autres »*[22]. Ainsi, face à la loi pénale, le président de la République présente les attributs d'un homme extraordinaire paré d'une armure qui ne laisse aucune chance aux assauts du ministère public ou de la partie civile de pouvoir l'atteindre. En fait, il en est ainsi parce qu'au sens du droit constitutionnel pénal, le président de la République est un sujet spécial (A), mais que l'on pense en insécurité (B).

A- Le président de la République, un justiciable pénal spécial

La spécialité s'oppose à la vulgarité, à l'ordinarité, c'est-à-dire à ce qui relève de l'ordre du commun. Elle infère une forme de spécificité. C'est le constat qu'il est donné de faire lorsque l'on regarde de très près le statut pénal du président de la République. Il est donné de voir que les principes généraux ou communs du droit pénal à certains points, ont cédé la place à un aménagement particulier. C'est à bon droit que l'on peut évoquer que le président de la République jouit d'une spécialité formelle (1) consolider par une spécialité matérielle (2).

1- La spécialité formelle

Affirmer que le président de la République est un justiciable spécial du point de la forme, c'est mettre en relief deux éléments essentiels dans la mise en mouvement de sa responsabilité pénale, notamment le mécanisme de déclenchement de l'action publique et la juridiction compétente.

S'agissant en premier lieu du mécanisme de déclenchement, en application de l'alinéa 1er de l'article 59 de la loi n° 2005/007 du 22 juillet 2005 portant code de procédure pénale, toute infraction peut donner lieu à une action publique[23] et, éventuellement, à une action civile[24].Si dans le principe, l'action publique est mise en mouvement et exercée par le Ministère public[25], il faut souligner qu'elle peut tout aussi être mise en mouvement par une administration ou par la victime, dans les conditions déterminées par la loi[26]. À cet effet, dans le cadre de la responsabilité pénale du président de la République, l'alinéa 2 de l'article 53 (nouveau) [27]établit que : *« le président*

[21] AIVO (F. J.), *Le président de la République en Afrique noire francophone : Genèse, mutations et avenir de la fonction*, Préface HOLO (Th.), Postface CHAIGNEAU (P.), l'Harmattan, 2007, p. 4e page de couverture.
[22] Commission AVRIL, *Le statut pénal du président de la République*, Rapport, p. 6.
[23] L'action publique tend à faire prononcer contre l'auteur d'une infraction, une peine ou une mesure de sûreté édictée par la loi.
[24] L'action civile tend à la réparation du dommage causé par une infraction.
[25] Article 60 de la loi n° 2005/007 du 22 juillet 2005 portant code de procédure pénale.
[26] *Idem.*
[27] Issu de la Loi n° 2008/001 du 14 avril 2008 modifiant et complétant certaines dispositions de la Loi n° 96/06 du 18 janvier 1996 portant révision de la Constitution du 2 juin 1972.

de la République ne peut être mis en accusation que par l'Assemblée nationale et le Sénat statuant par un vote identique au scrutin public et à la majorité des quatre cinquièmes des membres les composant ». Cette disposition appelle deux observations.

La première est relative à l'organe investi du pouvoir de mettre le président de la République en accusation. C'est une précision qui a été apportée par la Loi n° 2008/001 du 14 avril 2008. Bien avant ce texte, l'autorité nantie du pouvoir de mettre en mouvement l'action publique n'était pas précisée dans la Constitution. Finalement, il en ressort que, seul le Parlement camerounais est habilité à déclencher l'action publique. Il bénéficie de ce fait d'une exclusivité de compétence. Il faut dire que le pouvoir constituant dérivé reconnaît cette compétence à un Parlement bicaméral. Cela signifie que c'est une compétence qui est exercée de manière partagée par l'Assemblée nationale et le Sénat. Il est important de noter que cette disposition établit un bicaméralisme égalitaire ne plaçant ainsi aucune chambre au-dessus de l'autre. Mieux encore, le régime de votation conforte un tel équilibre.

La seconde observation est relative aux modalités de votation. Celles-ci sont précisément au nombre de trois. D'abord, il est requis que l'Assemblée nationale et le Sénat se prononcent par un vote identique. Cela signifie que les deux chambres du Parlement doivent s'accorder sur la teneur de l'accusation et leur ambition non équivoque de mettre le président de la République en accusation. Le texte adopté par le Sénat doit être en termes identiques que celui adopté par l'Assemblée nationale. Même si la navette est nécessaire, les deux chambres parlementaires doivent tomber d'accord sur le contenu de la mise en accusation. Ensuite, il convient de rappeler que le Parlement doit se prononcer par un scrutin public[28]. Au sens de l'article 69 de la Loi n° 73/1 du 8 juin 1973 portant règlement de l'Assemblée nationale plusieurs fois modifié[29], lors du scrutin public, il est distribué à chaque député trois bulletins nominatifs, respectivement de couleurs verte, rouge et jaune[30]. En revanche,

[28] Précisons que, le scrutin public est obligatoire pour tout vote en matière de révision constitutionnelle et dans le cas de motion de censure ou de question de confiance.

[29] Notamment par : la Loi n° 89/13 du 28 juillet 1989 ; la Loi n° 92/004 du 14 août 1992 ; la Loi n° 93/001 du 16 août 1993 ; la Loi n° 2002/005 du 2 décembre 2002 et la Loi n° 2014/016 du 9 septembre 2014.

[30] Chaque député dépose dans l'urne qui lui est présentée par un huissier, à l'invitation du Secrétaire général, une enveloppe contenant un bulletin de vote à son nom, vert s'il est pour l'adoption, rouge s'il est contre et jaune s'il s'abstient. Lorsque les bulletins ont été recueillis, le président prononce la clôture du scrutin. Les Secrétaires en font le dépouillement, assistés de deux scrutateurs choisis par le président parmi les Députés non membres du Bureau et, le cas échéant, le premier parmi les Députés de la majorité gouvernementale, et le second parmi ceux de l'opposition. Le président annonce le résultat du scrutin en communiquant à l'Assemblée nationale, le nombre de voix « pour », le nombre de voix « contre » et le nombre d'abstentions, puis il proclame en conséquence : *« l'Assemblée nationale a adopté »* ou *« l'Assemblée*

la Loi n° 2013/006 du 10 juin 2013 portant règlement intérieur du Sénat distingue le scrutin public ordinaire [31]et le scrutin public à la tribune[32] pour tout vote en matière de révision constitutionnelle ou en cas de vote de la loi de finances en première lecture[33]. Peu importe le caractère du scrutin public, il va de soi qu'il est également actionnable en matière de mise en accusation du président de la République. C'est une prescription constitutionnelle. Le dernier élément sur lequel l'accent peut être mis c'est la règle d'adoption de la mise en accusation. S'il est de notoriété que l'Assemblée nationale[34] et le Sénat[35] adoptent les lois à la majorité simple, en matière de responsabilité pénale du président de la République, c'est une majorité qualifiée qui est exigée. Celle-ci est fixée aux quatre cinquièmes des membres composant chaque chambre. Cela signifie que pour l'Assemblée nationale, le nombre des députés étant de cent quatre-vingts (180)[36], il faut au minimum cent quarante-quatre (144) voix pour. En revanche pour le Sénat, le nombre des sénateurs étant de cent (100)[37], il faut au moins quatre-vingts (80) voix pour. Par ces modalités qui facilitent l'étanchéité ou l'imperméabilité du statut pénal du président de la République, la thèse de *« l'illusion d'une responsabilité pénale par la procédure de mise en accusation »*[38] ainsi que celle de *« la dilatation*

---

nationale n'a pas adopté ». Le Secrétaire général donne alors lecture des noms des Députés ayant participé au scrutin, avec mention de la nature de leur vote.

[31] Le scrutin public ordinaire se déroule dans les conditions suivantes : le président annonce l'ouverture du scrutin lorsque les secrétaires sont prêts à recueillir les bulletins de vote. Les Sénateurs votant "pour", remettent un bulletin vert au secrétaire qui se tient à droite du perchoir de l'hémicycle. Les Sénateurs votant "contre", remettent un bulletin rouge au secrétaire qui se tient à gauche du perchoir de l'hémicycle. Les Sénateurs qui s'abstiennent remettent au secrétaire qui se tient au centre de l'hémicycle un bulletin jaune. Le président prononce la clôture du scrutin lorsqu'il constate que tous les sénateurs ayant manifesté l'intention d'y participer ont pu le faire.

[32] Pour un scrutin public à la tribune, tous les Sénateurs sont appelés nominalement par le Secrétaire général. Sont appelés les premiers ceux dont le nom commence par une lettre préalablement tirée au sort par le président et affichée. À la suite de ce premier appel nominal, il est procédé à un nouvel appel des Sénateurs qui n'ont pas répondu à l'appel de leur nom. Les Sénateurs remettent leur bulletin au secrétaire qui se tient à la tribune et qui le dépose dans l'une des trois urnes placées auprès de lui. Des Secrétaires procèdent à l'émargement des noms des votants.

[33] Article 71.

[34] Alinéa 1er de l'article 19 de la Loi n° 96-06 du 18 janvier 1996 portant révision de la constitution du 2 juin 1972.

[35] Alinéa 1er de l'article 24 de la Loi n° 96-06 du 18 janvier 1996 portant révision de la constitution du 2 juin 1972.

[36] Alinéa 1er de l'article 15 de la Loi n° 96-06 du 18 janvier 1996 portant révision de la constitution du 2 juin 1972.

[37] Alinéa 2 de l'article 20 et alinéa 1er de l'article 61 de la Loi n° 96-06 du 18 janvier 1996 portant révision de la constitution du 2 juin 1972.

[38] MONEMBOU (C.), *La séparation des pouvoirs dans le constitutionnalisme camerounais : contribution à l'étude de l'évolution constitutionnelle*, Thèse de Doctorat en Droit en droit public, Université de Yaoundé II, 2010-2011, p. 100.

des bases constitutionnelles de la responsabilité du président de la République »[39] s'en trouvent confortées.

S'agissant en second lieu de la juridiction compétente, il faut le reconnaître, elle est bien loin des tribunaux de première instance, des tribunaux de grande instance et même du tribunal criminel spécial ou des Cours d'appel et enfin de la Cour suprême. Il s'agit en réalité d'une juridiction spéciale : *la haute cour de justice*. Sa nature est querellée. Pour certains, c'est une juridiction politique [40]; pour d'autres, c'est une juridiction pénale de nature constitutionnelle[41].

Quoi qu'il en soit, il s'avère que le président de la République jouit d'un privilège de juridiction[42]. La Haute Cour de justice bénéficie d'une compétence exclusive[43]. Elle fut introduite au Cameroun indépendant par l'article 44 de la Constitution du 4 mars 1960[44]. Elle fut sans doute inspirée de la haute cour de justice française issue de l'article 67 de la Constitution du 4 octobre 1958[45]. Avec l'adoption de la Loi n° 61-24 du 1erseptembre 1961 portant révision constitutionnelle et tendant à adapter la Constitution actuelle

---

[39] ATANGANA (E. J. L.), *La révision des constitutions en droit camerounais*, Thèse de Doctorat en Droit en droit public, Université de Douala, 2012, pp. 2266-269.

[40]Selon le Doyen Léon DUGUIT, la Haute Cour de justice est une juridiction extraordinaire qui *« viole le principe de l'égalité de tous devant la loi »*. C'est *« une véritable tâche dans notre Constitution républicaine »* : *Manuel de droit constitutionnel*, Paris, Fontemoing, 1907, pp. 947-948 ; selon Michel MIGNOT, *« qu'on le veuille ou non, la Haute Cour de justice est tout de même une juridiction politique. Ce n'est pas des juges, ce sont des hommes politiques qui essaient de juger, il faut bien le reconnaître »* : Séance du 1er août 1958, in *Documents pour servir à l'histoire de l'élaboration de la Constitution du 4 octobre 1958*, Paris, La Documentation française, t. II, 1988, p. 140 ; rapporté par ONDO (T.), *La responsabilité introuvable du chef d'État africain : Analyse comparée de la contestation du pouvoir présidentiel en Afrique noire francophone (Les exemples camerounais, gabonais, tchadien et togolais)*, Thèse de Doctorat en Droit en droit public, Université de Reims Champagne-Ardenne, 2005, p. 233.

[41] Dans son arrêt du 5 février 1993 relatif à l'affaire du « sang contaminé », la Commission d'instruction de la HCJ, composée de magistrats de la Cour de cassation française, a qualifié la HCJ de *« juridiction pénale de nature constitutionnelle, obéissant aux règles de saisine et de compétence et de fonctionnement exorbitantes de droit commun »*.

[42] Cette position fut confirmée en France par une Décision n° 98-408 du 22 janvier 1999, le Conseil constitutionnel a précisé l'étendue de la protection pénale du chef de l'État. Selon cette décision, il bénéficie d'une immunité concernant les actes accomplis dans l'exercice de ses fonctions, à l'exception du cas de haute trahison. En outre, pendant la durée de ses fonctions, sa responsabilité pénale ne peut être mise en cause que devant la Haute Cour de justice.

[43] ONDO (T.), *La responsabilité introuvable du chef d'État africain : Analyse comparée de la contestation du pouvoir présidentiel en Afrique noire francophone (Les exemples camerounais, gabonais, tchadien et togolais)*, Thèse de Doctorat en Droit en droit public, Université de Reims Champagne-Ardenne, 2005, pp. 241-242.

[44] *« Il est créé une haute Cour de Justice dont la composition, les attributions et l'organisation seront déterminées par une loi organique »*.

[45] Selon cette disposition, *« Il est institué une Haute Cour de Justice »*. Elle-même était inspirée des articles 42, 56, 57, 58 et 59 de la Constitution française du 27 octobre 1946.

aux nécessités du Cameroun réunifié[46], la haute cour de justice est substituée par la *haute cour fédérale de justice*. C'était un impératif de l'organisation judiciaire de l'État fédéral. Mais, la dénomination abandonnée en 1961 sera réintroduite sous l'effet de l'article 34 de la Constitution du 2 juin 1972[47]. Elle sera maintenue à l'occasion de la révision constitutionnelle du 18 janvier 1996. D'ailleurs, rien ne présageait, à nouveau, un changement de dénomination. Le caractère de l'Etat s'étant tout simplement mué en passant d'une République *« une et indivisible »*[48] à une République qui est *« un État unitaire décentralisé »*[49].

Bien au-delà de la spécialité formelle que l'on relève dans le régime de la responsabilité pénale du président de la République, la spécialité matérielle est de nature à renforcer celle-ci.

2- La spécialité matérielle

Évoquer la spécialité matérielle, c'est scruter les actes ou les faits pour lesquels la responsabilité pénale du président de la République peut être engagée. À l'analyse, il en ressort une spécialité dans la mesure où on a assisté à la réduction du rayon des actes sur la base desquels ce dernier peut pénalement être jugé.

En effet, c'est à la faveur de l'alinéa 3 de la Loi n° 2008/001 du 14 avril 2008 modifiant et complétant certaines dispositions de la Loi n° 96/06 du 18 janvier 1996 portant révision de la Constitution du 2 juin 1972 que le président de la République semble avoir bénéficié d'une immunité générale. Au sens de ladite disposition, *« les actes accomplis par le président de la*

---

[46] Article 36.
[47] *« Il est créé une haute Cour de Justice dont les conditions de saisine et l'organisation sont déterminées par la loi »*.
[48] Article 1er de la Constitution du 2 juin 1972.
[49] Alinéa 2 de l'article 1er de la Loi n° 96/06 du 18 janvier 1996 portant révision de la Constitution du 2 juin 1972.

République en application des articles 5[50]*, 8*[51]*, 9*[52] *et 10*[53] *ci-dessus sont couverts par l'immunité et ne sauraient engager sa responsabilité à l'issue de son mandat ».* Elle appelle deux remarques.

La première est relative à l'étendue de l'immunité consacrée. Sous ce rapport, deux lectures sont envisageables, notamment positive et négative. Sous l'angle positif, il apparaît clairement qu'au sens du pouvoir constituant dérivé, la totalité des actes que le président accomplit, du premier au dernier jour de son mandat, et qui entrent dans son champ de compétence, jouissent d'une immunité absolue et ne peuvent donc, d'aucune façon, faire l'objet d'une procédure pénale à l'effet d'engager sa responsabilité[54]. La révision

---

[50] Ajoutée par nos soins : *« (1) Le président de la République est le chef de l'État. (2) Élu de la Nation tout entière, il incarne l'unité nationale ; il définit la politique de la nation ; il veille au respect de la Constitution ; il assure, par son arbitrage, le fonctionnement régulier des pouvoirs publics ; il est le garant de l'indépendance nationale, de l'intégrité du territoire, de la permanence et de la continuité de l'État, du respect des traités et accords internationaux ».*

[51] Ajoutée par nos soins : *« (1) Le président de la République représente l'État dans tous les actes de la vie publique. (2) Il est le chef des Forces armées. (3) Il veille à la sécurité intérieure et extérieure de la République. (4) Il accrédite les ambassadeurs et les envoyés extraordinaires auprès des puissances étrangères. Les ambassadeurs et les envoyés extraordinaires des puissances étrangères sont accrédités auprès de lui. (5) Le président de la République promulgue les lois dans les conditions prévues à l'article 31 ci-dessous. (6) Le président de la République saisit le Conseil Constitutionnel dans les conditions déterminées par la Constitution. (7) Il exerce le droit de grâce après avis du Conseil Supérieur de la Magistrature. (8) Il exerce le pouvoir réglementaire. (9) Il crée et organise les services publics de l'État. (10) Il nomme aux emplois civils et militaires de l'État. (11) Il confère les décorations et les distinctions honorifiques de la République. (12) Le président de la République peut, en cas de nécessité et après consultation du Gouvernement, des bureaux de l'Assemblée nationale et du Sénat, prononcer dissolution de l'Assemblée nationale. L'élection d'une nouvelle Assemblée a lieu conformément aux dispositions de l'article 15 alinéa 4 ci-dessous ».*

[52] Ajoutée par nos soins : *« (1) Le président de la République peut, lorsque les circonstances l'exigent, proclamer par décret, l'état d'urgence qui lui confère des pouvoirs spéciaux dans les conditions fixées par la loi. (2) Le président de la République peut, en cas de péril grave menaçant l'intégrité du territoire, la vie l'indépendance ou les Institutions de la République, proclamer, par décret, l'état d'exception et prendre toutes mesures qu'il juge nécessaires. Il en informe la Nation par voie de message ».*

[53] Ajoutée par nos soins : *« (1) Le président de la République nomme le Premier ministre et, sur proposition de celui-ci, les autres membres du Gouvernement. Il fixe leurs attributions ; il met fin à leurs fonctions ; il préside les Conseils ministériels. (2) Le président de la République peut déléguer certains de ses pouvoirs au Premier ministre, aux autres membres du Gouvernement et à certains hauts responsables de l'administration de l'État, dans le cadre de leurs attributions respectives. (3) En cas d'empêchement temporaire, le président de la République charge le Premier ministre ou, en cas d'empêchement de celui-ci un autre membre du Gouvernement, d'assurer certaines de ses fonctions, dans le cadre d'une délégation expresse ».*

[54] Il s'agit d'une immunité *« traditionnelle et indispensable dont jouit tout chef d'État pour les actes qu'il accomplit en cette qualité et qu'il appartient aux institutions judiciaires de faire respecter en tant que de besoin »* : AIVO (F. J.), *Le président de la République en Afrique noire francophone : Genèse, mutations et avenir de la fonction*, préface HOLO (Th.), Postface CHAIGNEAU (P.), L'Harmattan, 2007, p. 123. Voir également OLINGA (A. D), *La révision constitutionnelle du 14 avril 2008*, Yaoundé, Imprimerie Saint Paul .2008, 36 p.

constitutionnelle intervenue le 14 avril 2008 a créé un flou, rompant ainsi avec l'univocité qui régnait depuis l'article 36[55] de la Loi n° 61-24 du 1[er]septembre 1961 jusqu'à l'article 53[56] issu de la loi constitutionnelle du 18 janvier 1996, en passant par l'article 34[57] de la Constitution du 2 juin 1972. En effet, une question fondamentale demeure. Comment peut-on proclamer une immunité générale des actes accomplis dans l'exercice de ses fonctions et reconnaître que les mêmes actes peuvent être jugés en cas de haute trahison ? L'alinéa 1er de l'article 53 est-il compatible avec l'alinéa 3 du même article ? Si oui, était-il nécessaire d'ajouter cet alinéa 3 ? Une autre interprétation peut tout de même être dégagée. Certainement que le pouvoir constituant dérivé a voulu signifier que tous les actes accomplis par le président de la République ne peuvent faire l'objet d'aucune poursuite ; excepté dans le cas de la haute trahison. *« Il s'agit d'une révision qui couvre les actes présidentiels d'une immunité quasi absolue »*[58]. Le Dr **Bertrand EDOUA BILONGO** voit en cette révision, comme en d'autres d'ailleurs, une déification du président de la République parce qu'elle réduit *« à néant toute tentative destinée à le rendre responsable d'un ensemble d'actes »*[59].

A contrario, le sens négatif en est que les actes que le président de la République pose et qui sont détachables de ses pouvoirs peuvent bel et bien engager sa responsabilité pénale. Mais, le Constituant camerounais n'est pas clair à ce propos. Pourtant, le Constituant congolais a adopté une position bien claire en établissant à l'alinéa 2 de l'article 167 que le président de la République est également responsable pour les infractions commises en dehors de l'exercice de ses fonctions. Il relève alors des juridictions ordinaires, mais les poursuites sont suspendues jusqu'à l'expiration de son mandat, tout comme la prescription[60].

La seconde remarque est liée à la portée temporelle de l'immunité. En effet, l'immunité générale consacrée n'a pas un effet limité dans le temps. Cela

---

[55]*« La haute Cour fédérale de justice est compétente pour juger des actes accomplis dans l'exercice de leurs fonctions par le président de la République fédérale, en cas de haute trahison ».*

[56]*« La haute Cour de Justice est compétente pour juger les actes accomplis dans l'exercice de leurs fonctions par le président de la République en cas de haute trahison ».*

[57]*« La Haute Cour de Justice est compétente pour juger les actes accomplis dans l'exercice de leurs fonctions par : Le président de la République en cas de haute trahison ».*

[58] BIKORO (J. M.), *Le temps en droit constitutionnel africain : le cas des États africains d'expression française*, Thèse de Doctorat en Droit en droit public, Université de Yaoundé II, 2016-2017, p. 263.

[59] EDOUA BILONGO (B.), *Les changements constitutionnels au Cameroun et au Sénégal : Étude comparative*, Thèse de Doctorat en Droit en droit public, Université de Yaoundé II, 2014-2015, p. 83.

[60] Voir en ce sens POLLET-PANOUSSIS (D.), « La Constitution congolaise de 2006 : petite sœur africaine de la Constitution française », *Revue française de Droit constitutionnel*, 2008/3, n° 75, p. 468.

signifie qu'elle ne joue pas seulement pendant la durée du mandat. Elle va au-delà de celui-ci[61]. De cette sorte, elle couvre non seulement le président en exercice, mais également les anciens présidents. De cette manière, pendant la durée de son mandat, le président de la République n'a pas à se préoccuper des conséquences pénales que peuvent générer les actes qu'il pose dans l'exercice de ses attributions. En ce que, le président de la République c'est la plus haute autorité de l'Etat, il remplit d'innombrables et d'importantes fonctions[62] dont le bon exercice doit être garanti par sa stabilité juridico-psychologique. *« Sa fonction doit être protégée contre ce qui pourrait abusivement l'atteindre, de bonne ou de mauvaise foi »*[63]. Pour ce faire, il bénéficie d'un bouclier qui le rend pénalement presque invincible ou hors de portée. Les ruées de l'action publique ne peuvent donc, par principe, l'atteindre. Il est indomptable. Cependant, il peut être poursuivi en cas de haute trahison. Malheureusement, dans cette hypothèse, il est donné de constater que le président de la République est un justiciable pénal en insécurité.

B- Le président de la République, un justiciable pénal en insécurité

Dans un État, qui mieux que le président de la République bénéficie d'un système sécuritaire presque infaillible ? Mais la sécurité que nous remettons en cause ici est de nature juridique. On observe donc que, le président de la République, en ce qu'il est un potentiel justiciable pénal, il est en insécurité. Cela est dû au fait que l'infraction de haute trahison n'est pas circonscrite (1) et d'autres carences normatives (2) consolident un tel état de choses.

1- La non-circonscription de l'infraction de haute trahison

« La haute cour de justice est compétente pour juger les actes accomplis dans l'exercice de leurs fonctions par le président de la République en cas de haute trahison »[64]. Ainsi s'exprime brièvement le Constituant du

[61] Voir en ce sens BIKORO (J. M.), *Le temps en droit constitutionnel africain : le cas des États africains d'expression française*, Thèse de Doctorat en Droit en droit public, Université de Yaoundé II, 2016-2017, pp. 16-17, 253 et 264.

[62] Lire SINDJOUN (L.), *Le président de la République au Cameroun (1982-1996). Les acteurs et leur rôle dans le jeu politique*, Bordeaux, CEAN-IEP, 1996, 45 p, spec, pp. 39-41. Lire également MIAFO DONFACK (V.), « Constitution et droit pénal : pistes de recherche après la loi n° 96/06 du 18 janvier 1996 », in MELONE (S.), MINKOA SHE (A.), SINDJOUN (L.) (sous la dir. de), *La réforme constitutionnelle du 18 janvier 1996 au Cameroun : Aspects juridiques et politiques*, Fondation FRIEDRICH EBERT/Association Africaine de Science politique (Section camerounaise, GRAP), pp. 269-280 ; voir également ARDANT (Ph.), « L'article 5 et la fonction présidentielle », *Pouvoirs*, N° 41, 1987, pp. 37-62.
Voir également CABANIS (A.) et LOUIS MARTIN (M.), *Les constitutions d'Afrique francophone : Évolutions récentes*, Paris, Karthala, 1999, pp. 70-109.

[63] Commission AVRIL, *Le statut pénal du président de la République*, Rapport, p. 6.

[64] Alinéa 1er de l'article 53 de la Loi n° 96/06 du 18 janvier 1996 portant révision de la Constitution du 2 juin 1972. Cette disposition est identique à la rédaction initiale de l'article 68

18 janvier 1996 sans pour autant délimiter les contours définitionnels de l'infraction de haute trahison[65], se souvenant sans doute de ces paroles de **Napoléon BONAPARTE** après le coup d'État du 18 Brumaire au juriste Pierre **DAUNOU** : *« Il faut qu'une Constitution soit courte et obscure ».* Pourtant, comme l'écrit le Professeur **Jean-Louis BERGEL**, « *le facteur premier de la praticabilité du droit consiste dans une suffisante définition. Un droit insuffisamment défini n'est point praticable en ce sens que son application donnera lieu à des hésitations et à des controverses génératrices d'insécurité juridique* »[66]. Ces écrits confortent clairement l'idée selon laquelle le droit considéré comme un discours normatif utilise des notions pour qualifier des faits, eux-mêmes construits en droit grâce aux notions[67]. Les règles ainsi édictées doivent satisfaire à l'impératif de sécurité juridique qui nécessite, pour être acquis, le classique triptyque : accessibilité, stabilité et prévisibilité[68]. Au sens du Conseil d'État français, elle implique que *« les citoyens soient, sans que cela appelle de leur part des efforts insurmontables, en mesure de déterminer ce qui est permis et ce qui est défendu par le droit applicable. Pour parvenir à ce résultat, les normes édictées doivent être claires et intelligibles, et ne pas être soumises, dans le temps, à des variations trop fréquentes, ni surtout imprévisibles »*[69]. Le droit étant *« largement affaire de définition »*[70], pour assurer la sécurité juridique, il faut que tout concept juridique soit susceptible d'une définition fondée sur les attributs qu'il comporte et les relations spécifiques entre divers éléments. C'est à juste titre que le président **Olivier FOUQUET** relève que : *« les dispositions doivent être suffisamment précises et les formules non équivoques »*[71]. Cela participe

---

de la Constitution française du 4 octobre 1958. Pour application de cette disposition, voir l'Arrêt du 10 octobre 2001 rendu par l'Assemblée plénière de la Cour de cassation française et la Décision n° 98-408 du 22 janvier 1999, le Conseil constitutionnel.

[65] C'est un constat ancien et de réputation établie. Le Doyen Félix MOREAU dans son *Précis élémentaire de droit constitutionnel (Organisation des pouvoirs publics et libertés publiques)*, Recueil Sirey, 9ièm eéd., 1921, p. 366, sur le fondement de l'alinéa 2 de l'article 6 de la Constitution française du 25 février 1875.

[66] BERGEL (J.-L.), *Théorie générale du droit*, Dalloz, coll. « *Méthodes du droit* », 2e éd, 1989, pp. 195-196.

[67] BIOY (X.), « Notions et concepts en droit : interrogations sur l'intérêt d'une distinction… », in TUSSEAU (G.) (sous la dir. de), *Les notions juridiques*, Economica, 2009, p. 39. Selon l'auteur le droit positif apparaît cousu de notions que la doctrine met à jour, p. 40.

[68] PIAZZON (Th.), *La sécurité juridique*, Préface LEVENEUR (L.), Defrénois, Lextenso éd., coll. De thèses, 2009, pp. 15-53. Voir également ABANE ENGOLO (P. E.), « La nation de qualité du droit », *RADSP*, Vol. 1, N° 1, 2013, pp. 91-97.

[69] CE, *Sécurité juridique et complexité du droit*, Rapport, 2006, p. 229.

[70]CROUY-CHANEL (E. De), *« La définition juridique de l'impôt. L'exemple de la doctrine française »*, in BERNS (Th.), K. DUPONT (J.-Cl.), XIFARAS (M.) (sous la dir. de), *Philosophie de l'impôt,* Bruylant Bruxelles, coll. « *Penser le droit* », 2006, p. 135.

[71] FOUQUET (O.), « Abus de droit : la sécurité juridique rédactionnelle à propos de la censure des articles 96 et 100 de la loi de finances pour 2014 », *RDF*, 9 janvier 2014, n° 1-2, p. 8.

de l'impératif d'intelligibilité de la loi constitutionnelle d'une part et prévient les risques d'arbitraire d'autre part.

Un tel impératif n'est pas satisfait à propos de l'infraction de haute trahison. Dans le contexte camerounais, cette infraction demeure un serpent de mer. Elle est ambiguë, [72]voire floue[73]. Elle n'est pas cernable, car, elle *« n'a pour le moment pas encore obtenu une définition claire arrêtée tant par le constituant que le législateur »*[74]. Cela étant *« la haute trahison est une notion malaisée à définir [...] cette notion se situe en effet aux confins de la politique et du droit. Elle évoque l'idée de crime politique, consistant pour le titulaire d'une importante charge publique à abuser de ses fonctions dans un but contraire aux intérêts supérieurs de la nation. Comme il ne peut y avoir de critères pouvant déterminer les intérêts supérieurs de la nation, la haute trahison est la manifestation la plus tangible de l'existence d'une justice politique, de cette justice dont on peut dire qu'elle est la plus difficile à rendre »*[75]. L'absence de définition de la notion de haute trahison[76] est source d'insécurité juridique. Le président de la République pouvant faire l'objet de poursuites n'a malheureusement pas une précision sur les actes ou faits constitutifs de cette infraction. En théorie, tout peut donc être qualifié de haute trahison ou pas. Le degré de déloyauté envers l'État ou la Nation est donc tributaire d'un subjectivisme. Sous cet angle, il n'est pas exclu que les manœuvres politiciennes en viennent à imposer une position là où seul le droit aurait dû avoir le dernier mot. L'usage politique du droit trouve ainsi une terre fertile. Or, comme le souligne le Doyen **ONDOA**, *« au plan matériel, une règle de droit n'est jamais rien d'autre qu'une réponse ou une solution à un*

---

[72] BIKORO (J. M.), *Le temps en droit constitutionnel africain : le cas des États africains d'expression française*, Thèse de Doctorat en Droit en droit public, Université de Yaoundé II, 2016-2017, p. 253.

[73] TAMBA AYINDA (Th. O.), *La responsabilité pénale des gouvernants en droit constitutionnel : l'exemple camerounais*, Mémoire de DEA en droit public, Université de Yaoundé II, 2011, pp. 24-25.

[74] NGUELE ABADA (M.), « L'obligation de rendre compte du président de la République : Réflexions à partir de la révision constitutionnelle du 14 avril 2008 », in ANOUKAHA (F.), OLINGA (A. D.) (sous la coordination de), *L'obligation, Études offertes au Professeur Paul Gérard POUGOUE*, L'Harmattan Cameroun, 2015, p. 636. Voir également TAMBA AYINDA (Th. O.), *La responsabilité pénale des gouvernants en droit constitutionnel : l'exemple camerounais*, Mémoire de DEA en droit public, Université de Yaoundé II, 2011, pp. 21-25.

[75] PROUZET (M.), *Le Cameroun*, Paris, LGDJ, 1974, p. 162 ; cité par AIVO (F. J.), *Le président de la République en Afrique noire francophone : Genèse, mutations et avenir de la fonction*, Préface HOLO (Th.), Postface CHAIGNEAU (P.), L'Harmattan, 2007, p. 132.

[76] La haute trahison ne doit pas être confondue avec la trahison tout court c'est-à-dire l'intelligence avec une puissance étrangère.

problème de fait »[77]. Mais là, la solution semble être de nature à correspondre à tout type de problème et pourquoi pas à aucun.

Face au silence des textes juridiques, la doctrine peut s'avérer d'un important appui dans l'appréhension du crime de haute trahison. Elle est perçue comme une infraction politique à contenu variable, consistant en un manquement grave du président de la République à ses devoirs et engageant sa responsabilité devant la haute cour de justice[78]. Autrement dit, il s'agit d'un crime pour lequel le président de la République peut être mis en accusation en cas de manquement à ses devoirs manifestement incompatible avec l'exercice de son mandat[79]. Elle peut également désigner les intelligences avec les puissances étrangères ou ennemies aux dépens de son État. Elle résulterait tout aussi d'une faute lourde par laquelle le président aurait gravement failli aux devoirs de sa charge[80].

Si le Cameroun n'a pas encore connu des cas d'inculpation pour haute trahison, les expériences étrangères[81] permettent de lister non limitativement

---

[77] ONDOA (M.), *Introduction Historique au Droit Camerounais : la formation initiale. Éléments pour une théorie de l'autonomie des droits africains,* Préface POUGOUE (P. G.), Avant-propos OWONA (J.), Envoi… BIPOUN WOUM (J.-M.), Coll. Doctrine juridique africaine et malgache, EDLK, 2013, p. 37.

[78] CORNU (G.), *Vocabulaire juridique*, Quadrige Lamy, PUF, 7e édition, Paris 2005, p. 927.

[79] GUINCHARD (S.), DEBARD (Th.) et autres, *Lexique des termes juridiques*, Dalloz, 25e éd., 2017, pp. 1067-1068.

[80] CAPITANT (H.) (Sous la dir. De), *Vocabulaire juridique*, Paris, PUF, 1936, p. 273.

[81] Nelson MANDELA. En juillet 1963, plusieurs des principaux chefs de l'ANC interdite, dont Nelson MANDELA et Walter SISULU, sont arrêtés à Rivonia et inculpés de haute trahison et de complots envers l'État. Le maréchal ROMMEL, accusé de haute trahison, à la suite de l'échec de l'attentat contre HITLER le 20 juillet 1944, reçoit l'ordre de se suicider le 14 octobre, là où il s'était réfugié avec sa famille à Herrlingen, afin de le préserver lui et sa famille d'une arrestation et d'une condamnation à mort. Il obéit. Adolf HITLER, avant d'accéder au pouvoir, fut le chef du putsch de la Brasserie du 8 novembre 1923 à Munich, un coup d'État manqué qui se termina le lendemain en épisode sanglant. Lui et ses complices furent accusés de crime de haute trahison contre le gouvernement et, le 1er avril 1924, HITLER fut condamné à cinq ans de prison, dont il ne purgera que treize mois à la prison de Landsbergam Lech. Il profitera de son emprisonnement pour écrire *Mein Kampf.* Friedrich EBERT fut le premier président du Reich sous la république de Weimar, élu en 1919 et réélu en 1922. À la suite d'une campagne de calomnie, il devra finalement se défendre d'une accusation de haute trahison en raison de sa participation à la grève des ouvriers de Berlin en 1918, lors d'un procès qui se déroulera en décembre 1924. Il meurt le 28 février 1925 des suites d'une appendicite non prise en considération dans la hâte du procès. Louis RIEL fut pendu pour haute trahison en novembre du 1885 à la suite d'une rébellion d'Indiens et métis dite de la « Saskatchewan ». Louis-Joseph PAPINEAU a été accusé de haute trahison. Il fut contraint à l'exil à la suite des rébellions de 1837-1838. La veuve de Mao ZEDONG, Jiang QING sera successivement accusée de complot contre la révolution et de crimes pendant la révolution culturelle entre 1966 et 1976. Elle sera condamnée à mort par une Cour spéciale en 1981, peine commuée en réclusion à perpétuité. Le maréchal PÉTAIN et le président du Conseil Pierre Laval, pour avoir orienté le régime de Vichy vers la collaboration avec l'Allemagne nazie seront traduits devant la Haute Cour de justice après la Libération en 1945, l'un en juillet, l'autre en octobre. Ils furent

quelques actes constitutifs de cette infraction. Aussi élastique soit-elle, elle recouvre des actes d'une extrême gravité tels que : participer à une guerre contre son propre pays, la collusion avec une puissance étrangère, le complot visant par exemple la tentative de coup d'État ou l'assassinat du Chef d'État, la sédition et l'insurrection.

Au-delà de l'appui doctrinal, le droit étranger est d'un soutien inestimable. Ainsi, la haute trahison est une infraction qui existe en droit constitutionnel congolais depuis la promulgation de la Constitution du 1er août 1964[82]. Elle y fut définie comme tout acte contraire à la Constitution par lequel les plus hautes autorités de l'État [83]pouvaient porter atteinte à l'indépendance nationale ou à l'intégrité du territoire par lequel ils devaient se substituer ou tenter de se substituer aux autres organes de la République. Il s'agit également de l'acte par lequel ils devaient s'empêcher ou tenter de s'empêcher mutuellement d'exercer les attributions qui leur sont dévolues respectivement par la Constitution[84]. À la suite de celle-ci et aux termes de l'article 165 de la Constitution congolaise du 18 février 2006, *« il y a haute trahison lorsque le président de la République a violé intentionnellement la Constitution ou lorsque lui ou le Premier ministre sont reconnus auteurs, coauteurs ou complices des violations graves et caractérisées de droit de l'homme, de cession d'une partie du territoire national »*. À ces cas, il faut ajouter les cas de haute trahison prévus notamment par les articles 7, 63 alinéas 2, 188 et 190 de la même Constitution. Aux termes du 1er article par exemple, *« nul ne peut instituer, sous quelques formes que ce soit, de parti unique sur tout ou partie du territoire national. L'institution d'un parti unique constitue une infraction imprescriptible de haute trahison punie par la loi »*. Quant au deuxième article cité, il prévoit que, *« les forces armées sont républicaines. Elles sont au service de la Nation tout entière. Nul ne peut sous peine de haute trahison, les détourner à ses fins propres »*.

---

condamnés à mort pour intelligence avec l'ennemi et, explicitement, pour haute trahison. La peine du Maréchal fut commuée par le général de Gaulle en peine de réclusion à perpétuité, peine qu'il effectuera pour l'essentiel sur l'île d'Yeu, au fort de Pierre-Levée. Il meurt le 23 juillet 1951 dans des conditions carcérales singulièrement adoucies aux tout derniers instants. Pierre Laval fut fusillé le 15 octobre 1945, dans la cour de la prison de Fresnes. Le prince Louis-Napoléon BONAPARTE, futur Napoléon III, par son coup d'État du 2 décembre 1851, échappe à l'inculpation de haute trahison pour la dissolution de l'Assemblée nationale qu'il décrète illégalement : https://fr.wikipedia.org/wiki/Haute_trahison.

[82]La Constitution de Loulouabourg. Voir IYELEZA M, MASIKA K., ISENGINGO K., *Recueil des textes constitutionnels de la République du Zaïre, du 19 mai 1960 au 28 avril 1991*, éd. ISE-CONSULT, Kinshasa, 1991. Voir également POLLET-PANOUSSIS (D.), « La Constitution congolaise de 2006 : petite sœur africaine de la Constitution française », *Revue française de Droit constitutionnel*, 2008/3, n° 75, pp. 451-498.

[83] Le président de la République, le Premier ministre et les membres du Gouvernement.

[84] MUGOMBOZI AKONKWA (F.), *Du crime de haute trahison en droit constitutionnel congolais*, Université libre des pays des Grands Lacs - Graduat en droit 2002.

De même, au sens de l'article 7 de la Constitution gabonaise, *« tout acte portant atteinte à la forme républicaine, à l'unité, à la laïcité de l'État, à la souveraineté et à l'indépendance, constitue un crime de haute trahison puni par la loi »*. L'article 174 de la Constitution tchadienne pour sa part précise que : *« constitue un crime de haute trahison, tout acte portant atteinte à la forme républicaine, à l'unicité et à la laïcité de l'État, à la souveraineté, à l'indépendance et à l'intégrité du territoire national »*. La même disposition constitutionnelle ajoute que : *« sont assimilés à la haute trahison, les violations graves et caractérisées des droits de l'homme, le détournement des fonds publics, la corruption, la concussion, le trafic de drogues et l'introduction des déchets toxiques ou dangereux, en vue de leur transit, dépôt ou stockage sur le territoire national »*. L'article 68 de la Constitution française du 4 novembre 1848 prévoyait à son temps que : *« le président de la République, les ministres, les agents et les dépositaires de l'autorité publique, sont responsables, chacun en ce qui le concerne, de tous les actes du gouvernement et de l'administration. Toute mesure par laquelle le président de la République dissout l'Assemblée nationale, la proroge ou met obstacle à l'exercice de son mandat est un crime de haute trahison »*. Ces détours par certains droits étrangers montrent, s'il en était encore besoin, que le Cameroun a fait le choix d'un flou constitutionnel s'exposant ainsi à des interprétations subjectives. Cet état de choses est renforcé par d'autres carences normatives supplémentaires.

2- Les carences normatives supplémentaires

Il n'y a pas que l'absence d'une définition légale de l'infraction de haute trahison qui jette le trouble dans sa possible mise en œuvre, car vectrice d'insécurité juridique. À ce handicap, deux autres facteurs viennent s'ajouter rendant ainsi, en l'état actuel du droit en vigueur, sans mécanismes complets de mise en application. Deux séries de remarques méritent de ce fait d'être portées sur l'incertitude du régime des sanctions et sur les incertitudes de la haute cour de justice.

S'agissant en premier lieu de l'incertitude du régime des sanctions, il faut reconnaître que ni le pouvoir constituant du 18 janvier 1996 encore moins celui du 14 avril 2008 ne se sont pas embarrassés à déterminer la rétribution de la haute trahison. L'absence des peines encourues par le président de la République lorsqu'il se serait rendu coupable de haute trahison est donc de nature à renforcer l'insécurité juridique dans laquelle ce dernier se trouverait.

Pourtant, le diptyque de la légalité criminelle : *Nullumcrimen, nullapoena sine lege* recommande une attitude contraire. Ce dernier est d'ailleurs acté en droit camerounais par l'article 17 de la Loi n° 2016/007 du 12 juillet 2016 portant Code pénal en ces termes : *« les peines et les mesures sont fixées par la loi et ne sont prononcées qu'à raison des infractions légalement prévues »*.

Dans cette perspective, la légalité implique essentiellement des conditions qualitatives visant à garantir au justiciable la prévisibilité du droit pénal[85]. Le président de la République doit connaître, à l'avance, les sanctions auxquelles il s'expose, dans le cas où il se rendrait coupable de haute trahison.

Au regard de ce mutisme constitutionnel, on ne peut que se retourner dubitativement vers la Loi n° 2016/007 du 12 juillet 2016 portant Code pénal. À cet effet, le président de la République fera-t-il l'objet de la peine de mort, de l'emprisonnement et/ou de l'amende, du travail d'intérêt général, d'une sanction-réparation en application de l'article 18 de ladite loi ?[86] Fera-t-il l'objet d'une déchéance, de la publication du jugement ou de la confiscation en application de l'article 19 de la même loi ?[87] Fera-t-il enfin, l'objet d'une mesure de surveillance et d'assistance postpénales ou de l'internement dans une maison de santé en application de l'article 20 de la même loi ?[88] L'infraction sera-t-elle classée comme un crime[89] ou comme un délit[90] et être rétribuée par la sanction correspondante ? À cette dernière interrogation, il faut certainement, sur la base des droits étrangers, considérer qu'elle sera considérée comme un crime au regard sans doute de la gravité des actes ou faits incriminés.

S'agissant en second lieu des incertitudes sur la haute cour de justice, celles-ci sont relatives au fait que sa composition, son organisation, ses conditions de saisine et ses règles de procédure restent et demeurent une arlésienne. Pourtant, c'est depuis la Constitution du 2 juin 1972 qu'une loi organique ayant pour objet d'apporter toutes les précisions utiles à ces

---

[85] Cour EDH, S.W.c. Royaume-Uni, 22 novembre 1995, série A n° 335-B, § 35 ; voir en ce sens : BEAUVAIS (P.), « Le droit à la prévisibilité en matière pénale dans la jurisprudence des cours européennes », *Archives de politique criminelle*, 2007/1 n° 29, p. 3-18. La prévisibilité synchronique s'apprécie à droit constant. Elle consiste, pour le justiciable, à pouvoir anticiper les conséquences juridiques de ses actes à partir des normes existantes. En ce sens, la prévisibilité implique la connaissance du droit, autrement dit un accès physique et intellectuel au contenu des règles juridiques. Si l'accessibilité physique est assurée par la publicité des normes, l'accessibilité intellectuelle l'est par leur intelligibilité qui suppose que la règle écrite, telle qu'interprétée par les autorités judiciaires, soit claire et précise.

[86] Ce sont des peines principales et alternatives.

[87] Ce sont des peines accessoires.

[88] Ce sont des mesures de sûreté au même titre que l'interdiction d'exercice de la profession, la relégation et la confiscation.

[89] Au sens de l'alinéa 1er a) de l'article 21 de la Loi n° 2016/007 du 12 juillet 2016 portant Code pénal *« sont qualifiées crimes les infractions punies de la peine de mort ou d'une peine privative de liberté dont le maximum est supérieur à dix (10) ans et d'une amende lorsque la loi en dispose ainsi »*.

[90] Au sens de l'alinéa 1er b) de l'article 21 de la Loi n° 2016/007 du 12 juillet 2016 portant Code pénal *« Sont qualifiées délits les infractions punies d'une peine privative de liberté ou d'une amende lorsque la peine privative de liberté encourue est supérieure à dix (10) jours et n'excède pas dix (10) ans ou que le maximum de l'amende est supérieur à vingt-cinq mille (25 000) francs »*.

manquements avait été annoncée[91]. L'Ordonnance n° 72-7 du 26 août 1972 portant composition, attributions et fonctionnement de la Haute Cour de justice vit le jour. Mais, il semble qu'elle ne correspond plus à la texture normative de la loi constitutionnelle du 18 janvier 1996 bien qu'il y soit établi à l'article 68 que : *« la législation résultant des lois et règlements applicables dans l'État fédéral du Cameroun et dans les États Fédérés à la date de prise d'effet de la présente Constitution reste en vigueur dans ses dispositions qui ne sont pas contraires aux stipulations de celle-ci, tant qu'elle n'aura pas été modifiée par voie législative ou réglementaire »*. La loi constitutionnelle du 18 janvier 1996[92] et celle du 14 avril 2008[93] n'ont pas manqué de préciser que : *« l'organisation, la composition, les conditions de saisine ainsi que la procédure suivie devant la Haute Cour de Justice sont déterminées par la loi »*. Depuis l'ordre constitutionnel en vigueur, ça fait près de vingt-deux (22) ans que ladite loi est souhaitée. La classe politique, le corps judiciaire et la société civile sont à l'affût. Leur espoir est que ce texte voit le jour au grand bonheur de la sécurité juridique et judiciaire ainsi que de la bonne gouvernance. L'insécurité juridique que présente le statut pénal du président de la République sous le prisme d'un justiciable pénal spécial s'estompe lorsque ce dernier se mue en justiciable pénal ordinaire.

II- Le président de la République, un justiciable pénal ordinaire en sécurité

Bien que le président de la République soit la plus haute et prestigieuse institution de l'État et dans l'Etat, il faut tout de même avouer que la vie de l'homme qui incarne cette institution ne commence pas avec le mandat de président de la République et ne se limite pas à ses fonctions publiques. Le président de la République est avant tout un homme et en tant que tel, il a une vie privée. C'est pour cette raison que son statut pénal, au regard du droit constitutionnel pénal, ne se réduit pas à l'élever au rang de quasi-intouchable. Il peut également être un justiciable pénal ordinaire (A), mais un justiciable ordinaire en sécurité (B).

A- Le président de la République, un justiciable pénal ordinaire

Il peut paraître déconcertant, voire choquant d'entrapercevoir le président de la République comme un sujet pénal ordinaire. Celui-là que **Michel DEBRÉ** vit dans le contexte français comme *« la clé de voûte du système »*[94].

---

[91] En effet, l'article 34 de cette Constitution précisait que : *« Il est créé une haute Cour de Justice dont les conditions de saisine et l'organisation sont déterminées par la loi »*.

[92] Alinéa 2 de l'article 53.

[93] Alinéa 4 de l'article 53.

[94] À l'occasion de son discours prononcé le 27 août 1958 devant le Conseil d'État. Selon des auteurs de réputation établie, *« Le chef de l'État occupe en effet une place centrale dans les*

« L'acteur pivot »[95], le *« Prince-président »*[96], peut-il être considéré, aux yeux de la loi pénale, comme un citoyen lambda, c'est-à-dire dépouillé de ses prestigieux oripeaux du statut présidentiel ? Une telle lecture est pourtant juridiquement défendable. Ce qui la fonde c'est sans doute le principe de l'égalité devant la loi pénale (1), mais son domaine d'expression est matériellement limité (2).

1- Le fondement juridique de l'« ordinarité » : le principe de l'égalité devant la loi pénale

Le président de la République peut également être perçu comme un justiciable pénal ordinaire. Le principe de l'égalité devant la loi suffit à valider une telle posture. C'est un principe cardinal dans l'ordre juridique camerounais confirmant ainsi ces écrits du Professeur **Philippe JESTAZ** selon lesquels : *« est principe la norme qu'on appelle ainsi pour lui attribuer, à tort ou à raison, une importance particulière »*[97]. L'égalité devant la loi pénale en fait partie. Il en est ainsi parce que le socle du droit semble être la justice dont l'un des corollaires est sans doute l'égalité. L'égalité dont il s'agit paraît être un souci commun. Il est notable que différents ordres juridiques, à travers le monde, sinon tous, la consacrent. C'est ainsi que l'article 7 de la Déclaration Universelle des Droits de l'Homme proclame le principe de l'égalité. Il y est établi que : *« tous (les hommes)*[98] *sont égaux devant la loi et ont droit sans distinction à une égale protection de la loi. Tous ont droit à une protection égale contre toute discrimination qui violerait la présente Déclaration ou contre toute provocation à une telle discrimination ».* De même, la Charte africaine des droits de l'homme et des peuples souligne que : *« toutes les personnes bénéficient d'une totale égalité devant la loi »*[99]. La valeur constitutionnelle de ces textes n'est plus à démontrer ; ce d'autant plus que le Peuple camerounais affirme son attachement aux libertés

---

institutions de la Vᵉ République, même si l'étendue de l'influence qu'il exerce sur la conduite des affaires du pays dépend en partie du contexte politique » : HAMON (F.) et TROPER (M.), *Droit constitutionnel*, LGDJ, 34ᵉ éd., 2013, p. 485.

[95] AIVO (F. J.), *Le président de la République en Afrique noire francophone : Genèse, mutations et avenir de la fonction*, Préface HOLO (Th.), Postface CHAIGNEAU (P.), L'Harmattan, 2007, p. 4ᵉ page de couverture. Selon l'auteur, *« depuis l'accession à l'indépendance des États africains d'expression française, le président de la République a toujours été l'acteur pivot autour duquel et pour lequel furent construits nombre de systèmes politiques ».*

[96] JULLIARD (J.), « La tentative du Prince-président », *Pouvoirs*, N° 41, 1987, pp. 27-36.

[97] GESTAZ (Ph.), « Principes généraux, adages et sources du droit en droit français », *in Autour du droit civil. Écrits dispersés, idées controversées*, Dalloz, 2005, p. 223 ; rapportée par CAUDAL (S.), « Rapport introductif », in CAUDAL (S.) (sous la dir. de), *Les principes en droit*, Economica, 2008, p. 2.

[98] Ajouté par nos soins.

[99] Article 3 de la Charte africaine des droits de l'homme et des peuples, adoptée en juin 1981 à Nairobi.

fondamentales inscrites dans la Déclaration universelle des droits de l'homme, ainsi qu'à la charte africaine des droits de l'homme et des peuples[100], et *« le Préambule fait partie intégrante de la Constitution »*[101]. C'est le même Préambule qui affirme que : *« tous les hommes sont égaux en droits et en devoirs »*. Les droits et les devoirs ainsi évoqués sont également exprimés par la loi pénale.

C'est d'ailleurs cette loi pénale qui déclare elle-même qu'elle s'impose à tous[102]. Par le recours au verbe *« imposer »*, le législateur pénal affiche une *« marque linguistique de souveraineté »*[103] qui rappelle le caractère obligatoire de la norme qu'il édicte. Une force légale est donc attachée à cette prescription dont l'étendue semble ne pas avoir pris en considération la dignité de la fonction présidentielle. Le président de la République n'est donc pas exclu du domaine d'application de la loi pénale. La *« marque linguistique de généralité »*[104] *: « Tous »* remémore la neutralité, de principe, de la règle de droit et son aveuglement. Elle est apte à s'appliquer en objectant même la magnificence du pontificat présidentiel. Le président de la République peut donc se présenter tout nu[105] devant les autorités judiciaires. Deux arguments peuvent être apportés pour étayer ce traitement ordinaire du président de la République.

Premièrement, au sens de l'alinéa 1er de l'article 7 de la Loi n° 2016/007 du 12 juillet 2016 portant Code pénal, *« la loi pénale de la République s'applique à tout fait commis sur son territoire »*[106]. Bien plus, elle s'applique aussi à toute infraction dont l'un des éléments constitutifs s'est trouvé réalisé sur son territoire ainsi qu'aux infractions d'atteinte à la sûreté de l'État, de contrefaçon du sceau de l'État ou de monnaies nationales y ayant cours, commises même à l'étranger[107]. En outre, la complicité, la conspiration et la

---

[100] Préambule de la loi n° 96/006 du 18 janvier 1996 portant révision de la Constitution du 2 juin 1972.

[101] Article 65 de la loi n° 96/006 du 18 janvier 1996 portant révision de la Constitution du 2 juin 1972.

[102] Article 1er-1 de la Loi n° 2016/007 du 12 juillet 2016 portant Code pénal.

[103] CORNU (G.), *Linguistique juridique*, Montchrestien, 2e éd., 2000, p. 268. Selon l'auteur, dans le discours normatif, les verbes jouent un rôle primordial. La souveraineté du législateur est dans le verbe, pourrait-on dire.

[104] *Ibid.*, p. 277.

[105] C'est-à-dire sans son bouclier du statut présidentiel.

[106] Sont compris dans le territoire de la République, les eaux territoriales et l'espace aérien au-dessus de ce territoire et de ses eaux ainsi que les navires et aéronefs immatriculés dans la République. Toutefois, aucun membre de l'équipage d'un navire ou aéronef étranger, auteur d'une infraction commise à leur bord au préjudice d'un autre membre de l'équipage même à l'intérieur des eaux territoriales ou de l'espace aérien, ne peut être jugé par les juridictions de la République à moins que le secours de l'autorité locale n'ait été réclamé ou que l'ordre public n'ait été compromis.

[107] Article 8 de la Loi n° 2016/007 du 12 juillet 2016 portant Code pénal.

tentative sont soumises à la loi pénale camerounaise en application des dispositions pertinentes de l'article 9 du Code pénal[108]. Cela étant, si le président de la République est suspecté, prévenu ou accusé pour tout fait pénalement répréhensible tel que la complicité, la conspiration, la tentative, même commis à l'étranger[109], il semble qu'il peut faire l'objet des poursuites pénales comme un justiciable pénal ordinaire. Il en est ainsi surtout dans les domaines qui ne sont pas couverts par les immunités de l'article 324 du Code pénal[110].

Le second argument qui peut appuyer le statut pénal ordinaire du président de la République est sans doute lié au fait que *« la loi assure à tous les hommes le droit de se faire rendre justice »*[111]. Dès lors qu'une personne, physique ou morale estime avoir été victime d'une infraction pénale imputable au président de la République ou par sa complicité, elle est fondée à saisir la juridiction compétente. Et en application de l'article 12 du Code pénal, *« les juridictions de la République sont compétentes pour connaître toutes les infractions auxquelles s'applique sa loi pénale »* sous certaines réserves prévues aux articles 7, 8, 9, 10 et 11 du même texte, et au surplus, la compétence de la Cour pénale internationale.

L'organisation judiciaire et la loi n° 2005/007 du 22 juillet 2005 portant code de procédure pénale étant établies, le président de la République peut être requis de témoigner, faire l'objet d'une action, d'un acte d'information, d'instruction ou de poursuite. Tel n'est pourtant pas le cas dans le contexte français dans lequel la fin du mandat présidentiel doit être attendue, ce d'autant plus que *« tout délai de prescription ou de forclusion est suspendu »*[112]. Au-delà du fondement juridique de l'ordinarité, il faut lui adjoindre un fondement matériel.

---

[108] Au sens de cette disposition, *« sont soumis à la loi pénale de la République : a) Les faits constitutifs de complicité, de conspiration et de tentative réalisés sur le territoire de la République en vue de commettre une infraction à l'étranger si cette infraction est également réprimée par la loi étrangère ; b) Les mêmes faits réalisés à l'étranger en vue de commettre une infraction sur le territoire de la république »*.

[109] En application de l'alinéa 1er de l'article 10 du Code pénal, la loi pénale de la République s'applique aux faits commis à l'étranger par un citoyen ou par un résident, à condition qu'ils soient punissables par la loi du lieu de leur commission et soient qualifiés crimes ou délits par les lois de la République.

[110] Selon cette disposition, *« les articles 318, 319 et 322 ne sont pas applicables entre conjoints, entre ascendants et descendants légitimes ou adoptifs ou entre ascendants et descendants naturels jusqu'au deuxième degré s'ils vivent ensemble ou sont reconnus, à l'encontre du veuf ou de la veuve sur les biens de première nécessité ayant appartenu au conjoint décédé »*. L'article 318 réprime le vol, abus de confiance, escroquerie ; l'article 319 réprime le vol et les abus de confiance spéciaux ; l'article 322 réprime les filouteries.

[111] Préambule de la loi n° 96/006 du 18 janvier 1996 portant révision de la Constitution du 2 juin 1972.

[112] Article 67 de la Constitution française du 4 octobre 1958.

2- Les fondements matériels de l'« ordinarité » : les actes accomplis à titre privé

Certains actes que peut poser ou avoir posé le président de la République sont justiciables devant les juridictions pénales. Ceux-ci participent alors à conforter l'idée selon laquelle ce dernier peut être un justiciable pénal ordinaire. Deux critères permettent de délimiter les actes dont il est question : le critère du temps ou de la période de commission et le critère de nature.

Le premier critère met en relief les actes que le président de la République a posés avant son entrée en fonction. Il s'agit des actes à conséquences pénales qu'il peut avoir accomplis dans sa vie civile ou même à l'occasion des fonctions autres que celles présidentielles. Il reste donc pénalement responsable pour la période intervenant avant sa prestation de serment. L'immunité dont il bénéficie à partir de son entrée en fonction pour les actes qui sont rattachables à celle-ci ne peut produire des effets pour les actes antérieurs. C'est une question de logique puisqu'elle ne couvre que les actes accomplis dans le cadre de ses fonctions. Il ne peut pas avoir exercé de telles fonctions sans être statutairement habilité. Mieux encore, même en fonction, certains actes restent bel et bien présentables aux juges pénaux.

Le second critère est la conséquence logique du premier critère. Sur le fondement du premier, il permet de distinguer les actes rattachables à la fonction présidentielle des actes qui s'en détachent. Si les premiers sont couverts par une immunité totale, sauf en cas de haute trahison, les seconds, en revanche, sont bel et bien justiciables devant les juridictions, notamment les juridictions pénales de droit commun. Ils constituent des actes étrangers à la fonction présidentielle. Ils sont encore qualifiés d'actes hors fonctions. Il s'agit donc pour la plupart des actes qui entrent dans la vie civile du président de la République. Ils sont indéterminables, mais s'identifient par exclusion aux actes qui relèvent de ses fonctions. Ce sont les actes que le président de la République pose en tant que citoyen camerounais et qui n'entrent pas dans le champ de ses compétences précisées aux articles 5, 8, 9 et 10 de la loi constitutionnelle du 18 janvier 1996. Il s'agit donc de tous les actes qui peuvent avoir des conséquences pénales, à l'exception de ceux qui participent à l'expression de la fonction présidentielle. Bien qu'il soit potentiellement un sujet pénal ordinaire, il n'en demeure pas moins que le président de la République est en situation de sécurité.

B- Le président de la République, un sujet pénal en sécurité

Le président de la République peut également être considéré comme un sujet pénal, certes ordinaire, mais en sécurité. Certaines garanties (1), de fait ou de droit, l'extraient de l'emprise des juridictions pénales de droit commun pendant qu'il est en fonction. Mais, le cas du crime ou de délit flagrant nourrit des incertitudes sur l'étendue desdites garanties (2).

1- Les garanties de la sécurité

Le président de la République peut-il faire l'objet d'un procès pénal devant une juridiction ordinaire pendant l'exercice de son mandat ? La réponse est assurément négative. Il semble bénéficier d'une immunité de fait parce que juridiquement rien ne fonde à légitimer une telle lecture. Mais la pratique, ici comme ailleurs, incline à penser le contraire. Une règle coutumière a-t-elle vu le jour ?

En effet, il est donné de constater que le président de la République jouit, du début à la fin de son mandat, d'une immunité qui le met à l'abri des poursuites judiciaires. *« La fonction présidentielle, plus que son titulaire, a besoin d'un minimum de protection »*[113]. Ce qui explique sans doute un tel état de choses, c'est la valeur que l'on reconnaît à cette institution. Cette valeur est fondée sur les fonctions qu'il exerce dans l'État et les attributions conséquentes. En ce qu'il est l'*« élu de la Nation tout entière, il incarne l'unité nationale. Il définit la politique de la nation. Il veille au respect de la Constitution. Il assure, par son arbitrage, le fonctionnement régulier des pouvoirs publics. Il est le garant de l'indépendance nationale, de l'intégrité du territoire, de la permanence et de la continuité de l'État, du respect des traités et accords internationaux »*[114]. La fonction présidentielle ne s'accommode pas des poursuites pénales qui peuvent être de nature à perturber l'exercice serein de ses pouvoirs. Le président de la République est une haute institution dont la somptuosité fait qu'il ne peut pas, en cours de mandat, et devant aucune juridiction ou autorité administrative camerounaise, être requis de témoigner ou faire l'objet d'une action, d'un acte d'information, d'instruction ou de poursuite. Tout délai de prescription ou de forclusion est suspendu. Que resterait-il du grand prestige de la fonction présidentielle si ce dernier était traîné devant les juridictions ?

Le mandat présidentiel semble donc être, au sens de l'entendement de la communauté judiciaire, une circonstance de suspension du délai de prescription. Il empêche donc la mise en mouvement de l'action publique. Pourtant, celui-ci ne figure pas parmi les cas de suspension de la mise en mouvement de l'action publique évoquée par l'article 68 de la loi n° 2005/007 du 22 juillet 2005 portant code de procédure pénale[115]. Bien plus, le

---

[113] AIVO (F. J.), *Le président de la République en Afrique noire francophone : Genèse, mutations et avenir de la fonction*, préface HOLO (Th.), Postface CHAIGNEAU (P.), L'Harmattan, 2007, p. 122 ; voir également CARCASSONNE (G.), « Le président de la République française et le juge pénal », in *Droit et politique à la croisée des cultures*, Mélanges Philippe ARDANT, Paris, LGDJ, 1999, pp.275-288.

[114] Article 5 de la loi constitutionnelle du 18 janvier 1996.

[115] En effet, selon cette disposition, le délai de prescription est suspendu par tout obstacle de droit ou de fait qui empêche la mise en mouvement de l'action publique. Constituent ainsi des obstacles de droit : a) L'invocation d'une exception préjudicielle à la décision sur l'action

déclenchement de l'action publique sur le président de la République n'est pas listé à l'article 127 du Code pénal. Cette disposition réprime les cas d'empiètement du judiciaire dans certaines immunités. Ainsi, elle punit *« d'un emprisonnement de un à cinq ans, le magistrat ou l'Officier de police judiciaire qui poursuit, arrête, ou juge quiconque en violation des lois sur les immunités »*[116]. Il est bien clair que le cas du président de la République n'entre pas dans cette disposition. Il en est ainsi parce que, bien que le pronom relatif indéfini *quiconque* soit de nature à être « catch all », il demeure permis de circonscrire cette dernière principalement aux parlementaires [117]dont les immunités sont précisées à l'article 19 de la Loi n° 2013/006 du 10 juin 2013 portant règlement intérieur du Sénat[118] et à l'article 2 de l'Ordonnance n° 72-12 du 26 août 1972 fixant le régime des immunités des députés à l'Assemblée nationale en application de l'article 18 de la constitution du 2 juin 1972[119].

L'inviolabilité ainsi consacrée au bénéfice des parlementaires peut également être concédée au président de la République si l'on argumente *a fortiori*. Cela étant, si les parlementaires bénéficient d'une inviolabilité à plus forte raison la plus haute autorité de l'État. Elle constitue le *« deuxième socle de l'immunité présidentielle, elle vise à ce que, pendant le mandat, aucune diversion ou subterfuge ne puisse permettre à quiconque de mettre juridiquement en cause le chef de l'État devant aucune autorité administrative*

---

publique ; b) l'immunité parlementaire ; c) l'attente d'une autorisation légale préalable à la poursuite ; d) le pourvoi en cassation ; e) l'existence d'un conflit de juridiction.

[116]Précisons que lors de la réforme intervenue en 2016, cette immunité avait failli être étendue aux membres du Gouvernement. C'est ainsi que l'article avait ainsi été rédigé : *« d'un emprisonnement de un à cinq ans, le magistrat ou l'Officier de police judiciaire qui, en violation des lois sur les immunités, poursuit, arrête, ou juge un membre du gouvernement ou du Parlement »*. Mais, le président de la République, à la suite des cris de quelques parlementaires, dont les Honorables Martin OYONO du RDPC et Joseph MBAH NDAM du SDF, avait renvoyé le texte alors déjà adopté par les deux chambres parlementaires afin de le modifier avant qu'il ne soit promulgué.

[117] KEUTCHA TCHAPNGA (C.), « Les immunités parlementaires en droit camerounais : réflexion sur une exception au principe de l'égalité des citoyens devant la loi », *RJPIC*, 52e année, n° 2, mai-août 1998, pp. 177-193.

[118] Selon cette disposition, Les Sénateurs jouissent des immunités conformément à la loi. Aucun Sénateur ne peut être poursuivi, recherché, arrêté, détenu ou jugé à l'occasion des opinions ou votes émis par lui dans l'exercice de ses fonctions. Sauf en cas de flagrant délit ou de crimes et délits commis contre la sûreté intérieure ou la sûreté extérieure de l'État tel qu'ils sont fixés par le Code pénal, aucun Sénateur ne peut être poursuivi en matière criminelle ou correctionnelle qu'avec l'autorisation du Sénat pendant les sessions ou hors session, de son Bureau : par le Parquet compétent ; par le ministre en charge de la défense en cas de compétence des juridictions militaires.

[119] Selon cet article, *« Sauf en cas de flagrant délit ou de crime et délits commis contre la sûreté intérieure ou la sûreté extérieure de l'État tel qu'ils sont fixés par le Code pénal, aucun député ne peut être poursuivi en matière criminelle ou correctionnelle qu'avec l'autorisation de l'Assemblée nationale pendant les sessions ou l'autorisation du bureau hors session »*.

et juridictionnelle »[120]. Sur son fondement, le président de la République ne peut par exemple pas, en cours de mandat, être poursuivi pour adultère sous le coup de l'article 361 du Code pénal. Une telle action devrait être suspendue et attendre la fin du mandat. Il faut tout de même souligner qu'au regard du vide juridique que l'on peut regretter à ce propos, il faut par exemple s'inspirer de la réforme constitutionnelle française du 23 février 2007[121] de l'article 67 selon lequel le président de la République *« ne peut, durant son mandat et devant aucune juridiction ou autorité administrative française, être requis de témoigner non plus que faire l'objet d'une action, d'un acte d'information, d'instruction ou de poursuite. Tout délai de prescription ou de forclusion est suspendu. Les instances et procédures auxquelles il est ainsi fait obstacle peuvent être reprises ou engagées contre lui à l'expiration d'un délai d'un mois suivant la cessation des fonctions »*. Cette précision est porteuse de sécurité juridique. Bien que le président de la République tire profit *« des immunités d'exception qui sanctifient le chef africain, sanctuarisent la fonction et barricadent son accès à tout justicier »*[122], il reste une importante dose d'incertitudes sur l'étendue des garanties que nous avons évoquées *supra*.

2- Les incertitudes sur l'étendue desdites garanties en cas de crime ou de délit flagrants

Au sens de l'alinéa 1er de l'article 103 du Code de procédure pénale, *« est qualifié crime ou délit flagrant, le crime ou le délit qui se commet actuellement ou qui vient de se commettre »*[123]. Le crime et le délit qui viennent d'être commis à l'instant même ou qui sont en train d'être commis et qui semblent incontestables jettent un doute, sans doute légitime, sur le statut pénal du

---

[120] AIVO (F. J.), *Le président de la République en Afrique noire francophone : Genèse, mutations et avenir de la fonction*, Préface HOLO (Th.), Postface CHAIGNEAU (P.), L'Harmattan, 2007, p. 123.

[121] Loi constitutionnelle n° 2007-238 du 23 février 2007 portant modification du titre IX de la Constitution, JORF du 24 février 2007.

[122] AIVO (F. J.), *op.cit.*, p. 123. *« Les immunités présidentielles constituent de tout temps l'une des manifestations du souci de consolider la force des institutions et le pouvoir qui leur est attaché. C'est davantage un ensemble de mesures de droit visant à protéger la dignité de la fonction, afin de donner à son titulaire l'opportunité de mener toutes les actions qui incombent à sa charge »* : NGUELE ABADA (M.), « L'obligation de rendre compte du président de la République : Réflexions à partir de la révision constitutionnelle du 14 avril 2008 », in ANOUKAHA (F.), OLINGA (A. D.) (sous la coordination de), *L'obligation, Études offertes au Professeur Paul Gérard POUGOUE*, L'Harmattan Cameroun, 2015, p. 643.

[123] Il faut tout de même ajouter qu'il y a aussi crime ou délit flagrant lorsque : a) après la commission de l'infraction, la personne est poursuivie par la clameur publique ; b) dans un temps très voisin de la commission de l'infraction, le suspect est trouvé en possession d'un objet ou présente une trace ou indice laissant penser qu'il a participé à la commission du crime ou du délit. Il y a également flagrance lorsqu'une personne requiert le Procureur de la République ou un officier de police judiciaire de constater un crime ou un délit commis dans une maison qu'elle occupe ou dont elle assure la surveillance.

président de la République. La question est apparemment simple : le président de la République peut-il être soumis au régime dérogatoire lorsqu'il se serait rendu coupable d'un crime ou d'un délit flagrant ? Cette grande interrogation se décompose en plusieurs sous-interrogations.

En premier lieu, le président de la République peut-il être appréhendé en vue d'être présenté sans délai devant l'autorité prévue par la loi ou par le titre en vertu duquel l'arrestation est effectuée ? Si la réponse est affirmative, l'officier, l'agent de police judiciaire ou l'agent de la force publique qui procède à une arrestation peut-il lui enjoindre de le suivre et, en cas de refus, faire usage de tout moyen de coercition ? Mieux encore, un particulier peut-il, en cas de crime ou délit flagrant tels que définis à l'article 103 du Code de procédure pénale, procéder à son arrestation ? En outre, un magistrat, témoin d'un crime ou d'un délit flagrant, peut-il verbalement ou par écrit et après avoir décliné son identité, sa qualité et ses fonctions, ordonner l'arrestation du président de la République et sa présentation devant l'autorité compétente ?

En cas de crime flagrant, l'officier de police judiciaire avisé informe-t-il immédiatement le Procureur de la République ? Peut-il user, si nécessaire, de la mesure de garde à vue à l'encontre du président de la République ? Cette mesure peut-elle être ordonnée les samedis, dimanches ou jours fériés ? La résidence ou le domicile du président de la République peut-il faire l'objet d'une perquisition, ses biens peuvent-ils être saisis sans mandat ? L'officier de police judiciaire peut-il, lorsque les nécessités de l'enquête l'exigent, se transporter, soit hors de son ressort territorial, soit hors du ressort territorial du parquet où il exerce ses fonctions, à l'effet de poursuivre ses investigations[124] ?

En outre, en cas de crime flagrant, le Procureur de la République est-il compétent pour diligenter l'enquête ? Son arrivée sur les lieux de l'infraction dessaisit-elle de plein droit l'officier de police judiciaire qui s'y trouvait[125] ? Peut-il décerner mandat d'amener contre le président de la République soupçonné d'avoir participé à la commission du crime ? Peut-il l'interroger sur-le-champ dès son arrivée ?

Le président de la République suspecté et arrêté peut-il être déféré par l'officier de police judiciaire devant le Procureur de la République qui procédera à son identification, l'interrogera sommairement. Si ce dernier engage des poursuites, le placera-t-il en détention provisoire, ou le laissera-t-il en liberté avec ou sans caution ? Après avoir dressé le procès-verbal de ses diligences et en cas de poursuites, le traduira-t-il devant le tribunal à la plus

---

[124] Il faut préciser que, dans ce cas, il doit, sous peine de nullité des actes accomplis et de sanctions disciplinaires, obtenir l'autorisation du Procureur de la République de son ressort.

[125] À moins que le Procureur de la République n'en décide autrement.

prochaine audience ? Toutes ces interrogations rappellent que le statut pénal du président de la République est loin d'être un long fleuve tranquille.

Conclusion

En droit constitutionnel camerounais, le statut pénal du président de la République fournit l'image d'une double ambivalence. Ce dernier vacille entre la spécialité et l'« ordinarité » d'une part, entre la sécurité et l'insécurité d'autre part. En effet, le président de la République peut parfois arborer le manteau d'un sujet pénal ordinaire lorsqu'il n'est pas auréolé des attributs d'un sujet pénal spécial. De même, l'insécurité et la sécurité caractérisent respectivement chacun de ces statuts. Le président de la République bénéficie d'une haute protection pénale qui innerve son mandat. Le privilège de juridiction et l'inviolabilité dont jouit ce dernier retiennent particulièrement l'attention au point de susciter des questionnements. S'il est vrai que la fonction présidentielle doit être *« à l'abri de toute menace ou de diversion susceptible d'entraver le bon exercice des hautes responsabilités qu'elle implique »*[126], il reste tout de même une interrogation majeure : peut-on avoir un impressionnant lot de pouvoirs et ne pas en assumer la responsabilité pénale ? Le pouvoir ne s'accompagne-t-il pas de la responsabilité ? *« Même si la charge dont il est investi, le mandat de représentation nationale qu'il détient et les pouvoirs dont le président de la République est le seul bénéficiaire plaident en faveur d'une protection de la fonction, l'irresponsabilité absolue et l'impossibilité de juger le titulaire de la fonction seraient tout aussi nuisibles à l'efficacité de l'action politique »*[127]. À la suite

---

[126] AIVO (F. J.), *Le président de la République en Afrique noire francophone : Genèse, mutations et avenir de la fonction*, Préface HOLO (Th.), Postface CHAIGNEAU (P.), L'Harmattan, 2007, p. 122.

[127] *Ibid.*, p. 133. Selon le Professeur Frédéric Joël AIVO, comment, d'un côté, éviter aux représentants du pouvoir exécutif, notamment au président de la République, d'être l'objet d'attaques judiciaires incessantes qui mettraient en péril l'exercice de ses fonctions au service de la nation ? Comment, d'autre part, éviter qu'il puisse bénéficier d'une immunité de droit ou de fait, finalement aussi intolérable dans son principe et insupportable aux citoyens que le harcèlement du chef de l'État dont la collectivité pourrait aussi pâtir ? C'est justement là, toute l'ambiguïté et la délicatesse de l'immunité présidentielle. La protection dont doit bénéficier le président de la République se doit d'être mesurée et non absolue. Voir également La Commission AVRIL, *Le statut pénal du président de la République*, Rapport, p. 5. De même, *« il s'agit de se demander comment arriver à concilier les impératifs de l'État de droit qui renvoie à la soumission de tous au droit tant par les gouvernants que les gouvernés, pour reprendre une distinction chère à Maurice HAURIOU et, la nécessité non seulement de protéger la dignité de la fonction présidentielle, fonction qui jouit d'une magnificence incomparable »* : NGUELE ABADA (M.), « L'obligation de rendre compte du président de la République : Réflexions à partir de la révision constitutionnelle du 14 avril 2008 », in

du Professeur **Pierre AVRIL,** confessons que : *« le pouvoir d'un organe implique nécessairement la responsabilité de cet organe »*[128]. Le jour où le Cameroun, signataire[129] du Statut de Rome de la Cour pénale internationale le ratifiera, la configuration juridique du statut pénal du président de la République changera. La fonction présidentielle ne doit tout de même pas être désacralisée ou descendre de son piédestal encore moins être mythifié ou déifié.

Bibliographie indicative

- DE LAUBADERE (A.) et GAUDEMET (Y.), *Traité de droit administratif*, Tome 5, Fonction publique, 11e édition, LGDJ.

- LEKENE DONFACK (E.), « *Propos sur le nouveau statut général de la Fonction publique* », Juridis info, n° 21, Jan-Fev-Mars 1995.

- MONTAY(B), « *Le pouvoir de nomination de l'exécutif sous la Ve République* », Jus politicum, n°11, 2013.

ANOUKAHA (F.), OLINGA (A. D.) (sous la coordination de), *L'obligation, Études offertes au Professeur Paul Gérard POUGOUE*, L'Harmattan Cameroun, 2015, p. 634.

128 AVRIL (P.), « Pouvoir et responsabilité », in *Le Pouvoir*, Mélanges offerts à Georges BURDEAU, Paris, LGDJ, 1977, p. 14. Voir également VEDEL (G.), *Manuel élémentaire de droit constitutionnel*, Paris, Sirey, 1949, p. 429.

129 Le Cameroun étant parti au Statut de Rome, l'avait signé le 17 juillet 1998.

L'EXERCICE DU POUVOIR DE NOMINATION DU PRÉSIDENT DE LA RÉPUBLIQUE AU CAMEROUN

Suzie Esther TEMTIA NOUMEMBE

« ***Un pouvoir est un élément fractionné de la souveraineté, incorporé en un organe ; lequel exerce une fonction correspondante*** »[1]. Dans son traité de droit constitutionnel, Léon DUGUIT considère le pouvoir comme un élément constitutif de la volonté nationale souveraine et c'est dans ce cadre que s'inscrit le pouvoir de nomination. La constitution du 18 janvier 1996 renforce le pouvoir du président de la République par rapport à celui du Premier ministre. Bien qu'étant un exécutif bicéphale, la prépondérance du président de la République sur le Premier ministre s'exerce aussi dans les actes de nomination. La constitution relève également la suprématie consacrée de la fonction présidentielle sur celle gouvernementale bien que chacun de ces organes ait des pouvoirs propres de nomination, notamment aux emplois civils et militaires.

Acte de désignation à un emploi ou à une fonction, la nomination occupe une place de choix dans les prérogatives reconnues à l'exécutif. Ceci, dans la mesure où cet acte lui permet de mettre des hommes à leur place pour le bon fonctionnement des institutions et de l'administration dans son ensemble.

Acte constitutionnellement établi dont la matérialisation relève du pouvoir réglementaire, le pouvoir de nomination est reconnu en premier lieu au président de la République, au Premier ministre, aux ministres, bref à toutes autorités ayant compétence de nomination. Dès lors, à l'origine notamment avec la constitution du 4 mars 1960[2], le président de la République devenu Chef de l'État en lieu et place du Premier ministre est chargé avant même son entrée en fonction de nommer le Premier ministre et sur la proposition de ce dernier les autres membres du gouvernement. Ce pouvoir s'étend sur tous les actes de la vie publique à l'instar des ambassadeurs, de la magistrature, bref des emplois civils et militaires. Par contre, entre les constitutions de 1961 et de 1972, le président de la République exerce cette prérogative de manière exclusive, car ni le vice-président ni le Premier ministre n'avait de réel

[1] DUDUIT (L.), *Traité de droit constitutionnel*, Tome II, *La théorie générale de l'État*, première partie, éléments, fonctions et organes de l'État, E. de Boccard, Paris 1928 3e édition, p.669.
[2] Article 14 de la constitution du 4 mars 1960.

pouvoir. Il détenait le pouvoir de nomination exclusivement. Le président de la République était considéré comme « tout-puissant » dans tous les actes publics. Avec la constitution de 1996[3], ce pouvoir est désormais partagé dans la mesure où l'exécutif devenant bicéphale, le Premier ministre devient alors le second et est très souvent consulté [4]dans le pouvoir de nomination.

Le pouvoir de nomination est à la fois le fait de nommer aux emplois publics et la liberté de choisir les hommes qui exerceront les hautes fonctions au sein de la République. Il est reconnu constitutionnellement au président de la République qui dispose d'un large regard sur toutes les nominations, notamment par le Premier ministre et par les ministres ; contrairement en France[5], où il y a une ordonnance organique du 28 novembre 1958 suite à l'application de l'article 13 de la constitution française, qui renseigne sur l'étendue du pouvoir de nomination du président de la République, du Premier ministre et des ministres.

Le pouvoir de nomination se trouve placé sous l'autorité et même de la sanction d'un pouvoir supérieur : celui du président de la République. Ainsi, il est devenu un pouvoir de nature constitutionnelle dont le contenu et le contenant sont fixés. Le pouvoir de nomination est certes encadré par le droit, mais donne à son auteur une liberté accrue sans prévoir une possibilité de contrainte. Car ses décisions ne sont pas véritablement soumises à la censure d'un juge.

Cette insoumission au pouvoir judiciaire considéré comme organe de contrôle sur le pouvoir de nomination du président dans le choix des hommes appelés à gouverner ou à administrer trouve son fondement dans la séparation des pouvoirs où une distinction des fonctions correspondant à une division du travail sans possibilité de cohabitation. Le pouvoir de nomination du président de la République est un acte aussi vaste que laconique, au regard de la grande latitude reconnue à son détenteur principal de ce pouvoir et cela cache certes une complexité dans le régime juridique de la nomination. D'où la nécessité

[3] Article 10 et 11 de la constitution du 18 janvier 1996.

[4] Cette consultation résulte de l'article 10 de la constitution de 1996 où le Premier ministre fait des propositions au président de la République dans la nomination des membres du gouvernement.

[5] Article 13 de la constitution française de 1958 « Le président de la République signe les ordonnances et les décrets délibérés en Conseil des ministres. Il nomme aux emplois civils et militaires de l'État.

Les conseillers d'État, le grand chancelier de la Légion d'honneur, les ambassadeurs et envoyés extraordinaires, les conseillers maîtres à la Cour des comptes, les préfets, les représentants du Gouvernement dans les Territoires d'outre-mer, les officiers généraux, les recteurs des académies, les directeurs des administrations centrales sont nommés en Conseil des ministres.

Une loi organique détermine les autres emplois auxquels il est pourvu en Conseil des ministres ainsi que les conditions dans lesquelles le pouvoir de nomination du président de la République peut être par lui délégué pour être exercé en son nom ».

d'effectuer une analyse précise de ce pouvoir dans le champ du droit constitutionnel.

Les doctrinaires s'accordent à dire que l'acte de nomination est d'abord considéré comme un « contrat »[6] dans la mesure où il lie l'auteur de l'acte à l'homme choisi. C'est ensuite un acte unilatéral puisqu'il est pris par l'autorité de façon individuelle. C'est en conclusion, un acte pris à la seule volonté de l'autorité administrative et qui produit des effets de droit.

Mais au regard du recours quelquefois à la consultation, l'on pourrait dire que l'acte de nomination n'est pas d'un seul auteur au fond, puisqu'il y a une pluralité de volonté et la nécessité de leur concours ou de leur proposition avant que le président de la République ne nomme. Tel n'est pas uniquement le cas de la nomination du Premier ministre. Généralement pour les autres fonctions, il recourt à la consultation. Qu'est-ce que la nomination ? Qu'entend-on par pouvoir de nomination ?

Dans son acception la plus large et la plus immédiatement perceptible, le pouvoir de nomination est une prérogative permettant à une autorité de désigner à une fonction ou à un emploi une personne. Selon le lexique de droit constitutionnel, le pouvoir désigne les actes qu'une autorité publique est juridiquement habilitée à accomplir[7]. Le pouvoir est le droit ou le devoir d'exercer une action. Il a pour synonyme compétence, laquelle est le titre juridique qui fonde un individu à exercer un pouvoir et donc indirectement une action[8].La nomination quant à lui est un « ***acte administratif par lequel l'autorité compétente désigne l'agent appelé à occuper un emploi déterminé*** »[9]. L'expression pouvoir de nomination conduit à considérer de façon implicite que les détenteurs de ce pouvoir seront les maîtres de la matière, le président encore plus.

De ces approches définitoires, on peut dire que le pouvoir de nomination met en exergue l'élément prérogative de nomination et ensuite l'autorité. En l'état actuel de la constitution camerounaise, les prérogatives de nomination du président de la République sont établies dans l'article 8 alinéa 10 pour les emplois civils et militaires de l'État ; article 10 en ce qui concerne la nomination du Premier ministre ; article 20 alinéa 2 pour la nomination de certains sénateurs ; article 37 alinéa 3 pour la nomination des magistrats ; article 51 alinéa 2 pour la nomination des membres du Conseil

---

[6]Il peut s'agit soit d'un contrat synallagmatique où ce dernier est en accord à la politique de l'homme qui le nomme, étant donné qu'avant la nomination il y a priori une consultation

[7] AVRIL (P.) et GICQUEL (J.), Lexique *de droit constitutionnel*, Que sais-je ? 4e édition, p. 79.

[8] SPONCHIADO (L.), *La compétence de nomination du président de la cinquième République*, Thèse de doctorat en droit public, 8 juillet 2015, Université de Paris I Panthéon Sorbonne, p. 46.

[9] DUHAMEL (O.) et MENY (Y.), *Dictionnaire constitutionnel*, PUF 1992, Cité par Benoît MONTAY in « *Le pouvoir de nomination de l'exécutif sous la Ve République* », Jus politicum, n° 11, 2013, p.6.

constitutionnel. À l'échelle organique, plusieurs hauts cadres et grands corps constitués de l'État sont nommés par acte réglementaire du président de la République notamment les chefs ou directeurs généraux et adjoints des établissements, entreprises ou sociétés publics ou parapublics, délégués du gouvernement, les membres du conseil économique et social et bien d'autres.

Dans une approche prioritairement exégétique, notamment par l'analyse des textes et de la doctrine ; et faisant également recourir à la jurisprudence, le pouvoir de nomination du président de la République mettra ainsi en exergue le caractère discrétionnaire et la compétence liée de cet acte constitutionnel. En se posant la question de savoir comment peut-on appréhender le pouvoir de nomination du président de la République ? Cela revient à analyser cet acte juridique de fond en comble, étant donné qu'il est entériné par un pouvoir discrétionnaire presque total, car le recours à la consultation reste minimal (I). Et pourtant comme tout pouvoir qui se veut démocratique, il devrait être contrôlé (II).

I- L'entérinement du pouvoir de nomination du président de la République : un pouvoir renforcé

Le renforcement du pouvoir de nomination du président de la République est entériné par la constitution, car étant le détenteur principal. Afin de faire vivre la gestion publique notamment institutionnelle et administrative, les actes de nominations sont pris dans le cadre d'un acte administratif. Un acte administratif étant un acte juridique unilatéral, pris par une autorité administrative, dans l'exercice d'un pouvoir administratif et créant des droits ou des obligations pour les particuliers[10]. Il peut s'agir d'un acte administratif unilatéral ou d'un contrat. Le premier acte renvoie ici à une manifestation unilatérale de volonté émanant d'une autorité administrative qui modifie l'ordonnancement juridique et s'applique à d'autres sujets de droit que l'auteur de l'acte[11]. Tandis que le second est un acte juridique reposant sur un accord de volontés entre parties contractantes[12].

Le pouvoir de nomination est un acte juridique particulier, car pris par le président de la République. Il s'agit d'un acte qui tend à être un acte dit de gouvernement ayant parfois un caractère politique et ne pouvant pas faire l'objet de contestation juridique. Le pouvoir de nomination du président de la République du choix des hommes chargés de l'accompagner dans l'exercice de ses fonctions relève d'abord de sa discrétion (A), bien que pour certaines nominations, il recourt à une consultation (B).

---

[10]CFJ/AAP du 20 mars 1968, Affaire NGONGANG NJANKE Martin contre État du Cameroun

[11] *Dictionnaire de droit administratif*, 4e édition, Armand COLIN, 2005, p. 6.

[12] Ibid., p. 90.

A- La prévalence du pouvoir discrétionnaire

Le pouvoir discrétionnaire désigne le pouvoir de l'administration d'agir, de s'abstenir ou de décider avec une marge plus ou moins grande de liberté, en fonction d'une appréciation d'opportunité. Ce pouvoir s'oppose généralement à la compétence liée. Cette opposition entre le caractère discrétionnaire et de compétence liée du pouvoir de nomination du président de la République reste confuse dans la mesure où il est admis au Premier ministre de faire des propositions au président dans le choix des membres du gouvernement. Cette proposition lie-t-elle réellement le président de la République dans le choix des hommes ? Pas vraiment. Il est juge de l'opportunité dans sa nomination (1) et a une liberté du choix des hommes et de leur nombre (2).

1. Le président de la République juge d'opportunité de nomination

Bien que les ministres doivent être nommés après la proposition du premier d'entre eux, il faut dire que le président de la République reste le seul juge de l'opportunité de nomination. Car il est libre de donner une suite favorable ou non à ces propositions. De même, pour ce qui est de la nomination des membres du Conseil constitutionnel, il recourt aux avis du président du Sénat, de l'Assemblée nationale et du conseil supérieur de la magistrature.

Le président de la République use de cette discrétion dans la nomination des emplois dits « supérieurs », dans la haute fonction publique. Ce pouvoir lui est reconnu par un texte réglementaire notamment le décret portant organisation du gouvernement. Il ressort des dispositions de l'article 9 du Décret N° 2011/408 du 9 décembre 2011 portant organisation du Gouvernement que « ***Le président de la République nomme et met fin aux emplois civils et militaires, notamment :***

a) Par Décret :

- le Premier ministre, Chef du Gouvernement ;
- les Membres du Gouvernement et Assimilés ;
- le Grand Chancelier des Ordres nationaux ;
- les Ambassadeurs itinérants ;
- les Gouverneurs de Région ;
- les Ambassadeurs et Représentants permanents ;
- les Conseillers spéciaux à la Présidence de la République et dans les Services du Premier ministre ;
- les Conseillers techniques, les Chargés de Mission et les Attachés à la Présidence de la République et dans les Services du Premier ministre ;

- les Directeurs et Assimilés de la Présidence de la République et dans les Services du Premier ministre ;
- les Secrétaires généraux, les Directeurs généraux et les Inspecteurs généraux des Ministères ;
- les Recteurs, les Vice-Recteurs, les Secrétaires généraux, les Doyens et les Chefs d'établissements dans les Universités d'État ;
- les Inspecteurs et Contrôleurs d'État ;
- les Directeurs et Assimilés des Services rattachés à la Présidence de la République ;
- les Secrétaires généraux des Services des Gouverneurs de Région et les Inspecteurs généraux des services régionaux ;
- les Préfets et Sous-Préfets ;
- les présidents des Conseils d'Administration, Directeurs généraux et Directeurs généraux adjoints, Directeurs et Directeurs-Adjoints des Entreprises publiques et parapubliques et des Établissements Publics, lorsque les textes organiques en disposent ainsi.

b) Par Arrêté :

- les Directeurs-Adjoints et Assimilés de la Présidence de la République et des Services rattachés ;
- les Chefs de service et Assimilés de la Présidence de la République et des Services rattachés. »

Il s'agit là de la nomination du Premier ministre, ministres et hauts cadres de l'administration. Car les responsabilités et les fonctions exercées par ces derniers sont souvent à mi-chemin entre les fonctions administratives et les fonctions politiques et ce qui entraîne une certaine instabilité pour son titulaire[13]. Le régime juridique de l'emploi supérieur est ainsi caractérisé par un large pouvoir discrétionnaire du gouvernement[14]. Surtout que certaines personnes n'ayant pas qualité d'agent de l'État peuvent être nommées par le président de la République à un poste de responsabilité.

Il faut dire que cette discrétion de nomination aux emplois est généralisée au gouvernement, bref à l'exécutif. Le gouvernement a donc le rôle, au travers de cette discrétion, de choisir les titulaires aux emplois les plus élevés de l'État en exigeant de leurs détenteurs une totale confiance dans la gestion des postes à leur confier. Car de toute évidence, ce choix discrétionnaire des fonctions

[13] DE LAUBADERE (A) et GAUDEMET (Y.), *Traité de droit administratif*, Tome 5, Fonction publique, 11e édition, LGDJ, p. 114.
[14] Ibid

peut également être révocable sans obligation de préavis et encore moins de motivation. Les hommes choisis et nommés peuvent appartenir ou non à l'administration. Il est vrai que le plus souvent, il s'agit des hauts fonctionnaires qui sont placés en détachement[15] et retrouvent au terme de leur mission leur corps d'origine.

Il revient ainsi au président de nommer les hommes aux postes les plus élevés de l'administration et toutefois, pour une meilleure efficacité du service public, déléguer une partie de ses pouvoirs au Premier ministre et même aux ministres[16]. Il en ressort à cet effet que le pouvoir de nomination pourrait être subordonné à un contrôle *a priori* à travers le visa administratif ou un contrôle *a posteriori* par le truchement des ampliations[17]. L'on peut retenir juste qu'il s'agit des emplois les plus élevés. Puisque par élimination du second de l'exécutif qui est le Premier ministre, et selon le décret précisant ses attributions, ce dernier, dans ses actes individuels, nomme les cadres de la Catégorie A de la fonction publique, les Chefs Traditionnels de Premier Degré, après approbation du président de la République, les Directeurs et Assimilés des Administrations centrales placées sous son autorité, après approbation du président de la République, les Directeurs-Adjoints et Assimilés des Services du Premier ministre, les Adjoints Préfectoraux, Adjoints d'Arrondissement et collaborateurs des Gouverneurs de Provinces, après approbation du président de la République.[18] Tous ceux qui sont des supérieurs de ces personnalités sont nommés par le président de la République. Les emplois supérieurs sont dotés d'un régime juridique dont les principes ont été déterminés par la réglementation. Un texte ancien énumère les emplois supérieurs pour lesquels les nominations sont laissées à la décision du président.

---

[15]Selon l'article 70 du décret n° 2000/287 du 12 octobre 2000 portant statut général de l'État, le détachement est la position du fonctionnaire placé temporairement hors de son poste de travail pour servir auprès d'une institution publique prévue par la constitution, la loi ou par un acte réglementaire ; des collectivités publiques locales ou des entreprises, organismes publics ou parapublics ; des entreprises privées nationales ; des organismes privés d'intérêt général ou de caractère associatif assurant des missions d'intérêt général ; des organisations internationales ou des organisations non gouvernementales. **Le fonctionnaire peut également être détaché d'office pour exercer les fonctions de membre du gouvernement, des fonctions publiques électives ou un mandat syndical.**

[1616]Lire LEKENE DONFACK (E.), « *Propos sur le nouveau statut général de la Fonction publique* », Juridis info, n° 21, Jan-Fev-Mars 1995, p. 26.

[17] DJIOGUE TIOMELA (L.), Rapport et mémoire de fin de stage à l'Enam, Promotion 2012-2014, p. 66.

[18] Article 2 du Décret n° 95/145 – bis du 4 août 1995 modifiant et complétant certaines dispositions du décret n° 92/089 du 4 mai 1992 précisant les attributions du Premier ministre.

2- La liberté du choix des hommes et du nombre

Depuis l'accession à l'autonomie du Cameroun, les différents textes et actes constitutionnels donnent la possibilité à celui qui incarne la gestion de l'État, la liberté de choisir non seulement les hommes qu'il veut, mais aussi de déterminer leur nombre. Puisque sous le régime de la tutelle, ce choix était limité dans le décret fixant statut du Cameroun. Ainsi, « ***le nombre des ministres ne peut être supérieur à neuf. Il peut être procédé, à la nomination de secrétaires d'État dont le nombre ne peut être supérieur à cinq*** [19]». Cette liberté du choix et du nombre est donc une marque de démocratie et d'autonomie de l'État du Cameroun.

La constitution reconnaît au président de la République le pouvoir de nomination du Premier ministre. Cet article 10 alinéa 1 de la constitution montre que le président n'a pas besoin de recourir à une certaine consultation préalable. Il agit en son âme et conscience. Il est libre du choix de l'homme à la tête de la primature. Aucune condition n'est requise dans ce choix. Ainsi, c'est à la suite d'un décret signé par le président de la République que ce dernier entre immédiatement en fonction. Mais, il faut dire que la pratique des pays démocratiques et libéraux oblige le président à désigner le chef du parti majoritaire à l'Assemblée nationale ou un qui soit de son parti politique. Il peut choisir un Premier ministre politique ou technicien. Les nominations du début de mandat sont en général politiques alors que celles qui suivent peuvent donner lieu à toutes formes d'interprétation. Au Cameroun, la pratique du choix politique est restée constante jusqu'ici.

Au regard de l'article selon lequel il nomme librement le Premier ministre, chef du gouvernement, cela lui confère donc une compétence propre et discrétionnaire. Le président de la République va pouvoir nommer à sa guise, la personne de son choix, quand bien même ce serait un inconnu du monde de la politique. Sa liberté est absolue, totale.

La liberté dans le choix des hommes, notamment le Premier ministre, les ministres et les grands corps constitués de l'État, est relative d'une certaine manière ; le président de la République est obligé de nommer la personne de son choix, mais quelqu'un qui soit susceptible de mener à bien la mission à lui confier.

Il en est de même que le président est libre de choisir les personnes qui occupent les emplois publics, dans la mesure où cela se justifie par l'idée que ces emplois se situent à l'interface entre politique et administration et qu'ils doivent donc être occupés par des personnes dont la loyauté à l'égard du pouvoir en place ne fait pas de doute. Ainsi, au regard de l'article 21 alinéa 3, certaines fonctions exigent de leurs titulaires, un loyalisme aux institutions de

---

[19] Lire l'Article 19 du décret n° 57-501 du 26 avril 1957 portant statut du Cameroun.

la République. En pratique, ces emplois sont essentiellement occupés par des fonctionnaires issus des grands corps de l'État.

Ce pouvoir de nomination appartient en principe au chef de l'État en vertu de l'article 10 de la Constitution. La liberté de nomination n'est pas sans limites. De même, certaines nominations lui sont réservées de manière exclusive. On le voit bel et bien à la lecture de l'article 12 alinéa 3 de la constitution de 1996. Il ressort de cette disposition que le « ***Premier ministre exerce le pouvoir réglementaire et nomme aux emplois civils, sous réserve des prérogatives reconnues au président de la République dans ces domaines*** ».

Sur le plan purement formel, la nomination des grands corps de l'État, notamment des organes institutionnels, est entérinée dans la constitution. Il s'agit dans un premier temps de la totale liberté de choix qui se fait non seulement sur la nomination du Premier ministre, mais aussi sur l'attribution de ce dernier et également sur la fin de fonction en nommant un autre. Mais dans la pratique, le libre choix est juridiquement discrétionnaire au regard de la constitution ; cependant, elle est très souvent politiquement liée puisque ce dernier fait partie ou appartient au parti politique du président de la République en exercice.

C'est dire que le président chargé de la nomination est libre d'opérer son choix sur n'importe qui. Il s'agit d'un pouvoir moins ouvert et largement tributaire du pouvoir discrétionnaire.

Dans un second temps, il détient aussi cette liberté totale de choix dans la nomination de certains hommes des organes administratifs à l'instar de trois des membres du Sénat dans chaque région, des membres du conseil économique et social[20], les recteurs, les directeurs et directeurs adjoints des sociétés et entreprises publiques et parapubliques.

Le nombre de postes ministériels, administratifs et même dans les autres structures étatiques n'est pas fixé par une disposition constitutionnelle et non plus par un texte réglementaire. Ceci implique que les constituants de 1996 comme ceux antérieurs n'ont pas mis de précision sur le nombre d'hommes et leur choix notamment en ce qui concerne la composition du gouvernement et le nombre de ministres. Seule la nomination du Premier ministre est précisée par la constitution. C'est au travers du texte organisant le gouvernement que l'on peut ainsi déterminer le nombre de postes ministériels à pourvoir.

---

[20] Article 9 et 10 de la loi n° 2017/009 du 12 juillet 2017 fixant les attributions, l'organisation et le fonctionnement du conseil économique et social du Cameroun.

En vertu de ses prérogatives constitutionnelles, il appartient au président de la République de déterminer librement le choix des hommes et aussi leur nombre.

B- L'insignifiance de consultation

Le recours à la consultation reste insignifiant dans la mesure où il appartient au président de la République de considérer ou pas la proposition qui lui a été faite. Ceci traduit alors une souplesse dans les avis, voire l'ignorance de cette consultation pour la nomination de certains corps constitués de l'État. De nos jours, dans le régime où le président de la République a la majorité politique comme celui du Cameroun, l'on ne saurait nier le caractère prépondérant de ce dernier dans tous les actes de l'État à l'instar de celui du choix des hommes appelés à conduire la destinée des affaires de son régime.

Cette majorité politique vient encore conforter la prépondérance du pouvoir du président de la République sur la liberté du choix des hommes et de leur nombre. Au-delà de la politique, c'est un principe que lui a octroyé la constitution de 1996, puisqu'il est le Chef de l'État et les autres ne sont que ses collaborateurs et n'exécutent que sa politique. Tout ceci justifie en effet une souplesse des avis et un faible recours à la consultation dans le pouvoir de nomination du président de la République. La constitution lui reconnaît un total pouvoir sur la nomination du Premier ministre.

1- L'exclusivité du pouvoir de nomination du Premier ministre

Le président de la République nomme le Premier ministre. Il faudrait retracer l'histoire constitutionnelle du Cameroun qui a permis à un tel aboutissement. Tout d'abord avant 1960, suite à la victoire de la France et de l'Angleterre sur l'Allemagne, le Cameroun était divisé en deux parties, l'une sous domination britannique, l'autre sous domination française. Les actes constitutionnels français étaient alors applicables au Cameroun sous réserve d'adaptabilité, conformément au principe de la spécialité législative. Jusqu'en 1958[21], le Cameroun avait à sa tête un Haut-commissaire qui après consultation de l'Assemblée législative désignait un Premier ministre chef du gouvernement. À partir de 1959, une loi de 1959 érige alors le Premier ministre en chef de l'État et celui-ci étant chargé de nommer ses ministres. Avec l'indépendance et notamment suite à la rédaction d'une constitution, le Cameroun se dote d'un président de la République qui, avant son entrée en fonction, nomme le Premier ministre, chef du gouvernement[22], l'exécutif est alors bicéphale. Un an après, notamment avec le texte constitutionnel de 1961, le président de la République fédéral est plutôt assisté par un vice-président et

[21] Lire l'ordonnance n° 58-1375 du 3 décembre 1958 portant statut du Cameroun.
[22] Article 14 de la Constitution du 4 mars 1960.

nomme les ministres et les adjoints[23]. Il désigne à cet effet, dans chaque État fédéré, le Premier ministre qui doit recevoir l'investiture de l'Assemblée législative de l'État fédéré à la majorité simple[24]. Jusqu'ici, le pouvoir de nomination du Premier ministre par le président de la République intervient après une consultation.

En 1972, ce poste disparaît et réapparaît en 1975 suite à la loi du 9 mai 1975 et est confirmé par la constitution de 1996. L'exécutif redevient bicéphale, ayant à sa tête un président de la République-chef de l'Etat et un Premier ministre chef du gouvernement. Le constituant de 96 donne ainsi plein pouvoir au président de choisir librement sans recourir à la consultation comme par le passé. Il en a l'exclusivité totale et ce dernier est le seul à mettre fin à ses fonctions.

La nomination du Premier ministre est un pouvoir propre et unique réservé exclusivement au président de la République. Cela sous-entend que l'avis des membres du Gouvernement n'est donc pas nécessaire sur le décret présidentiel de nomination du chef du gouvernement.

Le chef de l'État a une complète liberté dans son choix. Mais en France, deux cas de figure peuvent se présenter. Cette liberté est maintenue lorsque la majorité présidentielle coïncide avec la majorité parlementaire. Dans le cas où il y a cohabitation, la situation est différente (pas de majorité présidentielle à l'Assemblée nationale) entre un président de la République et une Assemblée nationale de tendance opposée. Il est alors admis que le président de la République nomme un Premier ministre issu de la nouvelle majorité. Puisqu'il s'agit d'un régime parlementaire.

Au Cameroun où le régime est semi-parlementaire et semi-présidentiel, le pouvoir de nomination relève de la liberté exclusive du président de la République puisque ce dernier n'est pas responsable devant le Parlement ou n'a pas besoin d'une quelconque investiture avant d'être nommé comme tel est le cas en Grande-Bretagne. Le Premier ministre est le second de l'exécutif. Il est le chef du gouvernement. Il assume directement les fonctions du président de la République lorsque ce dernier est empêché ou s'il le délègue. C'est pour cette raison que son choix par le président de la République doit être déterminant. Il doit choisir une personne de confiance pour mener à bien sa politique.

Le choix crucial du Premier ministre est dû à son rôle dans l'action du gouvernement. Selon les dispositions constitutionnelles et réglementaires, il est chargé de diriger l'action du gouvernement. Il est chargé de l'exécution

---

[23] Article 8 et 11 de la Constitution de 1961.

[24] Article 39 de la Constitution de 1961.

des lois[25]. En même temps, le Premier ministre est celui qui doit proposer au président les autres membres du gouvernement, c'est la suite logique de cette confiance que lui a accordée ce dernier.

L'acte de nomination qu'exerce le président de la République pour nommer le Premier ministre est considéré comme un pouvoir propre et réel puisqu'au fond, il n'exerce qu'un pouvoir formel en faisant recours à des avis.

2- La souplesse dans la consultation

L'article 10 alinéa 1 de la constitution attribut également la compétence de nomination des autres membres du gouvernement au président de la République. Mais cette fois-ci, cette initiative présidentielle est subordonnée en ce domaine à un pouvoir de proposition du gouvernement. Il est assisté dans ce choix par le Premier ministre. Au regard de l'Instruction générale relative à l'organisation du travail gouvernemental, il en ressort qu'une concertation peut être faite au sein de l'exécutif en conseil des ministres pour certains grands dossiers de l'État à l'instar des nominations aux emplois supérieurs[26]. Le conseil des ministres étant l'instance de concertation et de délibération présidée par le président de la République sur les grands dossiers de l'État. Il se tient périodiquement et constitue une instance dont la consultation est facultative[27]. Le président de la République reste l'acteur principal de l'instance de décision.

S'il y a souplesse dans les avis au sein de l'exécutif sur les propositions de nominations des ministres ou aux emplois civils et militaires, c'est parce que le président de la République reste le garant de l'Etat et des actes publics.

Selon l'article 8 alinéa 10 de la constitution de 1996, le président de la République « ***nomme aux emplois civils et militaires de l'État*** ». Il détient donc une large compétence de droit commun qui correspond à son rôle régalien du chef de l'État. Mais il doit recourir à l'avis du Premier ministre et des ministres, bien que la consultation demeure facultative ici.

Pour ce qui est des nominations aux emplois civils et militaires, la consultation peut se faire soit en conseil de ministres, soit en conseil de cabinet. En Conseil des ministres selon l'instruction générale relative au travail gouvernemental, une concertation et même une délibération peuvent être faites avant toute nomination.

---

[25]Article 12 de la constitution de 1996.

[26] Au regard du décret n° 63-72/COR du 19 juin 1963 fixant la liste des emplois supérieurs de l'État fédéré du Cameroun oriental, on peut dire que l'on considère comme emplis supérieurs, les inspecteurs des affaires administratives, directeurs des services centraux et extérieurs, chef de service ayant rang de directeurs des services centraux.

[27]Lire Instruction générale n° 002 du 1er octobre 2002 relative à l'organisation du travail gouvernemental qui modifie celle du 4 juin 1998.

Pour les autres nominations qui concernent notamment certains fonctionnaires de haut niveau, le processus de sélection est fait par les ministres concernés et le président intervient juste pour entériner l'acte de nomination par un acte réglementaire. Il faut dire que le président n'est pas toujours libre d'agir à sa guise en ce qui concerne son pouvoir de nomination. Il fait recours à ses collaborateurs, notamment au Gouvernement.

II- Un pouvoir faiblement encadré

Les nominations effectuées par le président de la République sont certes encadrées par la Constitution, mais ne subissent aucun contrôle véritable.

Afin d'éviter que les nominations prononcées par le président de la République n'apparaissent comme le fait du Prince, le pouvoir de nomination du président de la République devrait être encadré comme en France depuis 2008 avec la réforme constitutionnelle de cette année où désormais le pouvoir de nomination est soumis au préalable à l'avis du parlement. Ainsi, pour les emplois ou les fonctions qui ont une importance pour la garantie des droits et libertés ou la vie économique et sociale de la nation, le pouvoir de nomination du président doit s'exercer après l'avis public des commissions permanentes compétentes des deux chambres du Parlement. Le président de la République ne peut procéder à une nomination lorsque l'addition des votes négatifs dans chaque commission représente au moins trois cinquièmes des suffrages exprimés. L'encadrement des nominations par une procédure d'audition parlementaire permet au président de la République qui conserve son entier pouvoir de nomination de soumettre à l'appréciation des parlementaires une candidature, afin de leur permettre de vérifier les compétences de l'intéressé et d'exprimer clairement leur avis à l'issue de séances publiques d'audition[28].

Au Cameroun, depuis la révision constitutionnelle de 1996, le pouvoir de nomination du président de la République en ce qui concerne par exemple des membres du Conseil constitutionnel est un pouvoir propre bien que ce dernier doive recourir aux avis des présidents des deux chambres du parlement. Il est donc dispensé de contreseing, c'est-à-dire de la signature du Premier ministre ou des présidents des chambres du parlement. Il continue également de s'exercer pleinement en période de cohabitation. Pourtant, ces nominations pourraient être mises en échec par le vote des commissions compétentes du Sénat et de l'Assemblée à la majorité des trois cinquièmes de leurs membres.

Le pouvoir de nomination du président de la République est toutefois conditionné par la prise en compte des avis de ses collaborateurs. Le processus de nomination reste à cet effet un long processus.

---

[28] Lire à cet effet les propositions sur la modernisation des institutions établies par le comité BALLADUR en France.

A- Un pouvoir réduit

L'article 8 alinéa 10 de la constitution de 1996 dispose brièvement que le président de la République « ***nomme aux emplois civils et militaires de l'État*** », sans plus de détails sur la liste d'emplois. Pourtant, ce pouvoir est partagé avec les autres membres du gouvernement. Dans la pratique, on constate que son acte de nomination concerne généralement les emplois les plus élevés.

Le président de la République au Cameroun nomme alors aux emplois civils et militaires tel que le recommande la constitution. Il s'agit là en effet d'un pouvoir essentiellement formel dans la mesure où il ne fait qu'entériner les décisions prises en amont par ses collaborateurs. Il revient alors de présenter le processus de nomination (1) et après montrer concrètement la désignation comme préalable à la nomination d'une personne (2).

1- Le processus de nomination

La réduction du pouvoir de nomination est liée au long processus de nomination tel que le prévoient les textes. Ce processus est long pour la nomination dans la haute fonction que pour la nomination des ministres.

Pour la nomination des ministres, il est formellement consacré par la constitution que le président de la République les nomme sur proposition du Premier ministre. De manière pratique, plusieurs éléments entre en jeu notamment politique, culturel, ethnie… Au Cameroun, il est de pratique que lorsque le Premier ministre est nommé, il l'est au même moment que les ministres. Cela est dû au fait de la cohabitation politique, puisque le président ne nomme à ce poste qu'un membre de sa formation politique. Les ministres sont alors nommés sur cette base.

Tout comme le président de la République, le Premier ministre, les ministres et les différents responsables de l'administration nomment aux emplois civils et militaires. Pour la nomination à la haute fonction réservée uniquement au Chef de l'État, le processus est long, il intervient en dernier ressort pour entériner l'acte de nomination.

L'on part de l'hypothèse selon laquelle tous les citoyens sont admissibles à un emploi public tel que le prévoit la Déclaration des droits de l'homme et du citoyen. Avant d'appartenir à la haute fonction publique ou à un poste le plus élevé, tous sont au préalable des agents publics et par conséquent recrutés selon les modalités prévues par la fonction publique camerounaise. Il s'agit d'être recruté soit par concours, soit par titre ou tout simplement par contrat.

L'un des préalables à l'accomplissement d'une carrière au sein de l'administration est la nomination de l'agent à un poste de travail. La nomination est un acte dont la nature est moins immédiatement certaine car, c'est un acte qui provoque l'application d'une réglementation générale. Pour le cas des agents publics nouvellement recrutés, la compétence de nomination appartient au président de la République tout comme au Premier ministre, sur proposition motivée du ministre chargé de la Fonction publique.

Une fois intégré et nommé, l'agent évolue dans sa carrière et peut à tout moment, pour des raisons de service et d'intérêts de service d'être redéployé une haute fonction. Dans ce cas, l'acte de nomination pris, relève de la compétence exclusive du président de la République.

2- La désignation préalable à l'acte de nomination

Le pouvoir de nomination est un acte de l'exécutif qui en est l'autorité compétente reconnue par la Constitution. Avant l'entérinement par le président de la République, il y a en amont la désignation ou proposition par d'autres, des autorités administratives, parlementaires, voire politiques. Cette désignation peut être considérée comme un acte juridique et comme un acte matériel. Acte juridique en ce sens qu'il est encadré par d'autres actes comme des « ***avis, des rapports ou des propositions qui sont justement les choix qu'avance l'autorité investie d'un pouvoir de désignation*** [29]».

Au plan matériel, la désignation préalable à l'acte de nomination se traduit par la soumission au président de la République, soit lors d'un conseil, soit par voie d'un ordre oral ou d'une correspondance d'une proposition à la nomination. Il s'agit d'une désignation suggestion, car cela consiste à suggérer une personne aux fins d'un entérinement à un poste de nomination.

Au regard des dispositions constitutionnelles en vigueur, trois notions semblent être liées à savoir la nomination, la désignation et la proposition. Toutes sont distinctes. Dans ce cas, la désignation ne prend pas la forme de nomination, puisque la nomination est toujours précédée d'une désignation c'est-à-dire d'un choix. On le constate dans l'article 51 alinéa 2 de la constitution sur le procédé de nomination et de désignation des membres du Conseil constitutionnel. L'acte de nomination est alors précédé d'une désignation faite par un autre acteur ; c'est ce qui oblige cette distinction au fond. Ici, la désignation consiste à choisir le bénéficiaire d'une fonction, d'un emploi alors que la nomination consiste à attribuer réellement cette fonction, cet emploi.

Relativement à la proposition, il convient de noter que c'est un acte précédant la nomination à une fonction ou à un emploi comme le relève l'article 10 alinéa 1 de la constitution. Ce dernier dispose que « le président de la République nomme le Premier ministre et, sur proposition de celui-ci,

[29]Benoît MONTAY in « *Le pouvoir de nomination de l'exécutif sous la Ve République* », op cit, p.36.

les autres membres du Gouvernement ». La proposition consiste à suggérer à l'appréciation du président avant tout acte de nomination.

Le pouvoir de désignation et le pouvoir de proposition relevant d'acteurs différents sont alors des actes juridiques préalables au pouvoir de nomination.

Tout ce processus permet ainsi de « ***limiter l'arbitraire dans des domaines particulièrement sensibles et qui prêtent à polémique*** [30]». En réalité, ces suggestions permettent au président de la République de choisir techniquement les hommes à la place qu'il faut. Même si le président de la République dispose d'une large liberté d'appréciation dans la nomination de ces emplois, il doit tenir compte des qualités professionnelles et respecter le principe d'égal accès aux emplois publics.

Le concours des différentes autorités participe à vérifier les aptitudes, les compétences des personnes à proposer. Le président de la République ne connaissant pas réellement tous les agents. Il doit faire confiance à ses collaborateurs dans ce processus, tout en gardant le droit de regard plus qu'il reste et demeure le garant de l'État.

Pour les grands corps constitués de l'État, notamment la nomination des ministres, des magistrats, des membres du Conseil constitutionnel, des membres du conseil économique et social, il y a au préalable une désignation avant leur nomination par un décret du président de la République. Ainsi, il est établi que les autres membres du gouvernement sont nommés sur proposition du Premier ministre[31]. Le conseil supérieur de la magistrature quant à lui donne son avis sur les propositions de nominations des magistrats[32]. Les membres du Conseil constitutionnel sont désignés par le président de l'Assemblée nationale, par le président du Sénat, le Conseil supérieur de la magistrature et par le président de la République lui-même[33].Pour les membres du conseil économique et social, un décret du président de la République fixe les modalités de leur désignation[34].

Le président de la République peut alors être aidé dans le choix des hommes, mais son pouvoir de nomination est dépourvu de tout contrôle.

B- Un contrôle mitigé

L'on ne saurait étudier le pouvoir de nomination sans évoquer une des questions majeures et incontournables qu'est le contrôle. L'importance de cette question de contrôle réside dans le fait qu'il permet d'éviter les abus et

---

[30]*Ibid.*, p. 37.

[31] Article 10 alinéa 1 de la Constitution.

[32] Article 37 alinéa 3 de la Constitution.

[33] Article 51alinéa 2 de la Constitution.

[34] Article 10 alinéa 3 de la loi n° 2017/009 du 12 juillet 2017 fixant les attributions, l'organisation et le fonctionnement du conseil économique et social au Cameroun.

s'assurer que l'exercice de ce pouvoir ne serve pas seulement les fins personnelles de celui auquel il a été confié. C'est une exigence démocratique.

Le contrôle s'entend dans sa plus simple acceptation comme une censure, un examen et même comme une évaluation. L'on peut alors se demander si le pouvoir de nomination du président de la République doit faire l'objet d'un contrôle. Pourquoi pas, puisqu'il est question de limiter les abus de ce dernier afin de retomber dans le régime ancien où le Roi pouvait tout faire ?

Le pouvoir de nomination du président de la République n'est néanmoins pas contrôlé au Cameroun par le parlement (1) et beaucoup plus incertain au niveau juridictionnel (2).

1- L'absence de contrôle parlementaire

Le seul contrôle parlementaire qui existe est celui de l'action du gouvernement. C'est plutôt le parlement qui est responsable devant le président de la République. Traité dans le Titre III de la Constitution de 1996, le pouvoir législatif au Cameroun est exercé par le parlement qui comprend deux chambres : l'Assemblée nationale et le Sénat. Il a pour rôle de légiférer et de contrôler l'action du Gouvernement. À l'analyse, on peut dire qu'au regard de son rôle, le parlement n'a aucun droit de regard sur le président de la République encore moins sur son pouvoir de nomination.

Tout au contraire même, le président influence, nomme certains parlementaires. Il serait donc aberrant de dire que cet organe peut avoir un droit de regard sur la nomination des hommes qui seront destinés à conduire la vie de l'État. Le parlement ne peut par conséquent contrôler le pouvoir de nomination du président de la République comme c'est le cas en France.

En France notamment, une loi organique a été prise en vertu de la révision de 2008 qui détermine les emplois ou fonctions, en raison de leur importance pour la garantie des droits et libertés ou la vie économique et sociale de la Nation, le pouvoir de nomination du président de la République s'exerce après avis public de la commission permanente compétente de chaque assemblée.

Ceci a pour but de favoriser le contrôle du Parlement et d'avoir un regard objectif sur les choix opérés par le président de la République dans la réalisation de son pouvoir de nomination. À la lecture de cette innovation organique contenue dans la réglementation française, le fait de recueillir l'avis des commissions lui donne une certaine portée, car elle assure une garantie des droits et des libertés, car les emplois susvisés ont une grande importance dans la vie de l'État et mérite des hommes de qualité.

Ainsi, ces commissions disposent d'un droit de veto puisque si les trois cinquièmes des suffrages exprimés par les parlementaires siégeant en commission se trouvent réunis (les votes à l'Assemblée nationale et au Sénat sont additionnés), une majorité qualifiée peut s'opposer à la nomination prévue.

Cette absence de contrôle est purement établie par la Constitution notamment en ce qui concerne le contrôle juridictionnel avec la haute cour de justice qui est la seule instance pouvant juger le président de la République et certains hauts dirigeants.

2- Un contrôle juridictionnel incertain

D'une manière générale, le juge est le gardien des libertés. Son action dans ce domaine vise aussi bien les abus des personnes physiques ou morales que ceux constitutifs d'une loi inconstitutionnelle ou d'une disposition illégale.

Au Cameroun, la justice constitutionnelle est récente ; jusqu'à une date assez récente, elle était dévolue à la Cour suprême en plus de ses traditionnelles attributions, la loi constitutionnelle du 18 janvier 1996 a institué un Conseil constitutionnel chargé entre autres attributions, de statuer souverainement sur la constitutionnalité des lois[35]. Ce conseil a été depuis peu mis en place.

La soumission du pouvoir de nomination au contrôle d'un juge ne va pas toujours de soi : car le président de la République bénéficie d'une totale immunité. Cela suppose que la norme fondamentale, c'est-à-dire la Constitution, assure à certains égards une absence de contrôle juridictionnel sur certains actes présidentiels. Ainsi, les actes accomplis par le président de la République en application des articles 5, 8, 9 et 10 ci-dessus sont couverts par l'immunité et ne sauraient engager sa responsabilité à l'issue de son mandat[36]. Le contrôle doit à cet effet être inexistant. Il s'agit notamment des actes liés à ses fonctions de chef de l'État. Il incarne l'unité nationale, il définit la politique de la nation, il veille au respect de la Constitution, il assure, par son arbitrage, le fonctionnement régulier des pouvoirs publics et est le garant de l'indépendance nationale, de l'intégrité du territoire, de la permanence et de la continuité de l'État, du respect des traités et accords internationaux.

En sa qualité de président de la République, il représente l'État dans tous les actes de la vie publique, il est le Chef des Forces armées, il veille à la sécurité intérieure et extérieure de la République. Il accrédite les ambassadeurs et les envoyés extraordinaires auprès des puissances étrangères. Les ambassadeurs et les envoyés extraordinaires des puissances étrangères sont accrédités auprès de lui. Il promulgue les lois, saisit le Conseil constitutionnel. Il exerce le droit de grâce après avis du Conseil supérieur de la Magistrature. Il exerce le pouvoir réglementaire, crée et organise les

---

[35]Article 47 de la Constitution de 996.

[36]Article 53 alinéa 3 de la loi constitutionnelle de 1996 révisée en 2008.

services publics de l'État et nomme aux emplois civils et militaires de l'État. Il confère les décorations et les distinctions honorifiques de la République. Enfin, le président de la République peut, en cas de nécessité et après consultation du Gouvernement, des bureaux de l'Assemblée nationale et du Sénat, prononcer dissolution de l'Assemblée nationale.

De même, en cette qualité, le président de la République peut, lorsque les circonstances l'exigent, proclamer par décret, l'état d'urgence qui lui confère des pouvoirs spéciaux dans les conditions fixées par la loi. Il peut, en cas de péril grave menaçant l'intégrité du territoire, la vie, l'indépendance ou les institutions de la République, proclamer, par décret, l'état d'exception et prendre toutes mesures qu'il juge nécessaires. Il en informe la Nation par voie de message. Il nomme le Premier ministre et, sur proposition de celui-ci, les autres membres du Gouvernement ; fixe leurs attributions et met fin à leurs fonctions. Il préside les conseils ministériels et peut déléguer certains de ses pouvoirs au Premier ministre, aux autres membres du Gouvernement et à certains hauts responsables de l'administration de l'État, dans le cadre de leurs attributions respectives. En cas d'empêchement temporaire, le président de la République charge le Premier ministre ou, en cas d'empêchement de celui-ci, un autre membre du Gouvernement d'assurer certaines de ses fonctions, dans le cadre d'une délégation expresse.

Ceci étant, le pouvoir de nomination du président de la République ne peut pas faire l'objet d'aucune contestation à la lecture de ces dispositions constitutionnelles. Pourtant, l'acte de nomination peut être qualifié d'un acte administratif unilatéral et susceptible de recours devant un juge. En vertu du caractère supérieur de la norme constitutionnelle sur le règlement, aucune contestation ne peut être faite sur le choix des hommes que peut nommer le président de la République au Cameroun.

Par ailleurs, le caractère d'État de Droit que l'on attribue au Cameroun pourrait remettre en cause cet état de choses dans la mesure où l'État de droit est un État dans lequel les gouvernants, tout comme les gouvernés, sont soumis aux règles de droit qu'ils édictent et dans lequel les gouvernés ont la possibilité de contester les actes des titulaires de l'autorité devant un juge. L'État de Droit est la soumission de l'État au Droit garanti par des procédures que peuvent mettre en œuvre des citoyens ; c'est donc un État, dans lequel les différents organes agissent en vertu du Droit, d'où l'exercice de la puissance publique qui résulte toujours d'une compétence juridique. Le Droit vient à la fois instituer et limiter les organes étatiques. En amont, le juge peut se prononcer sur le pouvoir de nomination, étant donné qu'il s'agit d'un acte administratif susceptible d'un recours devant le juge.

Conclusion

Le pouvoir de nomination du président de la République est un pouvoir qui s'apparente à un « super pouvoir », dans la mesure où il relève des prérogatives de ce dernier et ne peut vraiment pas faire l'objet d'un contrôle. Constitutionnellement reconnu et entériné, le président de la République détient une large discrétion puisqu'étant juge de l'opportunité et disposant une liberté sur le choix et le nombre des personnes qui pourraient l'accompagner dans la mise en place de sa politique. Mais il est orienté dans ce choix par une fine consultation, notamment dans la nomination des ministres et des autres grands corps constitués de l'État. Il recourt également à la consultation dans la nomination des hautes fonctions, relatives aux emplois civils et militaires.

Le pouvoir de nomination du président de la République au Cameroun ne fait pas l'objet de contrôle comme c'est le cas en France notamment le contrôle parlementaire. Il est insusceptible de recours devant tout juge.

Bibliographie indicative

Bouvier (M), Marie-Christine Esclassan, Jean Pierre Lassale, *Finances publiques*, 15e édition, LGDJ, Lextenso, Paris, 2016.

- Delon Desmoulin (C) et Gil Desmoulin (G.) (dir), *La décision financière publique*, LGDJ, Paris, 2013.

- Fabre (F-J), *Le contrôle des finances publiques*, PUF, Paris, 1968.

- Muzellec (R), Conan (M), *Finances publiques*, 6e édition, Sirey, Dalloz, Paris, 2013.

- Sindjoun (L), *Le président de la République au Cameroun* (1982-1996). *Les acteurs et leur rôle dans le jeu politique*, n° 50, CEAN, 1996.

- Le Bos-Le Pourhiet (A. -M.), *Les ordonnances. La confusion des pouvoirs en droit public français*, collection Systèmes, LGDJ-Lextenso-Editions, Paris, 2011.

- Lekene Donfack, *Finances publiques camerounaises*, Berger-levrault, Paris, 1987.

- Jèze (G), *Cours de science des finances*, Giard, Paris, 1922.

- Bujadoux (J-F), « Présidence arbitrale ou « présidence gouvernante », aux sources d'une vieille querelle républicaine », *Petites affiches*, n° 289, 30/11/2016.

- Cohendet (A.-M.) « L'arbitrage du président de la République », *Archives de philosophie du droit*, 52, 2009.

- Tano (F), « Constitutionnalisme et urgence budgétaire à l'épreuve des crises politiques », *Revue juridique et politique*, n° 2, avril-juin 2011.

- Ngang (JM), « L'autonomie de l'infraction financière et de l'infraction pénale dans la sanction des atteintes à la fortune publique en droit français et camerounais. Étude comparative sur la faute de gestion et le détournement de deniers publics », *Revue africaine de finances publiques*, n° 2, 2017.

- Sedena Akono Ongba (A), « La distinction entre la faute de gestion et le détournement de deniers publics en droit camerounais », *RASJ*, n° 1, 2014.

LES POUVOIRS BUDGÉTAIRES DU PRÉSIDENT DE LA RÉPUBLIQUE AU CAMEROUN

Éric Stéphane MVAEBEME

« Le droit constitutionnel est sorti du droit financier ; à son tour, le droit constitutionnel domine le droit financier »[1]. Ce propos n'est pas fortuit. La domination constatée se produit par le biais des pouvoirs publics[2] qui peuvent vouloir, par leurs organes spéciaux pour le compte de la collectivité, imposer leurs volontés aux individus[3]. Les pouvoirs du président de la République camerounaise dans le champ budgétaire cristallisent l'hyper domination du droit constitutionnel sur le droit des finances publiques.

Clé de voûte institutionnelle[4], le président est une Autorité que l'on retrouve dans des Républiques[5]. Le président de la République est le garant de la légitimité et de la permanence de l'État[6]. Il est le Chef de l'État et Chef dans l'État. En Afrique en général et dans les États d'Afrique noire francophone en particulier, sa trajectoire historique n'a pas toujours été linéaire. Cette trajectoire peut être retracée en trois temps. *Prima facie*, le premier cycle, encore appelé *constitutionnalisme octroyé*[7], se situe entre 1960 et 1964. C'est ce constitutionnalisme dont héritent les États sous la domination française de façon imposée[8] ou non[9]. L'on constate ouvertement un présidentialisme autoritaire au sortir des indépendances. Ensuite, la seconde vague fait place à

---

[1] BARTHÉLEMY (J.), DUEZ (P.), *Traité de droit constitutionnel*, Éditions Panthéon-Assas, LGDJ, 2004, p.791.

[2] DRUESNE (G.), « Réflexions sur la notion de pouvoirs publics en droit français », *RDP*, 1976, pp.1149-1215.

[3] CARRE DE MALBERG (R.), *Contribution à la théorie générale de l'État*, Sirey, Paris, 1920, réédition 1962, tome I, p.259.

[4] TOUZEIL-DIVINA (M.), *Dictionnaire de droit public interne*, Lexisnexis, Paris, 2017, p.374.

[5] Lire utilement MVAEBEME (E. S.), *La République en droit public camerounais*, Thèse de droit public, université de Yaoundé II, février 2017, 455 p. AUDIER (S.), *Les Théories de la République*, 2e édition, coll. Repères, La Découverte, Paris, 2015, 125 p.

[6] DELPEREE (F.), « L'exécutif », *in* CHAGNOLLAUD (D.), TROPER (M.) (dir), *Traité international de droit constitutionnel*, Dalloz, Paris, 2012, tome II, p.229.

[7] WANDJI KANDA (J. F.), « Les zones d'ombres du constitutionnalisme en Afrique », *Juridis périodique*, n° 74, avril-mai-juin 2008, p.85.

[8] AHANHANZO GLELE (M.), « La constitution ou loi fondamentale », *Encyclopédie juridique de l'Afrique*, chapitre 1, tome 1, Abidjan-Dakar-Lomé, Les nouvelles éditions africaines, 1982, p.24.

[9] GONIDEC (P.-F.), « Constitutionnalismes africains », *RJPIC*, octobre-décembre 1994, p.35

un infléchissement du présidentialisme par l'encadrement des compétences du Chef de l'État et la concurrence des Premiers ministres au moment de la transition des années 1990[10]. Enfin, une nouvelle tendance « à la hausse » dans les constitutions post-1990 avec une revalorisation institutionnelle au bénéfice de la primauté présidentielle grâce, cette fois-ci à l'estime grandissante qu'ont pu inspirer les nouveaux textes constitutionnels, en tant que seules sources de garantie du pouvoir[11]. C'est ainsi qu'une lecture plus en recul de la trajectoire constitutionnelle des pays africains de succession française montre une tendance claire, récurrente et presque inévitable à la prééminence présidentielle[12]. Préséance présidentielle directe si elle est une volonté explicite du texte constitutionnel ou indirect si elle est une conséquence de l'interprétation de ses pouvoirs dans un sens ultra-personnel par le Chef de l'État lui-même. Considéré comme un « vaisseau amiral constitutionnel »[13] ou comme un « pontife présidentiel »[14], le Chef de l'État demeure l'articulation essentielle des régimes constitutionnels en Afrique de succession française[15]. Le Cameroun ne fait guère preuve de détachement face à cet état de fait.

Une constance se dégage au regard de la dynamique constitutionnelle du Cameroun : l'omniprésence et l'omnipotence des pouvoirs présidentiels[16]. Le Chef de l'État dispose de beaucoup de pouvoirs[17], ces derniers sont divers, variés et *sacrés*[18]. Le président de la République est chef, mais chef de l'Institution qui englobe et surplombe toutes les institutions sociales, chef de

---

[10] HOURQUEBIE (F.), « Quel statut constitutionnel pour le chef de l'État africain ? Entre principes théoriques et pratique du pouvoir », *Afrique contemporaine*, 2012/2, n° 242, p.74.

[11] BOUBACAR BA, *L'institution présidentielle dans le nouveau constitutionnalisme des États d'Afrique et d'Amérique latine (Afrique du Sud, Benin, Ghana, Sénégal/Brésil, Chili, Colombie),* Thèse de droit public, UCAD, 2013, p.5.

[12] *Idem.*

[13] *Idem.*

[14] SINDJOUN (L.), *Le président de la République au Cameroun* (1982-1996). *Les acteurs et leur rôle dans le jeu politique*, n° 50, CEAN, 1996, p.41.

[15] CABANIS (A.), MARTIN (M.-L.), « Le chef de l'État dans les constitutions d'Afrique francophone », *in* BLANC (F. P.), DE GAUDUSSON (J.-B.) (dir), *Le chef de l'État en Afrique... entre traditions, état de droit et transition démocratique*, CCERJEMAF, Presses universitaires de l'université de Perpignan, n° 9, 2001, p.350.

[16] BATOUM BA NGOUE (S. T.), « Les pouvoirs présidentiels dans la Constitution du 18 janvier 1996 : l'idée d'une République présidentielle au Cameroun », *revue camerounaise de relations internationales*, 2000, p.248.

[17] Le substantif « pouvoir » est dérivé du verbe homonyme « pouvoir » signifiant être capable de. Un pouvoir est donc avant tout synonyme de capacité d'action, voire de prérogative juridique. Lire utilement, Mathieu Touzeil-Divina, *Dictionnaire de droit public interne*, Lexisnexis, Paris, 2017, p.370.

[18] KAMTO (M.), *Pouvoir et droit en Afrique noire. Essai sur les fondements du constitutionnalisme dans les États d'Afrique noire francophone*, LGDJ, Paris, 1987, p.59.

tous les chefs au sein de l'État[19]. Il représente notamment[20] l'État dans tous les actes de la vie publique, est le chef des forces armées, veille à la sécurité intérieure et extérieure, est le chef de la diplomatie, exerce le droit de grâce après avis du Conseil supérieur de la magistrature, exerce le pouvoir réglementaire, crée et organise les services publics, nomme aux emplois civils et militaires de l'État, confère les décorations et les distinctions honorifiques de la République. En sus de tout cela, l'article 9 lui donne des pouvoirs dans des circonstances extraordinaires[21]. À la lecture de toutes ces fonctions présidentielles, l'on constate que le chef de l'État est omnipotent et est au centre de tout. L'on est donc frappé par la constance de l'Institution présidentielle conçue tel un *monarque républicain*, au centre de la décision publique et du jeu politique[22]. Aucun domaine ne lui échappe, il a la mainmise partout. Le champ budgétaire ne lui échappe guère.

Le budget désigne l'ensemble des recettes et des dépenses d'une personne publique, et autrefois, il était contenu dans le « sac royal »[23]. Il est beaucoup plus un acte juridique de prévision et d'autorisation financières. Du point de vue légal, il décrit les ressources et les charges de l'Etat autorisées par la loi de finances, sous forme de recettes et de dépenses, dans le cadre d'un exercice budgétaire[24]. De ce point de vue, l'on peut faire chorus avec **Gaston Jèze** qui disait que : « le budget est essentiellement un acte politique (...) le budget est avant tout la mise en œuvre d'un programme d'action politique »[25]. C'est évidemment l'instrument par lequel l'État ou les collectivités territoriales vont hiérarchiser leurs priorités politiques[26]. De ce fait, il constitue la traduction financière d'une vision politique, et il est en même temps un enjeu de pouvoir[27]. Il est donc plus que normal que le président de la République ait des prérogatives juridiques dans le cadre du droit budgétaire[28]. Cela contribue

---

[19] OLINGA (A. D.), *La Constitution de la République du Cameroun*, 2e édition, PUCAC, Yaoundé, 2013, p.63.

[20] Notamment, vise souvent à signifier qu'une énumération n'est pas exhaustive, que la liste n'est pas fermée. Lire dans ce sens Stefan Goltzberg, *L'argumentation juridique*, 2e édition, Dalloz, Paris, 2015, p.94.

[21]En matière d'état d'urgence et état d'exception. *V.* article 9 (1) et (2) de la Constitution du 18 janvier1996.

[22] MANANGOU (V. R.), « Le néo-présidentialisme africain : entre paternalisme et superposition », *RFDC*, 2015/3, N° 103, p.28.

[23] TOUZEIL-DIVINA (M.), *Dictionnaire de droit public interne, op. cit.*, p.59.

[24] Article 4 (1) de la loi du 11 juillet 2018 sur le régime financier de l'État et des autres entités publiques.

[25] JEZE (G.), *Cours de science des finances*, Giard, Paris, 1922.

[26] WASERMAN (F.), *Les finances publiques*, 8e édition, La documentation française, Paris, 2016, p.22.

[27] BOUVIER (M.), ESCLASSAN (M.-C.), LASSALE (J. P.), *Finances publiques*, 15e édition, LGDJ, Lextenso, Paris, 2016, p.269.

[28] Le droit budgétaire se définit comme l'ensemble des règles juridiques déterminant la structure, le contenu, l'élaboration, et l'adoption des budgets des personnes publiques (droit

à lui attribuer des pouvoirs sur le budget. Ceux-ci permettent au Chef de l'État d'intervenir dans un champ très vaste du droit budgétaire pris *largo sensu*. Dans ce cadre, les pouvoirs budgétaires du chef de l'État sont ceux détenus par lui dans l'établissement, dans l'exécution et dans le contrôle du budget. L'étude des pouvoirs budgétaires du président de la République revêt un intérêt à la fois théorique et pratique. Théoriquement, elle permet de rendre compte et de systématiser[29] les prérogatives juridiques et budgétaires du Chef de l'État. Dans le cadre de la théorie constitutionnelle, ces pouvoirs démontrent la souveraineté présidentielle, ce qui les éloigne des simples compétences. L'œuvre de systématisation permet de mettre en ordre et d'expliquer[30] le droit, et c'est la tâche la plus importante de la science du droit. Du point de vue pratique, l'étude met en relief la réalité des pouvoirs présidentiels qui sont omniprésents et excessifs, au point où l'on se rend même compte que le budget est assimilé au « *sac du président* ».

Mais, il est utile de rappeler qu'il ne s'agit pas d'une spécificité camerounaise où les questions financières sont quasi confisquées par l'exécutif. Le phénomène de la monopolisation des finances publiques au sommet de l'État remonte à la Grande-Bretagne, berceau du droit budgétaire. Cette tradition est ancrée dans la quasi-totalité des États modernes en général et en Afrique en particulier. De ce fait, l'on peut se poser la question suivante : *qu'est-ce qui caractérise les pouvoirs budgétaires du président de la République camerounaise* ? L'objectif de l'étude est de démontrer que les pouvoirs budgétaires du Chef de l'État se caractérisent par l'*exorbitance*. Cette dernière est la rencontre de deux phénomènes humains : le Pouvoir et le Droit[31]. L'exorbitance est en effet la traduction dans le droit de la spécificité et de la supériorité du pouvoir politique[32], d'autant plus qu'elle n'est pas sans

---

budgétaire formel) ainsi que les principes de bonne gouvernance financière (droit budgétaire matériel). Lire dans ce sens OLIVA (E.), *Finances publiques*, 3e édition, Sirey, Dalloz, Paris, 2015, p.113. Mais la définition retenue dans cette étude est celle qui appréhende le droit budgétaire comme un « *ensemble des règles juridiques applicables aux budgets des personnes de droit public, soit l'État, les collectivités locales et les établissements publics* ».

29 Systématiser signifie que « le juriste ne se borne pas à une constatation empirique ; les phénomènes juridiques se présentent dispersés, émiettés, sans ordre et sans cohérence. Après avoir observé, le juriste rassemble, classe, met en ordre (...) », *in* Boris Starck et *alii*, *Introduction au droit*, cité par CHAMPEIL DESPLATS (V.), *Méthodologies du droit et des sciences du droit, Méthodes du droit et des sciences du droit*, Paris, Dalloz, 2014, p.324.

30 « *ex-pliquer*, c'est-à-dire littéralement de *dé-plier*, de démêler, d'y introduire de l'ordre, des ratios, de la rationalité », *in* Paul Amselek, « La part de la science dans les activités des juristes », *Recueil Dalloz*, 1997, 39e cahier, Chronique, p.39.

31 SAILLANT (E.), *L'exorbitance en droit public*, Nouvelle bibliothèque des thèses, Dalloz, Paris, Vol. 109, 2011, p.14.

32 *Ibid.*, p.16.

rapport avec le privilège[33]. *In situ*, des pouvoirs exorbitants[34] sont donc des pouvoirs « qui dépassent la mesure, les proportions normales », « qui s'écartent de manière très excessive de ce à quoi on peut normalement s'attendre ». Pour le doyen **Cornu**, le vocable « exorbitance » doit être rapproché de dérogatoire, exceptionnel, spécial, léonin, abusif et opposé à normal[35]. Au bout du compte et selon notre intellection, l'exorbitance des pouvoirs budgétaires du président sera prise ici comme exceptionnelle et excessive. Le Chef de l'État dispose, à ce titre, de la concentration opérationnelle et décisionnelle[36] en matière budgétaire. Il est ainsi à mille lieues d'être considéré comme un « *nain budgétaire* »[37] à l'image de son homologue français.

Pour atteindre l'objectif indiqué, l'étude va s'appuyer à la fois sur le droit positif régissant la matière budgétaire, mais aussi sur la pratique institutionnelle. Bien plus, pour parvenir à une meilleure caractérisation, le recours aux droits étrangers n'est pas proscrit dans une perspective minimalement comparative pour mieux cerner le niveau d'appropriation de la chose budgétaire par le président de la République. De ce point de vue, l'étude des pouvoirs budgétaires du président de la République au Cameroun permet de se rendre compte de la réalité de l'exorbitance à la fois dans la coordination budgétaire (I) et dans le contrôle de l'exécution budgétaire (II).

I- L'exorbitance dans la coordination budgétaire

Le Chef de l'État camerounais est indéniablement un acteur budgétaire, mieux un décideur[38] en matière budgétaire. L'exorbitance qui caractérise ses pouvoirs converge vers la coordination dont il a la charge. La technique de la coordination fait nécessairement intervenir à un moment donné un pouvoir de décision. Ainsi, « la coordination est un mélange indistinct de pouvoir hiérarchique et de concertation, de persuasion et d'arbitrage »[39]. Coordonner renvoie étymologiquement à « (…) utiliser les formules permettant d'assurer

---

[33]GAUDEMET (Y.), « L'exorbitance du droit administratif en question (s) », *in* Fabrice Melleray (dir), *L'exorbitance du droit administratif en question (s)*, LGDJ, Collection de la Faculté de droit et des sciences sociales de Poitiers, 2004, p.4.

[34] La Cour de cassation française emploie l'adjectif « exorbitant » pour qualifier les pouvoirs des autorités publiques, lire dans ce sens Élodie Saillant, *L'exorbitance en droit public, op. cit.*, p.24.

[35] Gérard Cornu, *Vocabulaire juridique*, 8e édition, P.U.F., Paris, 2007, p.363.

[36] Gicquel (J.), « Le présidentialisme négro-africain. L'exemple camerounais », *Mélanges Georges Burdeau, Le pouvoir*, LGDJ, Paris, 1977, p.714.

[37] MUZELLEC (R.), CONAN (M.), *Finances publiques*, 6e édition, Sirey, Dalloz, Paris, 2013, p.165.

[38]YONABA (S.), « La prise de décision budgétaire dans le système financier des États d'Afrique subsaharienne », *in* DELON DESMOULIN (C.) et DESMOULIN (G.) (dir), *La décision financière publique*, LGDJ, Paris, 2013, p. 136.

[39] SFEZ (L.), *Administration prospective,* coll. "U", Armand Colin, Paris, 1970, p.238 et *sq.*

l'unité d'action »[40]. C'est justement dans le cadre de la coordination que le Chef de l'État se présente comme un « *montreur de conduite* »[41] dans l'établissement (**A**) et dans l'exécution du budget (**B**).

A- La coordination prééminente dans l'établissement du budget

Le chef de l'État en tant que décideur budgétaire majeur est compétent pour prendre un acte d'orientation pour la préparation du budget (1), procéder aux arbitrages médiatement ou immédiatement (2) et assurer la continuité budgétaire (3). Cela atteste du maillage présidentiel dans l'élaboration et le vote de la loi de finances qui contient le budget. L'exorbitance est visible à plus d'un titre.

1- L'édiction d'un acte d'orientation : la circulaire

Prima facie, le président a le devoir de prendre une circulaire, c'est-à-dire une « mesure d'orientation »[42] qui va guider et encadrer tout le processus budgétaire. En guise de droit comparé, l'on peut évoquer le fait qu'au Mali, le président ne puisse pas prendre de circulaire initiatrice, mais c'est le Premier ministre qui encadre tout le processus d'établissement par une « lettre de cadrage ». Il est important de relever qu'avant la promulgation de la loi du 11 juillet 2018 portant régime financier de l'État et des autres entités publiques, l'édiction de la circulaire relative à la préparation de la loi de finances était une *coutume*[43], une règle coutumière[44], voire une pratique située en dehors du droit qui cristallisait la mainmise présidentielle sur le droit budgétaire. Avec le récent régime financier de l'État, cette pratique a été codifiée[45]. Ainsi, la circulaire présidentielle qui s'adresse au Premier ministre, aux ministres et aux gouverneurs de région, fixe le cadrage macro-économique sur la base d'hypothèses prudentes et crédibles et dans le respect du montant global des recettes et des dépenses fixé dans le cadre budgétaire à moyen terme, détermine les priorités budgétaires et normes de dépenses pour les demandes de crédit des ministères dans le respect des cadres de dépenses à moyen terme, définit la procédure de présentation et d'arbitrage des

---

[40] DELION (A.-G.), « La coordination administrative en matière économique et sociale », *Cahiers de l'Institut français des sciences administratives*, n° 2, 1967, p.2.

[41] GICQUEL (J.), « Le présidentialisme négro-africain. L'exemple camerounais », *Mélanges Georges Burdeau, op. cit.*, p.714.

[42] TRUCHET (D.), *Droit administratif*, 6e édition, P.U.F., Thémis, 2015, p.274 et *sq*.

[43] *Règle de droit, en général non écrite, qui prête à une pratique constante et répétée un caractère juridique contraignant reconnu par les intéressés*. Lire dans ce sens André-Jean Arnaud, *Dictionnaire encyclopédique de théorie et sociologie du droit*, 2e édition, LGDJ, EJA, Paris, 1993, p.118.

[44] ROUBIER (P.), *Théorie générale du droit. Histoire des doctrines juridiques et philosophie des valeurs sociales*, 2e édition, Dalloz, Paris, 2005, p.14.

[45] V. article 56 (1) de la loi du 11 juillet 2018 portant régime financier de l'État et des autres entités.

demandes de crédit ainsi que leur calendrier. La circulaire se présente sous la forme d'injonctions sous le couvert des recommandations[46]. À propos, la récente circulaire est très illustrative[47].

2- L'intervention par l'arbitrage

La fonction arbitrale[48] est l'un des trois aspects traditionnels de la fonction présidentielle[49]. De ce fait, la prééminence présidentielle dans l'établissement budgétaire se manifeste aussi par la *coordination par arbitrage*[50]. Celle-ci s'opère en premier lieu par le chef du gouvernement et en second par le président lui-même, car la Constitution lui reconnaît ce rôle d'arbitre. La Directive n° 01/11-UEAC-190-COM-22 du 19 décembre 2011 relative aux lois de finances au sein de la communauté économique et monétaire de l'Afrique centrale (CEMAC) préconise que les arbitrages soient de la compétence du chef de l'exécutif[51]. L'arbitrage classique place le président dans une posture de « régulateur constitutionnel »[52] au-dessus de la mêlée des

---

[46] LEKENE DONFACK, *Finances publiques camerounaises*, Berger-levrault, Paris, 1987, p.125.

[47] Dans la circulaire présidentielle adressée au gouvernement et portant préparation de la Loi des finances pour l'exercice budgétaire 2019, les projections prévoient un taux de croissance du PIB réel de 4,5 % dont 4,9 % pour le PIB non pétrolier, un taux d'inflation de 2 %, un déficit budgétaire global de 2,0 % du PIB et un déficit du compte courant de 1,7 % du PIB. Des perspectives en hausse et qui doivent se concrétiser par la mise en œuvre d'une politique fiscale plus incitative et une gestion efficiente des fonds publics entre autres. À cet effet, le chef de l'État prescrit la recherche d'une plus grande efficacité socio-économique de la dépense et l'amélioration du service public à travers une allocation et une gestion efficiente des fonds publics. Cela passe par la poursuite de la réduction du train de vie de l'État, avec une budgétisation optimale de certaines catégories de dépenses. Il a d'ailleurs instruit l'adoption de dispositions particulières pour rendre effective cette politique. Un accent particulier est également mis sur les dépenses du personnel, l'assainissement dans cette catégorie doit se poursuivre à plusieurs niveaux. Il faudra optimiser les recrutements au sein de la fonction publique, de façon à ce qu'ils répondent aux besoins réels des administrations, en fonction des postes de travail identifiés, et qu'ils soient soutenables sur le plan budgétaire. Le document suggère par ailleurs la révision des textes disciplinaires de la fonction publique, pour des sanctions effectives des personnels qui ont délaissé leur poste. Aussi, s'agissant des dépenses liées aux comités, commissions et groupes de travail, la rationalisation est de mise à travers leur recensement au sein des administrations publiques, et la dissolution de ceux dont l'existence ne se justifie plus. Par ailleurs, les primes statuaires doivent répondre aux exigences des actes juridiques qui les encadrent et seront attribués sur la base des pièces administratives attestant du niveau réel des effectifs et de la catégorisation des agents publics.

[48] Lire dans un sens beaucoup plus anthropologique, BEGNI BAGAGNA, « Recherches sur la fonction arbitrale du président de la République en Afrique francophone », *Revue africaine de sciences politiques et sociales*, n° 13, juin 2017, pp.1-28.

[49] Ces trois aspects de la fonction présidentielle sont : *gardien*, *garant* et *arbitre*. Lire dans ce sens, Philippe Ardant, « L'article 5 et la fonction présidentielle », *Pouvoirs*, n° 41, 1987, p.39.

[50] GOYARD (C.), « La coordination et la consultation dans l'administration publique en France », *RIDC*, vol. 26, n° 4, octobre-décembre 1974, p.750 et suiv.

[51] Article 52 de la Directive CEMAC.

[52] BUJADOUX (J. F.), « Présidence arbitrale ou « présidence gouvernante », aux sources d'une vieille querelle républicaine », *Petites affiches*, n° 289, 30/11/2016, p.8.

pouvoirs publics avec en prime, un pouvoir de sanction. Mais, l'arbitrage budgétaire[53] dont il est question ici intervient en cas de mésentente au niveau des enveloppes budgétaires entre les ministres dépensiers et le ministre de finances ou entre ce dernier et le chef du Gouvernement.

L'arbitrage budgétaire place le président *de plano* dans un rôle directif, c'est « une conception de l'arbitrage qui se réfère à la notion de souverain, de ''maître absolu'', et au nom de laquelle le président aurait un pouvoir de direction des institutions ou moins de l'exécutif »[54]. Il est clair que l'arbitrage de coordination est le moyen qui permet de faire prévaloir une orientation ou une décision spécialement dans les cas où les administrations ministérielles seraient d'un avis contraire aux directives adressées. Il peut arriver que le désaccord à propos de la consistance de l'enveloppe budgétaire octroyée à un ministère ou à un service nécessite l'arbitrage d'une autorité supérieure. Le Premier ministre notifie les arbitrages aux ministres ou aux responsables des services concernés en tant que chef du Gouvernement et coordonnateur du processus. Mais, l'orientation générale du régime constitutionnel fait toujours remonter les arbitrages au niveau présidentiel. C'est à ce niveau qu'intervient souvent le Secrétaire général de la Présidence de la république, en sa qualité de plus proche collaborateur du Chef de l'État. D'ailleurs, il reçoit de lui toutes directives relatives à la définition de la politique de la Nation[55].

3- L'autorisation budgétaire dérogatoire

L'autorisation budgétaire a un double caractère : elle est de nature législative et elle est préalable[56]. Son aspect législatif transparaît dans les dispositions pertinentes du régime financier de l'État[57]. Donc, en principe, la compétence d'autorisation est détenue par le parlement. Elle est préalable dans le sens où la loi de finances doit être adoptée avant l'ouverture de l'exercice sur lequel elle porte. C'est à cette condition que l'on peut parler de souveraineté parlementaire. Le texte constitutionnel reconnaît ce double caractère ainsi que la séparation horizontale des pouvoirs financiers.

La Constitution camerounaise encadre la procédure dérogatoire, car elle-même produit « une habilitation à déroger »[58]. Ainsi, « au cas où le budget n'aurait pas été adopté avant la fin de l'année budgétaire en cours, le président

---

[53] Arbitrage oublié par MBPILLE (P. E.), *Le président de la République en droit constitutionnel camerounais*, Thèse de droit public, université de Yaoundé II, novembre 2015, pp.255-265.

[54] COHENDET (A.-M.), « L'arbitrage du président de la République », *Archives de philosophie du droit*, 52, 2009, p.32.

[55] Voir article 3 (1) du Décret n° 2011/412 du 9 décembre 2011 portant réorganisation de la Présidence de la République.

[56] LEKENE DONFACK, *Finances publiques camerounaises*, *op. cit.*, p.140.

[57] V. article 4(1) du régime financier de juillet 2018.

[58] LEURQUIN-DE VISSCHER (F.), *La dérogation en droit public*, Bruylant, Bruxelles, 1991, p.235.

de la République est *habilité* à reconduire, par douzième le budget de l'exercice précédent jusqu'à l'adoption du nouveau budget ». Cette procédure qui met en relief une attribution exceptionnelle teintée d'*exorbitance* permet de voir le caractère hors du commun du pouvoir présidentiel en matière budgétaire. Cela est exorbitant dans la mesure où, dans certaines constitutions de l'espace CEMAC, le recours par voie d'« ordonnances atypiques »[59] appelle l'intervention de la juridiction constitutionnelle. C'est le cas au Congo[60]. Au Cameroun, le Chef de l'État dispose d'une totale liberté d'action.

À bon droit, l'on peut questionner l'utilité et les motifs d'une telle habilitation constitutionnelle qui traduit l'omnipotence du Chef de l'État. Parmi les textes qui accordent un pouvoir de dérogation, il n'est pas rare de voir certains d'entre eux énoncer des conditions de fond dont l'objet est de réglementer l'exercice du pouvoir accordé de manière à ce que l'auteur de la décision puisse voir la mise en œuvre de sa compétence conditionnée par la réalisation de certaines circonstances ou situations définies[61]. *in situ*, le défaut de budget emporte donc le caractère notamment « exceptionnel », « urgent »[62], « nécessaire » ou « particulier » de la prise rapide de l'acte dérogatoire exorbitant.

Mais il est important de signaler que lorsque le président prend un acte dérogatoire exorbitant comme celui de la reconduction du budget par douzième, c'est parce qu'il assure le fonctionnement régulier des pouvoirs publics et il est aussi garant de la continuité de l'État[63]. La continuité des services exige que des crédits soient ouverts à titre provisoire et que des impôts continuent à être perçus[64]. Le gouvernement doit, malgré cette absence de budget, obtenir l'autorisation de continuer à percevoir les impôts et faire exécuter les dépenses pour que les pouvoirs publics puissent fonctionner harmonieusement. On parle alors de dessaisissement[65] du parlement, parce que l'exécutif décide *proprio mutu* d'octroyer à l'État un budget.

---

59 TANO (F.), « Constitutionnalisme et urgence budgétaire à l'épreuve des crises politiques », *Revue juridique et politique*, n° 2, avril-juin 2011, p.147.

60 V. Art. 153 de la Constitution du 6 novembre 2015.

61 *Ibid*, p.246.

62 C'est dans cette logique que Giscard d'Estaing disait à propos de l'emploi récurrent de l'article 43 C. que : « cet article s'applique aux textes qui revêtent une importance essentielle, qui les rendent indispensables à la poursuite et à la cohérence de l'action gouvernementale. C'est évidemment le cas du budget, l'État ne peut pas vivre sans budget », cité par MUZELLEC (R.), CONAN (M.), *Finances publiques*, *op. cit.*, p.165.

63 *V*. article 5 de la Constitution.

64 MOYEN (G.), « La procédure budgétaire dans les États d'Afrique francophone : cas du Congo, du bénin, du Togo et du Burkina Faso », *Annales de l'Université Marien Ngouabi*, 2013 ; 14 (3), p.53.

65 SOGLOHOUN (P.), « Les fonctions législatives du président de la République. Étude de droit comparé », ABOMEY CALAVI, 2017, p.9.

En réalité, cette technique dérogatoire choque dans la mesure où le droit financier foule au pied le principe de la séparation horizontale des pouvoirs budgétaires dans l'État. De ce fait, l'acte présidentiel se mue en autorisation budgétaire[66]. Tout cela n'est pas véritablement étonnant, car le Chef de l'Etat semble maîtriser même la procédure législative, car grâce au fait majoritaire[67] qui charrie l'« alignement des pouvoirs »[68], les parlementaires sont ses obligés. Tous ses projets sont favorablement accueillis par la majorité parlementaire qui n'ose pas souvent afficher quelque signe d'hostilité. D'ailleurs, les hiérarques du parti brandissent toujours la menace de la « *discipline du parti* ».

Les pouvoirs du président dans le champ budgétaire ne sont pas seulement présents lors de l'établissement du budget, mais aussi pendant l'exécution qui a été ordonnée en principe par l'organe délibérant.

B- La coordination déterminante dans l'exécution du budget

L'exécution désigne l'ensemble des opérations qui consistent à mettre en œuvre les dispositions de la loi de finances à dater du 1er janvier qui suit son vote définitif et sa promulgation[69]. Cette phase très importante en droit budgétaire a deux caractéristiques majeures : *primo*, elle se caractérise par un certain classicisme dans les phases administrative et comptable ainsi qu'à l'application du principe des séparations des acteurs ; *secundo*, elle est révélatrice de la réalité des pouvoirs en matière budgétaire[70].

---

[66]BATOUM BA NGOUE (S. T.), « Les pouvoirs présidentiels dans la Constitution du 18 janvier 1996... », *op. cit.*, p.256.

[67] « Il en résulte une concentration des pouvoirs exécutif et législatif entre les mains du président, car il est le chef du parti ou de la coalition majoritaire à l'Assemblée nationale. L'exécutif et le législatif ne sont plus séparés, mais solidaires sous l'autorité du chef de l'État, titulaire de la majorité. Dans ces conditions, le développement du phénomène majoritaire produit comme conséquence la remise en cause du pilier fondamental de la séparation des pouvoirs : le contrôle de l'action gouvernementale par l'Assemblée parlementaire ». BABAKAR GUEYE, « La démocratie en Afrique : succès et résistances », *Pouvoirs*, 2009/2, n° 129, p.16.

[68] Parlons ensuite de l'*alignement des pouvoirs* qui existe souvent en Afrique. Ce que nous avons appelé *alignement des pouvoirs* désigne une situation dans laquelle les organes des différentes fonctions de l'État existent. Il n'y a pas à proprement parler de confusion des pouvoirs. Les trois pouvoirs existent séparément dans l'architecture institutionnelle de l'État, mais leur volonté individuelle est intrinsèquement dominée et déterminée par la même obédience politique. Dès lors, il y a effritement, sinon effacement, de leur rôle de contre-pouvoir réciproque. C'est la situation dans plusieurs États africains, où un même groupe politique gouverne durablement. Lire dans ce sens, Abdoulaye Soma, « Le peuple comme contre-pouvoir en Afrique », *RDP*, n° 4, 2014, p.1013.

[69]BOUVIER (M.), ESCLASSAN (M.-C.), LASSALE (J.-P.), *Finances publiques*, 15e édition, LGDJ, lextenso, Paris, 2016, p.393.

[70]*Idem*.

À juste titre, au Cameroun, l'exorbitance des pouvoirs du président est aussi vivace dans l'exécution, car celui-ci produit de façon cavalière une législation déléguée corrective (1) et intervient seul dans des engagements contractuels (2).

1- L'édiction dérogatoire d'une législation déléguée rectificative et complétive

La législation déléguée est un procédé qui permet au Gouvernement de solliciter une habilitation législative au Parlement pour édicter des actes qui sont normalement du domaine de la loi[71]. Ce « *mécanisme de désinvestiture du législateur* »[72] est exceptionnel et permet à l'exécutif d'agir dans un domaine qui n'est pas en principe le sien. Il comporte deux étapes, en premier un acteur est habilité à déléguer son pouvoir : la norme qui lui attribue initialement la compétence l'habilite parallèlement à la déléguer. En second lieu, l'acteur procède effectivement à cette délégation[73]. Ce mécanisme est d'ailleurs considéré comme un « mal »[74] dans la mesure où il charrie la « confusion des pouvoirs »[75] au profit de l'exécutif. En même temps, l'exécutif est habilité à rectifier des prévisions, il peut aussi faire certains ajouts substantiels sur le texte remanié.

Au bout du compte, la technique de la législation déléguée demeure dérogatoire et exorbitante, car, dans le cas camerounais, c'est le Chef de l'État qui en bénéficie. Il détient aussi la décision budgétaire qu'il arrache au Parlement même en cas de modification de la loi de finances initiale. Son pouvoir de coordination est toujours aussi grand puisqu'il travaille de concert avec ses collaborateurs de la Présidence et du gouvernement lorsqu'une situation de rectification s'impose. Grâce à la coordination hiérarchique, c'est lui qui porte toujours la décision finale sur la base d'une « norme d'habilitation »[76] parlementaire. Le professeur **Owona** y voit une multiplication des exceptions aux règles constitutionnelles fondamentales de principe[77]. L'on ne peut que faire chorus avec lui dans la reconnaissance de

---

71 KIBESSOUN MILLOGO (P. C.), « De l'exception à la règle : le rôle de la législation déléguée dans la crise politique roumaine », *RFDC*, n° 3, 2017, p.671.

72 GAUDEMET (Y.), « La loi administrative », *RDP*, 2006, n° 1-2006, p.68.

73 TUSSEAU (G.), « La législation déléguée », *in* Dominique Chagnollaud, Michel Troper (dir), *Traité international de droit constitutionnel*, tome II, *op. cit.*, p.616.

74 SAUVE (J.-M.), *La Législation déléguée*, Colloque organisé par le Centre d'études constitutionnelles et politiques, l'Institut Cujas et la Société de législation Comparée, vendredi 6 juin 2014, p.1.

75 LE BOS-LE POURHIET (A. M.), *Les ordonnances. La confusion des pouvoirs en droit public français*, collection Systèmes, LGDJ-Lextenso-Editions, Paris, 2011.

76 TUSSEAU (G.), *Les normes d'habilitation*, Dalloz, vol. 60, les nouvelles bibliothèques des Thèses, Paris, 2006, 813 p.

77 OWONA (J.), « L'institutionnalisation de la légalité d'exception dans le droit public camerounais », *revue camerounaise de droit,* n° 6, juillet-décembre 1974, p.1112 et *sq.*

l'institutionnalisation de la légalité d'exception en droit constitutionnel camerounais.

Dans d'autres États pourtant, comme la Roumanie, la Pologne, l'Italie ou l'Espagne, l'entité habilitée n'est pas le Chef de l'État, c'est plutôt le gouvernement. Le Chili[78] reconnaît l'habilitation en faveur du président dans la logique sud-américaine du système présidentialiste assez proche du contexte négro-africain.

In situ, la « constitution financière » camerounaise reconnaît explicitement une pareille prérogative exorbitante au Chef de l'État qui consiste à modifier les crédits ouverts par le parlement lors de l'autorisation budgétaire. La toute dernière norme financière est explicite à propos : « *les lois de finances rectificatives peuvent, en cours d'année, modifier les dispositions de la loi de finances initiale. Le cas échéant, elles ratifient les modifications préalablement apportées, par voie d'ordonnance, aux crédits ouverts par la dernière loi de finances* »[79]. Ainsi, le droit budgétaire camerounais admet la possibilité pour le Chef de l'État de modifier au courant de l'année les prévisions contenues dans le budget et la loi de finances. Il a donc la possibilité de prendre une « *ordonnance de finances rectificative* »[80] qui est une catégorie typiquement locale[81], en lieu et place d'une loi de finances rectificative. L'on peut comprendre cela dans le sens où la pratique du budget révèle que la procédure législative est trop longue et cadre mal avec les exigences de célérité qui entourent le financement des activités de l'État[82]. Toutefois, le « rôle grandissant du pouvoir réglementaire en matière budgétaire enlève une grande partie de sa valeur à l'acte d'autorisation parlementaire. La loi de finances tend à être non un état de prévisions, mais un simple cadre comptable dont les chiffres sont continuellement transformés par le pouvoir réglementaire pour les adapter aux besoins réels »[83].

In concreto, le président camerounais a signé une ordonnance le 9 avril 2018 modifiant et complétant certaines dispositions de la loi de finances du Cameroun pour l'exercice 2018 en vue de doter des moyens de fonctionnement aux nouvelles institutions[84]. L'on peut dire à juste titre que la

---

[78] Article 61 de la Constitution du Chili.

[79] *V.* article 17 (1) du régime financier de l'État de juillet 2018.

[80] BILOUNGA (S. T.), « La crise de la loi en droit public camerounais », *RADSP*, vol.1, n° 1, janvier-juin 2013, p.80.

[81] *Ibid.*

[82] MOYEN (G.), « La procédure budgétaire dans les États d'Afrique francophone : cas du Congo, du bénin, du Togo et du Burkina Faso », *art. cit.*, p.59.

[83] LALUMIERE (P.), *Les finances publiques*, coll. U, Éd. Armand Colin, Paris, 1980, p.228.

[84] En l'occurrence le Conseil constitutionnel et un département ministériel éclaté à la suite du réaménagement gouvernemental du 2 mars dernier. Selon l'ordonnance présidentielle, l'enveloppe globale demeure inchangée, puisque le budget de l'État pour l'exercice en cours reste fixé à 4 513 milliards de FCFA tel que promulgué et prévu par la loi de finances initiale

prise de l'ordonnance rectificative et complétive du 4 juin 2018 alors que la session parlementaire doit se tenir du 7 juin au 6 juillet, est un acte d'« *imperium* »[85] budgétaire dans le sens où celle-ci s'effectue sans attendre que le parlement ne se réunisse pour produire une norme d'habilitation préalable et nécessaire. L'action du chef de l'État est plus que visible dans les grands emprunts publics.

2- L'émission des grands emprunts à vocation budgétaire

En tant que détenteur de la décision budgétaire, le président de la République intervient toujours personnellement pour résorber les déficits. Pour ce faire, il déclenche et met en mouvement lui-même la technique de l'emprunt public[86] ou du « crédit public »[87]. Le président camerounais se rapproche fidèlement de l'idée que le professeur **Ondo** se fait du Chef d'État africain, celle d'un « grand architecte qui est au centre de tout »[88]. Pourtant, « l'emprunt est une mesure financière qui, dans tous les États constitutionnels modernes, nécessite un vote des Assemblées législatives »[89]. Le fait pour le président d'actionner cette prérogative est hautement dérogatoire, car « le vote des emprunts publics par les assemblées politiques est le corollaire du vote de l'impôt par le Parlement »[90].

Le Chef de l'État a la possibilité de recourir à l'emprunt obligataire pour financer le déficit budgétaire du fait d'une mauvaise conjoncture nationale ou internationale. Il l'a par exemple signé le 6 septembre 2010 « avec faculté de délégation, à conduire au nom du gouvernement l'émission d'un emprunt obligataire pour le financement de projets de développement » bénéficiant d'un ancrage budgétaire. Le décret précise d'ailleurs que « les emplois de l'emprunt obligataire (...) sont soumis à l'approbation préalable du président

---

du 20 décembre 2017. Toutefois, trois articles sont modifiés, notamment les dispositions des articles dix-huitième, trente-sixième et trente-septième portant loi de finances pour l'exercice 2018. Sur cette nouvelle base, le Conseil constitutionnel se voit doté d'une enveloppe budgétaire de 2,5 milliards de FCFA. L'autre innovation concerne la création du ministère de la Décentralisation et du Développement local, né de la scission de l'ancien ministère de l'Administration territoriale et de la Décentralisation qui dispose désormais d'une dotation budgétaire, soit 11, 4 milliards de FCFA.

[85] JARROSSON (C.), « Réflexions sur l'*imperium* », *Études offertes à Pierre Bellet*, Litec, 1991, p.254.

[86] JEZE (G.), *Cours élémentaire de science des finances et de législation financière française*, réimpression de l'édition de 1931, Éditions la mémoire du droit, Paris, 2013, p.

[87] *Ibid.*, p.194 et *sq.*

[88] ONDO (T.), *La responsabilité introuvable du chef d'État Africain : analyse comparée de la contestation du pouvoir présidentiel en Afrique noire francophone (les exemples camerounais, gabonais, tchadien et togolais)*, Thèse de droit public, Université de Reims Champagne-Ardenne, juillet 2005, p.92.

[89] Gaston Jèze, *Cours élémentaire de science des finances et de législation financière française*, *op. cit.*, p.239.

[90] *Ibid.*, p.240.

de la République ». Il s'agissait d'un emprunt obligataire de 200 milliards de FCFA, devant servir à parachever l'exécution du budget de l'année, mais aussi pour réaliser les projets structurants et de développement qui figuraient dans le budget. Le Chef de l'État a réédité l'exploit en décidant de lancer derechef par décret du 1er mars 2016 un quatrième emprunt obligataire à hauteur de 150 milliards de FCFA pour financer les projets de développement. Ce énième emprunt obligataire visait à financer une partie du budget de l'État 2016 dont le montant global était de 4 234, 7 milliards de FCFA. Concrètement, l'emprunt visait à mobiliser 150 milliards de FCFA pour financer des projets notamment dans le domaine de l'eau et de l'énergie (86,6 milliards de FCFA), des travaux publics (27, 3 milliards), et du développement urbain (9,1 milliards). L'État se réservant une marge de 27 milliards pour ses « interventions ».

À part le fait que le Chef de l'État prend des ordonnances rectificatives presque dans chaque exercice budgétaire, il faut mentionner que des dispositions octroient des autorisations à négocier et conclure des emprunts concessionnels et non concessionnels. Concernant la dernière ordonnance budgétaire du président camerounais, c'est-à-dire celle du 4 juin 2018, elle autorise des emprunts concessionnels[91] et non concessionnels[92] de montants globaux respectivement de 245 milliards de FCFA et de 436 milliards de FCFA pour mieux financer la loi de finances en général, et singulièrement le budget. *In fine*, la coordination présidentielle qui « est un mélange indistinct de pouvoir hiérarchique et de concertation »[93] en matière budgétaire est une réalité. Cette dernière se cristallise en même temps dans l'établissement et dans l'exécution budgétaire. Pourtant, la clé de voûte du régime politique camerounais exerce aussi un pouvoir exorbitant et même excessif dans le contrôle de l'exécution budgétaire.

---

[91] Il s'agit des prêts non assortis des conditions traditionnellement exigées par les banques commerciales et autres prêteurs à l'égard de l'emprunteur en matière de garanties. Ces prêts offrent un certain nombre d'avantages à l'emprunteur au niveau soit des garanties soit des taux d'intérêt. L'une des conditions d'un tel prêt peut être un taux d'intérêt faible, voire nul. En outre, dans certains cas, l'emprunteur peut bénéficier d'une exonération temporaire des remboursements. Autrement dit, ce sont des prêts qui comportent un élément « don ».

[92] Les prêts non confessionnels sont octroyés aux conditions du marché. Ils sont généralement destinés à des importations générales ou à des projets spécifiques. Ces prêts peuvent provenir d'institutions commerciales individuelles ou regroupées, leur taux d'intérêt est toujours plus élevé que ceux des prêts concessionnels. Ces prêts, qui s'adressent aux pays faiblement endettés ou aux contreparties ayant des projets rentables à financer permettent de répondre à l'insuffisance de liquidité due à la crise et au besoin pressant de crédit.

[93] GABRIEL NLEP (R.), *L'administration publique camerounaise. Contribution à l'étude des systèmes africains d'administration publique*, LGDJ, Paris, 1986, p.133.

II- L'exorbitance dans le contrôle de l'exécution budgétaire

D'après **Fabien-Jean Fabre,** le contrôle évoque : « *l'idée de vérification, c'est-à-dire de s'assurer qu'une chose est bien telle qu'on l'a déclarée ou telle qu'elle doit être par rapport à une norme donnée* »[94]. Souvent considéré comme un luxe, « *on estime au contraire qu'il s'agit d'un élément fondamental de la bonne gouvernance de nos sociétés : seul un contrôle effectif et performant des finances publiques permet d'en assurer la maîtrise, de remédier aux dysfonctionnements, de lutter contre les gaspillages et la corruption qui frappent, plus ou moins lourdement, pratiquement tous les pays* »[95]. Le contrôle constitue le troisième élément du régime des finances publiques en général et du budget en particulier. Il occupe dans le droit budgétaire une place importante compte tenu de la masse des sommes qui entourent les activités des personnes publiques[96].

Le budget étant principalement un acte prévisionnel, il est normal que ce dernier puisse faire l'objet de contrôle pour vérifier si tout ce qu'il prévoit a été exécuté conformément aux vœux de la représentation nationale. De ce fait, il existe un ensemble de contrôles. Il est politique lorsqu'il se réalise directement par le peuple ou indirectement par les représentants. Il est juridictionnel lorsqu'il est réalisé par les juridictions en particulier financières, mais peut comprendre des juridictions plus générales comme le Conseil constitutionnel ou le juge administratif[97]. Le contrôle de l'exécution budgétaire est administratif lorsqu'il est réalisé par des instances administratives qui, en général, sont spécialisées. L'exécution du budget fait ici l'objet d'un encadrement et d'une surveillance approfondis de la part de différents services et corps administratifs[98]. Au Cameroun, le contrôle administratif de l'exécution budgétaire est exercé sous la double autorité du ministre des Finances et du président de la République. C'est sous cette dernière catégorie de contrôle que le Chef de l'État manifeste formellement et médiatement l'exorbitance de son pouvoir. Ployant sous la « *présidence impériale* »[99] du Chef de l'État camerounais, le contrôle de l'exécution budgétaire ne peut qu'en pâtir.

Cette exorbitance se manifeste ainsi par l'impulsion individuelle et particulière qu'il donne sur le contrôle des services spécialisés de l'exécutif

---

[94] FABRE (F.-J.), *Le contrôle des finances publiques*, PUF, Paris, 1968, p. 8.

[95] ANUNYA YOSSUNDARA, *Le contrôle des finances publiques en Thaïlande*, Thèse de Droit, Université PANTHÉON SORBONNE, Paris I, 2013, p. 1.

[96] OLIVA (E.), *Finances publiques*, 3e édition, Sirey, Dalloz, Paris, 2015, p.486.

[97] *Ibid.*, p.502.

[98] BOUVIER (M.), ESCLASSAN (M.-C.), LASSALE (J.-P.), *Finances publiques*, *op. cit.*, p.489.

[99] HOLO (T.), « La présidence impériale : du Potomac au Sahel », *RBSJA*, nº 9, 1987, p.3.

(**A**) et par son intrusion caractéristique dans le cadre du contrôle opéré par une autorité administrative indépendante (**CONAC**) (**B**).

A- L'impulsion personnelle du contrôle des services spécialisés de l'exécutif

Le contrôle administratif est exercé par les services spécialisés compétents du pouvoir exécutif[100]. Le président de la République, en tant que « la plus haute autorité »[101] détient un pouvoir très large sur le fonctionnement de ce contrôle. Les services spécialisés de l'exécutif en charge du contrôle de l'exécution budgétaire sous la férule du président de la République comprennent fondamentalement le Ministère délégué à la présidence chargé du Contrôle supérieur de l'État (MINCONSUPE) et son bras sanctionnateur appelé Conseil de Discipline budgétaire et financière (CDBF). Ainsi, le *dirigisme présidentiel*[102] se manifeste par une double domination, à la fois sur le CDBF (**1**) et sur le MINCONSUPE (**2**) proprement dit.

1- La domination présidentielle sur le CDBF

Il sied au préalable de mieux situer cet élément du contrôle administratif (**a**) avant de montrer l'hypothèque présidentielle qui pèse sur lui (**b**).

a- Le CDBF, un organe administratif

Le conseil est chargé de prendre des sanctions à l'encontre des agents publics, patents ou de fait, coupables des irrégularités et des fautes de gestion commises dans l'exercice de leurs fonctions, irrégularités et faits ayant eu pour effet de porter préjudice aux intérêts de la puissance publique[103]. La nature du CDBF est souvent discutée, mais fondamentalement, il s'agit d'un organe administratif. L'on peut l'identifier comme une structure administrative, car il est inclus dans l'administration et aussi parce qu'il produit des décisions administratives. L'incorporation du CDBF dans l'administration est hautement visible du fait de sa composition[104].

D'après le décret n° 2008/028 du 17 janvier 2008 portant organisation et fonctionnement du CDBF, il est précisé qu'il est composé comme suit « *président : le ministre délégué à la présidence chargé du contrôle supérieur de l'État*[105] ». Le président du CDBF appartient à la catégorie de ministres

---

[100] Article 3 (1) du Décret n° 2013/159 du 15 mai 2013 fixant le régime particulier du contrôle administratif des finances publiques

[101] DEBBASCH (Ch.) et *alii, Lexique de politique*, 7e édition, Dalloz, Paris, 2001, p.65.

[102] GICQUEL (J.), « Le présidentialisme négro-africain. L'exemple camerounais », *op. cit.*, p.713.

[103] Article 2(1) du décret n° 2008/028 du 17 janvier 2008 portant organisation et fonctionnement du CDBF.

[104] ALOGO NDI (B. C.), *La nature du contrôle du Conseil de Discipline budgétaire et financière*, mémoire de DEA droit public, université de Yaoundé II, 2009, p. 51 et *sq*.

[105] *V*. article 4 du décret.

délégués. De ce fait, il relève de l'autorité directe du président de la République dont il reçoit les instructions et à qui il rend compte. En sa qualité de membre du gouvernement, le président du CDBF appartient à l'administration. Son intervention dans le contrôle exercé par le CDBF donne à ce dernier un caractère administratif tout comme il fait état de l'appartenance du CDBF à l'Administration.

La présence d'autres représentants de l'administration apporte la preuve que le CDBF est un organe administratif. Le CDBF est composé des représentants des administrations particulièrement impliquées dans la sauvegarde du patrimoine public[106]. Il s'agit notamment de la Présidence de la République, des Services du Premier ministre, du ministère de la Justice, du ministère de l'Administration territoriale et de la décentralisation, du ministère des Finances, du ministère de la Fonction publique et de la réforme administrative et du ministère de tutelle au cas où l'affaire instruite intéresse une entreprise publique ou un organisme public ou parapublic. Certaines chefs de ces administrations peuvent se faire représenter par des mandataires qui sont en fait leurs collaborateurs. Le CDBF statue par décision[107]. Il faut ainsi dire que les décisions prises par le CDBF sont des actes administratifs. Par nature, un tel acte est « *un acte juridique pris par une autorité administrative dans l'exercice d'un pouvoir administratif et créant des droits et des obligations pour les particuliers*[108] ». De ce fait, ses décisions sont attaquables devant le juge administratif.

b. L'emprise sur le CDBF

Dans sa mission de protection d'un certain « ordre public financier »[109], le CDBF fait l'objet d'une grosse emprise et hypothèque du président de la République. L'on peut ainsi constater que le CDBF comprend une pléthore de membres qui y siègent. L'énumération textuelle qui est faite de ces membres place en pole position le représentant de la présidence de la République parmi d'autres. Cette place de choix n'est pas du tout anodine et fortuite, elle peut même traduire *de facto* et *de jure*, une autorité certaine du représentant de la présidence sur les autres représentants (un représentant des Services du Premier ministre ; le Ministre de la Justice Garde des Sceaux ou son représentant ; le ministre chargé de l'Administration Territoriale et de la Décentralisation ou son représentant ; le ministre chargé des

[106]*V.* article 3 (1) du décret n° 2008/028 du 17 janvier 2008 portant organisation et fonctionnement du CDBF.

[107] BINYOUM (J.), *Droit administratif*, cours polycopié, 2e année licence, université de Yaoundé, p.48.

[108] Arrêt n° 20 du 20 mars 1978, Ngongang Njanke Martin c/État du Cameroun.

[109] ONDOUA EKOBENA (J. M.), *Les démarches de modernisation du système camerounais de contrôle des finances publiques*, ENA de Strasbourg, mémoire en administration publique, CIL, mai 2013, p.39.

Finances ou son représentant ; le ministre chargé de la Fonction publique et de la Réforme administrative ou son représentant ; le ministre de tutelle ou son représentant au cas où l'affaire instruite intéresse une entreprise publique, un organisme public ou parapublic).

Il est aussi possible de trouver un autre point de domination présidentielle sur le CDBF à travers la nomination de son Secrétaire permanent. C'est le secrétariat permanent qui assure notamment la préparation et l'enrôlement des dossiers, l'exécution des tâches matérielles liées aux différentes procédures devant le CDBF, la coordination du travail des rapporteurs, secrétaires et experts[110]. L'on peut donc inférer un « devoir de loyauté » contre-productif que le Secrétaire permanent qui est la pièce maîtresse du CDBF se doit d'entretenir vis-à-vis du Chef de l'État.

Le CDBF est une instance de sanction des agents et gestionnaires indélicats convaincus de faute de gestion[111], mais il ne peut pas s'autosaisir ou ne peut pas agir *proprio mutu*. Pour que le CDBF puisse éprouver sa compétence, il faudrait qu'il soit saisi. Pour ce faire, le Chef de l'État est encore au premier rang des différentes autorités saisissantes. Cela est une preuve supplémentaire de l'emprise présidentielle sur le CDBF, d'autant plus que les autres saisissants[112] à cause de la peur révérencielle envers le Chef de l'État se refuseront de saisir le CDBF.

Le président de la République a donc ainsi la mainmise sur le CDBF, ce qui est normal, étant donné le statut du ministère délégué à la Présidence de la République en charge du Contrôle supérieur de l'État, dont le CDBF en est le bras séculier.

2- L'influence sur le MINCONSUPE

La présidence de la République est le siège du pouvoir exécutif, le lieu où se conçoit la politique gouvernementale et le lieu par excellence où se manifeste le pouvoir réglementaire, c'est-à-dire le pouvoir général d'organisation et de détermination des règles de fonctionnement de l'État.

---

[110] V. article 6 du décret n° 2008/028 du 17 janvier 2008 portant organisation et fonctionnement du CDBF.

[111] Lire utilement NGANG (J. M.), « L'autonomie de l'infraction financière et de l'infraction pénale dans la sanction des atteintes à la fortune publique en droit français et camerounais. Étude comparative sur la faute de gestion et le détournement de deniers publics », *Revue africaine de finances publiques*, n° 2, 2017, p.91 et *sq*. AKONO ONGBA (A. S.), « La distinction entre la faute de gestion et le détournement de deniers publics en droit camerounais », *RASJ*, n° 1, 2014, p.251 et *sq*.

[112] Le Premier ministre, MINCONSUPE, ministres supérieurs hiérarchiques des agents mis en cause ou ceux chargés de la tutelle des entreprises et organismes publics ou parapublics concernés, toute autre autorité prévue par les textes. V. article 14 du Décret n° 2008/028 du 17 janvier 2008 portant organisation et fonctionnement du CDBF.

D'après le Décret N° 2018/190 du 2 mars 2018 complétant certaines dispositions du décret N° 2011/408 du 9 décembre 2011 portant organisation du gouvernement, le CONSUPE fait partie des départements ministériels classés par ordre alphabétique[113]. En lisant le décret précédent, l'on peut se dire que l'Auditeur public est rattaché au Gouvernement. Le CONSUPE est plutôt sur le fondement du Décret N° 2011/412 du 9 décembre 2011 portant réorganisation de la Présidence de la République, rattaché à la Présidence de la République camerounaise. Le rattachement à la Présidence est encore plus poussé et plus affirmé sur la base du Décret N° 2013/287 du 4 septembre 2013 portant organisation des services du Contrôle supérieur de l'État qui reconnaît explicitement que, « *Les services du Contrôle supérieur de l'État relèvent de l'autorité directe du président de la République...* »[114]. Qui plus est, « *Ils sont dirigés par un ministre délégué à la présidence de la République* »[115]. Fondamentalement, ce ministère a, dans son escarcelle compétentielle, le contrôle de l'exécution du budget de l'État[116]. Mais, la toute-puissance présidentielle est plus que palpable.

a- La détention exclusive de l'opportunité des poursuites par le président

Après avoir effectué ses missions de contrôle, évaluation et audit, l'institution supérieure de contrôle doit disposer pleinement du rapport. Tous les membres de la mission l'ayant par ailleurs signé. La structure peut alors décider soit de saisir la justice et cela vaut plainte au nom de l'État, soit elle décide de ne rien faire à l'image du parquet.

Il est utile de rappeler que par le Décret n° 79/185 du 17 mai 1979 portant modification de certaines dispositions du Décret n° 78/354 du 21 août 1978 réorganisant les services de l'Inspection générale de l'État et de la Réforme administrative (IGERA) (ancêtre du MINCONSUPE), il était prévu que : « ... indépendamment des sanctions prononcées par le CDBC, le dossier en cause est transmis automatiquement même sans formalité à l'autorité judiciaire pour valoir plainte an nom de l'État »[117]. La possibilité de saisir la justice sera retirée par le décret n° 86/1214 du 6 août 1986 relatif aux missions mobiles du contrôle et de vérification et aux missions d'organisation et méthodes. La faculté va ressusciter par le Décret n° 97/048 du 5 mars 1997, mais depuis les décrets subséquents de 2005 et de 2013 portant organisation du MINCONSUPE, la saisine de la justice a été purement et simplement retirée.

---

[113]Article 1 Décret N° 2018/190 du 2 mars 2018 complétant certaines dispositions du décret N° 2011/408 du 9 décembre 2011 portant organisation du gouvernement.

[114] Article 1 (1).

[115] Article 1 (2).

[116] V. article 2(1b) du Décret N° 2013/287 du 4 septembre 2013 portant organisation des services du Contrôle supérieur de l'État.

[117] Voir article 25 (nouveau) (1).

Ainsi, c'est au chef de l'État que les vérificateurs rendent compte et copie de leur mission[118], c'est donc le Chef de l'État qui a compétence pour saisir discrétionnairement la justice.

b- La validation présidentielle du programme d'action du MINCONSUPE

L'institution en charge du contrôle sous l'autorité du Chef de l'État ne dispose même pas de la possibilité de dresser elle-même son programme d'activité et de vérification. À ce niveau réside encore une autre incongruité relative à l'indépendance de l'Institution Supérieure de Contrôle. L'on ne peut comprendre qu'une Institution pareille n'ait pas la faculté d'établir elle-même son chronogramme d'activités. Ce qui est prévu est que : « au début de chaque exercice, le ministre délégué soumet à l'approbation du président de la République, le programme annuel de vérification, ainsi que son plan d'action »[119]. L'on devrait donc comprendre que, c'est le Chef de l'État qui détermine en dernier ressort les structures et même les moments du contrôle. À ce niveau, l'on devrait même dire que c'est le président de la République qui est lui-même *Contrôleur Supérieur de l'État*, et qu'il a juste délégué cette fonction à un ministre qui lui est immédiatement rattaché.

B- L'intrusion réelle dans le cadre du contrôle de l'Autorité administrative indépendante (CONAC)

La Commission nationale Anti-Corruption (CONAC) est un organisme qui agit dans le cadre de la lutte contre le fléau de la corruption au Cameroun. Son rôle n'est donc pas de contrôler immédiatement l'exécution du budget de l'État, mais de façon médiate, la CONAC peut être amenée à effectuer un contrôle de l'exécution budgétaire.

Même dans le cadre de la CONAC, l'exorbitance des pouvoirs budgétaires du président est prégnante. Le contrôle qu'il exerce sur la CONAC est contre nature (**2**), car cette dernière est une Autorité administrative indépendante (**1**) en bonne et due forme.

---

[118]Article 1 (1) Décret N° 2013/287 du 4 septembre 2013 portant organisation des services du Contrôle supérieur de l'État.

[119] Voir article 7 du Décret N° 2013/287 du 4 septembre 2013 portant organisation des services du Contrôle supérieur de l'État.

1- La CONAC, une Autorité administrative indépendante formelle (AAI)

La CONAC a été créée dans le but d'assurer une meilleure gouvernance financière[120] au Cameroun. Elle est un « organisme public indépendant »[121] dépourvue de personnalité juridique[122]. De ce fait, elle se rapproche d'une Autorité administrative indépendante. On parle de **AAI**, lorsqu'un organisme présente la double particularité éponyme non seulement d'agir comme une institution ou une administration publique, mais ce, sans être soumis au pouvoir hiérarchique de contrôle et de direction de l'État[123]. Les Autorités administratives indépendantes constituent à n'en point douter l'une des dernières trouvailles de la gestion publique au Cameroun[124] et même en France. La principale justification de la création des AAI, à savoir offrir à l'opinion une garantie renforcée d'impartialité des interventions de l'État, est probablement la raison la plus importante et en tout cas le motif transversal de la création de l'essentiel des autorités administratives indépendantes. Elle est née d'une méfiance à l'égard du pouvoir politique et du pouvoir administratif[125].

L'État est réputé partial, tandis que les autorités administratives indépendantes semblent parées dès leur naissance, d'une onction qui les ferait bénéficier d'une irréfragable présomption d'impartialité. Comme le soulignait l'ancien ministre de l'Intérieur **Jean-Pierre Chevènement** lors de la discussion en première lecture du projet de loi portant création du Conseil supérieur de la déontologie de la sécurité, l'objectif poursuivi par les pouvoirs publics lorsqu'ils créent une autorité administrative indépendante est désormais clair : ils s'attendent à ce que ces institutions s'acquittent de leur tâche comme le feraient des magistrats, c'est-à-dire avec *« impartialité, objectivité et indépendance »*. Tout se passe comme si la simple apparition

---

120 FOUDA (G. J.), « Les organismes publics de régulation et de gouvernance en droit public camerounais : du foisonnement des autorités administratives indépendantes et des établissements publics administratifs », *RDA*, n° 1, 1er septembre 2012, pp.183-196.

121 *V.* article 2 (1) du Décret n° 2006/088 du 11 mars 2006 portant création, organisation et fonctionnement de la Commission nationale anticorruption

122 Lorsqu'un organisme détient la personnalité juridique ou morale, il est considéré comme une Autorité publique indépendante. Exemples au Cameroun : la Commission nationale des Droits de L'Homme et des Libertés, *Élections Cameroon* (ELECAM), la Commission nationale pour la Promotion du Bilinguisme et du Multiculturalisme (CNPBM). Pour une esquisse de théorie des Autorités publiques indépendantes, lire ROUYERE (A.), « Les personnes publiques spécialisées », *in* Fabrice Melleray, GONADE (P.), YOLKA (P.) (dir), *Traité de droit administratif*, Tome I, Dalloz, Paris, 2011, p.353-355.

123 TOUZEIL-DIVINA (M.), *Dictionnaire de droit public interne, op. cit.*, p. 44.

124 MONEMBOU (C.), « Les personnes publiques spécialisées en droit administratif camerounais », *RBSJA*, n° 38, 2017, p.248.

125 Conseil d'État, Rapport public, *Les autorités administratives indépendantes,* Paris, 2001, p.275.

d'une autorité administrative indépendante dans un champ donné lui conférait une sorte de « légitimité de naissance » vis-à-vis des citoyens, qui serait moindre s'il existait un lien organique et donc hiérarchique, avec un ministre, un Premier ministre ou un président de la République. Mais, *in concreto*, la CONAC est une AAI platonique.

2- La domination paradoxale sur la CONAC

Étant donné que la CONAC bénéficie d'un statut d'Autorité administrative indépendante, elle est censée se mouvoir en toute liberté et impartialité. Elle a notamment pour missions de procéder, le cas échéant, au contrôle physique de l'exécution des projets, ainsi qu'à l'évaluation des conditions de passation des marchés publics ; d'accomplir toute autre mission à elle confiée par le président de la République[126]. Au regard de ces quelques missions de la CONAC, l'on peut comprendre qu'elle n'a pas pour rôle direct de contrôler l'exécution du budget, mais elle peut être conduite à le faire, mais indirectement. Ainsi, lorsque son texte fondateur lui attribue la mission de contrôle de l'exécution physique des projets, l'on peut logiquement inférer qu'elle va opérer un contrôle de l'exécution du budget de l'État. Cela est recevable dans la mesure où les projets étatiques que la CONAC peut contrôler font l'objet d'une inscription et d'un ancrage budgétaires. De ce point de vue, le contrôle physique de l'exécution des projets étatiques est en réalité un contrôle de l'exécution budgétaire déguisé. Même les marchés publics font l'objet d'une attention budgétaire. Il est non moins utile de révéler que la CONAC peut accomplir toute autre mission à elle confiée par le Chef de l'État. Par interprétation, cette possibilité laisse le soin à l'*interprète authentique de*[127] confier n'importe quelle mission à la CONAC. Cette disposition n'empêche nullement que le Chef de l'État lui enjoigne formellement d'opérer un contrôle de l'exécution du budget au Cameroun.

Le véritable problème ne se situe pas au niveau des missions de la CONAC, même si elles sont confiées par le président de la République. Le problème de fond réside dans le fait que la CONAC est « un organisme indépendant », c'est-à-dire une AAI qui est supposée être en dehors de la hiérarchie administrative et du pouvoir politique, alors que son texte majeur martèle une inconvenance : « la Commission est placée sous l'autorité du président de la

---

[126] *V.* pour une lecture complète des missions de cet organisme, consulter l'Article 2 du Décret n° 2006/088 du 11 mars 2006 portant création, organisation et fonctionnement de la Commission nationale anticorruption

[127] « Authentique » a ici deux acceptions : le sens classique qui est différent du sens kelsenien. Le sens classique qui est le nôtre renvoie à l'interprétation produite par celui qui a édicté l'acte. Or, chez Kelsen, c'est l'interprétation faite par le juge. Lire utilement, KELSEN (H.), *Théorie pure du droit*, *op. cit.*, pp.460-461.

République »[128]. Cette incongruité permet ainsi de comprendre qu'en réalité la CONAC est le site de prolongement de l'exorbitance des pouvoirs présidentiels. Le Chef de l'État est de ce fait un intrus dans le déploiement de la CONAC, d'autant plus que c'est l'exorbitance de ses pouvoirs qui traduit sa mainmise sur la *Commission*. Il reste fidèle à ce qu'on pense de lui : omnipotent et omniprésent.

Pour conclure, l'on peut relever *in fine* que le droit budgétaire camerounais est à l'image du régime et du système politique en vigueur dans le pays. Le droit camerounais semble ne pas trop s'éloigner d'autres droits d'Afrique noire francophone qui accordent une prépondérance *de facto* et *de jure* au président de la République. Dans le champ budgétaire, les pouvoirs du président camerounais se caractérisent par l'exorbitance prise dans le sens de l'exceptionnel, du dérogatoire, de l'excessif et même du léonin. Le Chef de l'État cristallise cette exorbitance à la fois dans la coordination budgétaire et dans le contrôle de l'exécution budgétaire. Il peut ainsi prendre des décisions qui sont différentes des simples compétences. Dans la préparation et l'exécution du budget, il fait montre de beaucoup de capacités d'action. Le contrôle du budget n'est pas en reste. Dans ce sillage, ses pouvoirs relèvent de l'abusif, car il maîtrise et contrôle totalement les organes administratifs de vérification de l'exécution du budget. *In concreto*, c'est le président camerounais qui donne le sens de l'élaboration, de l'exécution et du contrôle de l'exécution du budget, peut-être parce que fondamentalement, le budget est un acte éminemment politique[129], d'autant plus qu'il est l'instrument phare de promotion du développement socio-économique[130] de l'État. C'est fort de toutes ces observations que l'on peut qualifier le président camerounais de « *Jupiter* » et non de « nain budgétaire »[131] comme ailleurs.

---

[128] *V.* article 2 (1) 2 Décret n° 2006/088 du 11 mars 2006 portant création, organisation et fonctionnement de la Commission nationale anticorruption.

[129] JEZE (G.), *Cours élémentaire de science des finances et de législation financière française*, réimpression de l'édition de 1931, Éditions la Mémoire du Droit, Paris, 2013, p.9.

[130] BESSALA (A. G.), *Ajustement structurel et droit budgétaire camerounais : contribution à l'étude des droits budgétaires des États africains sous ajustement structurel*, Thèse de doctorat Ph. D. en droit public, université de Yaoundé II, 2014, p.89.

[131] L'expression est de MUZELLEC (R.) pour le cas de la France. Lire utilement dans ce sens MUZELLEC (R.) et CONAN (M.), *Finances publiques*, 6e édition, Sirey, Dalloz, Paris, 2013, p.165.

Bibliographie indicative

- Cabanis (A.) et Martin (M-L), *Le constitutionnalisme de la troisième vague en Afrique francophone*, Académia Bruylant, 2010.

- Diango Cissoko, *La fonction publique en Afrique noire : le cas au Mali*, Rouen, Publication université de Rouen n° 116, 1986.

- Eko'o Akouafane (J-C), *La décentralisation administrative au Cameroun*, Paris, l'Harmattan, 2009.

- Bouyssou (F), « L'introuvable notion d'affaires courantes : l'activité des gouvernements démissionnaires sous la Quatrième République », *In: Revue française de science politique*, 20e année, n° 4, 1970.

- Deberre (J-C), « Décentralisation et développement local », *Afrique contemporaine 2007/1 (n° 221).*

- Monembou (C), « Les paradoxes de la décentralisation camerounaise : De la décentralisation à la recentralisation », *Revue africaine de Droit et de Science politique, vol 1, n 1jan-juin2013.*

- Menthong (H-L), « La construction des enjeux locaux dans le débat constitutionnel », in Melone (S.) et al. (dir), *La réforme constitutionnelle du 18 janvier 1996. Aspects juridiques et politiques*, Fondation Friedrich Ebert et association africaine de science politique, 1996.

LA TUTELLE DU PRÉSIDENT DE LA RÉPUBLIQUE SUR LES COLLECTIVITÉS TERRITORIALES DÉCENTRALISÉES AU CAMEROUN

Étienne SAMA II

Si la décentralisation et sa condition qu'est la reconnaissance d'une autonomie aux collectivités locales[1] constituent à ce jour un élément de la bonne gouvernance démocratique[2], les collectivités territoriales décentralisées ne sauraient exister en marge de l'État. C'est à ce titre qu'il est considéré que « *la décentralisation n'a jamais été synonyme de liberté totale pour les collectivités* »[3]. Aussi, la prise en compte de ce processus dans de nombreuses constitutions d'Afrique noire francophone s'est accompagnée de l'insertion de mesures destinées à assurer un contrôle de l'Etat sur ces entités[4]. Ces mesures s'inscrivent dans le cadre de la tutelle de l'État sur les collectivités territoriales décentralisées. Ce phénomène est observable au Cameroun où, d'une manière générale, l'État exerce un contrôle important sur de nombreux pans tant privés[5] que publics[6] de la vie nationale. Aussi, nonobstant ses nombreuses tribulations, la décentralisation n'échappe pas à cet état de choses. Cela étant, les références doctrinales à la tutelle font dans une très large majorité la part belle aux représentants de l'État[7]. Cette perception laisse

---

[1]EKO'O AKOUAFANE (J.-C.), *La décentralisation administrative au Cameroun*, Paris, l'Harmattan, 2009, p. 101.

[2]CABANIS (A.) et MARTIN (M.-L.), *Le constitutionnalisme de la troisième vague en Afrique francophone*, Académia Bruylant, 2010, p. 171.

[3]JEGOUZO (Y.) et VERPEAUX (M.), « Les collectivités territoriales », in GONOD (P.), MELLERAY (F.) et YOLKA (P.) (dir.), *Traité de droit administratif*, Tome 1, Paris, 2011, p. 316.

[4] Cabanis (A.) et Martin (M.-L.), *Le constitutionnalisme de la troisième vague en Afrique francophone*, *op.cit.*, p. 179.

[5]KEUTCHA TCHAPNGA (C.), *Le contrôle de l'État sur les activités privées au Cameroun,* Thèse de Doctorat en Droit, Université de Droit, d'Économie et des Sciences d'AIX-MARSEILLE, 1992 (revue et corrigée), 273 p.

[6] NGONO TSIMI (L.), *L'autonomie administrative et financière des collectivités territoriales décentralisées : l'exemple du Cameroun*, Thèse pour le doctorat en droit public, Université Paris-Est Créteil Val-De-Marne, 2010, p. 257.

[7]EKO'O AKOUAFANE (J.-C.), *La décentralisation administrative au Cameroun*, *op. cit.*, pp. 247-250 ; OWONA (J.), *La décentralisation camerounaise*, Paris, L'Harmattan, 2011, pp. 119-133 ; Hond (J. T.), « État des lieux de la décentralisation territoriale au Cameroun », » in ONDOA (M.) (dir.) *L'administration publique camerounaise à l'heure des réformes,* l'Harmattan, 2010, p. 108 ; MANGA ZAMBO (E.), « La décentralisation dans le paysage

quelque peu songeur dans un État où le président est l'alpha et l'oméga du système constitutionnel[8], la clé de voûte des institutions. L'on peut être dubitatif quant à l'exercice éventuellement exclusif de la tutelle de l'État sur les collectivités territoriales décentralisées par les seules autorités déconcentrées. De plus, « si *la décentralisation implique un partage du pouvoir* »[9], la concentration du pouvoir par le président de la République reste l'une des données stables de la dynamique constitutionnelle de cet État. L'énonciation de l'existence d'une décentralisation paradoxale[10] ayant somme toute un relent de recentralisation[11] laisse dubitatif quant au confinement de l'exercice exclusif de la tutelle par les seules autorités déconcentrées. Par rapport à cela, sachant qu'on en subodore l'existence, il n'est pas inopportun de s'attarder sur la tutelle du président de la République sur les collectivités territoriales décentralisées au Cameroun.

Pour la clarté du propos, il sied d'intégrer à ce stade de notre propos que la notion de « tutelle » « *désigne de façon générale le contrôle exercé par une personne publique sur une autre personne publique dans les conditions prévues par les textes. Il s'agit le plus souvent d'un contrôle de l'État sur les personnes décentralisées...* »[12] Sachant que contrôler revient trivialement à s'assurer si les choses sont bien telles qu'elles devraient l'être[13], sémantiquement, dans cette étude, « *parler du contrôle* [du président] *sur les collectivités territoriales décentralisées renvoie spécifiquement au contrôle de*

---

administratif camerounais », in ONDOA (M.) (dir.) *L'administration publique camerounaise à l'heure des réformes,* l'Harmattan, 2010, po. 138-139. Dans ces études, il est juste fait mention de ce que la tutelle s'effectue sous l'autorité du président de la République. L'accent n'est pas mis sur les prérogatives spécifiques du président de la République en la matière. À notre connaissance, seul M. Keudjeu de Keudjeu aborde quelque peu les pouvoirs du président de la République en la matière. Il le fait en abordant la question de la question de la limitation de la libre administration des collectivités territoriales décentralisées et en mentionnant que le président de la République dispose d'un pouvoir disciplinaire à l'égard de leurs organes. Lire KEUDJEU DE KEUDJEU (J.-R.), *Le contrôle de l'État sur les collectivités territoriales décentralisées*, Éditions universitaires européennes, Allemagne, pp. 65-66.

[8] NGUELE ABADA (M.), « Ruptures et continuité constitutionnelles rn République du Cameroun : réflexions à propose de la réforme constitutionnelle du 18 janvier 1996 », *RJPIC,* 1996, n° 3, p.

[9]DEBERRE (J.-C.), « Décentralisation et développement local », *Afrique contemporaine 2007/1 (n° 221)*, p. 48.

[10]BIKORO (J.M.), *Les paradoxes constitutionnels en droit positif du Cameroun*, Mémoire de DEA, option Droit public interne, FSJP, année académique 2010-2011, p. 125.

[11]MONEMBOU (C.), « Les paradoxes de la décentralisation camerounaise : De la décentralisation à la recentralisation », *Revue africaine de Droit et de Science politique, vol 1, n 1jan-juin2013*, pp. 162-179.

[12] Van Lang (A.), Gondouin (G.) et Inserguet-Brisset (V.), *Dictionnaire de Droit administratif*, 5e édition, Dalloz, 2008, p. 472.

[13]KEUTCHA TCHAPNGA (C.), *Le contrôle de l'État sur les activités privées au Cameroun, op.cit.*, p. 6.

tutelle sur les collectivités territoriales décentralisées »[14]. C'est le lieu de rappeler le bien-fondé de la tutelle qui « *est nécessaire dans l'intérêt de l'Etat lui-même qui doit sauvegarder son unité politique et veiller au respect des lois ; puis dans l'intérêt de la collectivité décentralisée, première victime de la mauvaise gestion de ses représentants ; enfin dans l'intérêt des individus, qui peuvent avoir besoin d'une protection contre l'autorité décentralisée* »[15].

Cela nous amène à embrayer sur la notion de « collectivités territoriales décentralisées », objet de la tutelle. Il s'agit, au sens de la loi, de personnes morales de droit public jouissant de l'autonomie administrative et financière pour la gestion des intérêts régionaux et locaux[16]. Elles correspondent alors à des subdivisions du territoire bénéficiant d'une certaine autonomie de gestion[17]. Nonobstant la controverse sémantique qui entoure les notions de « collectivités territoriales » et celles de « collectivités locales »[18], dans le cadre de notre propos, pour des commodités de langage, les deux vocables seront employés de manière alternative. Ceci étant, sous le prisme de la typologie, au nombre des collectivités territoriales décentralisées au Cameroun, l'on distingue celles à statut constitutionnel et celle à statut législatif. Au rang des premières, l'on retrouve les régions et les communes[19]. Les communautés urbaines[20] constituent le second groupe. L'emphase sera mise dans le cadre de notre propos sur les régions et les communes. Ceci vient du fait qu'elles ont de nombreuses similitudes organisationnelles[21]. De plus, les communautés urbaines sont caractérisées par l'exercice d'un pouvoir hiérarchique du président de la République à l'égard de la personne que l'on

---

[14]KEUDJEU DE KEUDJEU (J.-R.), *Recherches sur l'autonomie des collectivités territoriales au Cameroun*, Thèse de Doctorat/Ph.D en Droit, option Droit public, Université de Douala, 20 décembre 2012, p. 415.

[15] MBALLA OWONA (R.), *La notion d'acte administratif unilatéral au Cameroun*, Thèse de Doctorat/Ph.D en Droit, option Droit public, Université de Yaoundé II-Soa, 22 novembre 2010, pp. 106-107.

[16]Article 4(1) de la loi n° 2004/017 du 22 juillet portant orientation de la décentralisation.

[17]KAMGA TCHAKOSSI (Y.F.), *Les personnes morales de droit public au Cameroun*, Mémoire en vue de l'obtention du Master en Droit public, option Droit public interne, FSJP, année académique 2014-2015. P. 34.

[18]HOND (J.T.), « État des lieux de la décentralisation territoriale au Cameroun », *op. cit.*, p.94.

[19] Article 55(1) de la loi constitutionnelle du 18 janvier 1996. Cet article dispose que « *les collectivités territoriales décentralisées de la République sont les régions et les communes. Tout autre type de collectivité territoriale décentralisée est créé par la loi* ».

[20]Considérées comme des collectivités territoriales à régime spécial, l'article 109 de la loi n° 2004/018 du 22 juillet 2004 fixant les règles applicables aux communes dispose que « *certaines agglomérations urbaines, en raison de leur particularité, peuvent être érigées en communautés urbaines par décret du président de la République. La communauté urbaine comprend au moins deux (2) communes* ».

[21]Au sein des régions et des communes, il est procédé à l'élection des organes délibérants et à celle des organes exécutifs.

retrouve à leur tête[22]. Partant de ce que le pouvoir hiérarchique se distingue de la tutelle[23], il s'agit alors de limiter les risques d'imbroglio et de faciliter les éventuelles systématisations.

La notion de « président de la République » renvoie pour sa part au chef de l'État dans une République[24]. Il s'agit alors « *titre du chef de l'État dans une République* »[25]. Dans le contexte camerounais, la notion désigne précisément l'organe constitutionnellement investi dans un État de forme républicaine de la fonction de chef de l'État[26]. Le président de la République est somme toute l'institution-organe placée à la tête de l'État du Cameroun[27]. Cité plus d'une cinquantaine de fois dans la constitution,[28] ses pouvoirs sont nombreux et ils couvrent de nombreux pans de la vie nationale. Cela est à la vérité logique dans la mesure où « *l'on est en présence d'un ordre constitutionnel bâti tout entier pour et autour de l'institution présidentielle* »[29].

Cette importance de l'institution présidentielle laisse alors poindre des interrogations quant à ses prérogatives en matière de décentralisation et de manière plus spécifique, en matière de contrôle des collectivités territoriales décentralisées. Les interrogations prennent plus de relief quand on sait que le président de la République incarne l'unité de la nation[30] et que les collectivités locales sont souvent perçues comme des causes de divisions[31]. Eu égard à la

---

[22]L'article 115 la loi n° 2004/018 du 22 juillet 2004 fixant les règles applicables aux communes dispose qu'« *un délégué du gouvernement nommé par décret du président de la République exerce la plénitude des fonctions et des attributions dévolues au maire à la tête de la communauté urbaine. Il est assisté d'adjoints nommés par arrêté du président de la République* ».

[23]Selon le professeur Abane Engolo, « *le pouvoir hiérarchique, proche du pouvoir de tutelle parce que les deux sont des prérogatives de commandement, s'en distingue notamment parce qu'il ne s'introduit que dans une administration unifiée, c'est-à-dire portant d'un bout à l'autre une unité organique. Il faut donc ici se référer à l'identité de la personnalité juridique quand au contraire le pouvoir de tutelle lui tient sa place dans les relations entre deux personnes morales de droit public distinctes* ». Voir ABANE ENGOLO (P.-E.), *L'application de la légalité par l'administration au Cameroun*, Thèse de Doctorat/PHD en Droit public, Université de Yaoundé II, 2 avril 2009, p. 55.

[24]DUHAMEL (O.) et MENY (Y.) (Dir.), *Dictionnaire constitutionnel*. Paris, Puf, 1992, p. 804.

[25]GUINCHARD (S.) et DEBARD (T.), *Lexique des termes juridiques,* Paris, Dalloz, 2017, p. 1787.

[26]MBPILLE (P.E.), *Le président de la République en droit constitutionnel camerounais*, Thèse pour le doctorat en droit public, Université de Douala, novembre 2015, p.12.

[27]MBPILLE (P.E.), *Le président de la République en droit constitutionnel camerounais, op.cit,* p. 14.

[28]OLINGA (A.-D.), *La constitution de la République du Cameroun,* Yaoundé, Les Presses de l'Université Catholique de l'Afrique Centrale, 2e édition, 2013, p. 49.

[29]*Idem.*

[30]*Ibid,* p. 50.

[31]EKO'O AKOUAFANE (J.-C.), *La décentralisation administrative au Cameroun, op. cit.,* p. 65.

prégnance de la décentralisation dans le cadre des débats qui ont entouré la révision constitutionnelle du 18 janvier 1996[32], le questionnement autour duquel va se tisser la trame de notre réflexion est le suivant : **comment s'opère la tutelle du président de la République sur les collectivités territoriales décentralisées ?** En partant de l'aphorisme qui souligne qu'il n'y a « *pas de tutelle sans texte ou au-delà du texte* », sur la base du dispositif normatif lié à la décentralisation, il apparaît que la tutelle du président de la République sur les collectivités territoriales décentralisées s'opère de manière duale. L'analyse relève la formalisation d'une tutelle immédiate (I) et la mobilisation d'une tutelle médiate (II).

I- La formalisation d'une tutelle immédiate

Le constituant et le législateur ont formalisé une tutelle directe et sans intermédiaire du président de la République sur les collectivités territoriales décentralisées. Ceci tranche quelque peu d'avec ce qui était observable sous l'empire de l'ancien corpus juridique organisant la tutelle de l'État sur les collectivités locales. À l'analyse, la loi n° 74/23 du 5 décembre 1974 portant organisation communale au Cameroun et le décret n° 77/91 du 25 mars 1977 déterminant les pouvoirs de tutelle sur les communes comportaient peu de dispositions relatives à l'action et au contrôle du président de la République sur les collectivités locales[33]. La dynamique est tout autre avec la loi constitutionnelle du 18 janvier 1996 et les textes de 2004 relatifs à la décentralisation. Ceux-ci énoncent de nombreuses prérogatives du président de la République s'inscrivant dans le cadre de la tutelle sur les entités infraétatiques. La pluralité desdites prérogatives par rapport à la situation qui prévalait traduit indéniablement, sous le prisme d'une distinction

[32]MENTHONG (H.-L.), « La construction des enjeux locaux dans le débat constitutionnel », in MELONE (S.) et al. (dir), *La réforme constitutionnelle du 18 janvier 1996. Aspects juridiques et politiques*, Fondation Friedrich Ebert et association africaine de science politique, 1996, p. 147.

[33] Le président de la République avait une palette de pouvoirs moins large que celle dont il dispose actuellement. Au fil des développements, il sera possible d'observer cet état des choses. Pour rappel, la loi n° 74/23 du 5 décembre 1974 portant organisation communale au Cameroun disposait en son article 7 que « « *le président de la République peut décider le regroupement temporaire ou définitif de plusieurs communes* ». Son article 120 énonçait que « *le montant de la subvention est fixé annuellement par le président de la République* ».
Le décret n° 77/91 du 25 mars 1977déterminant les pouvoirs de tutelle sur les communes disposait pour sa part en son article 45 que *« le maire et ses adjoints peuvent être révoqués par décret du président de la République dans les conditions fixées par la loi communale »*. L'article 47 soulignait qu'« [En cas d'inertie persistante, de carence, de faute lourde, de négligence graves répétées dans l'exercice de leurs fonctions], *les délégués du gouvernement peuvent être relevés de leur fonction par décret du président de la République, et les adjoints aux délégués du gouvernement par arrêté du Premier ministre* ».

traditionnelle[34], le renforcement de la tutelle sur les organes (A) et le durcissement de la tutelle sur les actes (B).

A- Le renforcement de la tutelle sur les organes

L'emprise du président de la République sur les organes des collectivités territoriales décentralisées est prégnante. Pour mémento, sous le prisme organique, il y a au sein des collectivités locales les organes exécutifs et ceux délibérants. Que ce soit à l'échelle régionale ou communale, le contrôle du président de la République sur ces institutions est perceptible. Il sied, pour une mise en relief de cet état des choses, de s'attarder sur la tutelle sur les organes exécutifs (1) ainsi que sur la tutelle sur les organes délibérants (2).

1- La tutelle sur les organes exécutifs

L'organisation de la commune repose sur le couple classique organe délibérant-organe exécutif[35]. Si « *le maire et ses adjoints constituent l'exécutif communal* »[36], au niveau de la région, l'on retrouve comme organes exécutifs le président du conseil régional assisté par le bureau régional[37]. La tutelle exercée sur ces organes par le président de la République est d'une ampleur quelque peu variable. À l'analyse des textes, il apparaît que « la clé de voûte des institutions » dispose d'une large palette de prérogatives allant de la suspension à la révocation en passant par la constatation de la déchéance.

En ce qui concerne le maire et ses adjoints, il est possible de relever que ceux-ci peuvent faire l'objet d'une révocation par le président de la République[38]. Constitutive d'une mesure disciplinaire[39]. Pour rappel, la révocation est la « *sanction la plus grave qui puisse toucher un fonctionnaire. Elle est un mode de cessation définitive de fonctions entraînant radiation des cadres et pertes de la qualité de fonctionnaire* »[40]. De fait, hors du canal électoral qui les a vus accéder à leurs fonctions, le maire et ses adjoints peuvent voir leurs mandats interrompus. Il convient de relever à ce niveau que la révocation prononcée par le président de la République n'est pas l'objet d'une génération spontanée. Elle intervient dans des conditions qui ont été

---

[34] CHAPUS (R.), *Droit administratif général*, Paris, T1, 15e édition, Montchrestien, 2001, p.408.

[35] EKO'O AKOUAFANE (J.-C.), *La décentralisation administrative au Cameroun*, Paris, l'Harmattan, 2009, p.127.

[36] Article 58 de la loi n° 2004/018 du 22 juillet 2004 fixant les règles applicables aux communes.

[37] Article 60 de la loi n° 2004/19 du 22 juillet 2004 fixant les règles applicables aux régions.

[38] Article 95 de la loi n° 2004/018 du 22 juillet 2004 fixant les règles applicables aux communes.

[39] Cornu (G), *Vocabulaire juridique*, Paris, PUF, 9e édition mise à jour, 2011, p. 920.

[40] VAN LANG (A.), GONDOUIN (G.) et INSERGUET-BRISSET (V.), *Dictionnaire de Droit administratif*, 5e édition, Dalloz, 2008, p. 420.

spécifiées par le législateur. Ainsi, en cas de violation des lois et règlements en vigueur ou de faute lourde[41], au terme d'une période de suspension n'ayant pas excédé pas trois mois, le président de la République peut révoquer le maire et ses adjoints par décret. De même, au terme d'un laps de temps identique correspondant à une suspension, « *en cas d'atteinte à la fortune publique, d'infraction pouvant entraîner une sanction pénale assortie de déchéance de carence avérée ou de faute lourde dans l'exercice de leurs fonctions, le maire et ses adjoints peuvent être révoqués par décret du président de la République* »[42]. Il est possible de subodorer que la révocation s'appuiera sur la véracité de ces différentes irrégularités. Il découle alors de la lecture de ces dispositions que les maires et leurs adjoints sont astreints aux impératifs de bonne gouvernance. Du reste, le maire ou l'adjoint au maire qui, pour une cause postérieure à son élection, ne remplit plus les conditions requises pour être maire ou adjoint au maire ou qui se trouve dans un des cas d'incompatibilités[43] doit cesser immédiatement ses fonctions[44]. Le président de la République met fin à ses fonctions par décret lorsque le concerné refuse de démissionner. Ainsi, bien que « la discrétionnalité »[45] ne soit pas totalement de mise, l'élu de la nation entière peut interrompre le mandat des élus communaux.

Le président du Conseil régional et le bureau régional peuvent quant à eux, être suspendus, révoqués et déchus par le président de la République. Aussi, si la suspension est le fait du ministre de l'Administration territoriale dans le cadre de la commune, au palier régional, il en est autrement. C'est le lieu de

---

[41] Article 94 de la loi n° 2004/018 du 22 juillet 2004 fixant les règles applicables aux communes.

[42] Article 95 ibid.

[43] Une incompatibilité peut être appréhendée comme l'« *impossibilité légale de cumuler soit certaines fonctions publiques, soit certains mandats électifs, soit une fonction publique ou un mandat électif avec certaines occupations ou situations privées, soit même deux activités privées* ». Voir Cornu (G), *Vocabulaire juridique*, *op.cit.*, p. 530.

Pour EKO'O AKOUAFANE (M.), « *les incompatibilités désignent l'interdiction faite aux titulaires d'un mandat politique de cumuler avec celui-ci des fonctions qui pourraient en compromettre l'exercice* ». Lire EKO'O AKOUAFANE (J.-C.), *La décentralisation administrative au Cameroun*, *op.cit.*, p. 134.

Les fonctions de maire sont incompatibles avec celle de : membre du gouvernement et assimilé ; député et sénateur ; autorité administrative ; ambassadeur ou responsable dans une mission diplomatique ; président des cours et tribunaux ; directeur général ou directeur d'établissement public ou de société à participation
publique ; secrétaire général de ministères et assimilés ; directeur de l'administration centrale ; président de conseil régional ; membre des forces du maintien de l'ordre ; agent et employé de la commune concernée, agent des administrations financières ayant à connaître des finances ou de la comptabilité de la commune concernée

[44] Article 98 de la loi n° 2004/018 du 22 juillet 2004 fixant les règles applicables aux communes.

[45] ABANE ENGOLO (P.-E.), *L'application de la légalité par l'administration au Cameroun*, Thèse de Doctorat/PHD en Droit public, Université de Yaoundé II, 2 avril 2009, p. 295.

rappeler que la suspension renvoie au pouvoir accordé à des autorités administratives de priver provisoirement de leurs fonctions certains agents ou autorités[46].

Concrètement, pour une période ne pouvant pas excéder deux mois, le président et le bureau régional peuvent être suspendus par décret du président de la République en cas d'accomplissement d'actes contraires à la constitution ; d'atteinte à la sécurité de l'État ou à l'ordre public ; de mise en péril de l'intégrité du territoire national ; d'impossibilité durable de fonctionner normalement[47]. À une autre échelle, le président de la République peut, après avis du Conseil Constitutionnel, destituer le président et le bureau régional dans les cas identiques à ceux entraînant la suspension de ces organes et lorsqu'au terme d'une période ne pouvant aller au-delà de deux mois, il est impossible de rétablir la situation qui prévalait. Au demeurant, le président du conseil régional qui, pour une cause postérieure à son élection, ne remplit plus les conditions requises pour être président ou qui se trouve dans un des cas d'inéligibilité prévus par la législation en vigueur[48] cesse immédiatement ses fonctions.

Si le président du conseil régional refuse de démissionner, le ministre chargé des collectivités territoriales lui notifie la cessation immédiate de ses fonctions et le président de la République constate sa déchéance sur proposition du ministre en charge des collectivités territoriales[49]. S'il est nommé à une fonction incompatible, le président du conseil régional doit opérer un choix dans un certain intervalle de temps. S'il ne manifeste pas sa préférence, il est déclaré démissionnaire par le président de la République sur proposition du ministre en charge des collectivités territoriales décentralisées[50]. Dans les deux derniers cas, il sied de relever que le ministre ne fait que des propositions que le président est libre de suivre. Il est possible de penser que seules l'authenticité des faits et la conduite réellement

---

[46]GUINCHARD (S.) et DEBARD (T.), *Lexique des termes juridiques,* Paris, Dalloz, 2017, p.2218.

[47] Article 48 de la loi n° 2004/19 du 22 juillet 2004 fixant les règles applicables aux régions.

[48] D'après la loi n° 2012/001 du 19 avril 2012 portant code électoral en son article 176 (1) que, « *sont inéligibles les personnes, qui de leur propre fait, se sont placées dans une situation de dépendance ou d'intelligence vis-à-vis d'une personne, d'une organisation, d'une puissance étrangère ou d'un État étranger ; sont également inéligibles et ne peuvent être candidats aux élections des conseillers municipaux, pendant l'exercice de leurs fonctions et pendant les six mois qui suivent la cessation de ces fonctions par démission, destitution, mutation ou de toute autre manière, les personnels des services concourant à la défense et à la sécurité du territoire, notamment de la sûreté et de la police, ainsi que les militaires et assimilés des forces armées* ». Son article 251(1) dispose également que « *nul ne peut être candidat à un mandat de conseiller régional, s'il ne réside de manière effective dans le ressort de la région concernée* »

[49] Article 74 (2) de la loi n° 2004/19 du 22 juillet 2004 fixant les règles applicables aux régions.

[50] Article 75(2) loi, ibid.

irrégulière du président du conseil régional peuvent fonder la décision finale du président de la République.

In fine, force est de relever que le président de la République a une véritable emprise sur la durée du mandat des élus locaux. « L'élu des élus »[51] et ses adjoints ainsi que le président du conseil régional, tout comme le bureau régional, sont ainsi enserrés dans un étau dont l'étreinte est contrôlée par le président de la République. Les organes délibérants, à l'image des exécutifs locaux, sont tout autant sous le contrôle du maillon fort du pouvoir exécutif.

2- La tutelle sur les organes délibérants

Étant entendu que la délibération fait référence à l'examen d'une question par une assemblée et décision le concluant[52], les organes délibérants correspondent alors aux assemblées réalisant ces opérations. Le fait que l'on parle d'organe délibérant dans le cadre des collectivités locales met en relief le caractère démocratique de la prise de décision au sein de celles-ci.

Au niveau de la commune, l'organe délibérant est le conseil municipal et au niveau de la région, c'est le conseil régional. Ces deux organes sont indéniablement sous la tutelle du président de la République. Ce dernier peut procéder à la suspension et à la dissolution de ces institutions.

In concreto, « *en temps de guerre, le conseil municipal d'une commune peut être, pour des motifs d'ordre public ou d'intérêt général, suspendu par décret du président de la République, jusqu'à la cessation des hostilités* »[53]. Par le truchement de ce décret, le président de la République institue une délégation spéciale qui agira en lieu et place du conseil municipal. La suspension est donc suivie de mesures d'accompagnement afin de ne pas laisser la commune livrée à elle-même et aux affres de la situation délétère qui y prévaut.

Par ailleurs, le président de la République peut, par décret, dissoudre le conseil municipal pour des motifs qui ne sont pas sans rappeler ceux entraînant la suspension du bureau régional. Sachant qu'il faut qu'il s'écoule un délai de deux mois et qu'il y ait persistance des irrégularités, il s'agit, en guise de remémoration des cas d'accomplissement d'actes contraires à la constitution, d'atteinte à la sécurité de l'État ou à l'ordre public ; de mise en péril de l'intégrité du territoire national et d'impossibilité durable de fonctionner

[51]EKO'O AKOUAFANE (J.-C.), *La décentralisation administrative au Cameroun, op.cit.*, p. 133.

[52]Avril (P.) et Gicquel (J.), *Lexique de droit constitutionnel*, Paris, P.U.F., Collection Que sais-je ?, 4e édition, 2013, p. 33.

[53] Article 52 de la loi n° 2004/018 du 22 juillet 2004 fixant les règles applicables aux communes.

normalement[54]. Les atteintes à l'ordre constitutionnel et les inhibitions au fonctionnement correct du conseil municipal correspondent de fait aux éléments pouvant justifier désagrégation du conseil municipal. Dans le cas de la dissolution du conseil municipal, une délégation spéciale instituée par arrêté du ministre en charge des collectivités locales en remplit les fonctions[55].

S'agissant du conseil régional, il peut être l'objet d'une suspension décidée par le président de la République. C'est la norme fondamentale qui met tout d'abord en relief cet état de choses. Le corpus juridique de 2004 relatif aux collectivités territoriales décentralisées. La constitution dispose à cet égard, en son article 58 que « *le Conseil régional peut être suspendu par le président de la République lorsque ledit organe : accomplit des actes contraires à la constitution ; porte atteinte à la sécurité de l'État ou à l'ordre public et met en péril l'intégrité du territoire* ». La loi adjoint à ces motifs, l'impossibilité durable d'un fonctionnement normal[56]. La suspension ne peut s'étaler au-delà d'une période de deux mois.

Cela étant, pour des motifs similaires, le président de la République peut, par décret, après avis du Conseil constitutionnel, dissoudre un conseil régional. Cette mesure a tout autant vocation à être mise en branle lorsqu'au terme du délai prévu pour une suspension, il semble invraisemblable de revenir à la situation initiale[57]. C'est dire que le respect des fondements de la République s'appuyant indéniablement par le bon fonctionnement du conseil régional importe au président de la République. Il convient de noter que la décision de dissolution du conseil régional est couplée à des mesures d'encadrement. Aussi, le président de la République crée, par décret, une délégation spéciale dont les pouvoirs sont liés à l'expédition des affaires courantes, aux mesures conservatoires et à la recherche de solutions aux affaires dont l'urgence est avérée. Les « affaires courantes » désignent d'une façon générale les décisions quotidiennes nécessaires au fonctionnement ininterrompu du service public[58]. Les mesures de conservations font quant à elles référence aux mesures urgentes tendant à sauvegarder un bien ou un ensemble de biens dans l'intérêt de propriétaires ou créanciers[59].

Dans l'ensemble, il ressort des précédents développements que le président de la République a, sous le prisme de la tutelle, un véritable pouvoir

[54] Article 46 et 47 loi, *ibid.*
[55] Article 53 loi, *ibid.*
[56] Article 48 de la loi n° 2004/19 du 22 juillet 2004 fixant les règles applicables aux régions.
[57] Article 49(2) de la loi n° 2004/19 du 22 juillet 2004 fixant les règles applicables aux régions
[58] BOUYSSOU (F.), « L'introuvable notion d'affaires courantes : l'activité des gouvernements démissionnaires sous la Quatrième République », *In : Revue française de science politique*, 20e année, n° 4, 1970. p.647.
[59]CORNU (G.), *Vocabulaire juridique*, *op.cit.*, p. 243.

disciplinaire à l'encontre des collectivités territoriales décentralisées[60]. La tutelle sur les actes vient compléter et raffermir son contrôle sur les collectivités locales.

B- Le durcissement de la tutelle sur les actes

Le corps de règles encadrant la décentralisation est caractérisé par la rigidité et la pesanteur engendrée par le contrôle du président de la République sur les actes pris par les organes des collectivités locales. Ceci alourdit le poids de la tutelle déjà oppressante qui pesait jusque-là sur les collectivités locales. Pour une appréhension globale du pouvoir du chef de l'exécutif sur les actes locaux (2), il faut nécessairement mettre l'emphase sur les actes visés par la tutelle (1).

1- Les actes visés par la tutelle

Les actes des organes exécutifs et délibérants des collectivités locales visés par la tutelle immédiate du président de la République sont principalement ceux à consonance séparatiste ou dissidente et ceux à résonnance constitutionnelle. De manière accessoire, par le truchement d'un raisonnement *a contrario*, l'on peut faire mention des actes liés à la sécurité de l'Etat ou à l'ordre public et à l'intégrité du territoire[61]. Nous excluons ici, *a priori*, les décisions réglementaires et individuelles prises par le président du conseil régional ou le maire dans le cadre de l'exercice de leurs pouvoirs de police et les actes de gestion quotidienne qui eux, sont exécutoires de plein droit dès qu'il est procédé à leur publication ou notification aux intéressés. Ces décisions font l'objet de transmission au représentant de l'État[62].

Concrètement, le président de la République exerce un contrôle sur les actes à consonance séparatiste ou dissidente, car celui-ci n'est ni plus ni moins que le garant de l'unité et de la cohésion nationale. D'ailleurs, l'article 5(2) de la constitution dispose qu'« élu *de la Nation tout entière* [le président de la République] *incarne l'unité nationale* ». Il est alors possible de subodorer que le président de la République a un droit de regard sur les actes qui, pris au sein des collectivités territoriales, auraient vocation à s'éloigner de « *la légalité*

---

[60] KEUDJEU DE KEUDJEU (J.-R.), *Le contrôle de l'État sur les collectivités territoriales décentralisées*, Éditions universitaires européennes, Allemagne, p.65.

[61] Le recours au raisonnement a contrario vient de ce que comme nous l'avons mentionné plus haut, des organes locaux peuvent être suspendus ou dissous lorsqu'ils prennent des actes s'inscrivant en faux contre la sécurité de l'État et l'intégrité du territoire. Ceci est aussi valable pour les actes contraires à la constitution. Puis que la décision de suspension ou de dissolution est prise par le président de la République, l'on peut penser qu'il le fait sur la base d'une étude et donc, d'un contrôle des actes pris par le pouvoir local. Les décisions de suspension ou de dissolution ne peuvent en tout état de cause que s'appuyer sur un examen des actes.

[62] Article 69 de la loi n° 2004/017 du 22 juillet portant orientation de la décentralisation.

républicaine unitaire »[63]. Tout ceci semble être corroboré par le fait que le président de la République est le seul habilité par le constituant à modifier les dénominations et les délimitations géographiques des Régions et à créer d'autres Régions[64]. C'est dire que tout acte s'inscrivant dans la perspective d'une métamorphose des frontières régionales empiète sur le domaine de compétence du président de la République. Du reste, il a été loisible de noter que le président de la République peut prendre des mesures disciplinaires à l'égard des organes locaux lorsqu'ils sont de nature contraire à la constitution. L'une des formes de mesures pouvant notamment être antonymiques à la constitution correspond à celles portant atteinte à la forme de l'État et à son unité[65]. Le président de la République, en tant que garant de la norme fondamentale, se doit de contrôler les actes pouvant dévoyer les prescriptions du constituant dans le domaine de l'unité de l'État et de fait, de la décentralisation. Ainsi, si « *la tutelle se présente souvent comme une arme donnée au pouvoir central à l'encontre des autorités décentralisées dans l'intérêt de l'unité de l'État* »[66], il nous semble que le président de la République exerce un certain pouvoir par rapport aux actes portant l'estocade à l'unité de l'État.

Au demeurant, comme susmentionné, le président de la République veille au respect de la constitution[67]. Les mesures édictées par le pouvoir local qui toucheraient à des matières éminemment constitutionnelles peuvent faire l'objet d'un contrôle par le chef de l'exécutif. Il ne saurait en être autrement puisque, ayant le pouvoir de suspendre et dissoudre des organes locaux, le président de la République doit préalablement contrôler les actes pouvant déboucher sur la prise de ces mesures somme toute extrêmes. Sachant que toute mesure est d'une certaine manière à connotation constitutionnelle, tout acte local enchâssé dans le domaine constitutionnel intéresse alors directement le président de la République.

2- Le pouvoir du président de la République sur les actes locaux

Le pouvoir du président de la République sur les actes locaux est un pouvoir de substitution[68]. Ce dernier est, à côté de l'approbation et de

[63] MVAEBEME (E-S), *La République en droit public camerounais*, Thèse de Doctorat/PHD en Droit public, Université de Yaoundé II, année académique 2015-2016, p. 325.
[64] Article 61(2a) de la loi constitutionnelle du 18 janvier 1996.
[65] L'article 64 de la loi constitutionnelle du 18 janvier 1996 prohibe toute révision de la constitution portant atteinte à la forme républicaine, à l'unité et à l'intégrité territoriale de l'État. De fait, l'on peut subodorer que toute mesure allant dans le sens d'une modification de ces éléments est contraire à la constitution.
[66] Roland MASPETIOL et Pierre LAROQUE cité par MVAEBEME (E-S), *La République en droit public camerounais*, *op.cit.*, p.167.
[67] Il partage cette prérogative avec le Conseil constitutionnel.
[68] Article 60(3) de la loi constitutionnelle du 18 janvier 1996.u

l'annulation, l'une des modalités classiques d'exercice de la tutelle sur les collectivités locales. Conceptuellement, il désigne le « *pouvoir des autorités hiérarchiques ou de tutelle de prendre des mesures à la place des autorités dont elles sont responsables* »[69].

Ceci dit, il apparaît que le président de la République exerce un pouvoir de substitution dans le cadre du contrôle sur les actes des collectivités locales au terme de la dissolution des organes exécutifs ou délibérants locaux. Pour être plus exact, il décide de sa mise en œuvre. Cela étant, il peut être fondé de penser que dans l'optique de remédier à la situation ayant débouché sur la dissolution d'un organe, le président de la République édicte toutes les mesures nécessaires. L'État, par l'intermédiaire du président de la République, se substitue alors à l'institution décentralisée. Le rétablissement de la légalité républicaine unitaire mise à mal par le pouvoir local peut indéniablement passer par la prise de mesures au plus haut niveau de l'exécutif. Les actes pris par le président de la République peuvent en tout état de cause implicitement annuler les actes manifestement illégaux élaborés par un pouvoir local déchu.

In fine, il apparaît que le dispositif normatif consacré à la tutelle de l'État sur les collectivités locales a fait la part belle au président de la République. Ledit dispositif a formalisé une tutelle immédiate du maillon fort de l'exécutif sur les organes et les actes locaux. Le processus de décentralisation s'objective alors sous le contrôle et l'emprise directe de cette haute autorité de l'État. La mobilisation d'une tutelle médiate vient confirmer cet état de choses.

II- La mobilisation d'une tutelle médiate

Le contrôle du président de la République sur les collectivités territoriales décentralisées ne se base pas uniquement sur une intervention directe de celui-ci. La mobilisation de moyens médians sur lesquels s'appuie le président de la République est tout aussi perceptible. Des agents de l'État effectuent dans cette perspective le contrôle des collectivités locales pour le compte du président de la République. Sous le prisme de la dualité, l'on relève l'exercice de la tutelle par le biais du représentant de l'État (A) et sa mise en œuvre par le biais des organes gouvernementaux (B).

A- L'exercice de la tutelle par le biais du représentant de l'État

Sur la base du dispositif législatif[70], le gouverneur et le préfet assurent la tutelle de l'État sur les collectivités territoriales décentralisées. Ils sont à la

---

[69] Ministère de la Fonction publique, de la réforme de l'État, *Lexique des termes administratifs*, Dictionnaires Le Robert, 2011, p.177.

[70] Si l'article 66 de la loi d'orientation de la décentralisation dispose que « *les pouvoirs de tutelle de l'État sur les collectivités territoriales sont exercés, sous l'autorité du président de la*

vérité, les représentants de l'Etat au sein de celles-ci. À l'analyse, il apparaît que leurs actions sont fortement encadrées et renvoient assez au président de la République. Il exerce somme toute la tutelle sous l'autorité du président de la République (1) et au nom de ce dernier (2).

1- L'exercice de la tutelle sous l'autorité du président de la République

L'exercice de la tutelle par le représentant de l'État, sous l'autorité du président de la République, provient du fait qu'il est nommé par le président et que celui-ci exerce sur ledit représentant un pouvoir hiérarchique. De fait, les actes qu'il prend dans le cadre du contrôle de la collectivité traduisent les indications du président et sa volonté.

Matériellement, la nomination peut être définie comme « *l'acte administratif par lequel l'autorité compétente désigne l'agent appelé à occuper un emploi déterminé* »[71]. C'est par cette voie que le gouverneur et le préfet accèdent à leurs fonctions. D'ailleurs, le décret n° 2008/377 du 12 novembre 2008 fixant les attributions des chefs de circonscriptions administratives et portant organisation et fonctionnement de leurs services, dispose en son article 4 (1) que, « *le gouverneur, haut fonctionnaire nommé par décret du président de la République, est dépositaire de l'autorité de l'État dans la région* ». L'article 35 du même décret fait tout autant mention de la nomination du préfet par le président de la République. Il va de soi que sur la base d'un parallélisme de forme certain[72], le président de la République peut également révoquer ces deux autorités. Cela étant, les articles 12 et 41 de ces textes, en s'arrimant aux dispositions de la constitution et des lois, font mention de l'exercice de la tutelle de l'Etat sur les régions et les communes par le gouverneur et le préfet. Sachant qu'ils doivent l'exercice de leurs fonctions au président de la République et qu'ils sont en charge de la tutelle,

---

République, par le ministre chargé des collectivités territoriales et par le représentant de l'État dans la collectivité territoriale », l'article 67 vient donner l'identité des représentants de l'État en énonçant que « *Le gouverneur est le délégué de l'État dans la région...* » et que « *le préfet assure la tutelle de l'État sur la commune* ». D'ailleurs, « le gouverneur et le préfet sont seuls habilités à s'exprimer au nom de l'État devant les conseils des collectivités territoriales de leur circonscription ».

71 LOCHACK (D.), « Nomination », in DUHAMEL O. et MENY Y. (dir.), *Dictionnaire constitutionnel*, PUF, 1992, p. 661.

72. Le parallélisme de forme désigne la correspondance des formes entre l'acte qui crée un état de droit et celui qui le modifie ou y met fin. Voir CORNU (G.), *Vocabulaire juridique*, *op.cit.*, p. 725. En matière de nomination et de révocation, cela apparaît comme un principe.
Aussi, au Cameroun à l'instar du Mali, « *la constitution est muette sur la révocation des agents publics des emplois civils et militaires dans lesquels ils ont été nommés. Mais le respect du principe du parallélisme des formes permet d'affirmer que c'est le président de la République qui est compétent pour prononcer la révocation des agents publics, civils et militaires qu'il a nommés* ». Voir DIANGO CISSOKO, *La fonction publique en Afrique noire : le cas au Mali*, Rouen, Publication université de Rouen n° 116, 1986, p. 91.

l'on peut penser qu'ils implémentent les instructions du tuteur suprême des collectivités locales qu'est le président de la République.

La perspective d'une implémentation des instructions présidentielles par le représentant de l'État est, pour le reste, garantie par l'existence d'un pouvoir hiérarchique au profit du président de la République. Cette notion renvoie au « *pouvoir appartenant à un supérieur sur les actes de ses subordonnés* [et] *qui comprend traditionnellement un pouvoir d'instruction* (...), *un pouvoir de réformation (annulation ou correction) et un pouvoir de substitution d'action...* »[73]. M. **Mvaebeme Eric Stephane** souligne fort à propos que « *ce pouvoir s'applique du haut vers le bas... parce que le pouvoir hiérarchique est comme une autorité absolue du chef sur le subordonné qui peut être ici le gouverneur, le préfet... l'essentiel étant que l'autorité inférieure reçoit des ordres d'une autorité* supérieure »[74]. Aussi, si le gouverneur est le tuteur de la région[75], il reçoit des instructions et des indications du président de la République. Il ne peut en être autrement dans la mesure où, le pouvoir d'instruction qui est une caractéristique du pouvoir hiérarchique attribue au supérieur la faculté de terminer la conduite de ses préposés et de leur donner des ordres[76]. Parce que le président est la première autorité en matière de décentralisation, il n'est pas superflu d'arguer que le représentant de l'État met en branle ses orientations en matière de tutelle. Cela démontre que le représentant de l'État exerce la tutelle sous l'autorité du président de la République et que, par son intermédiaire, la clé de voûte des institutions exerce un contrôle sur les collectivités locales. Au demeurant, la force expressive des actions du représentant de l'État découle indubitablement du fait qu'il agit au nom du président de la République.

2- L'exercice de la tutelle au nom du président de la République

Sachant qu'il a été nommé par lui, qu'il reçoit des instructions du président de la République, l'on peut considérer que le représentant de l'État agit au nom du président. C'est le lieu de rappeler que la nomination obéit à la logique du pouvoir discrétionnaire[77] et par rapport à cela, les gouverneurs et les préfets se présentent comme les hommes du président, ceux-là qu'ils estiment être le plus à même de concrétiser sa volonté. En outre, ils rencontrent quelques fois le président de la République et l'on est fondé à croire qu'à ces occasions, ils font des rapports à celui-ci. De plus, étant entendu que le préfet est placé sous l'autorité du gouverneur[78], « [ce dernier], *rend périodiquement compte au*

[73]GUINCHARD (S.) et DEBARD (T.), *Lexique des termes juridiques, op.cit.*, p. 1757.
[74] MVAEBEME (E.-S.), *La République en droit public camerounais*, *op.cit.*, p. 165.
[75] OWONA (J.), *La décentralisation camerounaise*, Paris, L'Harmattan, 2011, p. 129.
[76]ABANE ENGOLO (P.-E.), *L'application de la légalité par l'administration au Cameroun, op.cit.*, pp. 55-56.
[77]*Ibid.*, p. 68.
[78] OWONA (J.), *La décentralisation camerounaise, op.cit.*, p. 133.

président de la République par voie hiérarchique, de son action de coordination »[79]. Dans cette dynamique, le président leur donne certainement des indications qu'ils doivent s'atteler à mettre en pratique. Ils agissent pour le compte du président et ils lui rendent compte et relativement à cela, ils se déploient en son nom.

Pour faire bonne mesure, au-delà de ces nombreuses attributions[80], il est de bon ton de rappeler les pouvoirs du représentant de l'Etat en matière de tutelle. De là, il sera possible d'entrevoir dans quels domaines il opère au nom du président. Il s'agit des pouvoirs d'approbation et d'annulation. Ainsi, « *les actes pris par les collectivités territoriales sont transmis au représentant de l'Etat auprès de la collectivité territoriale concernée, lequel en délivre aussitôt accusé de réception* ». Des actes pris dans de nombreux domaines sont soumis à leur approbation préalable[81]. De même, « *le représentant de l'État peut annuler les actes des collectivités territoriales manifestement illégaux, notamment en cas d'emprise ou de voie de fait, à charge pour la collectivité territoriale concernée d'en saisir la juridiction administrative compétente* »[82]. Dans toutes ces sphères d'action, l'on subodore l'empreinte du président de la République. Le fait que les représentants de l'État exercent

---

[79] Article 14 du décret n° 2008/377 du 12 novembre 2008 fixant les attributions des chefs de circonscriptions administratives et portant organisation et fonctionnement de leurs services.

[80] Le gouverneur « *représente l'état dans tous les actes de la vie civile et en justice ; veille au respect et à l'exécution des lois, règlements et décisions du gouvernement ; veille à la mise en œuvre du plan et des programmes de développement économique et social ; assure le maintien de l'ordre public, en application des lois et règlement en vigueur ; prend les mesures nécessaires à la préservation de la paix sociale et au bon fonctionnement des services déconcentrés de l'état dans la région* ». Voir article 4 du décret précité.

Le préfet pour sa part, dans sa circonscription administrative, « *représente l'état dans tous les actes de la vie civile et en justice ; il veille au maintien de l'ordre à l'exécution des lois et des règlements ainsi qu'à l'exécution des plans et programmes de développement ; il procède aux arbitrages nécessaires à la préservation de la paix sociale et au bon fonctionnement des services déconcentrés de l'État dans le département ; il s'assure, le cas échéant de l'effectivité de la continuité du service public dans les administrations et organismes placés sous son contrôle* ». Lire article 36 décret *ibid.*

[81] Selon l'article 70 de la loi n° 2004/17 du 22 juillet 2004 d'orientation de la décentralisation, « *Sont soumis à l'approbation préalable du représentant de l'État, les actes pris dans les domaines suivants, outre des dispositions spécifiques de la présente loi ; les budgets initiaux, annexes, les comptes hors budget et les autorisations spéciales de dépenses ; les emprunts et garanties d'emprunts ; les conventions de coopération internationale ; les affaires domaniales ; les garanties et prises de participation ; les conventions relatives à l'exécution ou au contrôle des marchés publics, sous réserve des seuils de compétence prévus par la réglementation en vigueur ; les délégations de services publics au-delà du mandat en cours du conseil municipal ; les recrutements de certains personnels, suivant des modalités fixées par voie réglementaire.*

C'est aussi le cas des plans régionaux et communaux de développement et les plans régionaux d'aménagement du territoire sont élaborés en tenant compte, autant que possible, des plans de développement et d'aménagement et d'aménagement nationaux.

[82] Article 71(4) loi, *ibid.*

la tutelle en son nom n'est toutefois pas exclusif. Les organes gouvernementaux le font aussi.

B- L'exercice de la tutelle par le biais des organes gouvernementaux

Le contrôle de l'État sur les collectivités locales se fait par le truchement d'organes gouvernementaux relevant du président de la République. Les organes dont il est question ici sont les départements ministériels, et de manière spécifique, les ministres se trouvant à la tête desdits départements. Ces ministres sont nommés par le président de la République[83] et à l'instar des représentants de l'État, ils agissent sous son autorité. De ce fait, ils sont soumis au pouvoir hiérarchique. Dans le domaine de la tutelle, deux ministres sont spécifiquement très actifs et constituent des intermédiaires grâce auxquels le président contrôle les collectivités locales. Il ya alors un exercice de la tutelle par le biais du ministre en charge de la décentralisation et du développement local (1) et l'exercice de celle-ci par le biais du ministre en charge des finances (2).

1- L'exercice de la tutelle par le biais du ministre en charge de la décentralisation et du développement local

D'après l'article 1 décret n° 2018/449 du 1er août 2018 portant organisation du ministère de la Décentralisation et du Développement local, le ministre se trouvant à la tête de cet organe est responsable de l'élaboration, du suivi, de la mise en œuvre et de l'évaluation de la politique du gouvernement en matière de décentralisation, ainsi que de la promotion du développement local. Responsable entre autres du suivi et du contrôle des collectivités territoriales décentralisées, il est chargé, sous l'autorité du président de la République, de l'exercice de la tutelle de l'État sur les collectivités territoriales décentralisées[84]. C'est à ce titre qu'il est un acteur majeur dans le cadre des procédures de suspension des organes exécutifs et délibérants locaux[85]. Il a également des pouvoirs en matière de substitution d'action[86]. Cela étant, afin que son action dans le cadre du contrôle des

---

[83] Article 2 du décret n° 2011/408 du 9 décembre 2011 portant organisation du gouvernement.

[84] Article 1(2.a) du décret n° 2018/449 du 1er août 2018 portant organisation du ministère de la Décentralisation et du Développement local.

[85] Le ministre prend des arrêtés de suspension au terme de procédure où il intervient pour ce qui est des organes de la commune. Il propose la suspension du conseil régional au président de la République. Pour une perception de ses rôles en la matière, lire l'article 46 n° 2004/018 du 22 juillet 2004 fixant les règles applicables aux communes relatives à la suspension du conseil municipal ; l'article 94 de la loi n° 2004/018 du 22 juillet 2004 fixant les règles applicables aux communes relatives à la suspension de l'exécutif municipal ; l'article 48 de la loi n° 2004/19 du 22 juillet 2004 fixant les règles applicables aux régions sur la suspension du conseil régional loi.

[86] Article 96 de la loi n° 2004/018 du 22 juillet 2004 fixant les règles applicables aux communes et article 82 de la loi n° 2004/19 du 22 juillet 2004 fixant les règles applicables aux régions.

collectivités locales pour le compte du président soit efficiente, des structures spécifiques ont été mises en place au sein de son département ministériel.

La structure la plus topique est la brigade nationale de contrôle des collectivités territoriales. Celle-ci a comme mission l'évaluation du fonctionnement et de la gestion des collectivités territoriales décentralisées, l'audit interne des collectivités territoriales décentralisées ainsi que le contrôle de la régularité des procédures et des documents administratifs, financiers et comptables des collectivités locales[87]. Cette structure constitue donc une pièce importante du mécanisme de tutelle et il va de soi que les rapports qu'elle commet à l'endroit du ministre connaissent une remontée vers le président de la République.

Du reste, le ministre en charge de la décentralisation et du développement local exerce la tutelle sur des organismes publics importants de mise en œuvre de la décentralisation. Il s'agit notamment du Fonds Spécial d'Équipement et d'Intervention Intercommunale (FEICOM), du Centre de Formation pour l'Administration Municipale (CEFAM) et du Bureau National de l'État Civil (BUNEC). Tout ceci fait montre de l'entière implication de ce ministre en matière de contrôle de l'État sur les collectivités territoriales décentralisées. L'exercice de la tutelle tant sur les collectivités elles-mêmes que sur les organismes d'appui[88] à celles-ci démontre son emprise et par ricochet, celle indirecte du président de la République. Ceci n'oblitère en rien l'exercice de la tutelle par le biais du ministre en charge des finances.

2- L'exercice de la tutelle par le biais du ministre en charge des finances

Le ministre des Finances est responsable de l'élaboration et de la mise en œuvre de la politique du Gouvernement en matière financière, budgétaire, fiscale et monétaire[89]. Sachant que les finances locales n'existent pas en marge de celles de l'État, le ministre des Finances, sous l'autorité du président de la République, exerce une tutelle importante sur celles-ci. La prégnance de son action découle de ce qu'il est, à côté du président de la République[90], en

[86] Article 82 de la loi n° 2004/19 du 22 juillet 2004 fixant les règles applicables aux régions.

[87] Article 72 du décret n° 2018/449 du 1er août 2018 portant organisation du ministère de la Décentralisation et du Développement local.

[88] Pour une appréhension globale du rôle de ces structures en matière de décentralisation, lire OWONA (J.), *La décentralisation camerounaise*, Paris, L'Harmattan, 2011, pp. 133-144 et EKO'O AKOUAFANE (J.-C.), *La décentralisation administrative au Cameroun*, Paris, l'Harmattan, 2009, pp. 245-247.

[89] Article 20 du décret n° 2011/408 du 9 décembre 2011 portant organisation du gouvernement.

[90] Il édicte la circulaire relative à la préparation du budget. Il s'agit du document au travers duquel le président de la République initie le processus de préparation du budget de l'État. Porteuse de directives et de recommandations, elle fixe à la vérité les orientations générales de

premières lignes dans le domaine de l'élaboration du budget de l'État. Il est aussi impliqué dans le cadre du contrôle de l'exécution du budget. Bien que l'on puisse penser qu'il n'effectue ces deux actions qu'au niveau central, il le fait tout aussi à l'échelle locale.

Le ministre des Finances est concerné par ledit budget des entités locales. Aussi, « *lors de la session qui a pour but le vote du budget, la démarche participative est de mise. Ainsi, peuvent assister au vote du budget de la collectivité, aussi bien les conseillers que les receveurs, les responsables des services locaux communaux ou régionaux (receveurs, responsables de services locaux), les responsables des services déconcentrés de l'État* [comme celui] *du MINFI*... ». La présence de représentants au cours de cette opération primordiale traduit la forte implication du ministre des Finances. Cette participation sert à s'assurer que les collectivités locales veillent au respect des grandes lignes tracées en matière budgétaire par le ministre des Finances.

Le ministre des Finances diligente des contrôles administratifs en rapport avec l'exécution des budgets des collectivités locales. Ceci est lié au fait qu'un contrôle de régularité et de performance de la gestion des collectivités territoriales ayant reçu une subvention, un aval ou une caution peut être mené par les services spécialisés de l'État[91]. Les collectivités territoriales décentralisées reçoivent une dotation spécifique de la part de l'Etat et par rapport à cela, le ministre des Finances est fondé à instruire des contrôles et des audits au sein de celles-ci.

Du reste, le ministre des Finances, a sous son autorité, une structure spécialement dédiée aux collectivités territoriales décentralisées. Il s'agit de la cellule des collectivités territoriales décentralisées. Elle est chargée de la consolidation des informations budgétaires de l'État avec celles des collectivités locales, de l'assistance aux œuvres privées et aux collectivités territoriales décentralisées, de l'étude du financement et du contrôle des projets des initiatives privées et des collectivités territoriales décentralisées et surtout, en lien avec la tutelle, du suivi de la gestion financière des collectivités territoriales décentralisées[92]. Cette structure représente alors un protagoniste essentiel du contrôle exercé par le ministre des Finances sur les collectivités locales.

En somme, les organes gouvernementaux que sont les ministres, contrôlent de nombreux pans de l'existence des collectivités territoriales décentralisées. Ce contrôle s'inscrit dans le cadre d'un complément à la tutelle mise en branle par le président de la République sur lesdites entités. Par l'entremise des

---

la politique budgétaire, ainsi que les dispositions pratiques pour l'élaboration du projet de budget de l'État.

[91] Article 106 de la loi n° 2018/12 du 12 juillet 2018 portant régime financier de l'État et des autres entités publiques.

[92] Décret n° 2013/066 du 28 février 2013 portant organigramme du ministère des Finances.

ministres, eu égard au rapport de supérieur à subordonné qui les lie, le président exerce alors une tutelle indirecte sur les collectivités locales.

En définitive, il ressort des précédents développements que le président de la République exerce une réelle tutelle sur les collectivités territoriales décentralisées. Celle-ci couvre de nombreux pans de la vie des collectivités locales et se manifeste aussi bien au travers d'une action directe du président que par le truchement d'intermédiaires. Sous le prisme de l'immédiateté, le président de la République effectue un contrôle sur les organes ainsi que sur les actes des organes exécutifs et délibérants locaux. Ses moyens d'action sont adossés sur des mesures à connotation disciplinaire et sur un pouvoir de substitution d'action. De manière indirecte, le président de la République garde un œil attentif et une emprise sur les communes et les régions. Sur toile de fond de nomination et de pouvoir hiérarchique, par le biais des représentants de l'État que sont le gouverneur et le préfet, le président de la République contrôle les activités des entités intraétatiques. Le ministre de la décentralisation et du développement local ainsi que celui des finances constituent du reste des organes gouvernementaux grâce auxquels le président de la République exerce la tutelle sur les collectivités locales. Il apparaît alors à ce niveau sous les oripeaux de « tuteur suprême » des communes et des régions.

Tout ceci laisse *in fine* dubitatif et suspicieux quant à l'ancrage d'une décentralisation véritable au Cameroun. L'existence d'une tutelle lourde exercée au plus haut niveau de l'État bride le déploiement efficace du pouvoir local et la consolidation de la sphère d'autonomie devant être propre aux collectivités territoriales décentralisées.

LE CONTRÔLE PRÉSIDENTIEL DE L'EXÉCUTION DU BUDGET AU CAMEROUN

Edmond BAKARI

D'après **jean BODIN,** les finances publiques représentent le nerf de la République. Une telle analyse démontre à suffisance l'importance des deniers publics dans la gestion de l'État. Le processus budgétaire est principalement composé de quatre phases que sont : l'élaboration, l'autorisation, l'exécution et le contrôle. Dans le cadre de la dernière étape, le contrôle présidentiel suscite un réel intérêt.

Selon **Francis FABRE**, le mot contrôle « *évoque l'idée de vérification c'est-à-dire le fait de s'assurer qu'une chose est bien telle qu'on l'a déclarée ou telle qu'elle doit être par rapport à une norme donnée* ». Il est donc question de procéder soit à la vérification de la régularité des opérations de dépenses et de recettes ou soit à la vérification de l'efficacité des dites opérations. Le contrôle budgétaire, sous l'emprise de l'ordonnance de **1962**[1], se cantonnait à la vérification de la conformité des opérations de dépense au droit comptable. Avec l'avènement de la budgétisation par programme sous la **loi n° 2007/06/ du 26 décembre 2007** portant régime financier de l'État, le contrôle s'est enrichi avec la vérification de l'efficacité des résultats. Le qualificatif « ***présidentiel*** » permet tout simplement de faire référence au contrôle exercé soit par des services directement rattachés à la Présidence de la République soit par le président de la République en personne. Le budget pour sa part a été défini dans plusieurs textes[2] par le législateur français. La lecture de tous ces textes permet de déterminer que le budget est un acte prévisionnel, un acte d'autorisation, un acte périodique, un acte législatif. À sa suite, le législateur camerounais appréhende le budget comme étant l'acte qui « *... prévoie et autorise en la forme législative, les charges et les ressources de l'État dont il détermine la nature et le montant ; il fixe en terme financier les objectifs administratifs et économiques et sociaux de la République du Cameroun ; il est arrêté annuellement par l'Assemblée*

[1] Ordonnance N° 62/OF/4 du 7 février 1962 portant régime financier de la République fédérale du Cameroun.

[2] L'article 5 du décret impérial 31 mai 1862 portant règlement sur la comptabilité publique ; l'article 1er du décret du 19 juin déterminant le mode de présentation du budget de l'État ; l'article 16 de l'ordonnance du 2 janvier 1959 portant loi organique relative aux lois de finances.

nationale dans le cadre de la loi de finances »[3]. De même aux termes de la **loi n° 2007/06/ du 26 décembre 2007** portant régime financier de l'État, « *le budget décrit les ressources et les charges de l'État autorisées par la loi de finances sous forme de recette et de dépense dans le cadre de l'exercice budgétaire* »[4]. Il s'agit donc d'un acte prévisionnel et comptable qui prévoit pour une année, l'ensemble des recettes et des dépenses de l'État, approuvées par le parlement par voie de vote. L'exécution du budget renvoie ici à la mise en œuvre pratique du budget. Elle se subdivise en opération de recette d'une part et en opération de dépense d'autre part. Dans le cas des opérations de recette, le gouvernement est obligé de percevoir des recettes tel que prévu par la loi de finances[5]. A contrario, dans le cadre des opérations de dépense, la loi de finances se borne à donner une autorisation dont le gouvernement est libre d'user ou non. C'est dans ce cadre que le contrôle budgétaire trouve toute son importance. En effet, le contrôle budgétaire est une exigence démocratique[6]. Effet, « *tous les citoyens ont le droit de constater par eux même ou par leurs représentants, la nécessité de la contribution publique de la consentir librement, d'en suivre l'emploi* » [7]et « *la société a droit de demander des comptes à tout agent public de son administration* »[8]. Il s'agit d'une exigence liée au caractère souverain du peuple. Dans cette logique, la constitution du Cameroun dispose que « *la souveraineté nationale appartient au peuple camerounais qui l'exerce soit par l'intermédiaire du président de la République et des membres du Parlement [...]* »[9]. Si le contrôle exercé par le parlement a fait l'objet d'un grand nombre de productions scientifiques, celui exercé par le président de la République est resté peu étudié. D'où l'intérêt au tour de notre problématique à deux volets à savoir : **comment s'exerce le contrôle présidentiel du budget et quelle en est sa portée ?** Ce questionnement nous permettra, au plan théorique, de comprendre les mécanismes mis en œuvre par le droit pour permettre au président de la République de contrôler l'exécution du budget. Et au plan pratique, il nous permettra de comprendre l'implication de la plus haute autorité de l'État dans le processus budgétaire au-delà des circulaires d'orientation. À l'analyse, le contrôle présidentiel du budget présente un double visage (I) et a une portée relative (II).

---

[3] Article 1er de l'ordonnance n° 62/4 du 7 février 1962. Idem.
[4] Article 5 alinéa 1 de ladite loi.
[5] On dit que la loi de finances établit une obligation.
[6]DUSSART (V.). *Finances publiques*, lacier, collection Paradigme, 13e édition revue et mise à jour par Philippe FOILLARD.
[7] Article 14 de la Déclaration des droits de l'homme et du citoyen de 1789.
[8] Idem.
[9] Article 2 (1) de la loi constitutionnelle N° 96/06 du 18 janvier 1996.

I- Les modalités du contrôle présidentiel du budget au Cameroun

Au vu de la législation camerounaise, le président de la République du Cameroun exerce soit un contrôle direct (A) soit un contrôle indirect (B) en matière budgétaire.

A- Le contrôle direct du budget par le président de la République

Sur le sujet, la législation en la matière n'apporte aucun éclairage. Toutefois, doit-on penser que le président de la République n'agit en matière budgétaire qu'au stade de la préparation ? Une analyse poussée des attributions de ce dernier semble ne pas aller dans ce sens. En effet, on pourrait déduire que le président de la République effectue d'une part un contrôle a priori et d'autre part, un contrôle en cours d'exécution du budget de l'État.

À la lecture de la constitution, le président de la République définit la politique de la nation[10] y compris la politique budgétaire[11]. On pourrait donc soutenir qu'en amont, le président, par les instructions relatives à la préparation du budget, s'assure de la concordance de l'orientation de la politique budgétaire à celle plus générale de la Nation. Il pose à cette occasion, le cadre général de la politique budgétaire pour l'année.

Ensuite, le président de la République préside le conseil des ministres. L'occasion lui est encore accordée de procéder à un contrôle à mi-parcours de l'usage de l'argent public. Le conseil des ministres est l'organe qui rassemble tous les ordonnateurs principaux que sont les chefs des différents départements ministériels. Il est placé sous la coordination du président de la République qui arrête l'ordre du jour sur proposition du Premier ministre. En pratique, au cours de la rencontre, les ministres peuvent être appelés à faire des exposés présentant l'avancement des programmes ministériels et même des exposés sur la gestion des fonds publics alloués à leurs départements. Ce qui pourrait permettre au chef de l'exécutif de se faire une idée de l'exécution du budget à mi-parcours.

B- Le contrôle délégué du budget par le président de la République

Par l'entremise d'un certain nombre d'organes placés directement sous son contrôle, le président de la République garde à tout moment un contrôle effectif sur l'exécution du budget. En effet, il procède à une délégation de pouvoir. Il s'agit d'un acte juridique par lequel une autorité en l'occurrence le président de la République se dessaisit d'une fraction de ses pouvoirs et la transfère à une autorité subordonnée qui assume de ce fait les obligations et les responsabilités liées au pouvoir qui lui est délégué. Dans le cadre purement

---

[10] Article 5(2). Idem

[11] Dans le cadre des circulaires relatives à la préparation du budget de l'État.

administratif, la délégation de pouvoir repose sur trois critères. Il s'agit de l'obligation pour le délégataire de rendre compte de ce qu'il fait ou non dans le cadre de sa délégation, le pouvoir de substitution reconnu à l'autorité délégante sur l'autorité déléguée, la possibilité pour un justiciable de saisir par recours hiérarchique l'autorité délégante à propos d'une décision de l'autorité déléguée lui causant préjudice. Au Cameroun, le président de la République a délégué une fraction de son pouvoir de contrôle de l'exécution budgétaire à deux ministères délégués à la Présidence de la République. Il s'agit du contrôle supérieur de l'État **(1)** et du ministère des marchés publics **(2).**

1- Le contrôle supérieur de l'État

Le contrôle supérieur de l'État (**consupe**) **(a)** constitue l'institution supérieure de contrôle des finances publiques au Cameroun. Il a à sa tête un ministre délégué à la Présidence de la République et héberge en son sein le conseil de discipline budgétaire et financière (**CDBF**) **(b).**

a- Le contrôle supérieur de l'État

L'organisation et les missions du contrôle supérieur de l'État relève du décret[12]. S'agissant de son organisation, il en ressort qu'il dispose :

- **d'un secrétariat particulier** placé sous l'autorité du ministre délégué et nommé par arrêté du président de la République, il est chargé des affaires réservées au ministre délégué ;
- **d'un service du courrier et de liaison** placé sous l'autorité d'un chef de service, il est chargé du traitement du courrier, du classement, de la notification et de la conservation des actes signés, de la production des actes individuels et de tout autre document de service, de la création des dossiers virtuels, de la transmission des dossiers vers les unités de traitement, de la modernisation des pratiques en matière de circulation et de suivi des dossiers ;
- **d'une cellule de communication** sous l'autorité d'un chef de service. Il a la charge de la mise en œuvre de la stratégie de communication de l'institution, de la conception et de la mise en forme des messages spécifiques du ministre délégué, de la collecte, de l'analyse et de la conservation de la documentation journalistique, audiovisuelle et multimédia de l'institution, des synthèses de l'actualité, de l'organisation des conférences de presse et des autres actions de communication du ministre délégué, de l'édition des publications de l'institution excepté celles dévolues aux structures spécialisées, des relations avec les médias et des autres services de communication et

[12] Décret n° 2012/075 portant organisation et fonctionnement du ministère des marchés publics.

d'une manière générale, des relations publiques du ministre délégué, de la promotion permanente de l'image de l'institution, de la promotion multimédia, du pilotage et de l'animation des sites internet de l'institution, du protocole et de l'organisation des cérémonies auxquelles participe le ministre délégué de l'accueil des hôtes de marque et autres invités du ministre délégué ;

- **de deux conseillers techniques** qui effectuent toutes missions à eux confiées par le ministre délégué ;
- **d'un audit interne**. Ce dernier est placé sous l'autorité d'un auditeur interne. Il contrôle, évalue les activités, le fonctionnement et les performances des services internes. Il évalue et contrôle des mesures et techniques d'amélioration du rendement et de la qualité du service en liaison avec les services compétents en charge de la réforme administrative. Il a aussi la charge de la mise en application de la stratégie de lutte contre la corruption au sein de l'institution de même que toute autre mission particulière à lui confiée par le ministre délégué ;
- **d'une administration centrale**[13].Celle-ci comprend un secrétariat général ; une division des inspections et de contrôle des administrations publiques ; une division des inspections et de contrôle des collectivités territoriales décentralisées ; une division des inspections et de contrôle des établissements publics et des organismes spécifiques ; une division des inspections et de contrôle des entreprises du secteur public et parapublic ; une division des affaires juridiques et de l'exploitation des informations ; une division de la formation et de la coopération internationale ; une division des affaires générales.

En ce qui concerne le personnel du contrôle supérieur de l'Etat, il se subdivise en deux catégories avec d'une part, le personnel technique et d'autre part le personnel administratif. Le personnel technique est le plus important et se compose de technocrates à l'instar d'inspecteurs d'État et de contrôleurs d'État nommés par décret du président de la République ; de vérificateurs assistants nommés par arrêt du ministre délégué après visa de la présidence de la République. Ils assistent les inspecteurs et les contrôleurs dans l'exécution des missions mobiles de vérification et bénéficient du même taux d'indemnité de déplacement que les inspecteurs et les contrôleurs d'État. La structuration du contrôle supérieur de l'État ainsi posée, il convient à présent de s'intéresser à ses missions.

[13] Pour plus d'information sur l'administration centrale voir le titre VII du décret n° 2013/287 Op.Cit.

Pour ce qui est des missions du CONSUPE, il s'agit principalement du contrôle supérieur des finances publiques au Cameroun[14]. Il a pour principale mission, le contrôle de la gestion des fonds publics mis à la disposition des ordonnateurs et comptables publics. À ce titre, le contrôle supérieur de l'État vérifie au niveau le plus élevé, les services publics, les établissements publics, les collectivités territoriales décentralisées et leurs établissements, les entreprises publiques et parapubliques, les liquidations administratives et judiciaires ainsi que les organismes, établissements et associations confessionnels ou laïcs bénéficiant des concours financiers, avals ou garanties de l'État ou des autres personnes morales publiques, sur les plans administratif, financier et stratégique. Il contrôle l'exécution du budget de l'État, l'exécution des projets à financements extérieurs, la qualité des rapports d'audits effectués pour le compte de l'Etat ou de ses démembrements par les cabinets privés. Il est appelé à évaluer les programmes et projets, à apporter son appui au renforcement des capacités des ordonnateurs et des gestionnaires de crédits publics, à apporter son appui technique, méthodologique et pédagogique en matière de contrôle et de vérification de la gestion de la fortune publique, aux structures de contrôle administratif et d'audit interne d'autres départements ministériels et organismes publics et parapublics. Le contrôle supérieur de l'État assure aussi la diffusion des normes de vérification et d'audit dans le secteur public et parapublic et l'assistance du gouvernement dans la conception, la mise en œuvre et l'évaluation des programmes de modernisation de l'État.

À ces missions de portée générale, les services du contrôle supérieur de l'État peuvent procéder, sur instruction du président de la République, à des contrôles spécifiques auprès des organismes privés poursuivant un objectif ayant un lien avec le service public et présentant un caractère stratégique pour l'économie ou la défense nationale.[15]

Dans le cadre de ses activités, plusieurs contrôles sont effectués. Il s'agit du contrôle de conformité et de régularité, du contrôle financier, du contrôle de performance, du contrôle de l'environnement et du contrôle des systèmes d'information. Ces contrôles sont effectués par les vérificateurs soit sur pièce, soit sur place. Ils ont de ce fait accès au fichier économique et financier national.

En plus de ces missions de contrôle, l'organe supérieur de contrôle émet des avis sur les projets de textes législatifs et réglementaires à caractère financier qui lui sont soumis. Aux côtés des services du contrôle supérieur de l'Etat se retrouve le conseil de discipline budgétaire et financière de l'Etat **(CDBF).**

---

[14] Article 2 du décret n° 2013/287.
[15] *Idem.*

b- Le conseil de discipline budgétaire et financière

Organe disciplinaire en matière de finances publiques, il fait partie intégrante de l'administration centrale des services du contrôle supérieur de l'État. Le **CDBF,** de par ses caractéristiques, se présente comme une institution mixte mi-administrative du fait de sa place dans la hiérarchie de l'administration centrale, du statut de son personnel et de celui de son secrétariat permanent ; mi-juridictionnelle, car il dispose du pouvoir d'instruire et de faire un procès. La résolution des litiges devant ce conseil obéit à une procédure préalablement établie, avec des éléments de nature politique liés au statut de son président et de celui de ses membres qui sont des hommes politiques, mais aussi de la qualité des autorités de saisine qui sont des autorités politiques. Le CDBF joue un rôle très important dans l'assainissement de la gestion de la fortune publique. Pour s'en convaincre, sur le bilan du seul exercice 2016, il a été saisi de vingt-cinq (25) rapports d'audit introductif d'instance, qui ont permis la signature de quatre-vingt-quinze (95) décisions portant traduction du mis en cause[16]. Il a par la suite rendu cent une (101) décisions donc quarante-quatre (44) définitives portant acquittement ou sanction des responsabilités des mis en cause pour un montant global de onze milliards neuf cent vingt-six millions soixante-deux mille quatre cent quarante-huit (11 926 062 448) FCFA au titre de préjudice subi par la puissance publique par leur faute, et vingt-sept millions cent mille (27 100 000) FCFA correspondant aux amendes spéciales à eux infligées. D'où la nécessité de s'attarder sur son organisation, son domaine de compétence et sur son fonctionnement.

S'agissant de l'organisation du conseil de discipline budgétaire et financière, la lecture du décret n° 2008/028 du 17 janvier 2008 portant organisation et fonctionnement du conseil de discipline budgétaire et financière, il en ressort que ce dernier comprend les représentants des administrations particulièrement impliquées dans la sauvegarde du patrimoine public. L'organisation du conseil repose sur son secrétariat permanent.

Le conseil à proprement parler est composé d'un président en la personne du ministre délégué à la présidence chargé du Contrôle supérieur de l'État. Des membres que sont : un représentant de la présidence de la République, un représentant des services du Premier ministre, le ministre de la Justice garde des sceaux ou son représentant, le ministre chargé de l'Administration territoriale et de la décentralisation ou son représentant[17], le ministre chargé des finances ou son représentant, le ministre chargé de la Fonction publique et de la Réforme administrative ou son représentant, le ministre de tutelle ou

---

[16]Bilan du CDBF. Site du contrôle supérieur de l'État.

[17] Ce ministère a été réorganisé donnant lieu à un ministère entièrement dédié à la décentralisation.

son représentant au cas où l'affaire instruite intéresse une entreprise publique ou un organisme public ou parapublic. À ceux-ci, il convient de souligner que des rapporteurs et des secrétaires nommés par le ministre délégué parmi les cadres techniques assistent le conseil dans l'instruction des affaires. Notons aussi qu'un expert peut, sur sollicitation du conseil, prendre part à l'instruction des affaires nécessitant des compétences particulières.

La structure du conseil est assise sur son secrétariat permanent qui constitue son organe exécutif. En effet, placé sous l'autorité d'un secrétaire permanent, il est chargé de la gestion administrative et technique des dossiers soumis au conseil[18]. Il comprend en son sein un pool de secrétariat, le bureau du courrier, le bureau de l'information et de liaison, la section des études et des statistiques, la section de la coordination et des synthèses, la section de gestion et du suivi de l'application des sanctions.[19]La structuration du CDBF ainsi présenté, attardons-nous sur l'étendue de ses compétences.

Sur la question du domaine de compétence, Le **CDBF** est l'organe disciplinaire du contrôle supérieur de l'État. C'est l'organe de décision et de sanction. Il est appelé à réprimer les atteintes à l'ordre public financier[20]. Il sanctionne donc les irrégularités de gestion de deniers publics. Ces dernières sont énumérées par la loi[21]. Il s'agit de :

- L'engagement d'une dépense sans en avoir la qualité ou sans avoir reçu délégation ;
- L'engagement d'une dépense sans crédit disponible ou délégué ;
- L'engagement d'une dépense sans pièces justificatives suffisantes ;
- L'engagement d'une dépense sans visa, autorisation ou réquisition préalables de l'autorité compétente ;
- L'engagement d'une dépense ou certification des pièces sans justification de l'exécution des travaux des prestations de biens ou de services ;
- Le recrutement et l'emploi effectif d'un agent sans intervention du contrôle budgétaire quand celui-ci est prévu par les règlements ;

---

[18] Article 6 du décret n° 2008/028 du 17 janvier 2008 portant organisation et fonctionnement du conseil de discipline budgétaire et financière.

[19] Pour plus de détail sur l'organisation voire article 7 et suivant du décret 2008/028 op. cit.

[20] ONDOUA EKOBENA (J.M.), les démarches de modernisation du système camerounais des finances publiques. Master « Administration publique », Université de Strasbourg, Ecole nationale d'administration, 2013.P 40

[21] Loi n° 74/18 du 5 décembre 1974 relative au contrôle des ordonnateurs, gestionnaires et gérants des crédits publics et des entreprises d'État telles que modifiée par la loi n° 76/4 du 8 juillet 1976.

- Le recrutement d'un agent en infraction à la réglementation du travail en vigueur ;
- La modification irrégulière de l'affectation des crédits ;
- L'appel à concurrence, la lettre de commande et l'achat effectués en infraction à la réglementation sur la passation des marchés publics ;
- L'utilisation à des fins personnelles des agents ou des biens de l'Etat et des collectivités publiques lorsque ces avantages n'ont pas été accordés par les lois et règlements.

S'agissant des justiciables du **CDBF**, le décret fait allusion aux ordonnateurs et gestionnaires des crédits de l'État, des collectivités territoriales décentralisées, des entreprises et organismes publics et parapublics et toute autre personne agissant en cette qualité ; des agents publics exerçant d'autres fonctions à titre principal, mais agissant occasionnellement ou subsidiairement comme ordonnateurs ou gestionnaires des crédits de l'État ; les commissaires aux comptes, censeurs et commissaires de gouvernement auprès des entreprises publiques et toute personne agissant en cette qualité. Comparativement à cette énumération vague, la loi française sur la cour de discipline budgétaire et financière paraît un peu plus précise sur la question des justiciables. Ce qui apporte une certaine réalité quant à la sécurité juridique en la matière. Sont ainsi justiciables de la cour, les membres des cabinets ministériels, les fonctionnaires ou agents civils ou militaires de l'État, des collectivités territoriales et de leurs établissements publics ; les personnes représentant ou administrant les autres organes soumis au contrôle de la Cour des comptes, qu'ils soient ordonnateurs ou comptables. Néanmoins, les législations française et camerounaise ont ceci en commun qu'elles excluent du champ de compétence de leurs organes disciplinaires en matière budgétaire les ministres et autres membres du gouvernement ainsi que les élus locaux ordonnateurs que sont les maires, les présidents de conseil général et de conseil régional. Cette exclusion s'explique par le fait que ces derniers sont politiquement responsables.

Pour ce qui est du fonctionnement du CDBF, nous étudierons ses attributions d'une part et la procédure qui lui est applicable d'autre part.

S'agissant des attributions du **CDBF**, « *le conseil est chargé de prendre des sanctions à l'encontre des agents publics patents ou de fait, coupables des irrégularités et fautes de gestion commises dans l'exercice de leurs fonctions, irrégularités et fautes ayant eu pour effet de porter préjudice aux intérêts de la puissance publique* »[22]. Il est ainsi appelé à sanctionner et contrôler les personnes qui occupent des fonctions leur permettant d'être comptables ou

[22] Article 2(1) n° 2008/028 du 17 janvier 2008 portant organisation et fonctionnement du conseil de discipline budgétaire et financière.

gestionnaires des biens publics. Plus précisément, il sanctionne les ordonnateurs et gestionnaires des crédits de l'État, des collectivités territoriales décentralisées, des entreprises et organismes publics et toute autre personne agissant en cette qualité ; les agents publics exerçant d'autres fonctions à titre principal, mais agissant occasionnellement ou subsidiairement comme ordonnateurs ou gestionnaires des crédits de l'État ; les commissaires aux comptes, censeurs et commissaires de gouvernement auprès des entreprises publiques et toutes personnes agissant en cette qualité.

Pour ce qui est de la procédure[23], l'instruction s'ouvre par la saisine du conseil. Dès cette saisine, un rapporteur et un secrétaire de séance sont désignés par le président du conseil. Le rapporteur procède aux investigations dans le but d'asseoir la conviction du conseil sur les faits. Il a le droit de se faire communiquer tous les documents et même entendre tout témoin. Les délibérations du conseil se font à huis clos et le quorum est valablement atteint lorsque les (2/3) des membres sont présents. Les décisions sont prises à la majorité des voix exprimées. Aucune précision n'ayant été faite ici sur la qualification de cette majorité, il est légitime d'en déduire qu'il s'agit d'une majorité simple.

Une fois prise, la décision est notifiée aux intéressés avec application au Premier ministre, au secrétaire général de la présidence de la République, au ministre chargé des Finances, à l'autorité dont relève les mis en cause, à l'autorité qui a saisi le conseil, ainsi qu'à toutes autorités prévues par les textes en vigueur. Ces décisions ne sont pas susceptibles de recours gracieux préalable. Ce qui pourrait s'expliquer par la prédominance du caractère juridictionnel sur sa nature administrative. Ce qui justifie qu'elles soient susceptibles de recours en annulation devant la chambre administrative de la Cour suprême. De plus, ces décisions peuvent faire l'objet de recours en réformation devant le conseil dans le cas où de nouveaux éléments ignorés des parties et du conseil au moment de la décision sont découverts et sont de nature à innocenter le mis en cause.

2- Le ministère des marchés publics (MINMAP)

Au Cameroun, la plus grande partie de malversation financière liée à l'exécution du budget est issue du domaine des marchés publics. En effet, par la voie de la commande publique, les personnes publiques permettent aux personnes privées de leur fournir des prestations et services moyennant rémunération. Il est d'autant plus important qu'il touche à la fois le budget de fonctionnement tout comme celui d'investissement.

Issu du décret n° 2011/410 du 9 décembre 2011 portant formation du gouvernement, le MINMAP fait office d'organe d'approbation présidentielle

[23] Article 15 *Idem*.

d'engagement des dépenses publiques, mais aussi de contrôle de la qualité de la dépense publique. La contribution du MINMAP à la bonne exécution du budget se traduit aussi bien dans les missions du ministre délégué (a) que dans celles des commissions de passation des marchés publics (b).

a- Les missions du MINMAP

Le MINMAP a pour mission principale, l'organisation et le bon fonctionnement des marchés publics de toutes les personnes du secteur public et même des CTD. Ce qui souligne déjà à merveille l'importance de ce ministère dans la consommation du budget de l'État et du budget local. Ainsi, d'après le décret n° 2012/074, le ministre délégué à la Présidence de la République chargé des marchés publics est appelé à procéder au lancement des appels d'offres des marchés publics. C'est donc à lui que revient le pouvoir de passer des commandes au nom des pouvoirs publics. Même si cela est fait en liaison avec les départements ministériels et les administrations concernées, il est évident que c'est lui qui détient le dernier mot en la matière. De plus, le MINMAP procède à la passation des marchés publics et au contrôle de l'exécution sur le terrain. Pour ce faire, il participe au montage financier de ces marchés. En effet, ceci se traduit dans le cadre de la nouvelle donne budgétaire dans lequel on allie régularité, performance et efficience dans la gestion des dépenses publiques. Il n'est plus question de contrôler seulement la régularité de la dépense publique, mais de contrôler aussi son efficacité et son efficience.

En pratique, un seuil financier conditionne la compétence du MINMAP. Il est ainsi compétent pour les marchés routiers et autres infrastructures d'un montant égal ou supérieur à 500 millions de FRCA ; pour les marchés de bâtiments et équipements collectifs d'un montant d'égal ou supérieur à 200 millions ; de 100millions pour les approvisionnements généraux, 50 millions pour les services et prestations intellectuelles ainsi que pour les marchés des services centraux des départements ministériels.

Dans le cas d'une attribution de marché relevant de la compétence des commissions ministérielles par la procédure du gré à gré, le chef de la structure concernée doit préalablement obtenir une autorisation du MINMAP. Dans le cadre de ses fonctions, le MINMAP doit, chaque semestre, adresser un rapport de contrôle ainsi qu'un rapport annuel d'activités de l'inspection générale au président de la République. Cette mission de contrôle exercée par le ministre délégué est renforcée par celle des commissions de passation des marchés.

b- Les commissions de passation de marchés

Les commissions de passation des marchés[24] sont les instances en charge de la passation des marchés publics. Le texte qui encadre ces commissions distingue quatre types de commissions. Il s'agit : des commissions centrales auprès des Directions générales du MINMAP, des commissions ministérielles, des commissions locales, et des commissions internes. Dans le cadre de cette analyse, il sera seulement question des commissions centrales.

Placées auprès du MINMAP, on a la commission de passation des marchés routiers, la commission de passation des marchés du travail de bâtiments et des équipements collectifs, la commission de passation des marchés des autres infrastructures, la commission de passation des marchés de services et des prestations intellectuelles, la commission de passation des marchés des approvisionnements généraux. Elles ont pour rôle la passation des marchés issus des chefs des administrations publiques, des CTD, des établissements publics ainsi que des entreprises publiques et parapubliques. Elle est tout aussi compétente pour les projets dont le montant relève de la compétence du MINMAP et des marchés des services centraux des départements ministériels dont les montants sont égaux ou supérieurs à 5 millions FCFA.

Les différents mécanismes permettant au président de la République ainsi présentés permettent de voir que la première autorité de l'Etat effectue à la fois un contrôle direct et un contrôle délégué sur le budget de l'État. Mais qu'en est-il de la portée de ces contrôles ?

II- La portée du contrôle présidentiel du budget au Cameroun

Il est unanimement reconnu qu'un contrôle qui ne serait pas assorti de sanctions le cas échéant à l'encontre des agents fautifs serait une vaine entreprise. De ce fait, le contrôle présidentiel du budget au Cameroun est accompagné d'un certain nombre de sanctions visant à punir les ordonnateurs et/ou comptables reconnus de malversations financières **(A)**. Toutefois, la pertinence de ses sanctions reste sujette à questionnement **(B)**.

A- Un contrôle assorti d'une diversité de sanctions

Un large catalogue de sanctions permet au président de la République ainsi qu'aux services spécialisés de la présidence de la République de punir les gestionnaires de crédit public en cas de mauvaise gestion. S'il est possible de suivre la logique issue du principe de la séparation des ordonnateurs et des comptables publics pour présenter ces sanctions, cette démarche ne sera pas la nôtre dans ce travail. Nous optons ici pour un regroupement fondé sur la

[24] Voir article 3 du décret n° 2012/074 portant création, organisation et fonctionnement des commissions de passation des marchés publics.

nature des sanctions. En effet, si elles sont toutes administratives du fait de la nature des organes qui les prononcent, on pourrait les subdiviser avec d'une part les sanctions pécuniaires **(1)** et d'autre part les sanctions disciplinaires **(2)**.

1- Les sanctions pécuniaires

Il s'agit ici de la mise en débet **(a)** et des amendes spéciales **(b).**

a- La mise en débet

La mise en débet constitue le fait, pour le gestionnaire sanctionné, d'être déclaré débiteur d'une somme d'agent à l'égard du trésor public. Il est donc immédiatement tenu de couvrir le trésor du montant du débet[25]. À titre illustratif, dans l'affaire du **Port autonome de Douala**, le **CDBF** avait retenu quarante-deux fautes de gestion et prononcé deux sanctions de mise en débet à l'encontre de trois responsables incriminés pour un montant global de quatre milliards cent vingt-quatre millions trois cent cinquante-huit (**4 124 000 358**) **francs CFA**[26]. Dans l'affaire des **FONDS GAVI-MINSANTE,** un responsable du ministère de la Santé publique de la Région du Sud, reconnu coupable de deux fautes de gestion (pour la période de **2007** à **2014**) a été mis en débet pour un montant de cinq millions quarante-sept mille six cent cinquante (**5 047 650**) **francs CFA**[27]. Le **CDBF** a aussi sanctionné des gestionnaires de deniers publics dans les cas relatifs à la commune d'Ebebda, à la commune de Sangmélima, des chantiers abandonnés de l'Est, au ministre des Travaux publics et bien d'autres.

b- Les amendes spéciales

En plus de la mise en débet, le conseil de discipline budgétaire et financière dispose aussi du pouvoir d'amende à l'égard des gestionnaires reconnus coupables d'infraction financière. Il s'agit d'une somme d'argent fixée soit par la loi ou soit par le règlement correspondant à la peine principale. Elle se paye auprès d'un comptable public. Elle est applicable aussi bien au comptable qu'à l'ordonnateur. Déterminée par le conseil, elle se situe dans une fourchette d'au moins **200 000** et au plus **2 000 000** de **francs CFA**. Dans le cadre de l'affaire de la Cameroun Postal Service (**CAMPOST**), le conseil a prononcé huit sanctions d'amende à hauteur de seize millions (**16 000 000**) de **francs CFA**[28].

---

[25] Ousmane SOW, *Le contrôle juridictionnel des comptes des collectivités locales*. Mémoire en économie et finance, université Gaston Berger, 2008.
[26] Portail du CONSUPE.
[27] *Idem.*
[28] *Idem.*

2- Les sanctions disciplinaires

Dans le cadre des sanctions disciplinaires, l'on note entre autres le retard d'avancement **(a)**, la suspension ou déchéance **(b)**, et la révocation **(c).**

a- Le retard d'avancement

Les agents publics sont appelés à suivre une carrière[29] dès leur entrée à la fonction publique. Ils doivent en principe progresser, c'est-à-dire changer de grade par la voie des promotions. On dit dans ce cas qu'ils bénéficient d'un avancement. Ainsi, il pourrait arriver que, dans le but de sanctionner un gestionnaire de crédit, sa progression au sein du service soit retardée.

b- La suspension ou déchéance

Le conseil de discipline budgétaire et financière peut, au bout d'un contrôle, suspendre le mis en cause pour une durée déterminée. On parle de la déchéance. La déchéance peut être interprétée de plusieurs manières. Mais en ce qui nous concerne, nous l'appréhenderons comme la perte légale d'un droit, d'une fonction, d'un titre pour manquement aux obligations qui s'y rattachent. Il est donc reconnu au CDBF la compétence de déchoir les responsables convaincus de malversations financières pour un délai déterminé. Il peut donc interdire à ce dernier d'exercer pendant une période de cinq (5) ans les fonctions d'ordonnateurs, de gestionnaire de crédits ou de comptable dans un service, organisme public ou dans les entreprises d'État. Il peut tout aussi interdire le mis en cause d'être responsable à quelques titres que ce soit pendant cinq (5) à dix (10) ans de l'administration ou de la gestion des services et des entreprises d'État[30]. À titre illustratif, pour le compte de l'exercice 2016, le CDBF dans les affaires :

- Port autonome de Douala (**PAD**) a prononcé une sanction de déchéance portant interdiction pour le concerné d'être responsable, à quelque titre que ce soit pendant un délai de dix (10) ans dans l'administration ou dans la gestion des services et des entreprises publics.
- Cameroon Postal services (**CAMPOST**), il a prononcé à l'encontre de trois (3) mis en cause des sanctions de déchéance. Ils ont été interdits de toute responsabilité à quelque titre que ce soit, pendant un délai de dix (10) ans, dans l'administration ou dans la gestion des services et des entreprises publics.

[29] Ensemble d'étapes successives que doit parcourir un agent de son entrée dans la fonction publique jusqu'à sa sortie (retraite).
[30] Article 14 nouveau de la loi du 8 juillet 1976.

c- La révocation

Le président de la République est le chef de l'administration. Statut qui lui est reconnu par la constitution en son article 5 alinéa 1 qui dispose à propos que « *le président de la République est le chef de l'État* ». C'est à ce titre qu'il nomme aux emplois civils[31] en l'occurrence ses collaborateurs qui pour la plupart sont en charge de la gestion des deniers publics dans le cadre de l'exécution du budget. L'ordonnateur principal en matière de dépenses étant le ministre des Finances et les ordonnateurs délégués qui sont les chefs de départements ministériels et les responsables des établissements publics et entreprises publiques et parapubliques. À ceux-ci, il convient d'y ajouter les chefs d'exécutifs locaux. Ces derniers sont donc susceptibles, à l'issue d'un contrôle, d'être épinglés pour des infractions financières donnant lieu à l'application des sanctions. S'agissant des responsables nommés sur le fondement du parallélisme de forme, le président de la République, en sa qualité d'autorité de nomination peut dans le cadre d'une sanction, révoquer le mis en cause. La révocation est le fait de mettre fin à la fonction d'une personne. Cette analyse trouve son fondement dans le texte constitutionnel selon lequel « *Il nomme les membres du gouvernement et met fin à leurs fonctions* »[32]. C'est ainsi que le Professeur **Alain Didier OLINGA** a pu dire que « *le président de la République est le maître de leur existence… et de leur fin de parcours* »[33]. Ce pouvoir de révocation n'est pas du tout encadré par le droit dans la mesure où cela relève du pouvoir discrétionnaire qui lui est reconnu. Le pouvoir discrétionnaire à l'opposé du pouvoir lié, laisse à son détenteur une plus grande liberté d'appréciation de l'opportunité et même de la portée de sa décision. C'est ainsi que **MICHOUD** a pu dire qu'« *il y'a pouvoir discrétionnaire toutes les fois qu'une autorité agit librement sans que la conduite à tenir lui soit dictée à l'avance par une règle de droit* ». À sa suite, **Agathe Van Lang**, **Geneviève Gondouin** et **Véronique Inserguet-Brisset** affirment qu'« *une autorité a un pouvoir discrétionnaire lorsqu'elle a une liberté d'appréciation dans l'exercice de sa compétence* ». Il est donc loisible pour nous de soutenir ici, sans risque de se tromper, que le président de la République peut à tout moment sanctionner ses collaborateurs dans le cadre d'un contrôle de l'exécution du budget de l'État. Contrairement à l'exercice de ce pouvoir dans le cadre purement réglementaire, ici, il y'a une certaine connotation politique résultant de la nomination qui fait qu'une décision de révocation d'un collaborateur du président de la République n'est

---

[31] Article 8 alinéa 10 de la loi constitutionnelle du 18 janvier 1996.

[32] *Idem.*

[33] Olinga (A. D), la constitution de la République du Cameroun, les éditions terre africaine, 2006, p. 86. Cité par ABANDA AKOUDOU (J.A*), le pouvoir discrétionnaire du président de la République en Afrique noire francophone : cas du Cameroun et du Gabon*, mémoire de Master 2 en droit public, Université de Yaoundé II. 2015, p 32.

pas attaquable devant le juge administratif. Mais qu'en est-il du budget des collectivités locales ?

À la lecture de la législation en vigueur au Cameroun sur la décentralisation, le président de la République est l'autorité de tutelle suprême. Sur le fondement de la loi organique portant orientation de la décentralisation[34] à la suite de la constitution[35] reconnaît au président de la République un droit de dissolution et de révocation à l'endroit des autorités locales. Seulement, les cas donnant lieu à l'exercice de ce pouvoir semblent être limitatifs du fait de leur énumération[36]. Ce qui se trouve consolidé par le principe directeur de la décentralisation selon lequel « *pas de tutelle sans texte, pas de tutelle au-delà des textes* ». L'énumération de ces cas d'ouverture ne faisant pas référence au domaine budgétaire, doit-on en conclure que le chef de l'État ne dispose d'aucun moyen de sanction à l'encontre des ordonnateurs et comptables locaux ? Nous estimons que non ! En règle générale, tout ce qui n'est pas expressément interdit est permis. On pourrait donc conclure que le président de la République peut, dans certains cas, user de sa tutelle pour sanctionner une mauvaise exécution du budget local.

B- Le caractère relatif de l'efficacité du contrôle présidentiel du budget

Le caractère relatif du contrôle présidentiel de l'exécution du budget réside dans l'omniprésence du président de la République (1) dans la conduite des opérations de contrôle. Ce qui suscite une controverse autour de la question de l'impartialité et de l'indépendance des organes de contrôle (2).

1- L'omniprésence du président de la République

Le président de la République est en quelque sorte le socle même de la survie de ce type de contrôle. En effet, comme le précise la réglementation en vigueur, le contrôle supérieur de l'État est placé sous l'autorité directe du président de la République de qui il reçoit des instructions et à qui il rend des comptes[37]. Il se trouve donc être au cœur de la réussite ou de l'échec de ce contrôle. De plus, le chef de l'État est l'autorité sanctionnateur de manière directe comme indirecte. En effet, il est celui qui est susceptible de révoquer un ordonnateur principal du fait que ces derniers ne sont pas justiciables devant le **CDBF**. Indirectement, le président de la République en filigrane est appelé à autoriser l'application des sanctions à l'encontre des autorités contrôlées dans la mesure où les rapports d'audit lui sont remis en sa qualité de destinataire unique de ces rapports. Ce qui amène à croire qu'il est appelé

---

[34] Loi n° 2004/15 du 26 décembre 2004 portant orientation de la décentralisation.
[35] Article 57 à 60 de la loi constitutionnelle du 18 janvier 1996.
[36] *Idem.*
[37] Article 1 du décret portant organisation et fonctionnement du contrôle supérieur de l'État.

à donner des instructions à suivre pour la suite des opérations et donc la conduite à tenir pour tel ou tel cas. Ce qui a poussé une bonne franche de l'opinion publique et même de certains analystes de la scène publique camerounaise à taxer l'opération épervier en cours, visant l'assainissement de la gestion des deniers publics, de machine d'épuration des « opposants politiques ». Il faut aussi relever que le président de la République est une autorité de saisine du CDBF. Même s'il ne l'est pas de manière exclusive, il est à souligner que dans un cadre sociopolitique et institutionnel fortement marqué par le paternalisme, il nous paraît peu probable que les autres autorités détentrices de ce droit puissent l'exercer sans en avoir préalablement référé à la plus haute autorité hiérarchique de l'État.

2- Le problème de l'indépendance et de l'impartialité du contrôle présidentiel de l'exécution du budget

Les organes de contrôle comme souligné plus haut sont placés sous l'autorité du chef de l'État. Ce qui souligne à merveille une totale dépendance vis-à-vis de lui. La question de l'indépendance et de l'impartialité de ces organes de contrôle peut être analysée aussi bien au plan organique, qu'au plan fonctionnel et financier.

Au plan organique, le contrôle supérieur de l'État et son organe disciplinaire sont rattachés à la Présidence de la République. Les hautes autorités sont nommées par les soins du président de la République. Or, il ne serait pas vain de préciser que le CDBF constitue une sorte de juridiction. En effet, prise dans une conception large, il a été reconnu qu'un organe disciplinaire peut avoir les caractéristiques d'un tribunal au sens de l'article 6 de la convention européenne des Droits de l'Homme, quand bien même il ne serait pas appelé tribunal ou cour dans l'ordre juridique interne[38]. Ce qui est le cas du CDBF. Sur le fondement de la jurisprudence de la cour, un tribunal est appelé à trancher les questions relevant de sa compétence sur la base du droit à l'issue d'une procédure dûment conduite[39]. De plus, il en ressort de la conférence de LIMA sur les lignes directrices en matière de contrôle des finances publiques que *« l'indépendance reconnue aux institutions supérieures de contrôle par la constitution ou les lois ordinaires prévoit que leur soit garantie la faculté maximale d'agir de leur propre initiative »*[40]. Les membres de ces institutions doivent donc être débarrassés de toutes influences extérieures. Ce qui est loin d'être le cas ici où les membres des institutions de contrôle sont « *à la merci* » du président de la République qui détient le

---

[38] Cour européenne des Droits de l'Homme, « Guide sur l'article 6 de la convention européenne des droits de l'Homme : droit à un procès équitable. www.echr.coe.int. Cité par MBOUOMBOUO(E), les modes alternatifs de règlement des litiges en droit douanier, mémoire de master II en droit public, Université de Yaoundé II à Soa, 2015. p. 87.

[39] *Idem.*

[40] Paragraphe 8 de la déclaration de LIMA.

pouvoir de nomination et de révocation sur ces derniers. Or, une des recommandations de la conférence de LIMA est celle de garantir une totale indépendance à ceux qui sont appelés à contrôler et à prendre des sanctions dans le cadre du contrôle supérieur de finances publiques. Pour y parvenir, il est demandé qu'elle soit garantie par la constitution[41] et que les procédures de nomination et de révocation de ces membres puissent faire l'objet d'une consécration constitutionnelle[42]. À l'observation, le cas du Cameroun reste en total déphasage avec ces exigences. En effet, la création du contrôle supérieur de l'État, son organisation sa composition, et ses missions sont du domaine du décret.

À titre comparatif en France, la cour de discipline budgétaire et financière créée par la loi n° 48-1484 du 25 septembre 1948 est liée à la Cour des comptes et non à la Présidence de la République. Elle se compose des membres de la Cour des comptes et des membres du Conseil d'État et non des administrateurs nommés par le chef de l'État. La cour est présidée par le Premier président de la Cour des comptes avec comme vice-président, le président de la section des finances du Conseil d'État. Le Ministère public étant assuré par le procureur général près la cour des comptes et par des membres de la cour des comptes et du Conseil d'État.

S'agissant de l'indépendance fonctionnelle et financière, il est à relever que les missions du contrôle supérieur de l'État sont définies par le président de la République. De plus, il est précisé que chaque année, « *le ministre délégué chargé du contrôle supérieur de l'État soumet pour approbation au chef de l'État le programme annuel de vérification, ainsi que son plan d'action* »[43]. Ce qui démontre à suffisance une absence de liberté dans le fonctionnement de ses organes. Or, un organe a une indépendance fonctionnelle lorsque celui-ci exerce ses missions en toute liberté. Mais aussi lorsque la procédure de contrôle, le programme de vérification et le plan d'action sont librement consentis[44]. En plus de cette dépendance fonctionnelle, il faut relever que financièrement, ces organes ne sont pas autonomes. Le budget alloué au contrôle supérieur de l'État relève du budget global de la Présidence de la République. Et aussi, la rémunération des membres est décidée par le président de la République. Pourtant, pour un meilleur contrôle, les institutions supérieures de contrôle doivent pouvoir « *demander directement à l'organisme public responsable du budget national*

---

[41] Section 6 paragraphe 2 de la déclaration de LIMA.

[42] Idem.

[43] Article 7du décret n° 2013/287 du 4 septembre 2013 portant organisation des services du contrôle supérieur de l'État.

[44] ONDOUA EKOBENA (J.M.), les démarches de modernisation du système camerounais de contrôle des finances publiques. Master « Administration publique », Université de Strasbourg, Ecole nationale d'administration, 2013, p 62.

les ressources financières dont elle a besoin »,[45] mais aussi de pouvoir « *les utiliser comme elles l'entendent* ».[46]

C- Le démentiellement domaine de compétence de la juridiction des comptes

La chambre des comptes de la Cour suprême est compétente pour contrôler et statuer sur les comptes publics et ceux des entreprises publiques et parapubliques[47]. Elle doit, pour ce faire, procéder à l'audit des comptes de gestion publique et prononcer des sanctions à l'encontre des contrevenants. Pourtant, comme nous avons pu le voir un peu plus haut, ces attributions sont les mêmes que celles du contrôle supérieur de l'État. Il y a donc un doublon qui entraîne, dans le cadre de l'État du Cameroun, un déséquilibre en faveur du contrôle supérieur qui vide le juge des comptes de sa substance. Traditionnellement, la Cour des comptes a une double mission. D'une part un contrôle juridictionnel des comptes des comptables publics et d'autre part, un contrôle administratif de la qualité de la gestion des ordonnateurs[48]. Or, dans l'analyse, ces compétences sont les mêmes que celles reconnues au contrôle supérieur de l'État qui est rappelons le, « *l'organe supérieur de contrôle des finances publiques dans l'État* ». Par conséquent, on a une juridiction dont le fondement, la raison d'être dans le cadre d'une séparation des pouvoirs au sein de l'État est de contrôler l'exécution de la loi de finances à travers le contrôle de la régularité des comptes publics et le contrôle de l'efficacité de la gestion des ordonnateurs est supplanté par un organe administratif.

D'après la loi n° 2006/017 du 29 décembre portant attribution et fonctionnement des tribunaux régionaux des comptes, ces derniers sont, sous réserve des attributions de la chambre des comptes de la Cour suprême, compétents pour contrôler et statuer sur les comptes publics des collectivités territoriales décentralisées de son ressort et de leurs établissements publics. Ce qui cadre exactement avec les attributions du Contrôle supérieur de l'Etat qui procède au contrôle des comptes publics et le CDBF sanctionne.

Si la multiplication des organes de contrôle n'est pas en soi un problème, mais plutôt le reflet de la recherche d'une certaine efficacité, la difficulté survient au moment où un même cas est connu par les deux organes de contrôle. Qui de l'organe juridictionnel constitutionnellement consacré et l'organe administratif issu du décret devra connaître de l'affaire ? De plus, le caractère juridictionnel du CDBF fait que ses décisions ne sont susceptibles que de pourvoi en cassation devant la chambre administrative de la Cour

[45] Section 7 paragraphe 2 de la déclaration de LIMA. op.cit.
[46] Section 7 paragraphe 3 de la déclaration de LIMA.
[47] Article 41 de la constitution du 18 janvier 1996.
[48] Vincent Dussart, Finances publiques, édition 2012 revue et mise à jour par Philippe Foillard, lacier collection Paradigme, 13e édition, p 128.

suprême. La conséquence étant d'une part que la réglementation exclue toute possibilité de recours administratif, mais elle écarte également de la compétence de la Cour des comptes une matière relevant de sa compétence pour l'attribuer à la juridiction administrative.

Parvenu au terme de cette analyse, il convient de dire que les finances publiques constituent aujourd'hui un réel centre d'intérêt aussi bien de la part des pouvoirs publics que de la part des bailleurs de fonds. Ceci se justifie par sa place et le rôle majeur qu'ils jouent dans le processus avoué du développement. Seulement, force est de constater que ce rôle n'est pas maximisé du fait de la mauvaise gestion des fonds publics. D'où l'importance d'un contrôle accru, effectif et efficace de l'exécution du budget. Au Cameroun comme dans tous les États modernes, le législateur a prévu des mécanismes de contrôle des deniers publics. Le contrôle présidentiel est celui sur lequel, nous avons porté notre attention au cours de cette analyse. Ainsi, à la question de savoir comment s'articule le contrôle budgétaire du président de la République et quelle en est sa portée ? IL en ressort que le président de la République peut, dans une moindre mesure, procéder à un contrôle direct et personnel du budget, mais s'appuie énormément sur la délégation de pouvoir pour parvenir à un contrôle maximum. Et si ce contrôle présidentiel est assorti d'une large gamme de sanctions, il n'en demeure pas moins que sa portée reste sujette à questionnement.

TABLE DES MATIÈRES

DROIT

AUX ÉDITIONS L'HARMATTAN

Dernières parutions

LE RAPPORT DU DROIT ADMINISTRATIF NATIONAL AUX DROITS ADMINISTRATIFS ÉTRANGERS

Les cas de la France et de l'Espagne

Anna Neyrat

Préface de Fabrice Melleray

Les droits administratifs français et espagnol sont souvent présentés comme des idéaux types opposés dans leur rapport aux droits administratifs étrangers. Comme exportateur, le droit administratif français considère ses homologues étrangers comme un réceptacle de son influence ; comme importateur, le droit administratif espagnol les envisage comme source de son enrichissement. Si une telle présentation repose sur des raisons temporelles et culturelles qui ont fait du droit administratif français un modèle et de l'espagnol un imitateur, elle se révèle partiellement inexacte. Elle est notamment dépassée à l'heure de la globalisation. Cette recherche invite à poser un regard différent sur ces présupposés.

(Coll. Logiques Juridiques, 680 p., 49 euros)

ISBN : 978-2-343-16682-7, EAN EBOOK : 9782140114588

DROITS FONDAMENTAUX ET CRISE(S) DES SOLIDARITÉS

Fabien Bottini

La solidarité renvoie aux liens sociaux qui font le ciment d'une communauté. Si c'est pourquoi il semble plus juste de parler de solidarités au pluriel, l'Etat a pendant longtemps été leur garant au travers des droits sociaux fondamentaux. Mais le constat s'impose : des débats qui ont agité la réforme du droit du travail à ceux qui portent sur les régimes de retraites en passant par la crise des migrants ; des hésitations sur la place des territoires et de l'Union européenne dans la mise en oeuvre des politiques sociales à l'apparition d'un droit constitutionnel économique... Les interrogations ne manquent pas quant à savoir si ces droits fondamentaux parviennent encore à faire la solidarité. Si crises il y a, signent-elles la fin de l'âge d'or de la solidarité ou sa mutation ?

(Coll. Le Droit aujourd'hui, 276 p., 28,5 euros)

ISBN : 978-2-343-16201-0, EAN EBOOK : 9782140114274

DÉCLARATION DES DROITS DE L'HOMME ET DU CITOYEN

Postérité et actualité

Remi Puigventos

Responsables scientifiques : Jimmy Meersman et Rémi Puigventos

Le 26 août 1789, l'Assemblée constituante adopte les derniers articles du texte de la Déclaration des droits de l'homme et du citoyen qui, traversant les siècles, deviendra l'un des textes fondamentaux de la Cinquième République. Si la Déclaration de 1789 est l'une des pierres angulaires de la garantie des droits de l'homme, l'étude de sa postérité et de son actualité interroge. Le présent ouvrage contribue à en dévoiler les éléments les plus essentiels au travers d'une douzaine de contributions.

(Coll. Droit privé et sciences criminelles, 238 p., 25 euros)

ISBN : 978-2-343-16359-8, EAN EBOOK : 9782140112164

ANNUAIRE DES ENGAGEMENTS INTERNATIONAUX AYANT FAIT L'OBJET D'UNE LOI D'AUTORISATION SOUS LA VE RÉPUBLIQUE

Didier Jamot

Au cours de la Ve République, près de 2000 engagements internationaux ont fait l'objet d'une loi d'autorisation. Dans les années 1960, seulement 22% des lois votés par le Parlement avaient pour objet la ratification ou l'approbation de tels engagements, alors que désormais 40% des lois visent un tel objectif. Par conséquent, le nombre de normes internationales intégrées au droit interne est considérable. Mais leur importance n'est pas seulement quantitative : tout engagement international régulièrement ratifié et publié s'impose au législateur. Aucune loi ne peut ainsi lui être contraire. Par ailleurs, les conventions internationales embrassant l'ensemble des matières juridiques, plus aucune activité humaine n'échappe aux droits et obligations prévus par les conventions. Cet annuaire recense enfin ces engagements internationaux avec des index thématiques et par pays signataire.

(Coll. Logiques Juridiques, 432 p., 42 euros)

ISBN : 978-2-343-16237-9, EAN EBOOK : 9782140112089

LES TITRES DE NOBLESSE DE LA VICTIME DEVANT LA COUR PÉNALE INTERNATIONALE

Guy David Mbara A Betsem

Préface de Gilbert Bitti - Avant-propos de Jean Claude Tcheuwa

La victime a longtemps été tenue à l'écart du procès devant les juridictions pénales internationales d'avant le début du XIXè siècle. Depuis l'avènement de la Cour pénale internationale (CPI), la victime est désormais admise dans le procès pénal. Ces droits, qui ne sont autres que des titres de noblesse, confèrent donc des privilèges permettant à la victime d'accéder à une justice pénale internationale très sélective, mais surtout réservée à une certaine catégorie de personnes. La CPI pose la problématique du rôle de l'État dans la mise en oeuvre des droits des victimes.

(242 p., 25,5 euros)

ISBN : 978-2-343-16718-3, EAN EBOOK : 9782140111631

MÉDIATION ET ENTREPRISES

Regards croisés Droit et Gestion

Responsables scientifiques : Gulsen Yildirim, Isabelle Sauviat et Romain Dumas. Textes réunis par Romain Dumas

La médiation, mode alternatif de résolution des différends, est un mécanisme désormais bien connu en Droit. L'entreprise apparaît comme l'un des lieux privilégiés de son application et ce, qu'il s'agisse d'aplanir un différend tant dans ses relations internes qu'externes. Toutefois, à la différence du Droit, le concept de médiation apparaît beaucoup moins familier en Sciences de gestion. C'est cette interaction singulière entre Droit et Gestion qui permet de mesurer la place réelle de la médiation dans les entreprises et les organisations. Entre acclimatation à parfaite et hostilité, un équilibre est possible afin qu'elle devienne un outil efficace.

(Coll. Droit privé et sciences criminelles, 142 p., 16,5 euros)

ISBN : 978-2-343-16643-8, EAN EBOOK : 9782140111556

PHÉNOMÈNE DISCIPLINAIRE DANS LE DROIT PUBLIC HELLÉNIQUE CONTEMPORAIN

Sotirios Lytras

Attachée constamment à l'idée que la notion de discipline concernait en principe les relations entre les ensembles organisés et leurs agents, la théorie traditionnelle du droit public a laissé hors de son attention des domaines entiers de la vie publique. Parue en grec en 1989, cette étude a pu montrer qu'en droit positif hellénique le phénomène disciplinaire a manifesté sa présence forte dans des relations entre ensembles publics et des personnes physiques ou morales y étant rattachées. A travers ce phénomène, l'activité publique s'avère décisivement élargie.

(Coll. Logiques Juridiques, 262 p., 27 euros)

ISBN : 978-2-343-16125-9, EAN EBOOK : 9782140111310

RECEL ET BLANCHIMENT

Nouvelles sources de cumul de qualifications

Théo Touzeau

Préface de Gildas Roussel

A la lumière de la jurisprudence, la question de l'impossible cumul de l'infraction d'origine avec celle du recel de choses concernant un même auteur mérite de nouveau d'être posée. C'est que les juges de la Chambre criminelle, malgré leur opposition à ce cumul, ont depuis admis la condamnation d'un individu tant pour une première infraction que pour le blanchiment subséquent. Cette différence de traitement des deux infractions interroge nécessairement. Cet ouvrage, dressant le constat de la possibilité de dépasser les arguments qui fondent le rejet de « l'auto-recel », invite le lecteur à mettre de côté ses certitudes et à prendre position : rien ne semble s'opposer à l'admission du cumul de l'infraction d'origine et du recel de choses.

(Coll. Bibliothèques de droit, 138 p., 15,5 euros)

ISBN : 978-2-343-16624-7, EAN EBOOK : 9782140110962

LES LIENS ENTRE ÉTHIQUE ET DROIT

L'exemple de la question animale

Sous la direction de Lucille Boisseau-Sowinski et Delphine Tharaud

A priori distincts, le droit renvoyant à la régulation des comportements par la loi et l'éthique à la distinction entre bien et mal, ces deux domaines s'interpénètrent et se nourrissent, particulièrement sur la question animale. La réflexion sur l'éthique animale s'est amplifiée ces cinquante dernières années et a conduit à une prise en compte des intérêts et de la qualité d'êtres vivants des animaux. Le droit s'en est fait l'écho. Pour autant, cette dynamique n'est pas si évidente : quelles théories peuvent inspirer le droit ?

(Coll. Le Droit aujourd'hui, 176 p., 18,5 euros)

ISBN : 978-2-343-16449-6, EAN EBOOK : 9782140109553

CORRUPTION ET DROIT PÉNAL

Sous la direction de Jean-Paul Céré et Carlos Eduardo Japiassu

Le thème de la corruption a traversé le temps. L'intérêt du droit pénal est cependant renouvelé par les nombreuses affaires médiatisées qui gangrènent la vie politique et le monde des affaires dans de nombreux pays. L'arsenal législatif interne cherche à s'adapter sous l'effet des multiples textes qui ont vu le jour à l'échelle internationale et régionale. Une nette tendance à l'harmonisation des législations criminelles anti-corruption est perceptible. Cet ouvrage permet de saisir la diversité du phénomène dans sa dimension criminologique et juridique.

(Coll. Comité international des pénalistes francophones, 238 p., 24,5 euros)

ISBN : 978-2-343-16153-2, EAN EBOOK : 9782140109850

JUSTICE CONSTITUTIONNELLE ET SUBSIDIARITÉ

L'apport de l'expérience canadienne pour la construction européenne

Claire Aguilon

La précision des critères d'application de la subsidiarité et le développement de son contrôle par l'Union européenne constituent un progrès vers un plus grand respect du principe selon lequel l'UE, lorsqu'elle intervient dans une compétence partagée avec les Etats-membres, doit établir la plus-value d'une action à son niveau pour atteindre l'objectif visé. L'étude de la jurisprudence de la Cour de justice de l'UE montre ses réticences à un contrôle allant au-delà de la recherche d'une motivation formelle de la nécessité de l'intervention européenne. En droit canadien, la subsidiarité éclaire sous un jour nouveau la clause de commerce ou la doctrine de l'intérêt national.

(Coll. Logiques Juridiques, 460 p., 40 euros)

ISBN : 978-2-343-15311-7, EAN EBOOK : 9782140109522

UN COMBAT POUR LA PAIX

Récit

Nouvelle édition revue et augmentée

Daniel Lagot

Alors qu'il s'est refusé jusque-là à tout engagement devant la fragilité des choses humaines, un homme découvre l'amour et s'engage, avec la femme à ses côtés, dans un combat pour le droit, la justice et la paix. Après l'enthousiasme initial, les tensions et dilemmes vont se développer, en particulier lors des guerres en Libye et en Syrie. Comme dans une tragédie grecque, ces tensions conduiront les personnages à leur destin. Le récit est en partie romancé, mais est directement inspiré d'histoires et de faits réels. Face aux drames et menaces pesant sur l'humanité, doit-on céder au pessimisme ou conserver l'espoir ?

(Coll. Les Impliqués, 152 p., 16,5 euros)

ISBN : 978-2-343-16114-3, EAN EBOOK : 9782140109409

LES SENS DE LA PEINE

Hugo Cappadoro

Préface de Muriel Giacopelli

Quelle est la raison d'être de la peine ? C'est autour de cette question que se sont cristallisés, au temps des Lumières, les paradigmes punitifs modernes. Du fait des bouleversements que connait aujourd'hui notre droit répressif et de la crise du milieu carcéral, auquel la pénalité est identifiée, le législateur, les acteurs et penseurs pénaux sont amenés à s'interroger une nouvelle fois sur l'acte de punir. Cet ouvrage aborde ainsi les évolutions pénales et propose une réflexion mettant en évidence la difficulté pour la pénalité actuelle d'avoir un sens intelligible et pluriel, tant pour le condamné, que pour la victime et la société.

(Coll. Bibliothèques de droit, 212 p., 21,5 euros)

ISBN : 978-2-343-16461-8, EAN EBOOK : 9782140108945

SUR LA COUR EUROPÉENNE DES DROITS DE L'HOMME

Rétrospective d'un initié (1998-2016)

Bostjan M. Zupancic

La Convention européenne des droits de l'homme, prétendant expliciter ce que sont ces droits, est un court texte abstrait. Quatre-vingt-dix-neuf pourcent de ces droits seront concrétisés par les précédents prononcés en flux continu, autoréférentiel, par la Cour européenne des droits de l'homme (CEDH). En somme, les droits de l'homme sont simplement ce que la CEDH déclare qu'ils sont ou ne sont pas. Quarante-sept Etats signataires sont liés à cette jurisprudence de Strasbourg. Or, l'approche jurisprudentielle du stare decisis est étrangère au formalisme juridique européen. A l'autre extrême, l'auteur apporte une explication métaphysique du sens de la justice. Il présuppose le plus haut niveau d'autonomie morale et de raisonnement juridique.

(Coll. Logiques Juridiques, 452 p., 45 euros)

ISBN : 978-2-343-15739-9, EAN EBOOK : 9782140108808

GOUVERNANCE D'ENTREPRISE, RESPONSABILITÉ SOCIÉTALE EN DROIT MALIEN

Issiaka Cissé

Cet ouvrage interroge le droit positif malien dans l'appréhension des concepts de la gouvernance d'entreprise (GE) et de la responsabilité sociétale des entreprises (RSE). L'étude met en évidence le décalage du droit malien dans la construction évolutionniste de l'entreprise. Elle révèle que l'environnement juridique des entreprises maliennes n'évolue pas dans une économie pourtant en pleine mutation. Des contraintes liées à l'application des principes de ces deux concepts créent un déséquilibre en termes de compétitivité au plan national voire régional ou international.

(Coll. Études africaines, 390 p., 38 euros)

ISBN : 978-2-343-15230-1, EAN EBOOK : 9782140108464

POUR UNE NOUVELLE ÉDUCATION JURIDIQUE

Sous la direction de Massimo Vogliotti

Depuis quelques années, nous assistons en Europe à une floraison de réflexions et d'expériences novatrices relatives à la formation juridique. Ce phénomène peut être interprété comme le signe annonciateur d'une révolution de notre façon de concevoir l'enseignement du droit, encore liée au cadre théorique et mythologique du paradigme juridique moderne. Cet ouvrage met en avant la nécessité d'un renouvellement en profondeur de notre modèle traditionnel d'enseignement du droit.

(Coll. Logiques Juridiques, 228 p., 24,5 euros)

ISBN : 978-2-343-10744-8, EAN EBOOK : 9782140108426

Structures éditoriales du groupe L'Harmattan

L'Harmattan Italie
Via degli Artisti, 15
10124 Torino
harmattan.italia@gmail.com

L'Harmattan Hongrie
Kossuth l. u. 14-16.
1053 Budapest
harmattan@harmattan.hu

L'Harmattan Sénégal
10 VDN en face Mermoz
BP 45034 Dakar-Fann
senharmattan@gmail.com

L'Harmattan Cameroun
TSINGA/FECAFOOT
BP 11486 Yaoundé
inkoukam@gmail.com

L'Harmattan Burkina Faso
Achille Somé – tengnule@hotmail.fr

L'Harmattan Guinée
Almamya, rue KA 028 OKB Agency
BP 3470 Conakry
harmattanguinee@yahoo.fr

L'Harmattan RDC
185, avenue Nyangwe
Commune de Lingwala – Kinshasa
matangilamusadila@yahoo.fr

L'Harmattan Congo
67, boulevard Denis-Sassou-N'Guesso
BP 2874 Brazzaville
harmattan.congo@yahoo.fr

L'Harmattan Mali
Sirakoro-Meguetana V31
Bamako
syllaka@yahoo.fr

L'Harmattan Togo
Djidjole – Lomé
Maison Amela
face EPP BATOME
ddamela@aol.com

L'Harmattan Côte d'Ivoire
Résidence Karl – Cité des Arts
Abidjan-Cocody
03 BP 1588 Abidjan
espace_harmattan.ci@hotmail.fr

L'Harmattan Algérie
22, rue Moulay-Mohamed
31000 Oran
info2@harmattan-algerie.com

L'Harmattan Maroc
5, rue Ferrane-Kouicha, Talaâ-Elkbira
Chrableyine, Fès-Médine
30000 Fès
harmattan.maroc@gmail.com

Nos librairies en France

Librairie internationale
16, rue des Écoles – 75005 Paris
librairie.internationale@harmattan.fr
01 40 46 79 11
www.librairieharmattan.com

Lib. sciences humaines & histoire
21, rue des Écoles – 75005 Paris
librairie.sh@harmattan.fr
01 46 34 13 71
www.librairieharmattansh.com

Librairie l'Espace Harmattan
21 bis, rue des Écoles – 75005 Paris
librairie.espace@harmattan.fr
01 43 29 49 42

Lib. Méditerranée & Moyen-Orient
7, rue des Carmes – 75005 Paris
librairie.mediterranee@harmattan.fr
01 43 29 71 15

Librairie Le Lucernaire
53, rue Notre-Dame-des-Champs – 75006 Paris
librairie@lucernaire.fr
01 42 22 67 13

www.ingramcontent.com/pod-product-compliance
Lightning Source LLC
LaVergne TN
LVHW050053061026
849532LV00001BA/111
9782343171456